Das

Münchner Baupolizeirecht

Die Münchner Bauordnung

und die

Münchner Staffelbauordnung

mit Erläuterungen sowie mit Abdruck der einschlägigen Gesetze, Verordnungen und sonstigen Vorschriften

Herausgegeben von

Dr. K. Helmreich, rechtsk. Stadtrat
Dr. F. Schels, Stadtbaudirektor
Dr. A. Steinhauser, rechtsk. Stadtrat a. D.

1927

München, Berlin und Leipzig
J. Schweitzer Verlag (Arthur Sellier)

Druck von Dr. F. P. Datterer & Cie., Freising-München

Vorwort.

Die bisher erschienenen Ausgaben der Münchner Bauordnung und der Münchner Staffelbauordnung sind teils vergriffen, teils völlig veraltet. Mehrfachen Anregungen aus den Kreisen der Bauwelt folgend wurde mit diesem Werk versucht, eine der gegenwertigen Rechtslage und Praxis entsprechende Darstellung des Münchner Baupolizeirechts zu bringen und damit den Baubeflissenen sowie den mit dem Vollzug der Bauvorschriften betrauten Behörden einen Wegweiser zu bieten.

Mit dankenswerter Zustimmung des Stadtrats und der Lokalbaukommission konnten die Amtsakten beider Behörden bei der Ausarbeitung benützt werden.

Die §§ 76—79, 82—98, 100 der Münchner Bauordnung und das Register wurden von Dr. Helmreich, die §§ 10—75 der Münchner Bauordnung wurden von Dr. Schels, die Einleitung, die §§ 1—9, 80, 81, 99 der Münchner Bauordnung und die Staffelbauordnung wurden von Dr. Steinhauser bearbeitet.

München, im Juni 1927.

Die Verfasser.

Inhaltsübersicht.

Verzeichnis der Abkürzungen.

A. A. = Anderer Ansicht.
A. E. = Am Ende.
AV. = Allerhöchste Verordnung.
Anh. = Anhang.
Anm. = Anmerkung.
BaugEG. = Gesetz über die Erschließung von Baugelände.
BGB. = Bürgerliches Gesetzbuch.
BO. = Bauordnung.
Vorscht = v. Vorscht, Münchner Bauordnung.
Einführung = Einführung in das Münchener Baupolizeirecht S. 1 ff. dieses Buches.
Englert = v. Englert, Bauordnung für Bayern, 4. Aufl. 1911.
Englert-Schneider = v. Englert, Münchner Bauordnung, 2. Ausgabe, herausgegeben von Schneider.
GemO. = Gemeindeordnung f. d. Landesteile diesseits d. Rheins.
GesBl. = Gesetzblatt.
GVBl. = Gesetz- und Verordnungsblatt.
Heilmann-Weinisch = Heilmann-Weinisch, Bayerische Bauordnung, 2. Auflage.
KV. = Königliche Verordnung.
LBK. = Lokalbaukommission.
MABl. = Amtsblatt der Staatsministerien des Äußern, des Innern usw.
MB. = Ministerialbekanntmachung.
MBO. = Münchner Bauordnung.
ME. = Ministerialentschließung.
MGemZ. = Münchner Gemeindezeitung.
Obb. = Oberbayern.
OberpolV. = Oberpolizeiliche Vorschrift.
OrtspolV. = Ortspolizeiliche Vorschrift.
PolStGB. oder PStrGB. = Polizeistrafgesetzbuch.
RE. = Regierungsentschließung.
RegBl. = Regierungsblatt.
RGBl. = Reichsgesetzblatt.
RGewO. = Gewerbeordnung für das Deutsche Reich.
RStGB. oder RStrGB. = Reichsstrafgesetzbuch.
StBO. = Münchner Staffelbauordnung.
V. = Verordnung.
VV. = Vollzugsvorschrift.
ZPO. = Zivilprozeßordnung.

Einführung in das Münchener Baupolizeirecht.

I. Übersicht über die geltenden Vorschriften.

Das Zusammendrängen von Menschen in geschlossenen Siedelungen und Städten bedingt ein Neben- und Übereinander ihrer Wohnstellen mit all den Vorteilen und Nachteilen, die sich aus solcher Gemeinschaft in gesundheitlicher, sittlicher, technischer, wirtschaftlicher und rechtlicher Hinsicht ergeben. Diese Vorteile zu mehren, die Nachteile aber zu verhüten oder auf ein erträgliches Mindestmaß zu verringern — bildet eine der vornehmlichsten Aufgaben der öffentlichen Verwaltung, nicht zuletzt der Baupolizei.

Ihre Rechtssatzungen dürfen — abgesehen von den Hauptgrundsätzen — nicht zu starr sein, müssen sich neuen Erkenntnissen und Bedürfnissen anpassen können und bleiben daher zweckmäßiger der Gesetzgebung entzogen und der Anordnungsbefugnis der Verwaltungsbehörden vorbehalten; die Erlasse der letzteren — Verordnung, ober-, distrikts- und ortspol. Vorschriften — ermöglichen zudem eine freiere Berücksichtigung der oft sehr verschiedenen örtlichen Verhältnisse.

Für das Land Bayern und damit auch für die Landeshauptstadt München finden diese Verwaltungsnormen neben den §§ 367 Ziff. 15 und 368 Ziff. 3 und 8 RStGB. vor allem ihren Rechtsgrund im bayer. PolStGB. vom 10. Nov. 1861, neuerlassen am 26. Dezember 1871, und den hiezu ergangenen Novellen vom 5. Mai 1890 (zum Brandversicherungsgesetz), 22. Juni 1900 und 6. Juli 1908. Hiernach können baupolizeiliche Anordnungen zum Zwecke der Einhaltung von Bau- und Vorgartenlinien, der Festigkeit und Feuersicherheit von Bauführungen, der Gesundheit und der Ortsverschönerung im Wege der Verordnung, zum größten Teile auch der ober- und ortspolizeilichen Vorschriften getroffen werden.

Von den auf dieser Grundlage für München erlassenen Baurechtsbestimmungen sind die wichtigsten

a) die Münchener Bauordnung, eine Allerh.V. als Sonderverordnung für die Landeshauptstadt, erstmals ergangen am 2. Oktober 1863, um- und neugestaltet durch die MBO. vom 3. April 1879 und MBO. vom 29. Juli 1895 (GVBl. S. 225), welch letztere in der durch Verordnungen vom 21. März 1900 (GVBl. S. 217), 3. August 1910 (GVBl. S. 403) und 10. Juli 1918 (GVBl. S. 359) abgeänderten Fassung heute gilt.

b) Die hiezu ergangenen Vollzugsvorschriften der LBK. und A. (Anhang II 4 usw.).

c) Die Münchener Staffelbauordnung vom 20. April 1904, erlassen als ortspol. V. der LBK. (M. GemZ. Nr. 36) mit

Nachträgen	I	vom	1. August 1906 (§ 37),
„	II	„	6. Oktober 1906 (§§ 7 a, 7 b),
„	III	„	1. Aug. 1911 (Änderg. v. § 16, neu § 38),
„	IV	„	1. Februar 1913 (Änderg. v. § 27),
„	V	„	19. Juni 1913 (§ 22 a),
„	VI	„	12. Oktober 1918 (Änderg. v. §§ 19 und §§ 22 a, neu §§ 39, 40),
„	VII	„	20. Mai 1919 (Änderg. v. §§ 2 Abs. II, 27 Ziff. 6, 34 Abs. I u. II, neu § 15a),
„	VIII	„	12. Dez. 1924 (Änderg. v. §§ 21, 22 und 28, neu 28 a und 41);

dazu kommen noch ortspolizeiliche Vorschr. vom 2. Dez. 1925 (§ 21 a) und vom 3. Dez. 1925 (Änderung des § 28)[1]), ferner an Einzelvorschriften:

1. ortspol. V. der LBK. vom 24. Oktober 1907 betr. Vorgärten an der Köniqinstr. (Anhang II 18),

2. ortspol. V. der LBK. vom 9. Juli 1918, Erhaltung der landschaftlichen Schönheiten des Isartals — in Thalkirchen — (Anhang II 19).

Inhalt der MBO.: Sie geht gleich der Bayer. Landesbauordnung und — soweit überblickt werden kann — allen wichtigeren Bauordnungen überhaupt, von dem Grundsatz aus, daß eine Mindestgröße der unüberbaubaren Hofräume gefordert wird, daß die Hoffläche außerdem durch Vorschriften über die Gebäudeabstände bestimmt und die Höhe der Hauptgebäude in eine Relation zur Breite der angrenzenden Straße gebracht wird.

Dieses System ist bei allen Überarbeitungen der MBO. beibehalten und damit sind Gedanken abgelehnt worden, die erstmals im Jahre 1894 im Anschluß an Studien der Ver-

---

[1]) Diese Nachträge und Änderungen sind im Texte der StBO. berücksichtigt.

liner Architekten-Vereinigung vom damaligen städt. Oberbaurat Rettig ausgesprochen und in Reformvorschlägen des Oberbayer. Architekten- und Ingenieur-Vereins vom 11. November 1904 unter sorgfältiger Begründung erneuert worden sind. Sie hatten zum Ziel die Einführung einer „kubischen Bauordnung": darnach sollte der Flächeninhalt des Baugrundstückes mit dem vorgelagerten Straßenteil zusammengerechnet und aus der Flächensumme und einem variabel bestimmbaren Höhenkoëffizienten ein Rauminhalt (Kubus) gewonnen werden, welcher das für jedes Baugrundstück höchstzulässige Maß darstellt, innerhalb dessen sich der Gesamtrauminhalt der sämtlichen Gebäudeteile zu halten hat. Die im Interesse der Abminderung der Baudichtigkeit gegen die Außenbezirke hin erforderliche Abstufung (Staffelung) sollte durch eine zonenmäßige Abminderung der Höhenkoëffizienten erreicht werden.

Die Antragsteller erwarteten sich von einer solchen Regelung — im Gegensatz zum geltenden System — eine größere Freiheit des Architekten bei der Grundrißlösung und damit eine besser durchdachte und ungezwungenere Raumgruppierung, sowie ein individuelleres Gepräge für das bürgerliche Wohngebäude und die Rückkehr zu den reizvollen Städtebildern einer früheren Zeit. Die Würdigung dieser Anregungen ging davon aus, daß sich in der Tat nach den geltenden Normen eine Schablonisierung der Wohnhäuser regelmäßig dann ergibt, wenn der Bauherr den Architekten zur restlosen Ausschöpfung des baupolizeilich gerade noch Zulässigen drängt — und daß eine größere Freiheit in der Gestaltung dem Stadtbild zweifellos Vorteile bringen könnte; man hat sich aber der Erwägung nicht verschlossen, daß die Einführung einer grundstürzenden neuen Baunorm in vielen, insbesondere den wirtschaftlichen und nachbarrechtlichen Beziehungen einen Schritt ins Ungewisse bedeuten würde, ohne damit die Erreichung des Erstrebten besser als seither zu gewährleisten. Zudem bietet die geltende MBO. im Zusammenhalt mit der StBO. schon Normen für einen — allerdings nach Vorder- und Rückgebäude geschiedenen Baukubus und sichert für die verschiedenen Stadtlagen zehn verschiedene Bautypen (Staffeln), bei denen in der Höhenentwicklung ein weiter Spielraum gegeben ist und die Hofraumflächen sich zwischen 1/3 und 2/3 der Baugrundstücksgröße bewegen.

Für die Beibehaltung des alten, übrigens auch im Baugewerbe eingelebten Grundprinzips war schließlich ausschlaggebend, daß Fälle, in denen künstlerisch wertvolle

Bauführungen durch die LBK. rein wegen eines starren Normen- und Formelzwanges vereitelt worden wären, nicht bekannt geworden sind und daß in normalen Bauzeiten regelmäßig die gesamte Bautendenz auf die Erstellung von Miethäusern abzielt; das Miethaus und die Mietwohnung sind aus diesem Gesichtspunkte einer Ware vergleichbar, die — soll sie Abnehmer finden — dem Geschmack, der Zahlkraft und den Gewohnheiten eines breiteren Publikums und damit dem Hergebrachten einigermaßen entsprechen muß.

Nur das Einfamilienhaus gestattet freiere Gestaltung; doch wird auch hier ein vorsichtiger Bauherr die Möglichkeit oder Notwendigkeit einer späteren Veräußerung im Auge behalten. Im übrigen bilden sich bei jeder neuen Bauvorschrift ziemlich bald stereotype, die möglichste Ausnützung umfassende Formen aus; das wäre auch — abgesehen von einzelnen, vielleicht sogar unerwünschten Absonderlichkeiten bzw. Ausnahmen — bei Einführung einer kubischen Bauordnung nicht ausgeblieben.

Im übrigen gliedert die MBO. ihren Stoff in fünf Abschnitte:

1. Bau- und Vorgartenlinien nebst Höhenlage, Pläne hierüber und Bauplätze,
2. Baupläne und Baugenehmigung,
3. Vorschriften über die Bauausführung,
4. Zuständigkeit und Verfahren,
5. Schlußbestimmungen.

Die einzelnen Vorschriften des materiellen und formellen Baurechts sind in diesen Abschnitten nicht immer strenge geschieden und nicht überall erschöpfend zusammengefaßt; im Folgenden ist der Versuch gemacht, diesem Umstande teils in der Übersicht, teils in den Erläuterungen zu den einzelnen Paragraphen abzuhelfen.

Die Staffelbauordnung umfaßt, abgesehen von den im Anhang II 18 und 19 abgedruckten Vorschriften, erschöpfend die Vorschriften über das Bausystem (fünf Staffeln des geschlossenen, vier des offenen, eine [Staffel 10] der gemischten Bauweise) und deren Verteilung auf das bebaute und das der Baulinienfestsetzung unterworfene Stadtgebiet; das Nähere ist unter III. 2. Abschnitt (Festsetzung des Bausystems) zu ersehen.

II. Die mit dem Baupolizeiwesen befaßten Behörden und Stellen.

1. **Die Lokalbaukommission** (LBK.) ist für das Burgfriedensgebiet der Landeshauptstadt auf Grund Allerh. Re-

skripts vom 30. März 1852 die Baupolizeibehörde erster Instanz; sie ist eine dem Stadtrate (Magistrat) gleichgeordnete, von ihm unabhängige, selbständige städtische Behörde mit übertragenem Wirkungskreis.

Baupolizeibehörde zweiter Instanz ist die der LBK. unmittelbar übergeordnete Regierung von Oberbayern, Kammer des Innern, Oberaufsichtsbehörde über das gesamte Bauwesen ist das Staatsministerium des Innern (§ 83 Abs. III MBO.).

Die LBK. ist zusammengesetzt aus einem der beiden Bürgermeister als Vorstand, ferner einem technischen Rat, einem rechtskundigen und einem bürgerlichen Stadtratsmitglied; als Vollzugsorgane sind ihr Bezirksreferenten (ehemals „Baukondukteure") zugeteilt. Der technische Rat und die Bezirksreferenten müssen die für den höheren Staatsbaudienst erforderliche Befähigung (Hochschul- und Regierungsbaumeisterprüfung) aufweisen; ihre Berufung unterliegt der Bestätigung durch die Regierung.

Der Personal- und Sachbedarf der LBK. ist von der Stadtgemeinde zu bestreiten.

Zur LBK. ist der „Zivilbauinspektor der Kreisregierung" — nun Kreisbaureferent — oder dessen Stellvertreter normativmäßig mit dem Rechte und der Obliegenheit abgeordnet, seine stete Aufmerksamkeit auf die Geschäfte und Vorkommnisse der Baukommission zu richten, von den bei ihr vorhandenen Akten nach Gutbefinden Einsicht zu nehmen, insbesondere aber den Sitzungen derselben beizuwohnen, über die vorkommenden Verhandlungen Bemerkungen und Erinnerungen zu machen, die auf sein Verlangen in das Sitzungsprotokoll aufzunehmen sind, und wenn etwa Beschlüsse gefaßt würden, die nach seinem Dafürhalten bestehenden Gesetzen und Verordnungen widerstreiten, oder öffentliche Interessen gefährden oder verletzen, den Vollzug derselben zu suspendieren und hiervon der Kreisregierung Anzeige zu erstatten, die sodann nach Vernehmung der Baukommission und nach genauer Prüfung der Sach- und Rechtsverhältnisse die geeigneten Verfügungen und Entscheidungen zu veranlassen hat.

Die Gemeindeordnung vom 29. April 1869 und die dazu ergangenen Nachtragsgesetze haben an dieser Organisation der LBK. nichts geändert.

Die Zuständigkeit der LBK. umfaßt örtlich das ganze Burgfriedensgebiet, außerdem steht ihr hinsichtlich der an dieses angrenzenden Bezirke der Nachbargemeinden ein Recht der Erinnerungsabgabe zu Plänen über Baulinien und die Herstellung von Hauptgebäuden zu (§ 99 MBO.).

Sachlich erstreckt sich die Zuständigkeit auf alle nach Bayer. Recht den Baupolizeibehörden erster Instanz zukommenden Aufgaben insbesondere

a) die Instruktion der Anträge und Projekte wegen Festsetzung oder Abänderung bestehender Bau- und Vorgartenlinien und Begutachtung der durchinstruierten Pläne; die definitive Bescheidung dieser Anträge ist dem K. Staatsministerium des Innern vorbehalten (§ 76 Abs. I u. § 79 MBO.);

b) die Evidenthaltung des Generalstadtplanes (§ 82 Abs. II MBO.);

c) die Festsetzung der Höhenlage — Niveaupläne — (§ 76 Abs. 2 MBO.);

d) die Behandlung der Anträge auf Grundstückszusammenlegung nach dem Gesetz über die Erschließung von Baugelände vom 14. August 1923 (Anhang I 3);

e) die Erlassung ortspolizeilicher Vorschriften in Baupolizeisachen (Art. 3 PolStGB.), also insbesondere auch die Erlassung der Staffelbauordnung;

f) die Instruktion und Bescheidung der Gesuche wegen Herstellung von Neubauten und wegen Vornahme von Hauptreparaturen oder Hauptänderungen an vorhandenen Bauwerken (§ 83 Abs. I MBO.);

g) die Instruktion und Bescheidung der Gesuche wegen Errichtung von gewerblichen Anlagen, welche nach § 16 der RGewO. einer besonderen Genehmigung bedürfen, sowie der Anlage von Dampfkesseln — § 24 RGewO. — (§ 6 der Vollzugsvorschriften zur RGewO. vom 29. März 1892 [Anhang III 2]) und von Aufzügen;

h) die Instruktion und Verbescheidung der vom Standpunkt des Heimatschutzes und der Stadtverschönerung zu würdigenden Pläne über Reklamevorrichtungen, Ausladungen, Bauvornahmen und Änderungen an und in der Nähe von schutzbedürftigen Objekten nach ortspol. V. vom 17. Juli 1926 über Stadtverschönerung und Reklame (Anhang II 5);

i) die Errichtung von Anlagen zur Herstellung von Sprengstoffen (Reichsgesetz vom 9. Juni 1884 [RGBl. S. 61] und Vollzugsvorschriften hierzu vom 17. September und 5. Oktober 1884 [GVBl. S. 451 u. 471]);

k) die Feuer- und Gesundheitspolizei in den unmittelbar mit

der Baupolizei zusammenhängenden Fragen, insbesondere die Würdigung der Pläne vom feuerpolizeilichen Standpunkt hinsichtlich der in der MBO. aufgestellten Vorschriften, event. nach Anhörung der Feuerpolizeibehörde (Stadtrat). Für Theater, Versammlungsräume usw. ist diese vorherige Einvernahme durch § 86 Ziff. 9 MBO. vorgeschrieben;

l) die Verbescheidung der Pläne über Anwesensentwässerungs-Anlagen (§ 10 MBO.); folgerichtig müßten diese Pläne daher bei der LBK. eingereicht werden; Zweckmäßigkeitsgründe sprechen aber dafür, sie bei einer eigenen Stelle — Lokalbaukommission Abteilung für Anwesensentwässerung (Bureau im städt. Tiefbauamt) — abgeben zu lassen, da Zweifel der Planverfertiger dort gleich bei der Planentgegennahme gelöst und veranlaßte Ergänzungen u. dgl. alsbald verlangt werden können; dieser Amtsstelle ist auch die Revision und die Überwachung der Ausführung der Entwässerungspläne vorbehalten. Die Regelung beruht auf einem Abkommen zwischen LBK. und Stadtrat, das in der gemeinsam erlassenen ortspol. V. vom 1. Oktober 1893 (Anhang II 16) festgelegt ist; dadurch sind der Kanalisations-Abteilung des städt. Tiefbauamts die Funktionen eines Organes der Baupolizei übertragen.

Die Plangenehmigung steht nach § 10 MBO. der LBK. allein zu.

Das Baupolizeiverfahren findet in der Regel in öffentlichen Sitzungen mit Beschluß auf Genehmigung oder Abweisung seinen Abschluß. Der mit der Vorbereitung des Falles betraute — in der Regel technische — Beamte erstattet an Hand der Pläne Bericht und begründet seinen Antrag; den Parteien wird zur Stellungnahme und Erläuterung ihrer Bauabsichten und Pläne das Wort gestattet. Die Entscheidung erfolgt durch Mehrheitsbeschluß; eine Vertretung eines Kommissionsmitgliedes durch ein anderes, dergestalt etwa, daß der Anwesende auch die Stimme für den vertretenen Abwesenden abgibt — ist unzulässig.

Die Beschlüsse sind mit Beschwerde anfechtbar, beschwerdeberechtigt sind alle Beteiligten (§ 97 MBO.).

Wegen des Baulinien- und Niveaufestsetzungsverfahrens siehe §§ 76—79, 82 MBO. und die Anm. hiezu.

2. Der Stadtrat: Seinen vielseitigen Aufgaben als Gemeindevertretung, Orts- und Bezirkspolizeibehörde entspricht eine mannigfaltige **Beteiligung im Baupolizeiverfahren**; zunächst sei hervorgehoben, daß

a) er über Anträge und Projekte wegen der Festsetzung und Abänderung von Baulinien und Höhenlagen einzuvernehmen ist (§ 76 MBO.);

b) daß er die Stadtgemeinde beim Abschlusse aller zur Umwandlung von unbebautem Gelände in Bauland, zur Abtretung von Straßengrund, zur Sicherung von Straßenherstellungs- und Pflasterkosten, sowie zu etwaigen Dienstbarkeitsbestellungen u. dgl. erforderlichen Verträgen (§§ 80, 81 MBO.) zu vertreten, und

c) die Zwangsabtretungsverhandlungen für Straßen und Plätze durchzuführen hat;

d) daß ihm nach dem Gesetz über die Erschließung von Baugelände z. B. Art. 4, 7 Abs. II, VI und VII, Art. 13 f., Art. 20, 39, Art. 44 Abs. IV, Art. 46 Abs. II wichtige Rechte und Pflichten eingeräumt und auferlegt sind;

e) daß er bei Erlassung ortspol. Vorschriften z. B. über das Bausystem, soweit sein Wirkungskreis berührt wird, ferner

f) in Fragen, die für das Stadtbild von Bedeutung sind oder eine besondere ästhetische Würdigung beanspruchen (OrtspolV. vom 17. Juli 1926 [Anhang II 5]), gutachtlich zu hören ist;

g) daß ihm die Fürsorge für die Unterhaltung der öffentlichen Straßen, Plätze, Wege und Brücken, ferner vorbehaltlich der Zuständigkeit der Polizeidirektion auch die Fürsorge für die öffentliche Reinlichkeit obliegt (vgl. die ortspol. Vorschr. vom 30. November 1891 über Reinhaltung der Höfe, Gärten und Bauplätze Anhang IV 2);

h) **der Stadtrat ist ferner Wasserpolizeibehörde** im Sinne des Wassergesetzes vom 23. März 1907, sowie der hiezu erlassenen Vollzugsvorschriften; er ist bei Bauführungen an städt. Kanälen und Stadtbächen überdies als Vertreter der Eigentümerin (Stadtgemeinde) zu hören (§ 86 Ziff. 7 MBO.);

i) der Stadtrat ist (siehe die nachfolgende Ziff. 3) **Feuerpolizeibehörde**;

k) sodann **Gewerbepolizeibehörde**, insbesondere zuständig zur Erteilung der Erlaubnis für den Betrieb von Gast- und Schankwirtschaften und hinsichtlich der an solche Betriebsstätten zu stellenden baulichen Anforderungen (§ 33 RGewO.);

l) überhaupt obliegen dem Stadtrat alle Geschäfte der

Orts- und Bezirkspolizeibehörden, welche nicht durch besondere Rechtsnorm der staatlichen Polizeidirektion oder der LBK. überwiesen sind (vgl. die längst revisionsbedürftige V. über die Kompetenzausscheidung vom 2. Oktober 1869 [RegBl. S. 1881—1904]).

3. **Die Feuerpolizeibehörde:** Gemäß § 20 der eben genannten Kompetenzausscheidungs-V. ist dem Stadtrat vorbehaltlich des Wirkungskreises der LBK. die Ausübung der Feuerpolizei übertragen.

Die Zuständigkeit erstreckt sich zunächst auf die Erlassung ortspol. Vorschriften über die Behandlung von Feuer und Licht, die Aufbewahrung feuergefährlicher Gegenstände und die Vornahme feuergefährlicher Handlungen, das Anzünden von Feuer im Freien, die Anfertigung, Lagerung, den Transport und Verkauf von Schießpulver, leicht entzündlichen Stoffen u. dgl., die Reinigung der Kamine, Feuerbeschau, Feuerlöschgeräte und Feuerlöschordnung.

Der Stadtrat ist ferner berufen, Vorschriften über die Feuersicherheit in Theatern, Versammlungs- und Vergnügungslokalen, Geschäfts- und Warenhäusern zu erlassen und den Vollzug zu überwachen. Der Feuerpolizei ist die städt. Branddirektion angegliedert. Die wichtigeren Vorschriften siehe Anhang V 1 mit 15.

Nach § 86 Ziff. 9 MBO. ist die LBK. verpflichtet, bei Bauführungen, welche Theater, Versammlungslokale oder Betriebe mit besonders großer Feuergefahr betreffen, den Stadtrat als Feuerpolizeibehörde unter Mitteilung der Pläne mit seinen Erinnerungen zu hören.

4. **Der Gesundheitsrat:** Nach § 88 MBO. ist die LBK. gehalten, bei allen wichtigen Baugesuchen, in die Fragen der Gesundheitspflege hereinspielen, z. B. bei Bauvornahmen auf sanitär zweifelhaftem Untergrund oder auf Grundstücken mit hohem Grundwasserstand, in der Nähe von Bachläufen oder dgl. vor der Entscheidung das Gutachten des zuständigen gesundheitspolizeilichen Organes einzuholen.

Natürlich steht es auch dem Stadtrat frei, um derartige Gutachten für seine einschlägigen Beratungsgegenstände einzukommen.

Berufen ist hiefür in erster Linie der Amtsarzt für den Verwaltungsbezirk der Stadt, sodann in wichtigeren Fällen und, wo dies besonders vorgeschrieben ist, z. B. Allerh.V. vom 16. Mai 1876 betr. die Aufführung von Gebäuden im offenen Bausystem (GVBl. S. 347) — der Gesundheitsrat der Landeshauptstadt München.

Angesichts der Choleragefahr durch Entschließung des Staatsministeriums des Innern vom 11. Januar 1854 ins Leben gerufen, ist der Gesundheitsrat dazu bestimmt, als beratendes und begutachtendes Organ für Sanitätsfragen in München „Übelstände und Mängel in bezug auf die Sanität in der Stadt aufzudecken, die Mittel zur Abhilfe reiflichst zu erwägen und darüber sodann wohlbemessene Vorschläge und Gutachten vorzulegen".

Der Gesundheitsrat bestand zunächst unter dem Vorsitz des Polizeipräsidenten aus einem dafür zu bestimmenden Mitglied der Stadtverwaltung, einem Medizinalreferenten der Kreisregierung, dem Kreis- und Stadtgerichtsarzt, dem Polizeiarzt, den Polizeiadjunkten und den Landgerichtsärzten für München und Au. Dem Vorsitzenden wurde anheimgegeben, nach eigenem Ermessen oder auf Anregung den Direktor des städt. Krankenhauses, die Vorstände der Polikliniken — später auch des Hygienischen Instituts —, den Zentralimpfarzt, Armenärzte, den städtischen Veterinärarzt und endlich nach Bedarf in einzelnen Fällen benehmlich mit dem Vorstande des Stadtmagistrates auch Fachreferenten des Magistrates zu den Sitzungen einzuladen, um eine möglichst umsichtige und erschöpfende Beratung zu pflegen.

Eine weitere Entschließung vom 19. Mai 1859 präzisiert die Aufgabe des Gesundheitsrates dahin, daß seine Beratungen sich auf die Feststellung von leitenden Grundsätzen und Normen in sanitären Fragen zu erstrecken haben, nicht aber eine instanzielle, die Anwendung auf den einzelnen Fall betreffende Tätigkeit in sich begreifen.

Der Gesundheitsrat ist sonach beratendes und begutachtendes Organ für die Behörden, nicht für das Publikum, und nicht eine vollziehende oder anordnende Behörde.

Die Mitglieder wurden vordem auf Vorschlag des Ministeriums d. J. durch die Krone ernannt.

Der Gesundheitsrat ist insbesondere zum Erlaß der Staffelbauordnung samt den Nachträgen eingehend einvernommen worden.

5. Die Gewerbeaufsicht (Fabriken- und Gewerbeinspektion). Die Gewerbeaufsicht beruht in Bayern auf der zu § 139 b der RGewO. ergangenen Allerh.V. vom 7. Februar 1907, GVBl. S. 73; unter einem dem Staatsministerium für Handel, Industrie und Gewerbe angehörigen Zentralinspektor sind bei den Kreisregierungen für die Regierungsbezirke Gewerberäte angestellt; ihnen obliegt neben der Aufsicht über die Ausführung der Reichsgewerbeordnung (Normen über Sonntagsarbeit, Sonntagsruhe, Verhältnisse der Fabrikarbeiter, Arbeiterschutz, Arbeitsordnungen, Arbeiterausschüsse, Schutz jugendlicher Arbeiter u. dgl., dann Bestimmungen vom 30. März 1903 betr. die Kinderarbeit in Gewerbebetrieben) vor allem die K o n t r o l l e i n b e z u g a u f S i c h e r u n g d e r A r b e i t e r g e g e n d i e G e f a h r e n f ü r L e i b u n d G e s u n d h e i t i n j e n e n g e w e r b l i c h e n A n l a g e n, d i e n a c h §§ 16 u n d 24 d e r R G e w O. e i n e r b e s o n d e r e n G e n e h m i g u n g b e d ü r f e n.

Den Gewerbeaufsichtsbeamten stehen in ihrem äußeren Wirkungskreis die amtlichen Befugnisse der Ortspolizeibehörden zu, sie haben jedoch um polizeiliche Verfügungen, deren Durchführung eventuell des administrativen Zwanges bedarf, die ordentlichen Polizeibehörden zu ersuchen; letztere sind verpflichtet, solchem Ersuchen zu entsprechen.

I m B a u p o l i z e i v e r f a h r e n muß die LBK. den Gewerberat (Fabriken- und Gewerbeinspektor) unter Mitteilung der Pläne vor deren Verbescheidung mit seinen Erinnerungen hören (§ 86 Ziff. 10 MBO.), wenn es sich um Fabriken und sonstige wichtigere gewerbliche Anlagen handelt.

6. Die städtischen Bauämter: Hochbauamt und Tiefbauamt mit ihren Unterabteilungen für Stadterweiterung, Heizung, Lüftung, Stadtgärten, Straßenbau, Wasserversorgung u. dgl. sind Organe der städt. Verwaltung, entbehren aber des Charakters von Behörden.

Wegen der Abteilung für Kanalisation ist auf das oben zu Ziff. 11) Gesagte zu verweisen; nach §§ 52 ff. der Vollzugsvorschriften zur MBO. (Anhang II 4) erfolgt vor Beginn einer genehmigten Bauvornahme die Angabe des Niveaus (Höhenlage) durch einen Techniker des Stadtbauamts (städt. Tiefbauamts); der Bauunternehmer ist verpflichtet, hierum nachzusuchen; die angegebenen Fixpunkte sind nach § 274 Ziff. 2 RStGB. geschützt.

7. Das städtische Vermessungsamt: dieses genießt für seine auf bestehendes und künftiges Eigentum der Stadt beschränkten Vermessungsarbeiten, in denen es den staatl. Messungsbehörden auf Grund FinanzME. vom 8. April 1889 Nr. 4728 und 3. Oktober 1891 Nr. 14358 völlig gleichgestellt ist, den Charakter einer ö f f e n t l i c h e n, von der Stadtgemeinde zwar besoldeten, vom Stadtrate aber unabhängigen und der Aufsicht der Regierung unterstehenden Behörde. Im Baupolizeiverfahren kommt seine Mitwirkung besonders in Betracht

a) bei Festsetzung der Baulinie: jeder Instruktionsplan muß die Bestätigung des Vermessungsamtes aufweisen, daß er geprüft und mit den tatsächlichen Verhältnissen übereinstimmend befunden worden ist (§ 3 MBO.);

b) der Bauunternehmer muß vor Beginn einer jeden genehmigten Bauvornahme die Aussteckung der Bau- und Vorgartenlinien beim städt. Vermessungsamte nachsuchen; die von diesem angegebenen Fixpunkte sind nach § 274 Ziff. 2 RStGB. geschützt (§§ 52 ff. der Vollzugsvorschr. z. MBO. [Anhang II 4]); die Einhaltung der Linien wird von der gleichen Stelle kontrolliert;

c) die für die Grundabtretungen an die Stadtgemeinde erforderlichen Messungsverzeichnisse können mit voller amtlicher Wirkung vom städt. Vermessungsamte angefertigt werden.

Dagegen sind die Bemühungen des Stadtrates um amtliche Autorisierung des städt. Vermessungsamtes im Zusammenlegungsverfahren nach dem Gesetz vom 14. August 1923 betr. die Erschließung von Baugelände bislang ohne Erfolg geblieben.

III. Die Erschließung von Baugelände und die neue Bauanlage.

Die Umwandlung von unbebautem Gelände (Kultur- und Ödland) in Bauland geschieht entweder freiwillig oder gegen den Willen des Eigentümers. Im ersteren Falle wird der Grundbesitzer sie in dem Zeitpunkte anstreben, in dem er sich im Vergleich zum bisherigen Ertrag einen größeren Vorteil von der Bebauung verspricht — also zum finanziellen Vorteil des Verfügungsberechtigten —, im anderen Falle im Zwangsverfahren: sei es nach dem Zwangsenteignungsgesetz zur Erlangung von Bauplätzen für den Bau von Wohnungen der minderbemittelten oder dem Mittelstand angehörigen Bevölkerung (Anhang I 1) oder nach dem Gesetz über die Erschließung von Baugelände (Anhang I 2).

Immer ist für diese Umwandlung erforderlich:

1. die Festsetzung der Baulinien (Alignements), im unebenen Gelände auch der Höhenlagen,

2. die Festsetzung der Bauweise — durch die Staffelbauordnung —,
3. die Übereignung des nach den Baulinien zu Straßen und Plätzen fallenden Grundes — Gemeinbedarf — an die Stadtgemeinde,
4. die Herstellung der Straßen bzw. die Sicherung dieser Herstellung,
5. die Anerkennung der hergestellten Straße als einer öffentlichen durch den Stadtrat.

Erster Abschnitt:

Die Festsetzung der Baulinien und Höhenlagen.

Bei der Baulinienfestsetzung kommen nach §§ 1 und 3 MBO., sowie Bek. des Staatsministeriums des Innern vom 3. August 1910 (MABl. S. 477) folgende Linien in Betracht:

a) die Straßenbegrenzungslinien: sie bestimmen die mit Rücksicht auf den Verkehr nötigen Straßenbreiten — Fahr- und Gehbahn —; wird eine Einzäunung hergestellt, so ist sie unmittelbar an dieser Linie zu errichten;

b) die Vorgartenlinien sind Straßenbegrenzungslinien, die im Zusammenhang mit einer dahinterliegenden Baulinie gedacht sind; wird eine Einzäunung hergestellt, so ist sie unmittelbar an der Vorgartenlinie zu errichten. Ob eine Einzäunung erfolgen muß, wie sie beschaffen sein muß und wie die Vorgartenfläche zu verwenden ist, wird durch ortspol. Vorschrift bestimmt (siehe Anhang II Ziff. 5);

c) die Gebäudefluchtlinien (Baulinie im engeren Sinne) sind jene Linien, welche die Stellung der künftigen Gebäudefronten angeben und beim Mangel von Vorgartenlinien zugleich die Grenze zwischen dem künftigen Bauland und dem künftigen öffentlichen Verkehrsgrund (Straße, Platz), darstellen.

Die vordere Gebäudeflucht muß unmittelbar an diese Linie herangerückt werden.

d) Die vorderen, seitlichen und rückwärtigen Bebauungsgrenzen haben die Bedeutung, daß die Gebäude entweder an diese Linien gestellt oder in einem beliebigen Abstande dahinter errichtet werden dürfen; die LBK. kann hier auf die Stellung und Richtung der Gebäude Einfluß nehmen.

Die Baulinien haben somit die Aufgabe, zunächst die Grenze zwischen dem künftig der Allgemeinheit dienenden öffentl. Verkehrsgrund nebst sonstigen Plätzen, Anlagen u.

dgl. und dem der Bebauung vorzubehaltenden Privatgrund festzulegen, sodann die Stellung der Gebäude zu bezeichnen. Sie sind im Interesse einer geregelten und zweckmäßigen Entwicklung der Stadt und eines entsprechenden Zusammenhanges aller Verkehrsflächen (§ 81 MBO.) auf der Grundlage eines Übersichtsplanes — Stadterweiterungsplan — zu bearbeiten.

Der Stadterweiterungsplan umfaßt sowohl die ausgebauten Teile des Stadtgebietes mit den allenfalls dort in Frage kommenden Änderungen (Regulierungen, Durchbrüchen usw.), wie das bereits durch Baulinien- bzw. Staffelfestsetzungen vorbereitete Erweiterungsgelände, sodann die Projekte für eine auch über die Burgfriedensgrenze ausgreifende künftige Gestaltung.

Der Stadterweiterungsplan hat sohin eine umfassendere Zweckbestimmung als der nach § 82 Abs. II MBO. bei der LBK. geführte Generalstadtplan, der den jeweiligen Stand der Bebauung und der erfolgten Baulinienfestsetzung aufzuweisen hat.

Der heutige Münchener Stadterweiterungsplan geht zurück auf eine von der Stadtverwaltung im Jahre 1891 ausgeschriebene Konkurrenz, deren Ergebnisse der Ausgangspunkt für die im übrigen selbständigen Arbeiten des 1893 als Abteilung des Hochbauamts gebildeten Stadterweiterungsbureaus darstellen. Die Tätigkeit dieses Bureaus erstreckte sich zunächst auf eine Überprüfung und Umgestaltung der bis dahin hergestellten, zum Teil nicht frei von Schablone gefertigten Alignementspläne und griff bald auf die Planung der Baulinien für das ganze Burgfriedensgebiet und die nach § 99 MBO. mitzuberücksichtigenden, seither größten Teils einverleibten Nachbargemeinden über; sie umfaßte die Festsetzung der Linien ebenso wie die künftige zweckmäßigste Bebauungsweise.

Diese Arbeiten fanden allgemeine Beachtung und insbesondere wiederholt die Anerkennung des Ministeriums des Innern, erhielten aber auch durch diese Behörde sehr wertvolle Anregung und Unterstützung; hier ist zu verzeichnen die wichtige Entschließung vom 26. November 1898 Nr. 21837, welche besonders nachdrücklich die Notwendigkeit darlegt, daß im Interesse der Gesundheit der Bevölkerung einer wachsenden Großstadt und als Gegengewicht gegen die aus Rauch, Ruß und Staub ihr drohenden Schäden möglichst große Grünanlagen, Erholungs-, Spiel- und Sportflächen schon im Baulinienfestsetzungsverfahren ausgeschieden werden; betont wurde dabei, daß die restlose Verbauung des ganzen städtischen Vorgeländes mit der Zeit Mißstände zeitigen müßte, die später nur mit größten finanziellen Opfern ausgemerzt, vielleicht sogar nur gemildert werden könnten.

Auf dieser Entschließung beruht die Praxis, daß Baulinienanträge nur dann genehmigt werden, wenn mindestens 5% des aufzuteilenden Gebietes für Zwecke öffentlicher Anlagen ausgeschieden und der Stadtgemeinde zur Verfügung gestellt werden; eine ähnliche Bestimmung für Großberlin stuft das Verhältnis nach Maßgabe der Bebauungsmöglichkeit d. i. der größeren oder geringeren künftigen Wohndichtigkeit ab. Seither ist das Gesetz über die Baugelände-Erschließung vom 4. Juli 1923 ein wichtiges Hilfsmittel für die Durchführung solcher Anlagepläne, damit aber auch für die Erstellung zweckmäßiger, alle Beteiligten gleichmäßig belastender Alignements geworden; auch bietet sich nun die Möglichkeit, die Projektierung von den Grundstücksgrenzen unabhängiger zu gestalten; die sehr häufige West-Ostlängenerstreckung der Parzellen hat bisher die Anlage von Bauquartieren, in denen reine Nordwohnungen vermieden blieben, erheblichst erschwert.

Die genannte Ministerialentschließung soll auch für die Vorortsgemeinden Geltung haben, die infolge der bisherigen Einverleibungen nunmehr an den Burgfrieden grenzen; da ihre Alignementspläne vielfach übervorsorglich oft die gesamte Flur mit einem Straßennetz überspannen, das auf die künftigen Bedürfnisse der wachsenden Stadt nur ungenügend Rücksicht nimmt und die aus hygienischen Gründen notwendige Weiträumigkeit von Grünflächen vielfach vermissen läßt, so hat der Stadtrat im Sommer 1926 in Vorstellungen an die Baupolizeibehörden und das Ministerium auf die hieraus drohenden Gefahren hingewiesen; im Verfolg der hieran anschließenden Beratungen ist unterm 2. November 1926 an die Kreisregierungen, den Stadtrat und die LBK. und die Bezirksämter München, Starnberg und Wolfratshausen die folgende Entschließung des Staatsministeriums des Innern ergangen:

„Die Entwicklung der Großstädte und größeren Städte vom Standpunkte des Verkehrs, der öffentlichen Gesundheit und des Städtebaues kann nicht an den Stadtgrenzen haltmachen. Große Verkehrswege, Bahnlinien, Schiffahrtswege müssen von ihren Ausgangspunkten entsprechend den Forderungen der Allgemeinheit weit vorausschauend in bestimmte Bahnen geleitet werden. Die Wirkungen dieser Maßnahmen erstrecken sich oft weit über die Stadtgrenzen hinaus. Das gleiche ist der Fall bei der Schaffung größerer zusammenhängender Grünflächen in der Umgebung von größeren Städten zur Förderung der Volksgesundheit und für Sportzwecke. Auch die städtebaulichen Forderungen, Festlegung der Bebauungsmöglichkeiten für reine Wohnzwecke, für Industriezwecke usw. wirken vielfach weit über die Stadtgrenzen hinaus. Es liegt im dringenden allgemeinen Interesse, die Regelung aller dieser Fragen rechtzeitig und in weit vorausschauender Weise anzubahnen. Die Führung in diesen Fragen muß, soweit nicht Staat oder Reich beteiligt sind, den beteiligten Stadtverwaltungen überlassen bleiben. Die an die größeren Städte anstoßenden Landgemeinden müssen sich dessen bewußt sein, daß sie bei der baulichen Aufschließung ihres Geländes auf diese großen Fragen Rücksicht nehmen müssen, und daß die Außerachtlassung dieser Rücksicht früher oder später zu den größten Mißständen führen kann, die sich dann unter Umständen gegen die Landgemeinden selbst auswirken. Es ist daher dringend geboten, daß die Verwaltungen der größeren Städte und die umliegenden Bezirksämter bei der Lösung dieser Fragen Hand in Hand arbeiten. Um dieses Zusammenarbeiten zu sichern, ergehen nachstehende Anordnungen:

1. Die Verwaltungen der größeren Städte übermitteln den anliegenden Bezirksämtern die für die Entwicklung der Stadt notwendigen großen Richtlinien in Form von Wege- und Siedlungsplänen.
2. Die Bezirksämter legen diese Richtlinien bei der Ausarbeitung von Generalbaulinienplänen für die Gemeinden in der Umgebung der größeren Städte zugrunde und behandeln alle hier auftauchenden Fragen rechtzeitig und von Anfang an im engen Benehmen mit der beteiligten größeren Stadt.
3. Ergeben sich hierbei Schwierigkeiten, die im Wege der Verhandlung nicht beseitigt werden können, so legen die Bezirksämter die Verhandlungen der vorgesetzten Kreisregierung vor, die, wenn auch ihr die Beilegung der Schwierigkeiten nicht gelingt, die Verhandlungen dem Staatsministerium des Innern mit Bericht vorlegt."

Abgesehen hiervon geben zahlreiche generelle und einzelne Ministerialentschließungen, so vom 18. Juli 1905 (MABl. S. 317) betr. die Herstellung von Baulinien, ferner vom 27. März 1907 betr. Heimatsschutz, und vom 3. August 1910 (MABl. S. 477) betr. den Vollzug der Bauordnungen, zum Teil auch die Vollzugsvorschriften zum BauEG. (Anhang I 4) wichtige Richtpunkte für die Bearbeitung und Würdigung zeitgemäßer Stadterweiterungspläne und gleichzeitig festzulegender Bebauungsvorschriften.

Die MBO. selbst stellt in § 4 folgende Hauptforderungen auf:

1. die neuen Baulinien müssen an die bestehenden Baulinien und Straßen anbinden und sich in den Rahmen des vom Stadterweiterungsbüro aufgestellten General-Baulinienplanes so eingliedern, daß durch dieselben wichtige künftige Straßenverbindungen nicht unmöglich gemacht werden;
2. die Straßen müssen ihren künftigen Zwecken entsprechen, namentlich müssen Verkehrsstraßen eine nicht zu knapp bemessene Breite erhalten, welche die Sicherheit und Bequemlichkeit auch eines gesteigerten, moderne Mittel aller Art benutzenden Verkehrs gewährleistet;
3. auf einen geregelten Wasserablauf ist zu achten;
4. es ist auf eine möglichst geradlinige und mit den Straßenlinien einen rechten Winkel bildende Abteilung der einzelnen Bauplätze sowie darauf zu sehen, daß die einzelnen Bauplatzteile den erforderlichen Raum für eine entsprechende Bauführung bieten;
5. zur Vermeidung von Sackgassen muß für eine Verbindung der künftigen Straße von einer Quer- bis zur nächsten Querstraße und für die Verbindung mit einer bereits bestehenden Straße gesorgt werden (§ 81 MBO.).

Diese Richtlinien mögen für eine Baupolizei-Verordnung, wie die MBO., genügen; sie kann und soll kein Lehrbuch des Städtebaues, noch weniger die Kunst des Städtebaues ersetzen. Heute ist sich auch der Laie über die Hauptgrundsätze klar, so darüber, daß eine große Stadt nicht nach einem unwandelbaren Plan gebaut werden kann, daß jeder Entwurf nur ein Produkt seiner Zeit ist und daß über die nächsten Bebauungszonen hinaus immer nur eine Generalidee erstellt werden kann, die das Wichtigste, wie die großen Hauptverkehrswege, die Trennung von Wohn- und Industriegebieten, die von Bebauung freizuhaltenden Teile zwar bindend festlegt, sonst aber innerhalb eines weiten Rahmens für die Zukunft Freiheit gewährt und den jeweils auftretenden Bedürfnissen, Erkenntnissen und Wirtschaftsnotwendigkeiten den entsprechenden Raum läßt.

Das Baulinienfestsetzungs-Verfahren.

Zuständig für die Festsetzung und Abänderung der Straßenbegrenzungs-, Gebäudeflucht- und Vorgartenlinien sowie der seitlichen und rückwärtigen Bebauungsgrenzen ist für das Münchener Burgfriedensgebiet nach § 79 Abs. IV MBO. das Ministerium des Innern, für die Gebiete der Nachbargemeinden (hier in I. Instanz) der Bezirksausschuß (Art. 23 Abs. I lit. c des Selbstverwaltungsgesetzes).

Antragsberechtigt ist, wer an der Festsetzung ein Interesse hat, also die Grundeigentümer (ohne Beschränkung auf Mindestzahl oder Mindestbesitz), die Polizeidirektion als Verkehrspolizeibehörde, vor allem aber der an einem einheitlichen und zweckentsprechenden Ausbau zunächst interessierte Stadtrat und die LBK.

Die Gestaltung der Eingabepläne unterliegt den Vorschriften der §§ 3 (siehe dort auch die Anmerkungen) und 77 MBO.; sie werden bei der LBK. eingereicht, bei Unrichtigkeit oder Unvollständigkeit zur Behebung der Mängel den Antragstellern zurückgegeben (§ 78 MBO.) und — wenn der Antrag öffentlichen Interessen nicht widerspricht — dem Instruktionsverfahren unterstellt (Ausschreibung, Einvernahme der beteiligten Privaten und Behörden, Stellungnahme des Stadtrats zu den Protesten usw. siehe § 79 Abs. I und II MBO.). Nach Durchführung der Verhandlungen erfolgt die Vorlage der Pläne und Akten an die Regierung von Oberbayern unter förmlicher Antragstellung, sodann die Weiterbeförderung mit etwa veranlaßten Bemerkungen der letzteren Stelle an das Ministerium des Innern.

Dessen Bescheid wird durch die LBK. den Beteiligten und dem Stadtrat bekanntgegeben, der Generalstadtplan (siehe oben) evident gestellt (§ 82 MBO.), sodann der Akt zur Registratur gegeben.

Die Festsetzung der Höhenlage (Niveau) regelt sich nach §§ 2 mit 4 Abs. II, 76 Abs. II, 77 mit 79 Abs. I mit III und 82 MBO. Die festgesetzte Höhenlage ist bei Neubauten, bei Umbauten und bei Auswechslungen im Erdgeschoß — hier unter Ausführung der zur Niveauangleichung erforderlichen Arbeiten — einzuhalten (§ 7 MBO.).

Die Abänderung der genehmigten Baulinien und Höhenlagen vollzieht sich nach den gleichen Grundsätzen, wie die erste Festsetzung.

Im bebauten Gelände ist eine solche Maßnahme für den betroffenen Besitz insoferne von Bedeutung, als die neuen Linien bei einer Hauptänderung oder Hauptreparatur an bestehenden Gebäuden oder sonst der Genehmigungspflicht unterworfenen Anlagen eingehalten werden müssen und auch bei anderen Bauvornahmen nach Ermessen der LBK. zu respektieren sind (siehe § 5 Abs. II MBO.).

In der Regel wird ein so erheblicher Eingriff in bestehende Verhältnisse, wie ihn nicht selten der Antrag auf Baulinienneufestsetzung im bebauten Gelände darstellt — nur aus wichtigen öffentlichen Interessen erfolgen; in der Mehrzahl der Fälle wird er von der Stadtverwaltung ausgehen, doch sind auch Anregungen durch die LBK., die Regierung von Oberbayern, auch von der Staatsregierung zu verzeichnen, z. B. bei Genehmigung der Straßenbahnführung durch das Schleder-gäßchen, Regelung der Augustinerstraße, Rosenstraße u. dgl. Die Erwägungen, die zu solchen Anträgen führten, lagen zumeist auf dem Gebiete der Verkehrsverbesserung, der Sanitätspolizei, der Erhöhung der Feuersicherheit durch Erleichterung des Brandangriffs; doch können daneben auch andere, z. B. schönheitliche Rücksichten hereinspielen; in derartigen Fällen erfolgt die Genehmigung der Baulinienänderung zunächst meist in befristeter und bedingter Form (siehe hiewegen § 80 MBO. und Anmerkungen).

Änderungen der Höhenlage erweisen sich notwendig, besonders bei Bergregulierungen, dem Bau von Brücken, Bachüberwölbungen, schienenungleichen Bahnkreuzungen, Aufhöhungen des Geländes aus sanitären Gründen, sohin bei Unternehmungen, die im öffentlichen Interesse aus öffentlichen Mitteln ausgeführt werden und in der Regel den unmittelbar beteiligten und benachbarten Grundstücken — wenn nicht sofort — doch für später dauernde Vorteile bringen; es ist daher nicht unbillig, wenn das Gesetz Entschädigungen für bauliche Maßnahmen versagt, die im einzelnen Anwesen zur Anpassung an das neue Niveau getroffen werden müssen; zumeist handelt es sich auch nur um Provisorien, die bei späterer Vollauswertung des Baugrundes wegfallen. Vgl. für die Zeit vor dem Inkrafttreten des BGB. den Auszug aus einem oberstrichterlichen Erkenntnisse, abgedruckt im MABl. 1880 S. 7 — für das jetzt geltende Recht die Entscheidung des Reichsgerichts vom 30. April 1902 (Sammlung Bd. 51 S. 251 ff.); dort ist unter eingehender Erörterung des § 907 BGB. ausgeführt, daß wegen der Erhöhung einer öffentlichen Straße nicht auf Entschädigung geklagt werden kann; eine solche Maßnahme halte sich innerhalb der Grenzen des Straßengrundstücks, auf dem der Eigentümer nach der Regel des § 903 BGB. an sich das freieste Verfügungsrecht ausüben kann; sie greife körperlich in das Nachbargrundstück nicht hinüber, lasse vielmehr dessen körperlichen Bestand äußerlich unberührt. Die Höhenänderung wirke nur durch Entziehung oder Erschwerung der bisherigen Art der Straßenbenützung; der betroffene Grundbesitzer habe daher ein Verbietungsrecht nur dann, wenn ihm etwa ein besonderes wohlerworbenes Dienstbarkeits- oder Vertragsrecht einen unveränderten Straßenbestand garantiert haben sollte.

Zweiter Abschnitt:
Die Festsetzung der Bebauungsweise und die Staffelbauordnung.

A. Geschichtlicher Rückblick.

Nach dem Vorbild anderer großer Städte wurden auch für München spätestens seit Anfang der neunziger Jahre des vorigen Jahrhunderts Bebauungsvorschriften angestrebt, die eine Verminderung der Wohn- und Baudichtigkeit gegen die Außenbezirke, die Trennung der Wohnlagen von den Industrievierteln und die Bekämpfung der Mietskasernen zum Ziele hatten; die Rechtsbehelfe hiefür waren zunächst mangelhaft:

Die Allerh. V. vom 16. Mai 1876 betr. das offene Bausystem erlaubte nur für neue Straßen durch ortspol. Vorschrift im Interesse der Gesundheit die offene Bebauung, die Anlage von Vorgärten, die Mindesthofraumgrößen, Pavillonzwischenräume, Maximalhöhen und Gruppenlängen vorzuschreiben; die städtischen Behörden machten von dieser Befugnis in ausgedehntem Maße um so lieber Gebrauch, als die damals geltende MBO. wegen der geringen Abstände der Rückgebäude und der knappen Hofraumflächen noch eine nicht unbedenkliche Baudichtigkeit für die Gebiete des geschlossenen Systemes zuließ.

Ähnliche Verbesserungen auch für das geschlossene Bausystem durchzusetzen, war u. A. das Ziel der Anträge, mit denen der nachmalige Oberbürgermeister Dr. von Borscht als Vorsitzender der LBK. im Oktober 1891 die Revision der MBO. von 1879 einleitete; er hatte Beschränkungen im Auge, die „den Anforderungen der Gesundheitspflege einen wirklichen Schutz gewähren und zum mindesten vollen Ersatz für die Vorteile des offenen Bausystems bieten" sollten; die Vorschläge sind u. a. auf erhebliche Beschränkungen, selbst teilweises Verbot der Hinterhäuser abgestellt gewesen, aber — obwohl von den städtischen Vertretern und dem Gesundheitsrat durchaus unterstützt, schließlich nicht durchgedrungen.

In der Folge mühten sich die Stadtverwaltung und die LBK. damit ab, die vorhandene Lücke im Wege der Verhandlungen mit den Beteiligten durch Servitutverträge nach Tunlichkeit zu schließen; dabei ist es oft nicht ohne Gegenleistungen der Gemeinde und ohne Einbußen ihres Prestiges abgegangen; insbesondere mußte in allen Fällen, in denen nach dem Gutachten des Gesundheitsrates die geschlossene Bauweise nur unter Beschränkungen zugelassen werden konnte, diese Beschränkungen aber in Verhandlungen mit kurzsichtigen oder eigensinnigen Grundeigentümern nicht erreichbar waren — gleichwohl das offene Bausystem vorgeschrieben werden, obschon dieses aus wirtschaftlichen — für München auch aus klimatischen Rücksichten an sich nicht zu bevorzugen war. In anderen Fällen konnten erst nach langen, ebenso zeitraubenden, wie unerquicklichen Verhandlungen einzelne Zugeständnisse hygienischer Art erlangt und dann die eingeführte offene Bauweise im Dispenswege wieder in eine geschlossene zurückgewandelt werden. Oft versagte dieses Verfahren, weil mancher, der nicht hinreichend im Vorteil zu sein glaubte, seine Mitbeteiligten noch zuletzt sitzen ließ und die Dienstbarkeitsbestellung ablehnte.

Zu all diesen Leerlaufarbeiten und Verdrießlichkeiten kam die eine geordnete Verwaltung des Baupolizeiwesens lähmende Tatsache, daß die Schaffung gleichmäßiger Vorschriften unmöglich war und daß — die Servitutsverträge wurden nicht veröffentlicht — schließlich ohne eingehendes Vorstudium niemand mehr zuverlässig wußte, welche Bebauungsvorschrift für das einzelne Baugrundstück in Geltung war.

So waren durch ortspolizeiliche Vorschriften über vierzig, durch Servitutverträge bei hundert verschiedene Bautypen innerhalb des Münchener Burgfriedens eingeführt, als die Novelle vom 22. Juni 1900 zu Art. 101 Abs. II PolStGB. den ersehnten Wandel schuf und fortan auch aus gesundheitlichen Rücksichten baupolizeiliche Auflagen und Beschränkungen im Wege der ortspol. Vorschriften ermöglichte; auf dieser Gesetzesstelle beruht die Münchener Staffelbauordnung vom 20. April 1904 samt den hiezu ergangenen Nachträgen.

Sie hat am Tage ihrer Verkündigung zweiundvierzig ortspol. Vorschriften außer Wirksamkeit gesetzt; die durch Privatverträge gewonnenen Servituten konnte sie, als eine ortspol. Vorschrift, nicht aufheben, auch war es aus materiellrechtlichen Gründen nicht ratsam, ohne Spezialprüfung diese Rechte mit generellem Verzicht sofort aufzugeben: ihr Zweck — z. B. Schutz von Nachbarinteressen — besteht zum Teil noch so wirksam fort, und die Gegenleistungen der Stadt waren so verschiedenartig, daß ein Verzicht auf die erworbene Berechtigung im einzelnen Fall der besonderen Würdigung bedurfte. Im Laufe der Jahre sind sie zum größten Teil abgebaut worden.

B. Überblick über den Inhalt der Staffelbauordnung.

Die Münchener Bebauungsvorschrift entspricht ihrer Aufgabe zunächst durch die Festsetzung der nachverzeichneten, auf Seite 25 zusammengefaßten zehn Bautypen (Baustaffeln). Diese sind im Interesse eines gesundheitlich zweckmäßigen Ausbaues der Stadt so über das Burgfriedensgebiet verteilt, daß sich die Bebauungs- und damit die Wohndichtigkeit im allgemeinen nach den Außenbezirken zu abstuft und mindert; als Norm ist nicht eine Art Schablone genommen, etwa in Form gewisser Radialzonen, so daß ein weiträumiges Gelände der gleichen Vorschrift unterschiedslos unterworfen wäre; es wurde vielmehr individualisiert, d. h. den örtlichen Verhältnissen der einzelnen Viertel und ihrer mutmaßlichen Entwickelung, der besonderen Art der Straßen (Verkehrs- und Wohnstraßen), ja sogar einzelner Straßenteile Rechnung getragen.

Die Austeilung der Staffeln soll geordnete und gesicherte Zustände verbürgen; es ist aber nicht an ein so starres System gedacht, daß spätere dringende Änderungen durchaus ausgeschlossen bleiben müßten.

Im einzelnen ist zu beachten:

1. Die Grundlage für die Staffelverteilung bildet der bei der LBK. hinterliegende Plan vom Dezember 1902 — fußend auf den Vorarbeiten des Stadterweiterungsbureaus unter Dr. Theodor Fischer — ergänzt und evident gehalten nach Maßgabe der jeweils im Wege der ortspol. Vorschrift zur

StBO. ergehenden Nachträge; der Inhalt dieses Planes ist in Worten wiedergegeben im amtlichen Straßenverzeichnis, das einen integrierenden Bestandteil der StBO. darstellt. Vom Abdruck in diesem Buche wurde aus Zweckmäßigkeitsgründen abgesehen; es wird von Zeit zu Zeit von der LBK. neu herausgegeben werden, die Nachträge erscheinen überdies in der Gemeindezeitung.

2. Das geschlossene Bausystem wurde wegen der klimatischen Verhältnisse und aus wirtschaftlichen Gründen vor dem offenen bevorzugt; insbesondere gilt es für die größeren Verkehrsstraßen — etwa bis Kilometer 4 vom Stadtinnern Staffel 2, von da bei erheblicher Straßenbreite Staffel 3, bei schmaleren, also minder wichtigen Verkehrsstraßen Staffel 4. Ferner wiegt für die der Zugluft besonders ausgesetzten Lagen, wie das Sendlinger und das Giesinger Oberfeld mit Ausnahme der den Wäldern benachbarten Distrikte, dann für die exponierten Teile Schwabings, auch für das Sendlinger Unterfeld die geschlossene Bauweise vor.

Das offene Bausystem ist in der Hauptsache den Gebieten vorbehalten, in denen es schon vor dem Inkrafttreten der StBO. eingeführt war — Nymphenburg, Neuhausen, das südliche Schwabing und das angrenzende Erweiterungsgelände —; es ist sodann ausgedehnt worden auf die Gegenden landschaftlich bevorzugter Lagen, z. B. Bogenhausen, das Villenviertel um die Sternwarte, das Areal des vormaligen Herzogsparks, Harlaching und Menterschwaige, Prinz Ludwigshöhe — überhaupt die besonders geschützten Wohnanlagen im Osten, Süden und Südwesten (vgl. § 22a StBO.) und sonstige Gegenden, in denen es aus gesundheitlichen Gründen besonders angezeigt erschien, z. B. auch die Nähe von Friedhöfen.

Eigene Industriegebiete in dem Sinne, daß außer ihren Grenzen die Industrie ausgeschlossen wäre, sind in der StBO. nicht vorgesehen, wohl aber Gebiete, in denen sie baupolizeilich besonders begünstigt wird (§ 21 StBO.) und bevorzugte, bzw. geschützte Wohnlagen, aus denen Belästigungen ferngehalten werden (§§ 21, 22a, 26, 28 StBO.).

Rein gesundheitspolizeilicher Art sind auch die Vorschriften in §§ 26 Ziff. 2, 30, 37 mit 39, die sich mit der Berücksichtigung der an verschiedenen Stellen des Stadtgebietes besonders hohen Grundwasserstände befassen.

Da die StBO. die Bebauungsvorschriften für das ganze

Stadtgebiet in sich begreifen sollte, so mußten auch jene Einzelnormen, die schon früher den besonderen Verhältnissen einzelner Stadtgegenden gewidmet waren und beibehalten werden sollten, in einem Abschnitt „E Besondere Bestimmungen" unter tunlichster Angleichung an das neue Baupolizeirecht aufgenommen werden; sie umfassen die Bauanlagen an der Theresienwiese, am Karolinenplatz, in Neuwittelsbach, Bogenhausen, an der Rhidler-Plinganserstraße, die Umgebung der Ursulakirche (Schwabing), der Bennokirche (Neuhausen), der Georgskirche (Milbertshofen) und das Nymphenburger Schloßrondell und sind vorwiegend bauästhetischer Natur. Der Schönheit des Stadtbildes sind schließlich die Bestimmungen des § 41 über die Erhaltung schöner Fernsichten (Blick von der Wolfratshauserstraße auf die Stadt, sowie das rechtsseitige Isarhochufer und die Thalkirchener Kirche, von der Theresienhöhe auf die Alpenkette, von der Forstenriederstraße bzw. Schloß Fürstenried auf die Frauenkirche) gewidmet.

Nur nebenher sei hier auch des Ausblickes vom Nymphenburger Schloß nach dem Schlößchen Blutenburg gedacht, der innerhalb des Burgfriedensgebietes in der Anlagengestaltung des Nymphenburger Parks berücksichtigt ist, innerhalb des Gebietes der Nachbargemeinde aber durch entsprechende Bauliniengestaltung geschützt werden muß.

Die vorstehenden Darlegungen wären unvollständig, würden sie nicht zum Schlusse noch das Ergebnis der Erhebungen kurz streifen, die wegen einer etwaigen Reformbedürftigkeit der StBO. im Jahre 1915 — also nach mehr als zehnjähriger Geltungsdauer — vom Stadtrat veranlaßt worden sind; es sei vorweggenommen, daß die Erörterungen im wesentlichen den Dachgeschoßausbau betreffen; hierüber ist in den Anmerkungen zu § 19 das Nähere zu finden.

Ein Teil der sonstigen Anregungen ist in den seither ergangenen Nachträgen, insbesondere § 22a (geschützte Wohnviertel) und Vergrößerung der Industriegebiete (§ 22) berücksichtigt; anderen Wünschen konnte durch einzelne Änderungen in der Staffelzuteilung Rechnung getragen werden. Wenig Gnade bei den Fachleuten hat dagegen der Gedanke eines der an diesem Werke mitbeteiligten Juristen gefunden; er gab anheim, die Zahl der durch sehr viele reine Ost-Weststraßen bedingten unbesonnten Nordwohnungen dadurch zu verringern, daß jeweils die nach Süden gerichtete Front im geschlossenen System höher soll bebaut werden dürfen, als die gegenüberliegende und daß die letztere einer Staffel des offenen Systems zugeteilt werden möge, um wenigstens einzelnen Vorderräumen das hygienisch so wichtige Sonnenlicht einigermaßen zukommen zu lassen. Als Ausweg wurde technischerseits empfohlen entweder eine geschickte Grundrißlösung, die die Wohnräume nach rückwärts verlegt oder die Umgestaltung der Alignements, wozu jetzt das Bauplatzerschließungsgesetz die Möglichkeit bietet.

Übersicht über die Baustaffeln.

Staffel	Bauweise	Vordergebäude	Rückgebäude	Hofraum	Gruppenlänge höchstens	Pavillonzwischenraum mindestens
1	Geschlossen	Erdgeschoß u. 4 Stockwerke nach d. M.B.O.	Erdgeschoß u. 3 Stockwerke nach d. M.B.O.	nach der M.B.O		
2	"	Erdgeschoß u. 3 Stockwerke bis 18 m Höhe	Erdgeschoß u. 3 Stockwerke bis 18 m Höhe	1/3 Hoffläche		
3	"	Erdgeschoß u. 3 Stockwerke bis 18 m Höhe	Erdgeschoß u. 1 Stockwerk bis 12 m Höhe	1/3 Hoffläche		
4	"	Erdgeschoß u. 2 Stockwerke bis 15 m Höhe	Erdgeschoß u. 1 Stockwerk bis 12 m Höhe	1/3 Hoffläche		
5	"	Erdgeschoß u. 1 Stockwerk bis 12m Höhe	Erdgeschoß bis 9 m Höhe und ohne selbständige Mietwohnungen	1/3 Hoffläche		
6	Offen	Erdgeschoß u. 3 Stockwerke bis 20 m Höhe	Erdgeschoß u. 3 Stockwerke bis 20 m Höhe	1/3 Hoffläche, Lichthöfe sind nicht gestattet	45 m	7 m
7	"	Erdgeschoß u. 3 Stockwerke bis 18 m Höhe	Erdgeschoß u. 1 Stockwerk bis 12 m Höhe	1/3 Hoffläche, Lichthöfe sind nicht gestattet	45 m	9 m
8	"	Erdgeschoß u. 2 Stockwerke bis 15 m Höhe	Erdgeschoß u. 1 Stockwerk bis 12 m Höhe	1/3 Hoffläche	36 m	10 m
9	"	Erdgeschoß u. 1 Stockwerk bis 12 m Höhe	Erdgeschoß bis 9 m Höhe ohne selbständige Mietwohnungen	1/2 Hoffläche	36 m	10 m
10	geschl. oder offen	Erdgeschoß u. ein Obergeschoß od. Dachgeschoß	Erdgeschoß, nicht bewohnbar	2/3 Hoffläche	—	7 m

Dritter Abschnitt.

Die Übereignung des nach den Baulinien zu Straßen und Plätzen fallenden Grundes — Gemeinbedarf — an die Stadtgemeinde.

Die Forderung geht auf die Übertragung des Eigentums und hat ihre sachliche Begründung in dem Umstande, daß die Flächen, welche der Allgemeinheit und Öffentlichkeit dienen und auf ihre Kosten unterhalten werden sollen, auch unter Ausschluß jeder Sonderberechtigung Dritter in der freien Verfügungsgewalt des Treuhänders und Sachwalters der Öffentlichkeit, in diesem Falle der Stadtgemeinde, liegen müssen.

Zivilrechtlich ist diese Forderung im alten Bayer. Landrecht unter anderem durch die Möglichkeit der Ersitzung von Eigentum und Dienstbarkeiten für die Gemeinden gewährleistet gewesen, baupolizeilich dagegen in den älteren Vorschriften nur mit einer gewissen Zurückhaltung aufgestellt: nach § 81 MBO. ist die Bewilligung zu Bauführungen in neuen Bauanlagen an die „Herstellung des an die Gemeinde zu überweisenden Straßenkörpers" (man beachte grammatikalisch die appositive Form für einen Hauptgedanken!) gebunden, und nach § 80 ebenda fällt die „Erledigung der etwa in Frage kommenden Grundabtretung zu öffentlichen Straßen, Wegen und Plätzen zunächst dem Übereinkommen des Stadtrates mit den Beteiligten anheim".

Die neueren Gesetzgebungsakte Novelle vom 9. Mai 1918 zum Zwangsabtretungsgesetz vom $\frac{\text{17. November 1837}}{\text{13. August 1918}}$ (GVBl. 1918 S. 289 [Anhang I 1] Art. I Lit. A Ziff. 5 und das Gesetz über die Erschließung von Baugelände vom 4. Juli 1923 (GVBl. S. 273 [Anhang I 2] Art. 1 und 7) bringen dagegen die genannte Forderung klar als eine Selbstverständlichkeit zum Ausdruck; sie verlangen außerdem die unentgeltliche Abtretung und normieren die Pflicht hiezu — ersteres Gesetz auf 25—40%, letzteres auf 35% der zur Aufteilung gelangenden Flächen. Damit ist die allgemeine und auch für München von jeher festgehaltene Praxis sanktioniert, wornach die Stadt — beim Mangel einer Pflicht zur Herstellung neuer Straßen — ihre Verhandlungen mit den Beteiligten schon wegen der den letzteren aus der Baugeländeerschließung zugehenden Vorteile — jeweils auf der Basis der unentgeltlichen Abtretung abgeschlossen und nur in ganz außerordentlichen Belastungsfällen einzelnen

Grundeigentümern teilweise Entschädigungen — zumeist aus der Hand der minderbelasteten übrigen Beteiligten — vermittelt hat.

Wegen der Übereignungsverhandlungen im Güte- oder Zwangsverfahren siehe die Anmerkungen zu § 80 MBO.; in letzterer Beziehung sei noch Folgendes hervorgehoben: Das Bau Er G. ermöglicht die Sicherstellung der für den Gemeinbedarf erforderlichen Flächen und erleichtert die Bebauung durch Schaffung entsprechender Bauplatzformen und Bauplatzgrößen — je unter tunlichst gleichmäßiger Heranziehung aller Beteiligten und auch gegen den Widerspruch von solchen im Wege der Neueinteilung der Grundstücke (Art. 1 und 2). Die Voraussetzungen sind:

a) ein bestimmt begrenztes Gelände (Umlegungsgebiet),

b) die Festsetzung der Baulinien und der Bebauungsweise (Baustaffeln)

oder Vorliegen eines von der Baupolizeibehörde geprüften, technisch und städtebaulich einwandfreien Projektes für die Baulinien und Baustaffeln,

c) die Neueinteilung muß dem Gemeinwohle dienen d. h. ihr Zweck muß über rein private Belange hinausreichen und Aufgaben berühren, die zur Förderung des Volkswohles dem Staate oder anderen Gemeinwesen obliegen z. B. Verkehr, Wirtschaftsentwicklung, Wohnungsfürsorge, Gesundheitspflege, Feuersicherheit, Schutz der Landschaft oder des Städtebildes gegen Verunstaltung u. dgl.,

d) Zustimmung mindestens der Hälfte der beteiligten Eigentümer, die zugleich die Hälfte des beteiligten Grundeigentums repräsentieren oder dringendes Erfordernis der Neueinteilung aus Rücksichten des Gemeinwohles; in diesem Falle kann die Gemeindebehörde sogar von Aufsichts wegen zur Antragstellung verhalten werden (Art. 4 mit 6).

Bei Zustimmung aller Beteiligten ist freiwillige Neueinteilung im vereinfachten Verfahren möglich (Art. 47); siehe im übrigen wegen des Verfahrens das Gesetz und die Vollzugsvorschriften (Anhang I 2 und 4).

Vierter Abschnitt.

Die Herstellung neuer Straßen und die Sicherung der Herstellung.

Ob die Stadtgemeinde neue Straßen herstellen oder von dritter Seite neuhergestellte mit Unterhaltslast übernehmen will, steht im freien Ermessen des Stadtrats; es liefe jedoch den öffentlichen Interessen zuwider, wenn hierwegen in jedem Einzelfall besondere Verhandlungen mit besonderen Bedingungen eingeleitet würden; es ist vielmehr für den Regelfall die Aufstellung normativer Grundsätze unerläßlich; für eine neue Bauanlage im Sinne des § 81 MBO. wird daher gefordert

a) Die Herstellung des Straßenkörpers einschließlich der Pflasterung und Randsteinsetzung für den neuen Straßenteil von einer Querstraße bis zur nächsten und die Verbindung mit einer bestehenden Straße oder mindestens Sicherheit dafür, daß diese Herstellung binnen einer zu bestimmenden Frist erfolgen wird.

b) In Ausführung dieser Bestimmung ist im städt. Pflasterstatut vom $\frac{\text{1. August 1909}}{\text{25. August 1911}}$ (Anhang II 8) die Herstellung des Straßenunterbaus, die darauf folgende Pflasterung mit einer Kleinsteindecke und die Randsteinsetzung und Rinnenpflasterung, endlich die Sicherheitsleistung dafür gefordert, daß nach Verschleiß der Kleinsteindecke die Pflasterung mit Granitwürfeln durchgeführt werden kann — statt ihrer ist auch eine Asphaltdecke denkbar. Ermäßigungen sind vorgesehen für Straßenzüge mit Bebauung nach Staffel 5 und 9 — hier fällt die Verpflichtung zur späteren Vollpflasterung weg — und für Kleinhausstraßen (Staffel 10) hier genügt statt der Kleinsteindecke eine einfache Kieswalzung (Makadam); eine weitere Straßenbefestigung kommt für später nicht in Frage.

Die Einzelnheiten sind im Pflasterstatut und den zugehörigen Bekanntmachungen des Stadtbauamts — Anhang II 7 mit 9 — zu finden.

Zurzeit bereitet das Tiefbauamt ein neues Statut mit neuen Befestigungsarten auf der Grundlage einer Staffelung der technischen Anforderungen nach Bebauungsdichtigkeit und einer Ermäßigung des Kostenaufwandes vor.

Der Vollzug dieser Bestimmungen ergab folgende Praxis: In der Vorkriegszeit wurde der Straßenunterbau alsbald ausgeführt und im Anschluß hieran eine Makadamdecke hergestellt, die Pflasterung aber auf mindestens drei Jahre nach der Kanalisierung verschoben, um das Wiederaufreißen der Steine zu verhüten und das Setzen des Auffüllmaterials der Kanalbaugrube abzuwarten.

Aus Gründen technischer Zweckmäßigkeit — die Makadamdecke war nicht billig in der Herstellung und teuer im Unterhalt, bei nassem Wetter kotig, bei trockenem staubig — wurde später die Kleinsteindecke als erste Befestigungsart eingeführt. Sie gilt als solche noch jetzt und wird hergestellt wenn der neue Straßenzug in einigem Umfang mit Neubauten besetzt ist, um die mit dem Transport der Baumaterialien verknüpfte Beschädigung hintanzuhalten. Da dieser Zeitpunkt je nach Lage des Baumarktes sich verzögern wird, die Kleinsteinpflasterung länger vorhält als Makadam und da die Stadt mit den Kanalbauten nicht jeweils der oft sprunghaften baulichen Entwicklung folgen konnte, — so ergeben sich mehrfach Gründe dafür, die endgültige Vollpflasterung längere Zeit hinauszuschieben.

Die Pflasterungskosten konnten daher gestundet und durch entsprechende Kautionen sichergestellt werden; dabei ist rechtlich zu beachten:

Die Straßenkostenforderungen sind öffentlich-rechtlicher Natur; sie sind daher nicht im Zivilprozeß, sondern nur im Baupolizeiverfahren verfolgbar. Materiell finden auf sie die Grundsätze des bürgerlichen Rechtes Anwendung. Die Sicherheitsleistung kann durch Hinterlegung von Geld, mündelsicheren Wertpapieren, Bürgschaften sicherer Banken, Hypotheken von entsprechender Rangstelle geregelt werden (§§ 232 mit 240 BGB.). Wer für eine Verpflichtung Sicherheit leisten muß, hat damit die Verpflichtung selbst noch nicht erfüllt; wenn die Sicherheit z. B. durch Inflation im Werte gemindert oder wertlos geworden ist, so ist er nach § 240 BGB. zur Ergänzung oder anderweitigen Sicherheitsleistung verbunden und selbstverständlich nicht von seiner Schuldigkeit befreit.

Die Mängel des bisherigen Sicherungssystemes liegen damit auf der Hand:

Vom Standpunkte des Schuldners ist es wirtschaftlich richtig, für lange befristete Leistungen nicht dauernd Gelder als Depot zu binden oder vorzeitig Zahlung zu verlangen, wenn mit den Summen inzwischen nutzbringend gearbeitet werden kann; vom Standpunkte der Gemeinde als Gläubigerin können sich aber dabei schwere Schädigungen ergeben, wenn es sich um die Sicherung von Forderungen handelt, die erst nach Jahren, in einem zunächst nicht absehbaren, vom Schuldner auch nicht beeinflußbaren Zeitpunkt fällig werden sollen; noch schwieriger wird die Sache, wenn an Stelle des Schuldners dessen Erben treten oder wenn inzwischen Veränderungen oder gar wirtschaftliche Erschütterungen, wie seit Kriegsbeginn, eingetreten sind — und nun die Ergänzung oder Neuleistung einer Sicherheit nach § 240 BGB. verlangt wird. Hier ist dann alles auf die Kreditwürdigkeit, d. i. die Zahlkraft und den Zahlungswillen des Pflichtigen verstellt — eines Pflichtigen, der unter der Depression ebenso gelitten hat, wie die von ihm oder schon von seinem Erblasser gestellte Kaution. — und der vielleicht in gar keiner Beziehung mehr zu dem Gebäude steht, vor dessen Errichtung die Sicherheit gegeben worden ist; mehr noch: wenn der Pflichtige oder seine Erben überhaupt nicht mehr aufgefunden werden können!

Diesen Nachteilen kann für die Zukunft wirksam nur begegnet werden, wenn durch Rechtssatzung die Vorschriften des § 81 MBO. und die analoge Bestimmung der bayer. Bauordnung einer Umgestaltung in dem Sinne unterworfen wird, daß an Stelle einer rein persönlichen Haftung des Bauwerbers eine öffentlichrechtliche Belastung des Baugrundstücks mit den Bevorrechtigungen tritt, die öffentlichrechtliche Ansprüche auch anderweit genießen.

Freilich Straßenkosten sind ein heikles Thema: jedem erscheinen sie zu hoch, immer wieder werden die Städte und die Baupolizeibehörden aufgefordert, sie zu ermäßigen! — es darf aber nicht vergessen werden, daß die Straßen nicht zu entbehren sind, daß sie in Material und Arbeit so wenig unentgeltlich geliefert werden können, wie der Hausbau selbst und daß es billig ist, wenn die Kosten dem überbürdet werden, der seines Vorteiles halber neue Bauplätze schafft, oder bei Veräußerung dem neuen Erwerber, der die noch ausstehende Straßenregelung bei der Kaufpreisbemessung in Rechnung gezogen hat.

Wenn sonach die Forderungen der Gemeinden objektiv berechtigt und auch im geltenden Recht materiell begründet sind, so darf ihnen ein wirksamer Rechtsschutz auch praktisch nicht versagt bleiben; er ist allein zu finden in einer Bestimmung, die durch Verordnung eventuell durch eigenen Gesetzgebungsakt den §§ 81/62 der Bauordnungen angefügt wird, etwa mit dem Wortlaut:

„Die Verpflichtung zur Straßenherstellung trifft den jeweiligen Eigentümer des Baugrundstücks und bildet eine auf diesem Grundstück ruhende öffentlichrechtliche Last im Sinne des Art. 122 des Bayer. Ausführungsgesetzes zum BGB."

Eine analoge Vorschrift besteht übrigens bereits für die Pflasterung der Gehbahnen: nach § 91 der ortspol. V. der Polizeidirektion vom 7. Okt. 1922 und 22. Jan. 1923 über die Ordnung, Sicherheit und Bequemlichkeit des Straßenverkehrs sind die jeweiligen Anwesenseigentümer zur Herstellung und Unterhaltung gepflasterter Gehbahnen längs ihres Eigentums verpflichtet; der Grundgedanke dieser Bestimmung soll auch bei der jetzt eingeleiteten Revision dieser Vorschriften aufrecht erhalten bleiben; vgl. § 7 MBO. und die Anmerkungen hiezu.

Fünfter Abschnitt.

Die Anerkennung der hergestellten Straße als einer öffentlichen durch den Stadtrat.

Nach Bekanntmachung der LBK. vom 9. August 1919 (Anhang II 7) verlangt die Baupolizeibehörde bei Gesuchen um Bauführungen in neuen Bauanlagen vom Bauwerber einen Nachweis des Stadtrates, daß die Straße ordnungsgemäß hergestellt oder daß die ordnungsgemäße Herstellung gesichert ist.

Dieser Erklärung liegt jeweils — sei es ein genereller, sei es ein Spezialbeschluß des Stadtrats — zugrunde, der herkömmlich als „Übernahmebeschluß" bezeichnet wird und zweierlei besagt:

a) daß bei der neuen Straße die Voraussetzungen des § 81 MBO. in Ordnung sind,

b) daß die Stadtgemeinde fortan die neue Straße dem Verkehr widmet und als einen Bestandteil des von ihr gemäß Art. 38 GemO. zu betreuenden und zu unterhaltenden Ortsstraßennetzes behandelt.

Sechster Abschnitt:

Ausnahmen.

Bauführungen an Privatstraßen und ohne genehmigte Baulinien.

a) An Privatstraßen: in der Absicht, die Straßenkosten und damit die Wohnungsbaukosten zu verringern, sind auch Bauführungen an nichtöffentlichen Straßen — Privatstraßen — erwogen und in einzelnen Fällen durchgeführt worden; sie sind überall da denkbar, wo die angrenzenden Gebäude in der Hand eines Unternehmers (am besten einer juristischen

Person) bleiben. Die Wegflächen tragen dann den Charakter von Hofräumen; ihre Beleuchtung, Reinigung, Unterhaltung usw. bleibt Sache des Eigentümers, der sich hiewegen mit seinen Mietern vereinbaren mag.

Der Zusammenhang einer solchen Bauanlage mit einer öffentlichen Straße ist natürlich unerläßlich.

Wo mit einer Veräußerung der einzelnen Häuser gerechnet werden muß — der Darlehensgeber wird das in der Regel tun — wird die Übergabe der Zuwegungsflächen an die Stadtgemeinde als Treuhänderin und die dem Pflasterstatut entsprechende Instandsetzung nicht zu entbehren sein; denn nur so besteht volle Gewähr dafür, daß dem Verkehr zu den einzelnen Häusern, der Legung und dem Bestand von Tiefbauobjekten, Hausanschlüssen u. dgl. Schwierigkeiten nicht bereitet werden können.

b) Bauführungen ohne genehmigte Baulinie: der Regelfall, daß Grundstücke erst nach Festsetzung der Baulinien und Herstellung der ihnen entsprechenden Straßenzüge bebaut werden dürfen, erleidet Ausnahmen dann, wenn es sich um interimistische Bauten und solche Bauten handelt, für welche ihrer Art und Zweckbestimmung nach das äußere Stadterweiterungsgebiet aufgesucht bzw. die nächste Nähe der in Entwicklung begriffenen städtischen Bauquartiere gemieden wird.

Es muß jedoch genügende Gewähr dafür geboten sein, daß öffentliche Interessen nicht verletzt oder gefährdet werden.

Nach § 1 Abs. III der MBO. kann von der Baulinienfestsetzung nach Einvernahme der Polizeidirektion und des Stadtmagistrates Umgang genommen werden: bei Aufführung von Gebäuden von vorübergehender Dauer vereinzelter Villen, öffentlicher oder gemeinnütziger Anstalten, landwirtschaftlicher Gebäude, Gärtnereien, von Lagerplätzen, Fabriken und Anlagen im Sinne des § 16 der RGewO., wenn für eine genügende Entwässerung sowie für eine hinreichende Zufahrt gesorgt ist, und die Festsetzung von Baulinien weder von den beteiligten Privaten angestrebt wird, noch im öffentlichen Interesse geboten erscheint. In diesen Fällen ist die Baugenehmigung an solche Bedingungen zu knüpfen, daß die spätere Durchführung von Baulinien sichergestellt ist.

Diese Sicherheit wird für die Straßenherstellung in der Regel durch Kaution, insbesondere Kautionshypothek in Höhe der mutmaßlichen künftigen Kosten geleistet; der wegen der Grundabtretung vordem gebräuchliche Weg, daß sich der

Eigentümer „für sich und seine Rechtsnachfolger“ zur Abtretung des künftig zur Straße entfallenden Grundes verpflichteten — ist seit Inkrafttreten der Bestimmungen des BGB. nicht mehr gangbar; gute Dienste kann jetzt die Belastung des betreffenden Grundstücks mit Wegservituten oder die sofortige Abtretung der Straßenflächen nach den etwa vorhandenen Baulinienprojekten des Stadterweiterungsbureaus etwa mit dem Vorbehalte leisten, daß die Stadtgemeinde die unentgeltliche Fortbenützung bis zum Zeitpunkt der Eröffnung definitiver Straßen- und den eventuellen Austausch und die Rückgabe der nach Festsetzung der Baulinien nicht als Straßengrund verwendbaren Parzellen zusichert.

IV. Was muß der Käufer eines Grundstückes beachten?

Er muß wissen,

1. ob das Grundstück in der Form und Größe, wie er es kaufen will, amtlich vermessen ist,
2. ob der angrenzende Straßengrund sich im Eigentum des Treuhänders, d. i. der Stadtgemeinde, befindet oder ob etwa gar zu befürchten steht, daß der Verkäufer diesen Grund für sich oder zur Weitergabe an Dritte behalten will,
3. ob die benachbarten Straßenflächen sich so weit im Eigentum der Stadtgemeinde befinden, daß ein ununterbrochener Zusammenhang mit dem öffentlichen städtischen Straßennetz gewährleistet ist,
4. welche Lasten, Grunddienstbarkeiten, Reallasten, Erbbaurechte u. dgl. auf dem Grundstück ruhen,
5. ob eine Rentenmarkgrundschuld oder dgl. auf dem Grundstück liegt,
6. ob das Grundstück „gewachsenen Boden“ oder ein auf Kies ausgebeutetes, mit Schutt oder Unrat aufgefülltes Gelände darstellt,
7. ob für das Grundstück die Baulinien und das Bausystem bereits festliegen, ob es etwa in eine beantragte Neueinteilung fällt,
8. ob die etwa vorhandene Weganlage nach § 81 MBO. genügt, ob alle Straßenkosten bezahlt oder genügend gesichert sind, ob und welche Hindernisse einer sofortigen Bebauung entgegenstehen,
9. wie nahe die städtischen Versorgungsnetze und Tiefbauobjekte (Wasser-, Gas-, Elektrizitätsleitung und Kanalisation) an das Grundstück heranreichen;

10. daß das Eigentum nur auf Grund notariellen Kaufvertrages und anschließenden Eintrages der Auflassung ins Grundbuch auf den neuen Erwerber übergeht.

Die Aufschlüsse können erholt werden: zu 1 mit 3 beim städt. Vermessungsamt, zu 4 — wenn auch für Dienstbarkeiten nach altem Recht nicht erschöpfend — beim Grundbuchamt, zu 5 beim zuständigen Finanzamt, zu 6 durch Proben mittels Schürfgruben, zu 7 und 8 beim städtischen Kommunalreferat, zu 7 allein auch bei der LBK., zu 9 bei den einschlägigen technischen Sparten der städtischen Verwaltung.

Die Unterlassung dieser Feststellungen brachte namentlich Kleinhaussiedlern in der Nachkriegszeit oft bittere Enttäuschungen.

Königlich Allerhöchste Verordnung, die Bauordnung für die Haupt- und Residenzstadt München betreffend.

Im Namen Seiner Majestät des Königs.

Luitpold,

von Gottes Gnaden Königlicher Prinz von Bayern,

Regent.

Wir haben Uns bewogen gefunden, die Bauordnung für die Haupt- und Residenzstadt München vom 3. April 1879 (Gesetz und Verordnungsblatt S. 447), dann die zu derselben erlassene Verordnung vom 7. September 1894 (Gesetz- und Verordnungsblatt S. 545) einer Revision unterziehen zu lassen und verordnen im Hinblicke auf § 367 Ziff. 15 und § 368 Ziff. 3 und 8 des Strafgesetzbuches für das Deutsche Reich beziehungsweise aufgrund des Art. 2 Ziff. 11 und 14, des Art. 73 Abs. 1 und des Art. 101 des Polizeistrafgesetzbuches für Bayern vom 26. Dezember 1871 im Zusammenhalte mit den durch Art. 8 des Gesetzes vom 5. Mai 1890 (Gesetz- und Verordnungsblatt S. 225) getroffenen Aenderungen*) hinsichtlich der Bauführungen in der Haupt- und Residenzstadt München, was folgt:

---

*) Im nachfolgenden Texte sind die durch die AV. vom 21. März 1900, AV. vom 3. August 1910 und AV. vom 10. Juli 1918 verfügten Änderungen und Ergänzungen des MBO. berücksichtigt.

I.

Bau- und Vorgartenlinien, Höhenlage, Pläne hierüber und Bauplätze.

Notwendigkeit der Baulinienfestsetzung.

§ 1.

I Die im Bezirke[1] der Stadt München gelegenen Grundstücke dürfen vorbehaltlich der in Abs. 3 getroffenen Bestimmungen nur nach Festsetzung[2] von Baulinien[3] bebaut werden. Mit der Festsetzung von Baulinien kann die von Vorgartenlinien verbunden werden.

II Wenn eine Baulinie noch nicht bestimmt ist, oder wenn von der bereits bestimmten abgewichen werden soll,[4] hat vor allem die Festsetzung derselben zu erfolgen.

III Von dieser Festsetzung kann nach Einvernahme der k. Polizeidirektion und des Stadtmagistrates Umgang genommen werden bei Aufführung von Gebäuden von vorübergehender Dauer, vereinzelter Villen,[5] öffentlicher oder gemeinnütziger Anstalten, landwirtschaftlicher Gebäude, Gärtnereien, von Lagerplätzen, Fabriken und Anlagen im Sinne des § 16 der Reichsgewerbeordnung, wenn für eine genügende Entwässerung[6] sowie für eine hinreichende Zufahrt gesorgt ist und die Festsetzung von Baulinien weder von den beteiligten Privaten angestrebt wird, noch im öffentlichen Interesse geboten erscheint. In diesen Fällen ist die Baugenehmigung an solche Bedingungen zu knüpfen, daß die spätere Durchführung von Baulinien sicher gestellt ist.[5]

1. Bei Erweiterungen des Münchener Burgfriedensgebietes wird in der Genehmigungsentschließung des Staatsministeriums des Innern (Art. 4 GemO.) die Erstreckung der MBO. auf das neuzugeteilte Gebiet ausgesprochen.

2. In älteren Bauanlagen läßt sich oft nicht mehr ohne weiteres ermitteln, ob und wann die für die Gebäude maßgebende Linie behördlich festgesetzt worden ist; die Praxis nimmt in der Regel den vorhandenen Mauerleib der Straßenseite als geltende Baulinie an. Das enthebt die Baupolizeibehörden nicht von der Verpflichtung, von Amts wegen zu prüfen, ob die in der Natur gegebene Linie anerkannt oder eine Abänderung und Neufestsetzung beantragt werden soll.

3. Über die verschiedenen Arten der Baulinien siehe § 3 Abs. I Ziff. 5 MBO. und die Anm. hiezu.

4. Der Wunsch von der Baulinie abzuweichen kann in der Art des Bauvorhabens oder anderen Umständen begründet sein und vom Bauwerber oder einem sonst im Verfahren Beteiligten (auch der LBK. ex officio) ausgehen.

5. Vereinzelte Villen liegen abseits vom geschlossenen Baugebiet; es handelt sich also nicht um solche, die in einem weiträumig gestalteten, mit großen Gartenflächen durchsetzten Villenviertel errichtet werden sollen.

6. Wegen der Sicherstellung siehe Einführung III 6. Abschnitt b, wegen der Verkehrssicherheit auf die Dauer des Provisoriums § 5 Abs. VIII und § 81 Abs. VI Ziff. 2 MBO., wegen der Entwässerung: ortspol. V. vom 1. Oktober 1893 (Anhang II, 16) § 1.

Notwendigkeit der Niveaufestsetzung.

§ 2.

Anläßlich der Festsetzung der Baulinie muß die Höhenlage[1] (das Niveau) der Straße, und soferne ein Bedürfnis hiefür gegeben ist, auch die Höhenlage der an der Straße gelegenen Bauplätze bestimmt werden.

1. Es sollen unzweckmäßige Steigungen verhütet und notwendige Einschnitte und Auffüllungen (Abtrag — Auftrag) sichergestellt werden, so beim Hanggelände der Isar, bei Auffahrtsstraßen, Brückenrampen, gleisfreien Bahnkreuzungen (siehe § 3 Abs. I Ziff. 3, § 4 Abs. II, § 76 Abs. II MBO.).

Formale Erfordernisse der Baulinien- und Niveaupläne.

§ 3.

I Behufs der Festsetzung neuer und der Abänderung bestehender Bau- bezw. Vorgartenlinien und der Höhenlage sind der Lokalbaukommission in doppelter Fertigung Pläne vorzulegen, welche zu enthalten haben:

1. Eine geometrische Darstellung der betreffenden Grundstücke mit Angabe der bestehenden Plätze, Straßen und Wege, Brücken und Stege, der Brunnen, Bäche und Kanäle, der Besitzgrenzen, der vorhandenen Gebäude, deren Hausnummern, sowie der Namen der Besitzer, soweit dies zur Beurteilung des Baulinienplanes erforderlich ist, jedenfalls aber einschließlich der nächst angrenzenden Straßen;

2. sowohl die genehmigten, als auch die neu oder zur Abänderung beantragten Bau- beziehungsweise Vorgartenlinien der freien Plätze[1] und der Straßen mit Angabe der Breite derselben, dann die etwa erforderlichen neuen Brücken,

Stege, Ufermauern, Böschungen und Berichtigungen von Wasserläufen;

3. im unebenen Terrain die Höhenlage der bestehenden und der beantragten Straßen, Plätze und Brücken, bezogen auf den für München amtlich festgestellten Horizont (Höhenlage über dem Meere),[2] nebst den dazu gehörigen Längen- und Querprofilen;

4. soweit das öffentliche Interesse es erfordert, eine die ordnungsgemäße Bebauung ermöglichende Abteilung der Bauplätze.[4]

5. Die Pläne müssen ersehen lassen, ob die beantragten Linien als Straßenbegrenzungslinien, als Vorgartenlinien, als Gebäudefluchtlinien, als vordere, seitliche oder rückwärtige Bebauungsgrenzen gelten sollen.[3]

II Zur Anfertigung dieser Pläne sind richtig gestellte 1000teilige Katasterblätter zu verwenden. Die Pläne über die Höhenlage sind im Maßstabe von 1 : 1000 für die Längen und von 1 : 100 für die Höhen anzufertigen. Jeder Baulinienplan muß einen Maßstab und die Angabe der Himmelsrichtung enthalten.

III Auf den Plänen ist durch das Vermessungsamt der Stadt München zu bestätigen, daß sie von demselben geprüft und mit den tatsächlichen Verhältnissen übereinstimmend befunden worden sind.

1. In Betracht kommt die ME. vom 26. November 1898 Nr. 21 837 Übersicht III 1. Abschnitt und die im Anschluß hieran gebildete Praxis, wornach mindestens 5 % des zur Aufteilung bestimmten Geländes für öffentliche Grünflächen auszuscheiden sind; es empfiehlt sich daher zur Abkürzung des Verfahrens, mit den Plänen eine Berechnung des städt. Vermessungsamtes einzureichen, die ersehen läßt, daß das Prozentverhältnis gewahrt ist.

Anträge auf Änderung festgesetzter Baulinien, unter Verringerung festgesetzter öffentlicher Grünplätze haben keine Aussicht auf Befürwortung und Genehmigung, wenn nicht gleichzeitig ein Ersatz für die Minderung geboten wird; in ganz vereinzelten besonderen Fällen z. B. bei einem Anbau des Regina-Palast-Hotels gegen die städtischen Eschenanlagen oder bei Umwandlunng eines als Bauquartier bestimmten Geländes in ein Fabrikareal wurde von der Stadt mit Zustimmung der LBK. und des Ministeriums des Innern der Ersatz statt in natura in Geld entgegengenommen und dieses alsbald für die Schaffung öffentlicher Anlagen an anderer Stelle verwendet.

2. Amsterdamer Pegel 503,01 über Normalnull.

3. Maßgebend ist hierzu die ME. vom 3. August 1910, den Vollzug der Bauordnungen betr. (MABl. S. 477); hier werden unterschieden:

Straßenbegrenzungslinien (in den Baulinienplänen grün zu hinterlegen); sie bestimmen die mit Rücksicht auf den Verkehr erforderliche Straßenbreite; etwaige Einzäunungen sind an dieser Linie zu errichten;

Vorgartenlinien (grün zu hinterlegen); sie sind Straßenbegrenzungslinien mit einer dahinter liegenden Baufluchtlinie; die Einzäunung ist unmittelbar an der Vorgartenlinie zu errichten; ob eine Einzäunung erfolgen muß, wie sie beschaffen sein muß und wie die Vorgartenfläche zu verwenden ist, wird durch ortspolizeiliche Vorschrift bestimmt (Anhang II Ziff. 5);

Gebäudefluchtlinien (rot zu hinterlegen) haben die rechtliche Wirkung, daß die vordere Gebäudeflucht unmittelbar an diese Linie herangerückt werden muß;

vordere (blau), seitliche und rückwärtige (je violett zu hinterlegen) Bebauungsgrenzen haben die rechtliche Wirkung, daß Gebäude entweder an diese Linien gestellt oder in einem beliebigen Abstande dahinter errichtet werden dürfen; die LBK. kann hier auf die Stellung und Richtung des Gebäudes Einfluß nehmen.

In den Baulinienplänen sollen die Baulinien durch schwarze mit den vorbezeichneten Farben hinterlegte Linien dargestellt werden und zwar in der Weise, daß die neuen Baulinien durch ununterbrochene Farbbänder, die unverändert bleibenden mit durch Punkte unterbrochenen Farbbändern, die aufzuhebenden durch unterbrochene Farbbänder gekennzeichnet werden. Baulinien, die zwar in Aussicht genommen sind, aber noch nicht festgesetzt werden sollen, sind durch nicht hinterlegte Strichlinien von entsprechender Farbe kenntlich zu machen. Fallen aufzuhebende und beantragte Baulinien zusammen, indem z. B. eine vordere Bebauungsgrenze in eine Gebäudefluchtlinie oder eine Gebäudefluchtlinie in eine Vorgartenlinie umgewandelt werden soll, so kann die schwarze Linie mit entsprechendem Farbbande hinterlegt und zugleich ein entsprechendes unterbrochenes Farbband vorgelegt werden.

Die Maße für die bestehenden Straßen- und Vorgartenbreiten sind schwarz, bei Veränderung dieser Breiten rot einzuschreiben.

Mit dieser Einführung hat das Ministerium des Innern in Anpassung an die praktischen Bedürfnisse einen freieren, beweglicheren Vollzug der Vorschriften über die Baulinien angebahnt, um die in dieser Richtung einem freien baukünstlerischen Schaffen und einem praktischen Wohnungsbau entgegenstehenden formalen Schranken möglichst zu beseitigen; die genannte Stelle hat damit Anregungen eine Folge gegeben, die vor der Revision der MBO. bereits im Jahre 1904 im Interesse einer größeren Freiheit bei aller gesetzlich nicht zu entbehrenden Gebundenheit vom Oberbayer.

Architekten- und Ingenieurverein ausgegangen waren und auch die grundsätzliche Unterstützung der LBK. und der Stadtverwaltung gefunden hatten.

Zu beachten ist freilich, welche Möglichkeiten sich im Gebiete des geschlossenen Bausystems aus dieser Neuerung herausbilden können; ein Zurückrücken hinter die Baulinie ist dort auch schon nach § 5 Abs. VII MBO., soferne öffentliche Interessen nicht entgegenstehen, dann gestattet, wenn die Baulinie im Anschluß an die Nachbargebäude wieder eingehalten wird; naturgemäß besteht kein Hindernis zur Verwirklichung künstlerisch einwandfreier Baugedanken dieses Zurückfahren auch auf die Bauplätze mehrerer Nachbarn zu erstrecken — immer vorausgesetzt, daß nachträgliche willkürliche Änderungen ausgeschlossen bleiben.

Das einschlägige Zivilrecht bestimmt in Art. 65 des Bayer. AG. z. BGB., daß Fenster, Balkone, Erker, Galerien und dergleichen gegen das Nachbargrundstück dann zulässig sind, wenn sich diese Fenster an der Baulinie befinden. Derartige Fälle sind im Stadterweiterungsgebiet bisher selten, ein Beispiel bietet die Vorgarten- und Bauanlage an der Kaiserstraße in Schwabing gegenüber der Kirche; im übrigen nimmt die Praxis zweckmäßig darauf Bedacht, solche Vorsprünge der Baulinie nicht auf die Grenze von Baugrundstücken zu legen, sondern innerhalb der einzelnen Grundstücke dergestalt anzuordnen, daß mindestens auf eine Zimmer- bzw. eine Fensterbreite die Fluchtlinie des Nachbarobjektes beibehalten wird.

4. Vgl. § 4 Anm. 3 MBO.

Die Baublockform kann im Einzelfalle knapp bemessen sein; dann ist es wichtig durch eine Bauplatzabteilung mit Grundrißskizze die ordnungsmäßige Bebauungsmöglichkeit darzulegen.

Materielle Erfordernisse der Baulinien- und Niveaupläne.

§ 4.

I Bei der Festsetzung neuer und der Abänderung bestehender Bau- bezw. Vorgartenlinien[1] muß auf Sicherheit und Bequemlichkeit des Verkehrs, sohin auf entsprechende Breite der Straßen,[2] auf einen geregelten Wasserablauf, dann auf eine gute Verbindung der neuen Bauanlagen mit schon bestehenden, auf eine möglichst geradlinige und mit den Straßenlinien einen rechten Winkel bildende Abteilung der einzelnen Bauplätze und endlich darauf gesehen werden, daß die einzelnen Bauplatzteile den erforderlichen Raum für eine entsprechende Bauführung bieten.[3]

II Bei Bestimmung der Höhenlage ist auf möglichst geringe Steigungen, auf Schutz gegen Ueberschwemmungen,[4] auf den

als höchsten bekannten Grundwasserstand[5] und die zweckmäßigste Entwässerung[6] Rücksicht zu nehmen.

1. Im allgemeinen siehe die Einführung III 1. Abschnitt. Wegen der Ausdehnung des zu berücksichtigenden Gemeinbedarfs beachte die Vollzugsbekanntmachung vom 14. September 1921 zum BaugEG. (Anhang I 4); er umfaßt neben dem öffentlichen Verkehrsgrund auch den Raum für Grünplätze, Baum-, Garten- und Parkanlagen, Sport- und Spielplätze nebst Zubehör, öffentliche Brunnen, Schutzgebiete für Naturschönheiten und besondere Naturgebilde, Aussichtspunkte, Uferstreifen an Flüssen, allenfalls auch Flächen für Bedürfnisanstalten u. dergl.

2. Der Verkehr mit Kraftfahrzeugen verlangt wegen des stetigen Anwachsens, dann der Größe und Schnelligkeit der Fahrzeuge Maßnahmen, die sich auch baupolizeilich nicht auf die Schaffung entsprechender Straßenbreiten und Fahrbahnregelungen beschränken können; wichtig wird die erhöhte Übersichtlichkeit der Hauptverkehrswege durch schlanke Linienführung, die Vermeidung von Versetzungen bei Straßenkreuzungen und von allzu zahlreichen Einmündungen von Seitenstraßen, das Vorbeiführen der Verkehrszüge an Plätzen statt der Überquerungen derselben (gute Beispiele: Hauptmarkt in Nürnberg, Grande Place in Brüssel).

In Betracht kommen die Bestrebungen der städtischen Straßenbahnleitung, ihren Verkehr tunlichst über eigenes Planum zu führen, dann die Bedachtnahme auf künftige Untergrundbahnen, Rauchkanalisationen, Fernheizanlagen u. dgl.

Auch die oberirdische Führung von Starkstromleitungen, die am zweckmäßigsten im Zuge von Straßen erfolgt, bedingt im Hinblick auf den Durchhang und den seitlichen Ausschlag der Seile gewisse Mindestbreiten einzelner Straßen.

3. Größe und Form des Bauplatzes sollen eine zweckmäßige Ausnützung der Baustaffeln ermöglichen, die für die jeweilige Stadtlage in Betracht kommen; vgl. hiezu § 8 StBO. (Bebauungsplan) und § 16 StBO. (Bauplatzabteilungsplan) je mit den zugehörigen Bemerkungen, ferner das BaugEG., welches die Bildung zweckmäßiger Bauplätze im Wege des Umlegungsverfahrens zum Hauptziel hat; hervorzuheben ist hier besonders Art. 46, wornach die LBK. zu diesem Ende auch außerhalb des Umlegungsverfahrens die Baugenehmigung davon abhängig machen kann, daß der Bauwerber kleinere zum Abschlusse der eigenen oder einer benachbarten Baustelle erforderliche, selbständig nicht bebaubare Grundflächen gegen Entschädigung erwirbt oder abtritt; dies gilt auch, wenn nach dem Baulinienplane bisherige Wegteile in Baublöcke fallen.

4. Bauverbote und Baubeschränkungen im Überschwemmungsgebiete sind zulässig nach Art. 76 des Wassergesetzes vom 23. März 1907 (GVBl. S. 157).

5. Die StBO. enthält in den §§ 28, 30, 37 mit 39 für die Westseite der Khidlerstraße, die Umgebung von Biederstein, die Gebiete im Herzogspark, die Niederung zwischen der Thalkirchner- und Schäftlarnstraße und für Untergiesing Sonderbestimmungen wegen der Fußbodenhöhen bzw. der Kelleranlagen und der Mauerisolierung.

6. Siehe ortspolizeiliche Vorschriften vom 1. Oktober 1893 über die Entwässerung der Grundstücke (Anhang II 16).

Auswirkungen der festgesetzten Baulinie.

§ 5.

I Wer an[1] bestehenden oder neuanzulegenden öffentlichen Plätzen, Straßen oder Wegen ein Gebäude oder eine sonstige der baupolizeilichen Genehmigung bedürfende bauliche Anlage neu aufführen[3] oder eine Hauptreparatur oder Hauptänderung (§ 11) an einem bestehenden Gebäude oder einer baulichen Anlage der vorbezeichneten Art vor der Baulinie[4] vornehmen will, hat die Bau- bezw. Vorgartenlinie einzuhalten[2].

II Die Einhaltung der Bau- bzw. Vorgartenlinie kann ferner verlangt werden:[5]

1. beim Umbau eines Vordergebäudes, wenn auch der Bauplan auf die vor der Baulinie befindlichen Gebäudeteile sich nicht bezieht;
2. beim Neubau eines größeren Rückgebäudes, wenn das Vordergebäude alt und reparaturbedürftig ist;
3. beim Anbau von Flügelbauten an Vordergebäude.

III Die Herstellung von interimistischen Einfriedungen und Gebäuden kann nach Einvernahme des Stadtmagistrates auch ohne Zurückrücken auf die Baulinie widerruflich gestattet werden.[6—8]

IV In Straßen von 12 m und geringerer Breite sind Vorbauten vor der Baulinie unstatthaft. In Straßen, welche über 12 m breit sind, können Balkone, Erker und dergleichen zugelassen werden, welche bis zu 1,30 m über die Baulinie vortreten. Unter denselben muß aber, wenn sie nicht über abgeschlossenen Vorgärten liegen, ein mindestens 3,50 m hoher freier Durchgang verbleiben; ferner müssen dieselben, wenn sie mehr als 0,30 m vor die Baulinie vortreten, mindestens um das $1^1/_2$ fache des Vorsprunges von den nachbarlichen Grenzen entfernt bleiben. Gewöhnliche Ausladungen, Vorsprünge, Sockel, Risalite, Lisenen und dergleichen sollen über die Baulinie nicht mehr als 0,15 m vortreten; bei größeren Gebäudeausladungen ist die Mauerflucht entsprechend hinter die Baulinie zurückzurücken.[9]

V Wo Vorgärten vorgeschrieben sind, müssen dieselben an der festgesetzten Vorgartenlinie eingefriedet und stets in einem geordneten Zustand erhalten werden.[10]

VI In Anwesen, welche sich mit der Mauerflucht der Vordergebäude hinter der Baulinie bzw. mit der Einfriedung hinter der Vorgartenlinie befinden, können Bauvornahmen ohne Vorrückung in die Bau- bzw. Vorgartenlinie gestattet werden, soferne nicht öffentliche Interessen entgegenstehen.[6]

VII Ein Zurückrücken der Hauptgebäude hinter die Baulinie kann, soferne nicht öffentliche Interessen entgegenstehen, aus ästhetischen Rücksichten unter der Bedingung gestattet werden, daß die Baulinie im Anschluß an die Nachbargebäude wieder eingehalten wird.[7]

VIII In den Fällen des § 1 Abs. 3 müssen die Gebäude und Einfriedungen so weit von den betreffenden Straßen oder Wegen zurückgerückt werden, als es im einzelnen Falle die Rücksicht auf den Verkehr erfordert; die Bestimmung des hiernach einzuhaltenden Abstandes obliegt der Lokalbaukommission im Benehmen mit der k. Polizeidirektion und dem Stadtmagistrate.

1. „An Plätzen, Straßen" usw.: Der Zwang zur Einhaltung der Baulinie kommt bei Bauvornahmen nicht in Frage, die so weit hinter derselben vorgenommen werden, daß nach Form und Größe des vorgelagerten Baugrundes und nach den Bestimmungen über Hofraumflächen und Hausabstände die Errichtung eines Vordergebäudes möglich bleibt.

Unter „Plätzen, Straßen und Wegen" sind öffentliche Verkehrsflächen ohne Rücksicht auf das Eigentum verstanden.

2. Zwingende Bau- und Vorgartenlinien sind (vgl. § 3 Anm. 3) die Gebäudefluchtlinien, die Vorgartenlinien und die Straßenbegrenzungslinien.

Der Zwang zur Einhaltung besagt, daß der Bauwerber die Linie an der Straßenseite nicht überschreiten und hinter ihr nicht zurückbleiben darf, ferner daß er vorstehende ältere Bauteile beseitigen muß.

3. Die Begriffe „Bebauung von Grundstücken" nach § 1 MBO. und „Neuaufführung von baulichen Anlagen" nach § 5 MBO. können für die Anwendung als gleichwertig gelten; es handelt sich um die folgenden nach § 10 genehmigungspflichtigen Bauvornahmen:

a) Neuherstellung und Verlegung von Gebäuden, desgleichen

b) von Brunnenschachten, Kellern, Anwesensentwässerungen, Abtritten, Dung- und Versitzgruben,

c) die Errichtung von Zäunen und Einfriedigungen aller Art an Straßen, öffentlichen Wegen und Plätzen oder, wo Bau- und Vorgartenlinien in Betracht kommen.

4. „Hauptreparaturen und Hauptänderungen" (siehe die erschöpfende Aufzählung in § 11 MBO.) „vor der Baulinie." Diese Fassung ist unklar; gemeint sind Bauvornahmen an Gebäuden und baulichen Anlagen, die vor die Baulinie ragen, vgl. die deutlichere analoge Bestimmung des § 1 der Bayer. BO. „an der Umfassung bestehender Gebäude oder baulicher Anlagen gegen die Straßenseite".

5. Zwang zur Baulinieneinhaltung nach Ermessen der LBK.

6. Gewährung von Ausnahmen nach Ermessen der LBK. für Bauvornahmen an Gebäuden (Abs. VI), für die Stellung von Hauptgebäuden (Abs. VII), für den Zwang zur Einhaltung der Vorgartenlinie (Abs. VI), der Straßenbegrenzungslinie (Abs. III), für Bauten, die sich zur widerruflichen Genehmigung eignen (§ 12 Abs. II MBO.).

7. Vgl. § 3 Anm. 3 MBO.

8. Die interimistische Einfriedigung braucht nicht auf der Grenze des Grundeigentums zugelassen zu werden, maßgebend sind die Bedürfnisse des Verkehrs; so verlangte z. B. schon eine Bekanntmachung der LBK. vom 2. März 1853 (Polizei-Anzeiger S. 213) für die Einfriedigungen 3 Fuß (ca. 1 m) Mindestabstand von der Weg- bzw. Straßengrabenkante.

9. Die Normen, nach denen die LBK. Ausladungen, insbes. Stufen, Lichtschächte, Luftkanäle, Auslagekästen und ähnliche Vorrichtungen, Schutzgeländer vor Auslagefenstern, Vordächer, nach der Straße aufschlagende Fensterläden, Tore und Türen zuläßt, sind in den §§ 19 mit 27 der VollzV. z. MBO. (Anhang II 4) zusammengefaßt; wegen der schönheitlichen Seite vgl. die ortspolizeilichen Vorschriften über Stadtverschönerung und Reklame vom 17. Juli 1926 (Anhang II 5).

10. Nach § 7 der ortspolizeilichen Vorschriften der LBK. vom 17. Juli 1926 über Stadtverschönerung (Anhang II 5) muß die vorgeschriebene Einfriedigung gegen den Verkehrsraum und die Nachbargrundstücke offen hergestellt werden, einen massiven Sockel erhalten und das Maß von 1—2 m Höhe nicht unter- bzw. überschreiten.

Die Bebauung und Benützung des Vorgartens zu Lagerzwecken sowie zur Aufstellung von Verkaufsständen ist unzulässig; das Nähere und die möglichen Ausnahmen siehe in § 7 dieser ortspolizeilichen Vorschriften. Ob für einen Wirtschaftsbetrieb widerruflich die Benützung einer Vorgartenfläche zugestanden werden soll, hängt neben der Entschließung der LBK. von der Stellungnahme der städtischen Gewerbepolizei und der Polizeidirektion ab.

Zugänge über den Vorgartengrund zu Verkaufs- und Schauläden sind in den Baustaffeln 5 und 9 ausgeschlossen.

Spezialvorschriften für die Vorgärten an der Königinstraße siehe Anhang II 18.

Stellung der Hauptgebäude zur Baulinie.

§ 6.

An bestehende oder nach den Baulinienplänen neu anzulegende öffentliche Plätze, Straßen und Wege sollen in der Regel nur Hauptgebäude gestellt werden. Wegen besonderer Verhältnisse können Ausnahmen gestattet werden; doch muß auch die Bauführung mit der Bauweise der Umgebung möglichst übereinstimmen.

Auswirkung der festgesetzten Höhenlage.

§ 7.

Bei Neubauten, Umbauten und bei Auswechslungen im Erdgeschoße sind die zur Berücksichtigung der festgesetzten Höhenlage erforderlichen Einrichtungen zu treffen.[1]

1. Vgl. § 34 MBO., wornach die Fußböden der ebenerdigen Wohngebäude und gewisser Arbeitsräume die Höhenlage des anstoßenden Grundes um mindestens 0,30 m überragen müssen.

Siehe ferner Einführung III 1. Abschnitt.

In § 92 Abs. III der ortspolizeilichen Vorschriften der Polizeidirektion München über den Straßenverkehr usw. vom $\frac{\text{15. April}}{\text{7. Oktober}}$ 1922 und 23. Januar 1923 ist bestimmt, daß der zur Herstellung und zur Unterhaltung der Gehbahnen verpflichtete Grundbesitzer bei eintretender Niveauänderung einer Straße oder eines Platzes auch die Gehbahnen entsprechend abändern muß; gleiches hat zu geschehen, wenn bei nachträglicher Randsteinsetzung eine Änderung im Niveau der Pflasterung notwendig wird.

Bauplätze.

§ 8.

Alle Bauplätze, welche zur Aufführung neuer zum Wohnen oder zum dauernden Aufenthalte für Menschen bestimmter

Gebäude benützt werden sollen, müssen den Anforderungen der öffentlichen Gesundheitspflege[1] entsprechen, oder entsprechend gemacht werden, zu welchem Zwecke die Entwässerung des gesamten Baugrundes angeordnet werden kann.

Insbesondere sind unreine Ablagerungen und Aufschüttungen zu entfernen, oder es muß die gesamte Baufläche durch eine Betonschicht von mindestens 0,15 m Stärke[2] abgeschlossen werden. Die zur Auffüllung von Bauplätzen verwendeten Materialien müssen frei von verwesenden und verfaulenden oder sonstigen den Boden und das Grundwasser verunreinigenden Bestandteilen sein.

1. Hier kommen die Verhältnisse der oberbayerischen Schotterterrasse in Betracht, die oft auf beträchtliche Tiefen die Gewinnung von Sand und Kies zur Beton- und Mörtelbereitung sowie als Material für Straßenbauten ermöglichen; nach Ausbeutung wird die Grube in der Regel mit Bauschutt, Erde, Straßenschlamm, oft auch mit ungeeigneteren Materialien wie Straßenkehricht, Hausunrat u. dgl. ausgefüllt.

Derartiges Gelände ist für Bauführungen — wirtschaftlich gedacht — nur mehr wenig geeignet: der Bauwerber muß den für die Betonierung erforderlichen Kies von anderen Grundstücken herbeiholen, das ungeeignete Füllmaterial ausheben und wegfahren und kostspielige Fundierungsarbeiten durchführen, um ein ungleiches Setzen der Bauten zu vermeiden.

Ähnliche Nachteile ergeben sich für die Straßenanlagen und den Einbau der Tiefbauobjekte auf derart verdorbenem Untergrund; er würde richtiger überhaupt von der Bebauung ausgeschlossen und für die Schaffung öffentlicher Anlagen, Spielplätze u. dgl. verwendet.

Nach Art. 46 Abs. II BaugEG. können die Gemeinden durch ortspolizeiliche Vorschrift Veränderungen der Erdoberfläche insbesondere die Anlegung von Kies-, Sand-, Kalk-, Lehm-, Tongruben usw., sowie von Mullbergen, durch welche die Erschließung von Baugelände erschwert wird, der Genehmigung durch die Baupolizeibehörde unterwerfen; von dieser Befugnis ist für München durch die ortspolizeilichen Vorschriften vom $\frac{\text{31. Dezember 1924}}{\text{31. März 1926}}$ (Anhang I 5) Gebrauch gemacht.

Vgl. auch die ortspolizeilichen Vorschriften vom $\frac{\text{31. Mai}}{\text{17. Juni}}$ 1924 (Anhang I 6) zum Schutze des Pettenkofer Brunnhauses; im Einzugsgebiet desselben ist nach § 6 die Anlage von Kiesgruben, das Abladen von Bauschutt, Asche oder faulenden Substanzen in bereits vorhandenen Kiesgruben, die Ablagerung von chemischen und organischen Stoffen, die Materiallagerung von Fellhandlungen u. dgl. im Interesse der Reinhaltung des Untergrundes verboten.

2. Es ist allgemein gültiger Grundsatz der öffentlichen Gesundheitspflege, daß zur Aufhöhung von Bauplätzen und besonders zur Auffüllung von Zwischenböden nur vollständig trockene, mit faulenden, fäulnisfähigen wie überhaupt organischen Stoffen nicht durchsetzte Massen verwendet werden dürfen und daß zur Verhütung des Aufsteigens von Bodenfeuchtigkeit entweder Unterkellerung oder Isolierschichten zu fordern sind; vgl. § 34 MBO.

Offene Bebauungsweise. **§ 9.**

Die Verpflichtung zur Einhaltung des offenen (Pavillon-) Bausystems bemißt sich nach den auf Grund der Verordnung vom 16. Mai 1876 (Gesetz- und Verordnungsblatt Seite 347)[1] erlassenen oder künftig ergehenden Vorschriften.

1. Diese Verordnung ist durch die Novelle zu den Bauordnungen vom 3. August 1910 nur noch für das Münchener Burgfriedensgebiet aufrecht erhalten, praktisch aber auch für dieses nicht mehr von Bedeutung, da die ganze Materie durch die Staffelbauordnung geregelt ist.

II.

Baugenehmigung und Baupläne.

Genehmigungspflichtige Bauanlagen. **§ 10.**

Baupolizeiliche Genehmigung ist zu erholen: zur Herstellung von Gebäuden[1] aller Art, von Brunnenschachten, Kellern, Anwesensentwässerungen, von Abtritten, Dung- und Versitzgruben[2] und Stützmauern, dann zur Verlegung bestehender Gebäude und der vorgenannten baulichen Anlagen an einen anderen Ort, zur Errichtung von Zäunen und Einfriedungen aller Art an Straßen, öffentlichen Wegen[3] und Plätzen, an Nachbargrenzen, oder wo Bau- bzw. Vorgartenlinien in Frage kommen[4], endlich zur Vornahme einer Hauptreparatur oder Hauptänderung[5] an den vorbezeichneten Bauwerken.

1. Der Begriff „Gebäude" wird in „Seydel, Bayerisches Staatsrecht", 2. Auflage, 1896, Bd. 3, S. 243 folgendermaßen festgelegt: „Gebäude im Sinne der Bauordnung sind Hochbauten, welche mit der Erde so in Verbindung gesetzt sind, daß sie mit dem Grundstück die Eigenschaft einer unbeweglichen Sache teilen, nebst deren baulichen Zugehörungen und Hilfsbauten, auch wenn diese an sich keine Hochbauten sind."

Demnach fallen die sogenannten Wohnwagen, wenn sie auf Rädern stehen und beweglich sind, nicht unter den Begriff Gebäude.

Mit ME. vom 24. März 1915 Nr. 4078 p 31 wurden die Anschlagsäulen, die auf privatem Grunde oder auf öffentlichen Wegen und Plätzen errichtet werden wollen, nicht als Gebäude im Sinne des § 10 der MBO. und somit als nicht genehmigungspflichtig erachtet; bei der reklamepolizeilichen Genehmigung (siehe Anhang II Ziff. 5 „Ortspolizeiliche Vorschriften der Lokalbaukommission vom 17. Juli 1926 über Stadtverschönerung und Reklame") können die Nachbarn gehört und deren Interessen wahrgenommen werden.

Die Errichtung, Wiederherstellung, Instandsetzung, Änderung oder Beseitigung von Denkmälern an öffentlichen Straßen, Plätzen usw. bedarf der baupolizeilichen Genehmigung. (Siehe Anhang II Ziff. 14 „Verordnung der Regierung des Volksstaates Bayern vom 27. März 1919 über die Errichtung von Denkmälern" und Ziff. 15 „Bekanntmachung des Staatsministeriums des Innern und für Unterricht und Kultus vom 31. Juli 1920, Errichtung von Denkmälern betr.").

Auch ein Verkaufsstand aus Holz ist ein Gebäude im Sinne des § 10 der MBO., wenn er durch Pfähle mit dem Erdboden fest verbunden ist. Ähnliche Baulichkeiten, die nur auf einen Holzrost oder auf Räder gestellt werden, sind nach § 10 der MBO. nicht genehmigungspflichtig. Sie sind aber nach § 7 Abs. II und III der ortspolizeilichen Vorschriften über Stadtverschönerung und Reklame (siehe Anhang II Ziff. 5) aus feuerpolizeilichen und ästhetischen Gründen in Durchfahrten, Pavillonzwischenräumen und Vorgärten nicht zugelassen.

Für die Herstellung von Brücken über Bäche und Flüsse ist keine baupolizeiliche, sondern eine wasserpolizeiliche Genehmigung erforderlich. Sache der Wasserpolizeibehörde — d. i. in München der Stadtrat — ist es, die statische Prüfung vorzunehmen (ME. vom 21. Juli 1911 Nr. 4105 a 8).

Wegüberbrückungen innerhalb eines Anwesens sind von der Baupolizeibehörde zu prüfen und zu genehmigen. Die Überbrückung von öffentlichen Wegen und Plätzen untersteht nicht der baupolizeilichen Würdigung; dagegen ist eine solche erforderlich, wenn Gebäude durch eine Brücke, unter der ein öffentlicher Verkehrsweg hindurchführt, verbunden werden. Die zur Errichtung von Brückenbauten erforderlichen „Lehrgerüste" müssen, da sie mit der Erde fest verbunden sind, und somit ein Gebäude im Sinne der Bauordnung darstellen, von der Baupolizeibehörde geprüft und genehmigt werden (RE. vom 16. Januar 1904 Nr. 313).

2. Hierunter werden auch die Benzingruben gerechnet.

3. Unter den Begriff „öffentlicher Weg" fallen auch die öffentlichen Feldwege und jeder dem allgemeinen Verkehr dienende Weg, gleichviel wer der Eigentümer ist.

4. Baulinien kommen in Frage, wenn ihre Festsetzung bereits erfolgt ist oder sich in Instruktion befindet. Sie ist in Instruktion, wenn ein Antrag auf Festsetzung oder Abänderung von Bau- und Vorgartenlinien, Straßenbegrenzungslinien usw. bei der LBK. vorliegt.

5. Der Begriff „Hauptänderungen" ist in nachfolgenden §§ 11 mit 14 näher festgelegt.

Hauptreparaturen und Hauptänderungen.

§ 11.

Als Hauptreparaturen oder Hauptänderungen sind zu betrachten:

1. die Veränderung der Höhe, Länge, Breite eines Gebäudes[1] oder einer nach § 10 der Genehmigungspflicht unterliegenden baulichen Anlage;
2. der Anbau von Balkonen, Altanen, Erkern, Gängen oder Galerien, sowie die Herstellung von Anlagen zum Trocknen von Wäsche auf Dächern;
3. die Neuherstellung, Schwächung, Versetzung, Beseitigung oder Erneuerung aller statisch in Anspruch genommenen Bauteile, insbesondere von Umfassungsmauern, Tragmauern, Tragsäulen, Pfeilern, Tragbalken, Durchzügen, Gurten oder Gewölben;
4. die Anlegung neuer Feuerstätten[2] und Kamine, dann die Versetzung oder die konstruktive Änderung bestehender, insoweit es sich in den beiden letzten Fällen nicht um gewöhnliche Koch- oder Zimmerfeuerungen handelt;[3]
5. die Erneuerung oder konstruktive Änderung von Dachstühlen und Treppenanlagen;
6. die Einrichtung[4] von Räumen in Gebäuden zu Wohn-, Schlaf- oder Arbeitszwecken, überhaupt zum dauernden Aufenthalte[5] von Menschen, sowie zur Herstellung, Bearbeitung oder Lagerung leicht entzündlichen oder schwer zu löschenden Materials, wenn ein solcher Zweck bei der Anlage nicht vorgesehen war;
7. die Vertiefung oder Erweiterung von Kellern, Abtritt-, Dung- oder Versitzgruben, sowie die Veränderung von Entwässerungsanlagen;
8. die bauliche Aenderung der Fassaden[6] von Bauten an Straßen und öffentlichen Plätzen;

9. die Erneuerung[7,8], Versetzung oder Erhöhung von Einfriedungen oder Einfriedungssäulen, soweit Bau- bezw. Vorgartenlinien in Frage kommen.[9]

1. Über den Begriff des „Gebäudes" siehe Anmerkung 1 zu § 10.

2. Unter die Anlage „neuer Feuerstätten" fällt auch die Einrichtung einer Zentral- oder Etagenheizungsanlage in einem Gebäude, da die Baupolizeibehörde prüfen muß, ob der Raum, in dem der Zentralheizungskessel aufgestellt wird, den baupolizeilichen Anforderungen entspricht, ferner ob die Kamine die erforderliche Weite haben und ob für eine ausreichende Ventilationsvorrichtung gesorgt wird.

Dagegen ist laut ME. vom 3. Juli 1912 Nr. 6935 die Aufstellung einzelner Heizkörper im Anschluß an eine bereits genehmigte Zentralheizungsanlage nicht genehmigungspflichtig, da diese Heizkörper nicht unter die Kategorie der Feuerungsanlagen zu zählen sind und daher § 11 Ziff. 4 der MBO. nicht Platz greifen kann.

3. In letzteren Fällen bedarf es zwar keiner baupolizeilichen Genehmigung; es sind jedoch gemäß § 16 Abs. II die Vorschriften über Feuerstätten — §§ 25 ff. — einzuhalten.

4. „Einrichtung" heißt so viel wie Räume bewohnbar oder benützbar zu machen. Dies bezieht sich ausschließlich auf bauliche Vornahmen, Konstruktionsänderungen usw., nicht aber auf sonstige Maßnahmen zur Benützung. Es ist deshalb z. B. die Anbringung eines Holzfußbodens oder das Tapezieren eines Raumes nicht genehmigungspflichtig. Dagegen ist die Wohnbarmachung genehmigungspflichtig, wenn damit die Anlegung einer neuen Feuerstätte (Kaminanlage oder -änderung) verbunden ist.

5. Als „dauernder Aufenthalt" von Menschen ist nicht nur ein ununterbrochener Aufenthalt, sondern jeder Aufenthalt über Tag oder über Nacht zu betrachten. Als Räume zum dauernden Aufenthalte von Menschen sind sonach Wohn- und Schlafräume, sowie Arbeitsräume, demnach auch Küchen und Werkstätten anzusehen, während Badezimmer, Bügelzimmer, Aborte, Vorplätze, Korridore, Galerien, Speisekammern, Garderoben und Holzlegen nur zu einem vorübergehenden Aufenthalte von Menschen dienen.

6. Unter diese baulichen Änderungen fällt auch die Erneuerung des Verputzes, wenn architektonische Bestandteile, z. B. Gesimse, Fensterumrahmungen, Portale damit geändert werden.

7. Eine „Erneuerung" von Einfriedungen setzt nicht voraus, daß die Einfriedung im Ganzen entfernt und durch eine neue ersetzt wird, sondern daß wichtige konstruktive Teile z. B. Einbindestangen, neu angebracht werden. Wenn bei Ausbesserung eines

ruinösen Zaunes eine neue Säule nach den Regeln des Handwerkes nicht gesetzt wird, dafür die Einbindestangen an dieser Stelle verlängert werden und die eine davon durch eine Spreize gestützt wird, so bedeutet das eine Umgehung des Gesetzes, der durch die allgemeine Fassung des § 11 Ziff. 9 entgegengetreten werden soll. (Urteil des Landgerichts München I vom 3. Juli 1905.)

8. Eine Hauptreparatur einer Einfriedung liegt auch dann vor, wenn die aus einem Lattenzaune bestehende Vorgarteneinfriedung durch vertikal angenagelte Läden (Bretter) verstärkt wird (RE. vom 20. Dezember 1898 Nr. 45100).

9. Siehe § 10 Anm. 4.

Dauer der Baugenehmigung. § 12.

I Die Baugenehmigung wird in der Regel endgültig erteilt[1]; insbesondere sind alle in §§ 10 und 11 aufgeführten Bauvornahmen endgültig zu genehmigen, sofern dieselben den Vorschriften der Bauordnung entsprechen und mit massivem Material oder nach § 48 Ziff. 1 u. 2 ausgeführt werden, beziehungsweise einen Bestand von unbestimmter Dauer haben sollen.

II In widerruflicher Weise oder auf bestimmte Zeit, je nach der Lage des Falles, können[2] genehmigt werden: Bauten außerhalb des genehmigten Baulinienplanes[3]; Bauvornahmen, durch welche ein definitiver Zustand nicht geschaffen werden soll[4]; geringfügige Bauten, welche über die Baulinie hervortreten; Bauten aus nicht massivem Material[5]; endlich auch Bauten, die zwar mit einzelnen Bestimmungen der Bauordnung nicht im Einklang stehen, jedoch nur einem vorübergehenden Zwecke dienen und nach Erfüllung desselben wieder entfernt werden.[6]

1. Eine ohne Zeitbeschränkung erteilte Baugenehmigung gilt als endgültig; die Baupolizeibehörde kann aber auch auf eine bestimmte Zeitdauer eine Baumaßnahme genehmigen. Siehe Abs. II.

2. Nach Ermessen der Behörde.

3. Siehe § 1 Abs. III.

4. Bauvornahmen, durch welche ein definitiver Zustand nicht geschaffen werden will, sind z. B. Lager- und Werkbauten eines Unternehmens auf einem Platze, der nach Lage und Bebauungsmöglichkeit für Wohnhausneubauten geeignet ist.

5. „Ohne Feuerungsanlagen" bezieht sich auch auf die Regel-

dielen usw. Die nach § 48 Abs. I und II aufgeführten, nicht massiven Bauten sind aber gemäß § 12 Abs. I endgültig zu genehmigen.

6. z. B. Bauhütten, Schaubuden, Bauten anläßlich einer besonderen, vorübergehenden festlichen Veranstaltung (Oktoberfest-, Dult- und Ausstellungsbauten), provisorische Bauwerke zur raschen Ausführung gewerblicher Aufträge, Verkaufsstände usw.

7. Allgemein sei noch beigefügt, daß es nicht angängig ist, Bauwerke, die hinsichtlich der Lage und der Ausführungsweise einen längeren Bestand voraussehen lassen, widerruflich zu genehmigen, nur weil sie mit einzelnen Bestimmungen der BO. nicht übereinstimmen. Die Möglichkeit, Bauten widerruflich zu genehmigen, darf die Baupolizeibehörde nicht veranlassen, von der Einhaltung der Vorschriften auf diese Weise abzusehen.

Umgangnahme von der Baugenehmigung.

§ 13.

I Von dem Erfordernis der Baugenehmigung[1] kann Umgang genommen werden:

1. bei Erneuerung, Versetzung oder Erhöhung von Einfriedungen oder Einfriedungssäulen, welche auf die bestehende Baulinie gesetzt werden.[2]

2. bei Herstellung und Verlegung von offenen Schutzdächern für industrielle oder landwirtschaftliche Unternehmungen, wenn nicht Baulinien in Frage kommen.[2 3]

3. bei Herstellung von isolierten[4], d. h. um das Doppelte ihrer Höhe von anderen Gebäuden entfernten Kegelstätten und Gewächshäusern ohne Feuerungsanlagen[5], offenen[6] Schutzdächern und Sommerhäuschen[7 8] unter 20 qm Flächeninhalt, von Taubenschlägen oder sonstigen geringfügigen Bauwerken, wenn diese Bauwerke nicht an oder vor die Baulinie zu stehen kommen[2].

II Vor Inangriffnahme der vorbezeichneten Bauarbeiten, welche im Übrigen den Vorschriften gegenwärtiger Bauordnung unterliegen[1], ist Anzeige an die Lokalbaukommission zu erstatten[9], welche die bauordnungsgemäße Ausführung[1] zu überwachen hat und die Vorlage von Plänen[2] behufs baupolizeilicher Bescheidung verlangen kann.

1. Nur die formelle Baugenehmigung, wie eine solche nach § 14 der MBO. vorgeschrieben ist, kann erlassen werden; im übrigen sind die Vorschriften der Bauordnung z. B. in bezug auf

Gebäudehöhe, Hofräume usf. auch bei den in Ziff. 1—3 bezeichneten Bauvornahmen einzuhalten.

2. Die Vorlage von Plänen kann nach Ermessen der Behörde in allen Fällen der Ziff. 1 mit 3 behufs baupolizeilicher Verbescheidung verlangt werden, wenn Nachbarinteressen in Frage stehen oder statistische Bedenken bestehen.

3. Baulinien kommen in Frage, wenn dieselben bereits festgesetzt sind oder die Festsetzung sich in Instruktion befindet. Siehe § 10, Anm. 4.

4. „Isolierten" usf. bezieht sich nur auf Kegelstätten und Gewächshäuser.

5. „Ohne Feuerungsanlagen" bezieht sich auch auf die Kegelstätten.

6. „Offenen" bezieht sich auf die Schutzdächer.

7. „Unter 20 qm Flächeninhalt" bezieht sich auch auf die Schutzdächer.

8. Wenn diese Bauwerke, namentlich Sommerhäuschen an oder vor die Baulinie treten, so ist baupolizeiliche Genehmigung gemäß § 7 der ortspolizeilichen Vorschriften der LBK. vom 17. Juli 1926 über Stadtverschönerung und Reklame (Anhang II Ziff. 5) erforderlich. Es kann nur eine widerrufliche Genehmigung in Frage kommen.

9. Die Anzeige ist vom Bauherrn oder dessen Stellvertreter schriftlich zu erstatten oder mündlich bei der LBK. zu Protokoll zu geben.

Baugesuche und Baupläne. § 14.

I Die Gesuche um die Baugenehmigung sind von dem Bauherrn, bezw. dessen Vertreter[1] entweder schriftlich bei der Lokalbaukommission einzureichen oder zu Protokoll dieser Behörde abzugeben.

II Dem Baugesuche sind Pläne[2] beizufügen, welche, soweit dies zur baupolizeilichen Beurteilung erforderlich ist, zu enthalten haben:

A. bei Neubauten

1. einen Lageplan[3] nach allen Seiten, soweit er zur richtigen Erkennung und Bestimmung der Stellung des Baues erforderlich ist, mindestens in einem Umkreis von 50 m und jedenfalls mit der Darstellung der auf dem Bauplatze befindlichen Gebäude, der anstoßenden Bauten mit Angabe ihrer Höhe über dem Trottoir, dann der angrenzen-

den Grundstücke unter Angabe der Eigentümer derselben und der Hausnummern, sowie der gegenüberliegenden Straßenlinien mit Angabe der Breite und des Namens der Straße, nebst einer Berechnung der Fläche des Bauplatzes[1] und der zur Überbauung bestimmten, bezw. unüberbaut bleibenden Flächen mit Angabe der festgesetzten Bau- und Vorgartenlinie, sowie der Gebäude in der nächsten Umgebung; im Bedürfnisfalle kann[4] ein Übersichtsplan in einem Umfange von 150 m des bezüglichen Bauplatzes verlangt werden.

2. die Grundrisse[3] aller Geschosse des Gebäudes vom Keller bis zum Dachraum mit Angabe der Einteilung und Zweckbestimmung der Räume[6], dann alle zur Deutlichkeit erforderlichen Längen- und Querschnitte[3], endlich bei außergewöhnlichen Konstruktionen entsprechende Detailzeichnungen[3]; in allen diesen Plänen sind die Maße der Mauern, Gewölbe, Balken, Träger, Sparren, Säulen, Pfosten, Durchzüge, der Häng- und Sprengwerke, der Längen-, Tiefen- und Höhenmaße der einzelnen Räume, soweit diese Angaben zur baupolizeilichen Beurteilung erforderlich sind, sowie der Breiten der Treppen und Gänge, dann die Form und Weite und der Zug der Kamine, sowie deren Höhe über der Dachung genau anzugeben; besondere Konstruktionen müssen unter Angabe des Materials in den Plänen deutlich eingetragen werden; auch sind auf Verlangen die erforderlichen Tragfähigkeitsberechnungen[7] beizubringen;

3. die Angabe des Bau- und Eindeckungsmaterials; bei durch Ausbauten gegliederten Grundrissen ist zur Bestimmung der Wasserabläufe die Dachausmittlung anzugeben;

4. den höchsten bekannten Grundwasserstand[8], die Lage der Brunnenschachte, der Kanäle und der übrigen in § 10 bezeichneten baulichen Anlagen innerhalb des zu bebauenden Grundstückes;

5. die zur baupolizeilichen Beurteilung nötigen Fassaden[9] des Baues mit Angabe der Höhe der Oberkante des Hauptgesimses, ferner die Fassaden der rechts und links angrenzenden Gebäude, soweit dies zur Veranschaulichung der Architektur derselben erforderlich ist;

B. bei Hauptreparaturen oder Hauptänderungen an bestehenden Gebäuden:

die Zeichnungen des betreffenden Baubestandteiles und zwar, wie derselbe zur Zeit ist und wie er werden soll, sowie derjenigen der vorbezeichneten Vorlagen, welche zur Beurteilung des Unternehmens notwendig sind.

III Die Zeichnungen müssen deutlich und korrekt auf dauerhaftem Material und in dauerhafter Weise[10] ausgeführt sein und zwar:

Grundriß-, Durchschnitts- und
Fassadepläne im Maßstabe von 1 : 100
Lagepläne[11] im Maßstabe 1 : 500
Übersichtspläne im Maßstabe 1 : 1000
Detailpläne nach Anordnung der Behörde.

IV Die Pläne sind in doppelter Fertigung einzureichen.[13]

1. Für einen Vertreter wird bei der Planübergabe keine Vollmacht verlangt (Anm. 3 zu § 84).

2. Siehe auch § 83 ff. über die weiteren Erfordernisse der Baupläne, sowie über Zuständigkeit und Verfahren.

3. Bezüglich des notwendigen Maßstabes siehe Abs. III.

4. Zur genauen Feststellung der Bauplatzgröße kann ein Messungsoperat verlangt werden. Die Planfertiger sind ferner zur Vorlage von kontrollierbaren Hofraumberechnungen zu veranlassen.

5. Nach dem Ermessen der Behörde.

6. Die Angabe der Zweckbestimmung eines Raumes ist von der Baupolizeibehörde zu prüfen.

7. Bei der Mehrzahl der Baugesuche ist eine statische Berechnung zu verlangen, da die Behörde nicht wissen kann, mit welchem Material oder ob unter Anwendung besonderer Konstruktionen das Bauvorhaben durchgeführt werden soll. Die allgemeinen Grundlagen für die Aufstellung der statischen Berechnung sind festgelegt:

1. in den Oberpolizeilichen Vorschriften des Staatsministeriums des Innern vom 25. März 1918 für die Aufstellung und Prüfung von Tragfähigkeitsnachweisen bei Bauwerken.

2. in den oberpolizeilichen Vorschriften des Staatsministeriums des Innern vom 12. Februar 1926 für

A) Ausführung von Bauwerken aus Eisenbeton;
B) Ausführung ebener Steindecken;

C) Ausführung von Bauwerken aus Beton;
D) Druckversuche an Würfeln bei Ausführung von Bauwerken aus Beton und Eisenbeton.

3. Bekanntmachung des Staatsministeriums des Innern vom 3. September 1921 betr. Fabrik- und andere Turmschornsteine.

Hinsichtlich dieser drei letztgenannten Vorschriften wird auf den Anhang II Ziff. 10, 11 und 12 verwiesen.

Der Bauherr und der Anfertiger der statischen Berechnung haben diese zu unterschreiben. Die Baupolizeibehörde ist befugt, besondere Verfügungen über Form und Art der statischen Berechnungen zu treffen.

8. Die Angaben über den höchsten bekannten Grundwasserstand sind beim städtischen Tiefbauamt, Abteilung Kanalisation zu erholen. Da sich der Grundwasserstand durch die ausgedehnte Schwemmkanalisation günstiger gestaltet hat, kann bei Hochbauplänen in den meisten Fällen von diesen Angaben abgesehen werden; dagegen sind sie wesentlich für die Beurteilung der Anwesensentwässerungspläne.

9. Unter „Fassaden" sind hier nicht nur die bildlichen Darstellungen der Ansichten an der Straße oder in den Pavillonzwischenräumen, sondern auch die Ansichten der Rück-, Seiten- und Lichthoffronten zu verstehen.

10. Das zur Planvorlage zu verwendende Vervielfältigungspapier und die Vervielfältigungsweise muß dauerhaft sein, da die Baupolizeipläne nicht nur während der Bauausführung gebraucht werden, sondern auch Urkunden für spätere Zeiten bilden. Jeder Hausbesitzer wird in späteren Jahren erfreut sein, wenn er in seinem bei der Behörde liegenden Hausakt ein gutes, unversehrtes Planmaterial vorfindet.

11. Auf den Lageplänen ist die Himmelsrichtung anzugeben.

12. Es können auch 1000teilige Katasterblätter verwendet werden.

13. Die Grundrisse und Schnitte sind hinsichtlich der Konstruktionsteile f a r b i g zu behandeln.

Obertechnischer Prüfung unterliegende Bauten.

§ 15.

Bei Bauführungen auf Kosten der Zivilliste[1], des Staatsärars[2] usw., welche nach den desfalls bestehenden Vorschriften einer höheren technischen Prüfung[3] unterliegen, sind der Lokalbaukommission die Entwürfe[4] zur Erinnerung in Bezug auf Baulinien, Höhenlage und sonstige bau- und gesundheitspolizeiliche Verhältnisse mitzuteilen.

1. Die Gebäude der ehemals kgl. Zivilliste in München sind nunmehr teils in den Besitz des bayerischen Staates, teils in den des Wittelsbacher Ausgleichsfonds übergegangen. Erstere verwaltet die Bayerische Krongutsverwaltung, die dem bayerischen Staatsministerium der Finanzen untersteht. Für Bauten aus diesem Geschäftsbereich findet der § 15 Anwendung. Dagegen ist für Bauten des Wittelsbacher Ausgleichsfonds die baupolizeiliche Genehmigung wie für Privatbauten einzuholen.

2. Unter die Bauten des Staatsärars fallen auch die Bauten der Kreisgemeinde und deren Stiftungsbauten, da sie in technischer Hinsicht durch die Kreisregierung geprüft werden.

Bauten der übrigen Länder (z. B. Gesandtschaftsgebäude) unterliegen der baupolizeilichen Genehmigung.

Auch für die Bauten des Reiches (Reichsfinanzverwaltung, Reichsbank, Reichswehr usw.) ist gleich den Privatbauten die baupolizeiliche Genehmigung einzuholen, da die Ausnahmebestimmungen, die für den bayerischen Staat vorgesehen sind, nicht ohne weiteres auf das Reich ausgedehnt werden (ME. vom 19. November 1919 Nr. 4108 d 3 und ME. vom 19. Oktober 1921 Nr. 4090 a 5 und ME. vom 4. April 1923 Nr. 4090 a 9). Mit dem Übergang der Eisenbahn- und Postverwaltung, für die bisher der § 15 MBO. sinngemäße Anwendung fand, an das Reich, war eine Neuregelung notwendig.

Für die Bauführungen der Reichseisenbahnverwaltung hat die ME. vom 13. Januar 1922 Nr. 4090 a 1 die Regelung getroffen, daß bei Behandlung der Baugesuche bis auf weiteres nur Erinnerungsabgabe zu erfolgen hat. Wichtigere Entwürfe, insbesondere solche, die das Orts- und Landschaftsbild beeinflussen, sind vor Abgabe der Erinnerung dem Staatsministerium des Innern vorzulegen.

Die gleiche Anordnung ist mit ME. vom 24. März 1922 Nr. 4090 a 6 für den Bereich des Reichspostministeriums, Zweigstelle Bayern, ergangen.

3. Die Ausnahmestellung des Staates nach § 15 der MBO. findet ihre innere Begründung in dem Satze, daß der Staat gegen sich selbst keine Polizeigewalt übt. Bei Anwendung dieses Grundsatzes würde es dem Sinne dieses Gesetzes nicht entsprechen, wenn der Staat um die Bewilligung einer Befreiung von einzelnen Bestimmungen der Bauordnung nachsuchen müßte (ME. vom 6. Dezember 1924 Nr. 3650 a 10). Trotzdem ist aber auch der Staat als Bauherr verpflichtet, die Bestimmungen der MBO. genau so einzuhalten, wie ein privater Bauherr. Will bei Bauführungen des Staates von den Bestimmungen der MBO. abgewichen werden, so ist ebenso wie bei Privatbauten um Dispens nach § 83 bei der Regierung von Oberbayern nachzusuchen. Die LBK. kann aber auch ihre etwaigen Erinnerungen in bezug auf bau-, feuer- und gesund-

heitspolizeiliche Verhältnisse sowie auf Baulinien und Höhenlage gegebenenfalls im Wege der Beschwerdeführung an die Aufsichtsbehörde, d. i. die Regierung von Oberbayern, geltend machen. Veranlaßtenfalls hat hier das Oberaufsichtsrecht des Staatsministeriums des Innern einzugreifen.

Hinsichtlich der Bestimmungen der StBO. siehe § 2 Abs. II der StBO.

4. „Entwürfe" bezieht sich nicht nur auf Neubauten und größere Umbauten, sondern auch auf alle baulichen Vornahmen, für die nach den Vorschriften der MBO. baupolizeiliche Genehmigung einzuholen ist.

III.

Vorschriften für die Bauführung.

1. Allgemeine Vorschriften.[1]

Allgemeine Vorschriften für die Bauführung.

§ 16.

I Bei Bauführungen jeder Art, insbesondere auch an Gerüsten und anderen provisorischen Bauvorrichtungen[2] müssen sämtliche Bauarbeiten fest und sicher[3] und den Rücksichten auf Leben und Gesundheit[4] entsprechend nach Maßgabe des genehmigten Planes[5] und der etwaigen besonderen Anordnungen[6] und unter Einhaltung[7] sämtlicher baupolizeilicher Vorschriften[8] ausgeführt werden.

II Die in den bestehenden Verordnungen oder ortspolizeilichen Vorschriften[9] begründeten baupolizeilichen Anordnungen müssen auch bei solchen Bauten eingehalten werden, zu deren Herstellung, Reparatur oder Abänderung eine baupolizeiliche Genehmigung oder eine vorgängige Anzeige nicht erforderlich ist.[10]

1. Der Abschnitt III (§§ 16 mit 75) enthält die Bestimmungen, wie bei Bauführungen, unter denen nicht nur Neubauten, sondern auch alle Umbauten und baulichen Änderungen zu verstehen sind, unter Beachtung der allgemeinen, anerkannten Regeln der Baukunst den zu stellenden Anforderungen auf Standsicherheit, Festigkeit, Feuersicherheit, den Rücksichten auf Leben und Gesundheit, des Verkehrs und des Wohnungswesens zu entsprechen ist.

Einschlägig sind hier folgende im Anhang aufgeführte Sondervorschriften.

Anhang II Baupolizeiliche Vorschriften Ziff. 4 mit 19.

Anhang III Gewerbepolizeiliche Vorschriften Ziff. 5 mit 16.

Anhang IV Reinlichkeits- und gesundheitspolizeiliche Vorschriften Ziff. 2 mit 6.
Anhang V Feuerpolizeiliche Vorschriften Ziff. 3 mit 16.
Anhang VI Vorschriften über Aufzüge, Dampfkesselanlagen, Benzinmotoren, Luftgasanlagen, Sauggaskraftanlagen und Dampfbacköfen Ziff. 1 mit 11.
Anhang VII Unfallverhütungs- und Arbeiterschutzbestimmungen Ziff. 2 mit 8.

2. Unter provisorischen Bauvorrichtungen sind Abbolzungen, Stützen, Lehrgerüste, Aufzugsmaschinen, Hebewerkzeuge usw. zu verstehen; sie müssen sich stets in gutem, gebrauchsfähigem Zustande befinden. Auf die hier im Anhang VII abgedruckten Unfallverhütungs- und Arbeiterschutzbestimmungen Ziff. 2 mit 8 wird besonders hingewiesen. Die Baupolizeibehörde hat den gewissenhaften Vollzug durch häufige, verlässige und sachkundige Kontrolle besonders scharf zu überwachen. Hiefür sind die in § 94 MBO. näherbezeichneten Kontrollorgane eingesetzt. Die Baukontrolle darf sich nicht darauf beschränken, daß die Bauausführungen plan- und bauordnungsgemäß ausgeführt werden, sondern es ist auch insbesondere darauf zu achten, daß die Bauleitung alle Maßnahmen trifft, die im Interesse des Lebens und der Gesundheit aller am Bau beschäftigten Personen notwendig sind.

3. Die in folgenden Abschnitten 2 mit 17 enthaltenen Bestimmungen geben Weisung, wie Bauvornahmen „fest und sicher und den Rücksichten auf Leben und Gesundheit entsprechend" durchgeführt werden müssen. Die Baupolizeibehörde kann aber noch weitergehende Beschränkungen oder Anordnungen im Interesse der Standfestigkeit, der Sicherheit (insbesonders der Feuersicherheit) und der Gesundheit treffen.

4. Die Gesundheit wird z. B. gefährdet, wenn ungenügend belichtete und schlecht lüftbare Wohnräume oder Schlafkammern erstehen würden, die hinterher nach der baupolizeilichen Genehmigung, von Wohnungsaufsichts wegen beanstandet werden müßten. In der RE. vom 31. Mai 1913 Nr. 18508 wird der LBK. unter Hinweis auf §§ 1 und 2 der Verordnung vom 10. Februar 1901 die „Wohnungsaufsicht" betr. (GVBl. 1901 S. 73) angewiesen, die Ausführung von Wohnhausneubauten mit schlechten Grundrißlösungen zu verhindern.

5. Will während der Ausführung von dem genehmigten Plane abgewichen werden, so ist ein neuer Plan oder bei geringfügigen Abweichungen ein Tekturplan zur Genehmigung vorzulegen. Dies hat so rechtzeitig zu erfolgen, daß die konstruktiven Abweichungen statisch untersucht werden können. Bei jeder Abweichung vom genehmigten Plan ist die Baupolizeibehörde verpflichtet, die Arbeiten einzustellen.

6. Die „besonderen Anordnungen" der Baupolizeibehörde müssen in der Bauordnung oder in ortspolizeilichen Vorschriften begründet

sein und müssen gemäß § 89 MBO. nicht bloß durch deutliche, Einzeichnung in die Pläne, sondern auch durch ausdrückliche Aufnahme in die Ausfertigung der Genehmigung kundgegeben werden. Nichtbeachtung einer gehörig bekanntgegebenen Anordnung ist eine „Abweichung vom genehmigten Bauplane" (Englert-Schneider, Anm. 4 zu § 16).

7. Vorbehaltlich der in § 83 Abs. III zugestandenen Dispensbefugnisse der Aufsichtsbehörden und der Befugnisse der Baupolizeibehörde, von einzelnen Bestimmungen (z. B. § 38 Abs. VIII), Umgang zu nehmen. Eine allgemeine Befugnis ergibt sich auch aus § 12 Abs. II für Bauten, welche nur vorübergehenden Zwecken dienen.

8. Die „sämtlichen baupolizeilichen Vorschriften" umfassen nicht nur die Bestimmungen der MBO. sondern auch alle geltenden Verordnungen ober- oder ortspolizeilichen Vorschriften (siehe Anhang).

Diese sind im Gegensatz zu den „besonderen Anordnungen" (Anm. 6) ohne besondere Bekanntgabe an den Bauwerber für diesen verbindlich. Die materiellen Bestimmungen dieser Vorschriften sind daher auch nicht in die Planrevision mit aufzunehmen. Es muß verlangt werden, daß jeder verantwortliche Bauleiter die einschlägigen gesetzlichen Bestimmungen kennt. Zu weitgehende Planeinzeichnungen durch Revision wirken häufig verwirrend.

9. Siehe Anhang.

10. Eine baupolizeiliche Genehmigung ist bei den in § 13 angeführten Bauvornahmen nicht notwendig. Alle Bauvornahmen bedürfen aber einer vorgängigen Anzeige bei der LBK. (siehe § 13 Abs. II).

2. Baumaterial.

Baumaterial.

§ 17.

I Die Wahl des Baumaterials ist dem Bauherrn anheimgegeben; das gewählte Material muß jedoch diejenigen Dimensionen und jene Beschaffenheit haben, welche eine feste und feuersichere, sowie den gesundheitspolizeilichen Anforderungen entsprechende Bauführung, insbesondere die Herstellung trockener Wände ermöglichen.

II Solid hergestellte, sogenannte Schwemmsteine[2] sind den Ziegelsteinen gleichzuachten.

III Welche weiteren Materialien und Konstruktionen als den in nachstehenden Bestimmungen genannten gleichwertig zum Ersatz derselben verwendet werden dürfen, wird durch Ministerialvorschrift bestimmt.[3]

IV Die Lokalbaukommission kann vorschreiben, welche Festigkeitszahlen den Tragfähigkeitsberechnungen zugrunde zu legen sind[4] und in welchen Fällen und mit welchen Mitteln die Eisenkonstruktionen vor Zerstörung durch Oxydation oder Feuer zu schützen sind.[5]

1. Dem Bauherrn ist es überlassen, das zur Verwendung kommende Material auszuwählen; er kann z. B. die Kellermauern eines Gebäudes in Backstein, Bruchstein oder Beton ausführen; er kann auch das aufgehende Mauerwerk in einem anderen Material als Backstein, z. B. Haustein, Kalksandsteinen oder Gußbeton usw. ausführen. Er muß nur bei denjenigen Bau- bzw. Konstruktionsteilen Backsteinmauerwerk anwenden, bei denen die Verwendung von Backsteinen in den nachfolgenden Bestimmungen der MBO. ausdrücklich vorgeschrieben ist (siehe z. B. § 22, § 53 u. folgende).

Das gewählte Material muß Gewähr für Standfestigkeit, Feuersicherheit und Gesundheit bieten; die Baupolizeibehörde hat das gewählte bzw. vorgeschlagene Material daraufhin eingehend zu prüfen. Bei Einreichung der Pläne ist deshalb anzugeben, welches Material für die einzelnen Bauteile verwendet werden will (siehe § 14 Abs. II lit. A Ziff. 3 und Anm. 13 zu § 14).

Es würde zu weit führen, alle zulässigen Baumaterialien hier namentlich aufzuführen, da sich deren Zahl durch Fortschreiten der Technik stets vermehrt. Am zweckmäßigsten ist es, wenn sich der Bauwerber vor Einreichung der Pläne und Aufstellung der statischen Berechnungen bei der LBK. (Statische Abteilung) erkundigt.

2. Auch für „Schwemmsteine" gilt das Vorgesagte. Ausgeschlossen ist aber die Verwendung der Schwemmsteine zur Herstellung von Kaminen, da sie nicht die Dichtigkeit der Backsteine besitzen, somit ein Austreten von giftigen Rauchgasen nicht ausgeschlossen ist; im übrigen schreibt § 22 MBO. ausdrücklich vor, daß Kamine aus gelegten „Backsteinen" aufgeführt werden müssen.

3. In den letzten Jahren, namentlich zur Zeit der Baustoffnot nach dem Weltkriege, sind zahlreiche Ersatzkonstruktionen und Ersatzbaustoffe vorgeschlagen worden bzw. in den Handel gekommen. Sie hatten den Zweck, den Verbrauch an Kohle und Arbeitskraft einzusparen, billigeres und wärmehaltendes Baumaterial auf den Markt zu bringen. Ob diese Ersatzkonstruktionen und Ersatzbaustoffe den Erwartungen entsprechen, muß erst die Erfahrung lehren. Ihre Zahl ist so groß, daß hier eine namentliche Aufführung unterbleiben soll. Über die Zulässigkeit eines solchen Materials kann bei der LBK. (Statische Abteilung) jederzeit Erkundigung erholt werden.

Bei Gesuchen um Zulassung bisher nicht gebräuchlicher Konstruktionen oder neuer Baustoffe verlangt die LBK. folgende Unterlagen: Angaben über Form, Abmessung und beabsichtigte Anordnungs- bzw. Verwendungsweise; Angabe über Art, Herkunft,

Beschaffenheit, Herstellungsweise und Zusammensetzung der sämtlichen zur Herstellung zu verwendenden Baustoffe bzw. Konstruktionsteile; amtliche Prüfungszeugnisse eines Materialprüfungsamtes oder einer Prüfungsstelle einer technischen Hochschule über Festigkeit, Wärmedurchlässigkeit, Verhalten im Feuer und Frost, Raumgewicht, ferner, wenn notwendig, die Vorlage von Zeichnungen, Modellen und Materialproben.

Die Baupolizeibehörde prüft diese Unterlagen, spricht sich gegebenenfalls für eine Zulassung aus und legt das ganze Material dem Ministerium des Innern zur Verbescheidung vor.

Die ME. vom 7. Dezember 1926 Nr. 3671 b 49 gibt Richtlinien für die Zulassung von Holz- und Ersatzbauweisen:

1. Die Gebäude müssen mindestens 5 m von der Grenze und 10 m von anderen Gebäuden abstehen und dürfen höchstens zwei Geschosse haben.

2. Die Vorschriften über Kamine und Feuerstätten (§§ 17 und 21 der allgemeinen, 22 ff. der MBO.) und über die Stockwerksabscheidung (§§ 26 und 33 der beiden Bauordnungen) sind einzuhalten. Insbesondere müssen die Kamine von den Ersatzwänden 7 cm abgerückt und die Zwischenräume zwischen dem Kaminmauerwerk und den Wänden mit Mörtel oder Beton dicht ausgefüllt werden.

Die Ersatzwände sind hinter den Feuerstätten auf die in § 27 Abs. II MBO. vorgeschriebenen Entfernungen (60 cm gegen die Heizöffnungen, sonst 30 cm) durch massives Mauerwerk zu ersetzen oder durch eine 12 cm starke verputzte Vormauerung oder durch einen Tonplattenbelag auf Ziegeldrahtputz zu sichern.

Die Rauchrohre müssen von den Ersatzwänden und -Decken 45 cm entfernt gehalten werden. Damit die Durchführung von Rauchrohren durch die Ersatzwände nicht notwendig wird, ist eine entsprechende Anzahl von Kaminen vorzusehen.

Zur Auffüllung des Fehlbodens ist ein unverbrennlicher Baustoff zu verwenden.

4. Siehe Anhang II Baupolizeiliche Vorschriften:

Ziff. 10. Oberpolizeiliche Vorschriften des Staatsministeriums des Innern vom 25. März 1918 für die Aufstellung und Prüfung von Tragfähigkeitsnachweisen bei Bauwerken;

Ziff. 11. Oberpolizeiliche Vorschriften des Staatsministeriums des Innern vom 12. Februar 1926 für
- A) Ausführung von Bauwerken aus Eisenbeton;
- B) Ausführung ebener Steindecken;
- C) Ausführung von Bauwerken mit Beton;
- D) Druckversuche an Würfeln bei Ausführung von Bauwerken aus Beton und Eisenbeton;

Ziff. 12. Bekanntmachung des Staatsministeriums des Innern vom 3. September 1921 betr. „Fabrik- und andere Turmschornsteine“.

5. Eisenkonstruktionen werden vor Zerstörung durch Feuer geschützt, wenn die Eisenteile durch Rabitz- oder Monierputz, Eisenbetonumhüllung, Asbestplatten, Gipsdielen usw. ummantelt werden. Solche Sicherungen werden immer verlangt, wenn in dem betr. Gebäude eine größere Zahl von Personen Aufenthalt findet oder wenn der Betriebszweck eine größere Brandgefahr in sich schließt.

3. Fundierung und Stärke der Mauern.

Fundierung der Mauern. **§ 18.**

Sämtliche massiven Mauern eines Gebäudes, diejenigen Hof- und sonstigen Schutz- und Einfriedungsmauern, welche den Boden um mehr als 2 m überragen, dann alle Stützmauern, Tragpfeiler und Säulen müssen auf festem natürlichen oder künstlich befestigtem Grunde[1] unter Frosttiefe[1a] fundiert werden.

II Bei Kleinhausbauten[2] kann[3] von der Fundierung bis unter Frosttiefe bei massiven Mittelmauern abgesehen werden, ferner auch bei Umfassungsmauern, soweit es sich um Fachwerksbauten handelt, die lediglich aus einem Erdgeschoß und Dachgeschoß bestehen.

III Kleinhausbauten im Sinne des Abs. II sind Einfamilien- und Mehrfamilienhäuser (Einzelhaus, Doppelhaus und Reihenhaus), die nur aus höchstens zwei Vollgeschossen (Erdgeschoß und Obergeschoß oder Erdgeschoß und ausgebautem Dachgeschoß) bestehen und als Mehrfamilienhäuser in jedem Vollgeschoß höchstens 3 Kleinwohnungen im Sinne des § 81 Abs. VI Ziff. 2 enthalten. Dabei dürfen Dachgeschosse über zwei Vollgeschossen nur bis zur Hälfte der Dachraumfläche zu Wohnräumen ausgebaut sein, die lediglich als Zubehör[4] der Geschoßwohnungen, nicht aber als selbständige Wohnungen[4] dienen.

IV Die sämtlichen Grundmauern von Gebäuden, welche im Erdgeschosse Wohn- oder Arbeitsräume[5] enthalten, müssen von den darauf ruhenden Mauern durch eine wasserundurchlässige Isolierschicht[6] getrennt werden.

1. Vgl. § 8 Abs. II MBO.

1a. Frosttiefe ist ungefähr 1.20 m.

2. Der Begriff „Kleinhausbauten" ist im nachfolgenden Abs. III näher umschrieben.

3. Nach dem Ermessen der Behörde. Voraussetzung für diese Ausnahmebewilligung ist das Vorhandensein eines guten, tragfähigen Baugrundes.

4. Unter Zubehör sind Dienstbotenzimmer, staubfreie Kammern, Waschküchen, Bügelzimmer usw. zu verstehen; selbständige Wohnungen z. B. Hausmeisterwohnungen fallen nicht darunter.

5. Unter „Arbeitsräume" sind Räume, in denen ein Arbeitsvorgang durchgeführt wird, z. B. Werkstätten, Büro- oder Packräume usw., nicht aber Verkaufsläden, Lagerräume, Registraturen usw. zu verstehen.

6. Wenn die Grundmauern bis über das Niveau in Stampfbeton mit Portlandzement ausgeführt werden, so ist eine weitere Isolierschicht nicht mehr notwendig; die Oberfläche ist dann sorgfältig mit Portlandzement abzugleichen.

Bei anderem Mauerwerk können Isolierschichten aus guten Asphaltpräparaten angewendet werden. In einzelnen Stadtgegenden ist eine Isolierung durch Bleiplatten infolge des hohen Grundwasserstandes vorgeschrieben (siehe §§ 30, 37, 38 und 39 der StBO.).

Stärke der Umfassungs-, Mittel- und Grundmauern.

§ 19.

[1] Die Umfassungsmauern aller Gebäude müssen massiv[1] in solcher Stärke hergestellt werden, wie sie zur Solidität des Bauwerkes erforderlich ist. Im allgemeinen gelten hiebei, vorbehaltlich weitergehender, durch den Zweck oder die besondere Beschaffenheit eines Gebäudes gerechtfertigter Anforderungen, folgende Bestimmungen:

1. Die Umfassungsmauern mehrstöckiger[2] Wohngebäude müssen im obersten Stockwerk[3] eine Stärke von mindestens 0,38 m (1½ Stein[4]) erhalten. Diese Vorschrift gilt auch für einstöckige Wohngebäude, deren Stockwerkshöhe 3,50 m und deren freitragende Balkenlänge 6 m überschreitet.

2. Für die Umfassungsmauern einstöckiger[2] Wohngebäude, deren Stockwerkshöhe und freitragende Balkenlänge die vorbezeichneten Ausmaße nicht überschreitet, ist im ersten Stockwerke eine Mauerstärke von 0,25 m (1 Stein) zulässig. Die Erdgeschoßmauern solcher Wohngebäude müssen eine Stärke von mindestens 0,38 m erhalten.[5]

3. Bei Wohngebäuden, welche lediglich aus einem Erdgeschoß bestehen und welche weder die unter Ziff. 1 bezeichneten Ausmaße überschreiten, noch eine außergewöhn-

liche große Belastung zu erhalten bestimmt sind, darf die Mauerstärke auf 0,25 m abgemindert werden. Die gleiche Abminderung ist bei Kleinhausbauten (§ 18 Abs. III) im Erdgeschoß und Obergeschoß zulässig.

4. Auf Gebäude, welche Wohnzwecken nicht dienen, finden im Allgemeinen vorstehende Bestimmungen ebenfalls Anwendung; jedoch kann[6] von der Lokalbaukommission im einzelnen Falle unter Berücksichtigung der Höhe der Gebäude, des Baumaterials, der Verbindung, in welcher die Mauern zu einander stehen, der Bestimmung der Gebäude und der Konstruktion der Decken auch eine größere oder geringere Stärke der massiven Mauern festgesetzt werden.

5. Mittelmauern müssen, wenn sie durch Balkenlagen belastet sind, im obersten Stockwerk in einer Stärke von mindestens 0,25 m ausgeführt werden und nach unten von zwei zu zwei Stockwerken — das Kellergeschoß als Stockwerk gerechnet — um mindestens 0,13 m (1/2 Stein) zunehmen;[10] wenn die Mittelmauern durch Balkenlagen nicht belastet sind, oder bei ebenerdigen oder einstöckigen[7] Gebäuden die freitragende Balkenlänge 5 m und die Zimmerhöhe 3 m nicht überschreitet, genügt eine Stärke der Mittelmauern von 0,12 m.

6. Soll ein Gebäude zu ebener Erde massiv und in den oberen Stockwerken aus Riegelwerk[8] ausgeführt werden, haben die Umfassungsmauern[9]

a) wenn nur ein Stockwerk aus Riegelwänden aufgesetzt wird, eine Stärke von mindestens 0,25 m,

b) wenn mehrere Stockwerke aus Riegelwänden aufgesetzt werden, eine Stärke von mindestens 0,38 m

zu erhalten.

7. Die Stärke der Umfassungsmauern aller mehrstöckigen[2] Wohngebäude muß von oben nach unten von zwei zu zwei Stockwerken um wenigstens 0,13 m (1/2 Stein) zunehmen.[10]

8. Riegel- oder Fachwerk muß in jedem Stockwerk mindestens 0,12 m stark sein.

II Das Aufsetzen von Stockwerken auf bestehende Gebäude ist nur dann zulässig, wenn die für Umfassungsmauern festgesetzten Stärken ohne Anblendung von Steinen an die bestehenden Mauern noch eingehalten werden können. Ausnahmsweise[11] kann indessen, soferne die Beschaffenheit des bestehenden Gemäuers vollständige Gewähr für die Festigkeit und Dauerhaftigkeit des Gesamtbaues bietet, die Aufsetzung eines Stockwerkes auf ein bestehendes Gebäude auch dann gestattet werden, wenn dessen Umfassungsmauer nach Maßgabe der früheren Bauordnung in den beiden oberen Stockwerken nur eine Stärke von 1½ alten Steinen = 0,45 m und in den beiden nach unten folgenden Geschossen eine solche von 2 alten Steinen = 0,60 m besitzen. In diesem Falle müssen die Umfassungsmauern des aufgesetzten Stockwerkes mindestens 0,38 m stark sein.

III Bei Anwendung besonderer Konstruktionen[12] und Materialien[13] (Eisen, Beton, Hausteine usw.) können ferner Abweichungen von den vorgeschriebenen Mauerstärken durch die Lokalbaukommission bewilligt werden, wenn genügende Festigkeit und Tragfähigkeit nachgewiesen ist.[14]

IV Bei sämtlichen voranstehend bestimmten Mauerstärken darf der Verputz[15] nicht mitgerechnet werden.

1. Ausnahmen vom Massivbau sind in § 48 und § 50 näher bezeichnet.

2. Nach der regelmäßig wiederkehrenden Bezeichnung in der MBO. ist ein Gebäude einstöckig, wenn es über dem Erdgeschoß ein Stockwerk hat, dreistöckig, wenn es über dem Erdgeschoß drei Stockwerke hat, mehrstöckig, wenn es über dem Erdgeschoß mehrere Stockwerke hat.

3. In den Bestimmungen des § 19 ist nichts darüber enthalten, wie Giebelaufbauten hinsichtlich der Mauerstärken zu behandeln sind. Hier ist zu unterscheiden, ob Giebelaufbauten Wohn- oder Speicherzwecken dienen. Im ersteren Falle, namentlich dann, wenn die Giebelmauer noch durch die Balkenanlage der Dachwohnung belastet ist, hat sie in der Regel eine Mauerstärke von 0,38 m zu erhalten, da hier dann § 19 Abs. I Ziff. 1 Anwendung findet. Bei Giebelmauern, hinter denen Speicherräume liegen und bei denen keine Balkenlast vorhanden ist, genügt eine Mauerstärke von 0,25 m. Die Frage der Stärke der Giebelmauern wurde durch die ME. vom 11. Dezember 1914 Nr. 4049 c 2 zu § 15 der Allgemeinen Bauordnung (Mauerstärke von Giebelaufbauten) folgendermaßen ausgelegt: „Auf Giebelaufbauten finden im allgemeinen die Bestimmungen des § 15 Abs. I der BO. Anwendung. Es besteht jedoch keine Erinnerung dagegen, den Giebelaufbau als Bestandteil des darunter befindlichen Stockwerkes anzusehen und demnach bei der

Berechnung der Mauerstärke nach § 15 Buchstabe g der BO. den Giebelaufbau außer Betracht zu lassen, soferne dieser durch Balkenlagen nicht belastet ist oder sofern bei dem mit einer Balkenlage belasteten Giebelaufbau der Nachweis der Standfestigkeit durch eine statische Berechnung beigebracht wird. Ferner besteht keine Erinnerung dagegen, auf Giebelaufbauten, hinter denen sich keine Wohnräume befinden, die Bestimmungen in § 15 Buchstabe d der BO. sinngemäß anzuwenden und demgemäß die Mauerstärke der Giebelaufbauten nur nach statischen Rücksichten zu bemessen."

4. Wenn in dieser und den nachfolgenden Bestimmungen ein bestimmtes Mindestmaß vorgeschrieben ist, so ist darunter ein nach den Regeln der Baukunst im Verbande ausgeführtes Vollmauerwerk zu verstehen. Durch ein Anblenden an eine bestehende Mauer kann dieses Mindestmaß nicht erreicht werden (ME. vom 15. Juli 1897 Nr. 12515).

5. Für „Kleinwohnungsbauten" können Erleichterungen eintreten (siehe Anm. 10).

6. Nach dem Ermessen der Behörde.

7. „Einstöckig" heißt ein Gebäude mit Erdgeschoß und e i n e m Obergeschoß (Anm. 2).

8. „Riegelwerk" ist gleichbedeutend mit „ausgemauertem Fachwerk".

9. Das heißt die Umfassungsmauern des „Erdgeschosses".

10. Hinsichtlich der Stärke der Mittel- und Umfassungsmauern haben sich die LBK. und die Aufsichtsbehörden in Anbetracht der Wohnungsnot und der hohen Baukosten auf den Standpunkt gestellt, einige Erleichterungen von Fall zu Fall eintreten zu lassen. Da bei den neuzeitlichen Kleinwohnungsbauten die Stockwerkshöhe höchstens 3,20 m, meistens sogar nur 2,80—3,00 m beträgt, die Zimmer nicht sehr tief sind, Flügelbauten nicht ausgeführt werden und die Grundrisse möglichst glatt und einfach mit nur aufgehendem Mauerwerk gelöst werden, wird in den meisten Fällen — vorausgesetzt, daß keine statischen Bedenken bestehen und eine solide Ausführungsweise gewährleistet wird — zugelassen, daß die gleiche Mindestmauerstärke von 0,38 m für Umfassungswände und 0,25 m für Mittelmauern durch d r e i Stockwerke durchgeführt werden darf.

Jeder Fall muß von der LBK. besonders gewürdigt werden und bedarf einer Dispensation durch die Aufsichtsbehörde (§ 83 Abs. III).

11. Nach Vorlage und Prüfung eines statischen Nachweises.

12. Als b e s o n d e r e K o n s t r u k t i o n gilt vor allem E i s e n b e t o n.

13. Als besonderes Material gelten auch Backsteine ältesten Formates (0,17×0,35 m), während die in Absatz II erwähnten Backsteine ein Format von 0,15×0,30 m besitzen (ME. vom

10. Januar 1891 Nr. 1681 und 18 736). Laut Beschluß der LBK. vom 17. Oktober 1896 wird eine Mauerstärke von 1½ Steinen = 0,52 m ältesten Formates einer Mauerstärke von 2 Steinen Reichsformat = 0,51 m gleich erachtet.

14. Nach Vorlage und Prüfung eines statischen Nachweises.

15. Die Mörtelfugen sind bei den genannten Mauerstärken bereits mitgerechnet.

Garten-, Hof- usw. Mauern, Einfriedungen.

§ 20.

Garten-, Hof- und ähnliche freistehende Mauern, sowie Stützmauern, dann Einfriedungen müssen die nach Verhältnis ihrer Länge und Höhe[1] erforderliche Fundierung und Stärke erhalten.

1. Über die Höhe einer Einfriedungsmauer ist nichts bestimmt; es haben aber die Bestimmungen der §§ 68, 70 und 71 Geltung. Über die Höhe und Ausbildung der Einfriedungsmauern im Bereiche der Vorgärten siehe § 7 der ortspolizeilichen Vorschriften vom 17. Juli 1926 über Stadtverschönerung und Reklame (Anhang II Ziff. 5).

Brandmauern.

§ 21.

I Brandmauern[1] müssen in der Stärke der Umfassungsmauern[2] hergestellt, noch am Firste unter der Dachfläche 0,25 m stark gehalten und bis dicht unter die Dacheindeckung aufgeführt werden. Die Lokalbaukommission kann bei Brandmauern die nach § 19 Abs. I Ziff. 5 erforderliche Mauerverstärkung[2] ganz oder teilweise erlassen, wenn die Standfestigkeit gewährleistet ist und genügende Tragfähigkeit durch eine statische Berechnung nachgewiesen wird, auch in diesem Falle hat am Firste unter der Dachfläche die Mauerstärke noch mindestens 0,25 m zu betragen.

II Bei Gebäuden, die unter §§ 52, 53 fallen, bei Gebäuden mit mehr als 2 Obergeschossen,[3] wobei ein bewohnbares Dachgeschoß als Obergeschoß angesehen wird und bei Gebäuden, die nicht vollständig mit Stein oder Metall eingedeckt sind, müssen die Brandmauern in den in Abs. I angegebenen Stärken 0,30 m[4] über die Dachfläche geführt werden; zu ihrer Abdeckung darf nur feuersicheres Material mit Ausschluß aller Holzteile verwendet werden.

III Werden an den Brandmauern Blindfeldungen, Sitzbänke, Wandkästchen, Nischen, Kamine oder dergl. angebracht, so müssen die Brandmauern an den entsprechenden Stellen immer noch wenigstens 0,25 m stark sein.

IV Öffnungen in Brandmauern sind im allgemeinen unzulässig, die Lokalbaukommission kann jedoch im Bedarfsfalle[5] Öffnungen[6] bei jenen Gebäuden gestatten, die nicht zur Herstellung, Bearbeitung oder Lagerung größerer Mengen leicht entzündlichen oder schwer zu löschenden Materials (§ 53) bestimmt sind. Die Öffnungen dürfen im Lichten höchstens 2 qm Fläche erhalten; sie müssen im Erdgeschoß auf einer, in den oberen Stockwerken auf jeder Seite der Brandmauer dicht verschließbar gemacht werden und zwar entweder durch starke, fest versteifte Türen[7] oder Läden[7] aus unverbrennlichem Material oder durch Holztüren[7] (Läden) von mindestens 3 cm gleichmäßiger Stärke, die in Nut und Feder zusammengefügt, fest versteift und allseitig, auch an den Rändern, mit einer wenigstens 1 mm starken Eisenblechverkleidung versehen sind. Die Türen (Läden) müssen allseitig mindestens 6 cm breite Stein-, Beton- oder Eisenfälze überdecken. Die Kegel müssen haltbar eingekittet sein; zu ihrer Befestigung darf leicht schmelzbares Material, wie Schwefel, Blei oder dergl. nicht verwendet werden. Bei Hauptreparaturen oder Hauptänderungen im Sinne des § 11, Ziff. 1, 3, 4 können solche Verschlüsse auch für bereits bestehende Öffnungen in Brandmauern angeordnet werden.

V Die Dacheindeckung ist mit der Brandmauer dicht und dauerhaft zu verbinden; Dachlatten und Dachverschalungen dürfen weder über die Brandmauer hinweg- noch durch diese hindurchgeführt werden; sie sind durch die Brandmauer in deren ganzer Stärke zu trennen.

VI Holzbalken, Holzschwellen, Holzpfetten, Holzsparren und sonstige Holzteile dürfen durch Brandmauern nicht hindurchgeführt werden und in diesen sich nicht berühren; sie müssen an den Enden, selbst im Dachraum noch, durch ein wenigstens 0,12 m starkes Mauerwerk verdeckt oder geschieden sein: auch dürfen Hölzer der Länge nach nur dann in die

Brandmauer eingefügt werden, wenn hierdurch die Standfestigkeit im Brandfalle nicht gefährdet wird. Eiserne Träger und Stützen dürfen in Brandmauern nur dann eingefügt werden, wenn sie glutsicher ummantelt sind.

VII Wo Brandmauern vorgeschrieben sind, müssen sie auch die Dach- und Gesimsvorsprünge, Dachrinnen und dergl. vollständig trennen.[8] Die Lokalbaukommission kann Ausnahmen zulassen, wenn die Dach- und Gesimsvorsprünge durchaus massiv und die Dachrinnen aus Kupfer oder Eisenblech hergestellt sind. Auch bei hölzernen Dachvorsprüngen kann die Lokalbaukommission von der Trennung durch die Brandmauer Umgang nehmen, wenn die über die Umfassung vortretenden Teile der Sparren und der Dachverschalung zu beiden Seiten der Brandmauer auf eine Länge von mindestens je 2,5 m aus Eichenholz hergestellt werden.

VIII Die Brandmauern und die Einrichtungen, die sonst nach den vorstehenden Bestimmungen zur feuersicheren Abtrennung der Gebäude geboten sind, müssen stets in bauordnungsmäßigem Zustand unterhalten werden.[9]

1. „Brandmauern" sind zu fordern im eigenen Anwesen oder an der Grenze zwischen zwei oder mehreren Anwesen. Im letzteren Falle können sie als gemeinsame oder Kommun-Mauern errichtet oder wenn eine Vereinbarung zwischen den beteiligten Grundstückbesitzern nicht erzielt wird, als eigene Mauer an der Grundstücksgrenze errichtet werden.

Brandmauern sind vorgeschrieben in § 38 Abs. V, § 47, § 50 Abs. III, § 52, § 54 Ziff. 1 MBO.

2. Hinsichtlich der „Stärke der Umfassungsmauern" siehe § 19 MBO. Die Lokalbaukommission und die Aufsichtsbehörden gewähren aus den in § 19, Anm. 10 angeführten Gründen auch für die Brandmauern dieselben Erleichterungen wie für die Stärke der Umfassungsmauern, zumal hier die statischen Bedenken geringer sind, da die Brandmauern nicht durch Öffnungen durchbrochen werden; Voraussetzung ist aber, daß die Brandmauer hinreichend verspannt ist und durch Maueranker an den Balkenlagen befestigt wird.

Bei Gewährung der vorgenannten Erleichterungen muß auch die Frage geprüft werden, ob die Brandmauer nicht auf längere Zeit frei stehen bleibt; in diesem Falle würde eine schwächere Brandmauer durch ständige Durchfeuchtung und durch geringen Wärmeschutz für die dahinter liegenden Wohnräume sanitäre Nachteile verursachen.

3. Die LBK. und die Aufsichtsbehörden sehen in der letzten Zeit auf dem Dispensweg häufig von der Überdachführung der Brandmauern um 30 cm über die Dachfläche ab. Maßgebend hiefür sind architektonische und ästhetische Gründe. Damit ist gesagt, daß die Erleichterungen bei Wohngebäuden mit mehr als 2 Obergeschossen und bei Bauwerken, die von der Straße aus besonders in die Erscheinung treten, gewährt werden können. Die Erleichterungen werden aber nicht gewährt bei Rückgebäuden, Flügelbauten und bei Gebäuden, die unter Abschnitt 13 „Bauten von mehr als gewöhnlicher Ausdehnung und Brandgefahr" (§ 51 mit § 62 MBO.) fallen.

Bei Gewährung solcher Erleichterungen wird jedoch zur Auflage gemacht, daß beiderseits der Brandmauer ein 1,0 m breiter Rabitz- oder Monierstreifen angebracht wird, damit die Übertragung eines Dachstuhlbrandes von einem zum anderen Gebäude möglichst vermieden wird. Selbstverständlich dürfen auch keine Holzteile, z. B. Dachlatten und Holzverschalung über die Brandmauer hinweggehen; die Ziegelplatten sind mit Mörtel zu befestigen.

4. Die vorgeschriebenen 0,30 m sind rechtwinkelig zur äußeren Dachfläche zu messen.

5. Das Bedürfnis für einen Brandmauerdurchbruch ist jeweils nachzuweisen. Die LBK. hört in solchen Fällen die Feuerpolizeibehörde und die Versicherungskammer, Abt. für Brandversicherung gutachtlich und läßt dann diese Öffnungen, wenn diese Stellen sich in befürwortendem Sinne geäußert haben, meist nur widerruflich zu.

Ist ein Brandmauerdurchbruch an einer Kommunmauer zwischen zwei in verschiedenem Besitz befindlichen Anwesen beabsichtigt, so wird vor allem die Stellungnahme des beteiligten Nachbarn von der Polizeibehörde zu würdigen sein. Es ist damit aber nicht gesagt, daß ein Kommunmauerdurchbruch zugelassen werden muß, wenn sich die Nachbarn geeinigt haben oder daß der Durchbruch versagt werden muß, falls der Nachbar widerspricht. Diese Auffassung findet ihre Bestätigung in der ME. vom 7. August 1916 Nr. 23 925, in der ausgesprochen ist, daß die auf Privatübereinkommen beruhende Kommunmauer nicht Gegenstand öffentlichen Baurechtes sein kann.

Die privatrechtlichen Verhältnisse der Kommunmauern sind geregelt durch die Art. 68 mit 70, 77 und 78 des AG. z. BGB.; vgl. auch die Abhandlungen in der „Zeitschrift für Rechtspflege in Bayern", Bd. XI S. 65 ff., 84 ff., 211 und (speziell für München) S. 349 ff.

6. Die Öffnungen können Tür- und Fensteröffnungen sein. Außer diesen Durchbrechungen der Brandmauer sind noch Lichtöffnungen statthaft, die mit Glasbausteinen, welche als Ersatz für Ziegelsteine zugelassen sind, geschlossen werden.

Zurzeit sind zugelassen Glasbausteine verschiedener Konstruktionen, Elektroglasfliesen und Drahtglas. Es würde auch hier wie bei § 17 MBO. (siehe daselbst Anm. 3) zu weit führen, alle zugelassenen Materialien namentlich aufzuführen. Bei der statischen Abteilung der LBK. können jederzeit die erforderlichen Aufschlüsse erholt werden.

7. Auch für Türen- und Lädenverschlüsse liegen zahlreiche Spezialkonstruktionen und Systeme vor, die behördlich zugelassen wurden. Auch hier gilt das gleiche wie das in Anmerkung 6 Gesagte.

8. Ein Absetzen der Hauptgesimse und seitliche Blechverkleidung genügt nicht, sondern die Brandmauer muß als Vorkopf auskragen. Bei überhängenden Gespärren ist Eichenholz oder Metall für die zunächst liegenden Sparrenfelder anzubringen.

9. Im Unterlassungsfall kann auf Grund des Art. 101 Abs. I und II und Art. 105 des PolStGB. eingeschritten werden.

4. Feuerstätten und Kamine (Schornsteine).

Kamine.

§ 22.

I Kamine sind aus gelegten Backsteinen[1] auf feuerfester Unterlage[2] mindestens 0,80 m über die Dachfläche zu mauern, im einzelnen Falle aber soweit über die Dachung hinauszuführen, als es die Lokalbaukommission aus feuer- oder gesundheitspolizeilichen Rücksichten, sowie zur Fernhaltung erheblicher Belästigung der Nachbarschaft fordert[3]; sie sind innen und außen auf die ganze Höhe zu verputzen[4] und feuersicher abzudecken[5] und dürfen horizontal ineinander nicht eingeleitet werden.

Im Kellergeschoß dürfen Kamine aus Beton hergestellt werden, soweit dort keine Feuerungen eingeleitet sind. Treten Kamine am First oder in unmittelbarer Nähe des Firstes aus der Dachfläche, so genügt eine Hinausführung über die Firstlinie auf 0,40 m Höhe.

II Holzteile dürfen in Kaminmauern nicht eingefügt[6] werden und müssen von den Kaminröhren nach jeder Richtung durch 0,25 m starkes Mauerwerk getrennt werden; Holzverschalungen dürfen an den Kaminmauern nicht angebracht werden. Kanäle zur Leitung erwärmter Luft, sowie Heizungsröhren aller Art müssen von allem Holzwerk isoliert werden.

III Freistehende und außerhalb der Gebäude befindliche Kamine für Fabriken und sonstige industrielle Unternehmungen dürfen mit baupolizeilicher Bewilligung auch von Eisen hergestellt werden.[7]

IV Die Stärke[7] der Kaminwangen ist nach der Lage und Höhe derselben und nach der Stärke und Zahl der einmündenden Feuerungen zu bemessen und darf bei außergewöhnlichen Feuerungen[8] nicht unter 0,25 m, bei gewöhnlichen Feuerungen nicht unter 0,12 m betragen[9].

V Schlotmäntel und Rauchkutten sind aus unverbrennlichem Material herzustellen.

1. Die Verwendung von Schwemmsteinen zu Kaminen ist unzulässig. Dagegen sind verschiedene besonders für diesen Zweck geformte Backsteine zulässig. Näheres bei der statischen Abteilung der LBK.

2. Feuerfeste Unterlage ist Mauerwerk oder Eisenkonstruktion. Das Aufsetzen von Kaminen auf Holz oder hölzerne Balkenlage ist nicht gestattet.

3. Siehe „Anhang IV Ziff. 4": Ortspolizeiliche Vorschriften des Stadtmagistrats vom 18. Dezember 1906 betr. Verhütung von Belästigungen und Gesundheitsgefährdungen durch Rauch, Staub und übelriechende Gase.

Die Baupolizeibehörde kann auch bei vorhandenen Kaminen nachträglich eine Erhöhung verlangen, wenn erhebliche Belästigungen der Nachbarschaft eintreten. Die gleiche Befugnis steht auch dem Stadtrat als Reinlichkeitspolizeibehörde gemäß § 6 vorgenannter ortspolizeilicher Vorschrift zu.

4. Auf einen guten Innen- und Außenputz der Kamine ist besonderes Augenmerk zu richten, da durch einen schlechten Verputz nicht nur Rauchgase aus den Kaminen austreten, sondern auch leicht Fehlbodenbrände entstehen können. Ferner wird in der ME. vom 29. September 1914 Nr. 4152 c/11 auf eine besonders sorgfältige Isolierung der Kamine gegen Gebälke, Fehlböden, Deckenschalungen zur Verhütung von Fehlbodenbränden hingewiesen. Der Raum zwischen Kamin und Gebälk ist mit Beton oder steifem Mörtel auszufüllen und die Schalbretter für die Weißdecke sind in der Nähe des Kamins durch Rabitzgewebe zu ersetzen.

5. Kaminköpfe oder ganze Kamine aus Beton oder Eisenbeton herzustellen, ist nicht zulässig, da für die einwandfreie Beschaffenheit des Zementmaterials und hiemit für die Feuersicherheit der Kamine nicht die erforderliche Gewähr besteht (ME. vom 30. November 1907 Nr. 61 212).

Auf die sorgfältige Herstellung der Kamine außerhalb des Daches ist wegen der Durchnässung des Mauerwerkes und der damit verbundenen Beeinträchtigung der Zugverhältnisse besonders Bedacht zu nehmen. Die Kamine außerhalb des Hauses sollen daher mit verlängertem Zementmörtel gemauert, gut verputzt und die Kaminköpfe mit möglichst wasserdichtem Material abgedeckt werden.

Mit ME. vom 28. September 1922 Nr. 4071 b 38 wurde auf Grund des § 17 Abs. III MBO. allgemein zugelassen, daß Kamine in ihren oberen Endstücken von der Oberkante bis auf 0,50 m herab in gutem Beton oder wetterfesten Natursteinen hergestellt werden. Das äußere Verputzen der Kamine über Dach kann entfallen, wenn der verwendete Baustoff wetterfest (z. B. besonders hart gebrannte Backsteine) und dicht ist und die Fugen sorgfältig verstrichen werden.

Geschleifte Kamine sind nicht zu beanstanden, wenn sie massiv (mit Eisen oder Stein) unterstützt werden. Wollen besonders komplizierte Schleifungen vorgenommen werden, so ist die Baupolizeibehörde berechtigt, hierüber Detail- und Konstruktionspläne zu verlangen.

6. Das Auflagern der Träger von Massivdecken in den Feuerungskaminen sowie das Hindurchführen von Trägern durch derartige Mauern kann nur dann gestattet werden, wenn diese Träger von dem Kaminrohre durch ein wenigstens 0,12 m starkes Backsteinmauerwerk getrennt sind (ME. vom 8. Januar 1909 Nr. 29 738).

7. Fabrik- und Turmschornsteine können nunmehr aus Eisenbeton oder aus Betonformsteinen mit Eisenbewehrung ausgeführt werden. Die besonderen Bedingungen hiefür sind in der ME. vom 3. September 1921 betr. Fabrikschornsteine und andere Turmschornsteine (Anhang II Ziff. 12) enthalten.

8. In § 55 mit § 62 sind Beispiele angeführt, wann der Begriff „außergewöhnliche Feuerung" zur Anwendung kommt. Die §§ 63 mit 66 sprechen nur von „gewöhnlichen Feuerungen".

9. Bei Kaminen an der Außenmauer ist eine Stärke der Kaminwangen von nur 0,12 m nicht zulässig, da der Zug durch die Einwirkung von Nässe und Kälte beeinträchtigt wird. Hier ist durch eine entsprechende, starke Wandung, eine Isolierung vorzunehmen oder ein eigener Isolierschlitz anzuordnen.

Besteigbare Kamine. § 23.

Die innere Weite der besteigbaren[1] Kamine muß mindestens 0,50 m im Quadrat betragen.

1. Kamine mit größerem Querschnitt müssen zwecks leichterer Reinigung besteigbar hergestellt werden.

Nichtbesteigbare Kamine. § 24.

Bei Anwendung nichtbesteigbarer Kamine sind nachstehende besondere Vorschriften zu beobachten:

1. Solche Kamine müssen im Querschnitt mit einer Lichtweite von 0,18 oder 0,22 oder 0,25 oder 0,30 m hergestellt werden. In solche Kamine von nicht mehr als 0,18 m Lichtweite dürfen nicht mehr als 2, in solche von nicht mehr als 0,22 m Weite nicht mehr als 3, in solche von nicht mehr als 0,25 m Weite nicht mehr als 4, bei 0,30 m Weite nicht mehr als 5 Feuerungsrohre einmünden.

2. Die Stärke der Zungen[1] darf nicht unter 0,10 m betragen.

3. Der einmal angenommene Querschnitt der Kamine ist gleichmäßig beizubehalten.[2]

4. Die Putzöffnungen der Kamine müssen mit genauschließenden, versperrbaren Doppeltürchen aus Eisen[3] verschlossen werden.

5. Der unter den Putzöffnungen befindliche Bretterboden muß auf 0,45 m Entfernung mit feuersicherem Material belegt werden.

1. Unter Zungenstärke ist die Stärke des Trennungsmauerwerkes (Scheidewand) zwischen mehreren nebeneinander liegenden Kaminen zu verstehen.

2. Es ist daher auch nicht zulässig, den Kamin in seinem Verlauf z. B. um 45° zu drehen, da hiedurch in dem Kamin Stellen entstehen, an denen eine Ansammlung und ein Zurückschlagen der Rauchgase entstehen kann. Ein Verziehen eines Kamines ist nur in der Horizontalebene oder auf Grund von besonderen Detailzeichnungen zulässig.

3. Die Doppeltürchen aus Eisen sind Reinigungstürchen. Um eine gute Reinigung zu ermöglichen, müssen sie nahe der Dachausmündung angebracht werden. Die LBK. kann hiefür sichere Laufbretter und Aufsteigevorrichtungen verlangen.

Putztürchen aus Gußeisen sind den Putztürchen aus Eisenblech gleichzuachten (ME. vom 19. September 1891 Nr. 14529; MABl. S. 339).

§ 25.

Rauchrohre.

I Rauchrohre sind in Kamine einzuleiten[1]; Ausnahmen[2] kann die Lokalbaukommission in Notfällen und nur in widerruflicher Weise bewilligen.

II Werden Rauchrohre an Decken oder hölzernen Wänden oder durch dieselben in die Kamine geleitet, so müssen sie 0,25 m von der Weißdecke und 0,45 m von brennbaren

Materialien entfernt bleiben und ist die Durchgangsöffnung mit feuerfestem Material zu schließen.

III Metallene Rauchrohre müssen, wo es die Feuersicherheit erfordert, in einem Abstand von 0,03 m mit einem Eisenblechrohr umgeben werden und ist der sich ergebende Zwischenraum mit Asche, Zement, Sand und dergleichen auszufüllen.

1. Nur Feuerstätten aus dem gleichen Geschoß sollen an ein Kaminrohr angeschlossen werden, um einerseits die Zugverhältnisse nicht zu beeinträchtigen, anderseits das Eindringen von Heizgasen in den oberen Geschossen zu verhindern.

Laut ME. vom 6. Oktober 1922 (Staatsanzeiger Nr. 233) soll bei der Neuaufstellung von Öfen in schon bestehenden Häusern zur Vermeidung von Gesundheitsschädigungen der Bewohner wie zur Verhütung von Feuersgefahren der Kaminkehrer gehört werden, da dieser zur Aufschlußerteilung über den baulichen Zustand des Kamins, in den die neue Feuerungsanlage eingeleitet werden soll, sowie über ihre Zugverhältnisse und über die Stellung und Belastung der einzelnen Kamine in erster Linie berufen ist.

Siehe ferner die Richtlinien über die „Wärmewirtschaft" (ME. vom 11. Juni 1922, Staatsanzeiger Nr. 136, sowie vom 13. Juli 1923, Staatsanzeiger Nr. 161).

2. Unter diesen Ausnahmen sind die Ableitungen der Heizgase durch eiserne Rohre direkt ins Freie zu verstehen.

Offene Feuerstätten.

§ 26.

Offene Feuerstätten[1] dürfen nur an massive Mauern angebaut werden und müssen, wenigstens soweit Funken und Flammen reichen, mit feuersicherem Boden umgeben und mit Rauchkutten versehen sein, sofern die Räume nicht eingewölbt sind.

1. Siehe Anhang III Ziff. 1: K. Verordnung vom 27. Juni 1862 die Verhütung von Feuersgefahren betr.

Zimmeröfen und Herde.

§ 27.

I Zimmeröfen oder geschlossene Herde dürfen nicht auf hölzerne Gestelle aufgesetzt werden. Wenn sie auf Bretterboden oder Balkenlagen zu stehen kommen, müssen sie gemauerte Sockel oder eiserne, auf doppeltem Pflaster oder auf Stein- oder Eisenplatten ruhende Gestelle haben.[1]

II Werden Zimmeröfen oder geschlossene Herde in Räumen mit Fach- oder Riegelwänden oder mit Wänden aus verputztem Lattenwerk errichtet, so müssen diese Wände in der Richtung gegen die Heizöffnungen auf 0,60 m, nach allen übrigen Richtungen aber auf mindestens 0,30 m Entfernung, von den Enden der Ofen- oder Herdseiten an gerechnet, durch massives Mauerwerk ersetzt werden.

1. Badeöfen sind auf mindestens 3 cm starke Stein- oder Betonplatten zu stellen oder die Unterlage des Aschenkastens im Innern des Ofensockels muß vollständig ausgemauert werden (Bekanntmachung der LBK. vom 31. März 1900).

Öffnungen der Feuerungsanlagen.

§ 28.

I Die Heiz- und Aschenabfallöffnungen der Öfen und Herde müssen durch metallene, gut schließende Türchen, die Vorlegeöffnungen der Kamine mit wohl schließbaren, eisernen Türen abgeschlossen sein.

II Der Boden vor den Heiz- und Aschenabfallöffnungen muß gepflastert oder mit Metall belegt oder sonstwie feuersicher sein.

1. Die Größe der Bodenbleche vor den Heiz- und Aschenabfallöffnungen ist laut ME. vom 8. November 1905 Nr. 55582 bedingt durch die Weite der Heiz- und Aschenabfallöffnungen der Öfen und Herde; die Bestimmung der Größe ist deshalb in das Ermessen der Behörde gestellt. Für gewöhnliche Öfen und Herde ist eine Größe von 0,45×0,45 m ausreichend, wobei die Anbringung eines aufgebogenen Randes (Wulstes) angezeigt ist.

Da hier massive Ausführung vorgeschrieben wird, ist die Verwendung von beweglichen Ofenvorsetzern wegen der leichten Beseitigungsmöglichkeit nicht zulässig (ME. vom 7. März 1916 Nr. 63260).

Gesundheitspolizeiliche Vorschriften für Heizungen.

§ 29.

I Die Heizung darf keine Gefahr für die Gesundheit bieten.[1]

II Die Anbringung von Sperrklappen[2] in den Rauchabzugsrohren, welche einen Zimmerofen mit einem Kamine verbinden, ist verboten. Die Vorrichtungen zur Regulierung des Zuges sind lediglich an den Heiztüren anzubringen.

1. Siehe Anhang VII Ziff. 8. Ortspolizeiliche Vorschrift der LBK. vom 24. Januar 1897 betr. „Aufstellung von offenen Kohlen- und Koksöfen bei Bauten".

Hinsichtlich der Warmwasserversorgungsanlagen (Zentralheizungen) mit Koksfüllfeuerungen hat die LBK. mit Beschluß vom 20. Februar 1914 Nr. 1605 folgende Bestimmungen erlassen:

1. Der Heizkessel ist möglichst unmittelbar neben dem Schornstein aufzustellen, so daß die erforderliche Rauchrohrverbindung von der Ausmündung am Kessel bis zur Einmündung in den Schornstein höchstens 3 m beträgt. Sie ist mit Steigung im Verhältnis von mindestens 1:6 zum Schornstein zu führen und darf keine scharfen Krümmungen besitzen. Eiserne Rauchrohre müssen mindestens 2 mm Wandstärke haben, mit den nötigen Reinigungsverschlüssen versehen und zum Schutze gegen Abkühlung mit feuersicherer Isoliermasse umkleidet sein.

2. In den für die Heizungsanlage bestimmten Schornstein dürfen weder Rauchrohre anderer Feuerungen noch Entlüftungsrohre geleitet werden.

3. Abschlußvorrichtungen für den Rauchabzug des Ofens dürfen das Abzugsrohr nicht völlig abschließen, sondern es muß eine Öffnung von mindestens 20 qcm i. L. verbleiben, die jedoch nicht am unteren Rande der Abzugsvorrichtung liegen darf.

4. Der Schornstein soll — wenn irgend möglich — in Innenwänden liegen. Eine Prüfung auf seine Dichtigkeit hat nötigenfalls durch Qualmfeuer bei abgedeckter Schornsteinmündung zu erfolgen.

5. Für jeden Heizraum ist ein möglichst unmittelbar neben dem Schornstein liegender, unverschließbarer Abluftkanal von mindestens 250 qcm im Querschnitt und in der Außenmauer oder im Fenster eine unverschließbare Öffnung zur Einführung frischer Luft von mindestens 500 qcm l. Weite einzulegen. Von der Herstellung des Abluftkanals kann ausnahmsweise abgesehen werden, wenn der Heizraum nach 2 verschiedenen, möglichst entgegengesetzten Himmelsrichtungen durch unverschließbare Öffnungen von mindestens 500 qcm l. Querschnitt und anschließenden Kanälen von gleichem Querschnitt mit der Außenluft zur dauernden Durchlüftung in Verbindung gebracht wird. Diese Kanäle dürfen nicht unmittelbar unter Fenstern bewohnter Räume ausmünden.

6. Die Decke des Heizraumes und der mit ihm in unmittelbarer Verbindung stehenden Nebenräume ist zu putzen und mit einem möglichst luftundurchlässigen Ölfarben- oder Wasserglasanstrich zu versehen. Rohrdurchführungen aller Art, auch Durchführungen von Kabeln sind besonders sorgfältig abzudichten. Für Kessel mit Koksfüllfeuerung und nach unten gerichteten Feuerzügen empfiehlt sich ferner eine Einrichtung, die beim Anheizen und bei der Neubeschickung mit Brennmaterial die Feuergase vorübergehend vom oberen Teile des Füllschachtes aus unmittelbar ansteigend zum Schornstein leitet. Für derartige Öfen erscheint also ein oberer Rauchabzug empfehlenswert, dessen Absperrklappe

mit der Verschlußvorrichtung des Füllschachteinwurfes derart in Verbindung zu bringen ist, daß die letztere nur bei offener Rauchklappe geöffnet werden kann.

2. Die Brennstoffknappheit veranlaßte das Staatsministerium des Innern, im Interesse der Brennstoffersparnis mit ME. vom 27. Mai 1921 Nr. 4306 a I/25 die Anbringung von Sperrklappen in weiterem Umfange, als das bisher zulässig war, nicht zu beanstanden, wenn folgende Voraussetzungen erfüllt sind:

1. Die angebrachten Sperrklappen müssen auch bei völliger Schließung noch mindestens ein Viertel des gesamten Querschnittes des Abzugsrohres für den Abzug der Rauchgase freilassen;
2. die durchzugsfreie Fläche (mindestens ein Viertel der Querfläche der Sperrklappe) muß einen zusammenhängenden Ausschnitt eines Kreises bilden;
3. die Klappe muß leicht zugänglich, tunlichst leicht herausnehmbar, leicht nachzusehen, zu überwachen und zu reinigen sein;
4. aus dem Handgriff an der Klappe muß ihre Stellung erkennbar sein;
5. die Klappe muß so gebaut sein, daß eine Verrußung möglichst verhindert wird;
6. die Reinigung des Rauchabzugsrohres muß gewährleistet bleiben.

Vorstehende Bestimmungen über Sperrklappen gelten auch für Sperrklappen in Rauchrohren, die Küchenherde mit einem Kamin verbinden.

5. Höhe der Gebäude und deren Abteilung in Stockwerke, dann Höhe und Fenster der Wohn- und Arbeitsräume.

Höhenmessung. **§ 30.**[1]

I Die Höhe wagrecht abschließender Umfassungsmauern der Gebäude wird in der Mitte der Front[2] von der festgestellten[3] Höhenlage der Straße bezw. des anschließenden[4] Erdbodens oder der Hoffläche bis zur Oberkante des Dachgesimses und, wenn ein solches nicht vorhanden ist,[5] bis zur Oberkante der Umfassungsmauer gemessen.

II Ist die Mauer oben nicht wagrecht[6] abgeschlossen, so wird mittels Division ihres Flächeninhaltes durch die Länge eine mittlere Höhe berechnet. Das gleiche gilt bei Errichtung einzelner örtlicher Aufbauten,[7] wie Türme, Giebel, Attiken[8] über dem Hauptgesims, falls deren über die höchste zulässige[9] Dachneigung sich erhebende Gesamtfläche[10] mehr als ein Zehntel der gesamten zulässigen Frontfläche[11] beträgt[12].

III Bei Neu- und Umbauten werden steile Dachflächen mit demjenigen Teil ihrer Höhe, welcher die Neigung eines Daches von 45 Grad von der Oberkante des Dachgesimses ab gemessen, übersteigt, der Gebäudehöhe zugerechnet.

Monumentalbauten.

IV Bei Monumentalbauten besteht ein Zwang für die Höhenbemessung nicht.[13]

1. Wenn in der MBO. von „Gebäudehöhe" die Rede ist, so ist damit nicht die Höhe eines Gebäudes einschließlich Dach oder Aufbauten zu verstehen, sondern lediglich die Höhe der Umfassungsmauern eventuell einschließlich der auf diese direkt aufgesetzten Aufbauten (Giebel). Es ist deshalb die Höhe für jeden einzelnen Teil der Umfassungsmauer festzustellen und auszusprechen, auf welche Umfassungsmauer die einzelnen Vorschriften Geltung haben.

2. D. h. unter sinngemäßer Anwendung des in Anm. 1 Gesagten „in der Mitte der betreffenden Umfassungsmauer".

3. Über die Festsetzung der Höhenlage siehe § 2 der MBO. Ist die Höhenlage noch nicht festgesetzt, z. B. bei Bauten nach § 1 Abs. III der MBO., so wird von dem natürlichen Terrain ab gemessen.

4. D. h. bei Umfassungsmauern, welche nicht an der Straßenseite stehen.

5. Z. B. bei Mauern, welche den First von Pultdächern tragen. Mit ME. vom 1. Oktober 1905 Nr. 47891 wurde ausgesprochen, daß die Höhenmessung nach Maßgabe des Schnittpunktes der Gebäudeflucht und der Dachfläche zu erfolgen hat, wenn auch ein vor der Umfassungsmauer vorhängendes Dachgespärre vorhanden oder wenn das vorhandene Gespärre nach unten abgeschlossen ist.

6. Z. B. bei Umfassungsmauern mit Aufbauten oder Giebelmauern.

7. Der Begriff örtlicher Aufbau ist durch verschiedene Ministerial- und Regierungsentschließungen genau festgelegt worden.

a) Das Breitenmaß der Aufbauten darf nicht mehr als die Hälfte der betreffenden Gebäudeseitenlänge sein, andernfalls sind die Aufbauten als Stockwerk zu erachten (ME. vom 17. Januar 1903 Nr. 29082).

b) Ein durch die Dachfläche nicht unterbrochener Aufbau ist nicht als Mansarde, sondern als Stockwerk anzusehen. Das Dachgesims ist in einem solchen Falle nicht gleich mit dem Hauptgesims, sondern über dem als Mansarde ausgebildeten Geschoß zu suchen (ME. vom 11. November 1899 Nr. 22655).

c) Die Flächen von Dachfenstern, deren Straßenseite mit der Gebäudefront in einer Ebene liegt, sind bei der Berechnung der

Gebäudehöhe in ihrem vollen Umfange zu den örtlichen Aufbauten zu rechnen (ME. vom 27. August 1903 Nr. 37869) und ME. vom 30. Oktober 1900 Nr. 41373).

d) Alle Dachgauben (Dacherker), ob sie massiv oder nicht massiv hergestellt sind, sind als örtliche Aufbauten in Rechnung zu ziehen, auch wenn sie hinter die Frontmauerfläche zu liegen kommen. Hierbei werden dieselben nach dem Durchschnitt jener Fläche, welche sich über die höchstzulässige Dachneigung erhebt (siehe § 30 Abs. III) in Anrechnung zu bringen sein. Kleinere, vereinzelt liegende Dachgauben von nur 0,5 qm Vorderfläche und darunter (siehe § 42 Abs. III MBO.) können, da hier die Frage des Lichteinfalles ohne Belang ist, außer Berechnung bleiben (ME. vom 5. Januar 1906 Nr. 52639).

8. Die „Attika" kann mit Öffnungen oder geschlossen ausgeführt werden.

9. Die höchstzulässige Dachneigung ist nach § 30 Abs. III 45°.

10. Die Gesamtfläche setzt sich zusammen aus der Fläche der Aufbauten und der Fläche der Umfassungsmauern. Letztere wird festgesetzt, indem der Schnittpunkt der Umfassungsmauer mit der 45°-Projektionslinie des Dachfirstes als Gebäudehöhe angenommen wird. Die über diese Linie hinausfallenden Aufbauflächen sind gesondert zu ermitteln und der Gesamtfläche zuzurechnen.

11. „Frontfläche" ist die Länge der Umfassungsmauer, multipliziert mit der größten Höhe der zulässigen Höhe der Umfassungsmauer. Die größte zulässige Höhe ist in § 31 Abs. I mit VIII näher bezeichnet; außerdem sind für die Höhenentwicklung eines Gebäudes die Bestimmungen der StBO. (siehe weiter hinten) maßgebend.

12. Beträgt die nach Anmerkung 10 zu ermittelnde Gesamtfläche mehr als $^1/_{10}$ der zulässigen Frontfläche, so wird sie der tatsächlichen Frontfläche zugerechnet und dann die mittlere Höhe berechnet; beträgt die Gesamtfläche $^1/_{10}$ oder weniger, so wird sie außer Rechnung gelassen. (Englert-Schneider § 30 Anm. 11.)

13. Unter Monumentalbauten werden in der Regel Kirchen, Schlösser, Ausstellungsgebäude, Tore usw. verstanden. Es können aber auch andere Gebäude als Monumentalgebäude bezeichnet werden, wenn ihre Ausdehnung, ihre Ausstattung und ihr Zweck über das Maß eines gewöhnlichen Zweckbaues hinausgeht (vgl. Anm. 11 zu § 83). Welche Gebäude als Monumentalbauten anzusprechen sind, ist in das Ermessen der Behörde gelegt.

Die Stärke und Konstruktion des das normale Maß überschreitenden Mauerwerks muß in jedem Falle gesondert nach Maßgabe der gewählten Höhe festgesetzt werden (§ 19 Abs. I und III MBO.).

Höhe der Vordergebäude. **§ 31.**[1]

I Die Höhe der Vordergebäude[2] soll die mittlere Breite[3] des vor dem betreffenden Gebäude[4] liegenden Straßenteils,[5] einschließlich etwaiger Vorgärten nicht überschreiten und darf nicht mehr als 22 m[6] betragen.[7]

II In Straßen unter 12 m Breite kann eine Höhe bis zu 12 m[8] gestattet werden.[9]

III Bei Umbauten kann die Beibehaltung der bisherigen Höhe und Stockwerkszahl zugelassen werden, vorausgesetzt, daß durch den Neubau im Vergleich mit dem alten Bestande eine wesentliche Besserung sich ergibt.

IV Gebäude, die zwischen zwei Parallelstraßen liegen, dürfen für jede Frontwand nur jene Höhe erhalten, die nach vorstehenden Vorschriften — Abs. I mit III — zulässig ist.

V Bei Bebauung von Eckgrundstücken an verschieden breiten Straßen gelten die Maße der breiteren Straße für die Höhenbestimmung an der schmäleren Straße auf eine Fassadenlänge gleich der doppelten Breite[10] der schmäleren Straße von der Hausecke gemessen, jedenfalls aber auf eine Fassadenlänge von 14 m. Für den sich darüber erstreckenden Teil des Gebäudes gelten die Maße der schmäleren Straße.[11]

VI Bei Fassadenmauern, welche nach Maßgabe der vorstehenden Bestimmungen für den einen Teil ihrer Längenausdehnung eine größere, für den anderen Teil eine geringere Höhe erhalten würden, kann[9] die Annahme eines einheitlichen, mittleren, nach § 30 Abs. II, zu berechnenden[12] Höhenmaßes gestattet, bezw. aus ästhetischen Rücksichten gefordert werden.

VII In bestehenden, aber noch nicht vollständig geregelten Straßen kann[9] die Berechnung der Gebäudehöhe nach der durch die Baulinie sich ergebenden Straßenbreite gestattet werden.[13]

VIII Das Hauptgesims eines Vordergebäudes darf an der Hofseite nicht höher sein als an der Straßenseite.[14]

1. Die zulässigen Höhen sind Höchstmaße, bis zu welchen gegangen werden darf; eine Überschreitung ist unzulässig. In besonders gelagerten Fällen kann die Behörde sogar gemäß § 16 der MBO. eine geringere Höhe vorschreiben, wenn eine Gefähr-

dung der Gesundheit zu befürchten ist, und die Anwendung der Feuerlöschgeräte nicht mehr gesichert erscheint.

2. a) Unter der „Höhe der Vordergebäude" ist hier die Höhe der Vorderfronten der Vordergebäude zu verstehen. Die Berechnung erfolgt nach § 30 MBO.

Für die Höhe der Rückfronten ist Abs. VIII maßgebend.

b) Hinsichtlich der Höhe der Rückgebäude ist § 32 Abs. II maßgebend.

3. Mittlere Breite wird ermittelt durch Berechnung der Fläche des fraglichen Straßenteils, dividiert durch die Länge der Gebäudefront oder des Gebäudefrontteiles.

4. Senkrecht zur Front gemessen. Wenn das Gebäude hinter die Baulinie gestellt wird, sei es gemäß § 5 Abs. VII oder durch Dispensation seitens der Aufsichtsbehörde, so ist für die Festsetzung der Straßenbreite bzw. Gebäudehöhe immer die alignementsmäßig genehmigte Baulinie maßgebend; durch ein Zurückrücken kann demnach keine größere Gebäudehöhe beansprucht werden.

5. a) Diese Bestimmung gilt auch für Plätze und platzartige Straßenerweiterungen; hier wird nur ein 22 m breiter Streifen entlang der Front in Rechnung gezogen, da das Maß von 22 m die Grenze der Gebäudehöhe darstellt.

b) Die Benennung der vorgelagerten Verkehrsfläche als Straße oder Platz ist ohne Bedeutung, maßgebend ist nur die vor dem Gebäude liegende Straßenfläche; wenn z. B. ein Gebäude mit der gleichen Front an zwei Straßen oder an einer Straße und einem Platze gelegen ist, so sind die betr. Straßen- oder Platzteile zusammen als ein Straßenteil in Rechnung zu stellen.

c) Die Vorschriften über die Höhenbemessungen gelten auch für Gebäude an einseitig bebauten Straßen. Ist z. B. auf der einen Seite der Straße eine öffentliche Anlage oder ein zur Bebauung nicht zugelassener Hang vorhanden, so ist die alignementmäßig festgesetzte Straßenbreite in Anrechnung zu bringen (Englert-Schneider § 31 Anm. 5).

6. Bei Neubauten von über 18 m Höhe ist aus feuerpolizeilichen Erwägungen zur Genehmigungsbedingung zu machen, daß eiserne Aufsteigleitern nach Anordnung der Branddirektion anzubringen sind.

7. Um eine größere Gebäudehöhe zu erzielen, wurde es mehrfach versucht, das oberste Geschoß zurückzusetzen und als zurückgesetztes Vollgeschoß auszubilden. Mit ME. vom 11. November 1899 Nr. 22655 wurde ausgesprochen, daß ein durch die Dachfläche nicht unterbrochener Aufbau als Stockwerk und nicht als Dachgeschoß anzusehen ist. Das Dachgesims ist in solchen Fällen nicht identisch mit dem Hauptgesims, sondern es ist über dem in irriger Weise als Mansarde behandelten Geschoß zu suchen.

8. Die Vergünstigungen von Abs. III und V können hier jedoch angewendet werden.

9. Nach dem Ermessen der Behörde.

10. D. h. mittlere Breite, die nach Anm. 3 zu ermitteln ist.

11. Die Messung hat von der Hausecke ab zu erfolgen. Es ist nicht angängig, die Messung erst an dem Teil der Front vorzunehmen, an dem eine schmälere Straßenbreite beginnt. Die Vergünstigung des § 31 Abs. V greift nur auf eine Fassadenlänge gleich der doppelten Breite der schmäleren Straße, von der Hausecke gemessen, Platz (ME. vom 1. Dezember 1896 Nr. 22845).

12. Die Berechnung erfolgt in der Weise, daß die in Betracht kommenden Frontflächen addiert werden. Die Gesamtfläche wird durch die Gesamtlänge der betr. Fassade dividiert.

13. Voraussetzung ist, daß in absehbarer Zeit mit einer Durchführung des alignementmäßig festgesetzten Straßenzuges gerechnet werden kann.

14. Es darf jedoch die Hauptgesimshöhe der Rückfront der Vordergebäude größer sein als an der Straßenseite, sofern nicht die zulässige Gebäudehöhe überschritten wird (ME. vom 16. September 1901 Nr. 20106 und vom 15. Januar 1902 Nr. 953).

Stockwerkszahl.

§ 32.

I Wohngebäude dürfen nicht mehr als fünf Geschosse[1] einschl. des Erdgeschosses, sowie etwaiger Zwischengeschosse[2] und Mansardenwohnungen erhalten.

Rückgebäude.

II Rückgebäude[3] dürfen über dem Erdgeschoß nicht mehr als drei Stockwerke erhalten und nicht höher, als die bauordnungsgemäß zulässige Höhe der Vordergebäude beträgt, gebaut werden.[4]

1. Die MBO. läßt nur Gebäude mit Erdgeschoß und 4 Obergeschossen zu. In der letzten Zeit sind verschiedene Bestrebungen im Gange, Gebäude mit einer höheren Geschoßzahl zu errichten. Es erschien der LBK. und den Aufsichtsbehörden nicht als angängig, die Zulassung von Hochhäusern in die Bestimmungen der MBO. bzw. der StBO. aufzunehmen. Derartige Baugesuche müssen von Fall zu Fall gewürdigt werden. Höhere, über die zulässige Geschoßzahl hinausgehende Gebäude können nur da zugelassen werden, wo sich allseitig einwandfreie Belichtungsverhältnisse ergeben, wo ein wirkliches Bedürfnis vorliegt und wo es die Verkehrsverhältnisse gestatten. Bei den ziemlich engen Straßen der Altstadt Münchens muß besonders auf letzteren Punkt Rücksicht genommen werden, da ein hochgeschossiges Gebäude naturgemäß einen gesteigerten Verkehr mit sich bringt. Selbstverständlich

ist auch ein solches Baugesuch in bezug auf Feuersicherheit, Rettungsmöglichkeit der in dem Gebäude untergebrachten Personen und Standfestigkeit genauestens zu prüfen. Wenn diese Voraussetzungen gegeben sind, so kann die LBK. die erforderlichen Dispensationen bei den Aufsichtsbehörden befürworten. Damit soll gesagt sein, daß auch in München ein sogenanntes Hochhaus nicht ausgeschlossen ist.

2. a) Ein Einbau über einem Laden im Erdgeschoß ist nicht als Galerie oder Empore, sondern als Zwischengeschoß anzusehen. Er ist deshalb bei der Geschoßzahl mitzurechnen (RE. vom 7. Dezember 1895 Nr. 45022).

b) Ein Zwischengeschoß, das sich nur auf einen Teil der Gebäudegrundfläche, z. B. über die Durchfahrt, erstreckt oder ein Untergeschoß, das wegen des tiefer liegenden Hofraumes als Erdgeschoß erscheint, ist ein Geschoß im Sinne des § 32 MBO. (RE. vom 3. März 1904 Nr. 9163 und vom 4. März 1911 Nr. 713).

c) Flügelbauten, die mit dem Vordergebäude organisch zusammenhängen, unterliegen hinsichtlich der Stockwerkszahl und des Dachgeschoßausbaues, soweit sie in der Vordergebäudezone, d. i. 22 m von der Baulinie ab gemessen, gelegen sind, nicht den Bestimmungen für Rückgebäude.

3. Flügelbauten hinter 22 m, von der Baulinie ab gemessen, sind als Rückgebäude zu erachten. Die Front der Rückgebäude darf nicht höher sein, als die nach § 31 sich errechnende zulässige Fronthöhe der Vordergebäude.

4. Die Streitfrage, ob nach § 32 Abs. II MBO. ein Dachgeschoßausbau über dem dritten Stockwerk der Rückgebäude zulässig ist, ist durch § 19 Abs. III der StBO. in verneinendem Sinne beantwortet.

Scheidung der Stockwerke. § 33.

I Die Scheidung der Stockwerke in Gebäuden mit Feuerstätten muß entweder in massiver Weise[1] oder durch entsprechend starke Balkenlagen geschehen, an deren unterer Seite ein Mörtelverputz anzubringen ist, und deren Zwischenfüllung aus reinem, trockenem und unverbrennlichem Material[2] zu bestehen hat und in diesem Zustand erhalten werden muß. Organische Stoffe,[3] Bauschutt, Kehricht, Asche, Lösch usw. dürfen als Füllmaterial nicht verwendet werden.[4]

II Holzdecken sind nur zulässig, wenn dieselben von dem Gebälk durch feuersicheres Material[5] getrennt werden. Auch ohne solche Trennung können Holzdecken mit an den Fugen aufgenagelten Leisten in Gebäuden, die nur aus Erdgeschoß und ausgebautem Dachgeschoß bestehen und zugleich nur

Einfamilienwohnungen enthalten, zugelassen werden. In diesem Falle darf auch auf die Anbringung der in Abs. I verlangten Zwischenfüllung verzichtet werden.[6]

III In Wohngebäuden mit mehr als 2 Obergeschossen — wobei das Dachgeschoß nicht als Obergeschoß angesehen wird — ist die Dachbalkenlage[7] mit feuersicherem Materiale[8] zu belegen. Oberhalb dieses Abschlusses sind in Bodenräumen und in Dachwohnungen Holzböden zulässig.[9]

1. Massive Scheidung der Stockwerke erfolgt durch Einwölbung mit Backsteinen, durch Wölbung zwischen T Trägern, durch Eisenbetondecken, Backsteindecken mit Eiseneinlagen, Hohlsteindecken, Schlackensteindecken usw. Es würde auch hier zu weit führen, alle zugelassenen Deckensysteme aufzuführen. Die statische Abteilung der LBK. gibt jederzeit Auskunft. Für die massiven Decken wird in der Regel der statische Nachweis zu erbringen sein.

2. Namentlich trockener Sand und Kies.

3. Tierische und pflanzliche Stoffe. — Fabrikate, z. B. Gipsdielen, Spreutafeln, Torfoleumplatten usw., in denen die organischen Stoffe bereits vernichtet wurden, können verwendet werden, da sie keine Nahrung für Pilze, Hausschwamm usw. bieten.

4. Eine gute, genügend hohe Auffüllung der Fehlböden (7 cm stark) bietet das beste Wärmeschutzmittel für die Fußböden und erhöht die Schalldichtigkeit zwischen den einzelnen Stockwerken.

5. Ausführungsweise, wie in Anmerkung 1 angegeben, oder wenn zwischen Gebälk und Holzdecke eine feuersichere Konstruktion z. B. Rabitz- oder Monierdecke usw. eingeschaltet wird.

6. Diese Ausführungsweise gibt in wärmetechnischer Beziehung zu Bedenken Anlaß.

7. Als Dachbalkenlage gilt dasjenige Gebälk, auf dem die Dachstuhlkonstruktion sich aufbaut und das die Decke des letzten Stockwerkes bildet.

8. Das feuersichere Material, das den Belag für die Dachbalkenlage bildet, hat nicht nur den Zweck, ein Übergreifen des Feuers vom Dachstuhl auf die unteren Stockwerke zu verhindern, sondern es bietet auch einen gewissen Schutz gegen Wasser und abstürzende brennende Teile. Es sind zugelassen: Solnhofer Platten, Betonbestrich, Terrazzo-Terralithboden usw. Zur Bedingung ist zu machen, daß alle die Ersatzkonstruktionen auf eine Estrichunterlage von unverbrennlichem Material aufgebracht werden. In allen Fällen ist auch für eine Lüftung des Holzgebälkes zu sorgen, da sonst leicht Holzkrankheiten eintreten können.

9. Gewöhnlich wird als feuersicherer Belag der Dachbalkenlage, wenn Wohnräume darüber angelegt werden wollen, folgende

Konstruktion gewählt: Die Balken werden mit Blechstreifen, die bis auf den Fehlboden reichen, abgedeckt. Der Teil zwischen Fehlboden- und Balkenoberkante — auf die mit Blech beschlagenen Balken können ohne weiteres noch Holzleisten befestigt werden —, wird mit Beton ausgefüllt. Auf die Holzteile kann ein gewöhnlicher Holzbodenbelag oder ein Blindboden für den Parkettbelag aufgenagelt werden. Durch ME. vom 8. Juli 1898 Nr. 9826 wurde als Belag der Dachbalkenlage bei Anlage von Wohnräumen ein Fußboden aus Eichenholz entweder als Riemenboden von mindestens 2,5 cm Stärke auf Blindboden oder als gehobeltes Langriemenholz in einer Stärke von mindestens 3 cm und in Nut und Feder unmittelbar auf dem Gebälk befestigt, zugelassen, wenn die Balkenfache (d. i. der zwischen dem Balken, dem Fehlboden und dem Fußboden vorhandene Raum) anstatt der Fehlbodenauffüllung eine Füllung mit Beton erhalten. Die Anwendung dieser Eichenholzböden ist für Speicherräume ausgeschlossen.

Fußböden im Erdgeschoß. **§ 34.**

Die Fußböden der ebenerdigen Wohn- und jener Arbeitsräume[1] eines neuen[2] Gebäudes, bei welchen es der Betrieb des Geschäftes[3] zuläßt, müssen die Höhenlage des anstoßenden Grundes mindestens 0,30 m überragen. Sind solche Fußböden nicht unterkellert, so müssen dieselben, sowie ihre Lager durch eine 0,15 m hohe Betonlage oder in anderer gleich wirksamer Weise vom Erdboden[4] isoliert werden.[5]

1. Siehe § 18 Anm. 5.

2. Die LBK. kann auch bei größeren Umbauarbeiten, durch die neue Wohn- und Arbeitsräume errichtet werden wollen, die Einhaltung der Bestimmungen des § 34 verlangen.

3. Bei Verkaufsläden, Wagenreparaturwerkstätten und namentlich bei Gastlokalen wird im Interesse der Verkehrssicherheit eine geringere Erhöhung zugelassen.

4. D. h. vom natürlichen Gelände.

5. Bei Einbau von Notwohnungen in Erdgeschossen darf die LBK. bis zur Behebung des Mangels an Kleinwohnungen eine Fußbodenhöhe von nur 15 cm statt der vorgeschriebenen 30 cm über der Höhenlage des anstoßenden Grundes zulassen, wenn die in Frage kommenden Räumlichkeiten unterkellert und mit einem Fußbodenbelag aus Holz oder in bezug auf Wärmehaltung gleichwertigen Baustoff versehen werden (ME. vom 29. November 1917 Nr. 73 440).

Einzuwölbende Räume. **§ 35.**

I In Wohngebäuden befindliche Keller[1], Stallungen, Futterräume und Waschküchen[2], dann Räume mit starken Feuerungen[3] müssen ihrem Zweck entsprechend eingewölbt werden und Vorrichtungen zur Ermöglichung eines genügenden Luftwechsels[4] erhalten. Bei Kleinhausbauten (§ 18 Abs. III) kann für Keller unter Wohnräumen statt Einwölbung eine Holzbalkenlage mit Fehlboden und Weißdecke oder eine gleichwertige Bauart zugelassen werden.[5]

Kellerböden.

II Die Fußböden der Keller sind zu betonieren oder mit einem dichten Pflaster zu belegen. Bei Kleinhausbauten (§ 18 Abs. III) können die Fußböden der Keller mit Backsteinpflaster belegt werden, wenn dasselbe in Zementmörtel verlegt und mit Zement ausgegossen wird.

1. Die in § 35 Abs. I verlangte Einwölbung beabsichtigt Keller- und Erdgeschoß von einander völlig somit auch feuersicher zu trennen. In der MBO. besteht aber keine Bestimmung, daß die Kellereingangs- oder Aufzugsöffnungen usw. feuersicher abgeschlossen werden müssen. Da aber sanitäre Gründe für einen möglichst dichten Abschluß sprechen, ist zu verlangen, daß das Kellergeschoß dichte Türabschlüsse erhält. Ähnliches sagt auch der § 43 Ziff. 8 MBO., der bei Kellerwohnungen eine direkte Trennung verlangt. Werden jedoch im Keller leicht entzündliche oder schwer zu löschende Materialien gelagert, so ist ein rauch- und feuersicherer Abschluß erforderlich.

2. Waschküchen haben einen eigenen Ventilationskamin zu erhalten. Feuerungen dürfen in diesen nicht eingeleitet werden. Ventilationsvorrichtungen in den Waschküchenfenstern sind unzulässig.

3. Z. B. Warmwasserheizungsanlagen.

4. Ob der Luftwechsel genügend erscheint, bestimmt die Behörde; sie kann in besonders gelagerten Fällen im Interesse der in diesen Räumen arbeitenden Menschen auch künstliche Lüftung vorschreiben.

5. Die Ausführungsweisen kommen mehr für ländliche Verhältnisse in Frage.

6. Der aufgebrachte Beton muß aus Reinlichkeitsgründen mit einem Glattstrich (Estrich) versehen werden.

Höhe der Wohn- u. Arbeitsräume.

§ 36.

Die lichte Höhe der Wohnräume und der Arbeitsräume[1] muß bei Neubauten, bei neuen An- oder Aufbauten, sowie beim Umbau bestehender Gebäude auf mindestens 2,60 m bemessen werden. Bei Gebäuden, die nur Kleinwohnungen im Sinne des § 81 Abs. VI Ziff. 2 enthalten, sowie bei Kleinhausbauten (§ 18 Abs. III) genügt für alle Wohngeschosse eine lichte Höhe von 2,40 m.[2]

1. Siehe § 18 Anm. 5.

Unter diese Arbeitsräume fallen nicht die den Mietsparteien zugewiesenen Waschküchen.

2. Die Erleichterungen wurden gewährt, um einerseits die Baukosten zu erniedrigen, anderseits den späteren Mietern hohe Heizungskosten zu ersparen.

Fenster, Lüftung. **§ 37.**

I Alle bewohnbaren oder zum dauernden Aufenthalt[1] von Menschen bestimmten Räume, als Wohn- und Schlafzimmer[2] und Arbeitslokale, dann Küchen- und Aborträume[3], sowie Treppenhäuser, Stallungen und Waschküchen müssen bei Neubauten[4] wenigstens ein ins Freie gehendes Fenster[5] von ausreichender Größe und zweckentsprechender Lage[6] erhalten.

II Räume, welche zum Aufenthalt einer größeren Anzahl von Personen bestimmt sind[7], oder in welchen eine stärkere Verunreinigung der Luft stattfindet, müssen mit besonderen Einrichtungen zur Herstellung eines genügenden Luftwechsels versehen werden.

III Bei Umbauten ist den vorstehenden Bestimmungen gleichfalls nachzukommen.

1. Über die Auslegung des Begriffes „dauernder Aufenthalt" siehe § 11 Anm. 5.

2. Sogen. Dienstbotenkammern sind als Räume zum dauernden Aufenthalt von Menschen anzusehen (ME. vom 1. Juli 1902 Nr. 29016).

3. Die Einschiebung von Speisen, kleinen Kammern usw. vor die Aborträume ist aus Reinlichkeitsgründen untersagt (Beschluß der LBK. vom 24. Oktober 1914).

4. Der § 37 bietet eine Handhabe, schlechte Grundrisse mit indirekt beleuchteten oder völlig dunklen Kammern, abzulehnen, da eine mißbräuchliche Benützung hintangehalten werden muß (RE. vom 31. Mai 1913 Nr. 18508).

Die LBK. läßt demzufolge dunkle oder indirekt beleuchtete Kammern nur dann zu, wenn ihre Größe und die Anordnung der Türe die Aufstellung eines Bettes nicht ermöglicht.

5. Die Fenster sind so herzustellen, daß sie nicht nur Luft und Licht dem Raum spenden, sondern daß sie auch im Brandfalle

als letzter Rückzugsweg dienen können; dies gilt namentlich für Räume, in denen sich — wenn auch nur vorübergehend — viele Menschen ansammeln, z. B. öffentliche Vergnügungslokale, Wirtschaften, Kaffeehäuser, Fabrikräume usw.

a) Mit RE. vom 23. März 1903 Nr. 13575 wurde ausgesprochen, daß ein „Oberlicht" wohl ein Ersatz der Fenster hinsichtlich der Belichtung sein kann, nicht aber bezüglich der Lufterneuerung. Außerdem könnte auch die Anlage von Oberlichtern mit Vermauerung vorhandener Fenster bzw. Herstellung voller undurchbrochener Mauern eine Umgehung der Bestimmungen der §§ 70 und 71 bilden; sie ist deshalb zu beanstanden.

b) Fenster, die gemäß Art. 62 und 63 des AusfG. z. BGB. derart einzurichten sind, daß bis zur Höhe von 1,80 m über dem hinter ihnen befindlichen Boden weder das Öffnen noch das Durchsehen möglich ist, entsprechen nicht den Bedingungen des § 37 (RE. vom 26. August 1906 Nr. 42022).

c) Die Ausmündung von Abort-, Kammer- und Speisefenstern nach sogen. offenen Loggien ist zulässig, wenn diese Fenster in der Umfassungswand angebracht sind, und wenn die Konstruktion und Lage der Loggien, Veranden, Balkone usw. so gestaltet ist, daß stets genügend Luft und Licht zutreten kann. Ein Abschließen der Loggien usw. ist nicht zulässig.

d) Dachlucken entsprechen nicht dem § 37. Aus architektonisch begründeten Rücksichten können sie bei Aborten ausnahmsweise zugelassen werden (Beschluß der LBK. vom 10. April 1911).

6. Nach dem Ermessen der Behörde.

7. Hierher gehören z. B. größere Gastwirtschaften. Besondere Vorschriften in Anhang III Ziff. 9 und 10.

6. Treppen, Zu- und Ausgänge.

Zugänge und Treppen. **§ 38.**

I Jeder zum dauernden Aufenthalte für Menschen[1] bestimmte Raum muß mit einem der Sicherheit entsprechenden Zugange[2] von außen versehen sein. Wird die hierzu erforderliche Stiege in das Innere des Hauses verlegt,[3] so ist dieselbe in gesondertem, mit massiven, wenigstens 1 Stein[4] starken Mauern eingeschlossenem Stiegenhaus unterzubringen. Die Stärke von 1 Stein darf durch Einbauung von Kaminen, Ventilationsschachten usw. nicht verringert werden. Äußere Aufgangsstiegen müssen aus unverbrennlichem Material hergestellt werden.[5]

II Ist die Haupttreppe[6] nicht bis zum Speicherraum fortgesetzt, so muß auch die Speichertreppe zwischen Mauern gelegt werden.

III In Wohngebäuden von mehr als einem Geschosse sind die Stufen und Wangen der Haupttreppen entweder aus Stein oder aus Eichenholz[7] herzustellen, die Untersichten zu verputzen und die Decke zu überwölben oder in anderer Weise unverbrennlich zu machen und gegen abstürzendes Holz zu sichern (Monierdecke). Bei Verwendung von Eisen zu tragenden Teilen der Treppe ist dasselbe mit entsprechender feuersicherer Umhüllung[8] zu versehen. Der Zugang vom Stiegenhaus zum Dachraum ist mittels einer aus feuerbeständigem Material bestehenden Türe,[9] welche in Steingewände anschlägt, abzuschließen. Außer diesem Zugang dürfen zwischen Stiegenhaus und Dachraum keine Öffnungen angebracht werden.

IV Für Wohngebäude, welche über dem Erdgeschoß nur noch ein Geschoß enthalten, genügt eine Haupttreppe von weichem Holze mit verputzter Untersicht und gegen den Dachraum ein dem § 33 Abs. III entsprechender Abschluß.

V Alle Stiegenhäuser für Haupttreppen müssen durch unmittelbar in's Freie[10] gehende Fenster beleuchtet[11] werden, oder ein mit einer Ventilationsvorrichtung versehenes Glasdach erhalten, dessen Gerippe aus Eisen zu konstruieren ist und an allen Seiten auf den als Brandmauern über Dach geführten Stiegenhausmauern aufruht. Die Lichtfläche des Oberlichtes zwischen den Treppenwangen muß bei einstöckigen Gebäuden (über dem Erdgeschoß) wenigstens 2 qm betragen und mit jedem weiteren Geschoß um je 1 qm zunehmen.[12]

VI Haupttreppen müssen den Anforderungen des auf ihnen voraussichtlich sich bewegenden Verkehrs entsprechen. Wendelstufen werden nur dann gestattet, wenn die geringste Stufenbreite in der Mitte gemessen noch 0,29 m und an der inneren Wange noch 0,15 m beträgt. Die Stufenhöhe darf in den Stockwerken das Maß von 0,17 m, bei Keller- und Speichertreppen das Maß von 0,20 m nicht übersteigen. Für Gebäude mit einem Stockwerke über dem Erdgeschosse genügt in der Regel eine Stufenlänge von 1,00 m, dagegen sind für Gebäude mit zwei Stockwerken mindestens 1,10 m lange Stufen herzustellen, welche für jedes weitere Geschoß um wenigstens 0,10 m zunehmen müssen. Bei einer größeren

Stufenlänge als 1,50 m, sowie bei Wendelstufen sind außer den Geländern an der inneren Wange auch an den Wänden Handgriffe anzubringen.

VII Vorstehende Bestimmungen sind, soweit dies möglich[13] ist, auf bestehende Gebäude dann anzuwenden, wenn wenigstens ein ganzes Stockwerk baulich eine wesentliche Umgestaltung[14] erhält. Bei Stockwerksaufsetzungen und Umbauten kann indessen hiervon Umgang genommen werden, wenn genügende statische Sicherheit gegeben ist und die Treppenhausmauern mindestens 0,18 m stark sind, der zu erneuernde, bezw. zu ergänzende Teil der Treppe feuersicher hergestellt und das Treppenhaus selbst gegen das Dachgeschoß nach Vorschrift der Absätze III und V abgeschlossen wird.

VIII Die Lokalbaukommission kann die nach den gegebenen Verhältnissen und mit Rücksicht auf die Sicherheit der Personen tunlichen Erleichterungen gewähren.[15]

1. Siehe § 11 Anm. 5.

2. Der Zugang entspricht der Sicherheit, wenn er übersichtlich angelegt und gut belichtet ist. Störende Einbauten, unübersichtliche Differenzstufen, Kellereingänge usw. sind zu vermeiden. Der Zugang von außen zur Treppe soll möglichst in gerader Richtung erfolgen.

3. Äußere Wohnhausstiegen werden jetzt selten mehr ausgeführt.

4. 1 Stein stark = mindestens 25 cm stark.

5. Äußere Aufgangsstiegen, die hauptsächlich bei Gebäuden mit größerer Brandgefahr angeordnet werden, sind für die Feuersicherheit von größtem Werte. Ihre Zahl ist nicht beschränkt.

6. Wenn mehrere Treppen angeordnet sind, entscheidet die Baupolizeibehörde, welche Treppe als Haupttreppe anzusehen ist, wobei der voraussichtliche Verkehr und die Lage der am meisten benützten Räume ausschlaggebend sein werden.

7. Eichenholz hat sich im Falle eines Brandes sehr bewährt, da dieses im Feuer höchstens in seinen äußeren Schichten verkohlt; der Kern dagegen stabil bleibt. Steintreppen, die längere Zeit größerer Hitze ausgesetzt sind, springen leicht durch plötzliche Bestrahlung mit Wasser.

8. Siehe § 17 Abs. IV Anm. 5.

9. Die Türe muß den in § 21 Abs. IV aufgestellten Bedingungen genügen. Siehe § 21 Anm. 6 und 7.

10. Die Fenster können allenfalls auch in einen Lichthof gehen. Siehe § 73 Abs. I.

11. Über die Belichtung der sogen. Differenztreppen bzw. jeder Treppenanlage, die nur aus einigen Stufen besteht, sagt die ME. vom 25. April 1899 Nr. 11 966 und vom 14. Februar 1906 Nr. 4845, daß sie so beleuchtet sein müssen, daß Unsicherheit und ein hiedurch möglicher Unfall ausgeschlossen wird.

Differenztreppen von weniger als drei Stufenhöhen sind unzulässig, da sie eine große Gefahr mit sich bringen, wenn sie auch gut belichtet sind.

12. Bei Bemessung der Fläche des Stiegenoberlichtes ist der Dachraum, soferne nicht ein flaches Dach in Frage kommt, als Geschoß zu betrachten (ME. vom 25. April 1899 Nr. 11 966).

13. D. h. soweit es technisch möglich ist und ohne allzu hohe Kosten und Schwierigkeiten geschehen kann.

14. Z. B wenn das Dachgeschoß baulich ausgenützt werden soll.

15. Von diesen Erleichterungen wurde in den letzten Jahren sehr häufig Gebrauch gemacht, namentlich bei Kleinwohnungsbauten, wo es sich um Raumausnützung und möglichste Kosteneinsparungen handelte. Die Erleichterungen beziehen sich hauptsächlich auf die Stufenbreiten, auf die Ausführung der Treppen in Weichholz mit Trittbrettern aus hartem Holz, auf die Stärke der Treppenhausmauern und auf die Speichertüren. Bei Kleinwohnungsbauten mit Erdgeschoß und 1 bis 2 Obergeschossen wurden alle erdenklichen Erleichterungen gewährt. Bei mehrgeschossigen Kleinwohnungsbauten wurden diese Erleichterungen von verschiedenen Voraussetzungen abhängig gemacht. So erscheint es nicht angängig, bei der Treppenausführung entgegenzukommen, wenn 3 bis 4 Parteien in jedem Stockwerk an einem Treppenhaus liegen, da auch hier die Baupolizeibehörde auf Leben und Gesundheit der Inwohner bedacht sein muß.

Zugänge und Treppen in Gebäuden von größerer Ausdehnung und Brandgefahr. § 39.

I Bei Neubauten, deren obere Geschosse zu Versammlungen oder öffentlichen Lustbarkeiten bestimmt sind, sowie bei schon bestehenden Gebäuden, deren oberen Geschosse für solche Zwecke baulich erst eingerichtet werden sollen[1], müssen unverbrennliche d. i. steinerne und überwölbte Treppen hergestellt werden. Dasselbe kann[2] bei Fabrikgebäuden von mehr als einem Geschosse gefordert werden.

II Für die Treppen in Theatern gelten die für die bauliche Einrichtung von Theatern erlassenen besonderen Bestimmungen.[3]

III Wohn- und Fabrikgebäude von größerer Ausdehnung müssen auf angemessene Entfernung von der Haupttreppe mit weiteren Treppen versehen werden, deren Zahl und Lage durch die Lokalbaukommission bestimmt wird[4]. Außer den im Innern angeordneten feuersicheren Treppen können noch äußere, eiserne Aufsteigleitern angeordnet[5] werden.

IV In Gebäuden, in welchen ein besonders feuergefährlicher Geschäftsbetrieb stattfindet, müssen, wenn sie mehr als ein Geschoß enthalten, oder wenn Dachwohnungen vorhanden sind, unverbrennliche Treppen mit massiven Umfassungswänden und feuerfesten Decken[6] hergestellt werden. Diese Treppen müssen feuerfest ins Freie führen und mindestens 1 m breit sein. Außer diesen Treppen können hölzerne Lauftreppen nach Bedürfnis angelegt werden.

1. Auch bei Gasthäusern, wenn sich in den oberen Geschossen größere Säle befinden; im übrigen siehe Anhang III Ziff. 9.

2. Nach Ermessen der Behörde.

3. Siehe Anhang V Ziff. 4, 5, 6, 7, 8.

4. Die Zahl der erforderlichen Treppen bestimmt die LBK. nach Anhören des Stadtrates als Feuerpolizeibehörde. In der Regel wird angenommen, daß der Treppenantritt von dem Mittelpunkt eines jeden zum dauernden Aufenthalt von Menschen dienenden Raumes 25 m und von den äußersten Punkten jedes benützten Gebäudeteiles 30 m entfernt ist.

5. Die Anbringung von äußeren Aufsteigleitern kann auch bei Gebäuden mit 18 m Höhe und darüber verlangt werden (siehe § 31 Anm. 6). Die Lage der anzubringenden Leiter, ihr Abstand vom Terrain und sonstige Ausführungsbestimmungen wird vom Stadtrat als Feuerpolizei von Fall zu Fall angegeben.

6. „Feuerfeste Decken" sind z. B. Backsteingewölbe zwischen Eisenträgern, Eisenbetondecken, Hohlsteindecken, Monierdecken, aber nicht leichte Rabitzdecken, die an dem Dachstuhlgehölz aufgehängt werden. Die Decken müssen so stark sein, daß abstürzendes, brennendes Dachstuhlholz nicht durchschlägt.

Ausgänge und Korridore. **§ 40.**

I Die Anzahl der Ausgänge, sowie die Breite derselben und der Korridore richtet sich nach dem voraussichtlichen Verkehr[1] in dem betreffendem Gebäude und wird in jedem einzelnen Falle durch die Lokalbaukommission bestimmt. Die lichte Weite der Hauptausgangstüre muß mindestens der für die Treppe des Erdgeschosses vorgeschriebene Breite[2] gleich, darf aber nicht geringer als 1 m sein.

II Alle Lokale und Gebäude, welche für Versammlungen oder öffentliche Lustbarkeiten bestimmt sind, haben eine entsprechende Anzahl von Ausgängen zu erhalten, deren Türen leicht und schnell nach außen sich öffnen lassen.[3]

III Vorstehende Bestimmungen finden auch auf schon bestehende Lokale und Gebäude Anwendung, welche für die bezeichneten Zwecke eingerichtet werden sollen.

1. Bei einer Reihe von Geschäftshäusern ist ein Teil der Auslagefenster in der Weise angebracht, daß die Glasflächen auf den Hausgang münden; daher wird bei Neuanlagen sowie bei Umbauten, welche eine erhöhte Feuersgefahr mit sich bringen, ein feuersicherer Abschluß der Geschäftsräume gegen den Hauseingang durch Elektro- oder Drahtglas verlangt. Dies ist nicht notwendig, wenn zu den übrigen Räumen des Hauses, z. B. Bureauräumen und andern von Menschen benützten Lokalen ein gesonderter, dem § 38 Abs. I entsprechender Zugang vorhanden ist.

2. Siehe § 38 Abs. VI und VII.

3. Die Anordnung der Türen, die Zahl und Breite der Ausgänge und alle damit im Zusammenhange stehenden Auflagen bestimmt die LBK. nach Einvernehmen des Stadtrates als Feuerpolizeibehörde (siehe § 86 Ziff. 9).

Außerdem hört die LBK. laut Beschluß vom 22. November 1910 bei Neu- und Umbauten von Vergnügungslokalen die Polizeidirektion München.

7. Dachungen, Dachvorsprünge und Gesimse, Lichtöffnungen in den Dachungen.

Dachungen u. Zubehör. **§ 41.**

I Zur Eindeckung aller Bauwerke darf mit Ausnahme der nicht genehmigungspflichtigen[1] nur feuersicheres[2] Material verwendet werden.

II An allen Gebäuden, welche feuersicher eingedeckt werden müssen, sind Dachrinnen und Abfallrohre aus feuersicherem Material[2] anzubringen.

III Dächer mit mehr als 10 Grad Steigung sind mit Schneefanggittern zu versehen[3], wenn die Gebäudehöhe 10 m und mehr beträgt; bei geringerer Gebäudehöhe genügt die Anbringung von Schneefanggittern an jenen Stellen, an welchen sie zum Schutze eines größeren Verkehrs von Personen, erforderlich sind.[4]

V Dachrinnen, Abfallrohre und Schneefänge sind stets in gutem Zustand zu erhalten.

V Vorgenannte Bestimmungen sind auch für bestehende Gebäude maßgebend, wenn eine Erneuerung oder konstruktive Änderung des Dachstuhles vorgenommen, oder wenn mindestens die Hälfte einer Dachseite[5] neu eingedeckt wird.

1. Siehe § 13.

2. Als „feuersicher" gelten Stein und Metall. Welche Materialien sonst noch als feuersicher zu gelten haben, entscheidet die Baupolizeibehörde. Das zur Verwendung kommende Material muß Schutz gegen das Umgreifen des Feuers gewähren. Auf den Eingabeplänen ist deshalb auch nach § 14 A Ziff. 3 das Eindeckungsmaterial genau anzugeben.

Wie bei den übrigen Baumaterialien würde es auch hier zu weit führen, alle zugelassenen Materialien namentlich anzuführen. Bei der LBK. (statische Abteilung) können die notwendigen Erkundigungen eingezogen werden.

3. Da die Schneefanggitter auch einen Schutz gegen das Abstürzen von Arbeitern bei Dachreparaturen bieten, müssen sie 0,28 m hoch, senkrecht zur Dachneigung gemessen, hergestellt werden.

Siehe Anhang VII Ziff. 5: Ortspol. Vorschriften der LBK. vom 28. Dezember 1896 betr. Sicherheitsvorrichtungen zur Verhütung von Unfällen bei Bauarbeiten (§ 11).

4. Das ist hauptsächlich über den Hauseingängen und sonst nach Anordnung der Baupolizeibehörde.

5. Je nach der Dachform (z. B. Pult-, Sattel-, Walm-, Graben-, Mansarddach usw.) kann ein Dach mehrere Seiten haben. Dachseite ist jede an einer Dachkonstruktionsseite gelegene Fläche.

§ 42.

Dachvorsprünge.

I Bei Dachvorsprüngen bezw. überhängenden Gespärren, deren Anwendung übrigens nur bei nicht geschlossener Bauweise[1] gestattet werden kann, dürfen zwischen den Sparren in der Ebene der Umfassungsmauern keine unverschließbaren Öffnungen angebracht werden.

Dachgesimse.

II Hölzerne Dachgesimse müssen bei geschlossener Bauweise durch einen Metallüberzug gesichert werden, beim Anschluß an das Nachbargebäude sind sie nach Maßgabe des § 21 Abs. VII herzustellen.

Lichtöffnungen.

III Lichtöffnungen in den Dachungen müssen mit einem Verschluß versehen sein und feuersichere Umrahmungen erhalten; für dekorative Teile von geringer Ausdehnung darf auch Eichenholz verwendet werden. Lichtöffnungen von mehr als 1/2 qm Fläche bedürfen besonderer polizeilicher Genehmigung.[2]

Waschaufhängen.

IV Anlagen zum Trocknen von Wäsche auf Dachungen dürfen nur gegen die Hofseite angebracht werden. Ihre tragenden Teile, sowie das Geländer sind aus Eisen herzustellen.

1. „Geschlossene Bauweise" ist nicht identisch mit dem in der StBO. gebrauchten Ausdruck „geschlossenes Bausystem". Nicht geschlossene Bauweise heißt hier so viel, als daß ein Gebäude mit einem anderen nicht zusammengebaut ist.

2. Auch für den Fall, daß sie nachträglich neu angebracht werden.

8. Wohnungen und Räume unter dem Erdgeschosse.

Wohnungen unter dem Erdgeschoß.

§ 43.

Wohnungen unter dem Erdgeschoß sind nicht zulässig. Ausnahmen hiervon können nur dann, wenn ein auf andere Weise nicht zu befriedigendes Bedürfnis nach einer solchen Wohnung vorliegt[1], widerruflich[2] und unter nachfolgenden Voraussetzungen gestattet werden:

1. Das Gebäude darf nicht im Überschwemmungsgebiet liegen und muß entwässert werden; der Fußboden muß mindestens 1 m über dem höchsten Grundwasserstand[3] liegen.

2. Es ist in einem Wohnhause nur eine Wohnung[4] zulässig, welche außer der Küche nur noch 2 Zimmer und eine Kammer enthalten und nicht gesondert vermietet werden darf.

3. Die Fensterfläche eines jeden Wohnraumes über dem angrenzenden Niveau[5] muß mindestens ein Zehntel der Fußbodenfläche desselben Raumes betragen.

4. Vor der Wohnung muß in deren ganzer Länge ein isolierender und ventilierbarer, bis zu 0,15 m unter den Fußboden hinabgehender, zu entwässernder Luftkanal von 0,50 m Breite hergestellt werden; wo wegen besonderer örtlicher

Verhältnisse diese Breite nicht eingehalten werden kann, ist deren Abminderung auf 0,25 m zulässig.

5. Der Fußboden der Wohnung ist gemäß § 34 zu isolieren.

6. Die lichte Höhe der Räume hat durchschnittlich[6] wenigstens 2,75 m zu betragen und darf ihr Fußboden nicht tiefer als 1,20 m unter dem umgebenden Terrain[5] liegen.

7. Jeder Wohnraum muß mindestens 40 cbm Luftinhalt haben, sowie heizbar und ventilierbar sein.

8. Der Zugang zur Wohnung muß von jenem zu den Kellern getrennt sein und darf keine Verbindung zwischen Wohnung und Kellerräumen bestehen.

1. Wohnungen unter dem Erdgeschoß waren bis vor drei Jahrzehnten in München überhaupt nicht zulässig. Die damals noch ungünstigen Grundwasserverhältnisse und die Ausführung der Kellermauern in Backsteinmauerwerk gewährleisteten nicht die Herstellung von trockenen und gesunden Wohnungen. Allmählich aber, namentlich nach häufigerer Verwendung von Zentralheizungsanlagen wurde das Bedürfnis nach Hausmeisterwohnungen größer. Die Einführung der Betonbauweise brachte auch die Ausführung trockenen Mauerwerkes mit sich.

Die LBK. hat deshalb mit Beschluß vom 29. Februar 1908 für die Zulassung von Kellerwohnungen folgende Richtpunkte aufgestellt:

Kellerwohnungen werden nur zur Unterbringung eines Hausmeisters gestattet und zwar

a) zunächst in Familienhäusern, also in der Regel in den Baustaffeln 4, 5, 8 und 9 (siehe StBO.).
b) in Geschäftshäusern, soferne der Betrieb eine andere Anordnung nicht ermöglicht;
c) in Miethäusern, wenn sie herrschaftlichen Charakter erhalten und in ihnen eine Zentralheizung eingerichtet wird und diese vom Hausmeister zu bedienen ist;

2. die Haupträume einer solchen Wohnung sollen nur nach Süden, Südosten und Südwesten gerichtet sein und nicht unmittelbar an einem öffentlichen Verkehrsraume liegen;
3. die Fenster der Haupträume sollen eine Belichtung im Winkel von 45° erhalten;
4. die einzelnen Räume der Kellerwohnung dürfen nicht von einander getrennt sein, so daß also ausgeschlossen ist, daß eine sogen. Portierloge am Hauseingang, die übrigen Räume aber abseits gelegen sind.

Mit RE. vom 21. März 1912 Nr. 75 755 wurde ausgesprochen, daß auch ein Haus mit Kleinwohnungen den Charakter eines

Herrschaftshauses haben kann und daß deshalb Hausmeisterwohnungen, wenn die Bestimmungen des Normativbeschlusses der LBK. vom 29. Februar 1908 erfüllt sind, widerruflich zugelassen werden können.

In den letzten Jahren werden sehr wenige Häuser mit Zentralheizungsanlagen mehr gebaut. Die LBK. hat deshalb in ganz besonders gelagerten Fällen und in Anbetracht der großen Wohnungsnot von der Voraussetzung einer Zentralheizungsanlage abgesehen und bei zusammenhängenden Kleinwohnungsbauanlagen mit besserer Ausstattung für je 3 bis 4 Häuser eine Hausmeisterwohnung widerruflich genehmigt.

2. Bei widerruflicher Genehmigung von Hausmeisterwohnungen im Keller kommt eine Dispensation von den Bestimmungen der MBO. nicht in Frage, da hiemit die Schaffung eines dauernden Zustandes nicht verbunden wird (RE. vom 14. Mai 1911 Nr. 17 095).

Die Genehmigung wird nur aus gewichtigen Gründen (z. B. Vermietung der Hausmeisterwohnung an eine Partei, die nicht Hausmeisterdienste versieht usw.) zurückgenommen werden.

3. Die Angaben über den Grundwasserstand können beim Städt. Tiefbauamt, Abt. für Kanalisation, erholt werden.

4. „Bureauräume" im Kellergeschoß sind Wohnungen nach § 43 gleichzuerachten und nicht nach § 46 Abs. I als Räume für ökonomische und gewerbliche Zwecke zu erachten (ME. vom 16. Juli 1900 Nr. 9172, RE. vom 10. Mai 1914 Nr. 24552).

In einem Hause können deshalb nicht Bureauräume und eine Hausmeisterwohnung widerruflich zugelassen werden, sondern nur das eine oder das andere.

5. Es ist unzulässig, durch eine vor der Kellerwand hergestellte künstliche Vertiefung die Einhaltung der Bestimmungen zu ermöglichen. Unter dem angrenzenden Grund bzw. umgebenden Terrain ist nur der natürliche Grund bzw. die der festgesetzten Höhenlage (§ 2 MBO.) entsprechend veränderte Höhenlage des natürlichen Grundes zu verstehen.

6. Das „durchschnittliche" Höhenmaß von 2,75 m wird ermittelt, indem der Rauminhalt der Souterrainwohnung durch deren Grundfläche dividiert wird.

Räume unter dem Erdgeschoß.

§ 44.

I Für Räume unter dem Erdgeschosse, welche lediglich für ökonomische und gewerbliche Zwecke verwendet werden und den längeren[1] Aufenthalt von Menschen erfordern (Küchen, Werkstätten und dergleichen[2]) sind folgende Bestimmungen maßgebend:

1. Deren Höhe muß mindestens 2,75 m und deren Bodenfläche mindestens 20 qm betragen.

2. Die Sohle dieser Räume muß mindestens 0,50 m über dem mutmaßlich höchsten Grundwasserstand[3], ferner die Decke mindestens 1,30 m und der Scheitel der Fensteröffnungen mindestens 1 m über dem umgebenden Terrain[4] liegen.

3. Die Vorschriften über Decke und Fenster fallen weg, im Falle der Raum mittels eines ohne Unterbrechung fortlaufenden Luftkanals isoliert ist, dessen Breite mindestens dem Höhenabstand zwischen Terrain[4] und Fußboden gleichkommt. Dieser Kanal ist an die Entwässerungsanlage anzuschließen und darf nur dann mit einem Glasdach versehen werden, wenn durch dasselbe der direkte Licht- und Luftzutritt nicht verhindert wird[5].

4. Die Räume müssen außer durch die Fenster noch in anderer ausreichender Weise ventilierbar[6] sein.

5. Vor diesen Räumen, mit Ausnahme der unter Ziff. 3 erwähnten, ist in ihrer ganzen Länge ein isolierender und ventilierbarer, noch 0,15 m unter den Fußboden hinabgehender Luftkanal mittels Anlage von Isoliermauern in mindestens 0,25 m Abstand von den Umfassungsmauern herzustellen.

II Bei Einrichtung gewöhnlicher Bäckereianlagen[7] unter dem Erdgeschosse kann von der Anwendung obiger Bestimmungen mit Ausnahme der Ziff. 1, sowie der Ziff. 2 bezüglich der Fußbodenlage, dann der Ziff. 5 Umgang genommen werden. Die betreffenden Arbeitsräume sind jedoch mit ausgiebigen Ventilationsvorrichtungen zu versehen.

1. Längerer Aufenthalt ist gleichbedeutend mit dauerndem Aufenthalte (siehe § 11 Anm. 5).

2. a) Wirtschaften gehören nicht hierher. Sie sind im Hinblick auf die RE. vom 20. Juni 1898 Nr. 21409 unter dem Erdgeschoß unzulässig; sie werden nicht lediglich „für gewerbliche Zwecke" verwendet, sondern dienen vorwiegend dem Erholungsbedürfnis der Gäste.

b) Werkstätten in „Hofunterkellerungen" sind aus sanitären Gründen abzulehnen (Beschluß des Gesundheitsamtes vom 26. Mai 1898 Nr. 14).

c) Räume zur Aufstellung von Kältemaschinen (Gefrieranlagen) und Elektromotoren für Aufzugsanlagen usw. sind nicht als Räume zu erachten, welche den längeren Aufenthalt von Menschen bedingen (ME. vom 14. November 1899 Nr. 24141, RE. vom 23. November 1899 Nr. 46102).

d) „Waschküchen", soferne sie häuslichen Zwecken dienen, sind nicht den Räumen beizuzählen, die dem längeren Aufenthalt von Menschen dienen (RE. vom 5. März 1900 Nr. 9546).

3. Die Höhe des mutmaßlichen Grundwasserstandes ist beim städt. Tiefbauamt, Abt. für Kanalisation, zu erfahren.

4. Siehe § 43 Anm. 5.

5. Die Luftkanäle müssen stets freigehalten werden; sie dürfen nicht etwa zu Lagerzwecken benützt werden, da sonst der freie Luft- und Lichtzutritt behindert wird.

6. Die Ventilation muß durch eigene Lüftungskamine erfolgen. Die Baupolizeibehörde kann aber in besonders gelagerten Fällen eine künstliche Entlüftung vorschreiben.

7. Siehe Anhang III Ziff. 8. Auszug aus den Oberpolizeilichen Vorschriften der Regierung von Oberbayern vom 11. Dezember 1906 über die Einrichtung und den Betrieb von Bäckereien und Konditoreien.

9. Dachwohnungen und Räume im Dachgeschoß.

Wohnungen und Räume im Dachgeschoß.

§ 45.[1]

[I] Dachwohnungen oder einzelne heizbare und bewohnbare Lokale[2] im Dachraume[3] sind nur in Gebäuden von nicht mehr als vier Stockwerken einschließlich des Erdgeschosses[4] und nur unter folgenden Bedingungen zulässig.[5]

1. Die Räume dürfen nur unmittelbar über dem letzten Stockwerk, niemals aber über dem Kehlgebälk[11] liegen und müssen den folgenden Bestimmungen entsprechen.

2. Die lichte Höhe eines jeden bewohnbaren Raumes muß mindestens 2,60 m betragen. Er darf für nicht mehr als ein Drittel der Zimmertiefe eine schräge Decke erhalten. Die Dachwinkel sind auf wenigstens 1 m Höhe abzuschließen.[6]

Bei Gebäuden, die nur Kleinwohnungen im Sinne des § 81 Abs. VI Ziffer 2 enthalten, sowie bei Kleinhausbauten (§ 18 Abs. III) genügt es, wenn jeder Wohnraum[7] im Dachgeschoß eine lichte Höhe von 2,30 m erhält.

3. Der Zugang zu solchen Räumen vom Stiegenhaus aus, muß gegen den Dachraum durch feuersichere Wände und Decken abgeschlossen werden.[8]

4. Diese Wohnräume sind sowohl in den Umfassungswänden als in der Deckenfläche gegen die Einflüsse der Außentemperatur zu isolieren.[9]

II Über dem fünften Stockwerk einschl. des Erdgeschosses sind im Dachraume nur einzelne Lokale zulässig, welche Zubehör zu den unteren Wohnungen bilden (z. B. Bügel-, Wasch-, Requisitenkammern usw.[10]) dieselben müssen mindestens 2,60 m Höhe und, wenn sie heizbar sind, einen der Ziff. 3 entsprechenden Zugang erhalten, sowie nach allen Seiten mit unverbrennlichem Material abgeschlossen werden. Die Räume müssen, ob sie heizbar sind oder nicht, den Anforderungen in Ziff. 3 und 4 entsprechen.

III Die Herstellung von Abteilungswänden außer durch Lattenverschläge ist über dem Kehlgebälk untersagt.[11]

1. Hinsichtlich der „Dachwohnungen", überhaupt und hinsichtlich der Ausnützbarkeit des Dachraumes siehe § 19 StBO. und die hier einschlägigen Sonderbestimmungen der StBO.

2. Unheizbare Dienstbotenschlafstellen fallen nicht unter den Absatz I, sondern unter den Absatz II des § 45; sie sind also nicht als Dachwohnungen zu erachten.

3. „Dachraum" ist nach Englert-Schneider (Anm. 2 zu § 45) derjenige Raum, der innerhalb der über dem Dachfuß befindlichen Dachkonstruktion liegt; ein durch die Dachfläche nicht unterbrochener Aufbau ist nicht als Dachwohnung (Dachraum) sondern als Stockwerk anzusehen, auch wenn derselbe hinter der Frontwand des Hauses aufgeführt werden soll. Als Dachgeschoß wird eine Dachkonstruktion nur dann angesehen, wenn die Hängeplatte des Hauptgesimses nicht über die Fensterbrüstung der Mansarde hinaufreicht.

4. Hier wird das „Erdgeschoß" ausnahmsweise als Stockwerk gezählt, im Gegensatz zu § 19 Anm. 2.

5. Die Einhaltung der nachfolgenden Bedingungen kann nicht nur bei Neuanlagen, sondern auch bei Heizbar- und Bewohnbarmachung bestehender Dachkammern verlangt werden.

6. Zur Verhütung von Unreinlichkeit muß der von der Dachkonstruktion und dem Fußboden gebildete Winkel mit einer 1 m hohen Wand abgeschlossen werden.

7. Nicht nur die Wohnräume, sondern auch alle zum dauernden Aufenthalt von Menschen bestimmten Räume (z. B. Küche, Kammern usw.)

8. Diese feuersicheren Wände und Decken dürfen gegen den offenen Speicherraum keine Öffnungen erhalten, außer sie werden mit zugelassenem, feuersicherem Material geschlossen. Im übrigen schreibt § 19 Abs. I StBO. vor, daß Speicherteile nicht innerhalb der Dachwohnungen liegen dürfen; somit wird die Anordnung von Öffnungen selten in Frage kommen, höchstens bei Wandschränken; diese sind dann innen gegen den Dachraum zu verputzen.

9. Auf eine gute Isolierung ist besonders zu achten. Unzulässig sind Dachwohnungen, bei denen die Dachung unmittelbar über der Zimmerdecke liegt (RE. vom 15. April 1886 Nr. 7536).

Laut Beschluß der LBK. vom 5. Juni 1920 werden bei dem Ausbau der Dachgeschosse folgende Erleichterungen widerruflich gestattet:

a) Wohnungseingangstüren aus Fichtenholz von 42 mm Stärke, statt der bisher üblichen Eichenholztüren.

b) Decken in Kehlbalkenhöhe, bestehend aus vollständiger Verschalung mit Schalbrettern, mit mindestens 3 cm starker Schweißsandschichte darüber und mindestens 3 cm starken, verputzten Torfoleumplatten an der Unterseite.

c) Bei den schrägstehenden Umfassungen kann eine Isolierung zwischen den Sparren und innerer Holzverschalung unterbleiben, wenn außer dem Dachmaterial eine vollständige Holzverschalung und Dachpappe außen vorhanden ist und innen eine mindestens 3 cm starke Gipsdielenverkleidung oder mindestens 5 cm starker Rabitzputz verwendet wird.

d) Unmittelbar am Treppenhaus gelegene, den Zugang zu den einzelnen Wohnungen vermittelnde Vorplätze brauchen gegen das Treppenhaus nicht feuersicher abgeschlossen zu werden. Für den Vorplatz genügen Weißdecken, einhalbsteinstarke Wände oder Schlackenstein- oder Rabitzwände und fichtene Türen.

e) Fehlt bei halbausgebauten Dachgeschossen der feuersichere Belag der Dachbalkenlage oder die Einwölbung des Treppenhauses, so wird bei dem weiteren Ausbau auf Anbringung des feuersicheren Belages oder nachträgliche Treppenhauswölbung verzichtet.

10. Auch Gesindezimmer.

11. Der Begriff „Kehlgebälk" ist gegeben, wenn die Balkenlage auf den Kehlbalken der Dachkonstruktion aufliegt bzw. aufgezapft ist; ruht diese Balkenlage trotz Vorhandenseins von Kehlbalken durch Aufmauerung auf Mauerwerk auf, so ist es kein Kehlgebälk, sondern „Dachgebälk".

10. Vortretende Bauteile.

Vortretende Bauteile. **§ 46.**

[I] Alle vortretenden[1] Bauteile, wie Erker, Balkone, Galerien, Gänge sind in der Regel massiv, deren Träger aus Eisen oder Stein herzustellen. Bei Gebäuden von ländlichem oder villenähnlichem Charakter können[2] hiervon Ausnahmen gestattet werden.

II Galerien und Gänge, welche sonst nicht zugängliche Wohnräume unter sich oder mit der Stiege, oder welche zwei Gebäude miteinander verbinden, müssen, wenn deren Herstellung nicht aus Stein oder Metall erfolgt, wenigstens die Untersicht und das Geländer feuersicher erhalten.

1. D. h. diejenigen Teile, die über die Umfassungsmauer vortreten; Erker auf der geneigten Dachfläche sind nicht hieher zu rechnen.

2. Nach dem Ermessen der Behörde.

11. Bauten mit Feuerstätten.

Bauten mit Feuerstätten.

§ 47.[1]

I Bauten, welche Feuerstätten erhalten, sind, soferne nicht nach Maßgabe des § 48 Ausnahmen zugelassen werden, mit massiven Umfassungen und Tragkonstruktionen von Stein oder Eisen auszuführen und, wenn sie mit anderen Gebäuden zusammenhängend[2] hergestellt werden sollen, durch Brandmauern[3] von denselben zu trennen. Das letztere hat auch dann zu geschehen, wenn ein bestehendes Gebäude in mehrere selbständige Anwesen abgeteilt wird.

II Bei Reihenhäusern, die mit Einschluß des Dachgeschosses nicht mehr als 2 bewohnbare Obergeschosse haben oder die nur Kleinwohnungen im Sinne des § 81 Abs. VI Ziff. 2 enthalten, kann die Baupolizeibehörde die Herstellung von Brandmauern innerhalb eines Abstandes von 25 m erlassen, doch müssen die einzelnen Gebäude durch Mauern getrennt sein, die bis zur Dachfläche reichen. Bei Kleinhausbauten (§ 18 Abs. III) kann der Abstand der Brandmauern bis auf 40 m vergrößert werden; die einzelnen Gebäude sind jedoch durch Mauern zu trennen, die in einer durchgehenden Stärke von mindestens 0,12 m bis zur Dachfläche[4] reichen.

1. Nach Englert-Schneider (Anm. 1 zu § 47) ist § 47 auf die Anlage einer Feuerstätte innerhalb eines bestehenden Hauses, in welchem sich bisher keine Feuerstätte befand, wörtlich nicht anwendbar; der Baupolizeibehörde ist es jedoch unbenommen, auch in diesem Falle gemäß § 16 Abs. I zur Verhütung von Feuersgefahr analoge Anordnungen zu treffen.

2. Bei den „zusammenhängenden Gebäuden" muß es sich um zwei selbständige Gebäude handeln; dann ist eine Brandmauer zu verlangen. Handelt es sich aber um einen Vergrößerungs- oder Verlängerungsbau, so kann eine Brandmauer nicht verlangt werden, wenn auch die Bauteile verschiedene Zweckbestimmungen haben. Gehören zwei Bauten dagegen verschiedenen Besitzern, so ist eine Brandmauer zu fordern. Sie ist auch zu verlangen, wenn der eine Bau massiv und der andere Bau nicht massiv ist.

3. Die Bestimmungen über Brandmauern sind in § 21 Abs. I mit VIII enthalten.

4. Dachfläche ist hier Dachhaut.

Ausnahmen vom Massivbau. § 48.

I Vom Massivbau können folgende Ausnahmen zugelassen werden:

1. Kleine Nebengebäude bis zu einer Wandhöhe von 6 m können[1] mit ausgemauertem Fachwerk hergestellt werden; ihre Umfassungsmauern müssen aber, wenn sie unmittelbar an die Straßenfront oder an die Nachbargrenze stoßen oder von anderen Gebäuden weniger als 5 m entfernt sind, 1 Stein[3] stark ausgeführt werden.

2. Bei Kleinhausbauten (§ 18 Abs. III) dürfen Erdgeschoß und Obergeschoß in ausgemauertem Fach- oder Riegelwerk auf gemauertem Sockel hergestellt werden, wenn sie auf der Außenseite verputzt werden und auf der Innenseite eine Isolierung als Wärme- und Kälteschutzmittel erhalten.

3. Gebäude zu gewerblichen Zwecken und Lagerhäuser dürfen[1] in ausgemauertem Fachwerk mit nur einem Stockwerk über dem Erdgeschoß hergestellt werden.

Sofern der Betrieb mit Feuersgefahr verbunden ist, müssen dieselben einen Abstand[2] gleich ihrer doppelten Höhe, mindestens aber von 10 m von der nächstgelegenen Mauer mit Fenstern einhalten; ist der Betrieb nicht mit Feuersgefahr verbunden, so genügt ein Abstand[2] gleich ihrer Höhe, mindestens aber von 5 m von der Nachbargrenze.

Bei Vorhandensein hoher Brandmauern können solche Baulichkeiten bis zu deren halber Höhe[4] angebaut werden.

4. Gebäude zu vorübergehenden Schaustellungen oder zu anderen vorübergehenden Zwecken dürfen mit Genehmigung der Lokalbaukommission von Holz, jedoch nur in

widerruflicher Weise oder auf bestimmte Zeitdauer errichtet werden.[5] Notstandsbauten für Zwecke der Kleinwohnungen sind hierher zu rechnen.

II In den Fällen Ziff. 1 und 3 bleiben die weitergehenden Bestimmungen[6] der §§ 68, 70 und 71 vorbehalten.

1. „Können" bedeutet hier so viel als „es ist erlaubt".

2. Die geringste Entfernung wird nach § 68 Abs. III gemessen; außerdem können hier nach § 68 Abs. II bei offener Bauweise die ortspolizeilichen Vorschriften, hier die Münchener Staffelbauordnung, Geltung haben.

3. D. h. mindestens 0,25 m. Siehe § 19 Anm. 1.

4. Die Höhe bemißt sich nach § 30.

5. Vgl. § 12 Abs. II.

6. Die weitergehenden Bestimmungen beziehen sich auf Gebäudeabstände.

§ 49.

Scheidewände.

I Bloße[1] Scheidewände[2] in Gebäuden mit Feuerstätten sollen von unten auf fundiert und massiv,[3] oder wenigstens aus verputztem Riegel- oder Fachwerk mit genügend sicherer Fundierung oder Unterstützung hergestellt werden.

II Scheidewände aus Holz sind untersagt; dagegen können solche aus verputztem Lattenwerk oder ähnlichem Material gestattet werden, wenn die Herstellung vorschriftsmäßiger[3] Scheidewände nach der Besonderheit des Falles nicht tunlich ist.[4]

III Abteilungen im Dachraum, sowie die Umfassungen kleiner verschlagartiger Räume dürfen von Latten hergestellt werden.

1. Im Gegensatz zu Scheidewänden, die auch noch Tragmauern sind.

2. Scheidewände werden in den verschiedensten Materialien und Ausführungen zugelassen. Die gebräuchlichsten Wände werden aus Schwemm- oder Hohlsteinen, aus Gips- oder Schlackenplatten, gegossene Beton- oder Schlackenwände gefertigt. Es würde auch hier zu weit führen, alle zugelassenen Systeme namentlich anzuführen. Auskunft kann bei der statischen Abteilung der LBK. erholt werden.

3. Wie nach Abs. I zugelassen.

4. Nach genauer Prüfung durch die Baupolizeibehörde.

12. Bauten ohne Feuerstätten.

Bauten ohne Feuerstätten. **§ 50.**

I Bauten ohne Feuerstätten, welche nicht zur Herstellung, Bearbeitung oder Lagerung größerer Quantitäten leicht entzündlichen oder schwer zu löschenden Materials bestimmt sind, können[1] mit ausgemauertem Fachwerk oder Riegelwerk auf gemauertem Sockel hergestellt werden.

II Nach Umständen können[2] auch Umfassungen aus verputztem Fach- oder Riegelwerk auf gemauertem Sockel zugelassen werden.

III Stoßen solche Bauten[3] an Gebäude mit Feuerstätten[4], so müssen sie durch Brandmauern[5] von denselben getrennt werden.

IV Liegen dieselben von anderen Gebäuden[4] mindestens 7 m und von der Nachbargrenze 3,50 m entfernt[6], so ist deren Herstellung auch mit Holzwänden auf gemauertem Sockel gestattet.

V Kegelstätten, Gewächshäuser und Sommerhäuschen ohne Feuerungsanlagen, offene Schutzdächer, Taubenschläge und sonstige geringfügige Bauwerke dürfen ohne Rücksicht auf die Entfernung aus Holz hergestellt werden.

1. „Können" ist hier gleichbedeutend mit „es ist erlaubt".
2. Nach dem Ermessen der Behörde.
3. Siehe § 47 Anm. 2.
4. Stoßen jedoch 2 Gebäude ohne Feuerstätten zusammen, so sind Brandmauern nicht vorgeschrieben.
5. Siehe § 21.
6. Die geringste Entfernung wird nach § 68 Abs. III gemessen.

13. Bauten von mehr als gewöhnlicher Ausdehnung und Brandgefahr.

Zu- und Ausgänge in größeren Gebäuden. **§ 51.**

Für die Treppenanlagen, Korridore, Zu- und Ausgänge der Wohn- und Fabrikgebäude von größerer Ausdehnung, dann der Theater- und Versammlungslokale gelten die in §§ 38, 39 und 40 aufgeführten Bestimmungen.[1]

1. Für diese Gebäulichkeiten sind außerdem folgende im Anhang abgedruckte Sondervorschriften einschlägig:

Anhang V. Feuerpolizeiliche Vorschriften:

Ziff. 4. Ortspolizeiliche Vorschriften der LBK. vom 29. Oktober 1920 für die bauliche Anlage und innere Einteilung von Theatern, Versammlungsräumen, Zirkusanlagen und Lichtspieltheatern.

Ziff. 5. Verordnung des Staatsministeriums des Innern vom 20. April 1926 über die Sicherheit bei Lichtspielvorführungen.

Ziff. 6. Auszug aus der Entschließung des Staatsministeriums des Innern vom 16. November 1897, Bau- und Feuersicherheit in Kirchen betr.

Ziff. 7. Entschließung des Staatsministeriums des Innern vom 7. Oktober 1903, die Feuer- und Betriebssicherheit in Waren- und Geschäftshäusern betr.

Ziff. 8. Ortspolizeiliche Vorschrift des Stadtmagistrates vom 18. August 1903, Feuersicherheit in Warenhäusern betr.

Brandmauern in größeren Gebäuden.

§ 52.

Bei Wohn-, Fabrik- und Lagergebäuden von großer Ausdehnung sind je nach der Einteilung der Grundrisse in angemessenen Abständen Brandmauern[1] zu verlangen oder ist zu bestimmen, daß die eine oder andere Quermauer wenigstens im Dachraum als Brandmauer[1] durchgeführt wird.

1. Über die Ausbildung und Stärke der Brandmauern siehe § 21 MBO.

Gebäude von größerer Brandgefahr.

§ 53.[1]

I Gebäude, welche zur Herstellung, Bearbeitung oder Lagerung größerer Quantitäten leicht entzündlichen oder schwer zu löschenden Materials bestimmt sind, müssen[2] vorbehaltlich der Bestimmungen der Allerhöchsten Verordnung vom 19. März 1874, die Verhütung von Feuersgefahren durch leicht Feuer fangende Gegenstände betreffend (Gesetz- und Verordnungs-Blatt S. 109)[3] mit massiven Mauern umgeben und, wenn sie mit anderen Gebäuden zusammenhängend gebaut werden sollen[4] von diesen durch Backsteinbrandmauern getrennt werden.

II Es kann aber auch eine allseitig freie Lage bis zu 9 m Entfernung von anderen Gebäuden[5] — soferne nicht durch andere Bestimmungen[5] eine größere Entfernung vorgeschrieben ist —, Einwölbung, unverbrennliches Stiegenwerk,[6] dann eiserner Tür- und Fensterverschluß, feuerfester Boden und, wenn solche Gebäude über 400 qm Grundfläche haben, deren Abscheidung durch Backsteinbrandmauern in Einzelräume, wie sie dem Betriebe des Geschäftes und der Konstruktion des Baues angemessen sind, gefordert werden.

III Die durch Brandmauern getrennten Räume dürfen verbunden werden:

1. mittelst eines unter Ausschluß aller Holzteile aus Eisen oder Stein und Glas konstruierten Balkones, welcher durch in die Langmauer eingefügte Türen von der in § 21 Abs. IV näher beschriebenen Beschaffenheit zugänglich ist:

2. durch einen an die Brandmauer anstoßenden Einbau, der den mittelbaren Zugang in den abgetrennten Gebäudeteil ermöglicht; dieser Einbau ist aus mindestens 0,25 m starken Backsteinmauern herzustellen und in allen Stockwerken zu wölben; derselbe darf weder eine Stiege noch Holzteile enthalten und auch nicht zur Lagerung irgend welcher Stoffe dienen. Die Türen des Einbaues müssen die vorerwähnte Beschaffenheit erhalten und im rechten Winkel zur Türe in der Brandmauer stehen; etwaige Fenster sind in der Langmauer anzubringen und deren Stöcke und Rahmen aus unverbrennlichem Material herzustellen.

IV Öffnungen zur unmittelbaren Verbindung der zu trennenden Räume sind in der Brandmauer nur insoweit gestattet, als sie zur Führung von Transmissionswellen unumgänglich nötig sind. Solche Öffnungen müssen an beiden Seiten durch Büchsen geschlossen werden, deren Flanschen in die Brandmauer eingeschraubt sind. Zwischen den Büchsen und der Transmissionswelle ist ein Spielraum von höchstens 15 mm zulässig.

1. Im Anhang V „Feuerpolizeiliche Vorschriften" sind nachfolgende hier einschlägige Bestimmungen aufgeführt:

Ziff. 7. Entschließung des Staatsministeriums des Innern vom 7. Oktober 1903, die Feuer- und Betriebssicherheit in Waren- und Geschäftshäusern betr.

Ziff. 8. Ortspolizeiliche Vorschrift des Stadtmagistrates vom 18. August 1903, Feuersicherheit in Warenhäusern betr.

Ziff. 9. Auszug aus der Allerhöchsten Verordnung vom 9. Juni

1902 die Verhütung von Feuersgefahren durch leicht entzündliche flüssige Stoffe betr.

Ziff. 10. Bekanntmachung des Staatsministeriums des Innern vom 13. Oktober 1908 betr. leicht entzündliche, flüssige Stoffe.

Ziff. 11. Auszug aus der Verordnung über die Herstellung, Aufbewahrung und Verwendung von Azetylen, sowie über die Lagerung von Calziumkarbid (Azetylenverordnung) vom 21. Dezember 1923.

Ziff. 12. Auszug aus der Verordnung vom 23. Mai 1925 über die Lagerung von Ammonsalpeter usw.

Ziff. 13. Auszug aus den oberpolizeilichen Vorschriften der Staatsministerien des k. Hauses und des Äußeren und des Innern vom 9. März 1912 über Zelluloidbetriebe und Zelluloidlager.

2. Auch für den Fall, daß keine Feuerstätten vorhanden oder vorgesehen sind.

3. Die AV. vom 19. März 1874 ist (mit Ausnahme der §§ 1 Ziff. III und 5) durch § 41 der AV. vom 9. Juni 1902 (Anhang V 9) außer Kraft gesetzt worden; an ihre Stelle ist obengenannte AV. getreten.

4. Die Baupolizeibehörde kann auch nach § 16 Abs. I eine Brandmauer verlangen, wenn an ein bestehendes Gebäude ein Gebäude von außergewöhnlicher Brandgefahr angebaut werden will.

5. Die Entfernung von 9 m ist geringste, nicht mittlere Entfernung; im übrigen wird der Abstand nach § 68 Abs. III bemessen.

6. Siehe § 39 Abs. I.

Theater.

§ 54.

Bei Theatern mit Schnürboden und Versenkungen kann vorbehaltlich weitergehender Auflagen gefordert werden[1]:

1. Trennung des Bühnen- und Zuschauerraumes durch zwei mindestens 1 m von einander entferntstehende, mindestens 1 m starke und ebenso hoch über die Dachfläche reichende Backsteinbrandmauern, die im Proszeniums-Ausschnitte durch Backsteingewölbe oder Eisenkonstruktionsteile verbunden sind; eine weitere Verbindung beider Räume ist nur nach § 53 Abs. III Ziff. 1 zulässig;

2. die Aufsetzung von Blitzableitern;[2]

3. die Herstellung und Einwölbung von Vorfluren, Treppenräumen, Gängen und Dachaustritten in genügender Menge, ferner die Herstellung und Einwölbung von eigenen Gebäuden für Gasometer und Heizungsanlagen;

4. die Herstellung von Gangböden und Treppen aus unverbrennlichem Material;

5. die Verwendung von Gaslicht[3] oder elektrischer Beleuchtung, von Zentralheizung und die Herstellung von eisernen Vorhängen, Ventilationsapparaten und Löschvorrichtungen.

1. Nach dem Ermessen der Baupolizeibehörde. Sie kann aber im Interesse der Feuersicherheit noch weitere Auflagen machen.
Vgl. Anhang V. Feuerpolizeiliche Vorschriften.

Ziff. 4. Ortspolizeiliche Vorschrift der LBK. vom 29. Oktober 1920 für die bauliche Anlage und innere Einteilung von Theatern, Versammlungsräumen, Zirkusanlagen und Lichtspieltheatern.

2. Vgl. Anhang V. Feuerpolizeiliche Vorschriften.
Ziff. 14. Ortspolizeiliche Vorschriften des Stadtrates vom 16. August 1922, die Ausführung und Revision von Gebäudeblitzableitern betr.

3. Kommt heute wohl nicht mehr in Frage; aus Gründen der Feuersicherheit wird elektrische Beleuchtung sogar mit eigener selbständiger Notbeleuchtung vorgeschrieben werden.

Feuerungsanlagen in Gebäuden von größerer Brandgefahr.

§ 55.

I Alle Feuerungsanlagen müssen brandsicher hergestellt werden; solche, die nicht auf festem Grund oder auf massiven Gewölben stehen, müssen mit einem freien Luftraum von mindestens 0,30 m Höhe unterwölbt und es darf in diesem Raume ein Aschenabfall nicht angelegt werden.

II Es ist bei allen größeren Feuerungsanlagen dafür Sorge zu tragen, daß ein nach der Größe der Anlage zu bemessender, den hinsichtlich der Gesundheit der Arbeiter zu stellenden Anforderungen entsprechender Luftraum vor der Heizung geschaffen werde.

III Der Fußboden unter und vor diesen Gewölben und Feuerungsanlagen ist in den für die Sicherheit erforderlichen Dimensionen mit feuerfestem Material zu belegen.

IV Die Feuerungsräume der Brenn- und Dampfkessel, der Malzdarren und ähnlicher Anlagen, wie auch der Zentralheizungen, müssen ringsum freistehen, so daß zwischen den äußeren Seiten ihrer Ummauerung und den Umfassungswänden der Lokalitäten, in welchen sie stehen, ein freier Luftraum von wenigstens 0,30 m verbleibt.

Heizöffnungen in Gebäuden von größerer Brandgefahr.

§ 56.

I Liegen die Heizöffnungen einer Feuerungsanlage außerhalb des zum Betriebe dienenden Raumes, so müssen erstere mit massivem Mauerwerk umschlossen sein und zwar auch dann, wenn sich dieselben außerhalb des betreffenden Gebäudes befinden.

II Bei Brennereien und sonstigen Rektifikationseinrichtungen, Trockenkammern, sowie bei Kesseln, in welchen Talg und Fett geschmolzen oder Oel gekocht wird, und bei der Bearbeitung leicht entzündlicher Stoffe sind die Heizöffnungen stets außerhalb des Betriebsraumes anzubringen.

Kamine in Gebäuden von größerer Brandgefahr.

§ 57.

I Die Kamine zu solchen Anlagen sollen besteigbar sein und in einer Höhe von 6 m über dem Feuerherde mindestens eine Wangen- oder Wandungsstärke von 1 Stein[1] haben; von dieser Wange ist alles Holz 0,25 m entfernt zu halten.

II Gehen solche Kamine durch Räume, in welchen brennbare Gegenstände lagern, so sind sie daselbst mit feuersicheren Mänteln zu versehen.

1. 25 cm; vgl. § 19 Abs. I Ziff. 2.

Dunstabzüge in Gebäuden von größerer Brandgefahr.

§ 58.

I Dünste, Qualm und Dämpfe dürfen nicht durch Öffnungen in den Umfassungsmauern abziehen, sondern müssen durch Schachte in einer die Nachbarschaft nicht belästigenden Weise über das Dach hinausgeleitet werden; bei Ableitung feuchter Dämpfe können diese Schachte nebst den erforderlichen Kappen und Mänteln von Holz, bei allen übrigen Dämpfen aber müssen sie von nicht brennbarem Material hergestellt werden.

II Dunstabzüge bei Darren müssen von Mauerwerk oder anderem nicht brennbaren Material ausgeführt und mit selbstschließenden metallenen Klappen versehen werden.

Dampfkessel-Anlagen.

§ 59.

Dampfkesselanlagen richten sich nach den hierfür besonders gegebenen Bestimmungen.[1]

1. Vgl. Anhang VI. Vorschriften über Aufzüge, Dampfkesselanlagen, Benzinmotore, Luftgasanlagen, Sauggaskraftanlagen und Dampfbacköfen:

Ziff. 3: Auszug aus den Bekanntmachungen des Reichskanzlers vom 17. Dezember 1908 usw. betr. die allgemeinen polizeilichen Bestimmungen über die Anlegung von Landdampfkesseln.

Ziff. 4. Auszug aus der Verordnung vom 24. November 1909 und 12. Oktober 1920 betr. die Anlegung und den Betrieb von Dampfkesseln und Dampfgefäßen.

Ziff. 5. Auszug aus der Bekanntmachung des Staatsministeriums des Innern vom 12. Januar 1910 / 13. Oktober 1920 zum Vollzug der Verordnung vom 24. November 1909, die Anlegung und den Betrieb von Dampfkesseln und Dampfgefäßen betr.

Ziff. 6. Bekanntmachung des Staatsministeriums des Innern vom 1. März 1910, Vollzug der Dampfkesselverordnung betr.

Ziff. 7. Bekanntmachung des Staatsministeriums des Innern vom 17. Januar 1910, die feuerlosen Lokomotivdampfkessel betr.

Brenn-, Rektifikations- und Destillierräume.

§ 60.

I In den Türöffnungen, welche zu Brenn-, Rektifikations- und Destillierräumen führen, sind mindestens 0,15 m hohe feuersichere Schwellen anzulegen, ferner sind in diesen Räumen Gruben herzustellen, die ein größeres Volumen als die Betriebsapparate fassen.

II Zur Beleuchtung dieser Lokalitäten darf im Innern derselben weder offenes noch geschütztes Licht verwendet werden. Die Beleuchtung dieser Räume muß vielmehr außerhalb hinter starken Glasscheiben, die überdies durch Drahtgitter vor Zerstörung zu schützen sind, angebracht werden.

Trockenkammern.

§ 61.

I Bei Trockenkammern, die eine Wärme von mehr als 30° R. erfordern, müssen da, wo es für nötig erachtet wird, doppelte Türen und vor den Fenstern eiserne Läden angebracht werden. Diese, wie auch etwa vorhandene Luftklappen sind so einzurichten, daß sie bei einem in der Trockenkammer entstehenden Feuer sich von selbst schließen oder von außen leicht geschlossen werden können.

II Die Decken dieser Räume müssen eingewölbt werden.

Heizung von Trockenkammern.

§ 62.

Die Heizapparate sowie die Heizkanäle oder Heizrohre in solchen Anstalten müssen durch darüber in der Entfernung von 0,30 m anzubringende Blechtafeln von genügender Größe oder, wenn es statthaft ist, durch Drahtgitter geschützt werden; wo die Heizkanäle oder Heizrohre unmittelbar unter dem Fußboden durchgeführt werden, müssen sie mit doppeltem Steinbeleg verbandsmäßig überdeckt sein.

14. Anlagen zum Betriebe von Geschäften mit gewöhnlichen Feuerungen.

Geschäfte mit gewöhnlichen Feuerungen.

§ 63.

I Für die Öfen zum Betriebe von Konditoreien, Bäckereien und sonstigen Geschäften mit gewöhnlichen Feuerungen gelten, sofern sie nicht auf festem Grund oder auf massiven Gewölben stehen, die Vorschriften des § 55. Wenn dieselben nicht in gewölbten Räumen stehen, so sind die Decken darüber zu verputzen; zwischen diesen Decken und der oberen Fläche des Ofens muß ein freier Raum von mindestens 0,60 m, gegen den Nachbarn ein solcher von 0,30 m verbleiben.

II Bei Betrieb mit offenem Feuer sind über den Herden feuerfeste Mäntel anzubringen.

1. Vgl. Anhang III. Gewerbepolizeiliche Vorschriften:

Ziff. 5. Auszug aus der Bekanntmachung des Reichskanzlers, betr. die Einrichtung und den Betrieb der Buchdruckereien und Schriftgießereien vom 31. Juli 1897/5. Juli 1907/22. Dezember 1908.

Ziff. 8. Auszug aus den Oberpolizeilichen Vorschriften der Regierung von Oberbayern vom 11. Dezember 1906 über die Einrichtung und den Betrieb der Bäckereien und Konditoreien.

Räucherkammern.

§ 64.

I Räucherkammern sind auf feuerfester Unterlage an

Wänden und Decken massiv auszuführen und die Öffnungen mit eisenblechenen Türen dicht zu schließen.

II Kommen die Räucherkammern auf den Dachraum zu stehen, so müssen Doppeltüren von Eisenblech an den Eingängen dieser Kammern angebracht und die vor dem Eingange befindlichen Bodenteile feuersicher hergestellt werden.

Feueressen.

§ 65.

I Die Feueressen der Schmiede, Schlosser und ähnlicher Gewerbe müssen auf festen Grund oder auf massive Gewölbe zu stehen kommen, Gewölbe unter dem Herde und massive oder feuerfeste Kappen oder Mäntel über demselben erhalten.

II Die Rückwand der Esse muß aus feuerfestem Material hergestellt werden und von der Umfassungswand, wenn diese nicht massiv ist, wenigstens 0,30 m entfernt bleiben. Der Fußboden und die Decke ist von der freien Seite der Esse auf angemessene Entfernung, ersterer mit Steinen oder einem feuerfesten Material zu belegen, letztere gleichfalls feuersicher herzustellen.

Werkstätten zur Verarbeitung von Holz.

§ 66.

I Werkstätten, in welchen Holz verarbeitet wird, müssen mindestens mit Weißdecken und die Feuerstätten in denselben mit gutschließenden Eisentüren versehen sein.

II Der Herd ist in einem Abstand von 1,00 m mit einem 1,20 m hohen dichten Drahtgitter zu umgeben und der Raum zwischen Herd und Gitter und unter dem Herde zu pflastern oder mit einem anderen feuersicheren Material zu belegen.

15. Fassaden der Gebäude.

Fassaden.

§ 67.

I Bei dem Anstrich der Gebäude ist die Anwendung der reinen Kalkweiße, sowie aller grellen Farben[1] untersagt.

II Gebäude, welche in ihrem Äußeren ein architektonisches Ganzes bilden, sollen in der Regel[2] nicht verschieden angestrichen werden.

III Bei allen Neubauten und Hauptreparaturen an der Straßenseite ist den Anforderungen der Aesthetik[3] zu genügen.

IV Ordinäres Rohmauerwerk muß entweder verfugt oder mit Mörtelputz versehen werden.[4]

V Wettermäntel von Holz sind nur bei freistehenden Gebäuden oder an Mauern ohne Tür- uud Fensteröffnung zulässig.

1. In den letzten Jahren sind Bestrebungen im Gange, bei Neuanstrich der Fassaden sehr lebhafte, grelle Farben in verschiedenen Tönen zu wählen. Die LBK. holt deshalb bei Bekanntwerden ein ästhetisches Gutachten des städtischen Hochbauamtes ein, ob der Anstrich nicht im Straßenbilde störend wirkt. Gegebenenfalls wird sie dann nach § 67 der MBO. und nach den ortpolizeilichen Bauvorschriften vom 17. Juli 1926 über Stadtverschönerung und Reklame und den hiezugehörigen Vollzugsbestimmungen — Anhang II, Baupolizeiliche Vorschriften Ziff. 5 und 6 — einschreiten.

2. Ausnahmen kann die Baupolizeibehörde zulassen, wobei — wie in Anm. 1 ausgeführt — die Frage eine Rolle spielt, ob das Stadtbild hiedurch nicht verunziert wird.

3. Hier sind einschlägig die im Anhang II Ziff. 5 und 6 abgedruckten Ortspol. V. vom 17. Juli 1926 über Stadtverschönerung und Reklamepflege und die dazu gehörigen Vollzugsbestimmungen.

4. Diese Bestimmung ist auch anzuwenden auf die unverputzten Brand-, Grenz- oder Kommunmauern. In der Hoffnung, daß der Nachbar bald anbaut, will häufig das Verbanden dieser Mauern erspart werden.

Mit RE. vom 13. September 1913 Nr. 54 859 ist ausgesprochen, daß das Verbanden solcher Mauern nicht nur aus ästhetischen, sondern auch aus sanitären Gründen zu verlangen ist.

16. Winkel, Gebäudeabstände, Hofräume und Rückgebäude.

Gebäudeabstände.

§ 68.

I Winkel[1] und sogenannte enge Reihen[1] zwischen den einzelnen Bauten müssen, wo nur immer möglich, vermieden werden. Ein Gebäudeabstand[2] von weniger als 3,5 m ist unzulässig[3]; bei Vordergebäuden und Flügelbauten[4] muß derselbe, wenn sich beiderseits Mauern mit Fenstern gegenüberstehen, mindestens 7 m betragen[5].

II Für die Abstände der Vordergebäude und Flügelbauten bei offener Bauweise (Pavillonzwischenräume) gelten die ortspolizeilichen Vorschriften[6].

III Der Abstand zwischen zwei Gebäuden wird senkrecht zur Mittelaxe zwischen den Mauerfluchten gemessen[7].

1. Die sogenannten, noch häufig vorhandenen „Winkel" oder „engen Reihen", auch „Ehegräben" genannt, sind auf Grund der in der ersten Münchener Bauordnung, der Bau- und Kundschaftsordnung vom Jahre 1489 näher geregelten Licht-, Hammerstreichs- und Tropfstallrechte entstanden. Sie sind meistens gemeinsam und nur 3 Fuß breit. Um diese Reihen baldigst zu beseitigen wird den Beteiligten jeweils gestattet, an die Grenze zu bauen, wenn hiedurch auch die Verhältnisse vorübergehend verschlechtert werden.

2. Der Abstand ist Mindestabstand und nicht mittlerer Abstand; er wird nach § 68 Abs. III gemessen. Ein Gebäudeabstand ist gegeben, wenn sich Gebäude, deren Richtungen parallel sind oder einen kleineren Winkel als 75° einschließen, gegenüberliegen. — Beschluß der LBK. vom 11. Juli 1908. —

3. Diese Bestimmung ist nicht derart aufzufassen, daß Gebäudeabstände von 3,5 m und darüber ohne weiteres zulässig sind; vielmehr ist von Fall zu Fall zu prüfen, ob dieses Mindestmaß ausreicht (RE. vom 21. Juli 1908 Nr. 35299 und vom 16. September 1908 Nr. 48447).

4. Das sind „Flügelbauten" in der Vordergebäudezone d. i. 22 m von der Baulinie ab gemessen. Sie haben mit ihrer Seitenfront von der Nachbargrenze einen Mindestabstand von 3,5 m einzuhalten, weil dieser geforderte Abstand allen Bauwerken gegenüber, also auch einer an der Nachbargrenze errichteten Hofmauer zu wahren ist. Nur auf diese Weise wird, abgesehen von anderen Mißständen, eine unbillige Beeinträchtigung des Nachbars in der Verfügung über sein Anwesen verhütet (ME. vom 2. Juli 1899 Nr. 12944).

5. Die Bestimmung, daß 7 m Abstand einzuhalten ist, wenn sich beiderseits Mauern mit Fenstern gegenüberstehen, ist nicht nur bei Errichtung von neuen Mauern, sondern auch auf bereits bestehende Mauern in der Weise anzuwenden, daß seither fensterlose Mauern, welche mit einem geringeren Abstand als 7 m sich gegenüberstehen, mit Fenstern nicht versehen werden dürfen, gleichwie auch eine Vermehrung der bereits bestehenden Fenster ausgeschlossen ist (RE. vom 3. Februar 1897 Nr. 38556).

6. Siehe §§ 12—15 StBO.

7. Die Messungsweise der Abstände ist genau und übersichtlich erläutert von Englert-Schneider Anm. 7 zu § 68. Sie lautet dorten wie folgt:

a) Mauerfluchten sind entweder gerade oder gekrümmt; im letzteren Falle gilt die gerade Verbindung der beiden Enden als „Mauerflucht" im Sinne des nächstfolgenden Absatzes.

Die Mittelachse zweier Mauerfluchten ist die Gerade, welche den von den beiden Mauerfluchten eingeschlossenen Winkel halbiert bzw. zu beiden Mauerfluchten parallel ist.

Die zu dieser Mittelachse errichteten senkrechten Linien zeigen den Abstand beider Mauerfluchten an.

Ein Gebäudeabstand kommt nur da in Frage, wo die zur Mittelachse errichteten senkrechten Linien beide Mauerfluchten treffen; soweit die senkrechten Linien nur eine Mauerflucht oder keine Mauerflucht treffen, sind die Gebäude nicht als sich gegenüberstehend anzusehen.

b) Wo sich Mauerfluchten bzw. Strecken derselben schräg gegenüberstehen, ergeben sich an verschiedenen Punkten der Mittelachse verschiedene Abstände. Es kommt alsdann darauf an, ob die jeweils anzuwendende Bauvorschrift auf den geringsten oder auf den mittleren Gebäudeabstand sich bezieht. Ersterenfalls dürfen die Mauerfluchten nirgends näher, als auf das vorgeschriebene Maß gegen einander herantreten; letzterenfalls genügt ein mittlerer Abstand von der vorgeschriebenen Größe. Ebenso bei gekrümmten Mauerfluchten.

c) Die Bauordnung gibt an, wie die Abstände der Mauerfluchten gemessen werden; stehen einer Mauerflucht mehrere Mauerfluchten eines anderen Gebäudes gegenüber, so muß der Gebäudeabstand zwischen je zwei gegenüberstehenden Mauerfluchten gesondert gemessen werden und nach jeder Richtung das vorgeschriebene Mindestmaß haben.

d) Mehrere Vorschriften der Bauordnung beziehen sich auf den Abstand eines Gebäudes von der Nachbargrenze. Hierauf ist § 68 Abs. III analog anzuwenden. Der Abstand eines Gebäudes von der Nachbargrenze wird senkrecht zur Mittelachse zwischen der Mauerflucht und der Grenze gemessen; dabei findet das vorstehend unter lit. a und c Gesagte sinngemäße Anwendung, d. h. die Grenzlinien werden bei Messung des Abstandes wie Mauerfluchten behandelt.

Außerdem gilt hier noch folgendes:

Liegt eine gerade Mauerflucht einer gekrümmten gegenüber, so kann der Abstand in exakter Weise nur dadurch vermittelt werden, daß die zwischen den Mauerfluchten liegende Fläche durch ihre eigene Breite dividiert wird (ME. vom 8. Januar 1926 Nr. 8035 A I).

Hofraum. § 69.

Von jedem Grundstück muß eine den Bedürfnissen der Feuersicherheit und Gesundheit entsprechende[1] Fläche, deren Größe in jedem einzelnen Falle nach der Zweckbestimmung, sowie dem Umfange und der Höhe der Gebäude zu bemessen und besonders festzustellen ist,[2] als Hofraum unüberbaut[3] bleiben.

1. Die Fläche muß vor allem hinsichtlich der Form entsprechen. Es ist deshalb bei Festsetzung der Baulinien darauf zu achten, daß eine ordnungsgemäße Bebauung der einzelnen Parzellen sich ermöglichen läßt; es sind deshalb spitz zulaufende Baulinien, wodurch wieder spitz zulaufende Hofwinkel entstehen, möglichst zu vermeiden. In der RE. vom 28. Dezember 1907 Nr. 64572 ist ausgesprochen, daß spitz zulaufende Hofraumzwickel nicht der Bestimmung des § 69 entsprechen und daß die Schaffung solcher Hofräume tunlichst zu vermeiden ist, insbesonders dann, wenn große, in einer Hand befindliche Baublöcke in einzelne Bauplätze abgeteilt und hiebei die Grenzlinien erst geschaffen werden.

Im Verfolg dieser RE. hat die LBK. mit Beschluß vom 2. April 1910 ausgesprochen, daß bei spitz zulaufenden Baulinien vor Verbescheidung der einzelnen Baugesuche ein Bebauungsplan einzureichen ist, der die Darstellung der Umrisse der beabsichtigten Bauten zu geben hat, damit ein Bild der künftigen Hofraumgestaltung und ihrer Lage zu einander, sowie der sich ergebenden Gebäudeabstände gewonnen werden kann.

Bei der Beurteilung der Hofraumfläche ist namentlich zu beachten, daß vor solchen Wohnungen, deren Fenster nur nach dem Hofe münden, genügend Raum für die Anwendung der Rettungsgeräte — mechanische Feuerleiter und Sprungtuch — im Falle der Verqualmung des Treppenhauses noch möglich ist.

2. Die Mindestmaße für die erforderlichen Hofraumflächen sind in § 72 MBO. und in den einschlägigen Bestimmungen der StBO. (§§ 4 Abs. III, 5 Abs. III, 6 Abs. III, 7 Abs. III, 12 Abs. II, 13 Abs. III, 14 Abs. III, 15 Abs. III, 15a Abs. III) festgelegt.

Über diese Mindestmaße kann hinausgegangen werden, wenn die Baupolizeibehörde in Rücksicht auf die umgebenden Gebäude die Mindesthoffläche für zu gering erachtet (RE. vom 7. Juli 1898 Nr. 12597).

3. Anlagen, welche das festgesetzte Hofniveau nur um ein Geringes überragen, z. B. Waschküchen mit einer Höhe von 1,20 m über Hofniveau, sind in die überbaute Fläche mit einzurechnen (ME. vom 24. Oktober 1901 Nr. 23434; RE. vom 29. Oktober 1901 Nr. 46126). Hofunterkellerungen sind dagegen nicht ausgeschlossen.

Abstand der Rückgebäude bezw. Flügelbauten von anderen Gebäuden des gleichen Grundstücks. **§ 70.**[1]

[1] [2] Rückgebäude[3] müssen von[4] Vordergebäuden, Flügelbauten und anderen Rückgebäuden des gleichen[5] Grundstücks mindestens soweit entfernt sein, als die mittlere Höhe[6] der in Frage kommenden Gebäude[7] beträgt. Hierbei wird, wenn Vordergebäude in Betracht kommen, deren bauordnungsgemäß zulässige Höhe[8] in Anrechnung gebracht. Flügel-

bauten werden, soweit sie eine Tiefe von 22 m, von der Baulinie weg gemessen, überschreiten, den Rückgebäuden gleichgeachtet. Treppenhausvorbauten[9] können[10] bei Berechnung des Abstandes außer Betracht gelassen werden, wenn ihre Länge 5 m und ihr Vorsprung 1,50 m nicht überschreitet und außerdem die Bestimmungen des § 68 gewahrt bleiben.

II Ausnahmen von dieser Regel finden in folgenden Fällen statt:

1. Für den Abstand zwischen Stallungen, Waschküchen, Remisen und ähnlichen nicht zum dauernden Aufenthalt[11] von Menschen verwendbaren Rückgebäuden einerseits und sonstigen Gebäuden andererseits genügt[12] ein Maß gleich der Höhe des ersteren. Solche Rückgebäude dürfen unter sich einen Abstand gleich der Höhe des niedrigeren Gebäudes einhalten.

2. Beim Umbau bestehender Rückgebäude können[10] vorvorbehaltlich der Bestimmungen in § 72 Abs. II Höhe und Abstand wie bisher zugelassen werden, wenn in bezug auf Standfestigkeit, Feuersicherheit und Gesundheit bessere Verhältnisse geschaffen werden.

3. Auf eine Umfassungsmauer ohne Fenster finden die Bestimmungen in Ziff. 1 sinngemäße Anwendung.[13] Stehen beiderseits sich Umfassungsmauern ohne Fenster gegenüber, so genügt ein Abstand von mindestens 3,50 m, sofern nicht Rücksichten auf Feuersicherheit und Gesundheit einen größeren Abstand erfordern.[14]

1. a) Der § 70 regelt die Abstandsverhältnisse im eigenen Anwesen, während in § 71 die Abstandsfragen gegenüber den Nachbargrenzen und den Gebäuden auf den Nachbargrundstücken behandelt werden.

b) Die in § 70 vorgeschriebenen Gebäudeabstände werden nach § 68 Abs. III gemessen und sind durchgehends mittlere Abstände (vgl. Anm. 7 lit. b zu § 68). Dieselben werden regelmäßig durch die mittlere Höhe der in Frage kommenden Gebäude bestimmt; als Gebäudehöhe hat durchweg die nach § 30 zu messende Höhe der einander gegenüberstehenden Umfassungsmauern zu gelten. Die vorgeschriebenen Maße sind durchgängig Mindestmaße; weitergehende Beschränkungen nach §§ 68 ff. bleiben vorbehalten (Englert-Schneider § 70 Anm. 1.)

2. Der Abs. I des § 70 wird durch ME. vom 10. Oktober 1898 Nr. 19377 in folgender Weise näher erläutert: „Bezüglich der Gegenüberstellung von Gebäuden sind für die Auslegung des § 70 Abs. I fünf Kombinationen zu unterscheiden:

1. Rückgebäude gegenüber Rückgebäuden,
2. Rückgebäude gegenüber Flügelbauten,
3. Rückgebäude gegenüber Vorbergebäuden,
4. Flügelbauten gegenüber Flügelbauten,
5. Flügelbauten gegenüber Vorbergebäuden.

Auf die ersten drei von diesen Kombinationen bezieht sich der erste Satz des § 70 Abs. I; in bezug auf die vierte und fünfte Kombination trifft Satz 3 des § 70 Abs. I gleichmäßige Bestimmungen für den Fall, daß der eine der beiden Flügelbauten, bzw. der einem Vorbergebäude gegenüberstehende Flügelbau eine Tiefe von 22 m übersteigt. Beim Vollzug der Sätze 1 und 3 kommt es nicht darauf an, welches von den in Betracht kommenden Gebäuden das bestehende und welches das zu errichtende ist.“

Nach ME. vom 7. November 1896 Nr. 32757 ist es nicht angängig, daß für eine Rückgebäudefront, die nicht in einer geraden Linie verläuft, sondern gebrochen ist, eine einzige Abstandslinie berechnet wird. Für jeden Teil eines Rückgebäudes muß das seiner Höhe entsprechende Abstandsverhältnis gegeben sein.

Die Bestimmungen des § 70 Abs. I sind auch bei Stockwerksaufsetzungen anzuwenden (ME. vom 6. Dezember 1898 Nr. 44713).

3. D. h. die Umfassungsmauern der zu errichtenden Rückgebäude bzw. Flügelbauten von über 22 m Tiefe.

4. Die Gebäulichkeiten können bereits errichtet sein oder sie werden gleichzeitig aufgeführt; soweit Rückgebäude in Frage kommen, ist auch bei der Abstandsfrage mit einem zukünftig zu errichtenden Vorbergebäude zu rechnen; denn die Möglichkeit, ein ordnungsgemäßes Vorbergebäude zu errichten, muß stets gewahrt bleiben. Bei Berechnung des erforderlichen Abstandes zwischen Rückgebäude und Vorbergebäude soll die nach der Straßenbreite bzw. nach den Bestimmungen der StBO. zulässige Gebäudehöhe in Rechnung gestellt werden (ME. vom 27. März 1897 Nr. 4848).

Nach einem Beschluß der LBK. vom 10. April 1897 soll diese Abstandsfrage je nach Lage des einzelnen Falles entschieden werden, weil sonst teils zu große Begünstigungen, teils erhebliche Benachteiligungen der Baugesuchsteller eintreten würden.

5. D. h. des demselben Besitzer gehörigen Grundstücks.

6. D. h. die halbe Summe der in Betracht kommenden Höhen.

7. Stehen sich mehrere Gebäude gegenüber, so ist für jede Umfassungsmauer ein eigener Abstand zu ermitteln.

8. Siehe § 31 MBO., außerdem oben Anm. 4.

9. Nur Treppenhausvorbauten, nicht aber andere Vorbauten, Risalite, Lisenen usw.

10. Nach dem Ermessen der Behörde.

11. Der Begriff zum „dauernden Aufenthalt von Menschen" ist in § 11 Anm. 5 näher erläutert.

12. Unabhängig von dem Ermessen der Behörde.

13. D. h. es ist nur ein Abstand gleich ihrer Höhe erforderlich; wenn aber letztere größer als die „mittlere Höhe" ist, so genügt ein Abstand gleich dieser.

14. Gesuche um dispensweise nachträgliche Genehmigung von Fensterausbrüchen in vorher als fensterlos genehmigten Mauern lassen vermuten, daß die Bestimmung des § 70 Abs. II Ziff. 3 mißbraucht wird. Es obliegt der Baupolizeibehörde die Pflicht, das Bauprojekt daraufhin zu prüfen, ob nicht durch die Fensterlosigkeit einer Mauer Rücksichten auf wichtige hygienische Interessen verletzt, eine richtige Grundrißlösung verhindert und ein Zustand geschaffen wird, der auf die Dauer nicht haltbar sein kann (ME. vom 12. November 1902 Nr. 24589).

Abstand der Gebäude von der Nachbargrenze und von Nachbargebäuden.

§ 71[1].

Für den Abstand der Gebäude von der Nachbargrenze, bezw. von Nachbargebäuden gelten folgende Bestimmungen[2]:

1. Vordergebäude müssen mit ihrer Rückfront von der Grenze des Nachbargrundstückes so viel, als ihre halbe Höhe beträgt, mindestens aber 7 m entfernt bleiben, soferne nicht unmittelbar an die Grenze angebaut werden will oder kann[3]. Auf Lichthofmauern, die Mauern von Lichtschachten und die inneren Umfassungsmauern von Eckhäusern erstreckt sich diese Vorschrift nicht. Vordergebäude die mit ihrer Rückfront unmittelbar an die Nachbargrenze angebaut werden wollen, müssen von den auf dem Nachbargrundstück befindlichen Gebäuden einen Abstand gleich der mittleren Höhe der in Frage kommenden Gebäude einhalten.[4 5]

2. Rückgebäude, welche nicht an die Nachbargrenze gebaut werden wollen oder können, haben von dieser einen Abstand gleich ihrer Höhe einzuhalten, soferne der angrenzende Teil des Nachbargrundstückes noch unbebaut ist.[6] Im übrigen gelten für die Abstände, die bei Errichtung

von Rückgebäuden[7] gegenüber Gebäuden auf dem Nachbargrundstücke einzuhalten sind, die Bestimmungen des § 70 Abs. I mit der Maßgabe, daß die Entfernung von der Grenze mindestens der halben Höhe des zu errichtenden Rückgebäudes gleich sein muß.[8] Unter diesem Vorbehalte kann der Abstand zwischen einem zu errichtenden Rückgebäude und einer auf der Grenze stehenden fensterlosen Mauer statt nach dem in § 70 Abs. I vorgeschriebenen Maße nach der Höhe der letzteren, oder, wenn es sich um ein Rückgebäude im Sinne des § 70 Abs. II Ziff. 1 handelt, nach dessen Höhe berechnet werden.[8]

3. Rückgebäude, welche direkt an die Nachbargrenze angebaut werden wollen, müssen von den auf dem Nachbargrundstücke befindlichen Gebäuden einen Abstand einhalten, welche entweder ihrer eigenen Höhe gleich ist, oder den Bestimmungen des § 70 Abs. I entspricht.[9]

4. Beim Umbau bestehender Rückgebäude können Höhe und Abstand wie bisher unter der in § 70 Abs. II Ziff. 2 bezeichneten Bedingung zugelassen werden.

5. Flügelbauten werden, soweit sie eine Tiefe von 22 m von der Baulinie weg gemessen, überschreiten, den Rückgebäuden gleichgeachtet.

6. Durch Vereinbarung[10] der Nachbarn kann bestimmt werden, daß hinsichtlich der Höhe und der Abstände der Gebäude lediglich die Bestimmungen des § 70 Anwendung finden sollen.[11 12]

1. a) Während der § 70 Abs. I die Abstandsverhältnisse im eigenen Anwesen regelt, behandelt der § 71 die gegenüber den Nachbargrenzen und gegenüber allen Gebäuden auf den Nachbargrundstücken erforderlichen Abstände. Die Bestimmungen sind so getroffen, daß die Nachbarn von einander unabhängig sind und daß nicht der zuerst Bauende gegenüber seinem später bauenden Nachbarn im Vorteil ist.

Die vorgeschriebenen Maße sind durchwegs Mindestmaße, weitergehende Beschränkungen nach §§ 68 u. f. bleiben unberührt.

b) Alle nach § 71 errechneten Abstände der Gebäude von den Grenzen bzw. von anderen Gebäuden sind **mittlere Abstände** (vgl. § 68 Anm. 7 lit. b). Dabei wird als Gebäudehöhe die nach § 30 zu messende Höhe der einander gegenüberstehenden Umfassungsmauern zugrunde gelegt. Kommen mehrere Teile einer Umfassungsmauer, die nicht in einer geraden Linie liegen, in Frage, so ist für jeden Teil der Abstand gesondert zu rechnen; jeder muß den Vorschriften genügen (RE. vom 7. November 1896 Nr. 32 757).

2. Für alle nach § 71 zu errechnenden Abstände ist der Hauptgrundsatz aufzustellen, daß die Stellung der Gebäulichkeiten so zu einander erfolgt, daß immer ein Lichteinfall von 45° gegeben ist. Die 4 in Frage kommenden Hauptfälle des § 71 Ziff. 1 mit 3 sind in Englert-Schneider (Anm. 2 zu § 71) in sehr übersichtlicher Weise zusammengestellt. Sie lauten:

A.

Ein Vordergebäude will mit der Rückfront an die Grenze gebaut werden (Ziff. 1 Satz 3).

a) Ist ein Nachbargebäude (Vorder- oder Rückgebäude) an die Grenze gebaut, so darf zusammengebaut werden.
b) Ist ein Nachbargebäude (Vorder- oder Rückgebäude) abseits der Grenze gebaut, so muß gegenüber demselben ein Abstand gleich der mittleren Höhe eingehalten werden.

B.

Ein Vordergebäude will oder kann nach lit. A, b) nicht an die Grenze gebaut werden (Ziff. 1 Satz 1). Es kommen zwei Maße in Frage: die halbe eigene Höhe und das feste Maß von 7 m; das größere von beiden Maßen ist als Abstand gegenüber der Grenze einzuhalten.

Ausgenommen sind Lichthof- und Lichtschachtmauern, sowie die inneren Umfassungsmauern von Eckhäusern (Ziff. 1 Satz 2).

C.

Ein Rückgebäude (bzw. ein Flügelbau von über 22 m Tiefe — vgl. Ziff. 5 —) will an die Grenze gebaut werden (Ziff. 3).

a) Ist ein Nachbargebäude (Vorder- oder Rückgebäude) an die Grenze gebaut, so darf zusammengebaut werden.
b) Ist ein Nachbargebäude (Vorder- oder Rückgebäude) abseits der Grenze gebaut, so kommen für das zu errichtende Rückgebäude zwei Maße in Frage: die eigene Gebäudehöhe und die mittlere Gebäudehöhe; das kleinere von beiden Maßen ist als Abstand gegenüber dem Nachbargebäude einzuhalten.

D.

Ein Rückgebäude (bzw. ein Flügelbau von über 22 m Tiefe — vgl. Ziff. 5 —) wird nicht an die Grenze gebaut; es sind zwei Fälle zu unterscheiden:

a) Der angrenzende Teil des Nachbargrundstückes ist noch unbebaut (Ziff. 2 Satz 1) und es will nicht an die Grenze gebaut werden; alsdann muß das Rückgebäude einen Abstand gleich der eigenen Höhe gegenüber der Grenze einhalten.
b) Der angrenzende Teil des Nachbargrundstückes ist bebaut (Ziff. 2 Satz 2 und 3) und es will oder kann (lit. C, b) nicht an die Grenze gebaut werden. In diesem Falle muß das Rück-

gebäude einen Abstand gleich der halben eigenen Höhe gegenüber der Nachbargrenze einhalten; außerdem muß gegenüber den Nachbargebäuden (Vorder- und Rückgebäuden) ein Abstand eingehalten werden, und zwar:

α. im allgemeinen — den Fall β ausgenommen — gleich der mittleren Gebäudehöhe (Ziff. 2 Satz 2).

β. Steht auf der Grenze die fensterlose Mauer eines Nachbargebäudes (Ziff. 2 Satz 3), so wird der geringste Gebäudeabstand durch das kleinere von zwei Maßen bestimmt, nämlich:

αα. wenn das zu errichtende Gebäude eine Stallung, Waschküche, Remise oder ein ähnliches nicht zum dauernden Aufenthalte von Menschen verwendbares Rückgebäude ist: eigene Gebäudehöhe und fremde Gebäudehöhe;

ββ. anderenfalls: fremde Gebäudehöhe und mittlere Gebäudehöhe.

Dies mit anderen Worten der Inhalt der Ziff. 1 mit 3; § 71 gibt dann noch in Ziff. 4 und 5 zwei Regeln, welche sich auf die beiden letzten Hauptfälle beziehen, und endlich in Ziff. 6 eine Regel, welche sich auf alle vier Hauptfälle bezieht.

3. Vgl. Anm. 2 lit. B.

4. Vgl. Anm. 2 lit. A.

5. Die Bestimmungen des § 71 Ziff. 1 gelten auch für Aufstockungen von Gebäuden (ME. vom 6. Dezember 1898 Nr. 44713).

6. a) Vgl. Anm. 2 lit. D a.

b) Der Begriff „unüberbaut" im Sinne des § 71 Ziff. 2 hängt nicht von der Größe der freigelassenen Hofraumfläche ab. Unüberbaut in diesem Sinne ist ein Grundstück nur dann, wenn die auf demselben befindlichen Gebäude von der Nachbargrenze einen Abstand einhalten, welcher den Angrenzer nicht hindert, bis zu der nach § 31 und § 32 Abs. II zulässigen größten Höhe zu bauen (ME. vom 7. Januar 1899 Nr. 26169).

c) Die Bestimmung, daß der Abstand von der Grenze unbebauter Grundstücke gleich der eigenen Gebäudehöhe sein muß, setzt voraus, daß der Teil des Nachbargrundstückes bebauungsfähig ist. Ist dies nicht der Fall, so kann sie überhaupt keine Anwendung finden. Daraus ergibt sich, daß die Bestimmung in § 71 Ziff. 2 Satz 1 dem offenen Bausystem gegenüber, welches grundsätzlich einen Minimalabstand von 3,5 m von der Nachbargrenze fordert, keine Geltung hat. Als Abstand an der Grenze genügt hernach die halbe Gebäudehöhe, soferne nicht ein Gruppenbau vereinbart ist (ME. vom 17. Juli 1898 Nr. 14409).

7. D. h. von solchen Rückgebäuden, die nicht an die Nachbargrenze gebaut werden wollen oder können.

8. Vgl. Anm. 2 lit. D b. Für jeden Teil eines Rückgebäudes muß das seiner Höhe entsprechende Abstandsverhältnis gegeben sein (ME. vom 7. November 1896 Nr. 32757).

9. Vgl. Anm. 2 lit. C.

10. Nach dem Wortlaut des § 71 Ziff. 6 würde für die Baupolizei zur Beurteilung der Frage, ob eine nachbarliche Vereinbarung vorliegt, genügen, wenn der Bauplan die Unterschrift des Nachbarn (§ 84 Abs. I) trägt. Da jedoch in vielen Fällen die Nachbarn sich der Tragweite einer solchen Vereinbarung nicht bewußt sind, wird von der LBK. regelmäßig von den Nachbarn eine ausdrückliche schriftliche Zustimmung nach § 71 Ziff. 6 verlangt und bei mündlichen Verhandlungen auf die Tragweite dieser Unterschrift bzw. der Vereinbarung hingewiesen (siehe Anm. 5 zu § 84).

Diese nachbarlichen Vereinbarungen werden in ein sogenanntes „Oblastenbuch" oder „Baupolizeiliches Belastungsregister" eingetragen, das von der LBK. evident gehalten wird. Den Beteiligten steht die Einsicht in das „Baupolizeiliche Belastungsregister" zu.

11. Der Sinn des § 71 Ziff. 6 ist der, daß die Gebäude auf den Grundstücken zweier Nachbarn hinsichtlich der Höhen und Abstände so behandelt werden, als ob sie auf einem gemeinsamen Grundstück lägen.

Wenn sich die Rückfronten zweier Vordergebäude gegenüberstehen, kann eine Vereinbarung nach § 71 Ziff. 6 nicht abgeschlossen werden, da § 70 nur von Abständen zwischen Rückgebäuden und Vordergebäuden usw. handelt; es tritt hier vielmehr § 71 Ziff. 1 in Kraft (RE. vom 12. Juli 1902 Nr. 27976 und ME. vom 16. Juni 1902 Nr. 14299).

12. Bei Dispensgesuchen von den Bestimmungen der § 70 und 71 sind die Abstände zahlenmäßig in die Pläne einzuschreiben unter Angabe der erforderlichen Abmaße (RE. vom 14. Oktober 1911 Nr. 60804).

Größe des Hofraums. **§ 72.**

I Der durch Einhaltung der vorgeschriebenen Gebäudeabstände sich ergebende unüberbaute Hofraum soll in neuen Bauanlagen[1] bei geschlossener Bauweise[2] mindestens[3] den dritten Teil des Baugrundes ohne Einrechnung der Lichtschachte[4] und Vorgärten[5] betragen.[6]

II Ist bei alten Bauanlagen mehr als ein Viertel noch unüberbaut, so kann[7] eine Überbauung bis zu diesem Maße[8] zugelassen werden.

III Alte Bauanlagen,[1] welche mehr als zu drei Vierteilen schon überbaut sind, dürfen bis zu einem Fünfteil wieder überbaut werden, wenn durch den Umbau bessere Verhältnisse in bezug auf Standfestigkeit, Feuersicherheit und Gesundheit geschaffen werden. Ausnahmsweise kann[7] die Bebauung im bisherigen Umfange gestattet werden, wenn überdies sich dieselbe als unbedingt notwendig erweist.

IV Bei Eckhäusern kann[7 8] eine umfangreichere Bebauung zugelassen werden, als sich nach Abs. I und II ergeben würde.

V Nichtmassive, geringfügige,[10] unbewohnbare Bauwerke von nicht mehr als 4 m Firsthöhe und offene Schutzdächer werden bei Bemessung der nicht zu überbauenden Hofraumfläche nicht berücksichtigt, wenn deren Fläche ein Viertel des erforderlichen Hofraumes nicht überschreitet und alle übrigen Vorschriften gewahrt bleiben, endlich die Bauwerke und Schutzdächer mindestens so viel, als ihre Firsthöhe beträgt, von allen anderen Gebäudeteilen entfernt bleiben.

VI Eine teilweise Überdachung des Hofraumes kann,[7] soferne nicht andere Bestimmungen entgegenstehen, unter besonderen Verhältnissen gestattet werden.[11]

1. Der Begriff „neue Bauanlage" erscheint zum erstenmal in der MBO. vom Jahre 1879. Als „neue Bauanlage" gelten daher alle Grundstücke, die bis zum Jahre 1879 unüberbaut waren oder in der Zeit vom Jahre 1879 bis zum Erlaß dieser Bauordnung (1895) in der durch die Bauordnung vom Jahre 1879 zulässigen Weise baulich nicht ausgenützt wurden; ferner bebaute Grundstücke, wenn der Bebauungscharakter ein völlig veränderter wird, z. B. infolge durchgreifender Umgestaltung einer Straße — ME. vom 7. April 1899 Nr. 6687 — oder weil die bisherigen Gebäude nur geringfügig oder dem Abbruch verfallen waren, oder wenn vom offenen zum geschlossenen Bausystem übergegangen wird (ME. vom 13. November 1900 Nr. 42 789). Vgl. auch Anm. 1 zu § 81.

2. Der Gegensatz von „geschlossener Bauweise" ist „offene oder Pavillon-Bauweise" (siehe § 9). In der offenen Bauweise sind die Bestimmungen über die Hofraumgröße je nach der Höhe der Staffel gesondert geregelt. — Siehe die StBO. und Anm. 2 zu § 69 MBO.

3. Der vorgeschriebene dritte Teil ist ein Mindestmaß. Nach § 69 MBO. kann über dieses Mindestmaß in Rücksicht auf die umgebenden Gebäude noch hinausgegangen werden (ME. vom 7. Juli 1898 Nr. 12597).

4. Lichtschächte vor Kellerräumen samt den in diese führenden Treppen sind hier nicht gemeint, da eine Vertiefung im Hofraum unmöglich eine Überbauung desselben darstellen, somit auch § 72 nicht verletzen kann.

Sollte trotz Beobachtung der im § 72 vorgesehenen Maße ein

Hofraum durch Konfiguration oder besondere Einrichtungen eine derartige Beschaffenheit erhalten, daß er für die Bedürfnisse der Feuersicherheit und Gesundheit als nicht entsprechend erachtet werden kann, so ist die LBK. befugt, nach Ermessen eine Vergrößerung desselben über das in § 72 normierte Mindestmaß hinaus zu verlangen (ME. vom 23. Mai 1901 Nr. 8941 und RE. vom 25. Mai 1901 Nr. 22414).

5. Vorgärten können deshalb nicht zur Hoffläche gerechnet werden, da sie in späteren Jahren, wenn aus Verkehrsrücksichten eine Straßenverbreiterung notwendig wird, ohnehin der Auflassung verfallen.

6. Gebäude oder Gebäudeteile, die nur um ein Geringes das Planum des Hofes überragen, sind als eine Überbauung anzusehen (ME. vom 24. Oktober 1901 Nr. 23434 und RE. vom 29. Oktober 1901 Nr. 41126).

7. Nach dem Ermessen der Behörde.

8. D. h. bis auf 1/4 der Fläche.

9. Die Baupolizeibehörde wird eine derartige Vergünstigung nicht gewähren, wenn die Bauplatzkonfiguration eine ungünstige ist oder wenn außer dem Vordergebäude noch Rückgebäude, Flügelbauten usw. errichtet werden wollen.

10. Siehe § 13 Ziff. 3.

11. Die teilweise Überdachung des Hofraumes bezieht sich nur auf das Erdgeschoß. Es ist zu prüfen, ob nicht eine Beeinträchtigung der Feuersicherheit gegeben ist.

Lichthöfe.

§ 73.

I Lichthöfe zur Beleuchtung von Räumen, für welche unmittelbar in's Freie gehende Fenster vorgeschrieben sind,[1] können ausnahmsweise gestattet werden, wenn dieselben

bei	ebenerdigen	Gebäuden	eine	Fläche	von	16 qm
„	einstöckigen	„	„	„	„	28 qm
„	zweistöckigen	„	„	„	„	40 qm
„	dreistöckigen	„	„	„	„	52 qm
„	vierstöckigen	„	„	„	„	64 qm

mindestens haben.[2] Befinden sich solche Lichthöfe an der Grenze zwischen zwei Anwesen, so dürfen die zu den verschiedenen Anwesen gehörigen Mauern mit Fenstern nicht näher als auf 7 m[3] aneinander herantreten. Der Boden der Lichthöfe ist mit undurchlässigem Material zu pflastern und an die Entwässerungsanlage anzuschließen; die Lichthöfe sind zugänglich zu machen.[3]

Lichtschächte.

II Lichtschächte, welche zur Beleuchtung[1] der vorerwähnten Räume nicht dienen, müssen

bei ebenerdigen	Gebäuden	eine	Fläche	von	4 qm
„ einstöckigen	„	„	„	„	6 qm
„ zweistöckigen	„	„	„	„	8 qm
„ dreistöckigen	„	„	„	„	10 qm
„ vierstöckigen	„	„	„	„	12 qm

mindestens erhalten. Diese Lichtschächte sind mit einem Glasdach einzudecken und mit einer entsprechenden Ventilationsvorrichtung in demselben zu versehen.

1. Siehe § 37 Abs. I und § 38 Abs. V.

2. a) Der Lichthof ist ein Bestandteil der Hoffläche, kann aber den Hof nicht ersetzen; als „Lichthof" kann also erst ein zweiter Hof behandelt werden (ME. vom 8. Januar 1900 Nr. 246).

b) Die Anlage eines Lichthofes setzt voraus, daß das Gebäude als Ganzes seinen Hauptluft- und Lichtbezug von der Straße oder von einem normalen Hof aus erhält (ME. vom 4. März 1897 Nr. 4368).

c) Lichthöfe können bei Vorder- und Rückgebäuden zugelassen werden; in letzterem Falle kommen die Abstände nach § 70 bzw. 71 nicht in Betracht. Die Lichthofanlage soll aber nur eine ausnahmsweise sein und ist als rings umschlossen zu betrachten, wenn auch erst später an die Grenze gebaut wird (RE. vom 4. Dezember 1896 Nr. 41 999).

d) Die Mindestfläche eines Lichthofes ist nur dann zulässig, wenn dieses Flächenmaß vollständig auf dem Anwesen des Gesuchstellers zur Verfügung gestellt wird (ME. vom 27. Dezember 1898 Nr. 24 722).

e) Lichthöfe sollen zur Beleuchtung nur von Küchen, Magdkammern, Treppenhäusern und Aborten dienen. Zur Beleuchtung von Wohn- und Schlafräumen muß aber ein Lichteinfall von 45° gesichert sein.

Lichthöfe bedürfen keiner Zufahrt (ME. vom 1. Oktober 1902 Nr. 22 138).

3. Der Abstand von 7 m ist Mindestabstand — nicht mittlerer Abstand — und wird nach § 68 Abs. III gemessen.

4. Der Zugang muß nicht den Bestimmungen des § 74 Abs. II entsprechen, sondern es genügt eine normale Zugangsmöglichkeit. Soll der Lichthof überdacht werden, so kommt § 72 Abs. VI zur Anwendung.

Zugänge zu den Hofräumen.

§ 74.

I Alle Hofräume, in denen Flügelbauten oder Rückgebäude zur Benützung als Wohnungen, Arbeitslokalitäten, Magazine oder Stallungen, oder auch andere Bauwerke mit mehr als 30 qm Fläche sich befinden oder hergestellt werden, müssen eine den Verhältnissen angemessene Zufahrt[1] von der Straße aus von mindestens 2,40 m Breite und 2,70 m Höhe erhalten.

II Bei anderen Flügelbauten und Rückgebäuden genügt ein äußerer Zugang von 1,80 m Breite, doch darf dessen Höhe nicht unter 2,70 m betragen.

III Desfallsigen Mängeln bei bestehenden Bauanlagen muß bei Hauptänderungen jenes Gebäudes, in welchem die Zufahrt herzustellen ist, oder des Rückgebäudes, welches eine größere Ausnützung erfahren soll, tunlichst abgeholfen werden, soferne nicht durch die bauliche Umgestaltung in feuerpolizeilicher Beziehung wesentliche Verbesserungen erzielt werden.

1. a) Befinden sich zwei aneinander anstoßende Anwesen mit je einer Durchfahrt in einem Besitz, so kann eine der Zufahrten nicht zugebaut werden. Die RE. vom 6. September 1904 Nr. 38857 sagt, daß die Verbauung der bestehenden Durchfahrt eines Anwesens, das mit einem anderen, gleichfalls mit einer Durchfahrt versehenen Anwesen zurzeit zufällig in einer Hand vereinigt ist, mit Recht verwehrt wird, da die Anwesen ihrer Grundrißeinteilung nach keineswegs ein Anwesen bilden, vielmehr ohne organischen Zusammenhang sind, so daß jedes für sich ohne baupolizeiliche Genehmigung ohne weiteres einzeln veräußert werden kann, in welchem Falle jedes der Anwesen nach § 74 Abs. I einer Zufahrt bedarf. Wenn auch eine Dienstbarkeit dahin bestellt würde, daß bei Veräußerung des zweiten Anwesens die Einfahrt wieder herzustellen ist, so bestünde keineswegs eine sichere Garantie, daß die Durchfahrt rechtzeitig wieder hergestellt wird, da diese Dienstbarkeit bei Zwangsversteigerung des Anwesens, bei raschem Wechsel der Besitzer und namentlich bei Mittellosigkeit derselben sehr schwer bzw. gar nicht realisierbar wäre.

b) Die Zufahrten sollen möglichst gerade angelegt werden; sind Krümmungen nicht zu vermeiden, so darf der Krümmungsradius der Mittellinie höchstens 8 m betragen.

c) Schaufensteranlagen in Durchfahrten und Durchgängen sind feuergefährlich und deshalb unzulässig.

d) Die Durchfahrten sind stets frei zu halten.

17. Abtritte, Dung- und Versitzgruben.

Abtritte, Dung- und Versitzgruben.

§ 75.

Für die Anlage, Einrichtung oder Abänderung, sowie für die bauliche Instandhaltung von Abtritten,[1] Dung- und Versitzgruben in Wohngebäuden oder in unmittelbarer Nähe von Wohnungen, Brunnen oder Brunnenquellen[2] sind die auf Grund des Art. 73 Abs. I des Polizeistrafgesetzbuches[3] erlassenen oder künftig ergehenden Vorschriften maßgebend.

1. Siehe Anhang IV. Reinlichkeits- und gesundheitspolizeiliche Vorschriften, Ziff. 3; Ortspolizeiliche Vorschriften der Lokalbaukommission und des Stadtmagistrates vom 27. Oktober 1894 betr. Arbeiteraborte bei Neubauten.

Ferner Anhang II Baupolizeiliche Vorschriften.

Ziff. 4: Vollzugsvorschriften der Lokalbaukommission zur Münchener Bauordnung in der Fassung vom 1. Februar 1913 und 25. Mai 1914 (§§ 29—50).

Ziff. 16: Ortspolizeiliche Vorschriften des Stadtmagistrates und der Lokalbaukommission über die Entwässerung der Grundstücke vom 1. Oktober 1893.

2. Siehe Anhang I. Bodenrechtliche Vorschriften.

Ziff. 6: Ortspolizeiliche Vorschriften des Stadtmagistrates und der Lokalbaukommission zum Schutze und zur Sicherung des Einzugsgebietes des Pettenkofer-Brunnenwerkes vom 31. Mai und 17. Juni 1924.

3. Siehe Anhang IV Reinlichkeits- und gesundheitspolizeiliche Vorschriften Ziff. 1: Auszug aus dem PolStGB.

IV.

Zuständigkeit und Verfahren.[1]

Baulinien, Vorgartenlinien, Höhenlage.

§ 76.[2]

I Die Instruktion der Anträge[3] und Projekte[3] wegen Festsetzung neuer oder Abänderung bestehender Bau- bezw. Vorgartenlinien[4] hat die Lokalbaukommission[5] im Benehmen[6] mit dem Stadtmagistrate[7] zu pflegen. Sie ist abzulehnen,[7a] soferne die angestrebte Festsetzung oder Abänderung von Baulinien mit den öffentlichen Interessen nicht vereinbar ist.[8]

II Die Festsetzung der Höhenlage[9] erfolgt durch die Lokalbaukommission[10] im Benehmen[6] mit dem Stadtmagistrate.[7]

1. §§ 76—79 und § 82 handeln von der Zuständigkeit und dem Verfahren bei Festsetzung neuer und Abänderung bestehender Bau- oder Vorgartenlinien und bei Festsetzung der Höhenlage.

§§ 80 und 81 regeln ein Spezialgebiet: Grundabtretungen zu Straßen und Plätzen und Herstellung des Straßenkörpers.

§§ 83—97 handeln von der Zuständigkeit und dem Verfahren bei Baugesuchen (Neubauten,- Hauptreparaturen, Hauptänderungen).

§ 98 (Kosten und Gebühren) gilt sowohl für das Verfahren bei Baulinien, als auch für das Verfahren bei Baugesuchen; § 99 regelt ein Sondergebiet (Baulinie und Baugesuche in Nachbargemeinden).

2. In § 76 ist die Zuständigkeit der LBK. zur Durchführung des Instruktionsverfahrens bei Festsetzung oder Abänderung von Bau- und Vorgartenlinien und (in Abs. II) ihre Zuständigkeit zur Festsetzung der Höhenlage normiert. Wegen der Einzelheiten des Instruktionsverfahrens vgl. §§ 77—79 Abs. I—III, wegen der Zuständigkeit zur Festsetzung der Baulinien vgl. § 79 Abs. IV, im übrigen Einführung III, I. Abschnitt.

3. Anträge und Projekte wegen Festsetzung und Abänderung von Bau- und Vorgartenlinien können von jedermann eingereicht werden, der ein Interesse daran zu haben glaubt, insbesondere auch von Behörden, z. B. vom Stadtrat namens der Stadtgemeinde München oder von der LBK. selbst (§ 10 Anm. 4).

4. Wegen der Bedeutung der Baulinienfestsetzung für das baupolizeiliche Verfahren vgl. § 1 Abs. I—III und die Anm. hiezu.

5. Die LBK. ist nur zur Durchführung der Instruktion der Baulinienfestsetzung zuständig; die Festsetzung selbst erfolgt durch das Staatsministerium des Innern (§ 79 Abs. IV).

6. „Im Benehmen" hat hier wie in Abs. II nicht etwa die Bedeutung, daß eine Zustimmung des Stadtrates erforderlich wäre; letzterer ist lediglich um seine Meinung zu befragen und es steht im pflichtgemäßen Ermessen der LBK., ob sie im Sinne des Gutachtens des Stadtrates entscheiden oder von diesem Gutachten abweichen will. Die Worte sind gleichbedeutend mit der an anderen Stellen der MBO. und der StBO. vorgeschriebenen „Einvernahme", Mitteilung „zur Erinnerungsabgabe" (§§ 1 Abs. III, 5 Abs. III und VIII, 79 Abs. III, 81 Abs. VI, 85 Abs. I, 86 MBO., § 23 StBO., § 8 der ortspol. Vorschriften vom 17. Juli 1926 [Anhang II 5], § 4 der ortspol. V. betr. Veränderungen der Erdoberfläche [Anhang I 5]. Das Benehmen mit dem Stadtrat wird in der Regel der Entscheidung der LBK. vorangehen haben, weil eine nachträgliche Einvernahme des Stadtrats wenig Sinn hätte und dem Zweck der Vorschrift widerspräche; in § 8 der oben erwähnten ortspolizeilichen Vorschriften ist „vorgängige" Einvernahme des Stadtrats ausdrücklich vorgeschrieben, jedoch nur in den Fällen, die für das Stadtbild von Bedeutung, also von besonderer Wichtigkeit sind. Die Unterlassung der Einvernahme da, wo es vorgeschrieben ist, stellt einen wesentlichen Mangel des Verfahrens dar, der die Beschwerdeinstanz zur Aufhebung des erstinstanziellen Entscheids berechtigt.

7. Nunmehr der „Stadtrat".

7a. Von der LBK. Wegen Beschwerde hiegegen vgl. Anm. 8.

8. Eine beantragte Baulinienfestsetzung oder -Änderung darf nicht schon deswegen abgelehnt werden, weil für den Antrag lediglich ein Privatinteresse spricht, sondern nur dann, wenn der Antrag ein öffentliches Interesse schädigen würde oder das private von Beteiligten, für welche die rechtskräftig bestehenden Baulinien günstigere Rechtsverhältnisse geschaffen haben (ME. vom 9. Dezember 1912 Nr. 4097 c 14; a. A. Englert-Schneider Anm. 1 zu § 76).

Als zu schützende öffentliche Interessen kommen insbesondere Lage, Richtung und Ausdehnung bestehender oder in Aussicht genommener Straßen, Plätze und Grünflächen in Betracht, aber auch bestehende oder geplante Verkehrswege, Eisen- und Straßenbahnlinien.

Gegen die Ablehnung der Instruktion steht dem Antragsteller das Recht der Beschwerde zur Regierung zu.

9. Wegen der Bedeutung der Festsetzung der Höhenlage vgl. § 2 und die Anm. hiezu, ferner Einführung III, 1. Abschnitt.

10. Zur Festsetzung der Höhenlage (nicht zur Festsetzung der Baulinien [§ 79 Abs. IV]) ist die LBK. selbst zuständig, vorbehaltlich des Beschwerderechts der Beteiligten nach § 82 Abs. I und § 97.

Pläne.

§ 77.

Die in § 3 bezeichneten Pläne[1] für Festsetzung oder Abänderung der Bau- bezw. Vorgartenlinien und der Höhenlage müssen von den Antragstellern[2] unterzeichnet[3] sein; die sämtlichen beteiligten[4] Grundbesitzer müssen entweder auf beiden Planexemplaren aufgeführt oder zu Protokoll[5] namhaft gemacht werden.

1. Die Pläne sind bei der LBK. einzureichen.

2. Oder ihren Bevollmächtigten. Wegen der Bevollmächtigung im baupolizeilichen Verfahren vgl. Anm. 3 zu § 84.

3. Unterstempelung (auch mit Faksimilestempel) genügt nicht.

4. Als Beteiligte sind nicht nur die an der Bau- oder Vorgartenlinie anliegenden Grundbesitzer anzusehen, sondern alle jene, deren Grundstücke von den Bau- und Vorgartenlinien, insbesondere hinsichtlich ihrer Verbindung mit Straßen und Plätzen, beeinflußt werden. Dazu gehören auch die in § 86 Ziff. 1—6 genannten Behörden (Englert, Anm. 3 zu § 61).

5. D. h. zu Protokoll der LBK.

Prüfung der Unterlagen. **§ 78.**

Sind die Vorlagen den bestehenden Vorschriften nicht entsprechend oder zeigen sich in demselben Fehler, durch welche eine Änderung der gestellten Anträge bedingt wird, so sind sie den Antragstellern unter genauer Bezeichnung der Mängel oder Fehler zur Berichtigung zurückzugeben.[1]

1. Dies kann auch im Büroweg, ohne förmliche Beschlußfassung geschehen. Beschwerde gegen die Zurückweisung ist nach § 97 zulässig.

Einvernahme der Beteiligten. Festsetzung der Baulinien. **§ 79.**

I Erscheinen die Vorlagen als entsprechend, so hat die Lokalbaukommission die Sachinstruktion zu pflegen und zunächst alle hiebei beteiligten Grundbesitzer[1] mit ihren etwaigen Erinnerungen[2] zu hören; zu diesem Behufe sind die Pläne während einer angemessenen[3] Frist zur Einsichtnahme[4] aufzulegen, wovon die aktenmäßig bekannten Beteiligten durch besondere Zustellung,[5] etwa vorhandene andere Beteiligte[1] durch öffentliche Bekanntmachung[6] mit dem Beifügen[7] in Kenntnis zu setzen sind, daß nach Ablauf der Frist jene, welche Erinnerungen[2] nicht abgegeben haben, als zustimmend angesehen werden.[8]

II Handelt es sich bei derartigen Anträgen und Projekten um Bauanlagen in der Nähe der Gemeindegrenze, so ist auch die beteiligte Nachbargemeinde zu hören.[9]

III Hierauf sind die Verhandlungen nebst Plänen und Gutachten dem Stadtmagistrate München behufs Wahrung der gemeindlichen Interessen, sowie der k. Polizeidirektion zur Erinnerungsabgabe[10] mitzuteilen.

V Nach beendigter Instruktion[11] sind die Akten und Pläne von der Lokalbaukommission mit bestimmten Gutachten[12] an die k. Regierung von Oberbayern, Kammer des Innern, einzusenden und von letzterer dem k. Staatsministerium des Innern mit den etwa veranlaßten Erinnerungen zur Bescheidung bezüglich der Bau- bzw. Vorgartenlinien[13] vorzulegen.

1. Vgl. Anm. 4 zu § 77.

2. Wegen der Bedeutung der „Erinnerungen" gilt das in Anm. 6 zu § 76 Gesagte auch hier, wo es sich um das Erinnerungsrecht Privater handelt. Wichtig ist, daß jeder, der mit seinen Erinnerungen zu hören ist, als beteiligt anzusehen und damit beschwerdeberechtigt nach § 97 Abs. II ist.

3. Der Länge der Frist zu bestimmen, steht, vorbehaltlich des Beschwerderechts der Beteiligten (§ 97 Abs. II), im pflichtmäßigen Ermessen der LBK.

4. Was die Frage der Akteneinsicht im übrigen anlangt, so ist zu sagen, daß die Akten der LBK. als Amtsakten anzusehen sind und in erster Linie dem amtlichen Gebrauch dienen. Ein Recht auf Akteneinsicht oder auf Erteilung von Abschriften, Auszügen oder Plankopien steht, wenn nicht in einzelnen Fällen (wie hier) das Gesetz eine Ausnahme vorsieht, keinem Privaten zu, also auch nicht dem Hausbesitzer hinsichtlich des sein Anwesen betreffenden Baupolizeiakts. Um jedoch vielfachen Wünschen des Hausbesitzes und der Bauwelt entgegenzukommen, hat die LBK. am 7. April 1923 Nr. 1820/23 folgendes beschlossen:

1. Ein Anspruch auf Einsicht in die Akten der LBK. steht niemand zu.
2. Regelmäßig wird jedoch dem Hauseigentümer oder einem von ihm mit schriftlicher Vollmacht versehenen Beauftragten die Einsicht in die baupolizeilichen Pläne seines Hausaktes gestattet.
3. Eine weitergehende Akteneinsicht oder eine Einsicht durch andere Personen als den Hauseigentümer oder seinen Bevollmächtigten kann nur ausnahmsweise beim Vorliegen besonderer Gründe durch den zuständigen Bezirksreferenten nach pflichtgemäßem Ermessen gestattet werden. Im Beschwerdefall entscheidet das Direktorium der LBK. bzw. die Aufsichtsbehörde.

Dieser Beschluß der LBK. wurde durch RE. vom 13. Juni 1923 Nr. e 2842 A 1 bestätigt.

5. Zustellung durch die Post oder durch Amtsboten. Ist die Zustellung nicht möglich, etwa weil der Empfänger verreist ist, so genügt Übermittlung der Ladung nach seiner Wohnung; ist er unbekannten Aufenthalts, so genügt für ihn die öffentliche Bekanntmachung (Vorscht, Anm. 1 zu § 85).

6. Es genügt die öffentliche Bekanntmachung in dem Amtsblatt der Stadtgemeinde, der Münchener Gemeindezeitung.

Eine Verpflichtung zur Versendung der Pläne nach auswärts besteht für die LBK. nicht; doch pflegt die LBK. die innerhalb des Deutschen Reiches wohnenden Beteiligten durch Vermittlung der betr. Gemeinde unter Übersendung der Pläne einzuvernehmen.

7. Das Beifügen des Hinweises ist erforderlich, um die Folgen der Unterlassung der Erinnerungsabgabe herbeizuführen.

8. Dies ist eine unwiderlegliche Vermutung, eine sogen. Fiktion. Der Beteiligte kann sich also nach Ablauf der Frist nicht darauf berufen, daß er ohne sein Verschulden von der Zustellung oder der Ausschreibung im Amtsblatt keine Kenntnis gehabt habe. Ein Antrag auf Wiedereinsetzung in den vorigen Stand im Sinne des Zivilprozeßrechts (§ 233 ZPO., Art. 22 Abs. VI des Verwaltungsgerichtsgesetzes) ist der MBO. fremd.

Als zustimmend ist auch der anzusehen, der keine bestimmte Erklärung abgibt, z. B. um Verlängerung der Frist zur Erklärungsabgabe nachsucht.

9. § 79 Abs. II ist das Gegenstück zu § 99. Während es sich in §§ 99 um Baulinien und Bauten in den an München angrenzenden Nachbargemeinden handelt, betrifft § 79 Abs. II Baulinienfestsetzung und Festsetzung der Höhenlage in München, aber in der Nähe der Gemeindegrenze. Ob die Voraussetzung der Anwendbarkeit dieser Bestimmung: Nähe der Gemeindegrenze gegeben ist, ist von der LBK. nach pflichtgemäßem Ermessen zu entscheiden.

Die Anhörung (vgl. Anm. 6 zu § 76) der Nachbargemeinde erfolgt durch Zusendung der Akten unter Vermittlung des Bezirksamts.

10. Vgl. Anm. 6 zu § 76. Ein Beschwerderecht des Stadtrats kommt allerdings nur hinsichtlich der Festsetzung der Höhenlage in Frage (§ 82 Abs. I und Anm. 6 zu § 90).

11. Handelt es sich um Festsetzung der Höhenlage, so entscheidet die LBK. in eigener Zuständigkeit (§ 76 Abs. II). Wegen Kosten und Gebühren bei dieser Entscheidung vgl. § 98 und die Anm. 2 daselbst.

12. Das Gutachten kann auf Befürwortung der gestellten Anträge, auf Nichtbefürwortung oder auf Befürwortung unter Bedingungen lauten. Der diesbezügliche Beschluß der LBK. ist gebührenpflichtig, soweit nicht ein öffentliches Interesse als gegeben angesehen wird (Anm. 13 zu § 98).

13. Das Staatsministerium des Innern ist als erste und letzte Instanz zur Festsetzung neuer oder Abänderung bestehender Bau- und Vorgartenlinien zuständig. Die Entscheidung ist gebührenpflichtig, soweit nicht ein öffentliches Interesse als gegeben angesehen wird (Anm. 13 zu § 98). Wegen der Pflicht zur Tragung der Kosten vgl. § 98 und die Anm. daselbst.

Eine verwaltungsrechtliche Entscheidung, insbesondere die Zuständigkeit des Verwaltungsgerichtshofs kommt hier, wie überall in Baupolizeisachen nicht in Frage; vgl. Sammlung von Entscheidungen des Verwaltungsgerichtshofs Bd. 2 S. 183, Bd. 34 S. 212.

Grundabtretungen. **§ 80.**

I Die Erledigung etwa in Frage kommender Grundabtretungen zu öffentlichen Plätzen, Straßen oder Wegen[1] fällt dem Übereinkommen[2] des Stadtmagistrates mit den Beteiligten anheim.

II Wenn ein Übereinkommen nicht erzielt wird, so kann die Stadtgemeinde angehalten[3] werden, die Entwehrung nach Art. I A Ziff. 5 und Buchstabe b mit Art. IV des Zwangsabtretungsgesetzes vom 17. November 1837 in der Fassung vom 9. Mai 1918 (GVBl. 1918 S. 289) in Anspruch zu nehmen.

1. In Frage kommen die Grundabtretungen für den Gemeinbedarf (öffentlicher Verkehrsgrund und sonstige Anlagen, Plätze usw. siehe § 4 Anm. 1) in neuen Bauanlagen und die Nachholung etwa früher unterbliebener oder durch Baulinienänderungen und Umbau bedingter Abtretungen von Verkehrsgrund in alten Bauanlagen. Über die Notwendigkeit der Abtretung siehe Einführung III 3. Abschnitt.

2. Indem die Baulinienfestsetzung künftigen öffentlichen Grund und künftigen Privatgrund planlich ausscheidet, läßt sie die Eigentumsverhältnisse unberührt; die Schaffung „alignementsmäßiger Grundbesitzverhältnisse" (üblicher technischer Ausdruck) bleibt dem Abschluß bürgerlich-rechtlicher Verträge, der Zwangsenteignung oder dem Verfahren nach dem BauGEG. überlassen. Das gütliche Übereinkommen stellt den Regelfall dar und soll vor allem angestrebt werden.

Die Verhandlungen machen auch für alte Bauanlagen dann keine besonderen Schwierigkeiten, wenn es sich um mäßige Straßenverbreiterungen und tiefe mit unzeitgemäßen und umbauwürdigen Häusern besetzte Grundstücke handelt, — auch da nicht, wo Vorteile, die eine neue Baulinie den Anwesen, sei es durch Wertserhöhung für die ganze Stadtlage oder durch günstigere Belichtung oder Ermöglichung größerer Höhenentwicklung bringt, nicht außer Verhältnis zur Verringerung der Grundfläche stehen; Entschädigungen kommen hier beim Mangel eines Schadens nicht in Frage.

In jenen Fällen aber, in denen eine neue Baulinie die bestehenden Anwesen so wesentlich beschneidet, daß eine selbständige Bebauung nicht mehr oder unter wesentlich ungünstigeren Verhältnissen möglich bleibt, hat sich die Praxis wie folgt gestaltet:

entweder die Stadtgemeinde erwirbt die betreffenden Anwesen und stellt dann den Antrag auf Baulinienänderung (z. B. bei Regulierung der Montgelasstraße, Metzgerstraße, künftigem Durchbruch der Corneliusstraße),

oder die Baulinienfestsetzung erfolgt zunächst bedingt und befristet, so daß binnen einer nach Sachlage zu bemessenden Frist eine Vereinbarung zwischen der Stadtgemeinde und den Beteiligten erzielt sein muß (z. B. bei Regulierung der Siegfriedstraße, Kurfürstenstraße, Rosenstraße). Nach Fristablauf wird die Genehmigung vom Ministerium des Innern aufgehoben, wenn wegen ungenügenden Entgegenkommens der Stadt eine Einigung unterblieben sein sollte, oder die Baulinie wird in eine endgültig genehmigte umgewandelt, wenn auf der Gegenseite übermäßige Forderungen einen Abschluß sollten vereitelt haben; in letzterem Falle bleibt der spätere Abschluß eines Übereinkommens ausdrücklich oder stillschweigend vorbehalten.

3. Die Bestimmung des Abs. II ist im Anschluß an die Zwangsenteignungsnovelle vom 9. Mai 1918 dem § 80 durch Verordnung vom 10. Juli 1918 (GVBl. S. 359) angefügt; über ihre Bedeutung siehe ME. vom 20. Februar 1925, ergangen an die Kreisregierung von Mittelfranken; darnach ist es auch weiterhin zulässig, eine Baubewilligung von Erfüllung des § 81 abhängig zu machen. Ob rechtlich einwandfrei durch eine Verordnung die Selbstverwaltungsbefugnisse (Art. 1 des Selbstverwaltungsgesetzes) einer Gemeinde so beschränkt werden dürfen, daß sie zur Zwangsenteignung durch die Aufsichtsbehörden angehalten werden kann, ist zu bezweifeln, wenn man dazu erwägt, daß die Erwerbung von Straßengrund der freien Entschließung des Stadtrates ebenso anheimgegeben ist, wie die Herstellung oder Nichtherstellung einer neuen Ortsstraße oder die Übernahme einer solchen und die Widmung für den allgemeinen Verkehr.

Praktisch wird bei einer auf Ordnung ihrer Straßen- und Besitzverhältnisse bedachten Gemeinde eine solche Verfügung der Aufsichtsbehörde ohnehin kaum in Frage kommen.

Straßen in neuen Bauanlagen.

§ 81.

I Die Bewilligung zu Bauführungen in neuen Bauanlagen[1] darf[2] erst dann erteilt werden, wenn vorher die Herstellung des an die Gemeinde zu überweisenden[3] Straßenkörpers, einschließlich der Pflasterung und Randsteinsetzung und zwar zur Vermeidung des Entstehens von Sackgassen,[4] für den treffenden Teil der Straße von einer Querstraße bis zur nächsten Querstraße und für die Verbindung mit einer bereits bestehenden Straße gesichert[5] oder wenigstens Sicherheit dafür[6] geleistet ist, daß diese Herstellung binnen einer zu bestimmenden Frist erfolge.

II Wurde infolge dieser Auflage der Straßenkörper auf Kosten eines Bauunternehmers über dessen Bauanlage hinaus längs fremder Grundstücke hergestellt oder gesichert, so darf einem anderen Bauunternehmer ein Neubau auf solchen weiteren Grundstücken nur bewilligt werden, wenn Ersatz für den auf Herstellung der Straße längs dieser Grundstücke gemachten oder aus der Sicherung der Straßenherstellung erwachsenen, notwendigen Aufwand[7] geleistet oder durch Kaution gesichert ist. Die gleiche Ersatzpflicht tritt ein, wenn der Straßenkörper auf Kosten der Gemeinde hergestellt worden ist.

III Die Verpflichtung zur Ersatzleistung erstreckt sich jedoch für die nur an einer Straßenseite angrenzenden Eigentümer nicht auf mehr als die Hälfte der für Herstellung der betreffenden Straßenstrecke aufgewendeten Kosten.[8]

IV Der Betrag der zu ersetzenden notwendigen Auslagen wird durch die Lokalbaukommission auf Grund der vorzulegenden Nachweise festgesetzt.[9]

V Soweit Vereinbarungen zwischen der Stadtgemeinde und den Beteiligten wegen Übernahme von Straßenherstellungskosten bereits vorliegen, bleiben dieselben in Kraft und können Mehrforderungen auf Grund vorstehender Bestimmungen seitens der Stadtgemeinde nicht erhoben werden.[10]

VI Von den Bestimmungen der Abs. I, II und III kann die Lokalbaukommission nach Einvernahme des Stadtmagistrats Erleichterungen gewähren[11],

1. wenn gemäß § 1 Abs. III von der Festsetzung der Baulinie Umgang genommen wird,
2. bei Gebäuden für Wohnungen, die höchstens 4 Haupträume mit nicht mehr als 70 qm Gesamtfläche umfassen, gegenseitig vollständig abgeschlossen sind und höchstens zu dreien in jedem Stockwerk auf das nämliche Treppenhaus angewiesen sind.

1. Neue Bauanlagen sind neugeschaffene Bauquartiere auf bisher unbebautem Areal, das durch Festsetzung von Baulinien und Führung von Straßenzügen in Baugelände umgewandelt („erschlossen") ist; eine neue Bauanlage ist auch gegeben, wenn eine neue Straße durch vorhandene, auch mit Gebäuden schon bestellte Baublöcke zur besseren Ausnützung der Rückplätze gelegt oder an Wege und Straßen (Landstraßen) unter Einhaltung der Baulinienfestsetzung und bauplatzweiser oder weitergreifender Regulierung neugebaut, endlich, wenn eine dort vorhandene ältere Bebauung durch zeitgemäße Alignements und moderne Bebauungsvorschriften eine völlige Umgestaltung ihres bisherigen Charakters

erfährt (so entschieden von der LBK. unter Bestätigung der Kreisregierung von Oberbayern und des Ministeriums des Innern in Sachen Bauführung an der Ungererstraße, Dachauerstraße, Schleißheimerstraße, äußeren Wienerstraße u. a.). Vgl. auch Anm. 1 zu § 72.

2. Die Vorschrift ist für die LBK. zwingend; die Straßenherstellung muß vor der Baugenehmigung erfolgt oder gesichert sein. Abhilfe gegen einen zuwiderlaufenden Genehmigungsbeschluß kann nur im baupolizeilichen Beschwerdeverfahren, nicht aber im Rechtsstreit, etwa aus ungerechtfertigter Bereicherung, erlangt werden.

3. Siehe § 80 MBO. Anm. 3.

4. Sackgassen sind nicht absolut verpönt; für kleinere Wohnstraßen werden sie mit entsprechendem Umkehrplatz am Ende dann und wann alignementsmäßig zugelassen, z. B. Bad Brunntal usw.

5. Für die LBK. gilt eine Straße als hergestellt, wenn der Grund an die Stadt abgetreten und die Ausführung einschließlich der Randsteinsetzung entsprechend den Normen des Stadtrats und Tiefbauamts ordnungsgemäß erfolgt ist und hierüber Bescheinigung des Stadtrats vorliegt.

6. Als gesichert gilt die Herstellung für die LBK., wenn hierwegen eine Bestätigung des Stadtrats beigebracht wird; diese Bestätigung setzt voraus, daß der alsbaldigen Ausführung durch die Gemeinde oder einen von ihr beauftragten oder zugelassenen Dritten rechtliche oder tatsächliche (insbesondere finanzielle) Hindernisse nicht entgegenstehen. Vgl. hieher und zu 5 die Bek. der LBK. vom 9. August 1919 (Anhang II 7), insbesondere auch wegen der Anforderungen für Eckanwesen.

Im Streitfall befinden die Baupolizeibehörden unter Ausschluß des Rechtsweges.

Die Verhältnisse der Nachkriegszeit in wirtschaftlicher und rechtlicher Beziehung und manche, sogar bis in die Fachkreise vordringende Unsicherheit lassen hier noch einige Bemerkungen zur Aufwertungsfrage angezeigt erscheinen:

Es ist bereits oben in Einführung III vierter Abschnitt auf den Unterschied zwischen Zahlung einer Forderung und Sicherung einer solchen hingewiesen worden. Die Zahlung einer Straßenkostenforderung beendet das Schuldverhältnis, die Minderung oder Entwertung der geleisteten Sicherheit läßt das Schuldverhältnis fortbestehen; Minderungen an geleisteten Sicherheiten sind eingetreten:

a) bei Hypotheken durch die Abminderung auf 25% der ursprünglichen Höhe infolge des sogen. Aufwertungsverfahrens.
b) bei Wertpapieren und dgl. durch Wertsverlust, zum Teil bis zur völligen Entwertung.

Die Forderungen selbst, d. i. die Verpflichtung, die Straßenkosten nach Anfall in dem von der Stadt zu bestimmenden Zeitpunkt zu bezahlen, — haben in ihrem Bestand und ihrer Höhe weder durch die Währungsverschlechterung noch durch die Aufwertungsgesetzgebung Veränderungen erlitten. Wer auf Grund Gesetzes oder Vertrages zur Sicherheitsleistung verpflichtet ist, hat — auch wenn die bestellte Sicherheit durch Geldentwertung unzureichend wird — gemäß § 240 BGB. auf Verlangen Nachsicherung zu leisten (vgl. Staudingers Kommentar z. BGB. 9. Aufl. Anm. 2 zu § 240, Jurist. Wochenschrift 1925 S. 1724 ff.).

Eine Einrede, daß Wertpapiere, Sparbücher u. dgl., die als Sicherheit an die Stadt gegeben wurden, in deren Depot entwertet seien — geht fehl; denn diese Pfänder blieben Eigentum des Hinterlegers und der Zugriffsmöglichkeit der Gemeinde entzogen, so lange sie ihr Pfandrecht nicht ausüben konnte. Deshalb blieb auch die Gefahr der Entwertung beim Eigentümer, der gegen anderweitige entsprechende Kaution ja auch die Herausgabe hätte verlangen können (§ 1293 mit § 1204 BGB.).

7. Die Ersatzforderung umfaßt den für die Straßenherstellung — einschließlich der zugehörigen Grundbereitstellung und Übereignung — bzw. den für die Sicherung der Herstellung (Kautionshypothekbestellung u. dgl.) erwachsenen notwendigen Aufwand, nicht aber auch das Recht Zinsen zu verlangen; denn die Ersatzforderung wird erst im Zeitpunkte der Bauführung fällig. Vorher befindet sich der Bauwerber nicht in Verzug (§ 288 BGB), eine sonstige gesetzliche oder rechtsgeschäftliche Grundlage (§ 246 BGB.) für eine Zinsenforderung kommt nicht in Frage. Im Jahre 1910 wurde bei den Vorverhandlungen über die Revision der MBO. von der Stadt die Aufnahme eines Zinsersatzanspruches beantragt; die Staatsregierung hat sich demgegenüber aus zutreffenden Rechtsgründen ablehnend verhalten.

Diese Rechtsgründe — Fälligkeit der Ersatzforderung erst im Zeitpunkte des Anbauens an die Straße — haben besonders in der Nachinflationszeit und angesichts der sogen. Aufwertungsgesetzgebung, wie allenthalben im Reich, so auch in München in manchen Streitfällen die ausschlaggebende Rolle gespielt: da die Ersatzforderung für ein in der Vorkriegszeit hergestelltes Straßenstück nicht früher erhoben werden kann, als wenn der Bauunternehmer — bei nicht vorzeitig erstellter Straße — nach § 81 Abs. I für den Straßenbau aufkommen müßte, so spielen die wirtschaftlichen Verhältnisse der Zwischenzeit für den Umfang seiner Zahlungspflicht auch keinerlei Rolle; er ist deswegen nicht im Mindesten schlechter daran, wie irgendeiner seiner Kollegen, der zu einem Straßenbau der Nachinflationszeit seine Beiträge oder Ersätze zu leisten hat. Das Aufwertungsgesetz vom 16. Juli 1925 samt den Nebenbestimmungen kennt für diesen nicht unter die §§ 4 mit 61 einzuordnenden Fall durchaus keine Ausnahmen; so entschieden u. a. durch Urteil des Sächsischen Oberverwaltungsgerichts aus dem Jahre 1926, abgedruckt im Preußischen Verwaltungsblatt Nr. 42 vom 17. Juli 1926, ferner Bescheid des Bezirksausschusses Allenstein vom 24. März 1926, wiedergegeben in den Mitteilungen des Deutschen Städtetages Nr. 8 von 1926. Die gleichlautenden Entscheidungen der LBK. sind im Beschwerdeverfahren bestätigt worden z. B. Beschluß der Regierung von Oberbayern vom 22. November 1926 Nr. 7080 I.

Die Ersatzforderung muß für den Berechtigten durch Anmeldung des Anspruches und Antragstellung bei der LBK. gesichert werden. Vgl. hiezu und wegen des übrigen Verfahrens Ziff. III und IV der vorbezeichneten Bekanntmachung vom 9. August 1919 (Anhang II 7).

Der Streit um den Umfang der Ersatzverpflichtung ist öffentlichrechtlicher Natur, ausschließlich vor den Baupolizeibehörden auszutragen und der zivilgerichtlichen Zuständigkeit entrückt (so entschieden in zahlreichen Fällen von den sich unzuständig erklärenden Gerichten bzw. von den Baupolizeibehörden aller Instanzen).

8. Nach Ziff. 3a des städtischen Pflasterstatutes vom 1. August 1909 (Anhang II 8) fällt den Beteiligten die Herstellung und Pflasterung der Fahrbahn höchstens für jene Fläche zur Last, die sich bei einer gleichmäßigen Fahrbahnbreite von 7 m auf die Straßenfront — ergibt; liegt einem Privatgrundstück eine öffentliche Anlage gegenüber, so kann demnach die Heranziehung zu den genannten Kosten über die Hälfte der betreffenden Straßenstrecke hinausgehen; etwaige Differenzen über den Umfang des Ersatzes sind nach § 81 Abs. III MBO. zu entscheiden.

9. Vgl. Anm. 7. Der Ersatzberechtigte hat die erforderlichen Nachweise beizubringen und, wenn die Herstellung bereits erfolgt ist, die tatsächlich entstandenen Kosten zu belegen. Ist die Herstellung nur sichergestellt, so hat er durch eine Bescheinigung des Stadtrates die nach dem Voranschlage für den Meter Bauplatzlänge treffenden Kosten darzutun.

10. In Abs. V handelt es sich um Vereinbarungen, die zur Zeit des Inkrafttretens der MBO. vom 29. Juli 1895 zwischen der Stadtgemeinde und den Beteiligten bereits abgeschlossen waren oder — hinter den Erfordernissen des § 81 MBO. zurückbleibend — später abgeschlossen worden sind; für das hiernach an dem Vorgeschriebenen Fehlende hat die Stadtgemeinde aufzukommen.

11. a) Erleichterungen in Fällen von Bauführungen ohne vorgängige Festsetzung von Baulinien nach § 1 Abs. III MBO.: hier wird selten Veranlassung bestehen, eine über das Bedürfnis des Eigenverkehrs der Bauführung und die Zuwegung für die Feuerlöschgeräte usw. hinausgehende Straßenherstellung zu fordern;

b) Ziff. 2 bezielt Erleichterungen für den Kleinhaus- und Kleinwohnungsbau; der ursprüngliche Regierungsentwurf wollte für solche Siedelungen beim Mangel durchgehenden Verkehrs auch die Zulassung von nur auf halbe Breite hergestellten bzw. gesicherten Straßen und Sackgassen als genügend erklären; die

Gegenvorstellungen des Stadtrates führten zur jetzt geltenden Fassung. Sie gingen von folgenden Erwägungen aus:

Im Interesse der Schaffung geordneter Verhältnisse (Reinlichkeit, Verkehr, ordnungsgemäße Tiefbauobjekte, Zirkulation in den Versorgungsnetzen) empfiehlt es sich, Sackgassen und die Herstellung von Straßen in halber Breite nicht als genügend anzusehen, vielmehr es in dieser Beziehung bei den bestehenden Vorschriften zu belassen; diese werden, da Straßen- und insbesondere Fahrbahnbreiten ohnehin tunlichst verringert werden, jeweils so entgegenkommend als möglich gehandhabt. Sollte im einzelnen Falle eine Straße nicht durchgängig in voller Breite eröffnet werden können, so mögen vergünstigungsweise Ausnahmen bewilligt werden; bei der Vielzahl der denkbaren Fälle wäre es aber äußerst mißlich, eine neue zwingende Vorschrift einzuführen.

Die Baupolizeibehörden haben bei Gewährung von Erleichterungen unter sorgfältiger Prüfung der Baupläne darauf zu achten, daß die geplanten Kleinwohnungen nicht ohne weiteres durch nichtgenehmigungspflichtige Änderungen zu großen Wohnungen umgestaltet werden können. Erfahren die Kleinwohnungsbauten später solche Änderungen, daß sie nicht mehr den Bestimmungen des Abs. VI entsprechen, so kann die Gemeinde die Straßenkosten im vollen Umfange nachfordern; die baupolizeiliche Bewilligung zu solchen Änderungen darf daher erst erteilt werden, wenn die gemeindlichen Forderungen erfüllt sind. Bei Gewährung von Erleichterungen ist das ausdrücklich hervorzuheben (ME. vom 3. August 1910 Nr. 4035/8).

Bescheide über Baulinien u. über Festsetzung der Höhenlage.

§ 82.

I Von den erfolgten Bescheiden[1] über die Festsetzung der Bau- bezw. Vorgartenlinien, sowie der Höhenlage ist den Beteiligten und dem Stadtmagistrate München Kenntnis zu geben, bezüglich der Höhenlage unter Wahrung des Instanzenzuges.[2]

II Die Lokalbaukommission hat die Originalpläne zu verwahren und auf Grund derselben die Einzeichnungen in den Generalstadtplan zu machen.

1. Die in Anwendung der MBO. ergehenden Bescheide sind baupolizeilicher Natur; sie unterliegen den für Polizeiverfügungen allgemein geltenden Vorschriften.

Baupolizeiliche Bescheide können, soweit nicht, wie im Fall des § 79 (Baulinienfestsetzung), das Staatsministerium des Innern gleichzeitig als erste und letzte Instanz tätig ist, von den Beteiligten im Beschwerdeverfahren nach § 97 angefochten werden. Ist der Instanzenzug erschöpft oder die Beschwerdefrist (§ 79 Abs. I) versäumt, wird der Bescheid formell rechtskräftig.

Eine andere Frage ist die, ob — abgesehen von dem Beschwerderecht der Beteiligten — die LBK. und die ihr im Instanzenzug übergeordneten Stellen, sei es von Amts wegen, sei es auf Anregung eines Dritten, berechtigt sind, einen baupolizeilichen Bescheid, der formell rechtskräftig geworden ist, wieder aufzuheben oder abzuändern. Die Frage muß im Hinblick auf die ständige, von Rechtsprechung (Sammlung von Entscheidungen des Verwaltungsgerichtshofs Bd. 34 S. 212) und Schrifttum (Seydel, Bayer. Staatsrecht, 2. Aufl. Bd. I S. 563ff.) bestätigte Praxis bejaht und ein formell rechtskräftig gewordener baupolizeilicher Bescheid als jederzeit abänderlich bezeichnet werden. Zu diesem grundsätzlichen Standpunkt sind aber, wenn man nicht zu unhaltbaren Ergebnissen kommen will, sofort zwei Einschränkungen zu machen: Wo auf Grund des baupolizeilichen Bescheids wohlerworbene Rechte entstanden sind, wenn z. B. auf Grund von genehmigten Plänen Bauten errichtet wurden, muß die Zurücknahme oder Abänderung des Bescheids, es sei denn, daß der Bescheid auf Grund unrichtiger Pläne erteilt wurde (§ 92 Abs. III), als unzulässig bezeichnet werden. Und auch wo hiedurch eine Schädigung der wohlerworbenen Rechte Dritter nicht einträte, wird die Baupolizeibehörde im Interesse der Rechtssicherheit einen bereits ergangenen Bescheid nachträglich nur dann abändern, wenn überwiegende öffentliche Interessen dafür sprechen (z. T. a. A. Heilmann-Weinisch, Anm. 2 zu § 64; im wesentlichen übereinstimmend Englert, Anm. 1b zu § 64).

Andererseits darf (beim ersten der beiden oben genannten Fälle) der Begriff des wohlerworbenen Rechts nicht überspannt werden. Bloße Hoffnungen und Erwartungen sind nicht wohlerworbene Rechte. So ist z. B. der Erwerb eines an einer genehmigten Baulinie gelegenen Grundstücks zu einem bestimmten Preis kein wohlerworbenes Recht im Sinne der dargelegten Grundsätze.

Daß baupolizeiliche Bescheide unter Bedingungen ergehen können, ist selbstverständlich und in der Praxis unvermeidlich; siehe auch den Wortlaut des § 89 („die allenfalls veranlaßten besonderen Anordnungen"). Bei Nichteinhaltung der Bedingungen gilt der Bescheid als nicht erteilt. Allerdings dürfen in den Bescheid nur Bedingungen aufgenommen werden, für die eine gesetzliche Grundlage gegeben ist. Andererseits können in den Bescheid auch Bedingungen nicht nur baupolizeilicher, sondern auch feuerpolizeilicher, gesundheitspolizeilicher und gewerbepolizeilicher Natur aufgenommen werden.

Der baupolizeiliche Bescheid wirkt für und gegen die Rechtsnachfolger der Beteiligten. Wegen Erlöschens des Bescheids durch Zeitablauf vgl. § 92.

2. D. h. gegen den hinsichtlich Festsetzung der Höhenlage durch die LBK. ergangenen Bescheid (§ 76 Abs. II) steht jedem Beteiligten (Anm. 4 zu §§ 77) und dem Stadtrat das Recht der Beschwerde

(§ 97) zur Regierung von Oberbayern, Kammer des Innern, als zweite Instanz und zum Staatsministerium des Innern als dritte Instanz zu; vgl. Anm. 6 zu § 90.

Zuständigkeit zur Entscheidung über Baugesuche.

§ 83.

I Die Instruktion und Bescheidung[1] der Gesuche wegen Herstellung von Neubauten[2] oder wegen Vornahme von Hauptreparaturen[3] oder Hauptänderungen[3] an vorhandenen Bauwerken steht der Lokalbaukommission[4] in erster und der k. Regierung von Oberbayern, Kammer des Innern, in zweiter[5] und letzter[6] Instanz zu. Im Interesse der Beteiligten sind die Verhandlungen tunlichst zu beschleunigen.

II [7] Bei Neubauten an der Ludwigs-, Maximilians-, Königin-, Prinzregenten-, Brienner- und Widenmayerstraße und bei Fassadenänderungen an Gebäuden in diesen Straßen, dann bei solchen Bauführungen[8] in der Umgebung von Besitzungen der Zivilliste[7] oder von Privatbesitzungen des Königs[7] und in der Umgebung[9] von Gebäuden für Zwecke der Wissenschaft oder Kunst[10] oder von monumentalen Bauwerken[11] ist die Allerhöchste Genehmigung[12] vorbehalten.[13]

III Die k. Regierung von Oberbayern, Kammer des Innern,[14] kann beim Vorhandensein ganz besonderer Verhältnisse[15] von einzelnen[16] Bestimmungen der Bauordnung[17] dispensieren;[18] hiebei dürfen jedoch weder öffentliche Interessen,[19] noch Rechte oder erhebliche[20] Interessen eines Dritten[19] beeinträchtigt werden.

1. Wegen der rechtlichen Natur, insbesondere der Rechtskraft der baupolizeilichen Bescheide vgl. Anm. 1 zu § 82.

2. Siehe § 10.

3. Siehe § 11.

4. Wegen der Zusammensetzung der LBK. vgl. Einführung II Ziff. 1. Auf den Geschäftsgang der LBK. finden die Bestimmungen der Art. 102 ff. GemO. entsprechende Anwendung. Insbesondere ist Art. 102 Abs. II Ziff. 2 a. a. O. zu beachten, weshalb die LBK. nur bei Anwesenheit von wenigstens drei stimmberechtigten Mitgliedern beschlußfähig ist (ebenso RE. vom 17. Mai 1920 Nr. e 3363).

5. Wegen der Beschwerdefrist vgl. § 97 und die Anm. hiezu, wegen Beschwerdeberechtigung vgl. Anm. 6 zu § 90.

6. Trotz des Wortlauts, daß die Regierung von Oberbayern zweite und letzte Instanz ist, hält die Verwaltungspraxis unentwegt

daran fest, daß gegen die zweitinstanziellen Entscheidungen der Regierung das Oberaufsichtsrecht des Staatsministeriums des Innern angerufen werden kann und daß auf einen solchen Aufruf hin eine Entscheidung dieser Stelle ergehen müsse. Ob das als instanzielle Entscheidung oder als Aufsichtsentscheidung angesehen wird, ist letzten Endes ein Streit um Worte. Im Interesse der Beschleunigung des baupolizeilichen Verfahrens wäre eine Änderung dieser, mit dem Wortlaut der MBO. in Widerspruch stehenden Praxis sehr erwünscht (siehe auch Bayer. Gemeinde- und Verwaltungszeitung 1926 Sp. 881).

7. Die Bestimmungen des Abs. II gelten trotz der Änderung der Staatsform — von einer gleich zu besprechenden Ausnahme abgesehen — unverändert weiter. Denn ihr Zweck war nicht auf die Staatsform abgestellt, sondern war der, in besonders bevorzugten Stadtlagen und in der Nähe besonders schätzenswerter Bauwerke die Entstehung von Bauwerken auch aus anderen als baupolizeilichen Gründen zu verhindern. Diese bevorzugte Stellung kann allerdings den im Eigentum von Mitgliedern des vormaligen Königshauses stehenden Gebäuden nicht mehr zugebilligt werden, wohl aber den nunmehr von der Verwaltung des ehemaligen Kronguts betrauten Gebäuden der vormaligen Zivilliste. Immerhin können die im Eigentum von Mitgliedern des ehemaligen Königshauses stehenden Gebäude als monumentale Bauwerke unter Abs. II fallen (vgl. Anm. 4 und 5 zu § 86).

8. Bauführungen aller Art, nicht etwa bloß bei Fassadenänderungen oder -Erneuerungen (ME. vom 25. Juli 1905 Nr. 14602 und vom 10. März 1906 Nr. 23030).

9. Als Umgebung der Sternwarte im Sinn des § 83 Abs. II gilt das Gebiet, das durch einen Kreis mit einem Radius von 150 m, vom Mittelpunkt des Hauptgebäudes gerechnet, umgrenzt wird (ME. vom 7. April 1911 Nr. 4103 b 36).

10. Hochschulen und deren Institute, wissenschaftliche Sammlungen des Staates, auch die staatlichen Mittelschulen (ME. vom 2. November 1899 Nr. 22300).

11. Monumentale Bauwerke sind solche, die durch die Art ihrer Ausführung und den Charakter ihrer Kunstform einen dominierenden Einfluß auf ihre Umgebung in architektonischer Beziehung ausüben (vgl. Anm. 13 zu § 30).

12. Nunmehr Genehmigung durch das Staatsministerium des Innern (VO. vom 15. November 1918 [GVBl. S. 1231]). Dem Ministerium des Innern ist es anheimgestellt, ob es sich ein Gutachten der staatl. Monumentalbaukommission erholen will. Sowohl der Beschluß der LBK. als auch die Genehmigung des Staatsministeriums des Innern sind gebührenpflichtig.

13. Dem Staatsministerium des Innern steht es völlig frei, ob und unter welchen Bedingungen es die Genehmigung erteilen will (s. Anm. 7). Vor Erteilung dieser Genehmigung darf dem Gesuchsteller der Baubeginn — auch auf seine Wag und Gefahr — nicht gestattet werden (ME. vom 30. Dezember 1908 Nr. 30061).

14. Durch Verordnung vom 1. Dezember 1902 (GVBl. S. 729) wurde die Regierung von Oberbayern an Stelle des bis dahin zuständigen Staatsministeriums des Innern für zuständig zur Erteilung von Dispensen erklärt. Mit ME. vom 2. Dezember 1921 Nr. 4090 a 14 wurde die Regierung ermächtigt, das ihr zustehende Dispensrecht für weniger wichtige Fälle auf den der LBK. beigeordneten Regierungskommissär zu übertragen und es durch ihn in der Sitzung der LBK. ausüben zu lassen. Laut ME. vom 15. Dezember 1921 Nr. e 9931 sind als „weniger wichtige Fälle" alle jene Fälle zu verstehen, deren vollkommen sichere Beurteilung auf Grund des Vortrags in der Sitzung möglich ist. Ferner muß in ähnlich gelagerten Fällen nach der bisherigen Praxis Befreiung von Bestimmungen der MBO. erteilt worden sein. Einsprüche Beteiligter dürfen nicht vorliegen.

Darüber hinaus wurde auf Grund einer ME. vom 7. November 1918 Nr. 4050 d 13 bis auf weiteres der LBK. die Dispensbefugnis der Regierung hinsichtlich der §§ 31, 34, 43, 44 und 74 MBO. unter nachstehenden Voraussetzungen übertragen:

a) Voraussetzung ist zufolge genannter Ministerialentschließung daß es sich um Schaffung von Kleinwohnungen und Behebung der Wohnungsnot handelt und die einzelnen Fälle von Befreiungen durch die LBK. gewissenhaft geprüft werden.

b) Von der Befreiung der oben genannten Paragraphen ist nur dann Gebrauch zu machen, wenn alle ersttechnischen Gutachten (Bezirksarzt, Feuerpolizei, Gewerberat) die Zulassung gutgeheißen haben.

c) In allen Fällen, in denen Rücksichten auf Feuersicherheit in Frage stehen, ist die Versicherungskammer, Abteilung für Brandversicherung, einzuvernehmen.

d) Durch Erleichterungen, welche die Gebäudehöhe, Hofraumfrage, Höhe des Fußbodens über dem äußeren Terrain betreffen, darf selbstverständlich nicht allgemein eine Verschlechterung der Anforderungen für ein gesundheitliches Wohnen eintreten.

Es kann sich nur um geringe Abweichungen handeln, welche dem Grundgedanken der Bauordnung für Erhaltung der Feuersicherheit und Gesundheit der Bewohner nicht widersprechen. Beispielsweise kann die Herstellung von Notwohnungen in Erdgeschossen bei einer Fußbodenhöhe von nur 15 cm statt vorschriftsmäßig 30 cm über dem anstoßenden Grunde unbedenklich sein, wenn die Räume unterkellert und mit Bretterboden versehen sind."

15. Ob „ganz besondere Verhältnisse" als gegeben angenommen werden, ist Sache der pflichtgemäßen Prüfung der zur Erteilung der Dispens zuständigen Behörde. Solche Verhältnisse können aber nur in dem Bauobjekt selbst, nicht in der Person des Gesuchstellers begründet sein.

16. Nur von materiellen Vorschriften, nicht von Verfahrensvorschriften.

17. Eine Dispens ist nach § 83 Abs. III MBO. (s. aber auch § 23 StBO.) nur möglich von Bestimmungen der MBO. selbst, nicht von Bestimmungen anderer polizeilicher Vorschriften oder Verordnungen irgendwelcher Art.

Eine Dispens ist nicht notwendig, wo nach der MBO. (z. B. §§ 18 Abs. II, 21 Abs. IV, 38 Abs. VIII) die LBK. Erleichterungen eintreten lassen kann; sie ist ferner nicht notwendig, wo ein Bau nur widerruflich genehmigt wird (§ 12 Abs. II). Dagegen ist für die unter § 15 fallenden Bauführungen auf Kosten des Staates usw. gegebenen Falles ein Ausspruch der Regierung von Oberbayern notwendig, daß die Voraussetzungen gegeben sind, unter welchen, falls es sich um einen Privatbau handeln würde, Dispens gewährt werden könnte (Englert, Anm. 1 d zu § 10; ME. vom 6. Dez. 1924 Nr. 3650 a 10).

18. Die Dispens kann auch unter Bedingungen erteilt werden. In den Fällen, in denen die Regierung zur Dispenserteilung zuständig ist, die LBK. aber die Voraussetzungen für eine Dispenserteilung für gegeben ansieht, wird sie das Baugesuch nicht abweisen, sondern unter Befürwortung einer Dispens der Regierung vorlegen. Da, wo es sich um Dispense hinsichtlich der Grenz- oder Gebäudeabstände handelt, darf der Baubeginn, auch auf Wag und Gefahr des Gesuchstellers, nicht gestattet werden (RE. vom 19. Juni 1907 Nr. 30 727).

19. Ob solche vorliegen, entscheidet die dispensierende Behörde nach pflichtgemäßen Ermessen.

20. Wenn nur geringfügige Interessen eines Dritten beeinträchtigt werden, ist eine Dispenserteilung nicht ausgeschlossen.

Einvernahme der Beteiligten. § 84.

I Jeder nach § 14 einzureichende[1] Bauplan[2] muß von dem Bauherrn,[3] den beteiligten Nachbarn[4] und dem Planfertiger zum Zeichen des Einverständnisses[5] unterschrieben[6] sein.

II Die Unterschrift der beteiligten Nachbarn haben auch die in § 15 bezeichneten Entwürfe zu erhalten.[7]

III Bezüglich der Baulinien und der Höhenlage haben die Planfertiger das Nötige aus den Plänen der Lokalbaukommission bezw. des Stadtbauamtes zu erholen.

IV Den gegebenen Vorschriften nicht entsprechende[8] oder fehlerhafte Pläne sind zur Ergänzung oder Berichtigung zurückzugeben.[9]

1. Also jeder eine baupolizeiliche Genehmigung erheischende Plan.

2. Und zwar auch das Duplikat (§ 14 Abs. IV).

3. Bauherr ist derjenige, auf dessen Rechnung und in dessen Auftrag ein Bau ausgeführt wird. Er braucht nicht gleichzeitig Eigentümer des Grund und Bodens zu sein, es ist zulässig und nicht selten, daß jemand als Mieter, Pächter oder auf Grund eines anderen Rechtsverhältnisses auf fremdem Grund und Boden, aber auf eigene Rechnung, einen Bau ausführt,. Irreführend ist, wenn an anderen Stellen der MBO. (§§ 85 Abs. II, 90, 97 Abs. II, 98 Abs. II) der Bauherr als „Bauunternehmer" oder „Unternehmer" bezeichnet wird. Denn nach richtigem Sprachgebrauch ist der Bauunternehmer von dem Bauherrn durchaus verschieden; Bauunternehmer ist derjenige, der im Auftrag und für Rechnung des Bauherrn einen Bau ausführt. Der Bauherr kann gleichzeitig Bauunternehmer sein, muß es aber nicht sein. Bauherr kann auch eine juristische Peron sein.

Eine Vertretung des Bauherrn ist natürlich zulässig (vgl. § 14 Abs. I). Sie kann wie z. B. die des Vormunds auf Gesetz beruhen oder auf einer Vollmacht. Der typische Bevollmächtigte und Vertrauensmann des Bauherrn ist der Architekt.

Wer sich als Vertreter eines Bauherrn bezeichnet, hat der Baupolizeibehörde durch Vorlage von Urkunden seine Vertretungsmacht nachzuweisen. Die Urkunden brauchen keine öffentlichen Urkunden zu sein; auch kann der Bauherr zu Protokoll der LBK. Vollmacht erteilen. Die Vertretungsmacht des Vertreters ist von Amts wegen zu prüfen; auch im gerichtlichen Verfahren muß jeder, der als Vertreter einer Partei auftritt, auch der Rechtsanwalt, seine Vollmacht nachweisen. Wer z. B. als Architekt nach § 14 Pläne bei der LBK. einreicht oder zu Protokoll abgibt, ist deswegen noch nicht Vertreter des Bauherrn; er kann die Pläne erläutern, ist aber mangels einer ausdrücklichen Vollmacht nicht berechtigt, für den Bauherrn Erklärungen von materieller Bedeutung abzugeben. Streng genommen müßte selbst für die bloße Einreichung oder Abgabe der Pläne die Vertretungsmacht nachgewiesen werden; doch kann angenommen werden, daß derjenige, der die vom Bauherrn unterschriebenen Pläne einreicht, oder abgibt, hiezu — aber nur hiezu — ermächtigt ist.

Wer andererseits seine Vertretungsmacht einwandfrei nachgewiesen hat, ist, soweit sich aus dem Inhalt der Urkunde nichts anderes ergibt, ermächtigt, namens des Bauherrn alle einschlägigen Erklärungen abzugeben, an ihn können mit Wirkung für den Bauherrn Zustellungen gemacht werden. Der Widerruf einer Vollmacht ist den Baupolizeibehörden gegenüber erst vom Augenblick des Eingangs des Widerrufs von Bedeutung.

4. Oder ihren Vertretern; vgl. die vorigen Anm. Es ist nicht Sache der LBK. zu prüfen, ob die auf den Plänen als Nachbarn angegebenen Personen tatsächlich die Eigentümer der Nachbargrundstücke sind (Vorscht, Anm. 3 c zu § 84).

Als „beteiligt" sind die Nachbarn anzusehen, deren Grundstücke durch die geplante Bauausführung in baupolizeilicher Hinsicht berührt werden. Die Besitzer von Anwesen auf der gegenüberliegenden Seite der Straße sind in der Regel nicht als beteiligt anzusehen (Vorscht, Anm. 3b zu § 84; a. A. Heilmann-Weinisch, Anm. 4 zu § 67). Sie müssen aber wohl dann als beteiligt angesehen werden, wenn unter Abweichung von den Vorschriften der §§ 31 und 32 über Gebäudehöhe oder unter Überschreitung der zuständigen Baustaffel gebaut werden will. Laut ME. vom 3. September 1926 Nr. 3650 a 19 muß beim angrenzenden Nachbarn das Nichtbeteiligtsein von der Baupolizeibehörde ausdrücklich ausgesprochen werden, wenn eine Einvernahme nicht erforderlich sein soll, während beim in der Nähe liegenden, also auch über der Straße sitzenden Nachbarn das Beteiligtsein von der Baupolizeibehörde ausdrücklich festgestellt werden muß, wenn seine Einvernahme erforderlich sein soll. Bei Vornahme geringfügiger Bauarbeiten im Innern eines Gebäudes kann die Einvernahme der Nachbarn unterbleiben. Bei deutlicher Absicht eines Gruppenbaues und fehlender katastermäßiger Scheidung des überbauten Grundes ist der Angrenzer schon bei dem ersten Teilbau der Gruppe als beteiligter Nachbar anzusehen (ME. vom 25. Juli 1905 Nr. 14602).

5. Die Nachbarunterschrift ist allerdings kein Vertrag, aber deswegen noch keineswegs (so: Heilmann-Weinisch, Anm. 5 zu § 67 und ME. vom 3. November 1908 Nr. 60776) jederzeit widerruflich. Sie ist vielmehr als eine dem öffentlichen Recht angehörende empfangsbedürftige Willenserklärung anzusehen und ist ebensowenig wie die dem bürgerlichen Recht angehörende Willenserklärung ohne weiteres widerruflich. Sonst ginge jede Rechtssicherheit verloren und auf die Nachbarunterschrift könnte, wenn sie jederzeit widerruflich wäre, überhaupt verzichtet werden. Sie kann jedoch, wenn die Voraussetzungen hiefür vorliegen, in analoger Anwendung der §§ 119, 123 BGB wegen Irrtums, Drohung und arglistiger Täuschung angefochten werden und Aufgabe der Baupolizeibehörde ist es, zu prüfen, ob die Anfechtung zu Recht besteht.

Nicht unzulässig ist, daß ein Bauherr, der eine Vollmacht des Nachbarn besitzt, für die von ihm eingereichten Pläne auch die nachbarliche Unterschrift gibt. § 181 BGB. steht dem nicht entgegen; denn der Bauherr nimmt mit sich kein Rechtsgeschäft vor, sondern bei Leistung der Nachbarunterschrift gibt er der Baupolizeibehörde gegenüber eine Willenserklärung ab (Beschluß der LBK. vom 26. September 1914 Nr. 10296).

Von großer Wichtigkeit ist, daß die Nachbarunterschrift eine nach § 71 Ziff. 6 erforderliche „Vereinbarung" (siehe Anm. 10 zu § 71) nicht ersetzt (ebenso Vorscht, Anm. 3a zu § 84; a. A. Englert-Schneider, Anm. 2 zu § 84).

6. Vgl. Anm. 3 zu § 77.

7. Andernfalls sind sie ohne materielle Prüfung zurückzuweisen (Abs. IV).

8. Fehlt eine Nachbarunterschrift deshalb, weil der Nachbar die Unterschrift verweigert, so sind die Pläne aus diesem Grunde nicht abzuweisen, sondern es ist das Verfahren nach § 85 durchzuführen.

9. Die Vorlage und Verbescheidung sogen. Vorprojekte ist zulässig (vgl. § 15 der Baupolizeigebührenordnung [Anhang VIII 2]). Doch hat eine solche Vorprüfung rechtlich keine vorgreifende Bedeutung für die instanzielle Entscheidung. Inwieweit in einem solchen vorbereitenden Verfahren die Nachbarn und andere Beteiligte einzuvernehmen sind, bemißt sich für den Einzelfall nach Erwägungen der Billigkeit und Zweckmäßigkeit. Demnach können zum Vorprojekt die Nachbarn gehört werden (ME. vom 18. April 1913 Nr. 4097c 1). Doch ist eine zum Vorprojekt abgegebene Nachbarunterschrift nicht bindend für das endgültige Projekt; denn beide sind, auch wenn sie materiell gleich sein sollten, nicht identisch.

Unterschriftsverweigerung von Nachbarn.

§ 85.

I Verweigern die beteiligten Nachbarn[1] die Unterschrift, was auf den Plänen oder zu Protokoll anzugeben ist, so sind dieselben aufzufordern,[2] ihre Erinnerungen[3] bei Meidung der Nichtberücksichtigung[4] binnen einer bestimmten Frist[5] bei der Lokalbaukommission[6] vorzubringen.

II Wenn besondere Verhältnisse einen Augenschein notwendig machen,[7] ist derselbe unter Vorladung[8] des Bauunternehmers[9] und der Nachbarn,[10] denen die Zuziehung von Sachverständigen freisteht,[11] vorzunehmen[12] und der Sachverhalt vollständig zu erheben.

1. Siehe Anm. 4 zu § 84.

2. Eine förmliche Zustellung (wie in § 79 Abs. I) ist nicht vorgeschrieben, aber natürlich zulässig. Wegen der Ladung abwesender Personen vgl. Anm. 5 zu § 79. Ist der Nachbar unbekannten Aufenthalts, so kann er durch öffentliche Bekanntmachung in der Münchener Gemeindezeitung geladen werden (Vorscht, Anm. 1 zu § 85).

3. Vgl. Anm. 2 zu § 79.

4. Wer keine Erklärung abgibt, gilt als zustimmend. Vgl. Anm. 8 zu § 79.

5. Vgl. Anm. 3 zu § 79.

6. Die Erinnerung muß der LBK. gegenüber erfolgen. Sie kann zu Protokoll, schriftlich, telegraphisch erfolgen. Wegen des weiteren Verfahrens vgl. § 87.

Eine Verpflichtung der LBK., die Pläne zwecks Einsichtnahme durch beteiligte Nachbarn von der Amtsstelle wegzugeben, besteht nicht. Privaten gegenüber muß hiervon grundsätzlich abgesehen werden.

7. Ob solche vorliegen, steht im Ermessen der LBK.

8. Einfache Vorladung genügt, förmliche Zustellung ist nicht notwendig.

9. D. h. Bauherrn. Siehe Anm. 3 zu § 84.

10. D. h. der beteiligten Nachbarn im Sinne des Abs. I.

11. Die Kosten der von Nachbarn veranlaßten Zuziehung von Sachverständigen fallen den betr. Nachbarn zur Last; denn sie sind keine Kosten des Verfahrens im Sinne des § 98 Abs. II.

12. Eine besondere Form ist für die Vornahme des Augenscheins nicht vorgeschrieben. Die LBK. wird an Ort und Stelle dem Bauherrn, den beteiligten Nachbarn und den von diesen etwa zugezogenen Sachverständigen Gelegenheit zur Äußerung geben und über die Verhandlungen ein Protokoll aufnehmen. Auch beim Augenschein muß, wenn er gültig sein soll, mehr als die Hälfte der ordentlichen Mitglieder der LBK. anwesend sein (vgl. Anm. 4 zu § 83).

Erinnerungsberechtigte Behörden.

§ 86.

Bei folgenden Bauführungen[1] sind die betreffenden Behörden[2] unter Mitteilung der Pläne mit ihren Erinnerungen[3] zu hören, wenn nicht die Zustimmung dieser Behördeu schon von den Gesuchsstellern beigebracht wird:

1. bei Bauten in der Umgebung von Besitzungen der Zivilliste der k. Obersthofmeisterstab;[4]

2. bei Bauten in der Umgebung von Privatbesitzungen des Königs die einschlägige Hofstelle;[5]

3. bei Bauten in der Umgebung von Militäreigentum die betreffende Militärbehörde;[6]

4. bei Bauführungen an Staatsstraßen, öffentlichen Flüssen, Kanälen oder in der Nähe von Staatsgebäuden das betreffende Bauamt[7]; bei Bauführungen an anderem zivilärarischen Eigentum die betreffende Aufsichtsbehörde[8];

5. bei Bauten an Eisenbahneigentum oder in einer Entfernung von weniger als 60 m vom nächstgelegenen Schienengeleise die einschlägige Eisenbahnbehörde[9];

6. bei Bauten in der Umgebung von Gebäuden für Zwecke der Wissenschaft oder Kunst[10] und von monumentalen Bauwerken[11] die betreffende Aufsichtsbehörde[12];

7. bei Bauführungen an Stadtbächen und städtischen Kanälen[13] der Stadtmagistrat München;

8. bei Bauten in Waldungen oder weniger als 437,8 m (1500 Fuß) von solchen entfernt, das einschlägige k. Forstamt;

9. bei Theatern,[14] Versammlungslokalen[15] und bei Bauten für Betriebe mit besonders großer Feuersgefahr[16] die k. Brandversicherungskammer und die Feuerpolizeibehörde[17];

10. bei Fabriken und gewerblichen Anlagen[18] der k. Fabriken- und Gewerbeinspektor.[19]

1. Obwohl § 86 eigentlich nur die unter § 83 Abs. I, § 84 Abs. I und § 14 fallenden genehmigungspflichtigen Bauten im Auge hat, ist § 86 Ziff. 1—8 doch analog auch auf die Festsetzung und Abänderung der Bau- und Vorgartenlinien und der Höhenlage anzuwenden (Anm. 4 zu § 77). Keine Anwendung findet § 86 auf die nicht der baupolizeilichen Genehmigung unterliegenden Bauten, insbesondere die in § 15 genannten.

2. Zweck des § 86 ist, den öffentlichen Interessen einen besonderen, über die nachbarlichen Rechte (§ 84) hinausgehenden Schutz angedeihen zu lassen. Als Ausnahmebestimmung muß § 86 im Zweifel eng ausgelegt werden.

3. Vgl. Anm. 6 zu § 76. Wegen des Beschwerderechts der in § 86 genannten Behörden vgl. §§ 90 und 97.

4. Nunmehr Verwaltung des ehemaligen Kronguts.

5. Ziff. 2 ist durch die Änderung der Staatsverfassung gegenstandslos geworden. Den im Eigentum von Mitgliedern des ehemaligen Königshauses stehenden Besitzungen kommt im Rahmen des § 86 keine Sonderstellung mehr zu. Das gleiche gilt von dem durch Gesetz vom 9. März 1923 (GVBl. S. 101) geschaffenen Wittelsbacher Ausgleichsfonds. Vgl. Anm. 7 zu § 83.

6. Nunmehr das Wehrkreisverwaltungsamt VII.

7. Bei Staatsstraßen und öffentlichen Flüssen (einschließlich des Nymphenburg-Biedersteiner Kanals) das Straßen und Flußbauamt, bei Staatsgebäuden das Landbauamt (bei Universitätsgebäuden das Universitätsbauamt). Wegen der Auslegung der Worte: Bauführungen „an" Staatsstraßen usw. vgl. unten Anm. 9.

8. Soweit staatlicher Grundbesitz, abgesehen von Staatsgebäuden (siehe vor. Anm.), in Frage kommt, ist das Landesfinanzamt München, Zweigstelle für bayer. Angelegenheiten zuständig, dem die Pläne durch das zuständige Finanzamt zuzuleiten sind.

Eine Ausdehnung der Anwendbarkeit der Ziff. 4 auf Reichsgebäude oder Grundbesitz des Reichs ist nicht zulässig; doch kann hier Ziff. 3 oder 7 anwendbar sein.

9. Ziff. 5 gilt nicht nur für die Reichsbahn, sondern auch für die Isartalbahn (vgl. ME. vom 28. März 1927, Staatsanzeiger Nr. 72).

Für die Reichsbahn ist die Reichsbahndirektion München zur Erinnerungsabgabe zuständig; doch sind die Akten der Reichsbahndirektion durch Vermittlung der zuständigen Bauinspektion (Bauinspektion I München bei Bauten von der Balan-Straßenunterführung einschließlich bis zur Burgfriedensgrenze gegen Berg am Laim, ferner bei Bauten an den Lokalbahnen München-Ost—Deisenhofen, München-Ost—Ismaning und München-Giesing—Aying der Bauinspektion München-Ost, bei Bauten in der Nähe der Arbeiterhäuser an der Donnersbergerstraße der Bauinspektion III München) zuzuleiten.

Hinsichtlich der Isartalbahn ist deren Direktion zur Erinnerungsabgabe zuständig.

Bauten „an Eisenbahneigentum" soll wohl wie bei Ziff. 4 und 7 heißen „unmittelbar anstoßend an Eisenbahneigentum", nicht wie bei Ziff. 1—3 und 6 „in der Umgebung von", es sei denn, daß die zweite Alternative der Ziff. 5 zutrifft. Unter Eisenbahneigentum ist nichtbebauter Grundbesitz zu verstehen. Schienengeleise sind auch Rangiergeleise, Hinterstellgeleise, Ladegeleise.

10. Siehe Anm. 10 zu § 83.

11. Siehe Anm. 11 zu § 83.

12. Wie sich aus dem Wort „Aufsichtsbehörde" ergibt, kommen nur Gebäude in Frage, die öffentlichen Zwecken dienen. Es kommen hier nicht nur Gebäude des Reichs und Staats, sondern auch der Stadtgemeinde und anderer juristischer Personen des öffentlichen Rechts, der Kirchengemeinden usw. in Betracht. Aufsichtsbehörde ist diejenige Behörde, der die vermögensrechtliche Verwaltung und Vertretung des betr. Gebäudes zusteht. Da ein Gebäude unter mehrere der Ziffern des § 86 (z. B. unter Ziff. 4 und 6), fallen kann, so besteht unter Umständen die Notwendigkeit, hinsichtlich *eines* Gebäudes *mehrere* Stellen einzuvernehmen.

13. Wegen der staatlichen Kanäle vgl. Anm. 7. Wegen des Begriffs Bauführungen „an" Stadtbächen usw. vgl. Anm. 9.

14. Auch Lichtspieltheater, Zirkusse u. dgl.

15. Auch Schulen und Kirchen (Anhang V 6), ferner Waren- und große Geschäftshäuser (Anhang V 7 und 8), Säle für Vereine u. dgl.

16. Vgl. die in Anhang V 9—13 abgedruckten Vorschriften.

17. Feuerpolizeibehörde ist der Stadtrat, der die Bearbeitung feuerpolizeilicher Angelegenheiten, soweit sie nicht von grundsätzlicher Bedeutung sind, der städt. Branddirektion übertragen hat.

18. Gewerbliche Anlagen sind diejenigen Räume, die dazu bestimmt sind, als regelmäßige Betriebsstätte eines Gewerbes zu dienen. Siehe Anhang III 5—16. Nichtgewerbliche (private) Küchen gehören nicht hieher, wohl aber alle Werkstätten, ebenso die Lichtspieltheater (§ 2 der V. vom 20. April 1926; Anhang V, 5).

19. Jetzt Gewerbeaufsichtsbeamter (Gewerberat) bei der Regierung von Oberbayern (V. vom 7. Februar 1907 [GVBl. S. 73]).

Privatrechtliche Einsprüche. § 87.

Werden gegen ein polizeilich statthaftes Baugesuch Einsprüche aus Privatrechtstiteln erhoben, so hat die Lokalbaukommission eine gütliche Ausgleichung uuter den Beteiligten zu versuchen und bei deren Erfolglosigkeit den baupolizeilichen Bescheid zu erteilen, für Austragung jener Einsprüche aber den Rechtsweg vorzubehalten.[1]

1. Allgemein wird die Auffassung vertreten (Vorscht, Anm. 1 a und Englert-Schneider, Anm. 1 zu § 87; Englert Anm. 3 zu § 69, Heilmann-Weinisch, Anm. 1 zu § 69), daß die Baupolizeibehörde berechtigt sei, bei liquiden d. h. bei zweifellos begründeten Einsprüchen privatrechtlicher Natur die baupolizeiliche Genehmigung zu versagen. Diese Anschauung, für die nur Zweckmäßigkeitsgründe ins Feld geführt werden können, steht in direktem Widerspruch zum Wortlaut der MBO. Aber auch die Zweckmäßigkeit eines solchen Verfahrens muß angezweifelt werden. Denn absolut liquid wird ein Einspruch nie sein. So wird z. B. in dem von Englert a. a. O. angeführten Fall, daß ein Gesuchsteller auf zweifellos fremdem Grunde gegen den Willen des Grundeigentümers bauen wollte, der Gesuchsteller wohl immer einwenden, daß er auf Grund irgendwelchen Rechts zur Bauführung berechtigt sei. Auch kann die Auffassung Vorschts, daß die LBK. durch Erteilung einer Baugenehmigung trotz liquider privatrechtlicher Einsprüche einen Zivilrechtsstreit „förmlich provoziere", nicht als zutreffend angesehen werden; vielmehr spricht die Baupolizeibehörde bei Erteilung einer Baugenehmigung lediglich aus, daß vom Standpunkt der Baupolizei keine Bedenken gegen das Baugesuch bestehen. Sache des Bauherrn ist es, sich die privatrechtliche Verfügungsgewalt über den zur Errichtung des Baues erforderlichen Grund und Boden zu verschaffen; wie er dies macht, hat die Baupolizeibehörde nicht zu kümmern. Deswegen hat die Baupolizeibehörde alle Einsprüche, die auf das BGB., das bayer. Ausführungsgesetz zum BGB. und andere Normen des Privatrechts gestützt sind, unberücksichtigt zu lassen und den Einsprucherhebenden auf den Zivilrechtsweg zu verweisen. Dies gilt insbesondere vom Fensterrecht, Lichtrecht, dem Recht der Kommunmauer, dem Überbau. Für die Baupolizeibehörde von Bedeutung sind nur die einschlägigen Vorschriften der MBO. (insbesondere §§ 68, 70, 71 und 75) und der StBO. und etwa einschlägige öffentlich-rechtliche Vorschriften, insbesondere Polizeivorschriften. Vgl. z. B. § 1 Ziff. 2 der ortspolizeilichen Vorschrift vom 12. August 1913 (Anhang IV 6), § 2 der V. vom 23. Mai 1925 (Anhang V 12) u. a. Von der Aufnahme der betreffenden Vorschriften des Privatrechts in den Anhang wurde daher abgesehen.

Wegen des Fortbestands der, insbesondere vor dem Inkrafttreten der StBO. zwischen der Stadtgemeinde und privaten Grundbesitzern abgeschlossenen (dem bürgerlichen Recht angehörenden) Verträge über Baubeschränkungen (sogen. Servitutverträge) vgl. Einführung III, 2. Abschnitt.

Hier mag noch erwähnt sein das von der LBK. geführte sogen. Belastungsregister, das insbesondere die Vereinbarungen nach § 71 Ziff. 6 enthält (siehe die Anm. daselbst). Es hat den Zweck, in den Bauakten der betreffenden Anwesen festzustellen, daß bezüglich dieser Anwesen eine Vereinbarung nach § 71 Ziff. 6 vorliegt.

Gesundheitliche Fragen.

§ 88.

Bei allen Baugesuchen, bei welchen Fragen der Gesundheitspflege in Betracht kommen,[1] ist vor der Sachbescheidung das Gutachten[2] des zuständigen gesundheitspolizeilichen Organs[3] einzuholen.

1. Ob diese Voraussetzung gegeben ist, entscheidet die LBK. nach pflichtgemäßem Ermessen. Dies trifft insbesondere zu bei Bauvornahmen auf sanitär zweifelhaftem Untergrund, in der Nähe von Wasserläufen, auf Grundstücken mit hohem Grundwasserstand u. dgl. (Steinhauser S. 7).

2. Da es sich nur um ein Gutachten handelt, ist die LBK. bei der Entscheidung an das Gutachten des gesundheitspolizeilichen Organs nicht gebunden.

3. Zuständig ist der Bezirksarzt der Stadt München. Eine Gebühr ist für dieses Gutachten von dem Bezirksarzt nicht zu erheben (ME. vom 2. Juni 1915 Nr. 5187 a 3).

Der LBK. steht es frei, in Fragen von grundsätzlicher Bedeutung außerdem den Gesundheitsrat der Stadt München, ein unter dem Vorsitz des Polizeipräsidenten zusammentretendes Kollegium (vgl. Einführung II, 4. Abschnitt) gutachtlich zu hören.

Ausfertigung der Baubescheide.

§ 89.

Die Beschlüsse über Baugesuche müssen schriftlich ausgefertigt werden; im Falle der Genehmigung[1] sind die allenfalls veranlaßten besonderen Anordnungen[2] nicht bloß durch deutliche Einzeichnung in die Pläne, sondern auch durch ausdrückliche Aufnahme in die Ausfertigung der Genehmigung kundzugeben[3].

1. Die Genehmigung kann endgültig (§ 12 Abs. I), widerruflich oder auf bestimmte Zeit (§ 12 Abs. II) erteilt werden.

2. Vgl. § 16 Anm. 6. Hierunter fallen auch gegebenen Falles die in den baupolizeilichen Bescheid aufzunehmenden feuerpolizeilichen, gesundheitspolizeilichen und gewerbepolizeilichen Bedingungen (Anm. 1 zu § 82).

3. Die Ausfertigung des Bescheids ist zuzustellen (§ 91 Abs. I), jedoch dürfen die Pläne nicht eher ausgefertigt werden, als bis der Genehmigungsbescheid formell rechtskräftig (Anm. 1 zu § 82) geworden und die Erfüllung des § 81 und etwaiger sonstiger Genehmigungsbedingungen, deren Einhaltung der Bauinangriffnahme voranzugehen hat, vom Bauherrn nachgewiesen ist. Liegen Nachbareinsprüche oder Erinnerungen nach § 86 vor, so darf, auch wenn der Planausfertigung sonst nichts im Wege stünde, die Planausfertigung erst erfolgen, wenn die vierzehntägige Beschwerdefrist versäumt oder die Einsprüche und Erinnerungen rechtskräftig verbeschieden wurden (vgl. § 90). Im Hinblick auf die herrschende Praxis (Anm. 6 zu § 83) muß auch nach Eintreffen des zweitinstanziellen Regierungsbescheids, durch den die Einwendungen eines Beteiligten abgewiesen wurden, der Ablauf der Beschwerdefrist bzw. das Eintreffen des oberaufsichtlichen Bescheids abgewartet werden, ehe die Pläne ausgefertigt werden (ebenso Englert, Anm. 2 zu § 72).

Liegen Nachbareinsprüche oder Erinnerungen nach § 86 nicht vor, so kann die Ausfertigung der Pläne nach Erfüllung der oben genannten Voraussetzungen sofort erfolgen.

Verständigung der Beteiligten.

§ 90.

Von der Erledigung[1] eines Baugesuches sind außer dem Bauunternehmer[2] auch die Nachbarn[3] und die nach § 86 Beteiligten[4], insofern sich dieselben[5] mit dem Baugesuche nicht durch Unterschrift des Planes oder in anderer Weise ausdrücklich einverstanden erklärt haben, zur Wahrung des Beschwerderechtes[6] in Kenntnis zu setzen[7].

1. Gleichviel ob auf Genehmigung oder Abweisung erkannt ist.

2. Vgl. Anm. 3 zu § 84.

3. Natürlich sind hier nur die „beteiligten" Nachbarn (Anm. 4 zu § 84) gemeint.

4. Siehe die Anm. zu § 86.

5. Das Wort „dieselben" bezieht sich sowohl auf die Nachbarn, als auch die nach § 86 Beteiligten.

6. Aus § 90 beantwortet sich die Frage nach der Beschwerdelegitimation, d. h. wer ist bei der Bescheidung

von Baugesuchen nach § 83ff. berechtigt, gegen den erstinstanziellen (oder zweitinstanziellen) Bescheid Beschwerde einzulegen? Der Bauherr, die beteiligten Nachbarn und die in § 86 genannten Behörden und Stellen.

Außerdem ist beschwerdeberechtigt der Stadtrat vom Standpunkt des § 81, wenn also eine Baugenehmigung unter Verletzung dieser Vorschrift erteilt wurde, ferner überall da, wo ihm ein Erinnerungsrecht oder das Recht der Einvernahme zusteht und seinen Erinnerungen nicht Rechnung getragen wurde: § 1 Abs. III, § 5 Abs. III und VIII, § 86 Ziff. 7 MBO., § 23 StBO. (ME. vom 9. Oktober 1925 Nr. e 6241 A 1), § 4 der ortspol. Vorschriften vom 31. Dezember 1924 / 31. März 1926 (Anhang I 5) und § 8 der ortspol. Vorschriften vom 17. Juli 1926 (Anhang II 5). Endlich ist die Polizeidirektion beschwerdeberechtigt in den Fällen des § 1 Abs. III und § 5 Abs. VIII MBO. und des § 4 der eben erwähnten ortspol. Vorschriften vom 31. Dezember 1924.

Bei Festsetzung oder Abänderung von Bau- und Vorgartenlinien ist die Frage der Beschwerdeberechtigung gegenstandslos, da es eine Beschwerde gegen den ministeriellen Bescheid nicht gibt (Anm. 13 zu § 79). Bei Festsetzung der Höhenlage ist die Beschwerdeberechtigung nach denselben Grundsätzen zu beurteilen wie bei Baugesuchen. Sie steht also zu: dem Antragsteller (§ 77), dem Stadtrat (§ 76 Abs. II, § 79 Abs. III), den beteiligten Grundbesitzern (§ 77), den in § 86 genannten Behörden und Stellen (Anm. 4 zu § 77, Anm. 1 zu § 86), unter Umständen den Nachbargemeinden (§ 79 Abs. II). Vgl. auch Anm. 2 zu § 82.

7. Durch Zustellung (§ 91 Abs. I).

Beginn der Bauarbeiten. **§ 91.**

I Vor Zustellung des Baubescheides[1] darf in der Regel[2] weder mit der Aushebung des Grundes noch mit sonstigen Bauarbeiten begonnen werden.[3]

II Der Bauherr ist verpflichtet, von dem Beginn des genehmigungspflichtigen Baues und jeder umfangreicheren mit einer genehmigungspflichtigen Bauführung zusammenhängenden Abbrucharbeit der Lokalbaukommision vorherige Anzeige zu erstatten und[4] zugleich, falls dies nicht bereits mit der Einreichung des Bauplanes geschehen ist, den mit der Ausführung betrauten Baumeister namhaft zu machen. Dieser hat die Verantwortung durch unterschriftliche Erklärung zu übernehmen.[5] Die Lokalbaukommission kann die als Bauleiter namhaft gemachte Person beanstanden, wenn diese die für eine entsprechende Bauführung erforderliche Verlässigkeit nicht besitzt.[6] Bis zur Behebung des Anstandes kann die Inangriffnahme oder Fortsetzung der Bauarbeiten untersagt werden.[7]

III Vor der Inangriffnahme der Bauarbeiten hat die Lokalbaukommission unter Zuziehung des Bauherrn und des mit der Ausführung betrauten Baumeisters für die Aussteckung der Baulinie und der Feststellung der Höhenlage Sorge zu tragen.[8]

1. D. h. des rechtskräftigen Baubescheids einschließlich der ausgefertigten Pläne (Anm. 3 zu § 89).

2. Von dieser Regel kann die LBK. Ausnahmen machen und die Inangriffnahme des Baus auf Wag und Gefahr des Bauherrn in gewissem Umfang gestatten. Sie darf dies nicht tun, wo gemäß § 83 Abs. II zur Bauführung die Genehmigung des Staatsministeriums oder wo gemäß § 83 Abs. III eine Dispens durch die Regierung von Oberbayern erforderlich ist (vgl. Anm. 18 zu § 83), es sei denn, daß der Regierungskommissär die Dispens in der Sitzung erteilt. Sie wird ferner die Inangriffnahme des Baus dann nicht gestatten, wenn Nachbareinsprüche oder Erinnerungen nach § 86 vorliegen.

3. Gegen denjenigen, der, ohne genehmigte Pläne in Händen zu haben, baut, kann die LBK. mit folgenden Maßnahmen vorgehen:

a) sie kann Baueinstand verfügen (§ 94 Abs. V) und eine Bauwache auf Kosten des Bauherrn abstellen (Art. 102 des bayer. Ausführungsgesetzes zur Strafprozeßordnung, Art 143 Abs. 1 Ziff. 3 und Art. 163 Abs. 1 Ziff. 6 des Kostengesetzes [Anhang VIII 1]).

b) sie kann mit gebührenpflichtigen Entschließungen den Bauherrn auffordern, die Bauarbeiten ruhen zu lassen;

c) sie kann beim Amtsanwalt gegen den Bauherrn Strafanzeige nach § 367 Abs. I Ziff. 15 RStGB. und Art. 101 Abs. I PolStGB. erstatten und sich durch Urteil gemäß Art. 105 PolStGB. Abbruchsermächtigung erteilen lassen;

d) sie kann beim Stadtrat Antrag auf Sperre der städtischen Versorgungsleitungen (Wasser, elektr. Strom) hinsichtlich des betr. Baus stellen.

Jede dieser Maßnahmen kann einzeln oder in Verbindung mit den anderen durchgeführt werden.

§ 91 findet keine Anwendung auf nichtgenehmigungspflichtige Bauten (bezüglich dieser vgl. § 13 Abs. II) und Bauten des Staats usw. (§ 15).

4. Vgl. die ortspoliz. Vorschrift vom 18. Januar 1911 betr. die Anzeige der Herstellung von Baugerüsten (Anhang II 13); bei

Übertretung der Vorschrift findet Art. 103 PolStGB. Anwendung. Vgl. auch §§ 57—59 VB. zur MBO. (Anhang II 4) über Baurapporte.

5. Der Bauleiter ist der Baupolizeibehörde (und dem Strafrichter) gegenüber für die planmäßige Ausführung des Baus und für die Einhaltung aller bei dem Bau zu beachtenden Vorschriften verantwortlich. Im Interesse einer geordneten Bauführung und zur Sicherung der bei Bauten beschäftigten Personen ist es unerläßlich, daß letztere unter die einheitliche Aufsicht eines Sachverständigen gestellt werden, der in erster Linie für die plan- und bauordnungsmäßige Ausführung des Baus und für die genaueste Einhaltung der übrigen einschlägigen Vorschriften haftet, dementsprechend alle beim Bau beschäftigten Personen anzuweisen hat und von der Polizeibehörde sowie deren Vollzugsorganen die veranlaßten Weisungen für entsprechenden Vollzug entgegennimmt. Es steht aber nichts im Weg, daß sich der Bauleiter für den Fall seiner Verhinderung vertreten läßt, er haftet aber alsdann für sorgfältige Auswahl der Vertreter sowie für gewissenhafte Oberaufsicht und Kontrolle (ME. vom 14. Februar 1903 Nr. 544). S. auch § 56 VB. zur MBO. (Anhang II 4).

6. Diese Bestimmung, die über §§ 35 Abs. V—VII, 35 a RGewO. (s. Anhang III 1) hinausgeht, gilt nach wie vor weiter (Ziff. 10 der MinBek. vom 21. Mai 1911 [Anhang III 3] und ME. vom 4. Oktober 1911 Nr. 60077). Die hier vorliegende Bestimmung der MBO. unterscheidet sich von den angeführten Bestimmungen der RGewO. besonders dadurch, daß es sich hier um die Zurückweisung eines verantwortlichen Bauleiters für einen bestimmten Fall handelt. Ähnlich §§ 53 a und 54 Abs. II RGewO. (Anhang III 1). Die Übertretung des § 35 Abs. V RGewO. ist durch § 148 Abs. I Ziff. 4 unter Strafe gestellt. Für Übertretungen nach § 53 a RGewO. fehlt es an einer Strafbestimmung, doch ist Einschreiten nach Art. 21 PolStGB. möglich. Zur Auslegung des § 35 Abs. V RGewO. vgl. die Entscheidungen des Verwaltungsgerichtshof in Band 38 S. 156 und Band 40 S. 76 der Sammlung.

7. Im Falle der Nichtbeachtung der Untersagung finden die in Anm. 3 Ziff. a, b und d aufgeführten Grundsätze entsprechende Anwendung, ferner ist Strafanzeige nach Art. 101 Abs. I PolStGB. (Anhang II 2) zulässig.

8. Die Aussteckung der Baulinien erfolgt durch das städt. Vermessungsamt, die Feststellung der Höhenlage durch das städt. Tiefbauamt, beides auf Antrag des Bauherrn (§§ 52—55 der VB. zur MBO. [Anhang II 4]).

Erlöschen der Baubewilligung.

§ 92.

I Die erteilte Baubewilligung wird unwirksam[1], wenn nicht innerhalb eines Jahres[2], vom Tage der Zustellung derselben angerechnet, mit dem Baue begonnen[3], oder wenn die Bauausführung ein Jahr lang[3] unterbrochen worden ist.

II In solchen Fällen kann, je nach den Umständen[4], entweder eine neue Instruktion[5] und Bescheidung des Gesuches stattfinden oder auch nach Konstatierung des unveränderten Fortbestandes der einschlägigen Verhältnisse[6] die Erneuerung der Baugenehmigung durch die Lokalbaukommission auf ein weiteres Jahr[7] ohne nochmalige Instruktion ausgesprochen[8] werden.

III Die auf Grund[9] unrichtiger Pläne[10] erteilte Baugenehmigung ist unwirksam[11] und kann zu jeder Zeit[12] zurückgenommen[13] werden.

1. Folge hiervon ist, daß eine gleichwohl erfolgende Bauführung zur verbotswidrigen Bauführung mit den sich hieran knüpfenden Folgen (Anm. 3 zu § 91) wird.

Außer dem Falle des § 92 wird eine erteilte Baubewilligung, falls sie widerruflich erteilt wurde, durch den von der Baupolizeibehörde ausgesprochenen Widerruf, falls sie auf Zeit erteilt wurde, durch Zeitablauf unwirksam. Dasselbe gilt, falls die Genehmigung unter Bedingungen erteilt wurde, für den Fall, daß diese Bedingungen nicht eingehalten werden. Mit dem Erlöschen der Baubewilligung erlöschen auch etwa erteilte Dispense. Ein Wechsel im Besitz des Anwesens oder des Platzes, auf dem der Bau errichtet wird, macht die Baugenehmigung nicht hinfällig, denn diese ist nicht auf die Person des Bauherrn abgestellt. Eine nachbarliche Vereinbarung nach § 71 Ziff. 6 verliert ihre Wirksamkeit durch Verjährung der Pläne nicht (Vorscht, Anm. 2d zu § 92).

2. Die Frist ist nach §§ 187 Abs. 1, 188 BGB., §§ 221, 222 ZPO. zu berechnen. Erfolgte also z. B. die Zustellung des Baubescheids am 15. Mai oder erfolgte an diesem Tag die letzte Bauarbeit, so muß spätestens am 15. Mai des nächsten Jahres der Bau begonnen bzw. fortgesetzt sein, wenn die Rechtsfolgen des Abs. I vermieden werden sollen. Fällt aber der letzte Tag der Frist auf einen Sonn- oder Feiertag, so endet sie erst am nächstfolgenden Werktag (§ 193 BGB.).

3. Als Baubeginn ist auch, wie sich aus § 91 Abs. I („sonstige" Bauarbeiten) ergibt, die Aushebung des Grundes anzusehen.

4. Es ist dem Ermessen der LBK. anheimgestellt, ob sie eine Neuinstruktion der Sache vornehmen oder Fristverlängerung um 1 Jahr gewähren will. Das letztere kann auch dann geschehen, wenn die Nachbaranwesen seit der letzten Beschlußfassung den Besitzer gewechselt haben (Beschluß der LBK. vom 4. November 1916 Nr. 3992).

5. Die Neuinstruktion ist auch auf die Erfüllung des § 81 zu erstrecken; denn es können sich die tatsächlichen Verhältnisse, insbesondere die Kosten der Straßenherstellung, geändert haben.

6. Als Änderung der einschlägigen Verhältnisse ist auch die Änderung der geltenden Vorschriften in der Zwischenzeit anzusehen. Auf alle Fälle ist das im Zeitpunkt der Beschlußfassung geltende Recht anzuwenden, gleichviel, ob eine Neuinstruktion oder eine Erneuerung der Pläne auf ein weiteres Jahr erfolgt.

7. Das weitere Jahr zählt von dem Tag ab, an dem nach Abs. I die Baubewilligung erloschen wäre. Wegen Berechnung der Frist vgl. oben Anm. 2. Auch eine nochmalige Erneuerung auf ein drittes, viertes usw. Jahr ist zulässig.

8. Von einer erneuten Einholung etwa erforderlicher Dispense oder der etwa erforderlichen (§ 83 Abs. II) Genehmigung des Staatsministeriums des Innern kann nicht abgesehen werden, weil sonst der LBK. den Entscheidungen dieser Stellen, insbesondere ob auch sie die einschlägigen Verhältnisse als fortbestehend ansehen, vorgreifen würde (s. oben Anm. 1; a. A. Vorscht, Anm. 2e, f zu § 92). Die Entscheidung ist gebührenpflichtig.

9. Die Unrichtigkeit der Pläne muß kausal für den Beschluß gewesen sein; nur wenn und soweit dies zutrifft, ist Abs. III anwendbar.

10. Hierzu gehört auch der Lageplan.

11. Nicht eo ipso, sondern erst mit Ausspruch der Baupolizeibehörde.

12. Auch wenn der Bau schon vollendet ist.

13. Der Ausspruch hat rückwirkende Kraft, die bereits erfolgte Bauführung ist verbotswidrig, die in Anm. 3 zu § 91 aufgeführten Folgen treten ein. Liegt Verjährung vor, so kann gleichwohl im sog. objektiven Verfahren nach Art. 18 Abs. II PolStGB. die Abbruchsermächtigung erwirkt werden.

Abs. III ist analog anzuwenden, wenn eine Vereinbarung nach § 71 Ziff. 6 ungültig ist, es sei denn, daß derjenige, der sich auf die Ungültigkeit beruft, die Ungültigkeit der Vereinbarung kannte (Vorscht, Anm. 3b zu § 92).

Abweichungen von den Bauplänen.

§ 93.

Werden während der Ausführung eines genehmigten Bauplanes solche Abänderungen beabsichtigt, welche zu ihrer Vornahme einer baupolizeilichen Genehmigung bedürfen würden, wenn sie an dem plangemäß hergestellten Bauwerke vorgenommen werden wollten,[1] so müssen über diese Abweichungen neue Pläne oder Tekturen zu den bisherigen

Plänen gefertigt und wie letztere nach entsprechender Instruktion der instanziellen Bescheidung unterstellt werden[2].

1. Liegen solche genehmigungspflichtige Abänderungen nicht vor, so brauchen auch Tekturen nicht eingereicht zu werden, es sei denn, daß die Abweichung eine Zuwiderhandlung gegen eine besondere Anordnung im Sinne des § 16 Abs. I darstellt (Englert, Anm. 1 zu § 75).

2. Es sind also alle Vorschriften der §§ 83—92, insbesondere die Bestimmungen über Einvernahme der Nachbarn und der nach § 86 zu hörenden Stellen anwendbar. Wenn allerdings eine Tektur in keiner Weise die Interessen der Nachbarn oder der in § 86 genannten Stellen berührt, kann die nochmalige Einvernahme derselben unterbleiben (vgl. Anm. 4 zu § 84).

Auch bezüglich der nach § 15 nur zur Erinnerungsabgabe einzureichenden Pläne sind gegebenen Falles Tekturen der LBK. vorzulegen.

Überwachung der Bauausführung.

§ 94.

I Die Lokalbaukommission ist berufen, die Sicherheit der Bauführung und den Vollzug der baupolizeilichen Vorschriften und Anordnungen, sowie der Maßregeln zum Schutze[1] des Lebens, der Gesundheit und der Sittlichkeit zu überwachen und die nach Lage der Sache nötigen Anordnungen zu erlassen.[2]

II Das Duplikat des genehmigten Planes ist zur Ermöglichung der Kontrolle einer plan- und vorschriftsgemäßen Bauführung stets auf der Baustelle bereit zu halten.

III Als Gehilfen der Sachverständigen der Lokalbaukommission zur Erfüllung der in Absatz I bezeichneten Aufgaben, soweit dieselben nicht eine höhere technische Vorbildung voraussetzen, sind geeignete und befähigte Bauaufseher aus dem Arbeiterstande aufzustellen. Die Aufstellung der erforderlichen Zahl solcher Bauaufseher erfolgt von Amts wegen durch den Magistrat[3] nach Vorschlag der Lokalbaukommission, wobei bezügliche, aus den Kreisen der Arbeitgeber und Arbeiter gemachte Vorschläge entsprechend zu würdigen sind.

IV Die Bauaufseher sind amtlich zu verpflichten und unterstehen in bezug auf Dienstaufsicht und Disziplin dem Magistrat,[3] welcher deren Dienstverhältnisse und Bezüge durch besondere Vorschrift näher zu regeln hat. In der

Dienstvorschrift ist den Bauaufsehern für die Dauer ihrer Funktion die Ausübung eines Bauhandwerks zu untersagen und überhaupt Vorsorge zu treffen, daß den Bauaufsehern eine von den Arbeitgebern und Arbeitern unabhängige Stellung gesichert bleibe.

V Bei Zuwiderhandlungen, welche nach § 330, § 367 Ziffer 14 und 15, § 368 Ziffer 3 und 8 des Strafgesetzbuches für das Deutsche Reich, dann nach Artikel 73 Absatz I und Artikel 101 des Polizeistrafgesetzbuches mit Strafe bedroht sind, steht der Lokalbaukommission gemäß Artikel 20 Absatz I und Artikel 105 Absatz II des Polizeistrafgesetzbuches zu, vorbehaltlich der späteren Strafverfolgung, soweit nötig, die Einstellung der Bauarbeiten[4] und die Beseitigung des ordnungswidrigen Zustandes[5] zu verfügen.[6]

1. Vgl. die Unfallverhütungs- und Arbeiterschutzbestimmungen, abgedruckt im Anhang VII.

2. Die im Absatz I niedergelegten Dienstesaufgaben dürfen von der Baupolizeibehörde nicht auf andere Behörden oder gar auf Private übertragen werden. So darf die LBK. von der Anordnung des Abbruches eines baufälligen Hauses nicht unter der Bedingung absehen, daß von einem verlässigen Sachverständigen eine gründliche Untersuchung des Hauses vorgenommen wird und der Sachverständige die Haftung für die Gefahrlosigkeit übernimmt. Denn nach § 11 der Verordnung vom 4. Januar 1872 (Reg.-Bl. S. 25) ist dies eine Aufgabe der LBK. (RE. vom 25. Februar 1910 Nr. 4248). Bei den in § 15 genannten Bauführungen entfällt die Zuständigkeit der LBK., die Überwachung ist Sache der betr. Aufsichtsbehörden (Englert, Anm. 2 zu § 73).

3. Die Bauaufseher, die zurzeit die Amtsbezeichnung Baukontrollmeister führen, sind ebenso wie alle anderen Beamten der LBK. städtische Beamte.

4. Baueinstand ist zu verhängen, wenn ohne genehmigte Pläne oder wenn unter Abweichung von den genehmigten Plänen gebaut wird, ferner wenn ein sonstiger Verstoß gegen baupolizeiliche Vorschriften oder besondere Genehmigungsbedingungen vorliegt. Wegen der Abstellung von Bauwachen vgl. Anm. 3a zu § 91.

5. Die Beseitigung des ordnungswidrigen Zustandes wird in der Regel erst nach Durchführung des Strafverfahrens und Erteilung der Abbruchsermächtigung durch Urteil (Art. 105 PolStGB.) erfolgen. Übrigens liegt es im Ermessen der Baupolizeibehörden, ob und wieweit sie von einer gerichtlichen Abbruchsermächtigung Gebrauch machen wollen. Die Kosten sind wie Gemeindegefälle beizutreiben (Art. 16 PolStGB.).

Erscheint jedoch die Beseitigung des ordnungswidrigen Zustandes schon vor Erlaß der richterlichen Ermächtigung angezeigt, so kann schon vorher auf Grund der Art. 105 Abs. II und 20 Abs. I und IV PolStGB. (siehe Anhang II 2) von der Baupolizeibehörde eingeschritten werden. Die Kosten können allerdings in diesem Fall nur auf Grund eines richterlichen Urteils beigetrieben werden (Art. 20 Abs. IV Satz 2 PolStGB.)

6. Die hier (Anm. 4 und 5) erwähnten Maßnahmen können auch gegen den früheren Besitzer des betr. Anwesens, wenn der Besitz gewechselt hat, durchgeführt werden und der jetzige Besitzer muß die Maßnahmen sich gefallen lassen. Dasselbe gilt (Art. 18 PolStGB.), wenn die Strafverfolgung insbesondere wegen Verjährung nicht ausführbar ist (Englert, Anm. 11 zu § 73).

Vgl. hiezu Blätter für administrative Praxis Bd. 68 S. 13 ff.

§ 95.

Schlußbesichtigung.

I Nach der Vollendung[1] eines Neubaues oder einer der baupolizeilichen Genehmigung bedürfenden Bauarbeit an einem bestehenden Bau hat zur Kontrolle der Planeinhaltung und der bauordnungsmäßigen Ausführung der Arbeiten eine Schlußbesichtigung[2] durch einen Techniker der Lokalbaukommission einzutreten, an welche Behörde zu diesem Behufe Anzeige zu erstatten ist.[3]

II Bei größeren und schwierigeren Bauten kann durch die Lokalbaukommission eine gleiche Anzeige auch für den Zeitpunkt der Vollendung der Grundmauern und des Dachstuhles angeordnet werden.

1. Wegen des Baubeginns vgl. § 91 und die Anm. daselbst.

2. Vgl. § 60 VB. z. MBO. (Anhang II 4).

3. Die Strafbestimmung im Fall der Übertretung dieser Vorschrift findet sich in Art. 101 Abs. I PolStGB., nicht in Art. 103, da die MBO. keine ortspolizeiliche Vorschrift ist.

Die Anzeige ist zu erstatten durch den Bauherrn oder dessen Stellvertreter.

§ 96.

Bezug neuer Wohnungen.

Die Zulässigkeit des Beziehens neu hergestellter Wohnungen und Wohnungsräume bemißt sich nach den auf Grund des Art. 73 Abs. II des Polizeistrafgesetzbuches erlassenen oder künftig ergehenden Vorschriften.[1]

1. Einschlägig sind §§ 61—64 der VB. z. MBO. (Anhang II 4) und § 9 der Verordnung vom 10. Februar 1901, die Wohnungsaufsicht betreffend (GVBl. S. 73). Dieser Paragraph lautet:

I. Neuhergestellte Wohnungen und Wohnungsräume dürfen ohne polizeiliche Genehmigung nicht bezogen werden.

II. Diese Genehmigung ist schriftlich zu erteilen und darf erst erfolgen, wenn die betreffenden Wohnungen oder Wohnungsräume vollständig fertiggestellt und genügend ausgetrocknet sind.

III. Zuständig zur Erteilung der Genehmigung ist die Ortspolizeibehörde, in München die LBK.

Vgl. hiezu die Strafbestimmung in Art. 73 Abs. II PolStGB. (Anhang IV 1).

Vgl. hiezu ferner die Wohnungsordnung für die Stadt München vom 5. August 1913 (MGemZ. Nr. 73).

Beschwerdefrist, Beschwerderecht.

§ 97.

I Bei Beschwerdeführungen[1] in Bausachen muß eine Frist[2] von 14 Tagen[3] bei Vermeidung des Ausschlusses eingehalten werden.

II Das Beschwerderecht[4] steht nicht nur den Bauunternehmern,[5] sondern auch sämtlichen Beteiligten[6] zu.

1. § 97 findet Anwendung bei Beschwerden wegen Festsetzung der Höhenlage (§ 76 Abs. II, § 82 Abs. I und Anm. 2 zu § 82) und bei Beschwerden wegen Verbescheidung von Baugesuchen (§ 83 Abs. I, § 90). Obwohl im letzteren Fall ein förmliches Beschwerderecht zum Staatsministerium des Innern gegen zweitinstanzielle Entscheide der Regierung nicht besteht, wird derjenige, der die Oberaufsicht dieses Ministeriums anrufen will, dies binnen 14 Tagen nach Zustellung des zweitinstanziellen Bescheids tun, weil sonst dem Bauherrn die Pläne ausgefertigt werden (vgl. Anm. 3 zu § 89 und Anm. 6 zu § 83).

2. Die Frist läuft vom Tage der Eröffnung oder Zustellung (§ 82 Abs. I, § 91 Abs. I) des Bescheids, durch den sich der Beschwerdeführer benachteiligt fühlt.

3. Für die Berechnung der Frist gilt § 187 Abs. I und § 193 BGB., §§ 221, 222 ZPO.). Der Tag der Zustellung wird nicht mitgezählt. Erfolgt z. B. die Zustellung am 15. Mai, so muß die Beschwerde spätestens am 29. Mai einlaufen. Ist aber der letzte Tag der Frist ein Sonn- oder Feiertag, so läuft sie erst am nächstfolgenden Werktag ab.

Die Beschwerde kann schriftlich (auch telegraphisch) oder zu Protokoll erhoben werden. Die Beschwerde muß innerhalb der 14tägigen Frist während der üblichen Geschäftsstunden bei der Behörde einlaufen. Beschwerden gegen erstinstanzielle Bescheide der LBK. und gegen erst- (§ 83 Abs. III) oder zweitinstanzielle Bescheide der Regierung können bei der LBK., der Regierung oder dem

Staatsministerium des Innern unter Wahrung der Beschwerdefrist eingereicht werden (vgl. die allerdings nur für Verwaltungsrechtssachen geltende Deklaration vom 15. Juni 1898 [GVBl. S. 294]). Eine Beschwerdebegründung ist nach dem Gesetz nicht erforderlich.

Eine Beschwerdebelehrung ist nicht erforderlich, aber üblich. Ist die Beschwerdebelehrung unrichtig, so darf hieraus dem Beteiligten kein Nachteil erwachsen und die Beschwerdefrist ist gewahrt, wenn der Beteiligte die Beschwerde entsprechend der Beschwerdebelehrung einreicht (Sammlung von Entscheidungen des Verwaltungsgerichtshofs Bd. 41 S. 72).

4. Vor der Prüfung des sachlichen Inhalts der Beschwerde hat die Beschwerdeinstanz die Beschwerdeberechtigung des Beschwerdeführers zu prüfen; fehlt es an einer solchen, so wird die Beschwerde ohne Prüfung des sachlichen Inhalts als unzulässig verworfen.

Nicht unzulässig wird sein, daß die LBK. nach Einreichung der Beschwerde die Angelegenheit nochmals prüft und unter Aufhebung ihres ersten Beschlusses der Beschwerde abhilft.

Nach § 8 der ortspol. Vorschriften vom 17. Juli 1926 (Anhang II 5) hat die LBK. in jenen Fragen, die für das Stadtbild von Bedeutung sind oder eine besondere ästhetische Würdigung beanspruchen, vorgängig den Stadtrat einzuvernehmen. Dieser wird dadurch zum Beteiligten im Sinne des § 97 Abs. II (vgl. Anm. 6 zu § 90), aber nur dann, wenn nach dem pflichtgemäßen Ermessen der LBK. (bzw. der Beschwerdeinstanzen) die Voraussetzungen des § 8 gegeben sind, selbst wenn der Stadtrat in dieser Frage anderer Meinung sein sollte (RE. vom 22. September 1925 Nr. e 5611 A I).

5. Vgl. Anm. 3 zu § 84.

6. Über Beschwerdeberechtigung vgl. Anm. 6 zu § 90; es kommen also der Bauherr, die beteiligten Nachbarn, die in § 86 genannten Behörden, unter Umständen der Stadtrat und die Polizeidirektion in Betracht. Dagegen ist die gegebenen Falles (§ 88) einzuvernehmende Gesundheitspolizeibehörde nicht beschwerdeberechtigt; denn sie hat kein Recht auf Einvernahme, sondern wird nur gutachtlich gehört.

Wegen der Beschwerdeberechtigung bei Festsetzung der Höhenlage vgl. ebenfalls Anm. 6 zu § 90 a. E.

Ist ein Beteiligter aus Irrtum oder Übersehen im erstinstanziellen Verfahren nicht zugezogen worden, so ist er gleichwohl beschwerdeberechtigt (Sammlung von Entscheidungen des Verwaltungsgerichtshof Bd. 27 S. 79).

Kosten und Gebühren.

§ 98.

I Die Kosten der Anfertigung und Revision[1] der Pläne über Baulinien[2] hat derjenige zu tragen, dem nach gegenwärtiger Verordnung die Vorlage solcher Pläne obliegt.[3]

II Im übrigen fallen die Kosten des Verfahrens[4] einschließlich der Kosten für die Anfertigung und Revision der Pläne über Bauführungen[5] sowie für die Aussteckung der Baulinie[6] und für die Kontrolle der Bauführung[5] dem Bauunternehmer[7] zur Last.[8]

III Die Lokalbaukommission ist berechtigt, die Ausfertigung der Pläne von der Entrichtung der treffenden Gebühren und Auslagen sowie von der Erlegung eines angemessenen Vorschusses für die Kosten der Baukontrolle abhängig zu machen.[9]

IV Hinsichtlich der Gebührenpflicht der amtlichen Verhandlungen finden die Bestimmungen des Gesetzes über das Gebührenwesen in der Fassung vom Jahre 1899[10] (Gesetz- und Verordnungsblatt S. 904) Anwendung. Hienach besteht eine gesetzliche Gebührenfreiheit im allgemeinen und abgesehen von den Fällen des Artikel 3 Ziffer 2[11] und des Artikel 231[12] des Gebührengesetzes nur für jene Amtshandlungen, welche unabhängig von dem Verschulden einer Partei im öffentlichen Interesse von Amts wegen gepflogen werden (Artikel 3 Ziffer 1 a. a. O.).[13]

V[14] Kosten, welche durch unbegründete Einsprüche veranlaßt wurden, können[15] demjenigen zur Last gelegt werden,[16] welcher den Einspruch erhoben hat.[17]

1. Einschließlich der Bescheidsgebühr (Anm. 13 zu § 79).

2. Hieher wird auch die Festsetzung der Höhenlage (§ 76 Abs. II) zu rechnen sein. Auch dieser von der LBK. zu erlassende Bescheid ist gebührenpflichtig (vgl. Anm. 11 zu § 79).

3. Siehe Anm. 3 zu § 76.

4. Zu den Kosten des Verfahrens gehört auch die Bescheidsgebühr (Abs. IV), ferner die in Art. 163 Abs. I des Kostengesetzes (Anhang VIII 1) aufgeführten Auslagen. Hiezu zählen auch (Art. 163 Abs. I Ziff. 6 des Kostengesetzes) die an andere Behörden (z. B. die Feuerpolizeibehörde) oder an Private (z. B. für etwa erforderliche technische Gutachten) zu zahlenden Beträge (RE. vom 6. Februar 1905 Nr. 964).

5. Siehe §§ 4—15 der Baupolizeigebührenordnung (Anhang VIII 2).

6. Vgl. Anm. 8 zu § 91.

7. Siehe Anm. 3 zu § 84.

8. Die Gebühr der ersten Instanz hat der Gesuchsteller auch dann zu tragen, wenn auf seine Beschwerde die zweite Instanz den abweisenden Beschluß der ersten Instanz aufhob (ME. vom 27. Dezember 1904 Nr. 59125); vgl. jedoch Art. 170 Abs. I Ziff. 7 des Kostengesetzes, wonach in diesem Falle eine Gebühr für das Verfahren der zweiten Instanz nicht erhoben wird.

Auch solche Bauherren, die Gebührenfreiheit genießen (Abs. IV), sind von der Verpflichtung zur Tragung von Kosten nicht befreit.

9. Siehe auch Art. 168 des Kostengesetzes (Anhang VIII 1).

10. Nunmehr Kostengesetz vom 16. Februar 1926 / 18. März 1922 (Anhang VIII 1) und Min.-Bek. vom 4. Januar 1924 (Anhang VIII 5).

11. Nunmehr Art. 3 Ziff. 2 des Kostengesetzes: Gebührenfreiheit des Reichs und Staats (nicht der Stadtgemeinde). Die Reichsbahngesellschaft genießt keine Gebührenfreiheit (ME. vom 7. Febr. 1927 Nr. 3650 a/a 1; Staatsanzeiger 1926 Nr. 2; Bayr. Verwaltungsblätter Bd. 73 S. 321 ff.). Mit der Frage, ob Bauten genehmigungspflichtig nach §§ 10, 11 oder ob nur ein Erinnerungsrecht der LBK. nach § 15 besteht, hat die Frage der Gebührenpflicht oder Gebührenfreiheit nichts zu tun. Ob letztere besteht, bemißt sich nur nach Art. 3 des Kostengesetzes. Siehe auch oben Anm. 8.

Wo ein Bescheid der Baupolizeibehörde nicht erteilt wird, sondern an sie nur Anzeige zu erstatten ist (§ 13), ist eine Gebühr nur für die Überwachung der Ausführung zu erheben (§ 13 Abs. II).

12. Nunmehr Art. 170 des Kostengesetzes (Anhang VIII 1).

13. Nunmehr Art. 3 Ziff. 1 des Kostengesetzes. Ob ein öffentliches Interesse vorliegt, entscheidet die LBK. nach pflichtgemäßem Ermessen. In der Regel wird bei Bausachen ein öffentliches Interesse nicht gegeben sein, wohl aber unter Umständen bei Festsetzung der Höhenlage und bei Baulinienfestsetzungen (Anm. 12 und 13 zu § 79).

14. Abs. V gilt (wie Abs. IV) für den Fall des Abs. I (Baulinien) und des Abs. II (Baugesuche).

15. Können, müssen aber nicht.

16. Vgl. Art. 166 Abs. II des Kostengesetzes (Anhang VIII 1).

17. Wegen Streitigkeiten in bezug auf Kosten und Gebühren vgl. Art. 173 des Kostengesetzes (Anhang VIII 1). Beschwerden in Kostensachen sind nur zulässig, wenn die Gegenstandssumme den Betrag von 5 Goldmark übersteigt (V. vom 2. Febr. 1924; GVBl. S. 57).

Einfluß auf die bauliche Entwicklung der Nachbargemeinden.

§ 99.

Die Pläne über Baulinien[1] und Herstellung von Hauptgebäuden in den an den Burgfrieden der Stadt München

angrenzenden Gemeinden[2] sind durch das k. Bezirksamt vor der Bescheidung der Lokalbaukommission zur Erinnerungsabgabe mitzuteilen.

1. In Einführung III 1. Abschnitt ist auf den Zusammenhang der Entwicklung Münchens und der Nachbargemeinden verwiesen; daraus ergibt sich die dort auch näher erörterte Notwendigkeit, die Plangestaltung für die Erweiterung der Vororte und der Stadt — sowohl was die Baulinien, wie die Bebauungsvorschriften anlangt — nach einheitlichen Gesichtspunkten und in steter Fühlungnahme zu gestalten; dem trägt § 99 teilweise Rechnung.

Für das Isartal ist durch Entschließung des Ministeriums des Innern vom 27. Juli 1910 Nr. 4037/28 betr. den Schutz der Heimat und des Isartals angeordnet, daß Baulinienentwürfe und Bebauungspläne der Gemeinden Osterhofen, Manhartshofen, Föggenbeuern, Ascholding, Neufahrn, Egertshausen, Deining, Straßlach, Bayerbrunn, Schäftlarn, Icking, Dorfen, Weidach, Wolfratshausen und Gelting dem Stadtrat München und der LBK. zur Abgabe etwaiger Erinnerungen mitzuteilen sind.

Für die Waldgebiete um München ist — soweit Staatsforst in Betracht kommt — die Erhaltung durch Entschließungen der Bayer. Staatsregierung auch aus der Nachkriegszeit sichergestellt. Für die Privatwaldungen ist von Bedeutung eine am 31. Dezember 1926 von der Regierung von Oberbayern an das Bezirksamt München ergangene u. a. auch dem Stadtrat mitgeteilte Entschließung Nr. e 9058 A I folgenden Inhalts:

„Durch Ortspolizeibeschluß wurde festgestellt, daß die großen Privatwaldungen, die sich im Südosten der Stadt München in den Ortsfluren von Ottobrunn und Hohenbrunn erstrecken, in zunehmendem Maße parzelliert, gerodet, von Straßen durchzogen und bebaut werden. Erst in jüngster Zeit sollen dem Vernehmen nach wieder ausgedehnte Flächen in Bauplätze abgeteilt und verkauft worden sein. Die Erhaltung der Waldungen um München ist bekanntlich eine der wichtigsten Aufgaben einer gesunden städtebaulichen Entwicklung. Daher erscheint notwendig, die eigenmächtige Parzellierung und wilde Bebauung nachdrücklich zu unterbinden. Die allgemeine Bauordnung, die Münchener Bauordnung und das Forstgesetz bieten hiezu eine wirksame Handhabe. Das Bezirksamt wolle von diesen Bestimmungen weitgehend Gebrauch machen und in jedem einzelnen Falle prüfen, ob sich die weitere Ausdehnung der im Waldgebiet südöstlich von München ohnedies schon reichlich vorhandenen Baulinien vertreten läßt. Hierbei ist im Einvernehmen mit dem Stadtrat München vorzugehen."

2. Diese Gemeinden sind dermalen: Allach, Obermenzing, Untermenzing, Pasing, Klein- und Großhadern, Neuried, Solln, Perlach, Trudering, Daglfing, Unterföhring, Freimann, Feldmoching, Ludwigsfeld; außerdem kommt sinngemäß in Betracht das ausmärkische Gebiet des Forstbezirks Perlach.

Inkrafttreten der MBO. **§ 100.**

Gegenwärtige Verordnung, durch welche die Bauordnung für die Haupt- und Residenzstadt München vom 3. April 1879 (Gesetz- und Verordnungsblatt S. 447) und die Königliche Verordnung vom 7. September 1894 (Gesetz- und Verordnungsblatt S. 545) aufgehoben werden, tritt am 1. September 1895 in Wirksamkeit.[1]

1. Baupläne, die vor dem Inkrafttreten der MBO. oder vor dem Inkrafttreten einer Abänderung der MBO. eingereicht wurden, sind nach den bisherigen Vorschriften zu behandeln, wenn sie vor dem Inkrafttreten der MBO. bzw. der Abänderung Gegenstand einer instanziellen Beschlußfassung (eine bloß sachleitende Verfügung genügt nicht) gewesen sind und wenn die bisherigen Vorschriften dem Gesuchsteller günstiger waren (Vorscht, Anm. 1 zu § 100). In allen anderen Fällen ist das neue Recht anzuwenden.

Staffelbauordnung.

Ortspolizeiliche Vorschrift vom 20. April 1904 mit den Nachträgen I—VIII, ferner vom 2. und 3. Dezember 1925, erlassen von der Lokalbaukommission München auf Grund des Art. 101 des Polizeistrafgesetzbuches für Bayern und vollziehbar erklärt von der Regierung von Oberbayern Kammer des Innern.

A. Einleitung.

Geschlossenes und offenes Bausystem.

§ 1.

I. Das Stadtgebiet München wird nach Maßgabe des Staffelbauplanes vom Dezember 1902[1] entweder nach dem geschlossenen oder dem offenen Bausystem bebaut.

II. Im geschlossenen Bausystem sind die Nachbargrenzen in der Regel zur Verbauung, im offenen System dagegen zur Freihaltung bestimmt.[2]

1. Bei der LBK. wird nicht nur der Generalstadtplan (geltende Baulinien), sondern auch ein Plan und eine Kartothek über die geltenden Baustaffeln jeweils evident gehalten.

2. Abs. II gibt eine Begriffsbestimmung für das geschlossene und offene Bausystem, die in der MBO. fehlt; für die Beurteilung der Stellung von Rückgebäuden ist sie in gesundheitlicher und ästhetischer Beziehung wertvoll.

Da nach der MBO. (§§ 68 und 71) das Bauen an die Grenze im geschlossenen System nicht unter allen Umständen vorgeschrieben ist, so war in der StBO. das Abrücken von der Grenze ausdrücklich als Ausnahmefall zu bezeichnen.

Wegen des offenen Bausystems siehe §§ 8 mit 11 StBO.

Bebauungsdichtigkeit.

§ 2.

I. Die Dichtigkeit der Bebauung des Stadtgebietes wird nach Baustaffeln abgestuft, die in dem amtlichen Straßenverzeichnis[1] festgelegt sind.

II. Die Grundstücke des Staatsärars, der Kreis- und Stadtgemeinde, soweit sie für öffentliche Zwecke[2] bestimmt sind, unterliegen den Bestimmungen der Baustaffeln nicht.

1. Das amtliche Straßenverzeichnis ist wegen der Notwendigkeit vielfacher Ergänzungen nicht zum Abdruck gebracht, vgl. Einführung III 2. Abschnitt.

2. Öffentliche Bauten haben anderen Bedürfnissen zu dienen, wie Wohngebäude; schon § 30 Abs. IV MBO. gibt ihre Höhenbemessung frei. Umso mehr muß die StBO., welche im Stadterweiterungsgebiet vielfach unter die Normen der MBO. für Gebäudehöhe, Gruppenlänge, Stockwerkszahl u. dgl. heruntergeht, den Notwendigkeiten des öffentlichen Zweckbaues gerecht werden.

Die Beschränkungen der Baustaffeln gelten für Privatbauten, die etwa im Wege des Erbbaurechts oder sonst auf Grundstücken des Staatsärars usw. errichtet werden.

B. Geschlossenes Bausystem.

Im geschlossenen Bausystem gelten 5 Baustaffeln.

§ 3.

Staffel 1.

Staffel 1.

Die Höhe und die Geschoßzahl der Vorder- und Rückgebäude sowie die Hofgröße bemessen sich nach den Bestimmungen der Münchener Bauordnung.[1]

1. Da die StBO. neben der Festlegung der Bebauungsnorm für das Stadterweiterungsgebiet auch die Aufgabe hat, das im bebauten Teil des Burgfriedens durchgeführte Bausystem zu registrieren, so mußte für die nach Maßgabe der älteren und der jetzt geltenden Münchener Bauordnungen ausgebauten Stadtteile eine diesen Vorschriften entsprechende Staffel I eingefügt werden; in ihrem Geltungsbereich sind — um hier nur die bei den übrigen Staffeln verschärften Bestimmungen zu erwähnen — zulässig:

Vordergebäude mit Erdgeschoß und 4 Obergeschossen (§ 32 MBO.) und höchstens 22 m Simshöhe (§ 31 Abs. I MBO.),

Rückgebäude mit Erdgeschoß und 3 Obergeschossen und einer Höhe, welche die zulässige Höhe des Vordergebäudes nicht überragt;

Hofraumgröße: mindestens ein Drittel des Baugrundes, wobei Lichthöfe, nicht aber Lichtschächte und Vorgärten eingerechnet werden dürfen (§ 72 Abs. I MBO.); wegen der Zulässigkeit noch kleinerer Hofflächen siehe § 72 Abs. II mit IV MBO.

§ 4.

Staffel 2. Vordergebäude. Staffel 2.

I. Die Höhe der Vordergebäude ist auf 18 m und auf 3 Stockwerke über dem Erdgeschosse beschränkt.[1]

Rückgebäude.

II. Die Höhe der Rückgebäude darf 18 m nicht überschreiten; im übrigen gelten die Bestimmungen der Münchener Bauordnung.[2]

Hofraum.

III. Als Hofraum muß mindestens 1/3 der Anwesensgröße hinter der Baulinie unüberbaut bleiben.[3] Bei Eckhäusern kann eine umfangreichere Bebauung bis 4/5, in zwingenden Fällen bis 5/6 zugelassen werden. Lichthöfe werden zum Hofraum nicht eingerechnet.[4]

1. Bei dieser und allen übrigen Staffeln ist eine größere Höhenentwicklung auch dann ausgeschlossen, wenn die Breite der dem Bau vorgelagerten Straße das Maß der Simshöhe überschreiten sollte; §§ 31 Abs. I und 32 MBO. sind damit für das Gebiet der Staffeln 2 mit 10 verschärft. Es ist nicht zulässig, innerhalb der jeweils zugelassenen Maximalsimshöhe eine größere Zahl von Geschossen zu entwickeln. Dagegen kann die zugelassene Höhe nicht ausgenützt werden, wenn die Straßenbreite dies nach § 31 MBO. n i c h t gestattet.

Den Erfordernissen der Gesundheit entspricht eine günstigere Belichtung als sie nach der Formel Simshöhe = Straßenbreite erreicht wird. Schlechtes Beispiel: der westliche Teil der Hohenzollernstraße, innere Goethestraße u. dgl.

2. Einschlägig ist § 32 Abs. II MBO.: „Rückgebäude dürfen über dem Erdgeschosse nicht mehr als 3 Stockwerke erhalten und nicht höher, als die bauordnungsgemäß zulässige Höhe der Vordergebäude beträgt, gebaut werden."

Über dem dritten Obergeschosse sind bei Rückgebäuden Dachwohnungen unzulässig (§ 19 Abs. III StBO.).

3. Im ursprünglichen Entwurf war eine zusammenhängende Hofraumfläche gefordert; die auf Veranlassung des Oberbayer. Architekten- und Ingenieurvereins vorgenommene Prüfung ergab, daß diese Bestimmung eine unverhältnismäßig schwere Belastung jener Grundstücke darstellen müßte, deren Tiefe 45—50 m überschreitet; hier könnte nicht einmal die Hälfte der Anwesensfläche baulich genutzt werden; im übrigen zeigte es sich, daß bei freierer Bewegung in der Anordnung und Verteilung der Hofflächen es ungleich leichter wird, den in der Grundfläche gleich groß bleibenden Gebäuden Licht und Luft im vermehrten Maße zuzuführen; die Forderung des Hofraumzusammenhangs wurde daher gestrichen.

4. Verschärfung gegenüber der MBO.

§ 5.

Staffel 3. Vorderegebäude. Staffel 3.

I. Die Höhe der Vordergebäude ist auf 18 m und auf 3 Stockwerke über dem Erdgeschosse beschränkt.

Rückgebäude.

II. Die Höhe der Rückgebäude darf 12 m[1] und 1 Stockwerk über dem Erdgeschoß nicht überschreiten.

Hofraum.

III. Für den Hofraum gelten die Bestimmungen der Staffel 2.

1. Eine Höhe von 12 m bei gleichzeitiger Beschränkung auf Erd- und ein Obergeschoß ist gewählt worden, um hohe Räume für gewerbliche, künstlerische, auch wohl gesellige Zwecke im Rückgebäude zu ermöglichen.

§ 6.

Staffel 4. Vordergebäude. Staffel 4.

I. Die Höhe der Vordergebäude ist auf 15 m und auf 2 Stockwerke über dem Erdgeschosse beschränkt.

Rückgebäude.

II. Die Höhe der Rückgebäude darf 12 m und 1 Stockwerk über dem Erdgeschoß nicht überschreiten.

Hofraum.

III. Für den Hofraum gelten die Bestimmungen der Staffel 2.

§ 7.

Staffel 5. Vordergebäude. Staffel 5.[1]

I. Die Höhe der Vordergebäude ist auf 12 m und auf 1 Stockwerk über dem Erdgeschosse beschränkt.

Rückgebäude.

II. Die Höhe der Rückgebäude darf 9 m und ein Erdgeschoß nicht überschreiten. Selbständige Mietwohnungen sind ausgeschlossen.

Hofraum.

III. Für den Hofraum gelten die Bestimmungen der Staffel 2.

Lästige Gewerbe.

IV. Die Errichtung von Anlagen nach §§ 16 und 27 der RGO. und anderer belästigender Betriebe ist verboten. (Siehe § 21).

1. Einfamilienhaussiedelung des geschlossenen Systems z. B. in Gern.

Freiwillige Pavillonzwischenräume.

§ 7a.

Freiwillige Pavillonzwischenräume.

Eine Unterbrechung in der Gebäudereihe des geschlossenen Bausystems ist nur zulässig, wenn hiedurch das Straßenbild nicht verunstaltet und der Zwischenraum mindestens 10 m breit angelegt wird, so daß die Möglichkeit, ein selbständiges Gebäude noch einzubauen, verbleibt.

1. Unerfreulich bleibt immer der Blick auf die fensterlose Mauer, die der Nachbar an seine Grenze setzt; der Gedanke in sie Fenster zu brechen, steht im Widerspruch mit den Bestimmungen Art. 65 des Bayer. AG. z. BGB. und § 21 MBO. bzw. der Zweckmäßigkeit. Richtiger wäre es, den freiwilligen Pavillonzwischenraum nur zuzulassen, wenn beide Nachbarn sich auf einen solchen einigen und nach den Bestimmungen des § 10 Abs. II StBO. in ihn teilen.

Übergang von der offenen zur geschlossenen Bauweise.

§ 7b.

Übergang von der offenen zur geschlossenen Bauweise.

In Straßen, die im offenen Bausystem nach Maßgabe der vom Jahre 1880 an erlassenen ortspolizeilichen Vorschriften bebaut sind, nach der Staffelbauordnung aber nunnunmehr geschlossenes Bausystem haben, ist zur Überbauung des Pavillonzwischenraums die Zustimmung der beteiligten Anlieger erforderlich.

Das gleiche gilt bei im geschlossenen Bausystem freiwillig offengehaltenen Pavillonzwischenräumen.

C. Offenes Bausystem.

Nach § 1 Abs. II der StBO. stellt das offene Bausystem jene Art der Grundstücksbebauung dar, bei welcher in der Regel die Nachbargrenzen freigehalten werden (Pavillonzwischenraum, Bauwich); Ausnahmen hiervon sind nur insofern zulässig, als unter gewissen Bedingungen (§ 10 Abs. I und VI StBO.) das Zusammenbauen zweier oder mehrerer Vordergebäude und das Zusammenbauen von Rückgebäuden zu einer Gebäudegruppe gestattet wird.

Bebauungsplan.

§ 8.

I. Um eine geregelte Bebauung der einzelnen Baublockseiten zu sichern, ist der Lokalbaukommission ein Bebauungsplan [1] zur Genehmigung vorzulegen.

II. Der Bebauungsplan hat im Maßstabe von 1 : 1000 zu enthalten:

1. für den ganzen Baublock, die Bau- und Vorgartenlinien, die etwa bereits bestehenden Gebäude, die Bauplatzabteilung, [2] die Namen der Eigentümer,
2. für die zu bebauende Baublockseite, die beabsichtigte Feststellung der Pavillonzwischenräume.

III. Ein Bebauungsplan ist auch vorzulegen, wenn bei Rückgebäuden [3] Gruppenbau beabsichtigt ist.

1. Der Bebauungsplan nach § 8 der StBO. bildet im offenen Bausystem die Grundlage für die Pavillonfestsetzung und damit für die Bestimmung der Länge und Stellung der Vorder- und Rückgebäude. Die Regel des § 10 Abs. I StBO., wornach Einzelgebäude vorzusehen sind, wenn sich die Nachbarn über die Errichtung von Gruppenbauten nicht einigen, bietet die Gewähr für ein beiderseitiges Benehmen im wohlverstandenen eigenen Interesse. Die LBK. hat es in der Hand, unbillige Beeinträchtigungen eines Nachbargrundstückes zu verhüten und durch den Bebauungsplan für eine gewisse Einheitlichkeit des künftigen Straßenbildes zu sorgen, Gruppenlängen von gar zu auffälligem gegenseitigem Mißverhältnis hintanzuhalten und namentlich durch Abstrich von Pavillonzwischenräumen bei den Eckhäusern den hier schönheitlich meist unbefriedigenden Einblicken auf Rückfassaden vorzubeugen.

Auch auf eine entsprechende Hofraumverteilung innerhalb eines Baublocks (Schaffung einer größeren zusammenhängenden unüberbauten Fläche) kann bei der Verbescheidung des Bebauungsplans hingewirkt werden.

2. Wegen der Verbesserung der Bauplatzformen durch die Anregung von Austausch und Zukauf siehe auch § 5 MBO. Anm. 3.

Bei Baublöcken, in denen verschiedene Baustaffeln vorkommen, muß überdies ein Bauplatzabteilungsplan vorher oder gleichzeitig zur Genehmigung gebracht werden, um den Geltungsbereich der einzelnen Staffeln, namentlich in bezug auf die Bauplatztiefe, festzusetzen (siehe § 16 StBO.); der Bauplatzabteilungsplan kann zugleich als Bebauungsplan nach § 8 StBO. eingereicht werden.

3. Wenn Rückgebäude verschiedener Anwesen zu Gruppen vereinigt werden sollen, so kann bei der Genehmigung des in diesem Falle vorgeschriebenen Bebauungsplanes eine bessere Gruppierung der Rückgebäude erzielt werden.

Ältere Bebauungspläne.

§ 9.

Die nach den bisherigen Vorschriften[1] genehmigten Bebauungspläne verlieren ihre Gültigkeit, sofern sie gegen die nachstehenden Bestimmungen verstoßen.

1. Übergangsvorschrift: Da die Gültigkeit der früheren Vorschriften mit der Einführung der StBO. erloschen ist, mußten auch die abweichend von ihr früher erfolgten Genehmigungen außer Wirksamkeit gesetzt werden.

Ausgenommen blieben hievon Genehmigungen auf Grund von Vorschriften, die nach Abschnitt E §§ 24ff. in die StBO. als Sonderbestimmungen übernommen sind.

Pavillonzwischenräume und Grenzabstände.

§ 10.

I Als Regel gilt die Errichtung von Einzelgebäuden.[1] Gebäudegruppen können nur unter ausdrücklicher Zustimmung der beteiligten Nachbarn zugelassen werden.[2]

Gebäudegruppen müssen in ihrer äußeren Erscheinung, namentlich in bezug auf die Hauptgesimshöhe, das Dachprofil und die Baumassenverteilung eine ästhetisch befriedigende Übereinstimmung zeigen.[3])

Bei Vordergebäuden.

II Das Mindestmaß der einzelnen Pavillonzwischenräume bei den Vordergebäuden bemißt sich nach den unten aufgeführten Staffeln.

In den gemeinsam einzuhaltenden Mindestzwischenraum haben sich die beiden beteiligten Nachbarn je zur Hälfte zu teilen.[4]

III Im übrigen wird der auf das einzelne Anwesen fallende Pavillonzwischenraum als der zehnte Teil der

Summe aus der halben Länge des Einzelgebäudes oder der Baugruppe, der Höhe und Tiefe der Seitenfront berechnet, abgerundet auf den nächsten niedrigeren halben Meter.[5]

IV Privatrechtliche Vereinbarungen über eine andere Austeilung des Pavillonzwischenraumes sind zulässig, wenn die vorgeschriebene Gesamtbreite nicht verringert wird.[5]

V Durch den zu geringen Grenzabstand eines bestehenden Gebäudes wird der Angrenzer nicht gezwungen, von der Grenze mehr als vorstehend vorgeschrieben, abzurücken.[6]

Bei Rückgebäuden.

VI Die Zwischenräume sind an allen Grenzen, sie mögen wie immer gestaltet sein, einzuhalten, ausgenommen da, wo Gruppenbau zugelassen wird,[7] und da, wo das angrenzende Nachbargrundstück dem Gebiete des geschlossenen Bausystems angehört.

Die Wirkung des Gruppenbaues erstreckt sich — soferne nicht anders vereinbart wird — auf die gesamte gemeinsame Grenze.

VII Der Grenzabstand der Rückgebäude bemißt sich nach den Bestimmungen des § 71 der Münchener Bauordnung.[8]

Einbauten.

VIII Zwischen den Vordergebäuden kann mit Zustimmung des Nachbarn die Herstellung überdeckter Einfahrten von nicht mehr als 6 m Firsthöhe und 9 m Tiefe genehmigt werden.

Desgleichen dürfen geschlossene Einbauten in den Pavillonzwischenraum, wie Erker und Risalite, sowie Balkone und gedeckte Veranden mit einer Ausladung von höchstens einem Fünftel und ungedeckte Veranden und Freitreppen mit einer Ausladung von höchstens einem Drittel des Grenzabstandes hervortreten, jedoch mit der Einschränkung, daß letzterer vor geschlossenen Einbauten, Balkonen und gedeckten Veranden mindestens 3,5 m und vor Freitreppen und ungedeckten Veranden mindestens 2,4 m betragen muß. Die Ausdehnung solcher Einbauten darf ein Drittel der Länge der Seitenfront nicht überschreiten.[9]

IX Abgesehen von etwa vereinbarten Gruppenbauten können in dem Pavillonzwischenraum ebenerdige Rückgebäude von nicht mehr als 9 m Firsthöhe errichtet werden. Eine größere Höhe kann zugelassen werden, wenn an der Nachbargrenze eine hochüberragende Mauer sich befindet.[10]

X Die von den Straßen aus sichtbaren Gebäudeteile sind zur Vermeidung eines unschönen Einblickes entsprechend auszugestalten.[11]

1. Jeder Anwesensbesitzer ist befugt, ein nach zwei Seiten den Bauwich einhaltendes Gebäude zu errichten; die Nachbarn müssen dann auch ihrerseits Grenzabstand halten.

2. Gebäudegruppen setzen das Einverständnis der Nachbarn und die Genehmigung ihres Bebauungsplanes voraus (§ 8 StBO.).

3. Die Fassung entspricht einer Anregung der Kreisregierung von Oberbayern und ist auf ungünstige Erfahrungen zurückzuführen, die vordem auf Grund weniger präziser Normen mit Gruppenbauten gemacht wurden.

4. Die Wirkung des Pavillonzwischenraumes erstreckt sich auf die ganze Länge der Vordergebäude, dagegen nicht auf die gesamte Tiefe des Bauplatzes; denn das Rückgebäude kann, da es gemäß Abs. VII nur einen nach § 71 der MBO. bestimmten seitlichen Abstand von einem Rückgebäude des Nachbargrundstückes einzuhalten braucht, näher an die Grenze heranrücken, als der Grenzabstand für das Vordergebäude beträgt, welches den Pavillonzwischenraum einhalten muß; das Rückgebäude kann aber auch bis an die Grenze gebaut werden, wenn ein Rückgebäude-Gruppenbau auf Grund einer Vereinbarung der beteiligten Nachbarn im Bebauungsplane genehmigt ist; endlich kann ein Rückgebäude, das nur erdgeschossig ist und 6 m Firsthöhe nicht überschreitet, in den Pavillonzwischenraum gestellt werden, ohne daß desfalls Gruppenbau vereinbart zu sein braucht (vgl. Abs. VII und IX).

5. Die Bestimmungen in Abs. III und IV sind dem bereits vor der StBO. geltenden Baupolizeirecht (Vollz.B. z. MBO.) entnommen.

6. Baubestände und Nachbaranwesen, die den geltenden Vorschriften nicht entsprechen, können nicht die Veranlassung bilden, den Bauwerber übermäßig zu belasten. Die Vorschrift in § 68 Abs. I MBO., wornach Mauern mit beiderseitigen Fenstern mindestens 7 m Abstand voneinander halten müssen, ist durch Absatz V dieses Paragraphen naturgemäß nicht berührt.

7. Vgl. Anm. 2.

8. Der Grenzabstand bemißt sich — wenn Gruppenbau nicht in Frage kommt — für die Breite und Tiefe des Grundstücks nach § 71 MBO. Die Normen für den Pavillonzwischenraum bei den Vordergebäuden treffen die seitlichen Abstände der Rückgebäude nicht.

9. Die Bestimmungen über Einbauten in den Pavillonzwischenraum sind hier erschöpfend zusammengefaßt.

10. Ausnahmen von dem in § 1 Abs. II StBO. aufgestellten Grundsatz für kleinere Rückgebäude (für Garagen usw. schon wegen der besseren Ein- und Ausfahrtsmöglichkeit zweckmäßig); die Einfahrt in den Hofraum darf durch solche Bauten nicht beschränkt werden (§ 7 Abs. III der ortspol. Vorschr. vom 17. Juli 1926 über Stadtverschönerung Anhang II 5).

11. Wegen der Ausbildung der sichtbaren Bauteile vgl. § 67 Abs. III MBO. und § 1 der ortspol. Vorschriften wie vor.

Ausdehnung der Gebäude und Gebäudegruppen.

§ 11.

I Die Ausdehnung der einzelnen Gebäude oder Gebäudegruppen[1] darf weder nach der Länge, noch nach der Tiefe das in der jeweiligen Staffel festgesetzte Höchstmaß überschreiten.

II Beim Zusammentreffen von zwei oder mehr Straßen kann die abgewickelte Länge der Fassaden die Summe der Gruppenlängen der festgesetzten Staffeln erreichen.[2]

III Stoßen Rückgebäude verschiedener Staffeln zusammen, so ist für die Gruppenlänge die für den Baugesuchsteller günstigere Staffel maßgebend.[3]

1. Die Vorschrift gilt für Vorder- und Rückgebäude; Vordergebäude und Flügelbauten gelten — soweit sie von der Baulinie weg eine Tiefe von 22 m überschreiten — als Rückgebäude (§ 18 StBO. und § 71 Ziff. 5 MBO.).

2. Beim Doppeleckhaus ist eine Gruppenlänge von 3×45 = 135 m Frontentwicklung im Geltungsbereich der Staffeln 6 und 7 denkbar.

3. Beispiel: in einem Baublock stoßen Bauplätze der Staffel 6 und solche der Staffel 8 mit der rückwärtigen Grenze aneinander; auf ersteren steht an der Grenze eine Rückgebäudegruppe mit einer Längenausdehnung von 45 m, auf letzteren will eine Rückgebäudegruppe erbaut werden, die ebenfalls an die Grenze kommen soll; diese Gruppe darf nun statt der eigentlich nur zulässigen 36 m unter der Voraussetzung 45 m lang werden, daß sie die nach § 71 MBO. vorgeschriebenen seitlichen Grenzabstände einhält.

Gleiches gilt von der Tiefenentwicklung einer nach verschiedenen Baustaffeln zu beurteilenden Rückgebäudegruppe vorbehaltlich der Einhaltung der Abstände von den Vordergebäuden.

Baustaffeln.

Baustaffeln.

Im offenen Bausystem gelten 4 Baustaffeln:

§ 12.

Staffel 6. Gebäudehöhe.

Staffel 6.

I Die Höhe der Vorder- und Rückgebäude ist auf 20 m und auf 3 Stockwerke über dem Erdgeschoß beschränkt.[1]

Hofraum.

II Als Hofraum muß bei jedem Anwesen mindestens 1/3 jener Fläche hinter der Baulinie unüberbaut belassen werden, die nach Abzug des Pavillonzwischenraumes auf die Tiefe des Vordergebäudes, höchstens aber auf 22 m Tiefe verbleibt.

Bei Eckhäusern kann eine umfangreichere Bebauung bis zu 4/5, in zwingenden Fällen bis zu 5/6 zugelassen werden.[2]

Die Anlage von Lichthöfen ist nicht gestattet.[3]

Gruppenausdehnung.

III Die größte Ausdehnung der Baugruppen beträgt 45 m, die Mindestbreite des Pavillonzwischenraumes 7 m.

1. Die Baustaffel 6 ist im wesentlichen die Bautype der früheren Vollzugsvorschriften (§ 5) zur MBO.; die Beschränkung des Dachgeschoßausbaus auf 4 zum dauernden Aufenthalt von Menschen bestimmte Räume und die halbe Dachbodenfläche ist durch § 19 StBO. ersetzt.

2. Wegen der Hofraumgröße bei Eckhäusern vgl. § 4 Anm. 3 StBO.

3. Lichthöfe sind bei guter Grundrißlösung im offenen System leicht zu entbehren, da abgesehen von Ausnahmen (3 Häuser in einer Gruppe) eine Belichtung von drei Seiten möglich ist; auch sind Lichthöfe überhaupt nur ausnahmsweise zur Beleuchtung von Räumen zugelassen, die nach § 37 MBO. mindestens ein direkt ins Freie gehendes Fenster haben müssen. Siehe § 73 der MBO.

Lichtschächte können zur Beleuchtung von Räumen, für die ein solches Fenster nicht vorgeschrieben ist, immer noch recht erwünscht sein; sie bleiben nach § 72 Abs. I MBO. bei der Berechnung des Hofraums außer Betracht.

§ 13.

Staffel 7. Vordergebäude.

Staffel 7.

I Die Höhe der Vordergebäude ist auf 18 m und auf 3 Stockwerke über dem Erdgeschosse beschränkt.

Rückgebäude.

II Rückgebäude dürfen höchstens 12 m Höhe und 1 Stockwerk über dem Erdgeschoß erhalten.[1]

Hofraum.

III Als Hofraum muß mindestens 1/3 jener Fläche hinter der Baulinie unüberbaut belassen werden, die nach Abzug des Pavillonzwischenraumes auf die Tiefe des Vordergebäudes, höchstens aber auf 22 m Tiefe verbleibt.

Bei Eckhäusern kann eine umfangreichere Bebauung bis zu 4/5, in zwingenden Fällen bis zu 5/6 zugelassen werden. Die Anlage von Lichthöfen ist nicht gestattet.

Gruppenausdehnung.

IV Die größte Ausdehnung der Baugruppen beträgt 45 m, die Mindestbreite des Pavillonzwischenraumes 9 m.

1. Die Staffel 7 unterscheidet sich von den vorhergehenden im wesentlichen darin, daß die Höchsthöhe für das Vordergebäude um 2 m geringer und das Rückgebäude auf Erdgeschoß und ein Obergeschoß beschränkt ist, ferner daß die Bauwichbreite von 7 auf mindestens 9 m vergrößert ist.

Sie ist bestimmt im Stadterweiterungsgebiet die gesundheitlich weniger günstige Staffel 6 zu ersetzen.

§ 14.

Staffel 8.

Staffel 8. Vordergebäude.

I Die Höhe der Vordergebäude ist auf 15 m und auf 2 Stockwerke über dem Erdgeschoß beschränkt.

Rückgebäude.

II Rückgebäude dürfen höchstens 12 m Höhe und 1 Stockwerk über dem Erdgeschoß erhalten.

Hofraum.

III Als Hofraum muß mindestens 1/3 jener Fläche hinter der Baulinie unüberbaut belassen werden, die nach Abzug des Pavillonzwischenraumes auf die Tiefe des Vordergebäudes, höchstens aber auf 22 m Tiefe verbleibt.

Bei Eckhäusern kann eine umfangreichere Bebauung bis zu 4/5, in zwingenden Fällen bis zu 5/6 zugelassen werden.

Gruppenausdehnung.

IV Die größte Ausdehnung der Baugruppen beträgt 36 m, die Mindestbreite des Pavillonzwischenraumes 10 m.

Lästige Gewerbe.

V Die Errichtung von Anlagen nach §§ 16 und 27 der RGewO. und anderer belästigender Betriebe ist verboten. (Siehe § 21.)

1. Hier sind im Gegensatz zu den beiden vorausgehenden Baustaffeln Lichthöfe zugelassen; sie werden jedoch in das Hofraumdrittel nicht eingerechnet.

Dies findet seine Begründung in dem Umstande, daß bei Staffel 8 und der nachfolgenden Staffel ein etwaiger Lichthof von wesentlich niedrigeren Gebäudeteilen umgeben ist als bei Staffel 6 und 7, sohin in bezug auf die Belichtung und Luftzufuhr günstigere Verhältnisse aufweist.

Die Bestimmung, daß der Lichthof nicht auf das vorgeschriebene Hofraumdrittel angerechnet wird, bietet ohnehin Gewähr dafür, daß Lichthöfe ohne besondere Veranlassung nicht entstehen.

Lichtschächte sind zulässig.

§ 15

Staffel 9. Vordergebäude. Staffel 9.

II Die Höhe der Vordergebäude ist auf 12 m und auf 1 Stockwerk über dem Erdgeschoß beschränkt.

Rückgebäude.

II Rückgebäude dürfen nicht mehr als 9 m Höhe und nur 1 Erdgeschoß erhalten. Selbständige Mietwohnungen sind ausgeschlossen.

Hofraum.

III Als Hofraum muß mindestens die Hälfte jener Fläche hinter der Baulinie unüberbaut belassen werden, die nach Abzug des Pavillonzwischenraumes auf die Tiefe des Vordergebäudes, höchstens aber auf 22 m Tiefe verbleibt.

Lichthöfe werden zum Hofraume nicht eingerechnet.

Bei Eckhäusern kann eine umfangreichere Bebauung bis zu $^4/_5$, in zwingenden Fällen bis zu $^5/_6$ zugelassen werden.

Gruppenausdehnung.

IV Die größte Ausdehnung der Baugruppen beträgt 36 m, die Mindestbreite des Pavillonzwischenraumes 10 m.

Lästige Gewerbe.

V Die Errichtung von Anlagen nach §§ 16 und 27 der RGewO. und anderer belästigender Betriebe ist verboten. (Siehe § 21.)

1. Vgl. Anm. zu § 14.

§ 15a.

Vordergebäude.[3] **Staffel 10.**[1 2]

I Die Höhe der Vordergebäude ist auf Erdgeschoß und ein Obergeschoß (Dachgeschoß oder erster Stock) beschränkt. Darüber dürfen irgendwelche bewohnbare Dachräume nicht eingerichtet werden und die Dachflächen unter Ausschluß eines Kniestockes nicht mehr als 45 % Neigung erhalten.

Rückgebäude.

II Rückgebäude dürfen nur ein Erdgeschoß erhalten und nicht bewohnt werden.

Hofraum.

III Als Hofraum muß mindestens $^2/_3$ der Anwesensgröße hinter der Baulinie unüberbaut bleiben.

Gruppenausdehnung.

IV Die Gebäude können im geschlossenen wie im offenen Bausystem (Einzelhaus, Doppelhaus, Reihenhaus) errichtet werden. Die Mindestbreite des Pavillonzwischenraumes beträgt 7 m. Die Bauanlagen sind durch seitliche und rückwärtige Bebauungsgrenzen festzulegen.

1. Die Staffel 10 sollte den Typ für das Klein-Einfamilienhaus darstellen, das entweder aus Erdgeschoß und ausgebautem Dachraum oder aus Erdgeschoß und einem Obergeschoß ohne bewohnbare Räume im Dachraum besteht; außerdem würde aber die Grundfläche zu beschränken sein, um zu verhüten, daß Pläne für Wohngebäude nach Staffel 5 und 9 unter der Flagge des Kleinhauses bei den Behörden die besonderen Vergünstigungen dieses Bautyps (Herabdrückung der Anforderungen an die Straßenherstellung auf das bescheidenste Mindestmaß) ungerechtfertigterweise anstreben und etwa zugebilligt erhalten.

2. Die LBK. hat im Interesse einer einheitlicherem, ästhetisch einwandfreieren Wirkung angeregt, auch für das Kleinhaus Typen und Straßen mit offenem und geschlossenem Bausystem vorzusehen.

D. Gemeinsame Bestimmungen.

Geltungsbereich der Baustaffeln.

§ 16.

I Die für die Baublockseiten festgesetzten Baustaffeln gelten für die ganzen zur Zeit der Erlassung gegenwärtiger Vorschriften katastermäßigen Flächen der Bauplätze.[1]

II Sind Grundstücke in einem Baublock mit verschiedenen Staffeln noch nicht in einzelne Bauplätze abgeteilt, so sind zur Festsetzung des Geltungsbereiches der verschiedenen Staffeln Bauplatzabteilungspläne vorzulegen.

Der Bauplatzabteilungsplan kann zugleich als Bebauungsplan eingereicht werden (vgl. § 8).

Die Bauplatzabteilung soll eine möglichst gleichmäßige Verteilung der verschiedenen Baustaffeln innerhalb der Baublöcke erzielen.[2]

III Für Eckbauplätze, deren Straßenseiten verschiedenen Baustaffeln unterliegen, gilt hinsichtlich Gebäudehöhe und Stockwerkzahl die für den Baugesuchsteller günstigere Staffel.

1. Die Verteilung der Baustaffeln unter Rücksicht auf die Sonderverhältnisse der Stadtlage und der einzelnen Straßen bringt es nicht selten mit sich, daß innerhalb des gleichen Baublocks verschiedene Baustaffeln zur Anwendung kommen. Die Abgrenzung dieses Geltungsgebietes für die Baublockseiten und damit für die Vordergebäude begegnet im allgemeinen keinen Schwierigkeiten; für Eckbauplätze gilt nach Abs. III die dem Baugesuchsteller günstigere Staffel mit den durch § 31 Abs. I und V MBO. vorgeschriebenen Modifikationen. Die Höhe der Vordergebäude soll also die mittlere Breite des vor dem Bauplatze liegenden Straßenteils nicht überschreiten und darf nicht mehr als die Maximalhöhe der geltenden Staffel betragen; bei verschiedener Breite der das Eckgrundstück berührenden Straßen gelten die Maße der breiteren Straße und der günstigeren Staffel auch für die Höhenbestimmung an der schmäleren Straße auf eine Fassadenlänge gleich der doppelten Breite der schmäleren Straße von der Hausecke gemessen, jedenfalls aber auf eine Fassadenlänge von 14 m. Für den sich darüber erstreckenden Teil des Geländes gelten die Maße — nicht aber die Staffeln — der schmäleren Straße.

Wegen eines einheitlichen mittleren Höhenmaßes in solchem Falle siehe § 31 Abs. IV MBO.

2. Gleich exakte Vorschriften, insbesondere rechnerische Formeln, welche die Tiefe des Geltungsbereiches der einzelnen Baustaffeln innerhalb des Baublockes und damit die Norm für die Höhe, Stockwerkszahl und Bewohnbarkeit der Rückgebäude angeben würden, ließen sich bei der Verschiedenartigkeit der Grundstücksgrenzen und der Baublockformen nicht aufstellen. Wenigstens haben alle desfallsigen Versuche des Stadtbauamtes ein praktisches Ergebnis bisher nicht geliefert.

Es blieb darum nichts anderes übrig, als die mit dem Inkrafttreten der StBO. für das Vorderhaus geltende Baustaffel auf das ganze zur Zeit der Erlassung dieser Vorschriften katastermäßig festgelegte Baugrundstück auszudehnen und für die noch nicht in Bauplätze abgeteilten Grundstücke einen Bauplatzabteilungsplan zu verlangen.

Hiermit wird einer Vereitelung des Zweckes der StBO. durch etwaige Verschiebung der Grundstücksgrenzen vorgebeugt und eine möglichst gleichmäßige und gerechte Verteilung der Baustaffeln in noch nicht parzellierten Baublöcken gewährleistet.

Der Bauplatzabteilungsplan ist nach Analogie der für den Bebauungsplan geltenden Vorschriften anzufertigen und zu verbescheiden; es hat also seine Genehmigung nach billigem Ermessen unter objektiver Würdigung aller einschlägigen Verhältnisse zu erfolgen. Der Bescheid der Lokalbaukommission ist binnen einer Frist von 14 Tagen mit Beschwerde anfechtbar (§ 97 MBO.).

Gebäudehöhen. **§ 17.**

Die bei den einzelnen Staffeln festgesetzten Gebäudehöhen[1] gelten unbeschadet der weitergehenden Bestimmungen der Münchener Bauordnung und werden nach § 30 derselben gemessen[2].

1. Maßgebend für die Höhe der Gebäude ist neben dem Maximalmaß der einzelnen Baustaffeln:

a) die Bestimmung des § 31 Abs. I MBO., wonach die Höhe der Vordergebäude die mittlere Breite des dem Bauplatze vorgelagerten Straßenteils nicht überschreiten darf,

b) des § 32 Abs. II MBO., wonach Rückgebäude nicht höher gebaut werden dürfen, als die bauordnungsgemäß zulässige Höhe der Vordergebäude beträgt,

c) der §§ 33, 34 und 36 MBO., welche von der Scheidung nach Stockwerken, der Fußbodenhöhe im Erdgeschoß und der lichten Höhe der Wohn- und Arbeitsräume handeln.

Die Baustaffel gibt kein Recht, höher als nach Maßgabe der Breite der dem Bauplatze vorgelagerten Straße zu bauen.

Eine das Maximalmaß der Staffel überschreitende mittlere Straßenbreite vor dem Bauplatze gibt kein Recht, höher als nach dem Maximalmaß der Staffel zu bauen.

Wenn die Baustaffelverteilung in einzelnen Fällen auf die Straßenbreiten scheinbar nicht Rücksicht nimmt, so geschieht dies einerseits nicht selten, um eine günstigere Belichtung und eine größere Weiträumigkeit der Bebauung dadurch zu erreichen, daß bei einzelnen Straßen die Gebäudehöhe hinter der Straßenbreite zurückbleibt, andererseits, um namentlich in älteren Stadtteilen eine günstigere Ausnutzung des hier teuereren Rückplatzes zu ermöglichen; es werden so höhere Rückgebäude zugelassen, als sie bei Festsetzung einer der Straßenbreite entsprechenden Staffel gestattet wären.

2. § 30 MBO. enthält die Bestimmungen über die Berechnungsweise für die Gebäudehöhen.

Grenze zwischen Vorder- und Rückgebäude.

§ 18.

Außer in Staffel 1 werden Vordergebäude und Flügelbauten, soweit sie eine Tiefe von 22 m von der Baulinie ab überschreiten, in jeder Beziehung als Rückgebäude behandelt.

Dachgeschoß.

§ 19.

I Über der nach der Staffel zulässigen Stockwerkszahl darf — außer in Staffel 1 — das Dachgeschoß nur zur Hälfte der Dachbodenfläche ausgebaut werden. Das Stiegenhaus wird hierbei nicht in Rechnung gezogen. Die andere Dachbodenhälfte darf nur durch Lattenverschläge abgeteilt werden. Speicherteile dürfen nicht innerhalb der Dachwohnungen liegen.[1]

II Die Größe der Dachbodenfläche wird gleich der Grundfläche des obersten Stockwerkes angenommen.

III Bei Rückgebäuden mit drei Stockwerken über dem Erdgeschoß ist im Dachgeschoß die Anlage von Räumen zum dauernden Aufenthalte von Menschen verboten.

IV Der Ausbau des ganzen Dachgeschosses ist zulässig in Staffel 5, wenn als Hofraum mindestens $1/2$ der Anwesensgröße hinter der Baulinie unüberbaut bleibt, in Staffel 9, wenn der Hofraum mindestens $2/3$ der in § 15 III Satz 1 bezeichneten Fläche beträgt. Weitere Voraussetzung ist in beiden Fällen, daß im Hause selbst für jede Mietspartei ein entsprechend großer abgeschlossener Speicherabteil und ein ausreichender gemeinschaftlicher Wäschetrockenspeicher vorhanden ist.[2]

1. Die Frage der Dachgeschoßausnützung und damit auch der § 19 StBO. hat von je er die l e b h a f t e s t u m s t r i t t e n e B a u p o l i z e i v o r s c h r i f t M ü n c h e n s dargestellt: ein Rückblick auf die Zeit seit Einführung der jetzt geltenden MBO. zeigt Folgendes:

Maßgebend war zunächst § 45 MBO. der — jetzt für den Geltungsbereich der Staffel 1 — heizbare und bewohnbare Räume im Dach nur in Gebäuden mit höchstens drei Obergeschossen zuläßt, über dem vierten Obergeschoß aber nur noch einzelne „Lokale" gestattet, welche — wie Bügelzimmer, Wasch- und Requisitenkammer — Zubehör zu den unteren Wohnungen darstellen.

Der seit Einführung der StBO. aufgehobene § 5 Abs. II der Vollzugsvorschriften zur MBO. bestimmte, daß im Dachgeschoß nur vier zum dauernden Aufenthalt von Menschen verwendbare Räume zulässig sein sollten und daß ihre Gesamtfläche die Hälfte der Dachbodenfläche nicht übersteigen dürfe; diese Vorschrift wollte einerseits der Tendenz mehrerer vorgängiger Ministerialentschließungen Rechnung tragen, die sich gegen das Verbot der Dachausnützung gerichtet hatten, andererseits einer zu großen Bebauungsdichtigkeit in der minderen Wohnungsform der Dachwohnungen einen Riegel vorschieben. In Wirklichkeit verschob sich in der Folge die Entwicklung vom „Andrerseits" mehr nach der Richtung „Einerseits": schon im Dezember 1899 ließ die LBK. grundsätzlich neben den vier Wohnräumen auch Waschküchen, Bügelzimmer dgl. im Dachgeschoß zu, hielt jedoch die Forderung eines freien Speicherraumes von 1/2 Dachbodenfläche aufrecht. Nun verlegten die Architekten die Wohnräume mit Vorliebe hinter die eine gerade Frontwand ermöglichenden Dachaufbauten, die wieder nach Maßgabe der besten Fassadenwirkung verteilt wurden; so kamen die zugelassenen Räume meist nicht in Zusammenhang untereinander zu liegen; sie waren durch Speicherteile und Nebenräume getrennt und es lag nahe, sie nach der baupolizeilichen Abnahme des Neubaus unter Umwandlung der trennenden Gelasse in Wohnräume — zu verbinden. Von dieser Möglichkeit, die durch entsprechende Grundrißgestaltung mit der Zeit sorgsamst vorbereitet wurde, machte man dann in der Folge auch ausgiebigen Gebrauch.

Diese Erfahrungen und die Absicht, die Dachwohnungen zugunsten des Baues gesunder kleinerer und mittlerer Wohnhäuser zu beschränken — waren für die Formulierung der § 19 StBO. maßgebend; man ging dabei über die in den Vollzugsvorschriften zur MBO. materiell gegebenen Grenzen nicht hinaus, beschränkte sich vielmehr darauf, Unklarheiten über die Flächenberechnungsweise auszumerzen und zur Vermeidung von weiteren Übergriffen Speicherteile innerhalb der Dachwohnungen zu verbieten, endlich eine Unterteilung der freizulassenden Dachbodenhälfte nur mit Lattenverschlägen zuzulassen.

Vier Jahre später schon beschäftigte die zuständigen Instanzen ein Antrag auf Freigabe des Dachgeschoßausbaus für alle Staffeln mit Ausnahme des Gebietes der Staffel 1, und nur die entschieden ablehnende Haltung des Gesundheitsrates (Referent Obermedizinalrat Professor Dr. von Gruber) war die Veranlassung, daß damals die Beseitigung des § 19 StBO. unterblieben ist; in dem genannten Referat war jedoch einer Ermäßigung der Anforderungen für das Gebiet der Staffeln 5 und 9 in der Form der Weg gebahnt, das Dachgeschoß für Wohnräume dann freizugeben, wenn es sich um ein Zubehör zu den im Hause vorhandenen Wohnungen und um Gebäude handelt, die außer der Hausmeisterwohnung jeweils höchstens zwei Wohnungen enthalten.

2. Diese Verhandlungen führten zur Einfügung des Absatzes IV durch Nachtrag VI zur StBO. vom 12. Oktober 1918.

Dem Gedanken, den ganzen Dachgeschoßausbau freizugeben, ist auch das Ministerium des Innern mit Entschließung vom 28. Januar 1912 entgegengetreten; dort wird zwar gebilligt, daß die LBK. im Einverständnis mit der Stadtverwaltung für den Kleinwohnungsbau vereinzelt Dispense *) dann zugelassen hatte, wenn durch Verzicht auf volle sonstige Bauausnützung und Freilassung von größeren, als den gesetzlichen Hofräumen gesundheitlich wertvolle Äquivalente gegeben wurden; im übrigen ist aber ausgeführt: „Nach § 19 darf über der nach der Staffel zulässigen Stockwerkszahl das Dachgeschoß nur zur Hälfte der Dachbodenfläche ausgebaut werden. Das Staatsministerium des Innern hat in der Entschließung vom 19. Februar 1909 sich mit aller Entschiedenheit unter Darlegung der Gründe gegen die Zulassung eines weitergehenden Ausbaues des Dachgeschosses ausgesprochen, da diese eine wesentliche Verschlechterung des Wohnungswesens bedeuten würde und der Gesamtheit der Mieter nur Nachteile brächte. An dieser grundsätzlichen Auffassung ist auch fernerhin mit Nachdruck festzuhalten.“

Auch der Bayerische Landesverein zur Förderung des Wohnungswesens hat in einer gutachtlichen Äußerung vom 20. Februar 1916 zur Frage einer Reform des § 19 StBO. — etwa durch Abstrich der Absätze I und II — nachdrücklich den gleichen Standpunkt vertreten, und für die Staffeln 2 mit 4 und 6 mit 8 das Festhalten an der geltenden Vorschrift umso mehr empfohlen, als die Bewilligung des unbeschränkten Dachausbaues zur nächsten Folge das Streben nach einem weiteren Vollgeschoß und damit die Forderung nach weiterer Dachausnützung über dem so neuerstrittenen Stockwerk haben müsse.

Die schon seit Längerem vorhandene Knappheit an kleineren und mittleren Wohnungen verschärfte sich nach dem Kriege zur direkten Wohnungsnot — ein Zustand, der viele Erwägungen einer günstigeren Zeit, wenigstens vorläufig, über den Haufen geworfen hat; so stellte die LBK. mit Entschließung vom 15. Februar 1919 als *eines* der Mittel zur tunlichsten Beschaffung von Kleinwohnungen die baupol. Genehmigung von Dachausbauten, die dem § 19 Abs. I zuwiderlaufen, unter folgenden Voraussetzungen in Aussicht:

*) Die LBK. stellte in der Folge diese Grundsätze auf:

Der Ausbau des *ganzen* Dachgeschosses bei Kleinwohnungsbauten über dem II. Stock kann unter der Voraussetzung zugelassen werden, daß:

a) die Freihaltung der Höfe durch Festsetzung rückwärtiger Bebauungsgrenzen gesichert wird. Eine künftige Aufhebung oder Änderung dieser Bebauungsgrenzen darf nicht in Aussicht genommen werden;

b) für jedes Haus ein geräumiger Wäschespeicher und für jede Wohnung ein genügend großes und gut zugängliches Speicher- und Kellerabteil durch Speicher und Kellerabteilungspläne bei der Projektvorlage nachgewiesen wird;

c) die erforderlichen Waschküchen und Baderäume vorgesehen werden.

d) In den Höfen sollten Anlagen wie z. B. Trinkwasserzapfstelle, abgegrenzter Spielplatz, Hausgartenumfriedungen ähnlich wie in der Kleinwohnungsanlage an der Wilhelm Hertzstraße vorgesehen werden.

1. die Bestimmungen der Münchener Bauordnung sind einzuhalten. Insbesondere sind die Dachwohnungen gegen die Einwirkungen der Außentemperaturen gut zu schützen. Dachwohnungen dürfen nicht über dem 4. Obergeschoß der Vordergebäude oder über dem 3. Obergeschoß der Rückgebäude eingebaut werden.
2. Der Dachgeschoßausbau wird gestattet, insoweit noch Mietspeicher für jede Wohnung des Hauses und ein Trockenspeicher verfügbar bleiben. Jeder Mietspeicher hat mindestens 5 Quadratmeter Bodenfläche, der Trockenspeicher mindestens 30 Quadratmeter Bodenfläche zu erhalten. Dachwinkel unter 1 Meter Höhe werden in diese Bodenflächen nicht eingerechnet. Die Flächen sind im Plane auszuweisen (Grundriß von Kehlspeicher mit Einzeichnung der Dachbinder, Kamine, der Bodenfläche mit mehr als 1 Meter Lichthöhe und deren Aufteilung in Gänge und Speicher).
3. Die Ausnahmebewilligung ist nur für das Jahr 1919 in Aussicht genommen. Plangenehmigungen, welche innerhalb des Jahres 1918 erteilt wurden, können innerhalb des Jahres 1919 erneuert werden. Mit einer Erneuerung der Plangenehmigung nach dem Jahre 1919 darf nicht gerechnet werden. Vorausgesetzt wird, daß die genehmigten Dachausbauungen in Bälde zur Ausführung kommen.

Diese Frist ist durch weitere Bekanntmachung der LBK. vom 13. Januar 1923 bis 31. Dezember 1925 und darnach weiterhin verlängert. Ob und wann die bisherigen Vorschriften wieder voll zur Geltung gebracht werden und gebracht werden können, steht vorerst dahin.

Wenn an eine Revision mit der Absicht strengeinzuhaltender Regelung wieder einmal herangetreten wird, so verdienen die Vorschläge ernste Beachtung, die der vormalige technische Rat der LBK. Schneider in seinem Entwurf zu neuen Vollzugsvorschriften für die MBO. im Jahre 1915 gemacht hat; darnach soll der notwendige Raumbedarf des Hauses und der Wohnungen samt Nebenzwecken festgelegt und unter Beachtung des § 45 Abs. I MBO. nur der überschießende Dachraum für Wohnungszwecke verfügbar werden; eine entsprechende Gestaltung der Dachansichten und die Einhaltung der zulässigen Geschoßzahl aber ist durch folgende Normen, besser als seither, zu gewährleisten:

A.

I. Der Charakter des Dachgeschosses ist in der äußeren Erscheinung zu wahren. Es müssen daher örtliche Aufbauten in Abmessung und Form, untergeordnete Bauteile im Verhältnis zu den Gebäudefronten und Dachflächen sein.

II. Örtliche Aufbauten, wozu auch stehende Dachfenster, soferne sie größer als 0,5 qm sind, gerechnet werden, dürfen in ihrer Gesamtlängenausdehnung nicht mehr als die Hälfte der jeweiligen Frontlänge ausmachen.

III. Schneewinkel, d. h. schmale Streifen der Dachflächen zwischen den Aufbauten sind verboten.

IV. Aufbauten müssen von der Nachbargrenze mindestens 0,60 m abstehen. Deren Verlegung an die Nachbargrenze ist nur zulässig, wenn ein geeigneter Anschluß im Nachbaranwesen besteht oder gewährleistet wird.

Überschreitet die Ausladung des Hauptgesimses das Maß von 0,50 m, so wird bei der Ermittlung der zulässigen Gebäudehöhe das Übermaß in Abzug gebracht.

B.

I. Falls die Kellerdecke höher als 1,8 m über dem anschließenden Erdboden liegt, wird das Kellergeschoß als Vollgeschoß gezählt. Desgleichen gilt auch das Dachgeschoß als Vollgeschoß, wenn das Maß zwischen der Oberkante der Dachbalkenlage und der Unterkante der Sparrenschalung, in der Ebene der Innenseite der Umfassungsmauer gemessen, mehr als 1,80 m beträgt.

II. Galerieanlagen in Geschäftsräumen werden als besonderes Geschoß dann nicht gerechnet, wenn ihre Fläche nicht mehr als ein Drittel der Grundfläche und ihre Ausdehnung nicht mehr als ein Viertel der Breite des Raumes beträgt, in dem sie angelegt sind.

Bebaute Anwesen.

§ 20.

Die Bestimmungen der Baustaffeln finden auch auf bestehende Gebäude Anwendung, wenn dieselben einen An-, Auf- oder Umbau erfahren. Im letzten Falle kann die bisherige Zahl der bewohnten Geschosse im bisherigen Umfange zugelassen werden.[1]

1. Die Vorschrift ist ein Analogon zu § 31 MBO. Abs. III; hiernach kann bei Umbauten die bisherige Höhe und Stockwerkszahl beibehalten werden, wenn sich beim Neubau im Vergleich zum alten Bestande eine wesentliche Besserung ergibt.

Lästige Gewerbe.

§ 21.

In Baublöcken, in welchen die Staffeln 5, 8, 9 oder 10 vertreten[1] sind, ist die Errichtung von Anlagen nach §§ 16 und 27 der RGewO.,[2] desgleichen die Errichtung von größeren Stallungen, insbesondere solchen, die der gewerbsmäßigen Zucht von Hunden, Schweinen und Geflügel, dann dem Handel mit solchen Tieren dienen, ebenso die Lagerung von Fellen, Häuten, Knochen und sonstigen übelriechenden Stoffen verboten.

1. Während die Gebiete der übrigen Staffeln mit industriellen und gewerblichen Betrieben durchsetzt werden dürfen, sollen die

Baublöcke, in denen die Staffeln 5, 8, 9 oder 10 vorkommen, eine besondere Annehmlichkeit des Wohnens auch für die minderbemittelte Bevölkerung ermöglichen und darum von lästigen Anlagen verschiedener Art freibleiben.

2. Nach § 23 Abs. III RGewO. ist der Landesgesetzgebung vorbehalten, Ortsstatuten zuzulassen, wornach einzelne Ortsteile vorzugsweise für Anlagen der in § 16 bezeichneten Art bestimmt, in anderen Ortsteilen aber solche Anlagen nicht oder nur unter besonderen Beschränkungen zu gestatten sind; für Bayern gibt Art. 101 PolStGB. die Voraussetzung für derartige Bestimmungen. Hiernach sind ausgeschlossen:

a) gewerbliche Anlagen nach § 16 der RGewO. (vgl. das Verzeichnis abgedruckt in Anhang III 1);

b) gewerbliche Anlagen, welche nicht zu den dort aufgezählten gehören, deren Betrieb jedoch mit ungewöhnlichem Geräusch verbunden ist, und welche darum aus der Nähe von Kirchen, Schulen oder anderen öffentlichen Gebäuden, Krankenhäusern oder Heilanstalten — falls deren bestimmungsmäßige Benutzung eine erhebliche Störung erleiden würde — ferngehalten werden können (§ 27 RGewO.);

c) ferner sind in diesen bevorzugten Wohnlagen verboten:

1. Schweineſtallungen und größere Stallungen zum Betriebe der Hunde- und Geflügelzucht sowie für den Handel mit diesen Tieren.

   Die Kautelen, unter welchen solche Einrichtungen im übrigen Stadtgebiet zugelassen werden, finden sich in den ortspolizeilichen Vorschriften vom 12. August 1913 über das Halten von Haustieren (Anhang IV 7).

2. Lagerungen von Fellen, Häuten, Knochen und sonstigen übelriechenden Stoffen; siehe für das übrige Stadtgebiet die ortspolizeilichen Vorschriften vom 14. August 1877 über Auflagerung von ungegerbten Häuten und Fellen, von ungereinigten Knochen usw. (Anhang IV 5).

Kraftfahrzeughallen. **§ 21a.**[1]

I Die Errichtung und der Betrieb von Einstellhallen für Kraftwagen, die mehr als 10 Kraftfahrzeuge aufnehmen können und zur gewerbsmäßigen Vermietung geeignet sind, ist in Baublöcken, in denen die Staffeln 5 und 9 gelten, verboten.

II Die Errichtung kann bei Krankenhäusern und sonstigen Heilanstalten und Schulen bis zum Umkreis von 200 Meter, bei Kirchen sowie bei öffentlichen und monumentalen Gebäuden bis zum Umkreis von 100 Meter als unzulässig erklärt werden.[2] Die Bestimmung soll besonders streng gehandhabt werden bei Einstellhallen mit Reparaturwerkstätten.

III Kommunische Bauweise ist nicht zulässig. Es müssen vielmehr eigene Mauern errichtet werden.

IV Die Einstellhallen sind auf die Rückgebäudezone, d. i. den 22 m hinter der genehmigten Baulinie liegenden Raum zu verweisen; in der Vordergebäudezone können sie nur dann zugelassen werden, wenn die für die Straße geltende Baustaffel ausgenützt oder eine Fläche bebaut wird, die von 3 Straßen begrenzt ist.[3]

V Zu den Einstellhallen müssen doppelte Zufahrten mindestens von 2,40 m Breite und 2,70 m Höhe oder einfache Zufahrten mindestens von 4,80 m Breite und 2,70 m Höhe vorhanden sein; zur Sicherung der Fußgänger und des Straßenverkehrs können sowohl im Anwesen selbst als auch bei den nach der Straße gelegenen Aus- und Einfahrten entsprechende Auflagen gemacht werden.

VI Bei der baupolizeilichen Genehmigung können Auflagen im Interesse der Feuersicherheit, des Arbeiterschutzes sowie zur Verhütung von Nachbarbelästigungen gemacht werden.

Die Genehmigung kann versagt werden, wenn das Bauvorhaben auf die Verkehrsbedeutung der angrenzenden Straßen nicht genügend Rücksicht nimmt.

VII In jenen Gebieten, welche als Industrieviertel eigens bezeichnet sind (§ 22), finden die Bestimmungen des Absatzes IV keine Anwendung.

1. Nachtrag zur StBO. auf Grund ortspol. Vorschr. vom 2. Dezember 1925.

2. Vgl. § 27 RGewO.

3. Die Vorschrift soll schönheitlich unbefriedigende Bauten (überragende Kommunmauern) hintanhalten.

§ 22.

Industrieviertel.

In jenen Gebieten, welche als Industrieviertel eigens bezeichnet[1] sind, können für die gewerblichen Zwecken dienenden Gebäude, nicht aber für Wohnhäuser, besondere Erleichterungen[2] durch die Lokalbaukommission gewährt werden.

Als Industrieviertel werden bestimmt:

1. in Schwabing — Milbertshofen — Moosach: das Gebiet zwischen dem Nymphenburger Kanal, der Dachauerstraße, Hanauerstraße, Pellkovenstraße, Wildstraße, oberen Krautstraße, Breslauerstraße, der Bahn von Landshut nach München, der Allacherstraße, dem Burgfrieden und der Ungererstraße, hier jedoch mit Ausnahme der unmittelbar an der Ungererstraße gelegenen Baublöcke;

2. in Giesing und Berg am Laim: das Gebiet, begrenzt vom Ostbahnhof, der Bahn nach Deisenhofen, der St. Martinstraße, Schlierseestraße, Warngauerstraße, Schwanseestraße, dem Fasanerieweg, dem Burgfrieden, der Balanstraße, Claudius-Kellerstraße, Führichstraße, verlängerter Vollanistraße, Echhardingerstraße, Berg am Laimstraße, Kreillerstraße, dem Burgfrieden und der Bahn nach Rosenheim;

3. an der Landsbergerstraße: nördlich der Streifen zwischen der Landsbergerstraße und der Bahn von der Schrenkstraße bis zum Burgfrieden, südlich das Gebiet zwischen Elsenheimerstraße, Lautensackstraße, Agnes Bernauerstraße und deren Verlängerung nach Südost, Westendstraße, Holzkirchnerbahn und Landsbergerstraße;

4. im Sendlinger Oberfeld:[3] das Gebiet begrenzt von der Holzkirchner Bahn, der Zielstattstraße, dem Waldsaum (350 m bis 70 m westlich der Aidenbachstraße) und der Kistlerhofstraße.

In dem letzteren Fabrikviertel im Sendlinger Oberfeld werden gewerbliche Anlagen, welche durch die Zuführung von Gasen, Dämpfen, Gerüchen, Rauch Ruß und Staub für die Bewohner der benachbarten Grundstücke oder für das Publikum überhaupt Nachteile, Gefahren oder erhebliche Belästigungen herbeiführen können, sowie Vergrößerungen derartiger bereits bestehender Anlagen nicht zugelassen. Die Errichtung neuer Fabrikschornsteine für Dampfkraft- und Dampfheizanlagen ist verboten.

1. Die StBO. schafft nicht Industriequartiere in dem Sinne, daß gewerbliche Anlagen ausschließlich in bestimmte Gebiete des Burgfriedens verwiesen werden; sie stellt vielmehr die Regel auf, daß abgesehen von bestimmt namhaft gemachten oder umgrenzten eigentlichen Wohnlagen und den für diese geltenden Beschränkungen (§§ 21, 22a) überall im Burgfrieden innerhalb des durch die geltenden Rechtsnormen gewährten Rahmens industrielle Betriebe ihre Stätte finden sollen.

Diesen Rahmen gibt vor allem die RGewO. in den §§ 16 mit 27, dann 51; in Betracht kommen daneben die Bestimmungen des BGB., speziell § 906; hiernach kann der Eigentümer eines Grundstückes die Zuführung von Gasen, Dämpfen, Gerüchen, Rauch, Ruß, Wärme, Geräusch, Erschütterungen und ähnliche von einem anderen Grundstück ausgehende Einwirkungen insoweit nicht verbieten, als die Einwirkung die Benutzung seines Grundstückes nicht oder nur unwesentlich beeinträchtigt oder durch eine Benutzung des anderen Grundstückes herbeigeführt wird, die nach den örtlichen Verhältnissen bei Grundstücken dieser Lage gewöhnlich ist. Die Zuführung durch eine besondere Leitung ist unzulässig. Nach § 1004 ebenda ist der Eigentümer berechtigt, wegen der nach Vorstehendem von ihm nicht zu duldenden Beeinträchtigungen Beseitigung zu verlangen; soweit diese Beeinträchtigungen jedoch von einer obrigkeitlich genehmigten gewerblichen Anlage ausgehen, kann niemals auf Einstellung des Gewerbebetriebes, sondern nur auf Herstellung von Einrichtungen Zivilklage gestellt werden, welche die benachteiligenden Einwirkungen ausschließen; sind solche Einrichtungen untunlich oder mit einem gehörigen Betriebe des Gewerbes unvereinbar, so kann nur auf Schadloshaltung geklagt werden (§ 26 der RGewO.). In Fällen, in welchen derartige Belästigungen überwiegende Nachteile und Gefahren für das Gemeinwohl mit sich bringen, kann übrigens die fernere Benutzung einer gewerblichen Anlage gegen Ersatz des dem Besitzer nachweisbar erwachsenden Schadens durch die höhere Verwaltungsbehörde zu jeder Zeit untersagt werden.

Für München sind außerdem die ortspol. Vorschriften vom 18. Dezember 1906 zur Verhütung von Belästigungen und Gesundheitsgefährdungen durch Rauch und übelriechende Gase (Anhang IV 4) zu beachten.

Hiernach werden zweckmäßiger Weise viele Anlagen in Gegenden gelegt, wo sie infolge ihrer Entfernung von dichter bebauten Stadtteilen und wegen der in München vorherrschenden West- und Südwestwinde weniger lästig fallen; die StBO. weist die Industrie auf besonders geeignete Gebiete, namentlich im Norden und Osten des Burgfriedens hin, welche schon wegen der Bahnhofs- und Geleisenähe, der erleichterten Zu- und Abfuhr der Rohmaterialien und der Produkte usw. Vorteile vor anderen Stadtlage bieten. Der Stadtrat ist in der Lage, solche Gelände zu benennen, z. T. sogar aus Gemeindebesitz zur Verfügung zu stellen.

2. Die besonderen Erleichterungen beziehen sich auf Höhe, Gruppenlänge, Stockwerkszahl und die Entbindung von Vorschriften sonstiger Art innerhalb der der LBK. vorbehaltenen Dispensationsbefugnisse.

3. Solche Erleichterungen sind auch für das im Anschluß an die Isarwerke geschaffene Industriegebiet des Sendlinger Oberfeldes zulässig; doch gelten im übrigen wegen der besonderen Verhältnisse dieser Stadtlage einschneidende Beschränkungen.

Bei der Begründung dieser Anlagen gingen die Beteiligten und die Verwaltung der damals noch selbständigen Gemeinde Thalkirchen von der Annahme aus, daß trotz der herrschenden Windrichtung Nachteile für die Stadt nicht erwartet werden könnten, da nur mit elektrischer Kraft gearbeitet werden sollte. In der Folge siedelten sich aber doch Betriebe an, die abgesehen von der verwendeten Kraftquelle — so lästig geworden sind, daß die genannte Gemeinde noch vor ihrer am 1. Januar 1900 in Wirkung tretenden Einverleibung sich zu Sondervorschriften für dieses neue Viertel entschließen mußte. Spätere eingehende Beratungen, zu welchen die Handels- und Gewerbekammer für Oberbayern, der Bayer. Industriellenverband, die technischen Organe der Stadtverwaltung, insbesondere wiederholt der Gesundheitsrat einvernommen wurden, haben die Erkenntnis bekräftigt, daß ein ohne Beschränkungen im Westen und Südwesten zugelassenes Industrieviertel später durch Rauch und Ruß die nächste als Wohnlage besonders qualifizierte Nachbarschaft, deren weitere Umgebung — namentlich die Anlagen des Isartales — und nicht zuletzt die Stadt selbst in erheblichem Maße schädigen könne, und daß dieser Gefahr um so mehr zu begegnen sei, als gerade aus dieser Gegend der Stadt nach Ansicht aller Sachverständigen nur gute und reine Luft zugetragen werden sollte.

Dazu trat die Erwägung, daß innerhalb des Burgfriedens weite, zum Teil im Eigentum der Stadt selbst stehende Gebiete mit mindestens den gleichen Qualitäten der Industrie zur Verfügung gestellt werden können, bei welchen solche Nachteile für die Allgemeinheit nicht zu befürchten sind.

Endlich war für die Fassung des § 22 Ziff. 4 der Umstand von Bedeutung, daß auch angesichts der Beschränkungen desselben das Sendlinger Oberfeld für eine Reihe Industrien, welche keine besonderen Belästigungen bringen, sich recht wohl eignet. Dies bewies der Umstand, daß von den anfangs 1904 angesiedelten Unternehmungen verschiedenster Art im ganzen 84 Elektromotore mit 1080 PS. Leistung als Antriebsmaschinen gebraucht wurden, was einem täglichen Verbrauch in der in München üblichen Kohle von etwa 2 Doppelwaggons im Tage entsprochen hätte.

Nach alledem hatten Satz 2 und 3 des Entwurfs folgenden Wortlaut erhalten: „In dem letzteren Fabrikviertel im Sendlinger Oberfeld werden gewerbliche Anlagen, welche durch die Zuführung von Gasen, Dämpfen, Gerüchen, Rauch, Ruß und Staub für die Bewohner der benachbarten Grundstücke oder für das Publikum überhaupt erhebliche Belästigungen herbeiführen können, sowie Vergrößerungen derartiger bereits bestehender Anlagen nicht zugelassen. Dampfkraft darf nur als Reserve an Stelle elektrischer Kraft dienen."

Auf eine Anregung des Kollegiums der Gemeindebevollmächtigten hatte sich der Magistrat und die Lokalbaukommission nochmals mit dieser Vorschrift zu befassen mit dem Ergebnisse, daß im letzten Satz die Worte „an Stelle elektrischer Kraft" gestrichen wurden.

Nach der nunmehr definitiven Fassung der Vorschrift sind in dem festbegrenzten Industrieviertel des Sendlinger Oberfeldes alle Kraftbezugsquellen zugelassen, welche nicht durch Zuführung von Gasen, Dämpfen, Gerüchen, Rauch, Ruß und Staub erhebliche Belästigungen herbeiführen, hierher zählt in erster Linie die durch Wasserkraft erzeugte elektrische Energie.

Betriebe, welche primär mit Dampfkraft arbeiten, sind nicht zulässig. Dampfkraft ist vielmehr nur als Reserve für solche Kraftbezugsquellen zu verwenden, welche die erwähnten erheblichen Belästigungen nicht im Gefolge haben und eine konstante Betriebskraft nicht liefern.

Wohnviertel.

§ 22a.

In den Bezirken, die als Wohnviertel[1] eigens bezeichnet sind, ist die Errichtung, Erweiterung und Umstellung aller gewerblichen und Fabrikanlagen ausgeschlossen, die geeignet sind, durch Erschütterungen, Lärm, Rauch, Ruß, Staub, übelriechende und schädliche Gase und Dämpfe ein behagliches Wohnen zu beeinträchtigen, desgleichen die Errichtung von größeren Stallungen, insbesondere solchen, die der gewerbsmäßigen Zucht von Hunden, Schweinen und Geflügel, dann dem Handel mit solchen Tieren dienen, ebenso die Lagerung von Fellen, Häuten, Knochen und sonstigen übelriechenden Stoffen. Fabrikschornsteine und hohe Blechkamine für Dampfkraft- oder Dampfheizanlagen sind nicht zulässig.

Als Wohnviertel werden bestimmt:

1. Das Gebiet zwischen der Ludmillerstraße und einer Linie in deren Verlängerung bis zur Harlachingerstraße, der Harlachingerstraße, Habenschadenstraße, Grünwalderstraße, Wettersteinplatz, Säbenerstraße, Berchtesgadenerstraße, Benediktinerplatz, Peissenbergerstraße, Waldraun-

straße, Tegernseerlandstraße, der Burgfriedensgrenze, der Isar, dem Tiergarten und der Hellabrunnerstraße.

Für die Westseite der Tegernseerlandstraße zwischen Grünwalderstraße und Naupliastraße kann die Lokalbaukommission die Errichtung von gewerblichen und Fabrikanlagen ausnahmsweise zulassen.

In dem Gebiet zwischen der Grünwalderstraße, Wettersteinplatz, Säbenerstraße, Berchtesgadnerstraße, Waldraunstraße, Tegernseerlandstraße ist die Errichtung von Anlagen nach § 16 und 27 der Reichsgewerbeordnung verboten.

2. Das Gebiet zwischen dem Waldfriedhof, der Fürstenriederstraße und ihrer geradelinigen Fortsetzung bis zur Forstenriederstraße, dem östlich vom Kreuzhof nach Südosten verlaufenden Feldweg und einer Linie in dessen Verlängerung bis zur Kistlerhofstraße, der Kistlerhofstraße und ihrer Verlängerung bis zur Wolfratshauserstraße, dem Verbindungsweg zur Benediktbeurerstraße, der Benediktbeurerstraße, Zentralländstraße und ihrer Fortsetzung bis zum Burgfrieden, dem Burgfrieden gegen Solln, einer Linie von da am Nordrande der Ortslage Forstenried zur Straße nach Fürstenried, dieser Straße bis zur Kreuzung mit dem Feldweg bei Haus-Nr. 3½, dem Feldweg, einer Linie 300 m südlich und parallel der Straße Forstenried-Fürstenried-Neuried und dem Burgfrieden gegen Neuried.

3. Das Gebiet zwischen dem Nymphenburger Schloßgarten, der Romanstraße, Gaßnerstraße, Nibelungenstraße, Renatastraße, nördl. Auffahrtsallee, Nederlingerstraße bis Nederling, dem Feldweg gegen Moosach bis zur Höhe des Anwesens Maria-Wardstraße Haus-Nr. 112, einer Linie von der Südseite dieses Anwesens zur Bahnkreuzung der Allacherstraße und dem Burgfrieden.

1. Es ist vom gesundheitlichen Standpunkte aus bedeutungsvoll, große Bezirke des Erweiterungsgebietes und namentlich die im Verhältnisse zur ausgebauten Stadt vor der herrschenden Windrichtung liegenden — als besondere Wohnlagen zu schützen und so wichtige „Luftreservoire" zu erhalten. Die sehr sorgfältigen Erhebungen, welche vor Erlaß der geltenden Vorschriften zur Verhütung von Gesundheitsgefährdungen durch rauchschädliche und

übelriechende Gase eine vom Gesundheitsrat gebildete Spezialkommission anfangs 1905 abgeschlossen hat, ergaben u. a. folgendes:

a) Die Rauch- und Rußplage in München ist auf die Entwicklung der Industrie und die Vermehrung der Feuerungsanlagen zurückzuführen und bleibt bei 25000 bis 250000 Staubteilchen in 1 Kubikzentimeter Luft hinter jener der wesentlich größeren Stadt Paris nicht eigentlich zurück; wenn man im Spätherbst oder Winter die Stadt von einem entfernten Aussichtspunkt z. B. der Großhesseloher Brücke betrachtet, so nimmt man deutlich die Rauchwolke wahr, die über dem Stadtkern lastet; die nächste Folge hievon ist eine beträchtliche Verminderung der Sonnenscheindauer und eine bedeutende Zunahme der Nebel innerhalb der Stadt.

b) Mit Hilfe des Aitkenschen Staubzählers wurde festgestellt, daß die Luft bei ihrem Durchzug durch München in hohem Maße mit Staub- und Rauchteilchen beladen wird.

Bei Westwind enthielt 1 Kubikzentimeter Luft

in Nymphenburg	2600	Staub- und Rauchteilchen
am Marsfeld	70000	" " "
am Bahnhofplatze	110000	" " "
am Marienplatz	125000	" " "
an der Isar (Kaserne der schweren Reiter)	171000	" " "
am rechten Isarufer	81000	" " "
mitten in Haidhausen	82000	" " "
vor dem Ostbahnhof	85000	" " "

Bei Ostwind enthielt 1 Kubikzentimeter Luft

am Ostbahnhof	3200	Staub- und Rauchteilchen
mitten in Haidhausen	97200	" " "
rechtes Isarufer	135000	" " "
linkes Isarufer	120000	" " "
Marienplatz	135000	" " "
Bahnhofplatz	160000	" " "
Marsfeld	186000	" " "
Nymphenburg	188000	" " "

Aus dieser Zusammenstellung geht hervor, daß die Isar mit ihren breiten baumbepflanzten Anlagen eine reinigende, rauchvermindernde Wirkung ausübt, daß der Münchener Hauptbahnhof vor der teilweisen Elektrisierung der Bahnen einen sehr großen Beitrag zur Rauchmenge in der Stadt geliefert hat und daß richtig liegende Luftreservoire und strenge Beobachtung der geltenden ortspolizeilichen Vorschriften durch die Privaten und die Behörden eine große hygienische Bedeutung für die Gesamtheit der Einwohnerschaft haben.

Nach § 21 StBO. erfahren Blöcke, die die bevorzugten Wohnstaffeln aufweisen und zumeist in größerem Umfange z. B. im Bezirk der vormaligen Gemeinde Nymphenburg (Staffel 8 und 9), speziell Gern (Staffel 5), Neuwittelsbach (Staffel 9), Umgebung der Bennokirche (Staffel 8), des Schlosses Biederstein (Staffel 8), Bogenhauser Villenkolonie (Staffel 9), Prinz Ludwigshöhe (Staffel 9) zusammenhängen — einen besonderen Schutz vor Belästigungen; § 22a geht noch darüber hinaus, indem er denselben weiterreichend auf alle im Wohngebiet vertretenen Staffeln erstreckt und die allmähliche Verdrängung der im Geltungsbereich etwa vorhandenen, das behagliche Wohnen beeinträchtigenden gewerblichen und industriellen Anlagen — durch das Verbot der Erweiterung und Umstellung, sowie den Ausschluß von Fabrikkaminen und hohen Blechkaminen für Dampfkraft und Dampfheizung — ermöglicht.

Dispensation.

§ 23.

Die Lokalbaukommission kann nach Einvernahme des Stadtrates in einzelnen Fällen bei ganz besonderen Verhältnissen von Bestimmungen gegenwärtiger ortspolizeilicher Vorschriften dispensieren, sofern hierbei weder öffentliche Interessen, noch Rechte oder erhebliche Interessen eines Dritten benachteiligt werden.[1]

1. Diese Vorschrift bezieht sich nur auf Dispensationen, zu denen die LBK. zuständig ist, also auf die Bestimmungen der Staffelbauordnung mit Ausnahme des § 3, der die Höhe und Geschoßzahl der Vorder- und Rückgebäude sowie die Hofraumgröße für Staffel 1 nach den Vorschriften der MBO. bemißt. Eine Dispensation von Vorschriften der MBO. ist nach § 83 Abs. III ebenda der Regierung von Oberbayern, Kammer des Innern, vorbehalten; an diesen Bestimmungen einer Ah.-Verordnung kann die StBO. als ortspol. Vorschrift selbstverständlich nichts ändern.

Hiernach ist die Frage, ob vor Dispenserteilung für einen der Staffel I unterliegenden Baufall der Stadtrat von der LBK. einvernommen werden muß, zu verneinen; so entschieden von der Kreisregierung von Oberb. mit E. v. 18. März 1927 Nr. 1559 A I.

Dies schließt aber die Einvernahme in Fällen nicht aus, die wie z. B. die Errichtung eines Hochhauses, die Höhenüberschreitung an einem architektonisch wichtigen Platz u. dgl. für das Stadtbild bedeutungsvoll, d. h. von besonderer Wichtigkeit sind (vgl. § 8 der ortspol. Vorschriften vom 18. Januar 1908, 17. Juli 1909 und 11. Juli 1914 Anhang II 5).

E. Besondere Bestimmungen.

Neben den Bestimmungen der Baustaffeln gelten für die nachstehend bezeichneten Teile des Stadtgebietes folgende besondere Vorschriften:

§ 24.[1]

Die Bauanlagen an der Theresienwiese.

I Der zur Überbauung bestimmte Teil der Theresienwiese wird begrenzt von dem südlich nächst der Kreuzung der Bavariastraße mit der Eisenbahn beginnenden Bavariaring, der Südseite der Schwanthalerstraße, der Westseite der St.-Paulstraße, der Südseite der Pettenkoferstraße bis zur Goethestraße, der Westseite der Goethestraße bis zum Goetheplatz, der Nordseite der Mozartstraße, der Westseite der Herzog-Heinrichstraße bis zur Lindwurmstraße, endlich der Nordwestseite der Lindwurmstraße bis zum Bahnkörper und diesen selbst bis zu seiner Kreuzung mit der Bavariastraße.

Innerhalb dieses Bezirkes finden die folgenden Bestimmungen keine Anwendung auf der Westseite der Herzog-Heinrichstraße von der Lindwurmstraße bis zur Kreuzung mit der Mozartstraße auf eine Bauplatztiefe von 40 m sowie die Nordwestseite der Lindwurmstraße bis zu einer Tiefe von 50 m, an der Einmündung der Kobellstraße in die Herzog-Heinrichstraße, an den Einmündungen der Hermann-Schmidstraße, Stielerstraße und Nordseite der Güllstraße in die Lindwurmstraße, aber nur auf die Eckhäuser, während das dem Eckhaus folgende Gebäude in den neuen Straßen mit Einschluß des Rückplatzes den beschränkenden Bestimmungen unterworfen ist. Ausgenommen sind ferner die Südseite der Güllstraße und die Nordseite der Poccistraße, je zwischen Lindwurmstraße und Grimmstraße einschließlich der Eckhäuser an der Grimmstraße, endlich das Baugebiet zwischen Bavariaring, Poccistraße, Lindwurmstraße und der Bahn.

II 1. Die ganze Bauanlage muß den Charakter einer Villenanlage erhalten; dieser Charakter darf weder durch Haupt-, noch durch Nebengebäude, noch durch ihre Benutzungsweise beeinträchtigt werden.

2. Der Abstand der Häuser (bzw. Pavillongruppen) muß in allen Straßen wenigstens 12 m, und zwar je 6 m von der Grenze betragen.

In dem Zwischenraume werden nur Erker, Freitreppen, Portalvorsprünge, Vordächer, Veranden und kleine Sommerhäuser zugelassen.

3. Die Höhe der etwaigen Rückgebäude darf höchstens 1 Stockwerk über dem Erdgeschoß, jedoch nicht mehr als 8 m betragen.

Dieselben dürfen keine Mietwohnungen, sondern nur Stallungen, Remisen, Waschküchen oder Dienerwohnungen enthalten.

4. . . . . .[2]

III 1. Für das Areal zwischen der Poccistraße, dem Bavariaring und der Bahn gelten im allgemeinen dieselben Vorschriften wie für die ganze Bauanlage. Es bleibt jedoch der Lokalbaukommission vorbehalten, in bezug auf Bebauung und Benutzung der Rückplätze längs der Bahn zum Zwecke ihrer gewerblichen Ausnutzung Ausnahmen zu bewilligen.

2. Es bleibt der Lokalbaukommission vorbehalten, an Stellen, wo die neue und eine andere bereits im Alignement feststehende Bauanlage sich berühren, die zur Vermittelung des Überganges erforderlichen Ausnahmen von diesen Vorschriften zu bewilligen und in Zweifelsfällen die Grenze festzusetzen, von welcher an diese Vorschriften unbedingt maßgebend sind.

3. Endlich bleibt der Lokalbaukommission vorbehalten, auch in anderen besonderen Fällen von den vorstehenden Vorschriften Ausnahmen zu bewilligen, welche weder die Gesundheit der Bewohner benachteiligen, noch dieselben sonst erheblich belästigen.

IV Mit Rücksicht auf die zwischen dem Stadtrate und einer Mehrzahl von Privatbeteiligten getroffenen Vereinbarungen werden alle Bauplatzabteilungspläne sowie alle Baupläne, auf welche diese Vereinbarungen von Einfluß sind, dem Stadtrate zur vorgängigen Beschlußfassung mitgeteilt.[3]

1. Die Bestimmungen für die Bauanlagen an der Theresienwiese sind auf jene der Staffel 8 zurückgeführt; sie haben zur Anwendung zu kommen, soweit nicht § 24 selbst Abweichungen vorschreibt.

2. Der Ausbau des Dachgeschosses richtet sich nach § 19 StBO.

Ziff. 4 ist aufgehoben durch § 9 der ortspol. Vorschriften vom 17. Juli 1926 (Anhang II 5).

3. Zur Begutachtung der Pläne für den Ausbau der Umgebung der Theresienwiese berief der Magistrat eine Kommission, in der die namhaftesten Architekten Münchens vertreten waren (Künstlerkommission).

§ 25.

Bauführungen am Karolinenplatz.[1]

I An den im Alignement vorgesehenen Eckabschrägungen dürfen nur solche Gebäude, deren Hauptfront die Länge dieser Eckabschrägungen nicht überschreitet, aufgeführt werden.

Diese Gebäude dürfen höchstens 3 Stockwerke über dem Erdgeschosse, die Eckgebäude an der Brienner- und Barerstraße höchstens 2 Stockwerke über dem Erdgeschosse erhalten.

Dachwohnungen oder einzelne heizbare Lokale über dem dritten Stockwerke der ersteren und über dem zweiten Stockwerke der letzteren Gebäude sind ausgeschlossen.

II Die an den Ecken der Brienner- und Barerstraße aufzuführenden Gebäude müssen in ihrem Äußeren den Charakter von Nebengebäuden tragen und mit dem an der einschlägigen Eckabschrägung befindlichen oder herzustellenden Hauptgebäude ein architektonisches Ganze bilden.

Der Abstand der Gebäude muß mindestens 10 m betragen.

1. Unverändert übernommen aus § 9 der Vollzugsvorschriften zur MBO. vom 29. Mai 1896. Soweit § 25 nicht besondere Normen gibt, gilt Staffel 6.

§ 26.

Bauanlage Neuwittelsbach.[1]

Für die Bebauung der Grundstücke an:

a) der Prinzenstraße zwischen Renatastraße und Hubertusstraße,

b) der Romanstraße zwischen Winthirstraße und Döllingerstraße,

c) der Lachnerstraße zwischen Renatastraße und Nibelungenstraße,

d) der Jagdstraße zwischen Renatastraße und Aiblingerstraße,
e) der Stupfstraße zwischen Aiblingerstraße und Nibelungenstraße,
f) der Aiblingerstraße,
g) der Montenstraße,
h) der Flüggenstraße,
i) der Hubertusstraße zwischen Prinzenstraße und Nibelungenstraße,
k) der Renatastraße zwischen südlicher Auffahrtsallee und Jagdstraße,
l) der Westseite der Winthirstraße zwischen Romanstraße und Prinzenstraße,
m) am Rondell Neuwittelsbach,
n) an der Sophie-Stehlestraße,
o) an der Straße XXIII 1, den beiden Gabeln der Bernabeistraße

gelten folgende, auch durch Vertrag mit der Stadtgemeinde gesicherte, besondere Baubeschränkungen:

1. Das vorbezeichnete Bauquartier hat den Charakter einer Villenanlage zu erhalten, und dieser darf weder durch die Bauweise der darin zu errichtenden Gebäude, noch durch die Benutzung der Anwesen gestört werden.

Als Regel soll die Herstellung von Einzelpavillons gelten.

Ausnahmsweise und vorbehaltlich der Zustimmung des Stadtmagistrates dürfen mit Rücksicht auf besondere örtliche Verhältnisse auch Doppelpavillons zugelassen werden.

3. Für größere Gebäude und Doppelpavillons kann ein größerer Pavillonabstand als 5 m verlangt werden.

4. . . . . .[2]

5. Alle Seiten der Gebäude einschließlich der Rückfronten müssen eine entsprechende Fassade erhalten.

6. Die Hofräume müssen auf eine Tiefe, welche der Dachgesimshöhe der Vordergebäude entspricht, ohne jede Überbauung frei bleiben.

1. Die Vorschriften für diese Anlage sind vorbehaltlich der besonderen Bestimmungen dieses Paragraphen auf Staffel 9 zurückgeführt.

2. Ziff. 4 ist aufgehoben durch § 9 der ortspol. Vorschriften vom 17. Juli 1926 (Anhang II 5).

§ 27.

Bauführungen auf dem Areale zwischen Bogenhausen, der Ismaninger- und Langerstraße, dann den unteren Gasteiganlagen.[1]

1. Als Vordergebäude werden in der Regel nur Einzelpavillons bis zu einer Länge von 25 m Front zugelassen. Die Vordergebäude dürfen nicht mehr als ein Stockwerk über dem Erdgeschoß unter Ausschluß von Dachwohnungen erhalten, wobei jedoch einzelne Aufbauten bis zu 1/3 der Fassadenlänge und 1/5 des ganzen Gebäudeumfanges zulässig sind. — Ausnahmsweise können in ganz besonderen Fällen Doppelpavillons oder Einzelpavillons mit einer Frontlänge bis zu 40 m aus architektonischen Gründen gestattet werden.

In den Vordergebäuden an der Ismaningerstraße sind selbständige Dachwohnungen zulässig.

2. Die auf dem genannten Areal zur Ausführung kommenden Gebäude müssen den Charakter des Villenstils an sich tragen.

3. Die Zwischenräume zwischen den Vordergebäuden müssen in der Regel unüberbaut bleiben; es können jedoch in denselben unter sonst günstigen Verhältnissen offene Unterfahrten, Vorhallen, Veranden, Sommerhäuschen u. dgl. zugelassen werden.

4. Rückgebäude dürfen keine größere Länge erhalten als die Vordergebäude und müssen in ihrer ganzen Länge durch die Frontseite des Hauptgebäudes gedeckt sein. Die Firsthöhe der Rückgebäude darf die Hauptgesimshöhe des Vordergebäudes nicht übersteigen.

5. Die Hofräume müssen auf eine Tiefe, welche der Hauptgesimshöhe des Vordergebäudes entspricht, unüberbaut bleiben.

6. Die Pläne über jede der baupolizeilichen Bewilligung unterliegende Bauführung sind vor der baupolizeilichen Verbescheidung dem Stadtmagistrat zur Erinnerungs-

abgabe, sowie der Verwaltung des ehemaligen Krongutes zur Äußerung[2] über deren Genehmigung oder Ablehnung zu übermitteln.

1. Die Vorschriften für diese Bauanlage sind vorbehaltlich der besonderen Bestimmungen des § 27 auf die Staffel 9 zurückgeführt.

2. Diese Äußerung ist für die Baupolizeibehörde bindend.

§ 28.

Bauführungen an der Westseite der Khidlerstraße.[1]

I. Gegen die Plinganserstraße hin muß jede Gebäudegruppe ein einheitliches Ganzes bilden; die Rückfronten der Vorder- und Rückgebäude sind architektonisch auszugestalten.

II 1. Die Wohngebäude sind zu unterkellern, ihre Fundamente sind bis zur Fußbodenhöhe aus Beton herzustellen.

2. Der Fußboden der ebenerdigen Wohnräume muß die Höhenlage des anstoßenden Gehsteiges oder Grundes um mindestens 1 m überragen.

3. Gewerbe, mit denen stark rauchende Heizungen verbunden sind, dürfen in den Rückgebäuden nicht betrieben werden.

III Soweit sich einzelne Grundbesitzer der Stadtgemeinde München gegenüber zu weitergehenden Beschränkungen verpflichtet haben, hat es dabei sein Bewenden.[2]

1. Die Gründe für die Sonderregelung liegen in den Höhenunterschieden zwischen Khidlerstraße-Westseite und Plinganserstraße-Ostseite, den dadurch bedingten Einblicken und Belästigungen, sowie der Tatsache, daß am Hangfuße Quellen austreten; die Bestimmungen sind durch Nachtrag VIII zur StBO. in der Fassung vom 3. Dezember 1925 (MGemZ. Nr. 101) in der vorstehenden Weise vereinfacht; die Bauführung bemißt sich im wesentlichen nach Staffel 7.

2. Die StBO. konnte die Rechtsbeständigkeit der Verträge nicht berühren.

§ 29.

Bebauung der Umgebung der St. Bennokirche.[1]

Für die Bebauung des Ferdinand Millerplatzes gelten folgende besondere Bestimmungen:

1. An der Südwestseite des Platzes sowie an der Südost- und Nordwestseite desselben zwischen der Gaigl- und Kreittmayrstraße sind im Erdgeschoß der Vordergebäude offene Arkaden [2] anzubringen und zu erhalten.

2. An der Nord- und Ostseite des Platzes sind an den Stellen, welche in dem inhaltlich Entschließung des Staatsministeriums des Innern vom 22. Februar 1896 Allerhöchst genehmigten Baulinienplane hierfür gekennzeichnet sind, Pavillonzwischenräume anzulegen, welche an der Baulinie mit ebenerdigen Portalbauten abzuschließen sind.

3. Für die Fassaden der Vordergebäude ist inhaltlich genannter Entschließung ein schematisches Fassadenbild Allerhöchst genehmigt, welches für den Baucharakter und die Silhouette maßgebend ist. Überschreitungen der nach Abs. I Ziff. 1 zulässigen Höhe und Stockwerkszahl sind nur an den durch dieses Fassadenbild gekennzeichneten Stellen gestattet. Die Aufbauten dürfen im allgemeinen bei den einzelnen Gebäuden die im Fassadenbild angenommene Zahl nicht überschreiten, und die daselbst eingezeichneten Firsthöhen sind im wesentlichen einzuhalten.

1. Außer den besonderen Bestimmungen dieses Paragraphen bemißt sich die Bebauung nach Staffel 8.

2. Diese Bestimmung ist in der Folge nicht durchgeführt worden, weil Arkaden in südlicheren Gegenden eine ganz andere Bedeutung haben, als in unserem Klima und schon wegen der Verdüsterung der anstoßenden Räume unzweckmäßig und unbeliebt sind.

§ 30.

Bauführungen an der Biedersteinerstraße und Umgebung.[1]

Bei Bauführungen in dem Gebiete zwischen der Biedersteinerstraße, dem Schwabinger Bache und den zum Schlosse Biederstein gehörigen Grundstücken sind die Grundmauern der Gebäude bis zur Sockelhöhe wasserdicht herzustellen und nicht allein horizontal, sondern auch seitlich vertikal entsprechend zu isolieren.

1. Im übrigen gilt Staffel 8.

§ 31.

Bausystem in der Umgebung der St. Ursulakirche in Schwabing.[1]

I Bei Bauführungen am Kaiserplatz und an der Südseite der Kaiserstraße — auf eine Strecke von je 70 m östlich und westlich von der Achse der Friedrichstraße — sind folgende besondere Baubeschränkungen einzuhalten:

1. für die Höhenentwicklung, Gruppenbildung und Silhouettierung der Gebäude am Kaiserplatze sind die vom K. Professor August Thiersch ausgearbeiteten Pläne vom 15. Juni 1897 Nr. 12422 mit den unter Ziff. 2 lit. c genannten Abweichungen maßgebend;
2. hiernach sind im allgemeinen nur Gebäude mit 2 Stockwerken über dem Erdgeschoß zulässig, Gebäude mit 3 Stockwerken über dem Erdgeschoß nur
   a) für die Eckhäuser am Kirchenplatz und an der Bismarck- und Viktoriastraße sowie
   b) für die Eckhäuser an der Südseite der Kaiserstraße zunächst der Friedrichstraße, an den in diesen Plänen vorgesehenen Stellen,
   c) außerdem für die Eckhäuser an der Nordseite der Kaiserstraße.

II Das Dachgeschoß darf zur Hälfte ausgebaut werden; die Verlegung der betreffenden Räume an die Straßenseite ist nur dann statthaft, wenn hierfür entsprechende Dachaufbauten im Thierschschen Fassadenplan vorgesehen sind.

1. Außer diesen Sonderbestimmungen bemißt sich die Bebauung nach Staffel 8.

§ 32.

Bausystem an der Lipowskystraße.

Die Bauführungen an der O s t s e i t e d e r L i p o w s k y - s t r a ß e[1] in der Strecke zwischen der westlichen Flucht des Hauses Nr. 128 an der Lindwurmstraße und dem Grundstücke Plan-Nr. 9605 (exklusive) sind folgende besondere Bestimmungen einzuhalten:

a) es dürfen nur Vordergebäude mit Erd- und einem Obergeschoß und einzelnen örtlichen Aufbauten über dem Obergeschoß hergestellt werden;

b) die Rückfassaden gegen die Stadt zu sind dekorativ auszugestalten;

c) die Einfriedungen der Anwesen gegen die Straße zu müssen als Gitter aus Eisen auf Steinsockeln so ausgeführt werden, daß auf die Häuser ein Gesamteinblick von der Straße aus offen bleibt. Die Höhe der ganzen Einfriedung darf 2 m, die Höhe des Sockels 0,80 m nicht übersteigen; teilweise Überhöhungen für Torbogen und Pfeiler sind jedoch nicht ausgeschlossen.

1. Außer diesen Sonderbestimmungen bemißt sich das Bausystem nach Staffel 9.

§ 33.

Bausystem für das Areal zwischen der Ismaninger-, Sternwart-, Herschel- und Holbeinstraße.

Für Aufführung von Gebäuden in dem Areal zwischen Ismaninger-, Sternwart-, Herschel- und Holbeinstraße gelten folgende Beschränkungen:

1. a) an der Ostseite der Ismaningerstraße zwischen Holbein- und Sternwartstraße, ferner an der Südseite der Sternwartstraße, zwischen Ismaninger- und Herschelstraße dürfen nur Vordergebäude (mit Flügelbauten) mit Erdgeschoß und 3 Obergeschossen und in einer Höhe von nicht mehr als 17 m aufgeführt werden;[1]

b) an der Rauch-, Cuvilliés- und an der Nordseite der Holbeinstraße je zwischen Ismaninger- und Herschelstraße und ferner an der Herschelstraße und an der Westseite der Herschelstraße je zwischen Sternwart- und Holbeinstraße sind nur Vordergebäude (mit Flügelbauten) mit Erdgeschoß und 2 Obergeschossen zulässig; die Höhe der Gebäude darf 14 m, an den Eckbauplätzen 14,50 m nicht übersteigen.[2]

2. Etwaige Flügelbauten dürfen eine Tiefe von 22 m, von der Baulinie ab gemessen, nicht überschreiten.
Rückgebäude sind ausgeschlossen.

3. In jedem der in Betracht kommenden Bauquartiere muß wenigstens in jedem der 4 Eckhäuser — gleichviel ob dieselben Flügelbauten erhalten oder nicht — eine

vorschriftsmäßige Zufahrt zum Hofraum hergestellt und jederzeit erhalten bleiben, um in Brandfällen die Zufahrt ins Innere des Gebäudeblockes zu ermöglichen.

Zum gleichen Zwecke dürfen die Hofraumeinfriedungen nur eine solche Höhe und Konstruktion erhalten, daß bei Feuersgefahr ein Übersteigen derselben jederzeit möglich ist. Die durch Vertrag mit der Stadtgemeinde festgesetzten Beschränkungen werden durch gegenwärtige Vorschriften nicht berührt.

1. Abgesehen von den hiernach geltenden Sonderbestimmungen, besonders dem Verbot von Rückgebäuden bemißt sich die Bebauung des Areals I a nach Staffel 3,

2. jene des Areals I b nach Staffel 4.

§ 34.

Bausystem für das Nymphenburger Schloßrondell.

I Im Nymphenburger Schloßrondell darf ohne die Zustimmung des Staates (Verwaltung des ehemaligen Krongutes) die Einheitlichkeit und der Charakter der bestehenden Bauanlagen[1] nicht geändert werden.

II Pläne über jede der baupolizeilichen Bewilligung unterliegende Bauführung sind vor der baupolizeilichen Verbescheidung der Verwaltung des ehemaligen Krongutes zur Äußerung über deren Genehmigung oder Ablehnung[2] zu übermitteln.

1. Für den am Nymphenburger Schloßrondell vorhandenen Privatbesitz gibt die Staffel 9 insofern die Norm, als es sich um Bauten mit Erd- und einem Obergeschoß im offenen System handelt; nur schwanken hier die Pavillonzwischenräume zwischen ca. 40 und 65 m und sind gegen den Verkehrsgrund mit Mauern abgeschlossen, hinter welchen sich zum Teil niedere Wohngebäude bergen. § 34 ist zur Vermeidung von Irrtümern und Unzuträglichkeiten in die StBO. auf Wunsch der Vertretung der vormaligen Zivilliste aufgenommen worden. Die Interessen, die er zu schützen hat, sind auch durch §§ 83 Abs. II und 86 MBO. gewährleistet.

2. Diese Genehmigung oder Ablehnung ist für die Baupolizeibehörden bindend.

F. Schlußbestimmungen.

§ 35.

Alle sonstigen, die Bebauung der Grundstücke regelnden ortspolizeilichen Vorschriften treten hiemit außer Kraft.[1]

1. Vgl. Einführung III 2. Abschnitt.

§ 36.

Vorstehende ortspolizeiliche Vorschrift tritt mit dem Tage ihrer Verkündigung in der Münchener Gemeindezeitung[1] in Kraft.

1. 20. April 1904.

G. Nachträge.

§ 37.

Bauführungen im Herzogpark.

Bei Bauführungen in dem Gebiete nördlich der Montgelasstraße zwischen dem Berghange und der Isar bis zum Burgfrieden müssen die Kellersohlen sämtlicher zu errichtenden Wohngebäude mindestens 0,50 m über den höchsten Stand des Grundwassers zu liegen kommen und ist die in § 18 der MBO. vorgeschriebene Isolierung der Grundmauern durch Bleiplatten zu bewerkstelligen.

§ 38.

Bauführungen in den Niederungen zwischen Thalkirchnerstraße und Schäftlarnstraße.

I Bei Bauführungen in dem Gebiete östlich der Thalkirchnerstraße zwischen Dietramszellerstraße, Schäftlarnstraße, Matthias Mayerstraße und Thalkirchnerplatz müssen die Kellersohlen der Wohngebäude mindestens 0,50 m über den höchsten Stand des Grundwassers zu liegen kommen und sind alle Grundmauern der Gebäude bis Sockelhöhe aus Beton herzustellen und in Sockelhöhe mit wasserdichten Einlagen (Blei-Isolierplatten usw.) zu versehen. Der Fußboden der ebenerdigen Wohnräume muß das Niveau des anstoßenden Grundes um mindestens 1 m überragen.

II Zur Terrainauffüllung darf nur reiner Kies oder dergleichen verwendet werden.

III Die Bebauung kann erst nach vorausgegangener Kanalisierung der einschlägigen Straßen erfolgen.

§ 39.

Bauführungen in Untergiesing.

Bei Bauführungen in dem Gebiete zwischen Ludmillastraße, Hellabrunnerstraße, dem Tierpark und dem Berghang müssen die Kellersohlen sämtlicher zu errichtenden Wohngebäude mindestens 0,50 m über den höchsten Stand des Grundwassers zu liegen kommen und sind die Grundmauern bis Sockelhöhe aus Beton herzustellen.

§ 40.

Bebauung der Umgebung der St. Georgskirche.

Gebäude, welche am Milbertshofenerplatz und an der Hartwigstraße aufgeführt werden, müssen in Ansehung der Fassade und der Dachgestaltung den im Interesse der Schaffung eines schönen Kirchplatzes im einzelnen Falle zu stellenden Anforderungen entsprechen.

Die Geschoßzahl wird in den im Plan vom 4. Februar 1910 durch Schwarzschraffur gekennzeichneten Strecken auf Erdgeschoß und Obergeschoß beschränkt. Die Gesimshöhe beträgt hier höchstens 8 m.

Für die Bebauung der Baublockseite südlich der Kirche am Vorsprung des Baulinienzuges wird die Geschoßzahl auf Erdgeschoß und zwei Obergeschosse, die Hauptgesimshöhe auf 12 m beschränkt.

Darüber hinaus sind einzelne örtliche Aufbauten zulässig, deren Ausdehnung und Gestaltung im Einzelfalle von der Lokalbaukommission festgesetzt wird.

Die Rückfronten der Neubauten an der Schleißheimerstraße zwischen Hartwigstraße und Heribertstraße sind architektonisch auszubilden.

§ 41.

Erhaltung von Fernsichten.

a) Ausblick von der Theresienhöhe auf die Alpen.

I Zur Erhaltung des Ausblickes von der Theresienhöhe auf die Alpen werden in dem Stadtgebiete südlich der Theresienwiese bis zur Fraunberg-Irschenhauserstraße bei allen Bauführungen nur Bauhöhen genehmigt, welche die gegenwärtige Umrißlinie des Schaubildes nicht überschneiden.

II Es dürfen deshalb Türme, Hausfirste, Aufbauten, Schornsteine, Dampfkamine usw. nicht über bestimmte Sehlinien hinausreichen. Ausgehend von einem Punkte am Hangrande der Theresienhöhe vor der Ausstellung mit der Höhe 529,5 m über Normal-Null gelten als solche:

a) zwischen den zur Kreuzung der Dänkhel- mit der Gaisacherstraße und zur Kreuzung der Daiser- mit der Gaisacherstraße gezogenen Begrenzungslinien und deren Verlängerungen die Sehlinien mit 1:64 Steigung;

b) zwischen den zur Kreuzung der Daiser- mit der Gaisacherstraße und zur Kreuzung der Sepp- mit der Gaisacherstraße gezogenen Begrenzungslinien und deren Verlängerungen die Sehlinien mit 1:56 Steigung.

III Die schönheitlichen Anforderungen hinsichtlich der Dachformen müssen trotz der Höhenbeschränkungen gewahrt bleiben.

IV Die Lokalbaukommission behält sich vor, Ausnahmen zu gestatten. In solchen Fällen kann sie die Aufstellung von Markierungsmasten oder Lattenumrissen verlangen, um festzustellen, ob und wieweit eine stellenweise Überschreitung der in Absatz II bestimmten Höhengrenzen zulässig erscheint.

b) Ausblick von der Wolfratshauserstraße auf die Stadt und das rechtsseitige Isarhochufer.

I Zum Zweck der Erhaltung des Ausblicks von der Wolfratshauserstraße auf die Stadt und das rechtsseitige Isarhochufer werden

a) die Firsthöhen aller Neu- und Umbauten beschränkt auf 545 m über Normal-Null in dem Gebiete zwischen Brudermühl-, Thalkirchner-, Urban-, Schäftlarn-, Dietramszellerstraße, Thalkirchnerplatz, Pogner-, Schäftlarn-, Fraunbergstraße, Emil Geis-, Zwackhstraße und dem Berghang;

b) auf 544 m über Normal-Null für das Gebiet zwischen Thalkirchnerplatz, Dietramszeller-, Schäftlarn- und Pognerstraße;

c) auf 543 m über Normal-Null für das Gebiet zwischen Schäftlarnstraße und Isartalstraße südlich vom Pettenkofer Brunnhaus.

II Ausnahmen kann die Lokalbaukommission zulassen. In solchen Fällen ist sie berechtigt, die Aufstellung von Masten oder Lattenumrissen zur Prüfung der Wirkung der geplanten größeren Höhe anzuordnen.

III Die schönheitliche Ausbildung der Gebäude, namentlich in den Dachformen ist auch bei den begrenzten Firsthöhen zu wahren; eine Störung im Orts- und Landschaftsbilde darf nicht verursacht werden.

IV Wo bei Vordergebäuden durch die Einschränkung der Firsthöhe der Dachgeschoßausbau über der zulässigen Geschoßzahl unmöglich wird, kann die Lokalbaukommission genehmigen, daß die Rückgebäude Höhe und Geschoßzahl wie das Vordergebäude und gleiche Verwendungsart erhalten.

c) Aussicht von der Wolfratshauserstraße auf die Kirche in Thalkirchen.

Zum Zwecke der Erhaltung des Ausblickes von der Wolfratshauserstraße auf die Kirche in Thalkirchen und Umgebung dürfen in dem Gebiete zwischen Fraunbergstraße, Maria-Einsiedelstraße und Wolfratshauserstraße mit Ausnahme der Bauten an der Fraunbergstraße die Dachfirste, örtlichen Aufbauten, Kamine usw. die Höhe 547 m über Normal-Null nicht überschreiten.

d) Aussicht von der Fürstenrieder Schloßallee auf die Frauentürme.

Der Ausblick von der Forstenrieder Schloßallee auf die Frauentürme muß aus städtebaulichen Erwägungen erhalten bleiben.

Zu diesem Zwecke dürfen bei allen Bauführungen zwischen der Holzkirchener Bahn und der Einmündung der Forstenriederstraße in die Allee in einer Breite von 25 m beiderseits der verlängerten Alleeachse die Dachfirste, Kamine und Aufbauten aller Art eine Linie nicht überschreiten, welche von einem Punkte an der erwähnten Einmündestelle mit der Höhenzahl 556 m über Normal-Null gegen die Stadt im Verhältnisse 1:500 ansteigt.

Anhang.

I. Bodenrechtliche Vorschriften.

1. Auszug aus dem Gesetz vom 17. November 1837/9. Mai 1918, die Zwangsabtretung von Grundeigentum für öffentliche Zwecke betr.

(Ges. Bl. S. 109/GVBl. S. 289).

I. Titel.

Allgemeine Bestimmungen.

Art. I. Eigentümer können angehalten werden, unbewegliches Eigentum für öffentliche, notwendige und gemeinnützige Zwecke abzutreten oder mit einem Erbbaurecht oder mit einer Dienstbarkeit beschweren zu lassen. Diese Abtretung kann übrigens nur eintreten:

A. zu folgenden Unternehmungen:

5. Anlegung neuer und Änderung bestehender Staatsstraßen und Distriktsstraßen sowie von Ortsstraßen und öffentlichen Plätzen innerhalb von Ortschaften mit mehr als 5000 Einwohnern;

17. Erschließung von Baugelände zur Verbesserung der Wohnungsverhältnisse der minderbemittelten oder dem Mittelstand angehörigen Bevölkerung;

sofern in den Fällen der Ziff. 17 und 18 an einem Orte ein erhebliches, auf andere Weise nicht zu befriedigendes Bedürfnis hiefür besteht; allein auch in allen diesen Fällen immer nur:

a) nach vorgängiger rechtskräftiger administrativ-richterlicher Entscheidung der betreffenden Kreisregierung, Kammer des Innern, in erster, und des versammelten Staatsrates — im Falle der Berufung — in zweiter und letzter Instanz, wenn von den beteiligten Eigentümern oder einem derselben bestritten wird, entweder, daß das Unternehmen zu den unter Ziff. 1—18 aufgeführten gehöre und vom gemeinen Nutzen erfordert werde, oder daß die Abtretung oder Belastung des angesprochenen Eigentumes zur zweckmäßigsten Verwirklichung desselben notwendig sei und

b) gegen vorgängige volle Entschädigung.

Die Entschädigung ist jedoch für die Abtretung von Grundeigentum zu Ortsstraßen und öffentlichen Plätzen innerhalb der Ortschaften — Buchstabe A Ziff. 5 — im Falle der Erschließung neuer Bauanlagen dann ausgeschlossen, wenn für die neue Bauanlage der Baulinienplan und die Bebauungsweise bereits festgesetzt sind und wenn hiernach der im Baugelände verbleibende Teil des Grundstückes zu einer selbständigen Bebauung noch geeignet ist und zwar insoweit, als die Abtretungsfläche 25% des Gesamtgrundstückes nicht übersteigt.

Die Gemeinde ist jedoch befugt[1]), durch örtliche Satzung die Pflicht zur unentgeltlichen Abtretung bis zu 40% der Gesamtgrundstücksfläche zu erhöhen. Die Erlassung und Änderung dieser Satzung unterliegt der staatsaufsichtlichen Genehmigung.

Art. III. Bei Gegenständen, deren Teilung nachteilig auf die Benützbarkeit des Gesamtgegenstandes zurückwirkt, kann nicht wider Willen des Eigentümers auf teilweise Abtretung erkannt werden. Insbesondere darf die Teilung eines Gebäudekomplexes oder die gänzliche Abtrennung der zu dem Umfange desselben gehörigen Gärten und Hofreiten von dem Gesamtkomplexe nur mit Einwilligung des Eigentümers stattfinden.

Art. IIIa. Der Eigentümer eines Grundstücks kann verlangen, daß der Unternehmer an Stelle des Rechtes, ein Bauwerk auf der Oberfläche des Grundstückes zu haben, das Eigentum am Grundstück erwerbe.

Der Eigentümer eines Grundstücks kann dessen Belastung mit einem nicht unter den Abs. I fallenden Erbbaurecht oder mit einer Dienstbarkeit ablehnen und verlangen, daß der Unternehmer an Stelle dieses Erbbaurechts oder der Dienstbarkeit das Eigentum am Grundstück erwerbe, wenn die Belastung zur Folge hätte, daß das Grundstück nicht mehr nach seiner bisherigen Bestimmung zweckmäßig benützt werden kann. Tritt diese Folge nur für einen Teil des Grundstücks ein, so kann vorbehaltlich des Art. III nur die Erwerbung dieses Teiles veranlaßt werden.

Art. IV. Die Entwehrung kann unter den Voraussetzungen des Art. I in Anspruch genommen werden:

1. von öffentlichen Stellen und Behörden,
2. von Gemeinden und von denjenigen Gesellschaften und Privaten, denen von der Regierung unter Bedingungen, welche die Erreichung des Zweckes und seiner Gemeinnützigkeit sichern, die Ausführung einzelner im Art. I aufgezählten Unternehmungen eingeräumt wird.

Zur Ausführung eines Unternehmens der im Art. I A Ziff. 17 und 18 bezeichneten Art kann von Gemeinden die Entwehrung auch von Grundstücken in Anspruch genommen werden, die in einer Nachbargemeinde liegen.

Von Privaten kann die Entwehrung zur Ausführung eines Unternehmens der im Art. I A Ziff. 17 und 18 bezeichneten Art

---

[1]) In München geschehen mit Beschlüssen vom 6./21. November 1918 (MGemZ.. Sitzungsberichte S. 809 und 859).

nicht in Anspruch genommen werden, von Gesellschaften nur dann, wenn sie als rechtsfähige gemeinnützige Bau- und Siedlungsvereinigungen satzungsgemäß die Einzahlungen der Mitglieder mit nicht mehr als 5% jährlich verzinsen und den Mitgliedern im Falle der Auflösung nicht mehr als die Einzahlungen ausantworten und wenn jede Änderung der Satzung von der staatlichen Genehmigung abhängig gemacht ist.

Zur Inangriffnahme der vorbezeichneten Unternehmungen können auch Fristen bestimmt werden, mit deren fruchtlosem Ablauf das Unternehmen als rückgängig geworden (Art. XII Abs. IV des Gesetzes) anzusehen ist.

2. Gesetz über die Erschließung von Baugelände.

Vom 4. Juli 1923 (GVBl. S. 273).

Der Landtag des Freistaates Bayern hat das folgende Gesetz beschlossen:

I. Abschnitt.

Allgemeine Bestimmungen.

Art. 1. I Bei der Erschließung von Baugelände sind im Generalbaulinienplan und im Baulinienplane die erforderlichen Flächen für den Gemeinbedarf festzulegen. Der Gemeinbedarf umfaßt den Bedarf für den notwendigen öffentlichen Verkehrsraum und für die sonstigen aus Gründen des Gemeinwohls von der Bebauung freizuhaltenden Flächen.

II Soweit die hiernach erforderliche Fläche nicht bereits im Eigentume der Gemeinde steht, geht sie zu Lasten der Gesamtheit der beteiligten Grundeigentümer nach näherer Bestimmung in Art. 2 und 7 ins Eigentum der Gemeinde über.

III Die Bebauungsweise des zu erschließenden Baugeländes ist nach Bedarf durch Bebauungsvorschriften zu regeln.

Die Neueinteilung.

Art. 2. I Ergibt sich bei der Erschließung von Baugelände innerhalb eines Umlegungsgebiets (Art. 15 Abs. I), daß der Gemeinbedarf oder zweckmäßige Bauplätze im Verfahren zur Festsetzung von Baulinien nicht ausreichend sichergestellt werden können, so können die Grundstücke innerhalb des Umlegungsgebiets nach den Bestimmungen dieses Gesetzes gegen den Willen der Grundeigentümer in Anspruch genommen und durch Änderung der Grenzen neueingeteilt werden (Neueinteilung).

II Eine Neueinteilung kann unter der gleichen Voraussetzung auch sonst stattfinden, wenn die angemessene Bebauung eines Geländes durch Lage, Form, Flächeninhalt der Grundstücke oder in anderer Weise verhindert oder unverhältnismäßig erschwert wird.

Voraussetzungen der Neueinteilung.

Art. 3. I Die Neueinteilung nach Art. 2 setzt voraus:

1. daß sie dem Gemeinwohle dient,

2. daß für das Baugelände die Baulinien und nach Bedarf die Bebauungsweise bereits festgesetzt sind oder wenigstens ein von der Baupolizeibehörde geprüfter, technisch einwandfreier und allen städtebaulichen Forderungen entsprechender Baulinienplan mit den etwaigen Bebauungsvorschlägen vorliegt,
3. daß mindestens die Hälfte der beteiligten Grundeigentümer, denen zugleich mindestens die Hälfte der beteiligten Grundfläche gehört, der Neueinteilung zustimmt.

II Die Zustimmung mitbeteiligter Grundeigentümer ist nicht erforderlich, wenn das Gemeinwohl die Neueinteilung dringend fordert.

Art. 4. I Eine Neueinteilung nach Art. 2 wird nur eingeleitet, wenn sie von der Gemeinde oder von beteiligten Grundeigentümern beantragt wird.

II Wenn das Gemeinwohl die Neueinteilung dringend fordert, kann die Aufsichtsbehörde der Gemeinde zur Stellung des Antrags und Durchführung der Neueinteilung eine angemessene Frist setzen, nach deren fruchtlosem Ablauf aber die Neueinteilung an Stelle der Gemeinde selbst beantragen und durchführen. Art. 39 Abs. II findet auch in diesem Falle Anwendung.

Beteiligung.

Art. 5. I Beteiligt im Sinne des Art. 3 Abs. I Ziff. 3 sind die Eigentümer der in das Unternehmen einbezogenen Grundstücke. Bei herrenlosen Grundstücken gilt der Staat als beteiligt.

II Steht das Eigentum an einem Grundstücke mehreren Personen nach Bruchteilen zu, so haben sie einen gemeinsamen Vertreter zu bestellen. Dabei entscheidet die Mehrheit der Bruchteile, die ein oder mehrere Eigentümer auf sich vereinigen. Bei Gleichheit entscheidet das Los. Ein gemeinsamer Vertreter ist auch zu bestellen, wenn ein Grundstück im Miteigentume zur gesamten Hand steht, soweit das Gesamthandsverhältnis nicht im ehelichen Güterrechte begründet ist. Wird innerhalb einer bestimmten Frist ein Vertreter nicht bestellt, so wird er von Amts wegen von der Baupolizeibehörde ernannt.

III Besteht über das Eigentum an einem Grundstück ein Rechtsstreit und können sich die Streitsteile über die Beteiligung nicht einigen, so gilt vorbehaltlich einer anderen einstweiligen Anordnung des Gerichts bis zur rechtskräftigen Entscheidung der Besitzer als beteiligt. Ist auch der Besitz streitig, so hat die Baupolizeibehörde für die Dauer des Rechtsstreits von Amts wegen einen Vertreter zu bestimmen. Sind die Grenzen mehrerer Grundstücke streitig, so gelten für die Beteiligung die allgemeinen Vorschriften (Abs. I). Die streitigen Flächen werden für die im Verfahren notwendigen Berechnungen und für die Kostenaufbringung gleichmäßig zwischen den Beteiligten geteilt. Die Forderung eines Rückersatzes von Kosten nach beendetem Rechtsstreite wird dadurch nicht berührt.

IV Die Bestimmungen des Bürgerlichen Gesetzbuchs, nach denen eine Erklärung zu ihrer Wirksamkeit der Zustimmung anderer Personen bedarf, kommen im Vollzuge dieses Gesetzes nicht zur Anwendung. § 2113 des Bürgerlichen Gesetzbuchs findet bei Unternehmen nach diesem Gesetz auf Verfügungen der Vorerben keine Anwendung.

Besondere Fälle.

Art. 6. I Einzelne im Umlegungsgebiet (Art. 15 Abs. I) gelegene besonders wertvolle Grundstücke, die bebaut sind oder in besonderer Weise, z. B. als hochwertige Gärtnereien oder Baumschulen benützt werden und deren Wert einen Ausgleich durch andere Grundstücke wesentlich erschweren würde, können von dem Unternehmen ganz oder teilweise ausgeschlossen werden.

II Im Eigentume des Reiches oder des Landes stehende Grundstücke müssen auf Verlangen der zuständigen Behörde von dem Unternehmen ausgeschlossen werden.

II. Abschnitt. Grundsätze der Neueinteilung.

Art. 7. I Die zu einem Unternehmen nach Art. 2 zusammengeschlossenen Grundstücke und Grundstücksteile und die im Umlegungsgebiete gelegenen öffentlichen Straßen, Wege und Plätze werden in eine Masse vereinigt.

II Aus dieser Masse wird das nach dem Baulinienplane für den künftigen Gemeinbedarf (Art. 1 Abs. I) bestimmte Gelände ausgeschieden und der Gemeinde überwiesen.

III Die verbleibende Restmasse wird unter die einzelnen Grundeigentümer, die Grundstücke in die Masse eingelegt haben, nach dem Verhältnisse der von ihnen eingelegten Flächen, nach dem Gesichtspunkte bestmöglicher baulicher Verwertung und nach Zweckmäßigkeit und Billigkeit aufgeteilt. Hierbei sollen die Grundstücke möglichst in gleicher Lage wie die eingelegten Grundstücke dem Eigentümer zugewiesen werden; bebaute Grundstücke sind in der Regel vorbehaltlich der erforderlichen anderweitigen Begrenzung dem bisherigen Eigentümer wieder zuzuteilen.

IV Nicht zu vermeidende und anderweit nicht abzufindende Unterschiede bei der Flächenzuteilung sind in Geld anzurechnen.

V Sind die in das Unternehmen einbezogenen Grundstücke desselben Eigentümers verschieden belastet, so sind die an ihre Stelle tretenden Grundstücke beim Fehlen einer anderweitigen Übereinkunft, soweit es zur Wahrung der auf sie übergehenden Rechte erforderlich ist, nach den verschiedenen Belastungen auszuscheiden; Verfügungsbeschränkungen stehen den Belastungen gleich. Das gleiche hat auf Antrag zu geschehen, wenn infolge besonderer Rechtsverhältnisse die Ausscheidung einzelner Grundstücke angezeigt ist.

VI Die Gemeinde kann bis zu 35 vom Hundert der Fläche des in die Masse eingelegten fremden Grundeigentums unentgeltlich und lastenfrei für den Gemeindebedarf in Anspruch nehmen. In diesem Umfange geht dann die von der Gemeinde für den Gemeinbedarf in Anspruch genommene fremde Fläche unentgeltlich und lastenfrei in das Eigentum der Gemeinde über. Wenn die dem einzelnen Eigentümer nach Abs. III neu zuzuteilende Fläche um mehr als 35 vom Hundert kleiner ist als die von ihm ursprünglich eingelegte Fläche, so hat die Gemeinde dem Eigentümer den Unterschied voll zu entschädigen.

VII Durch örtliche Satzung kann der in Abs. VI festgesetzte Hundertsatz ermäßigt werden.

VIII Die für die in Abs. I erwähnten öffentlichen Straßen, Wege und Plätze früher nachweisbar geleisteten unentgeltlichen Grundabtretungen und die zur Erwerbung von Flächen hierfür nachweisbar geleisteten Zahlungen sind bei der Neuzuteilung entsprechend anzurechnen.

Kleinstücke.

Art. 8. Grundstücke, deren Flächeninhalt so gering ist, daß sie nur durch ein zur Bebauung ungeeignetes Grundstück ersetzt werden könnten (Kleinstücke), sind zur Aufteilung in die Masse einzulegen. Der Wert dieser Grundstücke ist, soweit anderweitiger Ausgleich nicht möglich ist, durch Geld zu entschädigen.

Besondere Geldentschädigungen.

Art. 9. Neben der Zuweisung von Grundstücken und soweit hierdurch ein vollständiger Ausgleich nicht erzielt werden kann, ist mit Geld zu entschädigen:

1. der Entzug von Gebäuden und deren Bestandteilen oder Zubehör,
2. der Verlust des dem eingelegten Grundstück infolge besonderer natürlicher Eigenschaften oder der darauf gemachten Verwendungen zukommenden Mehrwerts,
3. der Verlust des auf die Benutzung der Gebäude oder die besondere Beschaffenheit oder Benutzung des Grundstücks begründeten Gewerbes (Fabriken, Handelsgärtnereien, Baumschulen, Ton- oder Lehmgruben und dergl.).

Art. 10. Soweit im übrigen bei Durchführung des Gesetzes im Einzelfalle nachweisbar ein unverhältnismäßiger Schaden verbleibt, ist der Eigentümer in Geld zu entschädigen.

Ermittlung der Entschädigung.

Art. 11. I Die Ermittlung der Entschädigungsbeträge (Art. 7 Abs. IV, Abs. VI Satz 3, Abs. VIII, Art. 8, 9 und 10) soll alle tatsächlichen und rechtlichen Verhältnisse berücksichtigen, die den Wert der Grundstücke beeinflussen.

II Die infolge der Neueinteilung eintretende Wertsteigerung bleibt für das zu entschädigende Grundstück außer Betracht.

Rechte am Grundstück.

Art. 12. I Beteiligten, deren Rechte am Grundstück infolge der Neueinteilung erlöschen oder verändert werden, ist der Schaden, der sie durch die Neueinteilung erleiden, besonders zu ersetzen, soweit der Ersatz nicht in den sonst im Verfahren gewährten Entschädigungen inbegriffen ist. Zieht ein Grundeigentümer aus dem Erlöschen oder der Beeinträchtigung des Rechtes am Grundstücke

Vorteil, so kann diese Entschädigung ihm in Geld bis zur Höhe dieses Vorteils auferlegt werden; er hat die Entschädigung an die Gemeinde abzuführen.

II Abs. I gilt auch für die Mieter und Pächter (Art. 20 Abs. 1 Ziff. 2), deren Rechte nach Art. 38 Abs. III erlöschen.

Umlegungsbeitrag.

Art. 13. I Die nach Art. 7 Abs. VI Satz 3 zu gewährende Entschädigung fällt der Gemeinde endgültig zur Last.

II Die Geldentschädigungen nach Art. 7 Abs. IV, VIII, Art. 8, 9, 10, 12 Abs. I Satz 1 und Abs. II hat die Gemeinde vorschußweise für die Gesamtheit der beteiligten Grundeigentümer zu leisten. Vom Gesamtbetrage dieser Entschädigungen werden die nach Art. 12 Abs. I Satz 2 abzuführenden Beträge abgezogen. Den Rest hebt die Gemeinde von den Grundeigentümern nach einem billigen Maßstab ein, der Flächeninhalt, Lage oder Wert des zugeteilten Grundstücks und die aus der Neueinteilung für den einzelnen sich ergebenden Vorteile berücksichtigt (Umlegungsbeitrag).

III Gegen den Umlegungsbeitrag werden die von der Gemeinde dem Eigentümer nach Art. 7 Abs. IV, VIII, Art. 8, 9, 10 vorschußweise zu vergütenden Beträge aufgerechnet, soweit nicht die nach Art. 42 daran begründeten Rechte Dritter entgegenstehen.

Art. 14. I Der Umlegungsbeitrag ist dem Eigentümer auf Antrag bis zum Verkauf oder bis zur Bebauung des Grundstücks gegen eine angemessene Verzinsung zu stunden.

II Die Gemeinde ist bis zum Ablaufe von drei Monaten nach dem Eigentumsübergang (Art. 37 Abs. II) berechtigt, für den Umlegungsbeitrag sowie für den ihr nach Art. 12 Abs. I Satz 2 zu ersetzenden Betrag die Eintragung einer Sicherungshypothek auf dem Grundstücke zu verlangen. Die Hypothek wird im Vorrange vor den auf dem Grundstücke zur Zeit des Eigentumsüberganges (Art. 37 Abs. II) lastenden Reallasten, Hypotheken, Grundschulden und Rentenschulden eingetragen. Die Hypothek erlischt mit der Forderung; der § 1163 Abs. I Satz 2 des Bürgerlichen Gesetzbuchs findet keine Anwendung.

III Der Umlegungsbeitrag kann von der Gemeinde nach den Vorschriften über die Erhebung und Beitreibung öffentlicher Abgaben beigetrieben werden.

III. Abschnitt. Verfahren.

Antrag.

Art. 15. I Der Antrag auf eine Neueinteilung nach Art. 2 ist bei der Baupolizeibehörde unter Darlegung der Verhältnisse anzubringen. Mit dem Antrage sind vorzulegen: Der Baulinienplan mit den etwaigen Bebauungsvorschriften, ein Lageplan, ein Verzeichnis der Grundstücke und Grundstücksteile, die neu eingeteilt werden sollen (Umlegungsgebiet). Der Antrag ist, wenn er nicht von der Gemeinde selbst ausgeht, durch ihre Vermittlung anzubringen.

II Liegt das Umlegungsgebiet in den Bezirken verschiedener Bezirksverwaltungsbehörden, so ist die Baupolizeibehörde zuständig, in deren Bezirk die größere Fläche liegt.

Art. 16. I Nach Eingang des Antrags und bis zur endgültigen Erledigung des Verfahrens kann die Baupolizeibehörde die Errichtung von Bauten in dem für die Neueinteilung in Aussicht genommenen Gebiet untersagen, wenn durch die Errichtung von Bauten die zweckmäßige Neueinteilung vereitelt oder wesentlich erschwert würde. Die Untersagung begründet keinen Anspruch auf Entschädigung.

II Baulinienplan und Bebauungsvorschriften sind im Zusammenhange mit der Neueinteilung zu würdigen. Sie sollen bis zu der in Art. 34 Abs. I vorgesehenen Vorlage rechtskräftig genehmigt sein.

Vorprüfung.

Art. 17. I Die Baupolizeibehörde legt die Verhandlungen mit ihrem Gutachten der Regierung, Kammer des Innern, vor. Haben die Grundeigentümer den Antrag gestellt, so erholt die Baupolizeibehörde vorher noch eine Äußerung der Gemeinde.

II Die Regierung, Kammer des Innern, prüft, ob die Voraussetzungen der Art. 2 und 3 Abs. I Ziff. 1, 2, Abs. II erfüllt sind. Ist dies der Fall, so bestimmt sie den Umfang des Umlegungsgebiets und verfügt die Einleitung des Umlegungsverfahrens. Sind die Voraussetzungen nicht erfüllt, so ist der Antrag abzulehnen.

III Gegen die Entscheidung der Regierung ist Beschwerde zum Staatsministerium des Innern zulässig. Die Frist für Einlegung der Beschwerde beträgt vierzehn Tage; sie beginnt mit der Zustellung der Entscheidung.

Vorentwurf.

Art. 18. I Ist die Einleitung des Umlegungsverfahrens verfügt (Art. 17 Abs. II), so stellt die Gemeinde erforderlichenfalls unter Beiziehung eines im Städtebau erfahrenen Bausachverständigen, dann unter Mitwirkung des zuständigen Messungsamts und der sonst beteiligten Behörden einen Vorentwurf für die Neueinteilung auf. Wenn der Antrag von Grundeigentümern gestellt ist, können die Unterlagen auch von den Antragstellern bei der Gemeinde eingereicht werden.

II Die Gemeinde hat den beteiligten Eigentümern Gelegenheit zur Wahrung ihrer Belange zu geben.

III Nach Abschluß dieser Vorarbeiten legt die Gemeinde die Verhandlungen der Baupolizeibehörde vor.

Erste Tagfahrt.

Art. 19. I Die Baupolizeibehörde stellt die Beteiligten fest und lädt sie zur ersten Tagfahrt ein.

II Zur Tagfahrt sind ein Bausachverständiger — in der Regel der Verfertiger des Vorentwurfes (Art. 18 Abs. I) — und ein Sachverständiger für Bewertung der Grundstücke beizuziehen. Diese beiden Sachverständigen werden von der Baupolizeibehörde ernannt und vor Beginn ihrer Tätigkeit auf unparteiische Geschäftsführung durch Handgelübde verpflichtet.

III Das zuständige Messungsamt ist zur Tagfahrt einzuladen.

Beteiligte.

Art. 20. I Beteiligte im Sinne der Art. 19 Abs. I sind außer der Gemeinde und den Eigentümern

1. diejenigen, für die ein Recht im Grundbuch eingetragen oder durch Vormerkung gesichert ist,
2. diejenigen, denen sonst ein Recht an einem neu einzuteilenden Grundstück oder an einem das Grundstück belastenden Rechte zusteht, die Mieter und Pächter, denen das Grundstück auf Grund des Miet- oder Pachtvertrags überlassen ist, und im Falle der Zwangsversteigerung oder Zwangsverwaltung der betreibende Gläubiger,
3. soferne einzelne Grundstücke des Umlegungsgebiets zu anderen Gemeinden gehören, auch diese Gemeinden.

II Beteiligte, deren Recht im Grundbuche nicht eingetragen ist, haben auf Verlangen der Gemeinde, eines anderen Beteiligten oder der Baupolizeibehörde ihr Recht glaubhaft zu machen.

III Ist gegen die Richtigkeit des Grundbuchs ein Widerspruch eingetragen oder ist ein Rechtsstreit über ein Recht, das die Beiziehung zum Verfahren begründen würde, anhängig, so gelten auch derjenige, zu dessen Gunsten der Widerspruch eingetragen ist, und im Falle des Rechtsstreits beide Parteien als Beteiligte.

Art. 21. I Die Ladung zur ersten Tagfahrt (Art. 19) ist öffentlich bekanntzumachen und außerdem der Gemeinde und den beteiligten Eigentümern, Erbbauberechtigten und Nießbrauchberechtigten, deren Aufenthaltsort bekannt und innerhalb des Deutschen Reiches gelegen ist, oder ihren Vertretern schriftlich gegen Nachweis zuzustellen. Ist ein Widerspruch gegen die Richtigkeit des Grundbuchs bei einem der im Satz 1 bezeichneten Beteiligten eingetragen, so ist auch derjenige, zu dessen Gunsten der Widerspruch eingetragen ist, zur Tagfahrt zu laden.

II Der Vorentwurf (Art. 18) muß mit seinen Beilagen von der öffentlichen Bekanntmachung der Ladung an bis zur Tagfahrt in der Gemeinde zur kostenlosen Einsicht der Beteiligten öffentlich aufliegen. In der Ladung ist hierauf sowie auf Art. 22 Abs. III und Art. 24 Abs. I hinzuweisen. Zwischen der Ladung und der Tagfahrt soll eine Frist von mindestens vierzehn Tagen liegen.

Art. 22. I In der Tagfahrt ist die Neueinteilung darzulegen; über Einwendungen ist, soweit tunlich, zu verhandeln.

II Über die Durchführung der Neueinteilung, ihren Umfang (Umlegungsgebiet) und ihre wesentlichen Grundzüge ist im Wege der Abstimmung Beschluß zu fassen. Für die Beschlußfassung sind die in Art. 3 Abs. I Ziff. 3 festgesetzten Stimmverhältnisse maßgebend.

III Wer in der Tagfahrt nicht erscheint oder nicht abstimmt, gilt als zustimmend.

IV Zustimmende Erklärungen sind unwiderruflich; sie binden auch den Rechtsnachfolger.

Art. 23. Wird die Durchführung der Neueinteilung beschlossen, so ist alsbald der Umlegungsausschuß zu bilden (Art. 27).

Einwendungen.

Art. 24. I Einwendungen gegen die Neueinteilung müssen bei Meidung des Ausschlusses in der Tagfahrt geltend gemacht werden. Dies gilt auch, soweit ein Beteiligter gegen vorgesehene Entschädigungen Einwendungen erhebt oder eine nicht vorgesehene Entschädigung in Anspruch nimmt.

II Die erhobenen Einwendungen müssen in der Niederschrift über die Tagfahrt aufgenommen werden. Sie sind dem Umlegungsausschusse zum Versuche gütlicher Beilegung mitzuteilen.

Nachfrist.

Art. 25. Erbringen Beteiligte, die bei der ersten Tagfahrt weder erschienen noch vertreten waren, den Nachweis, daß sie ohne ihr Verschulden von der Tagfahrt keine Kenntnis erhielten oder am Erscheinen bei der Tagfahrt durch ein Naturereignis oder durch andere unabwendbare Zufälle verhindert waren, so können sie innerhalb vierzehn Tagen nach der Tagfahrt noch Einwendungen bei der Baupolizeibehörde erheben.

Verständigung des Grundbuchamts.

Art. 26. I Ist die Durchführung der Neueinteilung beschlossen, so übersendet die Gemeinde dem Grundbuchamt ein Verzeichnis der hiervon betroffenen Grundstücke. Ist im Grundbuchblatte für ein solches Grundstück die Anordnung der Zwangsversteigerung oder Zwangsverwaltung eingetragen, so gibt das Grundbuchamt dem Vollstreckungsgerichte von der Einleitung des Neueinteilungsverfahrens Kenntnis.

II Das Grundbuchamt gibt der Gemeinde alle Eintragungen, die von der Übersendung des Verzeichnisses an im Grundbuchblatte für ein darin aufgeführtes Grundstück erfolgen, von Amts wegen bekannt.

Der Umlegungsausschuß.

Art. 27. I Der Umlegungsausschuß besteht aus einem Beamten der Baupolizeibehörde als Vorsitzenden, einem höheren Beamten des zuständigen Messungsamts, einem Vertreter der Gemeinde, den in Art. 19 Abs. II bezeichneten beiden Sachverständigen und je nach dem Umfange des Umlegungsgebiets zwei bis fünf Vertretern der beteiligten Grundeigentümer. Die Zahl der in den Umlegungsausschuß zu wählenden Vertreter der Grundeigentümer sowie ihrer Ersatzmänner ist durch einfache Mehrheit der Abstimmenden zu bestimmen. Die zustimmenden und widersprechenden Grundeigentümer wählen ihre Vertreter und die erforderliche Zahl von Ersatzmännern in getrennten Wahlgängen mit einfacher Stimmenmehrheit. Der dem Unternehmen widersprechenden Minderheit steht die Wahl eines Vertreters und eines Ersatzmannes zu.

II Der Umlegungsausschuß bleibt bis zur Beendigung der Neueinrichtung in Tätigkeit. Er kann sich eine Geschäftsordnung geben.

Art. 28. I Die durch die Wahl bestellten Mitglieder des Umlegungsausschusses werden vor Beginn ihrer Tätigkeit von dem Vorsitzenden auf unparteiische Geschäftsführung durch Handgelübde verpflichtet.

II Der Umlegungsausschuß wird von dem Vorsitzenden einberufen. Er beschließt mit Stimmenmehrheit; bei Stimmengleichheit gibt die Stimme des Vorsitzenden den Ausschlag.

III Der Vorsitzende oder das vom Umlegungsausschusse bestellte Ausschußmitglied hat die Beschlüsse auszuführen, den Verkehr mit den Behörden zu führen und den Umlegungsausschuß zu vertreten.

Art. 29. Der Umlegungsausschuß oder das von ihm bestellte Ausschußmitglied hat als Geschäftsführer des Unternehmens die gemeinschaftlichen Angelegenheiten der beteiligten Eigentümer gerichtlich und außergerichtlich wahrzunehmen.

Umlegungsplan.

Art. 30. I Der Umlegungsausschuß oder das von ihm bestellte Ausschußmitglied betreibt und bewacht die Neueinteilung. Er stellt im Benehmen mit der Gemeinde, dem Verfertiger des Vorentwurfes, dem zuständigen Messungsamt und den sonst beteiligten Behörden den endgültigen Entwurf für die Neueinteilung mit den erforderlichen Ausführungsbestimmungen (Umlegungsplan) auf.

II Den Beteiligten ist Gelegenheit zur Einsichtnahme in den Umlegungsplan und zur Erhebung etwaiger Einwendungen zu geben. Der Umlegungsausschuß kann die vorläufige Absteckung der Neueinteilung verfügen.

III Der Umlegungsausschuß hat über die noch vorliegenden Einwendungen mit den Beteiligten zu verhandeln, sowie die erforderlichen Wertsermittlungen, die Verhandlungen mit den Behörden und die etwa notwendig werdende Umgestaltung der vorgelegten Pläne und sonstigen Unterlagen des Umlegungsplans durchzuführen.

Art. 31. Die gewählten Mitglieder des Umlegungsausschusses und die beigezogenen Sachverständigen erhalten als Ersatz für Zeitversäumnis, Reisekosten und sonstige Auslagen eine angemessene Vergütung. Sie wird von der Baupolizeibehörde nach ortsüblichen Sätzen festgesetzt. Gegen die Festsetzung ist binnen vierzehn Tagen von der Zustellung der Festsetzungsverfügung ab Beschwerde zur Regierung, Kammer des Innern, zulässig; diese entscheidet endgültig.

Zweite Tagfahrt.

Art. 32. I Sind die Verhandlungen soweit abgeschlossen, daß die vorgeschlagene Neueinteilung an der Hand des Umlegungsplans abgesteckt werden kann, so ist eine zweite Tagfahrt abzuhalten.

II Die Ladung zur Tagfahrt ist öffentlich bekanntzumachen und außerdem der Gemeinde und den beteiligten Eigentümern, Erbbauberechtigten und Nießbrauchberechtigten sowie den sonstigen Beteiligten oder ihren Vertretern schriftlich gegen Nachweis zuzustellen. Der Umlegungsplan muß mit seinen Beilagen von der öffentlichen Bekanntmachung der Ladung an bis zur Tagfahrt in der Gemeinde zur kostenlosen Einsicht der Beteiligten öffentlich aufliegen. In der Ladung ist hierauf sowie auf die Vorschrift des Abs. IV hinzuweisen. Zwischen der Ladung und der Tagfahrt soll eine Frist von mindestens vierzehn Tagen liegen.

III In der Tagfahrt ist die Neueinteilung den Beteiligten tunlichst an Ort und Stelle durch den Umlegungsausschuß gegen Nachweis in der Niederschrift zu eröffnen. Im Anschlusse hieran ist mit den noch widersprechenden Beteiligten zu verhandeln und auf Erzielung einer gütlichen Einigung hinzuwirken. Soweit Geldentschädigungen in Frage kommen, hat der Umlegungsausschuß deren Höhe vorläufig festzusetzen und die Festsetzung den Entschädigungsberechtigten und den Entschädigungspflichtigen nachweislich zuzustellen.

IV Neue Einwendungen, die sich auf die nach der ersten Tagfahrt vorgenommenen Änderungen des Entwurfes stützen, müssen bei Meidung des Ausschlusses in der zweiten Tagfahrt geltend gemacht werden. Art. 25 gilt entsprechend.

Art. 33. Die in der zweiten Tagfahrt abgegebenen Erklärungen sind in der Niederschrift aufzunehmen; zustimmende Erklärungen sind unwiderruflich; sie binden auch den Rechtsnachfolger.

Entscheidung der Regierung, Kammer des Innern.

Art. 34. I Gelingt es nicht, die gegen den Umlegungsplan erhobenen Einwendungen beizulegen, dann erholt der Umlegungsausschuß die Schlußäußerung der Gemeinde und der Baupolizeibehörde. Diese legt die gesamten Verhandlungen der Regierung, Kammer des Innern, vor.

II Die Regierung entscheidet im verwaltungsrechtlichen Verfahren über den Umlegungsplan und die noch nicht behobenen Einwendungen. Die Entscheidung lautet auf Genehmigung oder auf Ablehnung des Umlegungsplans; die auf Genehmigung lautende Entscheidung kann nach rechtlichem Gehör der Beteiligten auch den Umlegungsplan entsprechend abändern. Die Entscheidung hat einen Ausspruch über die Kosten zu enthalten (Art. 44). Geldentschädigungen sind dieser Entscheidung entrückt.

III Die auf Genehmigung lautende Entscheidung hat die aus dem Gesetze sich ergebenden Zwangsfolgen auszusprechen.

IV Die Entscheidung ist der Gemeinde, den Eigentümern, Erbbauberechtigten und Nießbrauchberechtigten sowie den sonstigen Beteiligten, die gegen das Unternehmen oder die Art seiner Ausführung rechtzeitig Einwendungen erhoben haben, in schriftlicher Ausfertigung zuzustellen. Es genügt, dem einzelnen Beteiligten den ihn betreffenden Teil der Entscheidung zuzustellen.

Beschwerde an den Verwaltungsgerichtshof.

Art. 35. I Gegen die Entscheidung der Regierung, Kammer des Innern, ist Beschwerde an den Verwaltungsgerichtshof zulässig.

II Die Frist für Einlegung der Beschwerde beträgt vierzehn Tage; sie beginnt mit der Zustellung der Entscheidung.

Umlegungsübersicht.

Art. 36. I Sind die Einwendungen im Laufe des Verfahrens durch gütliche Einigung oder rechtskräftigen Bescheid (Art. 34, 35) erledigt, so stellt das zuständige Messungsamt im Benehmen mit dem Umlegungsausschusse die für die Eintragungen im Grundbuch und für die Katasterumschreibungen erforderlichen Unterlagen her (Umlegungsübersicht).

II Die Umlegungsübersicht ist der Regierung, Kammer des Innern, vorzulegen, die sie nach erfolgter vermessungs- und katastertechnischer Prüfung durch die zuständige Prüfungsstelle für vollziehbar erklärt und jedem beteiligten Eigentümer einen mit dieser Erklärung versehenen Auszug aus der Umlegungsübersicht zustellt. Dieser Auszug tritt an Stelle einer Erwerbsurkunde hinsichtlich des zugeteilten Grundbesitzes und aller damit in Verbindung stehenden Rechte und Verpflichtungen. Der Auszug wird erst zugestellt, wenn der Beteiligte die ihm auferlegte Entschädigung geleistet hat.

Art. 37. I In der Vollziehbarerklärung ist der Tag, an dem sich der Eigentumsübergang und die sonstigen im Umlegungsplane vorgesehenen Rechtsänderungen entsprechend der Umlegungsübersicht vollziehen, zu bestimmen.

II Das Eigentum geht an diesem Tage kraft Gesetzes und mit Wirksamkeit gegen Dritte über.

III Der Eigentumsübergang, der durch die Neueinteilung eintritt, ist von staatlichen und gemeindlichen Besitzveränderungsabgaben frei.

Rechte anderer Personen.

Art. 38. I Mit dem Eigentumsübergang (Art. 37) treten die neuzugeteilten Grundstücke an die Stelle der dafür abgetretenen Grundstücke und erhalten in rechtlicher Beziehung alle Eigenschaften der abgetretenen Grundstücke, soweit dieses Gesetz nicht anders bestimmt.

II Erbbaurechte und dingliche Vorkaufsrechte, soweit sie nicht zugunsten von Personen des öffentlichen Rechtes und von gemeinnützigen Bau- und Siedlungsgesellschaften bestehen, ferner Dienstbarkeiten und Reallasten sowie zugunsten solcher Rechte eingetragene Vormerkungen und Widersprüche erlöschen, es sei denn, daß in der Umlegungsübersicht ein anderes enthalten ist.

III Mietverhältnisse und Pachtverhältnisse, auf Grund deren das eingelegte Grundstück dem Mieter oder Pächter überlassen war, erlöschen, es sei denn, daß der Gegenstand dem Vermieter oder Verpächter ungeschmälert verbleibt oder daß die Umlegungsübersicht ein anderes bestimmt.

IV Das Gelände für den Gemeinbedarf geht lastenfrei auf die Gemeinde über. Hinsichtlich der Lasten treten an seine Stelle die Grundstücke, die seinem bisherigen Eigentümer im Verfahren zugewiesen werden, ferner die Geldentschädigungen, die ihm zur Wertausgleichung gewährt werden, endlich sein etwaiger Anteil an dem Geldersatze, der für den Gemeinbedarf zu leisten ist (Art. 42). In der Umlegungsübersicht können andere Bestimmungen getroffen werden.

V Die auf Kleinstücken (Art. 8) lastenden Rechte erlöschen, wenn nicht in der Umlegungsübersicht anders bestimmt ist.

VI In der Umlegungsübersicht können bleibende Rechte entsprechend der neuen Lage geändert, neue Dienstbarkeiten vorgesehen werden.

Rechtsweg.

Art. 39. I Wegen der Höhe der in Art. 7 Abs. IV, Abs. VI Satz 3, Abs. VIII, Art. 8, 9, 10, 12 Abs. I Satz 1, Abs. II bezeichneten Ansprüche auf Entschädigung in Geld steht den Beteiligten der Rechtsweg offen.

II Die Klage ist spätestens binnen zwei Monaten nach Eintritt der Rechtskraft der Entscheidung über den Umlegungsplan (Art. 34) zu erheben und von den Beteiligten gegen die Gemeinde, von der Gemeinde gegen den Beteiligten zu richten.

III Diese Vorschriften gelten entsprechend im Falle des Art. 12 Abs. I Satz 2.

IV Die Ausführung des Unternehmens wird durch die Beschreitung des Rechtswegs nicht aufgehalten.

V Erhöhen sich die den Eigentümern zu gewährenden Geldentschädigungen infolge des Ausganges eines Rechtsstreits, so ist der Mehrbetrag durch den Umlegungsausschuß auf die Eigentümer nachträglich zu verteilen. Ermäßigen sich die Geldentschädigungen, so ist der Minderbetrag den Eigentümern im Verhältnis ihrer Beiträge gutzurechnen oder zu erstatten.

Dringendes Gemeinwohl.

Art. 40. Die vorstehenden Bestimmungen (Art. 15 bis 39) finden sinngemäße Anwendung auf das Verfahren nach Art. 4 Abs. II.

Grundsteuer.

Art. 41. Die zur Überbauung mit Wohn- und Nebengebäuden bestimmten Grundflächen des Umlegungsgebiets sowie die Hofräume und Hausgärten in diesem Gebiete werden in die Klasse der besten Grundstücke der Ortsflur eingereiht.

Gerichtliche Hinterlegung. Verteilungsverfahren.

Art. 42. I Die auf Grund des Art. 7 Abs. IV, VI Satz 3, dann der Art. 8, 9, 10 zu leistenden Geldentschädigungen haften, wenn das eingelegte Grundstück mit Rechten Dritter belastet ist, diesen. Die Entschädigung an den Eigentümer kann mit Wirkung gegen den Berechtigten erst bezahlt werden, wenn die Gemeinde oder der Eigentümer vorher dem Berechtigten Mitteilung gemacht hat und seit dem Empfange der Mitteilung ein Monat verstrichen ist. Der Berechtigte kann bis zum Ablaufe der Frist gegenüber der Gemeinde der Zahlung widersprechen. Erhebt ein Berechtigter rechtzeitig Widerspruch gegen die Zahlung der Entschädigung an den Eigentümer, so kann dieser und jeder Berechtigte die Eröffnung eines Verteilungsverfahrens nach den für die Verteilung des Erlöses im Falle der Zwangsversteigerung geltenden Vorschriften verlangen. Die Geldentschädigungen sind in diesem Falle von der Gemeinde (Art. 13) gerichtlich zu hinterlegen.

II Abs. I findet keine Anwendung auf Geldentschädigungen, die unter dem Betrage von 300 Mk. liegen.

III Die vorstehenden Vorschriften gelten entsprechend, wenn im Falle des Art. 12 Abs. I Satz 1 das Recht eines Beteiligten, das infolge der Neueinteilung erlischt oder geändert wird, mit einem Rechte belastet ist.

Eintragungen im Grundbuch.

Art. 43. Die Regierung, Kammer des Innern, hat das Grundbuchamt unter Mitteilung der Umlegungsübersicht oder eines beglaubigten Auszugs um die erforderlichen Eintragungen in das Grundbuch zu ersuchen und hierbei den Tag des Eigentumsüberganges anzugeben. Bei Eintragungen, von denen Hypotheken, Grundschulden oder Rentenschulden betroffen werden, finden die §§ 42 bis 44 der Grundbuchordnung keine Anwendung. Das Grundbuchamt hat den Besitzer des Hypotheken-, Grundschuld- oder Rentenschuldbriefs zur Vorlegung anzuhalten und nach den §§ 62 Abs. I, 70 Abs. I der Grundbuchordnung zu verfahren.

IV. Abschnitt. Schlußbestimmungen.

Kosten des Verfahrens.

Art. 44. I Die Kosten des Verfahrens sind von den beteiligten Eigentümern nach Verhältnis der Fläche der zugeteilten Grundstücke zu tragen. Die Verbindlichkeit zum Tragen der Kosten geht mit Einschluß von Zahlungsrückständen auf den Besitznachfolger über. Die Gemeinde ist berechtigt, auf diese Kosten Vorschüsse einzuheben.

II Im Falle der Ablehnung (Art. 17 Abs. II, 34 Abs. II) oder der Nichtweiterverfolgung des Unternehmens haben die Antragsteller die Kosten des Verfahrens zu tragen.

III Kosten, die durch ungerechtfertigte Einwendungen veranlaßt werden, können denen auferlegt werden, welche die Einwendungen erhoben haben.

IV Die Kosten werden durch die Gemeinde nach den Vorschriften über die Erhebung und Beitreibung öffentlicher Abgaben eingezogen.

V Das Verfahren bei der Einleitung und Durchführung der Neueinteilung, das Verfahren der ersten Rechtsstufe, Eintragungen im Grundbuche, die Erteilung von Grundbuchauszügen, endlich Bestätigungen auf den Hypothek-, Grundschuld- und Rentenschuldbriefen, soweit diese Tätigkeit durch die Neueinteilung veranlaßt ist, sind gebühren- und stempelfrei.

Schutzvorschriften.

Art. 45. Wer Absteckungsvorrichtungen oder andere Merkmale, die zur Vorbereitung oder zur Ausführung einer Neueinteilung angebracht wurden, beschädigt oder unbefugt vom Platz entfernt, wird an Geld bis zu 300000 Mk. oder mit Haft bestraft, soferne nicht nach anderen gesetzlichen Vorschriften eine schwerere Strafe verwirkt ist.

Besondere Fälle.

Art. 46. I Auch außerhalb des Umlegungsverfahrens kann die Baupolizeibehörde zur Gewinnung zweckmäßiger Bauplätze die Erteilung der Baugenehmigung davon abhängig machen, daß der Bauherr, kleinere zum Abschlusse der eigenen oder einer benachbarten Baustelle erforderliche, selbständig nicht bebaubare Grundflächen gegen Entschädigung erwirbt oder abtritt. Dies gilt auch, wenn nach dem Baulinienplane bisherige Wegteile in das Gebiet des Baulandes fallen.

II Die Gemeinden sind berechtigt, durch ortspolizeiliche Vorschriften anzuordnen, daß Veränderungen der Erdoberfläche, insbesondere die Anlegung von Kies-, Sand-, Kalk-, Lehm-, Ton- und Mergelgruben sowie von Schlacken- und Mullbergen, durch welche die Aufschließung von Baugelände erschwert werden kann, der Genehmigung durch die Baupolizeibehörde bedürfen. Zuwiderhandlungen gegen solche ortspolizeiliche Vorschriften werden an Geld bis zu 300000 Mk. oder mit Haft bestraft. Art. 105 des Polizeistrafgesetzbuchs findet sinngemäße Anwendung.

Art. 47. Einen Antrag auf freiwillige Neueinteilung, der durch öffentliche Ausschreibung und durch Auflage bei der Baupolizeibehörde zur Kenntnis der Beteiligten gebracht ist und die Zustimmung der Gemeinde und der Baupolizeibehörde gefunden hat, kann die Regierung, Kammer des Innern, nach Maßgabe und mit den Wirkungen der Art. 36, 37, 38, 42, 43 für vollziehbar erklären, wenn die Voraussetzungen der Art. 2, 3 Abs. I Ziff. 1, 2 gegeben sind und sämtliche an der Neueinteilung Beteiligten (Art. 20) schriftlich zustimmen.

Art. 48. Findet eine Neueinteilung infolge Einwirkung höherer Gewalt statt, so gelten die Änderungen im Grundbesitze nicht als Änderungen im Sinne des Art. 39 Abs. III des Brandversicherungsgesetzes.

Art. 49. I Der Vollzug dieses Gesetzes durch die Behörden der inneren Verwaltung unterliegt der Oberaufsicht der Staatsministerien des Innern, der Justiz und der Finanzen.

II Diese erlassen die Vorschriften zum Vollzuge dieses Gesetzes.

Art. 50. Dieses Gesetz wird als dringend bezeichnet. Das Gesamtministerium bestimmt den Tag, an dem das Gesetz in Kraft tritt.

3. Verordnung über das Inkrafttreten des Gesetzes über die Erschließung von Baugelände.

Vom 14. August 1923 (GVBl. S. 280).

Gesamtministerium des Freistaates Bayern.

Auf Grund des Art. 50 des Gesetzes vom 4. Juli 1923 über die Erschließung von Baugelände (GVBl. S. 273) wird folgendes verordnet:

Das Gesetz vom 4. Juli 1923 über die Erschließung von Baugelände (GVBl. S. 273) tritt am 1. Oktober 1923 in Kraft.

4. Bekanntmachung zum Vollzuge des Gesetzes über die Erschließung von Baugelände.

Vom 14. September 1923 (GVBl. S. 317).

Staatsministerien der Justiz, des Innern und der Finanzen.

Die Staatsministerien der Justiz, des Innern und der Finanzen erlassen auf Grund des Art. 49 des Gesetzes vom 4. Juli 1923 über die Erschließung von Baugelände (GVBl. S. 273) nachstehende Vollzugsvorschriften:

Zu Art. 1. 1. Das Gesetz soll die Möglichkeit geben, bei der Erschließung von Baugelände den Forderungen des Gemeinwohles Rechnung zu tragen und durch Schaffung zweckmäßiger Bauplätze die Bebauung zu erleichtern. Es verfolgt deshalb zwei Zwecke:

a) die Sicherstellung der für den Gemeinbedarf erforderlichen Flächen unter Verteilung der hieraus erwachsenden Lasten auf die Gesamtheit der beteiligten Grundbesitzer,

b) die Gewinnung zweckmäßiger Bauplätze durch eine entsprechende Neueinteilung der Grundstücke.

2. Das Gesetz soll nur zur Anwendung kommen, wenn und soweit innerhalb eines Baugeländes diese Zwecke im Verfahren zur Festsetzung von Baulinien nicht ausreichend erreicht werden können. Es ist deshalb bei der Erschließung von Baugelände in erster Linie stets zu versuchen, im Verfahren zur Festsetzung von Baulinien die erforderlichen Flächen für den Gemeinbedarf und eine zweckmäßige Bebauungsmöglichkeit der beteiligten Grundstücke herbeizuführen. Erst wenn sich dies im Baulinienverfahren als unmöglich erwiesen hat, ist Raum für die Anwendung des Gesetzes. Aber auch dann empfiehlt es sich, die erforderliche Neueinteilung möglichst auf freiwilligem Wege zur Durchführung zu bringen, wie dies Art. 47 des Gesetzes vorsieht.

3. Das Gesetz bezeichnet als Gemeinbedarf den Bedarf für den notwendigen öffentlichen Verkehrsraum und für die sonstigen aus

Gründen des Gemeinwohles von der Bebauung freizuhaltenden Flächen. Es verzichtet darauf, den Gemeinbedarf im einzelnen aufzuführen, um den Vollzug nicht unnötig zu beschränken.

4. Der notwendige öffentliche Verkehrsraum umfaßt jedenfalls die öffentlichen Straßen, Wege, Fußwege, Radfahrwege, Promenadenwege und Verkehrsplätze einschließlich der sogenannten Inseln und etwaiger Fahrzeughalteplätze.

5. Die sonstigen aus Gründen des Gemeinwohles von der Bebauung freizuhaltenden Flächen bezeichnet das Gesetz nicht im einzelnen. Es will damit den Gemeinden freie Hand lassen und sie nur insoweit beschränken, als ihr pflichtgemäßes Ermessen durch Gründe des Gemeinwohles begrenzt ist. Es fallen jedenfalls hierunter: Grünplätze, Baum- und gärtnerische Anlagen, Parkanlagen, Sport- und Spielplätze mit ihren notwendigen Anlagen, öffentliche Brunnenanlagen, Schutzgebiete für Naturschönheiten und hervorragende Naturgebilde, Aussichtspunkte, Uferstreifen an Seen und Flüssen und dergleichen, allenfalls auch Flächen für öffentliche Bedürfnisanstalten.

6. Dagegen fallen nicht unter den Begriff Gemeinbedarf die Flächen für private Industriebahnen und das für Industrie und Handel erforderliche Gelände, weil es sich hier um Anlagen handelt, die nur m i t t e l b a r dem Gemeinwohl dienen. Dies schließt natürlich nicht aus, daß die Flächen für derartige Anlagen im Generalbaulinienplan und in den Baulinienplänen vorgesehen werden. Die Anwendung des vorliegenden Gesetzes auf solche Anlagen ist jedoch nicht zugelassen. Wenn die Gemeinden einen Einfluß auf die Sicherstellung der Flächen für diese Anlagen gewinnen wollen, so könnte dies lediglich durch eine entsprechende Erweiterung der Bestimmungen des Gesetzes über die Zwangsabtretung vom 17. November 1837 geschehen.

7. Ebensowenig fallen unter den Gemeinbedarf Bauplätze für öffentliche Zwecke.

8. Es ist Pflicht der Gemeinden, sich bei der Bereitstellung des Gemeinbedarfs die notwendige Beschränkung aufzuerlegen. Das Gesetz hat die Absicht, Baugelände zu erschließen, also das Bauen zu erleichtern. Mit dieser Absicht des Gesetzes wäre es nicht zu vereinen, wenn eine Gemeinde durch übermäßige Inanspruchnahme von Flächen für den Gemeinbedarf das Bauen verteuern und dadurch gerade das Gegenteil von dem herbeiführen würde, was das Gesetz bezweckt. Insbesondere hat das Bestreben, den Forderungen des Verkehrs durch Anlage breiter Straßen entgegenzukommen, vielfach zu Übertreibungen geführt, die als abwegig bezeichnet werden müssen. Die Erfahrung hat gelehrt, daß selbst ein sehr erheblicher Verkehr — genügende polizeiliche Regelung vorausgesetzt — sich auf verhältnismäßig schmalen Straßenzügen ungehindert abspielen kann und daß nur in besonders wichtigen Fällen (Durchgangsstraßen mit starkem Kraftwagenverkehr

usw.) breitere Straßenzügen geboten sind. Im übrigen werden die Gemeinden schon im Hinblick darauf, daß der Gemeinbedarf und insonderheit der Verkehrsraum ihnen auch erhebliche finanzielle Lasten für seine Unterhaltung bringt, gezwungen sein, sich möglichste Beschränkung in der Bereitstellung des Gemeinbedarfes aufzuerlegen.

9. Schließlich unterliegt die Frage der Bereitstellung der Flächen für den Verkehrsraum der Würdigung der Aufsichtsbehörden (Art. 17 Abs. II des Gesetzes), die ihrerseits Recht und Pflicht haben, übertriebenen Forderungen der Gemeinden entgegenzutreten und dadurch die Absicht des Gesetzes, die Bautätigkeit zu erleichtern, nach Möglichkeit zu sichern.

10. Wegen der Aufstellung von Generalbaulinienplänen wird auf § 59 Abs. I der allgemeinen Bauordnung und auf die Ministerialentschließungen vom 18. Juli 1905 und 3. August 1910 (MABl. S. 317 und 477) hingewiesen.

11. Art. 1 Abs. III des Gesetzes stellt sich als eine Ergänzung des § 2 Abs. II der allgemeinen Bauordnung dar.

Zu Art. 2. 1. Hier wird ausdrücklich ausgesprochen, daß das Gesetz erst dann Anwendung finden soll, wenn seine Zwecke sich nicht im gewöhnlichen Verfahren zur Festsetzung von Baulinien ausreichend erreichen lassen.

2. Das Gesetz findet jeweils nur auf ein bestimmt begrenztes Gelände Anwendung, das als Umlegungsgebiet bezeichnet wird (siehe Art. 15 Abs. I). Die Neueinteilung kann, wenn die in Art. 3 ausgeführten Voraussetzungen gegeben sind, gegen den Willen der Grundeigentümer, also zwangsweise, durchgeführt werden. Ein Zwang ist nach zwei Richtungen zulässig: es kann jeder Beteiligte zur Abtretung des ihn betreffenden Anteils an der Fläche des Gemeinbedarfs gezwungen werden und es kann jeder Beteiligte gezwungen werden, seinen Besitz so auszugleichen, daß sämtliche Grundstücke des Umlegungsgebiets zweckmäßig bebaut werden können, wodurch die Bebauungsfähigkeit des gesamten Gebiets ermöglicht und die Schaffung von Wohnungen erleichtert wird.

3. Die zwangsweise Neueinteilung kann durchgeführt werden, wenn es gilt, die Flächen für den Gemeinbedarf unter gleichmäßiger Heranziehung aller Beteiligten sicherzustellen, dann, wenn es gilt, zweckmäßige Bauplätze zu schaffen, insbesondere dann, wenn die angemessene Bebauung eines Geländes durch Raum, Form, Flächeninhalt der Grundstücke oder in anderer Weise verhindert oder unverhältnismäßig erschwert wird, es können aber auch, und das wird die Regel sein, mit der Neueinteilung beide Zwecke des Gesetzes gleichzeitig durchgeführt werden. Insbesondere wird die Sicherstellung der Flächen für den Gemeinbedarf unter gleichmäßiger Heranziehung aller Beteiligten in der Regel nicht

ohne gleichzeitige Neueinteilung der übrigen beteiligten Grundstücke möglich sein. Abs. II gibt die Möglichkeit, auch gegen die sog. Neidstreifen vorzugehen.

Zu Art. 3. 1. Hier sind die Voraussetzungen der Neueinteilung aufgeführt. Unter Neueinteilung ist hier die zwangsweise Neueinteilung zu verstehen (Art. 2).

2. Um diesen Zwang zu rechtfertigen, muß die Neueinteilung dem Gemeinwohl dienen. Ein Unternehmen dient dem Gemeinwohl, wenn seine Ziele und Zwecke sich über die Belange der Privaten hinaus erheben und Aufgaben berühren, deren Erfüllung dem Staate oder anderen Gemeinwesen zur Förderung des Volkswohles obliegt. Zu prüfen sind hierbei die Belange des Verkehrs, der wirtschaftlichen Entwicklung, der Wohnungsfürsorge, der Gesundheit, der Feuersicherheit, der Schönheit der Landschaft und des Städtebildes.

3. Eine weitere Voraussetzung der zwangsweisen Neueinteilung ist, daß mindestens die Hälfte der beteiligten Grundeigentümer, denen zugleich mindestens die Hälfte der beteiligten Grundfläche gehört, der Neueinteilung zustimmt. Eine Neueinteilung kann also im allgemeinen nicht gegen den Willen einer beachtenswerten Minderheit durchgeführt werden. Dies ist nur zulässig, wenn das Gemeinwohl die Neueinteilung d r i n g e n d fordert. Die Voraussetzung, daß ein Unternehmen vom Gemeinwohl dringend gefordert wird, liegt dann vor, wenn dem Unternehmen eine so hervorragende Wichtigkeit beizumessen ist, daß seine Unterlassung dem Volkswohl abträglich wäre. Es ist hier in erster Linie an Rücksichten der öffentlichen Gesundheit, des Verkehrs, der dringenden Wohnungsbeschaffung, der Feuersicherheit und dergl. gedacht.

4. Eine allgemeine Voraussetzung der Neueinteilung ist ferner, daß für das Baugelände die Baulinien und nach Bedarf die Bebauungsweise bereits festgesetzt sind oder wenigstens ein von der Baupolizeibehörde geprüfter, technisch einwandfreier und allen städtebaulichen Forderungen entsprechender Baulinienplan mit den etwaigen Bebauungsvorschlägen vorliegt.

5. In vielen Gemeinden lassen die Baulinienpläne viel zu wünschen übrig. Das frühere Bestreben, für jede Gemeinde um jeden Preis einen Baulinienplan aufzustellen, hat im Zusammenhang mit veralteten Anschauungen und bei Zuziehung ungeeigneter Kräfte vielfach Baulinienpläne gezeigt, die den neuzeitlichen Anforderungen in keiner Weise entsprechen und auch wirtschaftlich abzulehnen sind. Zur Lösung der mit der Erschließung von Baugelände verbundenen Aufgaben müssen geschulte Architekten und wo notwendig, auch Tiefbauingenieure beigezogen werden, die auf dem Gebiete des Städtebaues die unerläßlichen Kenntnisse und Erfahrungen besitzen und imstande sind, die oft schwierigen, meist auch auf wirtschaftlichem Gebiete liegenden Fra-

gen richtig und einwandfrei zu lösen. Die Erfahrung hat übrigens gezeigt, daß der im Städtebau erfahrene Architekt auch die wirtschaftlichen Interessen in durchaus einwandfreier Weise berücksichtigen kann und daß sich bei gutem Willen stets eine den städtebaulichen und den wirtschaftlichen Verhältnissen Rechnung tragende Lösung finden läßt.

6. Mit Genugtuung darf festgestellt werden, daß eine große Zahl von Gemeinden auf diesem Gebiete schon vorbildlich vorgegangen ist. Immerhin wird, ehe an eine Neueinteilung herangetreten wird, stets zu prüfen sein, ob etwa bereits vorliegende Baulinienpläne den neuzeitlichen Anforderungen entsprechen. Vielfach werden die Zwecke des Gesetzes schon durch eine entsprechende Änderung veralteter Baulinienpläne erreicht werden können.

Zu Art. 4. 1. Eine Neueinteilung kann auch von einzelnen Grundbesitzern beantragt werden. Zur Einleitung des Verfahrens ist also eine bestimmte Mehrheit nicht verlangt.

2. Denkbar ist, daß obwohl das Gemeinwohl ein Unternehmen dringend fordert, weder die Gemeinde noch die beteiligten Eigentümer einen Antrag einbringen. In diesem Falle würde das öffentliche Interesse schweren Schaden leiden. Es ist deshalb vorgesehen, daß die Aufsichtsbehörde in solchen Fällen nach fruchtlosem Anhalten der Gemeinde den Antrag selbst stellt und durchführt.

3. Da dies nur für den Fall vorgesehen ist, daß das Gemeinwohl die Neueinteilung dringend fordert, ergibt sich von selbst, daß dann auch ein Interesse der Gemeinde an der Durchführung des Unternehmens besteht. Ist der Wille der Gemeinde nicht auf die Durchführung gerichtet und auch in dieser Richtung nicht zu beeinflussen, dann muß der Wille der Aufsichtsbehörde den Willen der Gemeinde ersetzen und die Aufsichtsbehörde an Stelle der Gemeinde die sonst der Gemeinde obliegende Aufgabe erfüllen. Da die Angelegenheit gleichwohl eine Angelegenheit der Gemeinde bleibt, sind etwaige Ansprüche aus dem Verfahren auf Geldentschädigung gegen die Gemeinde zu richten. Um Zweifel hierüber auszuschließen, ist deshalb ausdrücklich auf die Bestimmung in Art. 39 Abs. II hingewiesen, wonach die Rechtsansprüche auf Geldentschädigung gegen die Gemeinde zu richten sind.

Zu Art. 5. 1. Die Vorschriften lehnen sich im allgemeinen an die verwandten Vorschriften des neuen Flurbereinigungsgesetzes vom 5. August 1922 (GVBl. S. 433) an (siehe dessen Art. 4 bis 7). Beteiligt sind die Eigentümer der in das Unternehmen einbezogenen Grundstücke. Es wird auf die Begründung zu Art. 4 bis 7 des Entwurfs des Flurbereinigungsgesetzes (Drucksachen des Bayerischen Landtags II. Tagung 1921/22 Beilage 2291) und auf die Ausführungsvorschriften zum Flurbereinigungsgesetz vom 9. Februar 1923 (GVBl. S. 33 ff. insbes. S. 44 ff.) verwiesen.

2. Nach Art. 5 Abs. IV des Gesetzes kommen die Bestim-

mungen des Bürgerlichen Gesetzbuchs, nach denen eine Erklärung zu ihrer Wirksamkeit der Zustimmung anderer Personen bedarf, im Vollzuge des Gesetzes nicht zur Anwendung. Dagegen ist zum Schutze der Minderjährigen und schutzbedürftigen Volljährigen und zum Schutze der Körperschaften, Stiftungen und Anstalten des öffentlichen Rechts oder der unter der Verwaltung einer öffentlichen Behörde stehenden Stiftungen die nach den bestehenden Vorschriften erforderliche Genehmigung der Erklärungen des gesetzlichen Vertreters, Vormunds, Pflegers oder Nachlaßpflegers durch das Vormundschafts- oder Nachlaßgericht, den Gegenvormund, Beistand oder Familienrat sowie die Genehmigung der Erklärungen des gesetzlichen Vertreters der Körperschaft, Stiftung oder Anstalt durch die Aufsichtsbehörde (im Gegensatz zu Art. 7 Abs. II und III des Flurbereinigungsgesetzes) nicht entbehrlich.

Zu Art. 6. 1. Unter Umständen ist es zweckmäßig, besonders wertvolle Grundstücke von vornherein nicht in das Unternehmen einzubeziehen, um das Unternehmen nicht mit unverhältnismäßig hohen Gegenleistungen zu beschweren.

2. Im Eigentum des Reichs oder der Länder stehende Grundstücke müssen auf Verlangen der zuständigen Behörde von dem Unternehmen ausgeschlossen werden. Diese Bestimmung soll die Möglichkeit zur Wahrung allgemeiner öffentlicher Belange geben. Die Wahrung dieser Belange ist notwendig, weil die besonderen Aufgaben des Reichs und des Staates nicht selten über den örtlich begrenzten Interessenkreis einer Gemeinde hinausgehen. Die Ausnahme rechtfertigt sich durch die besondere Stellung, die diese Körperschaften im öffentlichen Leben einnehmen und die sie auch in Angelegenheiten, in denen sie wie private Wirtschaftssubjekte am allgemeinen Rechtsverkehr teilnehmen, als Träger öffentlicher Interessen erscheinen läßt. Von der Ausnahmebestimmung soll jedoch nur, soweit die öffentlichen Belange es erheischen, Gebrauch gemacht werden; insbesondere soll die Bestimmung keine Handhabe bieten, um eine gesunde bauliche Entwicklung auch nur in einzelnen Gemeinden zu hemmen.

3. Bezüglich der Einbeziehung von Staatsstraßen wird auf die Ausführungen zu Art. 7 verwiesen.

4. Als zuständige Behörde kommt im Regelfall die mit der Verwaltung des Grundstücks beauftragte Behörde in Betracht; bei Grundstücken des Staates entscheidet im Zweifel das zuständige Staatsministerium im Einvernehmen mit dem Staatsministerium der Finanzen.

Zu Art. 7. 1. Art. 7 behandelt die wichtigsten Grundsätze der Neueinteilung.

2. Bei der Erschließung von Baugelände ergeben sich in der Regel drei schwierige Aufgaben: Die Bereitstellung ausreichender Flächen für den Gemeinbedarf (Art. 1 Abs. I), eine möglichst

wirtschaftliche Ausnützung des Baugeländes für Bauplätze und die anteilmäßige Heranziehung aller aus der Erschließung Vorteil ziehender Beteiligten zu den Lasten der Erschließung von Baugelände.

3. Das Gesetz vom 9. Mai 1918 (GVBl. S. 289) hat für Staats- und Bezirksstraßen sowie für Ortsstraßen und öffentliche Plätze innerhalb von Ortschaften mit mehr als 5000 Einwohnern die Zwangsenteignung zugelassen und für Ortsstraßen und öffentliche Plätze innerhalb solcher Ortschaften sogar unter gewissen Voraussetzungen eine unentgeltliche Abtretung von Grundeigentum vorgesehen; das gleiche Gesetz und die Reichsverordnung vom 9. Dezember 1919 (RGBl. S. 1968) haben zur Erschließung von Baugelände und zur Verbesserung der Wohnungsverhältnisse für gewisse Bevölkerungskreise unter gewissen Voraussetzungen die Zwangsenteignung zugelassen.

4. Durch diese gesetzlichen Maßnahmen sind wohl die beiden ersten Schwierigkeiten, freilich nur in gewissem Umfange überwunden, ein befriedigender Zustand ist jedoch nicht geschaffen. Die Zwangsenteignung, soweit sie überhaupt nunmehr zulässig ist, erweist sich als eine verhältnismäßig noch rohe Maßnahme. Sie ermöglicht wohl an bestimmten Stellen Grundeigentum auch gegen den Willen der Eigentümer für den Gemeinbedarf und für die Bebauung zu erwerben, sie ermöglicht aber nicht einen Ausgleich unter sämtlichen beteiligten Grundbesitzern herbeizuführen. Wer gerade seinen Besitz im Zuge einer Staats- oder Bezirksstraße, einer Ortsstraße oder eines öffentlichen Platzes hat, der muß seinen Grund und Boden, in gewissen Fällen noch dazu zu einem nicht unerheblichen Teile unentgeltlich abtreten, selbst wenn er für sich Vorteile aus der Maßnahme nicht hat. Dagegen kann in nächster Nähe ein Grundeigentümer den größten Vorteil aus der Straße oder dem Platze haben, ohne daß man ihn nach der bisherigen Gesetzgebung zu irgendwelchen Opfern heranziehen kann. Ähnlich ist es mit der Zwangsenteignung für Gewinnung von Bauland im Rahmen des erwähnten Gesetzes und mit der Reichsverordnung.

5. Dieser Zustand ist vom Standpunkte der Gerechtigkeit und Billigkeit durchaus unbefriedigend. Das Gesetz hat es sich deshalb zur Aufgabe gemacht, die bestehende Lücke auszufüllen und stellt sich dar als eine Ergänzung und ein Ausbau der bisherigen Gesetzgebung in der Richtung eines billigen Ausgleiches der bestehenden Interessengegensätze. Diesen Ausgleich sucht es in den wichtigen und grundlegenden Vorschriften des Art. 7 herbeizuführen.

6. Ein Rechtsanspruch auf Teilnahme an dem Unternehmen soll — wie auch in den Gesetzen anderer Länder — den Eigentümern nicht eingeräumt werden. Sind einzelne Grundstücke in offenbar unbilliger Weise nicht in das Unternehmen einbezogen, so wird die Regierung, Kammer des Innern, zu prüfen haben,

ob und in welchem Maße hierbei das öffentliche Interesse verletzt ist und allenfalls die Einleitung des Verfahrens ablehnen (Art. 17 Abs. II).

7. Zum Verständnisse des Art. 7 muß man sich vor Augen halten, daß es wohl öffentliche Aufgabe der Gemeinden ist, für Straßen und Plätze zu sorgen, daß aber diese Einrichtungen gleichzeitig Baugelände erschließen und bei richtiger Anlage bisher bebauungsunfähiges Gelände bebauungsfähig machen, damit also ganz wesentlich private Belange fördern. Die Neueinteilung der einzelnen Baugrundstücke für sich allein ist sogar eine in erster Linie die privaten Belange berührende Maßnahme.

8. Aus dieser Erwägung ergibt sich eine festumschriebene Stellung: auf der einen Seite die Gemeinde als derzeitige und künftige Eigentümerin des Geländes für den Gemeinbedarf, auf der anderen Seite die Grundeigentümer, in der Hauptsache wohl als Besitzer von Baugelände, dann aber wohl auch als Besitzer öffentlicher Wege und unter ihnen allenfalls auch die Gemeinde selbst, gewissermaßen als Privatrechtssubjekt, nämlich soweit sie als Besitzerin von Baugelände beteiligt ist. Diese Stellung muß bei der Auslegung des Art. 7 wie des ganzen Gesetzes stets beachtet werden. Es versteht sich von selbst, daß die Gemeinde, soweit sie nur als Besitzerin von Baugelände in Frage kommt, gegenüber den sonstigen Eigentümern eine Sonderstellung nicht einnimmt und daß die übrigen Grundeigentümer, soweit sie Eigentümer von öffentlichen Wegen sind, in Ansehung dieser den sonstigen Eigentümern gleichzustellen sind.

9. Hat die Gemeinde in das Umlegungsgebiet Bauflächen eingelegt, so werden diese Flächen ebenso behandelt wie die Grundflächen anderer beteiligter Eigentümer. Es wird also ihre Fläche um den Anteil gekürzt, der sich durch die Ausscheidung des Gemeinbedarfs errechnet. Die um diesen Anteil gekürzte Fläche wird der Gemeinde wieder überwiesen.

10. Hat die Gemeinde Verkehrs- usw. Flächen eingelegt, dann ist zu unterscheiden:

a) die Verkehrs- usw. Flächen bleiben auch nach dem Umlegungsplane Bestandteile des Gemeinbedarfs, dann fallen sie ohne weiteres als solche wieder an die Gemeinde zurück (Art. 7 Abs. II);

b) die Verkehrs- usw. Flächen werden ganz oder teilweise entbehrlich, dann fallen die entbehrlich gewordenen Flächen in die Restmasse. Sie werden ebenso wie die übrigen zur Restmasse gehörigen Grundstücke behandelt und mit einer um den Anteil für den Gemeinbedarf gekürzten Fläche dem bisherigen Eigentümer, also der Gemeinde zugewiesen. Die nicht entbehrlich gewordenen Flächen kommen im Gemeinbedarfe wieder zum Vorschein und werden mit diesem der Gemeinde überwiesen (Art. 7 Abs. III und II).

11. Die zu einem Unternehmen nach Art. 2 zusammengeschlossenen Grundstücke und Grundstücksteile einschließlich der im Umlegungsgebiet gelegenen öffentlichen Straßen, Wege und Plätze (Plätze hier im weiteren Sinne zu verstehen) werden in eine Masse vereinigt.

12. Diese Masse wird gebildet, um

1. eine rechnerische Grundlage für die anteilmäßige Heranziehung der Gesamtheit der aus dem Unternehmen Vorteil ziehenden Eigentümer zu den Lasten des Gemeinbedarfes zu gewinnen,
2. eine an die bisherigen Grundstückgrenzen nicht mehr gebundene Neueinteilung des Umlegungsgebietes in geeignete Bauplätze zu ermöglichen,

und dadurch den Zweck des Gesetzes zu erfüllen. Die Bildung der Masse ist also unerläßlich und eine der wichtigsten Maßnahmen des Gesetzes.

13. Zur Masse gehören außer dem eigentlichen Baugelände auch die bisherigen öffentlichen Straßen, Wege und Plätze. Diese Flächen werden vielfach bereits im Eigentume der Gemeinde stehen. Bei Staats- und Bezirksstraßen werden meist Staat und Bezirk Eigentümer der Straßenfläche sein. Da der Gemeinbedarf in das Eigentum der Gemeinde übergeht (Art. 7 Abs. VI), können sich bezüglich der von den Staats- und Bezirksstraßen abzutrennenden oder diesen zuzuteilenden Flächen Mißlichkeiten ergeben, die zweckmäßig im Wege besonderer Verhandlungen zwischen Staat und Bezirk einerseits und der Gemeinde anderseits bereinigt werden. Soweit Staatsstraßen in Betracht kommen, bietet übrigens Art. 6 Abs. II die Möglichkeit, entweder die Fläche von der Einbeziehung in das Unternehmen auszuschließen oder für den Fall der Einbeziehung eine den staatlichen Interessen entsprechende Regelung der künftigen Eigentumsverhältnisse an der Straßenfläche auszubedingen.

14. Wo ausnahmsweise bisherige Wegflächen im Eigentume Privater stehen, was bei Erschließung von Bauneuland häufig der Fall sein kann, werden sie wie die übrigen Einlagen der Grundeigentümer behandelt.

15. Nicht zur Masse gehören, auch wenn sie räumlich innerhalb der Grenzen des Umlegungsgebietes liegen, diejenigen Grundstücke, die gemäß Art. 6 des Gesetzes in das Unternehmen nicht einbezogen worden sind.

16. Aus der Masse wird zunächst das nach dem Baulinienplane für den künftigen Gemeinbedarf (Art. 1 Abs. I) bestimmte Gelände ausgeschieden. Es umfaßt:

1. Flächen aus den Grundstücken, die die Grundeigentümer eingelegt haben (Abs. I Halbsatz 1),

2. Bestandteile der früheren öffentlichen Straßen, Wege und Plätze (Abs. I Halbsatz 2), die
a) entweder bereits Eigentum der Gemeinde sind oder
b) im Eigentum anderer Beteiligter stehen.

17. Das gesamte für den Gemeinbedarf ausgeschiedene Gelände wird der Gemeinde zu Eigentum überwiesen. Diese hat sich mit den etwa außer ihr in Betracht kommenden Wegunterhaltungspflichtigen (vgl. Staats- oder Bezirksstraßen usw.) auseinanderzusetzen.

18. Durch diese Ausscheidung der Fläche des Gemeinbedarfes aus der Gesamtmasse wird diese zu Lasten der Gesamtheit gekürzt und die von den beteiligten Grundeigentümern eingelegte Gesamtfläche um die von ihnen für den Gemeinbedarf in Anspruch genommene Fläche zu Lasten aller gemindert.

19. Hierbei ist es gleichgültig, ob die Grundstücke des einzelnen Eigentümers nach dem Baulinienplan ganz, nur zum Teil oder überhaupt nicht in die Fläche des Gemeinbedarfes hineinragen oder fallen. Gerade hierin liegt ein Hauptfortschritt des Gesetzes gegenüber der bisherigen Gesetzgebung, weil hierdurch nicht nur der räumlich am Gemeinbedarf beteiligte Grundeigentümer, sondern jeder in das Unternehmen einbezogene und daraus Vorteil ziehende Eigentümer (und zwar ohne Rücksicht darauf, ob seine Fläche tatsächlich für den Gemeinbedarf in Anspruch genommen wird oder nicht) zu den gemeinsamen Lasten herangezogen wird.

20. Der Abzug der Flächen für den Gemeinbedarf (die Kürzungen) und die Zuteilung der Ersatzgrundstücke erfolgen im Verhältnis des Flächeninhalts der eingelegten Grundstücke und Grundstücksteile, nicht nach deren Wert, weil die Feststellung des Wertes mit zu großen Schwierigkeiten verbunden wäre, ohne daß dadurch nach den anderwärts gewonnenen Erfahrungen eine gerechtere Sachbehandlung verbürgt wäre. Die Starrheit des Flächenmaßstabes wird übrigens noch dadurch gemildert, daß bei der Neuzuteilung auch der Gesichtspunkt bestmöglicher baulicher Verwertung gelten und im übrigen nach Zweckmäßigkeit und Billigkeit verfahren werden soll. Der Abzug vollzieht sich bei dem gewählten Verfahren zwangsläufig im Verhältnis des Flächeninhalts der eingelegten Grundstücke. Die im Umlegungsgebiet gelegenen öffentlichen Straßen, Wege und Plätze bleiben, soweit sie nach Ausweis des Baulinienplanes zur Befriedigung des Gemeinbedarfs herangezogen werden, bei der Feststellung des Flächeninhalts der eingelegten Grundstücke und Grundstücksteile außer Betracht; hingegen zählen die künftig für den Gemeinbedarf entbehrlich werdenden Verkehrsflächen bei der Feststellung des Flächeninhalts mit.

21. Im allgemeinen sollen die Ersatzgrundstücke möglichst in gleicher Lage wie die eingelegten Grundstücke dem Eigentümer zugewiesen werden. Für bebaute Grundstücke duldet diese Regel nur dann eine Ausnahme, wenn der Besitzer selbst die Wiederzuteilung seines Grundstücks nicht wünscht.

22. In welchem Umfange die Gemeinde bei der Aufstellung des Baulinienplanes für ein neu zu erschließendes Baugelände Flächen für den Gemeinbedarf in Anspruch nehmen will, ist ihrem durch die Rücksicht auf den notwendigen öffentlichen Bedarf und das öffentliche Interesse beschränkten pflichtgemäßen Ermessen überlassen (vgl. die Ausführungen zu Art. 1). Diese Frage wird vom Gesichtspunkte des Gemeinwohles aus im Vorverfahren durch die Regierung geprüft (Art. 17). Insbesondere ist die Gemeinde hierbei nicht an den in Abs. VI festgesetzten oder durch örtliche Satzung (Abs. VII) abweichend vom Gesetze bestimmten Hundertsatz gebunden. Diesem kommt für die Bemessung der Fläche für den Gemeinbedarf keine Bedeutung zu. Ist der bisherige Bestand an öffentlichen Straßen, Wegen und Plätzen für die künftigen Bedürfnisse des Gemeinbedarfs wesentlich zu gering, so kann die Gemeinde aus der Masse auch mehr, als dieser Hundertsatz ausmacht, für den Gemeinbedarf in Anspruch nehmen, immer natürlich in den oben angedeuteten Grenzen (Rücksicht auf den notwendigen öffentlichen Bedarf und das Gemeinwohl). Die Gemeinde muß nur dann den darüber hinausgehenden Bedarf voll entschädigen (Abs. VI Satz 3). Grundstücke, die im Baulinienplan nicht für den Gemeinbedarf ausgeschieden sind, dürfen jedoch zur Befriedigung des Gemeinbedarfs nicht in Anspruch genommen werden.

23. Die für den Gemeinbedarf benötigte Fläche kann bis zu 35 vom Hundert der eingelegten fremden Fläche von der Gemeinde unentgeltlich und lastenfrei in Anspruch genommen werden; diese Bestimmung rechtfertigt sich daraus, daß die beteiligten Grundstücke durch die Neueinteilung erheblich im Werte gesteigert werden. Weitergehende Abtretungen hat die Gemeinde aus eigenen Mitteln voll zu entschädigen. Sie kann diese Entschädigung sowohl in Geld als in Grundstücken leisten. Um die Geldentschädigungen auf das geringst mögliche Maß zurückzuführen, empfiehlt sich die Ausgleichung in Grundstücken. Diese Ausgleichung kann mit Zustimmung der beteiligten Grundeigentümer auch durch geeignete Grundstücke außerhalb des Umlegungsgebietes erfolgen. Die Gemeinde darf die Entschädigungen nicht auf die Gesamtheit der Grundeigentümer abwälzen. Dies würde eine Umgehung des Gesetzes bedeuten, das eine Heranziehung der Grundbesitzer über 35 vom Hundert ihrer Fläche nicht zuläßt.

24. Größe, Lage, Entwicklungsmöglichkeit, wirtschaftliche Verhältnisse und Bedürfnisse der Gemeinwesen sind örtlich verschieden. Es ist deshalb in Abs. VII den Gemeinden vorbehalten, das Maß der für den Gemeinbedarf unentgeltlich und lastenfrei abzutretenden Fläche durch örtliche Satzung zu ermäßigen. Aufsichtlicher Genehmigung bedarf eine solche Satzung nicht. Eine Erhöhung des Satzes auf über 35 vom Hundert ist nicht zugelassen.

25. Es ist Sache der Gemeinde zu prüfen, ob sie nach den örtlichen Verhältnissen auch mit einem geringeren Höchstsatz auskommen kann. Sie wird hierbei aus Gründen des Gemeinwohles

(Erleichterung des Bauens) wie im eigenen Interesse sich die notwendigen Beschränkungen auferlegen. Da es den Gemeinden überlassen ist, den Hundertsatz zu ermäßigen, ist es auch möglich, innerhalb derselben Gemeinde für die verschiedenen Baugebiete den Höchstsatz verschieden abzustufen. Dies wird dann zweckmäßig und notwendig sein, wenn in der Besiedelungsweise erhebliche Verschiedenheiten bestehen, die einen derartigen Unterschied in der Belastung der Grundeigentümer rechtfertigen, z. B. vornehme Wohn- und Villenviertel im einen, einfache Kleinsiedlungen oder gemeinnützige Bau- und Siedlungsunternehmungen im anderen Baugebiet.

26. Unterläßt eine Gemeinde durch örtliche Satzung den im Gesetze vorgesehenen Hundertsatz zu ermäßigen, so gilt an sich der im Gesetze festgelegte Höchstsatz. Die Gemeinde kann aber dann ebenso wie allgemein innerhalb des von ihr festgesetzten Höchstsatzes auch im einzelnen Baugebiet auf die Ausnützung des vollen Höchstsatzes verzichten, je nachdem ihr die Zwecke der Bauaufschließung eine geringere Inanspruchnahme der Grundbesitzer zweckmäßig erscheinen lassen oder nicht. Insbesondere wird bei gemeinnützigen Bau- und Siedlungsunternehmungen und überall da, wo es gilt, den Preis für den einzelnen Bauplatz oder für das ganze Baugebiet im Interesse des Gemeinwohles nicht zu sehr zu beschweren, dann in einfachen ländlichen Verhältnissen eine Herabsetzung des Hundertsatzes oder ein Verzicht auf die im Gesetze vorbehaltenen Rechte angebracht und geboten sein.

27. Das Gesetz vom 9. Mai 1918 setzt für die unentgeltliche zwangsweise Abtretung von Grund und Boden für Ortsstraßen und Plätze innerhalb von Gemeinden mit mehr als 5000 Einwohnern als untere Grenze 25 vom Hundert fest. Es wird deshalb schon im Hinblick darauf, jedenfalls für Gemeinden mit mehr als 5000 Einwohnern, nicht rätlich sein, in der Satzung unter diesen Hundertsatz herabzugehen. Der Gemeinde bleibt ja immer noch in Fällen, wo dies angebracht ist, der Verzicht auf die sich aus der Satzung ergebenden Rechte.

28. Übrigens wird sich der Hundertsatz der unentgeltlich und lastenfrei für den Gemeinbedarf an die Gemeinde abzutretenden Flächen in der Regel für jedes Umlegungsgebiet je nach Lage des Falles anders berechnen. Es kommen hier das Maß der Fläche für den Gemeinbedarf überhaupt, die Größe des bereits vorhandenen und wieder verwertbaren Verkehrsraumes, die Größe des Umlegungsgebietes u. a. in Betracht.

29. Bei Art. 7 Abs. VI muß unterschieden werden

a) die Abtretung für den Gemeinbedarf überhaupt,

b) das Maß der unentgeltlichen lastenfreien Abtretung für den Gemeinbedarf,

c) die Berechnung der Ersatzfläche des einzelnen Einlegers und der Fall der Entschädigung.

30. Die Gemeinde kann an sich selbst nichts abtreten. Sie scheidet also mit ihrem Eigentum aus der Abtretungspflicht aus.

Dies gilt hauptsächlich für den Fall, daß die Gemeinde Straßen-, Weg- oder Platzflächen in die Masse eingelegt hat (Abs. I).

31. Hat sie Bauflächen eingelegt, so steht sie in Ansehung dieser den übrigen Einlegern gleich, d. h. diese ihre Fläche wird der Berechnung der Masse zwar mit zugrunde gelegt, die unentgeltliche und lastenfreie Abtretung des Hundertsatzes der Fläche entfällt jedoch, weil die Gemeinde bereits Eigentümerin ist.

32. Die Abtretung für den Gemeinbedarf kann sohin nur von fremden Grundeigentümern in Anspruch genommen werden.

33. Da bis zu 35 vom Hundert der Fläche des in die Masse eingelegten fremden Eigentums unentgeltlich und lastenfrei für den Gemeinbedarf abgetreten werden müssen, sind um eben diese 35 vom Hundert weniger aus der Restmasse zu verteilen. Zur Herbeiführung der gleichmäßigen Belastung der beteiligten Eigentümer müssen deshalb die Flächen, die jeder einzelne eingelegt hat, um den gleichen Hundertsatz gekürzt werden, so daß die zuzuteilenden Ersatzgrundstücke um dieses Flächenmaß kleiner werden als die eingelegten Grundstücke.

34. Bleiben die zugewiesenen Ersatzgrundstücke hinter diesem Maße noch zurück, ist also der gesetzliche Höchstsatz überschritten, so muß die Gemeinde den Unterschied voll entschädigen.

35. Hierbei muß man sich stets vor Augen halten, daß die Gemeinde gemäß Abs. VII den Höchstsatz des Gesetzes durch örtliche Satzung jederzeit herabsetzen kann. Dann tritt ihre Pflicht zur Entschädigung entsprechend eher ein.

36. Die Frage, ob Vorausleistungen Einzelner nach den §§ 62, 81 der beiden Bauordnungen bei einer durch eine Baulinienänderung erfolgenden Verlegung der Straße seitens der Gemeinde zurückzuerstatten sind, bemißt sich nach den aus diesen Bestimmungen sich ergebenden Rechtsverhältnissen.

37. Auf diese ist jedoch das Neueinteilungsverfahren insoferne von Einfluß, als bei diesem Verfahren der Gemeinde Grundflächen zugewiesen werden können, für die sie bereits Entschädigung erhalten hat oder ein Beteiligter für die Beschaffung von Straßengrund in Anspruch genommen werden kann, für den er schon z. B. als Erst-Bauender Beiträge geleistet hat. Das Gesetz bestimmt daher in Abs. VIII, daß die für die eingelegten öffentlichen Straßen, Plätze usw. früher nachweisbar geleisteten unentgeltlichen Grundabtretungen oder die Zahlungen hierfür zu berücksichtigen sind. Dies kann bei der Neuzuteilung durch entsprechende Berücksichtigung beim Flächenmaße, bei der Lage und Form des neuzuzuteilenden Grundstückes oder durch Zuweisung anderer Vorteile oder schließlich, falls auf diesen Wegen ein Ausgleich nicht möglich ist, in Geld geschehen. Vorausleistungen, die ihre Entschädigung gefunden haben, sei es im Enteignungsverfahren oder nach freier Vereinbarung mit der Gemeinde, scheiden hierbei aus. Dagegen sind unentgeltliche Leistungen für das Straßengelände dem, der sie ge-

macht hat, seinem Besitznachfolger dann, wenn er nachweist, daß er diesen Betrag im Kaufpreise mitbezahlt hat, gutzurechnen.

Zu Art. 8. 1. Ob ein Grundstück zur Bebauung ungeeignet ist, ist von Fall zu Fall zu entscheiden. Für diese Entscheidung kommen die für das aufzuschließende Gelände bestehenden Bebauungsvorschriften in Betracht.

2. Auch die Besitzer von Kleinstücken sind zu der in Art. 7 Abs. VI festgesetzten Abtretung verpflichtet, da das Gesetz zu ihren Gunsten eine Ausnahme nicht enthält. Werden in die Masse eingelegte Grundstücke nach Art. 8 aufgeteilt, dann sind ihre ehemaligen Besitzer von weiteren Leistungen zum Unternehmen selbstverständlich befreit.

3. Maßgebend für die Beurteilung der Frage, ob ein Grundstück wegen seiner geringen Fläche zur Bebauung ungeeignet ist, ist der Zeitpunkt der Einleitung der Neueinteilung. Ein Grundstück kann bereits bei der Einleitung der Neueinteilung die Eigenschaft eines Kleinstücks besitzen, es kann aber auch erst durch die in Art. 7 vorgeschriebene Kürzung zu einem solchen werden. In beiden Fällen findet Art. 8 Anwendung.

4. Die in die Masse eingelegten Kleinstücke werden, soweit anderweitiger Ausgleich nicht möglich ist, nach ihrem Werte durch Geld entschädigt.

5. Die Eigentümer der Kleinstücke sind im allgemeinen im Umlegungsverfahren wie andere Beteiligte zu behandeln. Sie haben jedoch keinen Rechtsanspruch auf Zuweisung einer Grundfläche. Die Anwendung des Art. 8 entfällt, wenn das Kleinstück mit anderen bebauten oder mit solchen unüberbauten Grundstücken desselben Eigentümers zusammengelegt werden kann, die bebauungspflichtig sind oder durch die Zusammenlegung bebauungsfähig werden, vorausgesetzt, daß nicht die verschiedene Belastung die Zusammenlegung ausschließt.

6. Es ist auch möglich, im Verfahren die Flächen mehrerer Kleinstücke zu gemeinsamem Eigentum zusammenzulegen, wenn die Gesamtfläche der Kleinstücke dadurch bebauungsfähig wird. Die nähere rechtliche Regelung hat in solchen Fällen im Umlegungsplan zu erfolgen.

Zu Art. 9. 1. Die Zuweisung von Ersatzgrundstücken im Verhältnisse zur Fläche der eingelegten Grundstücke wird dann keinen ausreichenden Ausgleich schaffen, wenn die Eigentümer der eingelegten Grundstücke gleichzeitig besondere damit verbundene Werte aufgeben müssen, so insbesonders auf den eingelegten Grundstücken befindliche Gebäude, dann Werte, die sich aus besonderen natürlichen Eigenschaften oder Verwendungen des eingelegten Grundstückes ergeben, endlich Werte, die sich aus dem auf Benutzung des Gebäudes oder die besondere Beschaffenheit oder Benutzung des Grundstückes begründeten Gewerbe ergeben.

2. Dieser Mehrwert soll, wenn möglich durch Zuweisung von Grund und Boden ersetzt werden. Selbstverständlich muß bei Be-

messung der Entschädigung ein Mehrwert, der erst durch die Neueinteilung bedingt wird, außer Betracht bleiben (Art. 11 Abs. II).

Zu Art. 10. In der Regel wird der Eigentümer durch die auf Grund des Art. 7 erfolgten Zuweisungen von Grund und Boden und durch die auf Grund des Gesetzes gewährten Geldentschädigungen für das eingelegte Grundstück völligen Ausgleich erhalten. Denkbar ist indessen, daß der Gesamtwert dessen, was der Eigentümer infolge der Neueinteilung und im Verfahren erhält, im einzelnen Falle ausnahmsweise gleichwohl seinen Nachteil nicht ausgleicht, so daß nachweisbar ein unverhältnismäßiger Schaden verbleibt. Um das Recht des Eigentümers auf volle Entschädigung entsprechend den verfassungsrechtlichen Grundsätzen nach jeder Richtung zu gewährleisten, gibt das Gesetz ganz allgemein dem Eigentümer für einen derartigen Ausnahmefall das Recht auf restlose Entschädigung in Geld.

Zu Art. 11. Für die Ermittlung der Entschädigungsbeträge werden zweckmäßig im allgemeinen die Grundsätze entsprechende Anwendung finden, die für die Bemessung der Entschädigung nach dem Zwangsabtretungsgesetz (Art. V ff.) maßgebend sind. Wenn ein zu entschädigendes Grundstück erst durch die Neueinteilung erhöhten Wert gewinnt, so bleibt dieser Mehrwert billigerweise für die Entschädigung außer Betracht, da für sie nur der ursprüngliche Wert des Grundstücks maßgebend sein kann. Für die Bemessung der nach Art. 7 Abs. IV zu leistenden Geldentschädigungen sollen in der Regel Einheitssätze vereinbart werden.

Zu Art. 12. 1. Art. 12 des Gesetzes behandelt die Entschädigung derjenigen Beteiligten, die R e c h t e an den Grundstücken des Umlegungsgebiets besitzen.

2. Die Neueinteilung der Grundstücke kann nach der Natur der Sache nicht ohne Einfluß auf die an den Grundstücken bestehenden Rechte sein. Ob und inwieweit derartige Rechte erlöschen oder verändert werden, behandelt Art. 38 des Gesetzes. Soweit die Berechtigten hierdurch Schaden leiden, sollen sie Anspruch auf Entschädigung haben.

3. Dieser Schaden kann im Verfahren, allenfalls auch durch Zuteilung von frei gewordenem Grund und Boden oder auf andere Weise abgefunden werden. Wo dies nicht möglich ist, bleibt nur die Entschädigung in Geld.

4. Soweit Schaden nicht entsteht, z. B. wenn infolge der Neueinteilung eine Dienstbarkeit gegenstandslos wird, kommt eine Entschädigung natürlich nicht mehr in Frage. Als Abfindung kommen insbesondere auch die Vorteile in Betracht, die sich aus der Neueinteilung auch für die Berechtigten ergeben. Vielfach wird der neue Eigentümer durch das Erlöschen oder die Veränderung eines Rechtes am Grundstück, für das nach Abs. I Satz 1 Entschädigung

gezahlt werden muß, einen Vorteil erlangen. In diesem Falle soll dem begünstigten Eigentümer diese Entschädigung in Geld bis zur Höhe dieses Vorteiles auferlegt werden können, da er sonst anderen beteiligten Grundbesitzern gegenüber im Vorteil wäre. Gegen diese Heranziehung zu einer besonderen Leistung steht dem Eigentümer nach Art. 39 des Gesetzes der Rechtsweg offen. Die Gemeinde, an die der Eigentümer die Entschädigung abzuführen hat, hat auf die Auferlegung einer derartigen Leistung auf den begünstigten Eigentümer keinen Rechtsanspruch. Die Auferlegung steht vielmehr im freien Ermessen des Umlegungsausschusses.

5. Abs. II spricht ausdrücklich aus, daß Abs. I auch für die Mieter und Pächter gilt, deren Rechte nach Art. 38 Abs. III des Gesetzes erlöschen. Hier ist der Hinweis notwendig, daß nach Art. 20 Abs. I Ziff. 2 des Gesetzes nur diejenigen Mieter und Pächter als beteiligt gelten, denen das Grundstück auf Grund eines Miet- oder Pachtvertrages überlassen ist. Mieter und Pächter, denen das Grundstück noch nicht überlassen ist, haben keinen selbständigen Entschädigungsanspruch. Sie können ihre etwaigen Rechte lediglich dem Vermieter oder Verpächter gegenüber geltend machen, der seinerseits allenfalls auf Grund der Art. 10 und 11 Abs. I des Gesetzes Schadloshaltung versuchen kann.

Zu Art. 13. 1. Schuldnerin und Forderungsberechtigte der fälligen Geldentschädigungen ist zunächst die Gemeinde. Endgültig Schuldnerin bleibt sie nur hinsichtlich der Entschädigungen nach Art. 7 Abs. VI Satz 3. Die übrigen Geldentschädigungen hat die Gemeinde nur vorschußweise zu leisten.

2. Die bei der Neueinteilung sich ergebende Wertsteigerung des Umlegungsgebietes ist erfahrungsgemäß sehr erheblich und kommt ausschließlich den Eigentümern der eingelegten Grundstücke zugute, so daß es nur billig ist, wenn ihnen die durch die Neueinteilung erforderlich werdenden Aufwendungen, soweit sie der Gemeinde nicht endgültig zur Last fallen, überbürdet werden. Vor der Austeilung auf die Eigentümer sind hierbei die nach Art. 12 Abs. I Satz 2 der Gemeinde zuzuführenden Leistungen in Abzug zu bringen.

3. Der Verteilungsmaßstab soll der Billigkeit entsprechen; er wird sich nach Flächeninhalt, Lage oder Wert des zugeteilten Grundstücks und nach dem aus der Neueinteilung sich für das einzelne Grundstück ergebenden Vorteil bemessen. Für die Bemessung des Wertes kommt nur der Wert des Grundstückes vor der Neueinteilung in Betracht.

4. Es ist Aufgabe des Umlegungsausschusses, die allgemeinen Grundsätze für den Verteilungsmaßstab aufzustellen.

5. Zur Vereinfachung des Verfahrens sind auf diese Leistungen der Eigentümer jene Entschädigungen anzurechnen, die ihnen von der Gemeinde kraft gesetzlicher Bestimmung zu gewähren sind.

Zu Art. 14. 1. Abs. I soll den Eigentümer davor schützen, daß er den von ihm an die Gemeinde zu zahlenden Umlegungsbeitrag zu ungelegener Zeit zahlen muß. Dem Eigentümer ist daher ein Recht auf Stundung eingeräumt, bis er das Grundstück verkauft oder bebaut.

2. Die Stundung hat gegen angemessene Verzinsung zu erfolgen. Die Höhe des Zinssatzes wird mangels einer gütlichen Einigung der Gemeinde und des Schuldners von der Kreisregierung, Kammer des Innern, festgesetzt. Zweckmäßig wird eine Änderung des Zinssatzes je nach der wirtschaftlichen Entwicklung vorbehalten.

3. Abs. II sichert die Gemeinde für den Eingang des Umlegungsbeitrages, indem er ihr die Befugnis gibt, die Eintragung einer Sicherungshypothek im Vorrang vor den Reallasten, Hypotheken, Grundschulden und Rentenschulden des Grundstücks zu verlangen. Die Gemeinde kann das Verlangen noch während des Umlegungsverfahrens stellen; dann wird die Hypothek in der Umlegungsübersicht (Art. 36) berücksichtigt und auf Grund derselben eingetragen. Die Gemeinde kann das Verlangen aber auch nach der Neueinteilung stellen, dann wird die Hypothek auf Grund des Ersuchens der Gemeinde eingetragen (§ 39 Grundbuchordnung). Mit Rücksicht auf den Grundkredit ist die Befugnis der Gemeinde zeitlich befristet, die Sicherungshypothek muß binnen drei Monaten nach der Neueinteilung beantragt werden. Dadurch wird ein mittelbarer Zwang auf Eintragung ausgeübt.

4. Abs. II Satz 2, der seine reichsrechtliche Grundlage in Art. 113 des Einführungsgesetzes zum Bürgerlichen Gesetzbuche hat, findet seine Rechtfertigung darin, daß die durch die Neueinteilung eintretende Wertsteigerung auch den auf dem Grundstücke lastenden Reallasten, Hypotheken, Grundschulden und Rentenschulden zugute kommt. Es wäre nahegelegen, den Umlegungsbeitrag für eine öffentliche Last des Grundstücks zu erklären. Das Gesetz hat jedoch die Form der Sicherungshypothek gewählt, weil die Haftung des Grundstückes für öffentliche Lasten nach Art. 122 des Ausführungsgesetzes zum Bürgerlichen Gesetzbuche nach zwei Jahren erlischt, bei der Gewährung der Stundung (Abs. I) also auf die zeitliche Beschränkung der dinglichen Haftung Rücksicht genommen werden müßte.

5. Eine weitere Sicherung der Gemeinde liegt darin, daß der Auszug aus dem rechtskräftigen Bescheid erst zugestellt wird, wenn die Schuldigkeit an die Gemeinde entrichtet ist (Art. 36 Abs. II).

6. Der Zusatz zu Abs. II „die Hypothek erlischt mit der Forderung; der § 1163 Abs. 1 Satz 2 des Bürgerlichen Gesetzbuches findet keine Anwendung“ ist notwendig, da ohne diese Vorschrift eine Eigentümergrundschuld (§ 1177 Abs. I des Bürgerlichen Gesetzbuches) entstünde. Der Eigentümer könnte dann

hierüber zum Nachteile seiner im Range nachgehenden Gläubiger verfügen.

Zu Art. 15. Die Leitung des Verfahrens obliegt unbeschadet der selbständigen Tätigkeit des Umlegungsausschusses der Baupolizeibehörde. (Art. 15 Abs. I, Art. 16, Art. 17 Abs. I, Art. 18 Abs. III, Art. 19 Abs. I und II, Art. 25, Art. 27, Art. 31, Art. 32 Abs. IV zweiter Satz).

Zu Art. 16. Wegen des untrennbaren Zusammenhangs der Neueinteilung mit dem Baulinienplan und den Bebauungsvorschriften müssen diese im Zusammenhang mit der Neueinteilung gewürdigt werden. Der rechtskräftig genehmigte Baulinienplan muß mit der Neueinteilung übereinstimmen. Er soll deshalb einschließlich der Bebauungsvorschriften bis zur Entscheidung über die Neueinteilung rechtskräftig genehmigt sein.

Zu Art. 17. Die Entscheidung der Regierung, Kammer des Innern, erfolgt im Bureauwege. Rechtsfragen sind in diesem Abschnitte des Verfahrens nicht zu entscheiden.

Zu Art. 18. 1. Für jede Neueinteilung ist es von größter Wichtigkeit, daß rechtzeitig ein im Städtebau erfahrener Bausachverständiger beigezogen wird. Das Schwergewicht des Gesetzes liegt auf dem Gebiete des Städtebaues. Wenn der Gemeinde ein im Städtebau erfahrener Bausachverständiger nicht zur Verfügung steht, so muß sie, dies ist die Bedeutung des Wortes „erforderlichenfalls", einen solchen beiziehen. Ihm obliegt die nötige Einwirkung auf den Generalbaulinienplan und den Baulinienplan und auf die Neueinteilung überhaupt. Insbesondere ist es auch seine Aufgabe, die Fragen des Gemeinbedarfes richtig zu lösen und die bauliche Aufteilung in die richtigen Bahnen zu lenken. Erforderlichenfalls muß er sich der Mitwirkung eines Tiefbauingenieurs wegen der Fragen der Kanalisation, der Wasserversorgung usw. versichern. Ebenso ist andauernde Zusammenarbeit mit dem zuständigen Messungsamte (Art. 27) geboten.

2. Das Messungsamt erstellt zunächst die Besitzliste nach Musterformblatt[1]) Anlage 1 und einen Übersichtsplan.

3. Die Besitzliste wird auf Grund des Katasters angefertigt. Wegflächen und Grundstücksteile, die im Kataster nicht ausgeschieden sind, sind nach dem Katasterplan zu berechnen und zunächst nach dem Muster der Anlage 1 in die Besitzliste einzutragen. Ist die Durchführung der Neueinteilung beschlossen (Art. 22), so tritt an die Stelle des vorläufigen Eintrags der endgültige. Zu diesem Zwecke sind die erforderlichen Messungsverzeichnisse auszuarbeiten und nach erfolgter Prüfung dem zuständigen Grundbuchamt mit dem Antrag auf Eintragung in das Grundbuch zuzuleiten.

---

[1]) Vom Abdruck des Formblattes wurde abgesehen.

4. Sind im Kataster mehrere Personen, z. B. Ehegatten, Geschwister usw. als Miteigentümer vorgetragen, so sind sämtliche Miteigentümer in der Besitzliste aufzuführen. Bei Grundstücken von Stiftungen oder von Beteiligten, die unter Vormundschaft stehen oder anderweitig gesetzlich vertreten werden, sind die Vertreter mit Vor- und Zuname, Stand, Wohnort und Hausnummer vorzutragen. Die Übereinstimmung der Besitzliste mit dem Grundsteuerkataster ist von der zuständigen Katasterumschreibbehörde zu bestätigen. Das Grundbuchamt hat zu prüfen, ob die Angaben der Liste mit den Vorträgen im Grundbuch übereinstimmen und die in der Liste für Band und Seite des Grundbuchs vorgesehenen Spalten auszufüllen. Abweichungen sind im Benehmen mit der Katasterumschreibbehörde zu klären. Für die Herbeiführung der Übereinstimmung von Kataster, Grundbuch und Besitzliste ist Sorge zu tragen.

5. Der Übersichtsplan ist aus Katasterabdrucken zusammenzusetzen. Er muß die Grenzen der Steuergemeindebezirke (rot), der Ortsfluren (blau, Pr.-blau), der Bezirke der politischen Gemeinden, soweit sie sich nicht mit den Grenzen der Steuergemeindebezirke decken (anilinviolett) sowie die Abgrenzung des Umlegungsgebiets (gelbrot, Mennig), ferner die beteiligten Plannummern und die zugehörigen Haus-(Besitz)Nummern ersehen lassen und ist vom Messungsamt abzuschließen. Im übrigen sind die für die Herstellung numerierter Katasterpläne maßgebenden Vorschriften zu beachten.

Zu Art. 19. 1. Eine Form für die Verpflichtung der beiden Sachverständigen schreibt das Gesetz nicht vor. Es ist sohin jede Form zulässig.

2. Zuständiges Messungsamt im Sinne des Gesetzes ist das örtlich zuständige staatliche Messungsamt. Liegt das Umlegungsgebiet in den Bezirken verschiedener Messungsämter, so ist dasjenige Messungsamt zuständig, in dessen Bezirk die größere Fläche liegt. Das Staatsministerium der Finanzen kann für besondere Fälle die Zuständigkeit abweichend von dieser Bestimmung regeln.

Zu Art. 20. Zum Zwecke der Feststellung der Beteiligten, soweit sie nicht in der Besitzliste vorgetragen sind, ist ein Lastenverzeichnis nach Musterformblatt[1]) Anlage 2 herzustellen. Dem zuständigen Messungsamt obliegt die Ausfüllung der Spalten 1 mit 4 nach Maßgabe der Besitzliste, dem Grundbuchamt die Prüfung dieser Einträge und die Ausfüllung der Spalten 5 und 6. Die Einträge in die übrigen Spalten werden später vollzogen. (Vgl. die Ausführungen zu Art. 30.)

Zu Art. 22. 1. Der Beschlußfassung der Beteiligten nach Art. 22 Abs. II ist das Unternehmen in dem Umfange, wie er durch die Regierung, Kammer des Innern, in der Vorprüfung (Art. 17 Abs. II) bestimmt ist, zu unterstellen. Über die Durchführung dieses

---

1) Vom Abdruck des Formblattes wurde abgesehen.

Unternehmens sollen sich die Beteiligten schlüssig werden. Ergeben sich bei der Abstimmung hinsichtlich des Umfangs des Unternehmens Abweichungen, so bedarf es einer nochmaligen Vorlage der Verhandlungen an die Regierung, Kammer des Innern, nicht. Anders liegt die Sache, wenn die bei der Abstimmung angeregten Abweichungen so erheblich sind, daß sie sich als ein ganz neues Unternehmen darstellen würden. In diesem Falle wäre das Unternehmen neu einzuleiten. Wird eine Änderung des Umfangs beschlossen, so ist diese im Übersichtsplan mit ultramarinblauer Farbe, in der Besitzliste durch Beigabe eines Anhangs und im Lastenverzeichnis mit blauer Tinte nachzutragen.

2. Die Abstimmung über die Durchführung des Unternehmens hat den Zweck, die grundsätzliche Stellungnahme der beteiligten Grundeigentümer zum Unternehmen festzulegen (Art. 3 Abs. I Ziff. 3, Art. 5). Hiernach sind für die Abstimmung über die Durchführung des Unternehmens (Art. 22 Abs. II) stimmberechtigt nur die beteiligten Grundeigentümer. Die Beteiligung geht aus dem Verzeichnis der Grundstücke und Grundstücksteile (Art. 15 Abs. I) hervor.

3. Über die Durchführung der Neueinteilung ist gesondert von den übrigen Verhandlungen Beschluß zu fassen. Die Abstimmung hat an der Hand des Verzeichnisses der Grundstücke und Grundstücksteile (Art. 15 Abs. I) durch Namensaufruf zu erfolgen; die Abstimmung ist durch Unterschrift in einer Abstimmungsliste zu beurkunden. Die Abstimmung darf nicht an Bedingungen und Vorbehalte geknüpft werden. Die Abstimmungsliste bildet eine Anlage der Niederschrift und ist vom Verhandlungsleiter zu führen und abzuschließen.

4. Beteiligte, die erst nach Einleitung der Verhandlungen Eigentümer von Grundstücken innerhalb des Umlegungsgebietes geworden sind oder die aus irgendeinem anderen Grunde im Verzeichnis nicht aufgeführt sind, haben ihre Rechte durch Vorlage von Grundbuch- oder Katasterauszügen oder durch sonstige Behelfe (notarielle oder gerichtliche Urkunden oder Bestätigungen) nachzuweisen.

5. Beteiligte, die zur Tagfahrt zwar erschienen sind, sich jedoch vor der Abstimmung wieder entfernen, dann Beteiligte, die an der Abstimmung nicht teilnehmen oder sie nicht schriftlich vollziehen, sind so zu behandeln, als ob sie nicht erschienen wären. Hierauf ist vor der Abstimmung aufmerksam zu machen. Ferner sind die Beteiligten in der Verhandlung darauf hinzuweisen, daß sie, wenn sie nicht abstimmen, als zustimmend gelten (Art. 22 Abs. III).

6. In der Niederschrift oder in der Abstimmungsliste ist festzustellen, welche Beteiligte weder erschienen noch durch Bevollmächtigte vertreten waren.

7. Das Ergebnis der Abstimmung ist nach dem Besitzstande festzustellen. Dabei ist anzugeben, wie viele beteiligte Grundbesitzer

für die Durchführung der Neueinteilung gestimmt haben, wie viele als zustimmend anzusehen sind und wie viele dagegen gestimmt haben, ferner welche beteiligte Gesamtfläche auf die Zustimmenden trifft und ob hiernach die in Art. 3 Abs. I Ziff. 3 festgesetzte Mehrheit gegeben ist.

8. Wird die in Art. 3 Abs. I Ziff. 3 festgesetzte Mehrheit nicht erreicht, so gilt das Unternehmen als beruhend. Die Kosten des Verfahrens fallen in diesem Falle nach Art. 44 Abs. II den Antragstellern zur Last (Fall der Nichtweiterverfolgung des Unternehmens).

9. Ein beteiligter Grundeigentümer kann, wenn er auch nach Art. 22 der Durchführung der Neueinteilung zugestimmt hat, immer noch Einwendungen im einzelnen erheben.

Zu Art. 23. 1. Wenn die Durchführung der Neueinteilung beschlossen worden ist, so bedarf es eines Organs für die weiteren Verhandlungen. Deshalb ist alsbald der Umlegungsausschuß zu bilden. Dies hat regelmäßig unmittelbar im Anschluß an die Abstimmung noch in der Tagfahrt zu geschehen, um eine neuerliche Zusammenrufung der beteiligten Grundbesitzer tunlichst zu vermeiden.

2. Auch zu den Wahlen für die Bildung des Umlegungsausschusses sind nur die beteiligten Grundbesitzer berechtigt.

3. Zur Geschäftsvereinfachung wird es sich empfehlen, darauf hinzuwirken, daß im unmittelbaren Anschluß an die Bildung des Umlegungsausschusses von den an der Abmarkung der Ersatzgrundstücke beteiligten Grundeigentümern zwei oder drei Personen bevollmächtigt werden, sie bei der Abmarkung zu vertreten. Die Vollmacht soll jeden Vertreter berechtigen, für jeden beteiligten Grundeigentümer zu handeln.

Zu Art. 24. Einwendungen können von allen Beteiligten, also auch von den Rechtsbesitzern und von den beteiligten Nachbargemeinden (Art. 20), erhoben werden. Zweckmäßig wird, soweit dies nach dem Stande des Verfahrens bereits möglich ist, sofort über die Einwendungen verhandelt (Art. 22 Abs. I, Art. 24 Abs. II).

Zu Art. 26. 1. Das Grundbuchamt hat die Grundbuchblätter für die im Verzeichnis aufgeführten, durch das Umlegungsverfahren betroffenen Grundstücke darauf zu prüfen, ob auf ihnen die Anordnung der Zwangsversteigerung oder Zwangsverwaltung eingetragen ist, um bejahendenfalls dem Vollstreckungsgericht die vorgeschriebene Mitteilung zu machen.

2. Da ein Vermerk über die Einleitung des Umlegungsverfahrens nicht eingetragen wird, hat das Grundbuchamt, um imstande zu sein, der Vorschrift des Art. 26 Abs. II zu genügen und die in der Besitzliste eintretenden Änderungen (s. die Vollzugsvorschrift zu Art 30) der Gemeinde mitzuteilen, auf eine andere Weise dafür Sorge zu tragen, daß ihm die Einbeziehung eines Grundstücks in das Umlegungsverfahren nicht entgeht. Dies wird ohne besondere Schwierigkeit möglich sein, da die betroffenen Grund-

stücke regelmäßig in einem Grundbuchbezirk oder in dem gleichen Stadtbezirk gelegen sind und meistens sogar durch fortlaufende Plannummern bezeichnet sein werden.

3. Die der Gemeinde nach Abs. 2 zukommenden Mitteilungen sind an das zuständige Messungsamt weiterzuleiten, das sie zunächst der Besitzliste als Anlagen beizureihen hat.

Zu Art. 27 und 28. 1. Über die Form der bei Bildung des Umlegungsausschusses vorzunehmenden Wahlen enthält das Gesetz keine Vorschriften. Die Beteiligten können daher die Form der Wahl selbst bestimmen. In Ermangelung anderer Bestimmungen ist hierüber einfache Mehrheit entscheidend. Es empfiehlt sich, das Wahlverfahren möglichst einfach zu gestalten, insbesondere die Wahl durch Zuruf zuzulassen. Vorsitzender des Umlegungsausschusses ist ein Beamter der Baupolizeibehörde. Über die Stellvertretung des Vorsitzenden enthält das Gesetz keine Bestimmung. Bei der Wichtigkeit der Sache soll ein Wechsel in der Person des Vorsitzenden überhaupt vermieden werden und der Vorsitz in der Hand des Beamten der Baupolizeibehörde bleiben. Die Bestellung eines Stellvertreters durch den Vorsitzenden soll sich deshalb nur auf einzelne Fälle der Verhinderung beschränken.

2. Der Ausschuß kann sich auch eine Geschäftsordnung geben (Art. 27 Abs. II Satz 2). Es ist also auch die Möglichkeit gegeben, in der Geschäftsordnung Bestimmungen über die Aufstellung eines Stellvertreters des Vorsitzenden im Bedarfsfalle zu geben.

3. Eine Form für die Verpflichtung der durch die Wahl bestellten Mitglieder des Ausschusses schreibt das Gesetz nicht vor. Es ist deshalb jede Form zulässig (vgl. die Ausführungen zu Art. 19). Der Umlegungsausschuß wird von dem Vorsitzenden einberufen. Der Vorsitzende kann aus Zweckmäßigkeitsgründen und wo es sich um beschleunigte Erledigung einzelner Fragen handelt, dieses Recht auf ein anderes Mitglied des Ausschusses übertragen, z. B. in bautechnischen Angelegenheiten auf den Bausachverständigen, in vermessungstechnischen Angelegenheiten auf den höheren Beamten des Messungsamts. Dies kann in der Geschäftsordnung des näheren geregelt werden (Art. 27 Abs. II). Das zur Einberufung ermächtigte Mitglied hat den Vorsitzenden rechtzeitig von der Einberufung zu verständigen.

Zu Art. 30. 1. Der Umlegungsplan umfaßt:
1. den Baulinienplan mit den etwaigen Bebauungsvorschriften (Art. 15),
2. den Übersichtsplan und
3. die Besitzliste (V.B. zu Art. 18),
4. das Lastenverzeichnis (V.B. zu Art. 20),
5. ein nach Steuergemeinden und Plannummern geordnetes, für die Fortführung eingerichtetes Verzeichnis der im Umlegungsgebiet gelegenen Grundstücke nebst den dazu gehörigen Flächen und Haus- (Besitz-) Nummern (Plannummernverzeichnis),

6. ein Verzeichnis (Flächenverzeichnis)
   a) der für die einzelnen Baublöcke, Straßen, öffentlichen Wege und Plätze innerhalb des Umlegungsgebiets berechneten Flächen, die zusammen die Gesamtfläche des Umlegungsgebietes darstellen,
   b) der entbehrlich werdenden und daher in die Verteilungsmasse fallenden Verkehrs- usw. Flächen und zwar ausgeschieden nach ihren bisherigen Eigentümern (Gemeinden, Bezirke, Staat usw.),
   c) jener Flächen, die zur Befriedigung des Gemeinbedarfs Verkehrswegen des Staates und der Bezirke zuzuteilen sind (bleibender Verkehrsraum),
7. einen Übersichtsplan über die in Aussicht genommene Neueinteilung (Neueinteilungsplan), hergestellt unter Verwendung von Katasterplan- oder Neukartierungsabdrucken,
8. eine Forderungs- und Zuteilungsliste nach Musterformblatt[1]) Anlage 3,
9. eine Zusammenstellung der Kosten der Umlegung (Materialkosten, Arbeiterlöhne usw.),
10. eine Entschädigungsliste nach Musterformblatt[1]) Anlage 4.

2. Die zur Aufstellung des Umlegungsplanes erforderlichen Vermessungen und Abmarkungen, ferner die Katasterplanausarbeitungen und Flächenberechnungen sowie die sonstigen vermessungstechnischen Arbeiten sind, soweit diese Bekanntmachung nicht anders bestimmt, nach den Vorschriften der Dienstanweisung für die Messungsämter zu vollziehen. Wird in besonderen Fällen ausnahmsweise eine hiervon abweichende Sachbehandlung notwendig, so hat das Messungsamt die hierfür maßgebenden Gründe bei Vorlage der Ausarbeitungen zur Prüfung kurz darzulegen. Der vom Messungsamt in den Umlegungsausschuß abgeordnete Beamte kann und soll, soweit es im dienstlichen Interesse gelegen und aus wirtschaftlichen Gründen geboten ist, nicht nur als Ausschußmitglied, sondern auch als Vollzugsbeamter des Messungsamts mit der Durchführung des Unternehmens befaßt werden.

3. Bei Aufstellung der Forderungs- und Zuteilungsliste ist mittels Schätzung nach dem Katasterplan zu prüfen, ob nicht die Flächenberechnungen der in der Masse vereinigten Grundstücke mit erheblichen Fehlern behaftet sind. Soweit dies der Fall ist, sind die Flächen auf Grund des Katasterplans neu zu berechnen und hiernach die Gesamtflächen der in Betracht kommenden Besitzstände — also nicht die Flächen der einzelnen Grundstücke — in der Forderungs- und Zuteilungsliste zu berichtigen. Besteht sodann noch Anlaß, auch die Gesamtfläche des Umlegungsgebietes zu berichtigen, so ist die zu behebende Abweichung nach dem Flächenverhältnis auf die Gesamtflächen sämtlicher Besitzstände zu verteilen (Flächenabgleichung). Vgl. das Musterformblatt Anlage 3[1]). Eine

[1]) Vom Abdruck des Formblattes wurde abgesehen.

der Umlegung vorgängige Vermessung einzelner oder sämtlicher im Umlegungsgebiet gelegener Grundstücke ist nur auf Antrag und Kosten der beteiligten Grundeigentümer vorzunehmen.

4. Fällt das Umlegungsgebiet in zwei oder mehr Gemeindebezirke, so ist schon bei der Ausarbeitung des Neueinteilungsentwurfs auf eine zweckmäßige Regelung der Gemeindebezirksgrenzen Rücksicht zu nehmen. Die bestehenden und in Aussicht zu nehmenden neuen Gemeindebezirksgrenzen sollen im Neueinteilungsplan ersichtlich gemacht werden. Dem vom Umlegungsausschuß zur geeigneten Zeit zu stellenden Antrag auf Abänderung der Gemeindegrenzen ist ein Katasterplan beizugeben, der die bestehenden und die in Aussicht genommenen neuen Gemeindegrenzen sowie die Neueinteilung längs dieser Grenzen ersehen läßt. Die bestehenden Gemeindegrenzen sind hierin durch ein rotes, die neuen durch ein graues Farbenband, die Neueinteilungen durch rote Linien kenntlich zu machen. Die Flächenangaben im Antrage können auf die von einer Gemeinde zur anderen übergehenden Gesamtflächen beschränkt werden.

5. Die Prüfung der messungstechnischen Ausarbeitungen durch die dem zuständigen Messungsamt unmittelbar vorgesetzte Stelle hat, unbeschadet der Schlußprüfung nach Art. 36 Abs. II abschnittweise zu erfolgen und ist jeweils mit tunlichster Beschleunigung vorzunehmen (vgl. hierzu die Ausführungen zu Art. 36).

6. Die durch die Umlegung veranlaßte Regelung der Rechte an den Grundstücken (Art. 12) ist im Lastenverzeichnis nachzuweisen. Die Regelung erfolgt durch den Umlegungsausschuß im Zusammenwirken mit dem Messungsamt und, soweit veranlaßt, im Benehmen mit den Beteiligten. Sie umfaßt die bereits bestehenden, die künftig wegfallenden, abzuändernden und neuzuschaffenden Rechte.

7. Von jeder nach der Herstellung der Besitzliste bis zum Abschluß der Neueinteilung im Grundbuch zur Eintragung gelangenden Eigentumsänderung hat das Grundbuchamt die Gemeinde zu benachrichtigen. Einer weiteren Mitteilung nach Art. 26 Abs. II des Gesetzes bedarf es daneben nicht. Erfolgt die Umschreibung im Grundsteuerkataster durch das Finanzamt nicht auf Grund des von dem Grundbuchamt übersendeten Umschreibungsverzeichnisses (§ 20 Abs. 1 der Bekanntmachung des Staatsministeriums der Finanzen vom 23. Februar 1905 über die Fortführung des Grundsteuerkatasters, FinMBl. S. 39, JMBl. S. 593), so hat das Finanzamt die Gemeinde von der Umschreibung zu benachrichtigen.

8. Befinden sich in der Umlegungsfläche Grundstücke, die nach Art. 6 des Gesetzes von der Neueinteilung ausgeschlossen werden können oder müssen, so ist dies in der Spalte für Bemerkungen der Besitzliste vorzumerken.

Zu Art. 34 und 35. 1. Die Regierung, Kammer des Innern, entscheidet im verwaltungsrechtlichen Verfahren. Dabei hat sie die erhobenen Einwendungen nach allen Richtungen, auch nach den in

Art. 3 festgesetzten Voraussetzungen zu würdigen. Das gleiche gilt für den Verwaltungsgerichtshof.

2. Mit Geldentschädigungen hat sich die Regierung überhaupt nicht zu befassen. Sie hat also auch nicht darüber zu entscheiden, ob eine Geldentschädigung, sei es neben der Zuteilung von Grundstücken oder einer sonstigen Abfindung, sei es ohne eine solche, zu gewähren ist (vgl. die Vollzugsvorschrift zu Art. 39 Abs. I).

Zu Art. 36. 1. Die Umlegungsübersicht besteht wie das Messungsverzeichnis aus dem Vortrage, der Flächenberechnung und der Planbeilage. Der Vortrag gründet sich auf den Umlegungsplan, insbesondere auf die Besitzliste und auf die Forderungs- und Zuteilungsliste. Für seine äußere Gestaltung ist das Musterformblatt[1] Anlage 5 maßgebend. Die Flächenberechnungen sind in der Hauptsache jene, die auch zur Anfertigung der Forderungs- und Zuteilungsliste verwendet wurden. Die Herstellung der Planbeilage bemißt sich nach den Vorschriften der Dienstanweisung für die Messungsämter.

2. Das Lastenverzeichnis bildet eine Beilage zur Umlegungsübersicht. Sobald die Verhandlungen wegen Regelung der Rechte an den Grundstücken abgeschlossen sind, hat das Messungsamt die endgültige Ausarbeitung und Fertigstellung des Verzeichnisses vorzunehmen.

3. Nach Fertigstellung der Umlegungsübersicht und des Lastenverzeichnisses sind beide Ausarbeitungen durch den Umlegungsausschuß beschlußmäßig anzuerkennen und sodann durch das zuständige Messungsamt abzuschließen. Die abgeschlossene Umlegungsübersicht wird sodann samt Unterlagen (Handrissen, Abmarkungsprotokollen, Flächenberechnungen) und Umlegungsplan der dem Messungsamt unmittelbar vorgesetzten Stelle zur Schlußprüfung — vgl. den vorletzten Absatz der Ausführungen zu Art. 30 — vorgelegt.

4. Diese leitet nach erfolgter Prüfung die Umlegungsübersicht nebst Umlegungsplan an die Regierung, Kammer des Innern, zur Weiterbehandlung nach Art. 36 Abs. II, während die Unterlagen an das Messungsamt hinauszugeben sind. Die Vollziehbarerklärung wird der Umlegungsübersicht am Schlusse beigefügt und im Lastenverzeichnis vorgemerkt. Auszüge aus den Umlegungsübersichten für den Amtsgebrauch werden nicht angefertigt. Nach Vollzug der Katasterumschreibung sind die Übersichten zur Verwahrung an das zuständige Messungsamt abzugeben.

Zu Art. 39. 1. Die Entscheidung über Geldentschädigungen steht der Kreisregierung nicht zu (Art. 34 Abs. II Satz 4 des Gesetzes, vgl. die Vollzugsvorschrift zu Art. 34 und 35). Die Klage im ordentlichen Rechtsweg richtet sich gegen die Festsetzung des

[1]) Vom Abdruck des Formblattes wurde abgesehen.

Umlegungsausschusses nach Art. 32 Abs. II Satz 3 des Gesetzes. Hat der Umlegungsausschuß in einem Falle, in welchem an sich eine Geldentschädigung in Betracht kommen kann, die Zubilligung einer Geldentschädigung unterlassen, weil nach seiner Ansicht ein Schaden nicht entstanden ist, oder ist die Gemeinde mit einer festgesetzten Geldentschädigung nicht einverstanden, weil sie das Vorliegen eines Schadens bestreitet, so ist auch hierüber im ordentlichen Rechtsweg zu streiten. Entzogen ist dem Gerichte nur die Frage, ob die zu dem Anspruch auf Geldentschädigung Anlaß gebende Maßnahme gerechtfertigt ist. Dagegen ist die Bemessung der Entschädigung ganz in die Hände der Gerichte gelegt. Dazu gehört auch die Entscheidung darüber, inwieweit ein durch Geldentschädigung auszugleichender Schaden entstanden ist.

2. Die Ausführung des Unternehmens wird durch die Beschreitung des Rechtsweges nicht aufgehalten. Diese Bestimmung bezweckt, daß das Unternehmen ohne Rücksicht auf etwaige Rechtsstreite und deren Ausgang ausgeführt werden kann (nicht muß). Ist zu befürchten, daß ein Rechtsstreit ungünstig ausgeht und daß durch den ungünstigen Ausgang das ganze Unternehmen gefährdet wird, so wird es Sache der Beteiligten sein, die Ausführung vorerst noch zurückzustellen.

Zu Art. 42. Der im Art. 42 Abs. II genannte Betrag von 300 Mk. wird nach Art. 1 des Gesetzes vom 14. August 1923 zur Änderung des Gesetzes vom 15. Juni 1898, das Unschädlichkeitszeugnis betr. (GVBl. S. 280), durch den jeweils vom Staatsministerium der Justiz festgesetzten Betrag ersetzt.

Zu Art. 43. 1. Das Ersuchen an das Grundbuchamt hat die sämtlichen zur Grundbuchberichtigung erforderlichen Eintragungen und Löschungen (Art. 37, 38) zu enthalten.

2. Von dem Vollzug der Eintragungen der neuen Eigentümer hat das Grundbuchamt das Finanzamt zu verständigen. Einer Eintragung in das Umschreibverzeichnis des Grundbuchamts (§ 579 der Dienstanweisung für die Grundbuchämter) bedarf es nicht.

Zu Art. 46. Abs. I hat hauptsächlich die sogenannten Neidstreifen, Schikanierzwickel usw. im Auge, deren Beseitigung bisher großen Schwierigkeiten begegnete.

Zu Art. 47. Die Zustimmung der Beteiligten setzt auch eine Einigung über die Kosten des Verfahrens und des Unternehmens voraus.

5. Ortspolizeiliche Vorschriften betr. Veränderungen der Erdoberfläche.

Vom 31. Dezember 1924/31. März 1926 (MGemZ. 1926 Nr. 27).

Der Stadtrat und die Lokalbaukommission der Landeshauptstadt München erlassen auf Grund des Art. 46 Abs. II des Gesetzes über die Erschließung von Baugelände vom 4. Juli 1923 nachstehende, von der Regierung von Oberbayern, Kammer des Innern, mit Entschließung vom 27. November 1924 Nr. e 5730 A I und 24. März 1926 Nr. e 1770 A I für vollziehbar erklärte ortspolizeiliche Vorschrift:

§ 1. Zu jeder Veränderung der Erdoberfläche, insbesondere zur Anlegung von Kies-, Sand-, Kalk-, Lehm-, Ton- und Mergelgruben, sowie zur Anlegung von Schlacken- und Müllbergen, durch welche die Erschließung von Baugelände erschwert werden kann, ist baupolizeiliche Genehmigung, für die hinsichtlich des Verfahrens die Bestimmungen der MBO. maßgebend sind, erforderlich. Die Bestimmung findet auch auf bereits bestehende Anlagen dieser Art Anwendung.

§ 2. Die Genehmigung wird in widerruflicher Weise oder für bestimmte Zeit erteilt.

§ 3. I. Die Gesuche um Genehmigung sind vom Bauherrn bzw. dessen Vertreter entweder schriftlich bei der Lokalbaukommission einzureichen oder zu Protokoll dieser Behörde abzugeben.

II. Dem Gesuch sind Pläne beizufügen, welche, soweit dies zur baulichen Beurteilung erforderlich ist, zu enthalten haben:

1. Einen Lageplan nach allen Seiten im Maßstab 1:1000, soweit er zur richtigen Erkennung und Bestimmung der geplanten Anlage erforderlich ist, mit Darstellung der Umgebung auf mindestens 150 Meter im Umkreis.

Der Lageplan hat zu enthalten die geometrischen Plannummern, die Namen der Grundstückseigentümer, eine Einzeichnung der auf den Grundstücken stehenden Gebäude, mit Angabe ihrer Höhen über dem Gehweg, die Darstellung etwa festgesetzter Straßenlinien mit Angabe der Breite und der Namen der Straßen, endlich die Kenntlichmachung der für die geplante Anlage in Aussicht genommenen Flächen.

2. Alle zur Deutlichkeit erforderlichen Längen- und Querschnitte.

3. Den höchsten bekannten Grundwasserstand, die Lage der im eigenen Anwesen, in den angrenzenden Nachbaranwesen oder in den umgebenden Straßen etwa vorhandenen Tiefbauobjekte.

§ 4. Über die Gesuche ist der Stadtrat München und die Polizeidirektion München zu hören.

§ 5. Die Ausbeutung künftigen Straßengrundes bleibt in der Regel untersagt, wenn für das auszubeutende Grundstück

1. entweder Bau- und Vorgartenlinien bereits ministeriell genehmigt sind;
2. die Festsetzung dieser Linien bei der Lokalbaukommission beantragt ist;
3. wenn der Stadtrat oder die Polizeidirektion München gleichzeitig mit ihrer Äußerung nach § 4 die Festsetzung von Bau- und Vorgartenlinien beantragt oder einen hierauf abzielenden Antrag alsbald in Aussicht stellt.

§ 6. Mit der baupolizeilichen Genehmigung ist die etwa erforderliche gewerbepolizeiliche Genehmigung zum Betrieb irgendeiner Anlage der in § 1 genannten Art nicht verbunden.

§ 7. Für die Genehmigung von Gebäuden aller Art auf den in Aussicht genommenen Grundstücken sind die Bestimmungen der MBO. vom 29. Juli 1895 maßgebend.

§ 8. Zuwiderhandlungen werden nach den eingangs genannten Gesetzesvorschriften in Verbindung mit der Verordnung vom 6. Februar 1924 (RGBl. I S. 44) bestraft.

§ 9. Vorstehende ortspolizeiliche Vorschrift tritt mit dem Tage ihrer Verkündigung in der Gemeindezeitung in Kraft.

6. Ortspolizeiliche Vorschriften zum Schutze und zur Sicherung des Einzugsgebietes des Pettenkofer-Brunnwerkes.

Vom 31. Mai/17. Juni 1924 (MGemZ. Nr. 100).

Stadtrat und Lokalbaukommission der Landeshauptstadt München erlassen je innerhalb ihrer Zuständigkeit auf Grund Art. 92, 97 der rechtsrheinischen Gemeindeordnung, Art. 6 des Selbstverwaltungsgesetzes, Art. 4, 73, 92, 93, 94, 95, 101 des PStGB., §§ 18, 21 der ZustAusschVO. vom 2. Oktober 1869, Art. 39, 206 des Wassergesetzes vom 23. März 1907, § 5 der Verordnung vom 1. Dezember 1907, den Vollzug des Wassergesetzes betreffend, und der Verordnung über Vermögensstrafen und Bußen vom 6. Februar 1924 (RGBl. S. 44) zum Schutze und zur Sicherung der Brunnen und Quellen im Gebiete des Pettenkofer-Brunnwerkes folgende, durch Entschließung der Regierung von Oberbayern vom 16. Juli 1924 Nr. e 3098 A I für vollziehbar erklärte

ortspolizeiliche Vorschriften:

§ 1. 1. Auf dem Thalkirchnerplatz in seiner durch die gegenwärtig genehmigten Baulinienpläne begrenzten Ausdehnung bis zu den Vorgartenlinien der angrenzenden Grundstücke, soweit der Thalkirchnerplatz noch nicht im Eigentum der Stadtgemeinde München steht, also auf den Plan-Nr. 10834 $^1/_3$, 10834 $^1/_4$, 10834 $^1/_7$, sowie auf Teilen der Plan-Nummer 10823, 10824 und 10885 der Steuergemeinde München, Sekt. VI;

2. auf dem weiteren Teil der genannten Plan-Nr. 10823, der baulinienmäßig Teil der Thalkirchnerstraße werden soll;

3. auf den innerhalb eines Kreises von 100 Meter Radius vom Mittelpunkt des Hauptgebäudes des Pettenkofer-Brunnwerkes gerechnet gelegenen Grundstücken, aber begrenzt durch die westliche Baulinie der Schäftlarnstraße, ist es verboten, ohne Zustimmung des Stadtrates München Bauwerke irgendwelcher Art, sei es über, sei es unter der Erde, insbesondere Gebäude, Brunnenschächte, Keller, Anwesenentwässerungen, Abtritte, Dung- und Versitzgruben, Stützmauern, zu errichten, zu erweitern oder wesentlich zu verändern.

Auf die vorstehend aufgeführten Grundstücke finden ferner die §§ 5, 6 dieser ortspolizeilichen Vorschriften Anwendung.

§ 2. Für das Gebiet, welches begrenzt wird durch den großen Stadtbach (beginnend an der südlichen Grenze des in § 1 Ziff. 3 umschriebenen Gebietes), die Isar, die nördliche Vorgartenlinie der Zennerstraße (nach Osten bis zur Isar, nach Westen bis zur Wolfratshauserstraße verlängert), Wolfratshauserstraße, Plinganserstraße bis zum Fußweg südlich von Neuhofen, dann entlang diesem bis zur Haspiederstraße, westliche Grenze der Haspiederstraße, südliche Baulinie der Eckartstraße (nach Westen verlängert bis zur westlichen Grenze der Haspiederstraße), Thalkirchnerstraße, südliche Baulinie der Urbanstraße bis zur nordwestlichen Grenze des in § 1 Ziff. 3 umschriebenen Gebietes gelten die folgenden Vorschriften.

§ 3. Die Anlage, Erweiterung und Veränderung von Versitzgruben für Abwasser aller Art, insbesondere für solche aus Aborten, Waschhäusern, Dachrinnen, Fabrikanlagen, ist verboten. Ausnahmen sind nur mit Genehmigung der Lokalbaukommission, Abteilung für Anwesensentwässerung, zulässig. Soweit bisher in Versitzgruben entwässerte Gebäude an bereits kanalisierten Straßen liegen, sind die Entwässerungsleitungen an den städtischen Kanal anzuschließen. Im übrigen sind die Versitzgruben in wasserdichte Sammelschächte umzuwandeln.

Die Eigentümer der in Betracht kommenden Anwesen haben innerhalb einer von der Abteilung Anwesensentwässerung der Lokalbaukommission gestellten Frist Pläne nach Maßgabe der Münchener Bauordnung einzureichen und die Arbeiten auszuführen.

Die nicht mehr nötigen Versitzgruben sind mit reinem Kies oder Humus auszufüllen.

Die weitere Bebauung kann erst nach vorausgegangener Kanalisierung der einschlägigen Straßen erfolgen, soweit nicht die Lokalbaukommission, Abteilung für Anwesensentwässerung, eine andere geeignete Art der Entwässerung (z. B. durch einen Privatrohrkanal) genehmigt.

§ 4. Kellersohlen und überhaupt alle Gebäudegrundflächen sind gegen den Untergrund wasserdicht abzuschließen, so daß keine Verunreinigung aus dem Gebäude in den Untergrund dringen kann.

§ 5. Hofflächen sind zu asphaltieren und an die Entwässerungsanlagen (§ 3) anzuschließen, soweit nicht die Hofflächen zu Wiesen oder Gartenanlagen verwendet werden und hierbei die Humusschicht erhalten bleibt oder wiederhergestellt wird. Soweit Gefällsverhältnisse und Fahrtbedürfnisse die Durchführung der Asphaltierung wegen der Gefahr des Ausgleitens ausschließen, kann durch die Lokalbaukommission statt der Asphaltierung eine wasserdichte Pflasterung genehmigt werden.

§ 6. Die Anlage oder Erweiterung von Kiesgruben, das Abladen von Bauschutt, Asche oder faulenden Substanzen in bereits vorhandene Kiesgruben, die Wiederauffüllung der Kiesgruben mit anderem Material als reinem Kies oder Humus, ferner die Ablagerung chemischer oder organischer Stoffe, die Materialablagerung von Fellhandlungen und Fettschmelzen ist verboten.

Bauschutt darf auch zur Herstellung von Straßen nicht verwendet werden.

Sonstige Anlagen und Vertiefungen im Erdboden, die das Durchdringen schädlicher Stoffe zum Grundwasser veranlassen oder begünstigen, z. B. Anlagen von Grotten, Fischteichen, Tiergehegen aller Art, dürfen nur mit vorheriger Zustimmung des Stadtrates hergestellt werden.

§ 7. Die Bodenflächen dürfen nur mit künstlichem Dünger gedüngt werden.

§ 8. Zuwiderhandlungen gegen vorstehende Vorschriften werden mit Geldstrafe bis zu 150 Goldmark bestraft. Statt der Geldstrafe kann bei Zuwiderhandlungen gegen die §§ 1, 3, 4, 5 auf Haft bis zu 6 Wochen, bei Zuwiderhandlungen gegen §§ 6, 7 auf Haft bis zu drei Tagen erkannt werden.

II. Baupolizeiliche Vorschriften.

1. Auszug aus dem Strafgesetzbuch für das Deutsche Reich.

(RGBl. 1876 S. 40).

§ 330. Wer bei der Leitung oder Ausführung eines Baues wider die allgemein anerkannten Regeln der Baukunst dergestalt handelt, daß hieraus für andere Gefahr entsteht, wird mit Geldstrafe bis zu neunhundert Mark oder mit Gefängnis bis zu einem Jahre bestraft.

§ 367 Abs. I. Mit Geldstrafe bis zu einhundertfünfzig Mark oder mit Haft wird bestraft:

12. wer auf öffentlichen Straßen, Wegen oder Plätzen, auf Höfen, in Häusern und überhaupt an Orten, an welchen Menschen verkehren, Brunnen, Keller, Gruben, Öffnungen oder Abhänge dergestalt unverdeckt oder unverwahrt läßt, daß daraus Gefahr für andere entstehen kann;
13. wer trotz der polizeilichen Aufforderung es unterläßt, Gebäude, welche dem Einsturz drohen, auszubessern oder niederzureißen;
14. wer Bauten oder Ausbesserungen von Gebäuden, Brunnen, Brücken, Schleusen oder anderen Bauwerken vornimmt, ohne die von der Polizei angeordneten oder sonst erforderlichen Sicherungsmaßregeln zu treffen;

15. wer als Bauherr, Baumeister oder Bauhandwerker einen Bau oder eine Ausbesserung, wozu die polizeiliche Genehmigung erforderlich ist, ohne diese Genehmigung oder mit eigenmächtiger Abweichung von dem durch die Behörde genehmigten Bauplane ausführt oder ausführen läßt.

2. Auszug aus dem Polizeistrafgesetzbuch.

Vom 26. Dezember 1871 (Ges. Bl. 1871/72 S. 9).

Art. 2. In bezug auf die Zuständigkeit zur Erlassung der in Art. 1 bezeichneten allgemeinen Vorschriften für die im Strafgesetzbuche für das Deutsche Reich behandelten Materien wird bestimmt:

. . . .

11. Inwieweit in dem Falle des § 367 Ziff. 15 für Führung oder Ausbesserung eines Baues polizeiliche Genehmigung erforderlich ist, wird durch Verordnung bestimmt.

Art. 16. Unterläßt jemand innerhalb der dafür bestimmten Zeit dasjenige zu tun, was ihm auf Grund eines wegen einer Übertretung ergangenen rechtskräftigen Strafurteils durch die zuständige Polizeibehörde auferlegt worden ist, so ist letztere befugt, diese Handlung auf Kosten des Ungehorsamen vornehmen zu lassen und, vorbehaltlich seiner Verpflichtung zum Ersatze des etwa verursachten Schadens, den von ihr festgestellten Kostenaufwand nach den gesetzlichen Bestimmungen über Beitreibung von Untersuchungskosten, in der Pfalz auf dem Wege des administrativen Zwangsvollzugs, von demselben zu erheben.

Art. 18. Ist in den Fällen, in welchen nach dem gegenwärtigen Gesetzbuche die Einziehung einzelner Sachen oder die Schließung einer Anstalt zulässig ist, die Verfolgung oder Verurteilung einer bestimmten Person nicht ausführbar, so können die bezeichneten Maßnahmen von dem Richter selbständig erkannt werden.

Unter denselben Voraussetzungen kann der Richter selbständig aussprechen, daß die Polizeibehörde berechtigt ist, die in den Art. 73 Abs. III, 105 Abs. I und 130 Abs. IV vorgesehenen Verfügungen zu erlassen.

Art. 20. Abs. I, IV und V. In Fällen, welche mit Strafe gesetzlich bedroht sind, ist die zuständige Polizeibehörde, vorbehaltlich der späteren Strafverfolgung, soweit nötig, zur vorläufigen Einschreitung befugt.

. . . .

Unterläßt jemand, dasjenige zu tun, was ihm unter Strafe gesetzlich zu tun geboten ist, so steht der Polizeibehörde die Befugnis zu, diese Handlung statt seiner vorläufig vornehmen zu lassen. Der dadurch verursachte Kostenaufwand kann jedoch von dem Ungehorsamen nur auf Grund eines richterlichen Urteils zwangsweise beigetrieben werden.

War die vorläufig getroffene Maßregel nicht gerechtfertigt, so bleibt dem Freigesprochenen der allenfallsige Anspruch auf Schadensersatz vorbehalten.

Art. 22b. An Geld bis zu 150 Mark oder mit Haft wird bestraft, wer den durch Verordnung oder oberpolizeiliche Vorschriften erlassenen Bestimmungen über Ausgrabungen und Funde von prähistorischen oder historisch merkwürdigen Gegenständen zuwiderhandelt.

Gleicher Strafe unterliegt, wer den ober-, distrikts- oder ortspolizeilichen Vorschriften zuwiderhandelt, die zum Schutze einheimischer Tier- und Pflanzenarten gegen Ausrottung oder zum Schutze von Orts- und Landschaftsbildern gegen verunstaltende Reklame erlassen sind.

In den Fällen des Abs. II finden die Vorschriften des Art. 105, 18 Abs. II entsprechende Anwendung.

Art. 101. An Geld bis zu 150 Mk. oder mit Haft werden Bauherrn, Baumeister und Bauhandwerker gestraft, wenn sie den baupolizeilichen Vorschriften zuwiderhandeln.

Baupolizeiliche Vorschriften können in Bezug auf Festsetzung und Einhaltung der Bau- und Vorgartenlinien, dann zum Zwecke der Feuersicherheit und Festigkeit der Bauführung, sowie der Gesundheit durch Verordnung, ober- oder ortspolizeiliche Vorschrift erlassen werden.

Im Interesse der Verschönerung können baupolizeiliche Vorschriften durch Verordnung, distrikts- oder ortspolizeiliche Vorschriften getroffen werden. Die hierauf gegründeten Abänderungen des Bauplanes dürfen jedoch die Kosten der Bauführung nicht wesentlich vermehren.

Art. 103. Baumeister und Bauhandwerker, welche die durch ortspolizeiliche Vorschriften festgesetzten besonderen Verpflichtungen ihres Berufes über Anzeige unternommener Bauten und Bauarbeiten vernachlässigen, unterliegen einer Geldstrafe bis zu fünfundvierzig Mark.

Art. 104. Obrigkeitlich aufgestellte Sachverständige, welche die ihnen obliegende Untersuchung eines Baues mit Gefahr für Personen oder fremdes Eigentum fahrlässigerweise versäumen, werden, insoferne nicht disziplinäre Ahndung stattfindet, an Geld bis zu neunzig Mark gestraft.

Gleicher Strafe unterliegen andere Sachverständige, welche nach übernommenem obrigkeitlichen Auftrage die Untersuchung eines Baues mit Gefahr für Personen oder fremdes Eigentum fahrlässiger Weise versäumen.

Art. 105. In den Fällen des § 367 Ziff. 13—15 und § 368 Ziff. 3 und 4 des Strafgesetzbuches für das Deutsche Reich und der Art. 101 (und 102) des gegenwärtigen Gesetzes hat der Richter im Strafurteile auszusprechen, daß die Polizeibehörde berechtigt ist, die Beseitigung des ordnungswidrigen Zustandes anzuordnen und zu diesem Zwecke die Sicherstellung, Abänderung, den gänzlichen oder teilweisen Abbruch des betreffenden Bauwerkes oder der betreffenden Vorrichtung zu verfügen.

Besteht Gefahr auf dem Verzuge, so ist die Polizeibehörde berechtigt, die im vorstehenden Absatze bezeichneten Maßregeln, vorbehaltlich der Strafverfolgung, sofort vorzukehren.

3. Auszug aus dem Reichsgesetz über die Sicherung der Bauforderungen.

Vom 1. Juni 1909 (RGBl. S. 449).

§ 4. Bei Neubauten ist der Bauleiter verpflichtet, an leicht sichtbarer Stelle einen Anschlag anzubringen, welcher den Stand, den Familiennamen und wenigstens einen ausgeschriebenen Vornamen sowie den Wohnort des Eigentümers, und falls dieser die Herstellung des Gebäudes oder eines einzelnen Teiles des Gebäudes einem Unternehmer übertragen hat, des Unternehmers in deutlich lesbarer und unverwischbarer Schrift enthalten muß. Wird der Bau von einer Firma als Eigentümer oder Unternehmer ausgeführt, so ist diese und deren Niederlassungsort anzugeben.

§ 7. Mit Geldstrafe bis zu einhundertfünfzig Mark und im Unvermögensfalle mit Haft bis zu vier Wochen wird bestraft, wer den Vorschriften des § 4 zuwiderhandelt.

4. Vollzugsvorschriften zur Münchner Bauordnung in der Fassung vom 1. Februar 1913 (MGemZ. Nr. 10) und vom 25. Mai 1914 (MGemZ. Nr. 43).

(Ortspolizeiliche Vorschriften, erlassen von der Lokalbaukommission).

C. Kamine.

§ 17. Die Anbringung von sog. Blechrohrstutzen auf gemauerten Kaminen wird nur für bereits bestehende Kamine in solchen Fällen gestattet, wo die erforderliche Erhöhung des Kamins im Mauerwerk aus statischen Rücksichten unmöglich ist.

In solchen Fällen sind diese Aufsatzrohre aus doppeltem Eisen- oder Kupferblech herzustellen.

Ventilationshüte und Rauchsauger bedürfen einer besonderen Genehmigung nicht, müssen jedoch aus feuersicherem Material hergestellt werden.

D. Ventilationsvorrichtungen.

§ 18. Für die nach der MBO. für Räume mit größerer Dunstentwicklung erforderlichen Ventilationsvorrichtungen sind auf Verlangen Detailpläne nebst Beschreibung in Vorlage zu bringen.

E. Ausladungen von Gebäuden.

§ 19. Alle in den Verkehrsraum vorspringenden Ausladungen, insbesondere Stufen, Lichtschächte, Luftkanäle, Auslagekästen, ferner auch solche Ausladungen, die nur ästhetischen Rücksichten dienen, dürfen nur mit besonderer baupolizeilicher Genehmigung angebracht werden.

Zur Erwirkung der Genehmigung sind Pläne vorzulegen, in denen die Maße der Ausladungen mit Zahlen eingetragen sind.

§ 20. Die Ausladungen haben der Bauästhetik zu entsprechen.

§ 21. Stufen müssen aus hartem Haustein oder einem anderen gleichwertigen Material hergestellt werden.

In Straßen, deren Verkehrsbreite 12 m oder weniger beträgt, dürfen die Stufen nicht mehr als 0,15 m über die Fluchtlinie oder Vorgartenlinie herausragen; in breiteren Straßen darf die Ausladung nicht mehr als 0,30 m betragen.

§ 22. Lichtschächte müssen eine Vierung aus hartem Haustein, Eisen oder einem anderen gleichwertigen Material erhalten; die Deckgitter sind aus hinreichend tragfähigen, auf Hochkant gestellten schmiedeeisernen Sprossen mit höchstens 0,03 m breiten Zwischenräumen zu bilden. Bei Luxfer und ähnlichen Anlagen haben die Glasfüllungen und Metallteile eine gerauhte Oberfläche zu erhalten.

Luftkanäle sind ebenfalls verkehrssicher abzudecken.

In Straßen, deren Verkehrsbreite 12 m oder weniger beträgt, sind Lichtschächte und Luftkanäle sowie Schächte zum Einbringen von Fässern und anderen Gegenständen innerhalb der Verkehrsfläche unzulässig; in breiteren Straßen dürfen sie nicht mehr als 0,30 m einschließlich der Umwandung in die Verkehrsfläche hineinragen.

§ 23. Bei unbeweglichen, einen Bestandteil des Gebäudes bildenden Auslagekästen und ähnlichen Vorrichtungen wird das Maß der vor der Bauflucht zulässigen Ausladung in jedem Falle besonders festgesetzt; doch darf dasselbe 0,30 m nicht überschreiten. Weitergehende Vorschriften auf Grund des Art. 22b des PStGB. bleiben vorbehalten.

§ 24. Schutzgeländer vor Auslagefenstern dürfen nicht mehr als 0,15 m vor die Bauflucht hervorragen.

§ 25. Alle Ausladungen müssen auf den Straßenverkehr genügende Rücksicht nehmen.

Feste Vordächer werden nur beim Vorliegen besonderer Verhältnisse zugelassen und müssen mit den für die Ableitung des Regenwassers erforderlichen Vorrichtungen versehen sein.

Bewegliche Verschlüsse von Maueröffnungen (Fensterläden, Tore, Türen) müssen, wenn sie sich in einer Höhe von weniger als 2,5 m über der Verkehrsfläche befinden, so angebracht werden, daß sie auch im ganz oder teilweise geöffneten Zustande nicht in den Verkehrsraum hereinragen.

§ 26. Wenn die Ausladungen die in §§ 21 mit 24 bezeichneten Maße überschreiten sollen, so kann die baupolizeiliche Genehmigung nur mit Zustimmung des Stadtmagistrats erteilt werden.

§ 27. Bereits bestehende Ausladungen, welche mit vorstehenden Bestimmungen in Widerspruch stehen, müssen, soferne sie nicht schon baupolizeilich genehmigt sind, auf besondere baupolizeiliche Anordnung entfernt, oder den Bestimmungen der §§ 21 mit 25 entsprechend abgeändert werden.

F. Waschaufhängen.

§ 28. Waschaufhängen auf den Dachungen dürfen nur mit nahezu horizontalen Podien hergestellt werden und sind samt ihren Zugängen stets in einer den Anforderungen der Sicherheit entsprechenden Weise zu unterhalten.

Waschaufhängen dürfen auf den Dachungen nur dann angebracht werden, wenn die in der Nähe befindlichen Kamine wenigstens 1 m über die Aufhängrahmen hinaufgeführt sind bzw. werden.

G. Abortanlagen. Dung- und sonstige Gruben.

Aborte.

§ 29. In jedem neu zu erbauenden Wohnhause (Vorder- oder Rückgebäude) ist für jede selbständige Wohnung ein gesonderter Abort und zwar innerhalb des Wohnungsverschlusses anzulegen.

Nur in solchen Fällen von Umbauten schon bestehender Gebäude, bei welchen die Anlage eines gesonderten Abortes für jede einzelne Wohnung besonders große Schwierigkeiten verursachen würde, darf eine Ausnahme von dieser Vorschrift insoweit zugelassen werden, daß wenigstens für zwei selbständige Wohnungen in einem Geschoß ein eigener Abort hergestellt wird.

§ 30. Die Aborträume in den einzelnen Stockwerken müssen unmittelbar an einer Umfassungsmauer des Hauses angebracht werden und eine lichte Weite von wenigstens 0,80 m erhalten.

Die zu den Wohnungen gehörigen Aborte sind möglichst frostsicher anzulegen.

§ 31. Die Ableitung der Exkremente aus den Aborten muß nach Maßgabe der ortspolizeilichen Vorschriften vom 1. Oktober 1893 stattfinden; bei dem Mangel eines hierzu geeigneten städtischen Kanales hat die Ableitung in gemauerte Gruben, feststehende Caissons oder bewegliche Tonnen (fosses mobiles) nach Maßgabe der folgenden Bestimmungen zu erfolgen.

Abortgruben.

§ 32. Für die Anlage der Abortgruben gelten nachfolgende Bestimmungen:

1. Die Abortgruben müssen von den Gebäudemauern mindestens 0,20 m isoliert, in allen Teilen, Böden, Seitenwänden, Wölbungen und im Grubenhals vollkommen wasserdicht aus dauer-

haftem Material unter Anwendung von hydraulischem Mörtel und mit Ausschluß von Holz hergestellt und sowohl innen als außen mit Zementverputz, welcher im Innern zu glätten ist, versehen werden.

2. Die innere Wandfläche der Abortgruben muß von der Mauer oder Grenze des Nachbarn mindestens 1 m und von etwa vorhandenen Brunnenschachten mindestens 5 m entfernt bleiben.

3. Der Flächenraum der Abortgruben darf höchstens 3 qm und deren Höhe höchstens 2 m betragen.

4. Der Boden der Grube muß muldenförmig in einer Stärke von mindestens 0,30 m ausgeführt werden.

5. Die Umfassungswände der Grube müssen entweder aus 0,30 m starkem Beton oder aus 1½ Stein starkem Mauerwerk hergestellt werden.

6. Die Eindeckung der Grube muß mittels Überwölbung geschehen.

7. Die Einsteigöffnung in die Grube muß mindestens 0,50 m im Gevierte groß sein und mit einer Stein- oder doppelten Gußeisenplatte möglichst luftdicht geschlossen werden.

8. An den Abortgruben dürfen weder Öffnungen zur Einbringung von Kehricht und sonstigen Abfällen, noch Rinnen zur Einleitung von Wasser angebracht werden, ebensowenig Ableitungen aus denselben.

§ 33. Die Verbindung der Gruben mit den Aborten ist, wenn das Fallrohr nicht direkt in die Grube eingeführt wird, durch einen schmalen, den Bestimmungen des § 31 entsprechend anzulegenden Kanal (Hals) herzustellen.

§ 34. Kann wegen besonderer Verhältnisse die Anlegung von Abortgruben außerhalb der Umfassungsmauern der Gebäude nicht stattfinden, so kann die Anlage innerhalb dieser Mauern nach besonderen Anordnungen gestattet werden.

Caissons.

§ 35. Die Anlage von Caissons kann nur dann gestattet werden, wenn Spülaborte nach Maßgabe der einschlägigen Bestimmungen der ortspolizeilichen Vorschriften vom 1. Oktober 1893 eingerichtet werden.

§ 36. Die Caissons sind aus völlig undurchlässigem Material mit Ausschluß alles Holzes und von höchstens 6 cbm Inhalt herzustellen. Dieselben sind in einem leicht zugänglichen, mit einem ins Freie gehenden Fenster versehenen und eingewölbten Raume so unterzubringen, daß sie von allen Seiten freistehen und von den Wänden sowie von dem Fußboden einen Abstand von mindestens 0,50 m einhalten.

Der Fußboden des Raumes ist aus mindestens 0,15 m starkem Beton herzustellen und gleich den Wänden und Gewölben mit Zement glatt zu verputzen.

§ 37. Die Fallrohre müssen vollständig luftdicht an das Caisson anschließen, und zwar mittels eines Siphons von mindestens 0,05 m Wasserstand.

Die für Spülaborte vorgeschriebenen Lüftungsrohre sind gleichfalls an dem Caisson anzubringen.

§ 38. Zur Entleerung der Caissons hat eine Leitung von schmiedeeisernen 100 mm weiten Röhren zu dienen, welche heberartig in den Caisson einmünden und auf kürzestem Wege an eine Umfassungsmauer des Gebäudes führen, woselbst sie so zu befestigen sind, daß die Entleerung mittels eines hier angeschraubten Schlauches in ein Latrinenfaß durch eine Saugpumpe stattfinden kann.

Bewegliche Tonnen (fosses mobiles).

§ 39. Der Raum, in welchem die Tonnen aufgestellt werden, muß den Bedingungen in § 35 entsprechen.

§ 40. Das Fallrohr ist mit wasserdichtem, leicht verschiebbarem Anschlußstück in das innere Gefäß der Tonne einzuleiten.

§ 41. Die Tonnen müssen periodisch ohne vorausgehende Entleerung entfernt und sofort durch andere leere Tonnen ersetzt werden.

Haupt- und Nebenrohre.

§ 42. Die Haupt- und Nebenrohre, sowie die Abortschüssel müssen aus wasserundurchlässigem Material bestehen und vollständig wasserdicht zusammengefügt sein. Die Verwendung von Holz ist unzulässig.

§ 43. Das Hauptrohr muß in gerader vertikaler Richtung vom oberen Sitz zur Grube führen, eine Lichtweite von wenigstens 0,22 m haben und in dieser Weite über das Dach hinausgehen.

§ 44. Die Seitenrohre, welche von den Abortsitzen zum Hauptrohr führen, dürfen nicht unter 0,20 m Lichtweite haben und nur in einem spitzen Winkel von höchstens 20° mit dem Hauptrohr verbunden sein.

Die Öffnungen der Abortsitze müssen mit genau schließenden Deckeln versehen sein.

Pissoirs müssen durch wasserdichte Leitungen mit der Abortgrube verbunden werden.

Isolierte Aborte.

§ 45. Für die Errichtung selbständiger Abortanlagen außerhalb der Gebäude finden die sämtlichen Bestimmungen über Abortanlagen sinngemäße Anwendung.

Dünger- und sonstige Abfallgruben.

§ 46. Für Gruben zur Aufnahme von Dünger, welche bei allen neu ausgeführten Stallungen hergestellt werden müssen, ferner für Gruben zur Aufnahme von Kalk, Abfällen, Kehricht, Treber, Lohe und anderen feuchten, ätzenden oder übelriechenden Stoffen sind folgende Bestimmungen maßgebend:

1. Innerhalb der Umfassungsmauern von Wohngebäuden dürfen solche Gruben nicht angelegt werden.
2. Solche Gruben müssen mit ihren inneren Wandflächen mindestens 1 m von den Umfassungsmauern bewohnter Gebäude und den Nachbargrenzen, dann von Brunnenschachten mindestens 5 m entfernt und wasserdicht mit Beton oder Zementmauerwerk und innerem glatten Zementverputz hergestellt werden.
3. Die Verbindung von Aborten mit solchen Gruben ist unstatthaft.
4. Der Boden der Grube muß muldenförmig in einer Stärke von mindestens 0,3 m ausgeführt werden.
5. Die Umfassungswände der Grube müssen entweder aus 0,3 m starkem Beton oder aus 1½ Stein starkem Mauerwerk hergestellt werden.
6. Die Grube muß, wenn über derselben ein Verkehr nicht ausgeschlossen ist, eingewölbt werden, andernfalls genügt eine Überdeckung aus vollkommen gut schließenden, entsprechend starken Brettern.
7. Ableitungen aus Ställen in die Dunggruben sind aus undurchlässigen und wasserdicht zusammengefügten Röhren herzustellen.

Bestehende Aborte und Gruben.

§ 47. Die Vorschriften in den §§ 29 bis inkl. 44 kommen auch zur Anwendung beim Umbau eines Gebäudes zu einem Wohnhause und bei jedem Umbau eines Wohnhauses, welcher die Vergrößerung desselben nach Höhe, Breite oder Tiefe oder die Herstellung neuer Wohnungen bezweckt.

§ 48. Sind an einer Abort- oder sonstigen Grube solche bauliche Arbeiten vorzunehmen, welche eine wesentliche Änderung oder Ausbesserung in sich schließen, so sind die für die Beschaffenheit neuer Gruben geltenden Vorschriften einzuhalten.

Ebenso muß den Bestimmungen der §§ 42 bis inkl. 44 genügt werden, wenn ein Fallrohr erneuert, oder wenn in dem Gebäudeteil, in welchem sich die Aborträume befinden, eine Hauptreparatur vorgenommen wird.

§ 49. Bestehende Anlagen müssen im Interesse der Gesundheit auf besondere Anordnung der Lokalbaukommission den Vorschriften der §§ 29 bis inkl. 44 und 46 entsprechend abgeändert werden.

Änderung der Benutzungsweise der Gruben und Schächte.

§ 50. Gruben und Schachte, welche ihrem ursprünglichen Zwecke nicht mehr dienen, dürfen nur mit besonderer Bewilligung der Lokalbaukommission zu einem anderen Zwecke verwendet werden.

Wird diese Verwendung als unzulässig erklärt, so sind die Gruben bzw. Schachte zu reinigen, wenn nötig mit Kalkmilch zu desinfizieren und mit reinem Kies einzufüllen.

Die gleiche Obliegenheit besteht hinsichtlich der außer Gebrauch gesetzten Gruben und Schachte.

H. Anlage der Brunnen im offenen Terrain oder innerhalb der Gebäude.

§ 51. Die Herstellung von Brunnenschachten ist nur dort zulässig, wo eine vorschriftsmäßige Entwässerung möglich ist. Brunnenschachte sind mindestens 5 m entfernt von Abort-, Dünger- und Versitzgruben mit Seitenwänden von einem Stein Stärke und zylindrischem Querschnitt herzustellen.

Sowohl der Zulauf des Regenwassers, als der Rücklauf des Brunnenwassers ist vom Brunnenschachte durch Anbringung von wasserdichten Einlaufschachten und Ablaufröhren abzuhalten und ist deshalb der obere Teil desselben auf 1 m vom Terrain abwärts mit Zement zu mauern und wasserdicht abzuschließen.

Das Gleiche gilt für Brunnenschachte in Kellerräumen, doch sind dieselben ferner auf 0,6 m Höhe über das Kellerpflaster 1 Stein stark mit Zement heraufzumauern, bei einem Durchmesser von mehr als 1 m zu überwölben und sodann mit einem dicht schließenden gußeisernen Deckel zu versehen.

J. Aussteckung der Baulinien.

Baulinien und Niveau.

§ 52. Vor Beginn einer jeden genehmigten Bauvornahme, bei welcher nach Maßgabe des § 5 der MBO. vom 29. Juli 1895 Bau- oder Vorgartenlinien in Frage kommen, sind und zwar vor der Inangriffnahme des Grundgrabens durch einen Techniker des städtischen Vermessungsamtes die Bau- bzw. Vorgartenlinien auszustecken und ist durch einen Techniker des Stadtbauamtes das Niveau anzugeben.

§ 53. Zu diesem Zweck hat der betreffende Baumeister vor der Inangriffnahme der Bauarbeiten hiervon dem städtischen Vermessungsamt sowie dem Stadtbauamt Anzeige zu erstatten, worauf ihm Tag und Stunde der Baulinienaussteckung und der Niveauangabe mitgeteilt wird.

§ 54. Zur festgesetzten Zeit hat sich der Baumeister mit dem Bauherrn und etwaigen Beteiligten, mit der nötigen Zahl von Pflöcken und sonstigen Geräten versehen, an Ort und Stelle einzufinden.

§ 55. Die zur Einhaltung der Bau- und Vorgartenlinien und des Niveaus amtlich angegebenen Fixpunkte dürfen vorbehaltlich der Bestimmungen des § 274 Ziff. 2 RStGB. weder verändert noch unkenntlich gemacht, noch beseitigt werden, sind vielmehr bis zur Fertigstellung der Bauvornahme so zu erhalten, daß jederzeit die Kontrolle stattfinden kann.

K. Bauausführung.

Bauleitung.

§ 56. Bei Einreichung des Baugesuches ist sofort diejenige Persönlichkeit zu bezeichnen, welcher die verantwortliche Leitung des Baues übertragen wird. Tritt während des Baues ein Wechsel in dieser Person ein, so ist vorher der Lokalbaukommission Anzeige zu erstatten.

Die als Bauleiter namhaft gemachten Personen können von der Lokalbaukommission beanstandet werden, wenn sie die für eine entsprechende Bauführung erforderliche Garantie nicht bieten.

Baurapporte.

§ 57. Über alle Bauarbeiten und Neubauten, wozu nach § 10 der Bauordnung baupolizeiliche Genehmigung erforderlich ist, sind vor deren Beginn bis zu ihrer Vollendung durch den verantwortlichen Bauleiter in Wochenrapporten fortlaufende Anzeigen zu erstatten.

Über den Beginn von Demolierungsarbeiten, über die Dachstuhlaufsetzung und über die Vollendung des Rohbaues sind eigene Rapporte mit genauer Angabe des Datums zu erstatten. Ebenso ist vor dem Beginne des Auflattens und Verputzens, dann von der Vollendung der Kamine vor der Herstellung des äußeren Verwurfes und Putzes derselben in den Wochenrapporten besondere Erwähnung zu machen.

Jede Demolierungsanzeige hat eine genaue Bezeichnung des zu demolierenden Gebäudes oder Gebäudeteiles zu enthalten; im Falle irgend eine Unsicherheit in der Bezeichnung des zu demolierenden Gebäudes bestehen sollte, ist dasselbe durch Beilage eines Situationsplanes näher zu bestimmen.

Über andere Bauarbeiten und über die in § 13 der Bauordnung aufgeführten Bauten genügt die einmalige Anzeige im Wochenrapporte bei Beginn der Arbeiten.

§ 58. Die Wochenrapporte sind jeden Montag oder, wenn dieser ein Feiertag ist, den nächstfolgenden Werktag bei dem Bezirksinspektor des betreffenden Stadtteiles zu übergeben.

§ 59. Wird mit Bauarbeiten erst im Laufe der Woche begonnen, worüber am Anfange derselben noch kein Rapport erstattet wurde, so ist auch unter der Woche sofort bei Beginn der fraglichen Arbeit Anzeige zu erstatten.

Baupolizeiliche Anordnungen.

§ 60. Bauherrn und jene Personen, welche die verantwortliche Bauleitung übernommen haben, sind verpflichtet, die aus Anlaß der vorschriftsmäßigen Besichtigung der Neubauten im Interesse der Festigkeit, Feuersicherheit und Gesundheit derselben angeordneten baulichen Verbesserungen innerhalb der hierfür bestimmten Frist vorzunehmen.

L. Gebrauchsbewilligung.

§ 61. Wohnungen, Wohnräume und Versammlungslokale dürfen ohne Bewilligung der Lokalbaukommission weder bezogen, noch ihrer Zweckbestimmung entsprechend verwendet werden.

Der Hauseigentümer bzw. dessen Stellvertreter, welcher dieser Vorschrift zuwiderhandelt, ist strafbar.

§ 62. Die Bewilligung ist nicht bloß für vollständige Neubauten, sondern auch für Umbauten, Anbauten, Stockwerksaufsetzungen, Herstellung von Dach- und Kellerwohnungen sowie für Umwandlung unbewohnbarer Räume in bewohnbare erforderlich.

Dagegen finden vorstehende Bestimmungen auf das zum Aufenthalt eines Bauaufsehers erforderliche Lokal keine Anwendung.

§ 63. Nach Vollendung eines jeden, ganz oder teilweise zum Bewohnen oder zu Versammlungszwecken bestimmten Neubaues hat der Eigentümer desselben bzw. dessen Stellvertreter bei der Lokalbaukommission um die Erteilung der Bewilligung nachzusuchen.

Diese Bewilligung wird nur für das ganze Gebäude, insoweit es Wohn- oder Versammlungszwecken dienen soll, sohin nicht für einzelne Räume erteilt.

§ 64. Die Bewilligung ist dann zu erteilen, wenn der einschlägige Bau, abgesehen von geringfügigen Ergänzungsbauten, in allen seinen Teilen, insbesondere auch hinsichtlich der Entwässerungsanlage, vorschriftsgemäß vollendet ist und der zweckentsprechenden Benutzung sanitäre Bedenken nicht im Wege stehen.

5. Ortspolizeiliche Vorschriften der Lokalbaukommission vom 17. Juli 1926 über die Stadtverschönerung und Reklame (MGemZ. Nr. 74).

Die Lokalbaukommission München erläßt nach Anhörung des Stadtrates München auf Grund Artikel 22 b Abs. II und Artikel 101 Abs. III des PStGB. nachstehende von der Regierung von Oberbayern, Kammer des Innern, mit Entschließung vom 30. Juli 1926 für vollziehbar erklärte ortspolizeiliche Vorschriften.

Neben den Vorschriften der Lokalbaukommission gelten für die Reklamevorrichtungen auch die einschlägigen verkehrspolizeilichen Vorschriften der Polizeidirektion gemäß § 366 [10] RStGB. und Art. 37 des PStGB.

Ausbildung der sichtbaren Bauteile.

§ 1. Die Bestimmung des § 67 Abs. III der Münchener Bauordnung vom 29. Juli 1895 wird auf alle Bauteile ausgedehnt, die von einer dem öffentlichen Verkehr zugänglichen Stelle (Straße, Platz, Weg, öffentlicher Anlage, Eisenbahn und sonstigem Verkehrsweg) sichtbar sind.

Auch die Umfassungen von umwohnten Höfen sind in einer ästhetisch befriedigenden Weise auszugestalten.

Rücksichtnahme auf vorhandene Bauwerke.

§ 2. Bei Neubauten in der Nähe von monumentalen Bauwerken oder Bauten von geschichtlichem oder künstlerischem Werte muß die Gesamtanordnung so getroffen und die Form der einzelnen Teile, das Baumaterial und die Farbgebung so gewählt werden, daß die Wirkung der bezeichneten Bauwerke nicht beeinträchtigt wird.

Änderungen an Bauten von geschichtlicher oder künstlerischer Bedeutung.

Gleiches gilt bei Hauptreparaturen an Bauten in der Umgebung von monumentalen Bauwerken oder Bauten von geschichtlichem oder künstlerischem Werte.

Veränderungen im Innern oder am Äußern von Gebäuden von geschichtlicher oder künstlerischer Bedeutung unterliegen, selbst wenn sie bisher einer Genehmigung nicht bedurften, fortan der polizeilichen Genehmigung. Bei Beurteilung der Zulässigkeit werden die Grundsätze des Abs. I in Anwendung gebracht.

Die beachtenswerte Eigenart eines Straßenbildes ist nach Tunlichkeit zu wahren; störende Bauten und störende Zutaten an Bauten sollen ohne zwingende Notwendigkeit nicht zugelassen werden.

Ob ein Gebäude von geschichtlicher oder künstlerischer Bedeutung oder als in der Umgebung solcher Bauwerke gelegen zu erachten ist, ferner ob es sich im einzelnen Falle um eine beachtenswerte Eigenart des Straßenbildes handelt, sowie in welcher Weise den Vorschriften der vorhergehenden Absätze genügt werden kann, entscheidet die Baupolizeibehörde nach Anhörung des Stadtrates und etwaiger Einholung eines Gutachtens von Sachverständigen.

Planvorlage a) im allgemeinen.

§ 3. In Ergänzung zu § 14 der Münchener Bauordnung wird folgendes bestimmt:

Die Eingabepläne müssen vor allem einen genauen Lageplan, aus dem die ganze Umgebung des Bauwerkes zu ersehen ist, sowie außer den Straßenansichten sämtliche Seiten-, Hof- und Rückansichten enthalten.

In der Darstellung der Aufrisse sind die bestehenden, an den unmittelbar anstoßenden Bauten vorhandenen Fassaden, soweit zur Beurteilung erforderlich, einzuzeichnen, ferner in der Darstellung des Querschnittes die Formen der vorhandenen Brandmauern. Ferner ist in den Aufrissen das Material zu benennen, in dem die Fassaden, Dachflächen, Aufbauten usw. hergestellt werden; die beabsichtigte Farbengebung ist anzudeuten.

Ist es nicht möglich, sich aus den Plänen ein richtiges Bild von dem Gesamteindruck zu machen, so kann die Vorlage einer einfachen perspektivischen Skizze gefordert werden;

b) für Bauführungen auf beherrschenden Baustellen.

Bei Bauführungen an Plätzen oder auf Baustellen, deren Lage so beschaffen ist, daß die zu errichtenden Gebäude eine die Umgebung beherrschende, oder das Stadt- und Straßenbild beeinflussende Stellung einnehmen werden, kann, wenn das Stadtbild oder das Straßenbild störende Bauführungen zu befürchten sind, die Baupolizeibehörde ein Bebauungsschema im Maßstab 1:200 über die beabsichtigte Gebäudegruppierung, Umrißlinie und Verteilung der Baumassen zur Genehmigung in doppelter Fertigung verlangen.

Die betreffenden Pläne sind vom Bauherrn, dem Planfertiger, sowie von den beteiligten Nachbarn zum Zeichen des Einverständnisses zu unterschreiben.

Im Falle der Verweigerung der Unterschrift tritt das Verfahren nach § 85 der Münchener Bauordnung ein.

Bei Einreichung der Pläne für die einzelnen Bauten ist die Einhaltung des behördlich genehmigten Bebauungsschemas verbindlich.

Reklame.

§ 4. Vorrichtungen für geschäftliche Ankündigungen aller Art, wie Schilder, Aufschriften, Bilder, Bemalungen, Beleuchtungen, Laternen, Auslagekästen, freistehende Vorrichtungen und Tafeln, sind auf Anordnung zu entfernen, wenn sie nach dem Ermessen der Baupolizeibehörde das Stadt-, Straßen- oder Landschaftsbild stören.

Vorrichtungen der bezeichneten Art, die mit einem Bauwerk fest verbunden sind, müssen sich der Architektur des Bauwerkes anpassen.

Vor der Anbringung von nachstehenden Vorrichtungen, und zwar:

1. von Schildern und Aufschriften mit einer Flächenausdehnung von mehr als 1.5 qm,
2. von in den Verkehrsraum ragenden Schildern u. dgl., wenn ihre Fläche mehr als 0.5 qm oder ihre Ausladung mehr als 1 m von der Mauerflucht beträgt,
3. von Auslagekästen,
4. von Reklamevorrichtungen auf Dächern,
5. von beleuchteten Reklamen, insbesondere Lichtaufschriften, beleuchteten Umrahmungen von wichtigen Gebäudeteilen, dann von Laternen, sofern letztere nicht unter einem Kubikinhalt von 0.08 cbm bleiben,
6. von freistehenden Reklamevorrichtungen aller Art,
7. von Tafeln, die zur Aufnahme von Plakaten dienen,

ist unter Vorlage von Skizzen in doppelter Fertigung um baupolizeiliche Genehmigung nachzusuchen.

Vernachlässigte Bauwerke.

§ 5. Befindet sich das Äußere eines Bauwerks oder einer Einfriedung in schlechtem, die Straße verunzierendem Zustand, so hat auf Anordnung der Baupolizeibehörde eine entsprechende Instandsetzung zu erfolgen.

§ 6. Unvollendete Gebäude oder Reste von Gebäuden oder Einfriedungen sind innerhalb einer von der Baupolizeibehörde festzusetzenden Frist auszubauen oder abzubrechen.

Vorgarteneinfriedungen. Vorgarten- und Pavillonbenützung.

§ 7. Die Einfriedung von Vorgärten muß gegen den öffentlichen Verkehrsraum (Straße, Platz, Anlage) und gegen die Nachbaranwesen offen hergestellt werden. Sie hat einen massiven Sockel zu erhalten, ihre Höhe darf nicht unter 1 m und nicht über 2 m betragen.

Die Bebauung und die Benützung des Vorgartens zu Lagerzwecken sowie die Aufstellung von Verkaufsständen jeder Art (feste Stände, Stände auf Rädern, fliegende Stände usw.) ist unzulässig.

Die Pavillonzwischenräume haben im offenen Bausystem die Bedeutung einer Hofzufahrt im Sinne des § 74 I der MBO. Es ist deshalb die Bebauung, die Benützung zu Lagerzwecken sowie die Aufstellung von Verkaufsständen jeder Art in diesen als auch in solchen Pavillonzwischenräumen, die wegen späterer Festsetzung der geschlossenen Bauweise überbaut werden dürfen, unzulässig.

Ausnahmen können gestattet werden:

a) Bei einem Vorgarten von mindestens 5 m Tiefe können 30 Prozent jener Fläche, die sich aus der zulässigen Höhe und der Länge der Vorgarteneinfriedung zusammensetzt, geschlossen hergestellt werden. Im übrigen Teil kann die Einfriedung einen geschlossenen Sockel von 1 m Höhe erhalten. Es bleibt dem Belieben des Bauherrn anheimgestellt, wie die geschlossen herzustellenden Teile in die Einfriedung eingereiht werden.

Gleiches kann bezüglich der Einfriedung an der Nachbargrenze zugestanden werden, unter der Voraussetzung, daß der Nachbar zustimmt.

b) In Vorgärten mit 5 m Tiefe und mehr kann die Errichtung kleiner Terrassen, offener Lauben, Sommerhäuschen u. dgl. in widerruflicher Weise gestattet werden. Diese sind den ästhetischen Anforderungen entsprechend herzustellen.

c) Bei Läden- und Schaufensteranlagen kann die Einfriedung auf ein Drittel der Längenausdehnung des Vorgartens unterbrochen und ein Drittel der Fläche des Vorgartens abzüglich der allenfalls nötigen Zufahrt und des Zuganges zum Haus für Zugänge zu Läden und Schaufenstern verwendet werden.

d) Plakattafeln und Schaukästen an Vorgarteneinfriedungen können in jederzeit widerruflicher Weise auf ein Fünftel der Ausdehnung der Einfriedung, jedoch nur bis zu einer Länge von 5 m genehmigt werden.

e) In den Baustaffeln 5 und 9 ist jede Schmälerung der Vorgärten behufs Anlage von Zugängen zu Verkehrs- und Schauläden ausgeschlossen. Plakattafeln und Schaukästen dürfen in diesen Gebieten an den Einfriedungen nicht angebracht werden.

§ 8. Die Lokalbaukommission wird in jenen Fragen, die für das Stadtbild von Bedeutung sind oder eine besondere ästhetische Würdigung beanspruchen, vorgängig den Stadtrat einvernehmen.

§ 9. Die Bestimmungen in § 16 der Vollzugsvorschriften zur Bauordnung für München vom 29. Mai 1896 und in § 24 Absatz II Ziff. 4 und § 26 Ziff. 4 der Staffelbauordnung vom 20. April 1904 werden hiermit außer Wirksamkeit gesetzt.

§ 10. Vorstehende ortspolizeiliche Vorschriften treten mit dem Tage ihrer Verkündigung in der „Münchener Gemeinde-Zeitung" in Kraft.

6. Vollzugsbestimmungen zu den ortspolizeilichen Vorschriften vom 17. Juli 1926.

Das Reklamewesen in München betreffend.

Ziffer 1: Allgemeines.

Als störend oder verunstaltend im Sinne der bestehenden Vorschriften haben jene Aufschriften und Reklamevorrichtungen einschließlich der Auslagekästen zu gelten, die auf die Architektur des Hauses und ihren Maßstab, ferner auf die Umgebung und auf das Straßen-, Platz- oder Landschaftsbild keine Rücksicht nehmen. Größe, Form, dann Ort und Art der Anbringung sind entsprechend zu wählen; allzu grelle Farben, aufdringliche, verunstaltende Häufungen müssen vermieden werden. Einfache und klare Schriftformen, eine gute Anordnung der Schrift sind für erträgliche Erscheinung wesentlich. Eine einheitliche Schriftart der Aufschriften und Firmenschilder eines Hauses wird empfohlen.

Bei Bauten oder Straßen und Plätzen von besonderer historischer oder künstlerischer Bedeutung ist ein strengerer Maßstab anzulegen, insbesondere sollen hier störende Zutaten ohne zwingende Notwendigkeit nicht zugelassen werden.

Bei Um- und Neubauten von Geschäftshäusern empfiehlt es sich, besondere Flächen für die Anbringung von Aufschriften und sonstige Reklamevorrichtungen vorzusehen.

Alle Aufschriften, Reklamevorrichtungen, Auslagekästen u. dgl. sind stets in gutem Zustande zu erhalten.

Erker sollen von Reklamevorrichtungen möglichst freigehalten werden.

Ziffer 2: **Firmenschilder und Aufschriften.**

Firmenschilder und Aufschriften sollen sich tunlichst der Architektur des Hauses einfügen und der Mauerfläche anschmiegen. Das Verdecken und überschneiden von Gesimsen und anderen wichtigeren Architekturteilen ist zu vermeiden.

Die Art, wie manche Niederlassungen (z. B. von Kaffeegeschäften, Molkereien usw.) mit Schildern, noch dazu in den schreiendsten Farben, förmlich umrahmt sind, ist als verunstaltend zu bezeichnen.

Die Regel wird sein, daß Firmenschilder und Aufschriften nur an dem Erdgeschoß angebracht werden, doch sollen sie in den oberen Stockwerken prinzipiell dann nicht ausgeschlossen sein, wenn auch dort Geschäftsräume vorhanden sind. Das Anbringen von kleinen Schildern in Sammelrahmen am Hauseingang wird im letzteren Falle empfohlen. Geschmackvoll gehaltene Aufschriften und Firmenzeichen an den Stockwerksfenstern erscheinen zulässig; ebenso können Aufschriften in Metallbuchstaben (nicht geschlossene Schilder!) an Balkonen und Brüstungen zugelassen werden, wenn sie hierzu in angemessenem Verhältnis stehen.

Stoffrahmen mit Aufschriften können in maßvollen Grenzen zugelassen werden, wenn sie für vorübergehende Zwecke und für kurze Zeit bestimmt sind; sie sind sofort zu entfernen, wenn sie schadhaft sind oder wenn der Anlaß zur Anbringung fortfällt.

Ziffer 3: **Markenschilder.**

Markenschilder (z. B. Maggi, Manoli usw.) sollen nur in mäßiger Zahl zugelassen werden; es sind hierbei die in Ziffer 1 erwähnten Gesichtspunkte, insbesondere hinsichtlich des Maßstabes zu berücksichtigen. Es empfiehlt sich, die Schilder nicht wahllos, sondern in guter Gruppierung an den Ladenpfeilern oder an den Wandflächen unmittelbar neben dem Ladeneingang oder den Schaufenstern, eventuell auch auf einer Sammeltafel dort anzubringen. Der Haussockel ist in der Regel freizuhalten; das gleiche ist für die Fläche unter den Schaufenstern wünschenswert. Schadhafte Tafeln oder solche, welche Artikel betreffen, die nicht mehr geführt werden, sind zu entfernen.

Ziffer 4: **Bemalungen von Mauern und Giebeln.**

Die Bemalung von fensterlosen Mauern oder sonstigen größeren Mauerflächen und Giebeln ist nicht prinzipiell ausgeschlossen, wenn die Gesichtspunkte der Ziffer 1 namentlich hinsichtlich des Maßstabes und der Zahl der Aufschriften besonders berücksichtigt sind. In der Regel sollen nur Aufschriften und Firmenzeichen für solche Geschäfte angebracht werden, die sich in dem betreffenden Hause befinden. Die Verwendung derartiger Mauern als Riesenplakattafeln ist verboten.

Ziffern 5: **Dachreklame. Lichtreklamen.**

Dachreklame kann nur zugelassen werden, wenn sie genügende Rücksicht auf den Maßstab des Hauses und dessen Umgebung nimmt; sie ist im allgemeinen auf industrielle Gebäude zu beschränken.

Lichtreklame kann nur in maßvoller Weise gestattet werden. Die hierzu erforderlichen Vorrichtungen dürfen bei Tage nicht störend wirken.

Wechselnde oder unterbrechende Beleuchtung, ferner die Verwendung von Scheinwerfern und Projektionsapparaten ist im allgemeinen unzulässig.

Konturenbeleuchtungen sind nur unter vorstehenden Voraussetzungen zulässig.

Dach- und Lichtreklame darf sich nur auf Betriebe beziehen, die sich im betreffenden Hause befinden.

Ziffern 6: Nasenschilder, Laternen, Gewerbezeichen, Fahnen.

Alle in den Luftraum hineinragenden Reklamevorrichtungen müssen den in Ziffer 1 gestellten allgemeinen Anforderungen genügen.

Nasenschilder sollen im allgemeinen die Maße von 75 cm auf 50 cm, Transparentlaternen die Maße von 75 cm auf 50 cm auf 30 cm nicht überschreiten und nicht weiter als 1.00 m über die Hausflucht hervorragen; sie sollen nicht unter 2.50 m über die Gehbahnfläche und in der Regel nicht über der Brüstungshöhe des ersten Stockwerks angebracht werden.

Ausnahmen hiervon können gemacht werden, wenn eigenartige, das Straßenbild schmückende Lösungen vorliegen, wie sie die alten Gewerbezeichen waren.

Unangenehm wirkende Häufungen sind auch hier zu vermeiden; es wird deshalb oft nicht möglich sein, für jedes in einem Hause befindliche Geschäft ein Nasenschild oder dergleichen, ferner Markenschilder in Form von Nasenschildern zuzulassen.

Reklamefahnen aus festem Material (Blech, feste Rahmen) sind unzulässig. Stoffahnen dürfen nur in angemessener Größe und Anzahl verwendet werden.

Stoffahnen mit Aufschriften sind nur für vorübergehende Zwecke und für kurze Zeit zulässig.

Ziffer 7: Auslagekästen.

Auslagekästen sollen eine möglichst geringe Tiefe erhalten und die das Haus tragenden Pfeiler nicht völlig verdecken; sie dürfen, soweit dies die Verkehrsverhältnisse überhaupt zulassen, nicht mehr als 20 cm über die Hausflucht herausragen. Höhe und Breite des Kastens sind für die Tiefe ebenfalls ausschlaggebend; einfache, glatte Formen sind zu wählen.

Ziffern 8: Reklame in Vorgärten und an Vorgarteneinfriedungen.

Vorgärten dienen zum Schmuck einer Straße, sie sollen ihr ein wohnlicheres, weniger geschäftsmäßiges Gepräge geben; sie sollen deshalb im allgemeinen von Reklame freigehalten werden.

Die notwendigen Auslagekästen und Firmenschilder können in bescheidener Größe an der Einfriedung angebracht werden; auch hier sind Sammeltafeln zu empfehlen.

Ziffer 9: Reklame an Baugerüsten und Bauplanken.

An Baugerüsten und Bauplanken dürfen nur Schilder von den am Bau beschäftigten Firmen oder jenen Geschäften, die im alten Hause ansässig waren oder im Neubau Platz finden sollen, angebracht werden. Dabei soll die Höhe des ersten Stockwerks nicht überschritten werden.

Die verkehrspolizeilichen Vorschriften über die Verwendung von Bauplanken zur öffentlichen Plakatierung bleiben unberührt.

Ziffer 10: Reklame in den noch unbebauten Gebieten des städtischen Burgfriedens.

Die freie Natur, soweit sie noch im Burgfrieden vorhanden ist, bedarf des weitgehenden Schutzes, und zwar nicht nur in landschaftlich hervorragenden Teilen.

Insbesondere sind die gerade in der Landschaft unangenehm wirkenden Häufungen von Reklametafeln sowie das Anbringen von Reklameschildern und Aufschriften (Markenschildern) an freistehenden Häusern zu vermeiden. Die notwendigen Firmentafeln sind in maßvollen Größen zu halten.

Streckenreklame entlang der Bahnlinien und Landstraßen soll unterbleiben.

Ausnahmen können nur gestattet werden, wenn die Tafeln in maßvoller Größe, insbesondere hinsichtlich der Höhe, gehalten sind und geschmackvolle Ausführung aufweisen. Auch darf die Aufstellung nur im Anschluß an Häuser und Zäune und an solchen Plätzen stattfinden, wo bevorzugte Ausblicke nicht verdeckt werden. Häufungen sind auch hier zu vermeiden.

7. Bekanntmachung der Lokalbaukommission vom 9. August 1919 betr. die Herstellung von Straßen und Plätzen in neuen Bauanlagen.

(MGemZ. Nr. 67/68).

Auf Grund des § 81 der Bauordnung für die Landeshauptstadt München vom 29. Juli 1895 in der Fassung vom 3. August 1910 wird folgendes bekanntgegeben:

I. Bei Gesuchen um Genehmigung von Bauführungen in neuen Bauanlagen hat der Gesuchsteller durch Vorlage von Bescheinigungen des Stadtrates München nachzuweisen:

a) die Übertragung des Eigentums an der durch die Baulinienfestsetzung sich ergebenden Grundfläche der Straße an die Stadtgemeinde München;

b) die erfolgte ordnungsmäßige Herstellung der Straße einschließlich der Randsteinsetzung und Pflasterung.

Bei Bauführungen an der Ecke einer bestehenden und einer noch nicht bestehenden Straße muß die Grundabtretung und Straßenherstellung lediglich für die Hälfte der Breite der neuen Straße nachgewiesen werden. An Stelle der Bescheinigung über die erfolgte Herstellung der Straße genügt die Erklärung des Stadtrates, daß die ordnungsmäßige Herstellung der Straße sichergestellt ist.

II. Hinsichtlich der Voraussetzungen für die Erteilung der Bescheinigung über die ordnungsmäßige Herstellung der Straße wird auf die Bekanntmachung des Magistrats der K. Haupt- und Residenzstadt München vom 1. August 1909 in der Fassung vom 30. Oktober 1914 und 9. Januar 1918[1]), sowie auf die Bekanntmachung des Stadtrates der Landeshauptstadt München vom 14. Juli 1919, die Herstellung von Straßen und Plätzen in neuen Bauanlagen betr.,[2]) verwiesen.

III. Personen, welche den Straßenkörper über ihre Bauanlage hinaus längs fremder Grundstücke hergestellt oder seine Herstellung sichergestellt haben, können sich den ihnen nach § 81 Abs. II der MBO. zustehenden Anspruch auf Ersatz des gemachten notwendigen Aufwandes durch Antragstellung bei der Lokalbaukommission sichern. Dem Antrage ist ein Lageplan im Maßstabe 1 : 1000 beizulegen, aus welchem die in Betracht kommenden Grundstücke und Straßen ersichtlich sind. Die Grundstücke sind ihrer Plannummer nach zu bezeichnen.

IV. Wird die Bebauung von Grundstücken beabsichtigt, deren Straßenkörper auf Kosten eines anderen hergestellt oder gesichert worden ist, so hat der Gesuchsteller eine Erklärung des Ersatzberechtigten über die Befriedigung oder die Sicherstellung des Ersatzanspruchs vorzulegen.

Kommt eine Einigung unter den Beteiligten nicht zustande, so wird der Betrag des zu ersetzenden notwendigen Aufwandes von der Lokalbaukommission festgesetzt. In diesem Falle hat der Ersatzberechtigte die erforderlichen Nachweise vorzulegen. Ist die Straße bereits hergestellt, so hat er die tatsächlich entstandenen Kosten nachzuweisen. Ist die Herstellung der Straße sichergestellt, so hat er eine Bescheinigung des Stadtrates über die nach dem Voranschlage für den Meter Bauplatzlänge treffenden Kosten vorzulegen.

Die Ausscheidung der Kosten auf die Beteiligten erfolgt nach Maßgabe der abgewickelten Straßenfluchtlänge. Bei Berechnung der Höhe der zu ersetzenden Auslagen wird bei bereits fertiggestellten Straßen der tatsächlich gemachte Aufwand, bei erst herzustellenden Straßen der vom Stadtrat veranschlagte Preissatz zugrunde gelegt.

V. Die vorstehenden Anordnungen gelten auch für Plätze.

VI. In besonders gelagerten Fällen wird die Lokalbaukommission sowohl in Ansehung der zu stellenden Anforderungen wie auch in Ansehung der Kostenfestsetzung besondere Anordnungen treffen

---

[1]) Diese Bekanntmachung ist nachstehend in der z. Z. geltenden Fassung abgedruckt.

[2]) Abdruck, soweit noch gültig, nachstehend unter Ziff. 8a.

8. Bekanntmachung des Stadtmagistrats vom 1. August 1909 die Herstellung von Straßen und Plätzen in neuen Bauanlagen betreffend (Pflasterstatut).

1. Nach § 81 der Bauordnung für die Haupt- und Residenzstadt München vom 29. Juli 1895 ist eine der Voraussetzungen zur Genehmigung der Baugesuche in neuen Bauanlagen die ordnungsmäßige Herstellung der Straßen einschließlich der Pflasterung und Randsteinsetzung. Die ordnungsgemäße Herstellung erstreckt sich auf die genaue Einhaltung der Bau- bzw. Vorgartenlinien, auf die entsprechende Ausscheidung der Fahr- und Gehbahnflächen, auf die etwaigen Reit- und Radfahrwege, auf Baumgräben und Rasenstreifen nach dem vom Stadtmagistrat genehmigten Straßenprofil, auf die Einhaltung der von der Lokalbaukommission München festgesetzten Höhenlage, auf die Verwendung der vom Stadtmagistrat vorgeschriebenen Baustoffe, insbesondere auch auf die Befestigung mittels Kleinsteindecke und auf die richtige und zweckentsprechende Ausführung aller in Betracht kommenden Arbeiten nach Maßgabe der vom Stadtmagistrat erlassenen Ausführungsvorschriften. Zur Straßenherstellung zählen auch die Arbeiten der im Zuge der Straße herzustellenden Wasserlaufregelungen, Überbrückungen, Stützmauern, Sicherheitsvorkehrungen, die Arbeiten für die Entwässerung der Straße, für Anpassung an bestehende Straßenteile und die bei der Straßenherstellung etwa gebotenen Arbeitsvornahmen an Tiefbauobjekten, wenn sie nicht von der Stadtgemeinde veranlaßt sind.

Die Oberfläche sämtlicher nach Maßgabe dieser Bekanntmachung herzustellenden Straßen erhält eine Kleinsteindecke.

Die Wahl der Pflastergattung und der Zeitpunkt der Pflasterung sind ausschließlich der Stadtgemeinde überlassen.

2. a) Grundbesitzern, welche sich im Eigentum des gesamten Straßenkörpers befinden, steht es frei, den Unterbau der Fahrbahn, die Gehbahnen, Reit- und Radfahrwege, Baumgräben und Rasenstreifen selbst herzustellen oder über die Herstellung mit der Stadtgemeinde Vertrag abzuschließen. In besonderen Fällen, namentlich wenn dies zum Schutze von Tiefbauobjekten erforderlich ist, z. B. bei Herstellung von Straßen über aufgefüllten Grundstücken, behält sich die Stadtgemeinde die Herstellung des gesamten Straßenkörpers und aller Nebenanlagen vor.

Die Ausführung der Kleinsteindecke, Randsteinsetzung und Pflasterung, allenfallsiger Wasserlaufregelungen, Überbrückungen, Stützmauern und Böschungen sowie der Arbeiten an den Versorgungsleitungen und Kanälen ist dem Stadtbauamt ausschließlich vorbehalten. Der Stadtmagistrat behält sich vor, die Arbeiten ganz oder teilweise an Unternehmer zu vergeben.

b) Wenn der Straßenunterbau von den Beteiligten selbst oder durch einen hiezu geeigneten Unternehmer ausgeführt wird, sind sämtliche Arbeiten vom Beginn bis zur Beendigung der Straßenherstellung vom Stadtbauamte ständig zu überwachen, welchem die Inangriffnahme der Arbeiten mindestens 8 Tage vorher unter Vorlage der für die Verständigung der Tiefbausparten erforderlichen Lage- und Höhenpläne mündlich anzuzeigen ist. Die Herstellung des Straßenunterbaues und aller Nebenanlagen hat nach Maßgabe der vom Stadtmagistrat erlassenen Ausführungsvorschriften zu erfolgen, wobei allen Weisungen der bauamtlichen Organe genaueste Folge zu leisten ist. Von allen zur Verwendung kommenden Baustoffen sind dem Stadtbauamt Muster vorzulegen. Beanstandete Baustoffe dürfen nicht verwendet werden.

Die Kosten der Projektierung und Bauleitung sowie der Beaufsichtigung haben die Unternehmer zu tragen.[1])

Sie betragen 2,5% der gesamten veranschlagten Straßenkosten und sind bei einkommenden Baugesuchen in bar zu bezahlen.

c) Die Stadtgemeinde wird auf Ersuchen den Fahrbahnunterbau und alle Nebenanlagen gegen Erlag der veranschlagten Kosten vorbehaltlich Abrechnung entweder selbst herstellen oder einem von ihr zu bestimmenden Unternehmer übertragen.

Über die Kosten der stets vom Stadtbauamte herzustellenden Kleinsteindecke, Randsteinsetzung und Pflasterung wird mit den beteiligten Grundbesitzern nicht abgerechnet. Die Stadtgemeinde übernimmt diese Arbeiten zu den jeweils durch Beschlüsse beider Gemeindekollegien festgesetzten Einheitspreisen.

Für die Berechnung dieser Kosten gelten bis auf weiteres folgende Einheitspreise.

Kleinsteindecke 17 Mk. pro Quadratmeter, Randsteine 21 Mk. pro Meter, für unbehauene Randsteine bei Staffel X 12 Mk., Gehbahnpflaster 10 Mk. pro Quadratmeter (im Falle der Herstellung durch das Stadtbauamt), Fahrbahnpflaster jeder Art 30 Mk. pro Quadratmeter.

Für jeden Quadratmeter Fahrbahnpflaster wird die Stadtgemeinde 3,75 Mk. von dem bezeichneten Einheitspreise in Abrechnung bringen.

Ob und in welcher Weise statt der Barzahlung Sicherstellung eintreten kann, bleibt der Vereinbarung im einzelnen Falle überlassen.

3. a) Die Fahrbahnherstellung und -Pflasterung fällt den Beteiligten höchstens für jene Fläche zur Last, die sich bei einer gleichmäßigen Fahrbahnbreite von 7 Meter auf die Länge der abgewickelten Bau- bzw. Vorgartenlinie einschließlich der Breitenmaße der einmündenden Straßen ergibt.

Die Herstellung öffentlicher Anlagen erfolgt auf Kosten der Stadtgemeinde.

b) Wenn für sämtliche an einer Straßenecke gelegenen Grundstücke, welche nur nach Staffel 5 oder 9 der Staffelbauordnung be-

---

[1]) Fassung des Beschlusses vom 16. Dezember 1924 (MGemB. Sitzungsberichte Nr. 100).

baut werden dürfen, durch Bestellung einer Servitut (beschränkten persönlichen Dienstbarkeit) gesichert ist, daß nur Gebäude errichtet werden, die lediglich aus Erdgeschoß, einem Obergeschosse und einzelnen Dachaufbauten bestehen, so übernimmt die Stadtgemeinde die Kosten der Fahrbahnpflasterung für diese Strecke, soweit die Fahrbahnpflasterung nicht zu entfallen hat.

c) Die Übernahme einer Straße oder eines Weges auf die Stadtgemeinde zum Unterhalt erfolgt durch Beschluß des Stadtrates[1]).

4. Was im Vorstehenden für Straßen bestimmt ist, gilt auch für Plätze.

5. Die Bekanntmachung des Stadtmagistrates vom 1. Oktober 1895, betreffend die Herstellung von neuen Straßen, wird durch vorstehende Bestimmungen ersetzt.

Beschlußmäßig festgelegte Vereinbarungen nach der Bekanntmachung vom 1. Oktober 1895 bleiben in Kraft. Für Makadamstraßen, deren Unterhalt von der Stadtgemeinde noch nicht übernommen ist, werden besondere Vereinbarungen vorbehalten.

8a. Auszug aus der Bekanntmachung des Stadtrats vom 14. Juli 1919, Herstellung von Straßen und Plätzen in neuen Bauanlagen betreffend (MGemZ. Nr. 56).

2. Wenn für alle an einer Straße oder Straßenstrecke oder einem Wege gelegenen Grundstücke die Bebauung nach Staffel 10 durch Bestellung einer beschränkten persönlichen Dienstbarkeit zugunsten der Stadtgemeinde gesichert ist, so haben die Bauwerber nur die Kosten der Straßenkörperherstellung einschließlich einer Kiesdecke für Fahr- und Gehbahn und der Planung und Bauleitung zu tragen, und entfallen die Kosten der Kleinsteindecke und Fahrbahnpflasterung. Unter der gleichen Voraussetzung haben die Bauwerber außerdem nur die Kosten für unbehauene Rand- oder Leistensteine an Stelle der Regelrandsteine in denjenigen Straßen und Wegen zu tragen, die so breit sind, daß hierin nach dem vom Stadtrate festgesetzten Profile eine besondere Gehbahn anzulegen ist. Wo letzteres nicht notwendig ist, entfallen unter obigen Voraussetzungen auch die Kosten der unbehauenen Rand- und Leistensteine.

9. Ausführungsvorschriften des Stadtbauamtes für die Herstellung neuer Straßen in München.

Vom 1. August 1909.

Im Vollzuge des § 81 der Münchner Bauordnung werden hiermit für die Herstellung neuer Straßen in München folgende Bauvorschriften erlassen:

---

[1]) Fassung der Bekanntmachung vom 14. Juli 1919 (MGemZ. Nr. 56).

Bausystem.

Die allgemeine Anordnung der einzelnen Straßenflächen ist aus dem beigegebenen Normalstraßenquerprofil[1]) zu entnehmen. Die speziellen Breiten- usw. Maße bestimmen sich aus dem jeweils vom Magistrat festgesetzten Ausgestaltungsprojekt.

Projektierung.

Die nötigen Kostenberechnungen für Herstellung, Randsteinsetzung, Pflasterung sowie für alle erforderlichen Nebenarbeiten sind beim Stadtbauamt, Abteilung für Straßenbau, unter Vorlage der hierzu erforderlichen, doppelten geometrischen Besitzpläne oder unterschriftlicher Ermächtigung zur Anfertigung derselben auf Rechnung der Gesuchsteller nachzusuchen.

Auf Grund dieser Pläne veranlaßt das Stadtbauamt die Festsetzung des Ausgestaltungsprojektes (Profileinteilung) durch den Stadtmagistrat.

Die Unterlagen für allenfalls nötige Höhenfestsetzungen und deren Instruktion können auf Ansuchen gegen Aufrechnung der Kosten nach der Gebührenordnung der Lokalbaukommission durch das Stadtbauamt beschafft werden.

Alle übrigen technischen Vorarbeiten (Aufnahmen, Absteckungen, Berechnungen usw.) sind in den 4%igen Aufsichtskosten bzw. bei bauamtlicher Ausführung in den Aversalzuschlägen der Abrechnung enthalten.

Falls die Straßenherstellung durch Private erfolgt, wird dem Auftraggeber auf Ersuchen ein Exemplar der hierzu nötigen Planunterlagen vom Stadtbauamt kostenlos ausgehändigt.

Beaufsichtigung.

Mit der Anmeldung der Straßenherstellung ist dem Stadtbauamt, Abteilung für Straßenbau, das erforderliche Planmaterial vollständig in fünffacher Ausfertigung behufs Verständigung der Tiefbausparten in Vorlage zu bringen. Ein weiteres Exemplar hat ständig auf der Baustelle aufzuliegen. Zur Ermöglichung der Überwachung der Arbeitsleistungen, Materiallieferungen usw. ist den bauamtlichen Aufsichtsorganen sowie jedem Vertreter des Stadtbauamtes jederzeit der Zutritt zur Baustelle, Bauhütte usw. zu gestatten. Das Stadtbauamt ist von jeder Unterbrechung und Wiederaufnahme der Bauarbeiten drei Tage vorher zu verständigen.

Absteckung.

Soweit die Straßenfluchtlinien nicht bekannt und durch Vermarkung in zweifelloser Weise kenntlich sind, ist durch die Bauherren beim städtischen Vermessungsamt die Absteckung derselben

---

[1]) Von dem Abdruck des Normalstraßenquerprofils mußte abgesehen werden. Es kann beim Städt. Tiefbauamt, Abt. Straßenbau, eingesehen werden.

zu beantragen; zu deren Einweisung durch den Vermessungsingenieur ist auch das bauamtliche Aufsichtspersonal beizuziehen.

Die Höhenlage der neuen Straße wird durch Angabe der Haupthöhenpunkte durch das Stadtbauamt angegeben.

Die ganze übrige Absteckung ist entsprechend dem Ausgestaltungsprojekt unter Einhaltung der angegebenen Haupthöhenpunkte durch den Bauunternehmer vorzunehmen und im Verlauf der Arbeiten eventuell wieder herzustellen. Hierbei ist zu beachten, daß die Fahrbahn mit 3%, alle übrigen Verkehrsflächen mit 2,5% Seitengefälle herzustellen sind, soweit nicht besondere Ausnahmefälle aus den eventuellen Querprofilplänen usw. ersichtlich sind oder sich, wie z. B. bei Kreuzungen, von selbst ergeben. Anlagen, Baumgräben und Rasenflächen sind im Niveau der umliegenden Verkehrsflächen auszuführen.

Das bauamtliche Aufsichtsorgan hat die Absteckung nur zu prüfen und ev. zu beanstanden, darf dieselbe aber nicht selbst ausführen oder berichtigen. Die Abgabe von Meßgehilfen oder Meßgeräten, Pflöcken ist demselben auch gegen Entschädigung untersagt. Sämtliche Straßenarbeiten sind in bezug auf Höhen- und Ausgestaltungsverhältnisse genau nach der richtig befundenen Absteckung zur Ausführung zu bringen.

Ab- und Aufträge.

Humus ist in der gesamten Straßenfläche unter allen Umständen ganz zu beseitigen, Lehm, Straßenschlamm, Kehricht und anderes, ungeeignetes Füllmaterial auf die Mindesttiefe von 1 m, unter Umständen nach Ermessen des Stadtbauamtes gleichfalls vollständig. Der Unterbaukasten ist in der Fahrbahn 0,5 m, in den übrigen Verkehrsflächen 0,3 m unter definitiver Planie, die Sohle für Baumgräben, Anlagen, Reitwege usw. nach den speziellen Vorschriften hierfür durch Abtrag des Terrains oder Auffüllung mit Kies oder Bauschutt herzustellen, wobei jedoch faulende Substanzen sowie Lösch und Asche fernzuhalten und Hohlräume zu vermeiden sind. Der Unterbaukasten ist nach Auffüllung unter Wasserbeigabe gut abzuwalzen. Soferne bei Ausschachtung des Unterbaukastens kiesiger Boden angeschnitten wird, kann das Stadtbauamt je nach den Verhältnissen eine geringere Aushubtiefe zulassen.

Alle Böschungen sind mindestens einmalig und zwar außerhalb des Straßengrundes auszuführen, so daß die Straßenflächen selbst tatsächlich in alignementmäßiger Breite hergestellt sind.

Fahrbahn.

Der Unterbau für die Kleinsteindecke der Fahrbahn ist in deren künftiger, definitiver Breite auszuführen. Als Material für denselben ist Kies, aus welchem der Sand bis zu 20 mm Korngröße herausgeworfen ist, zu verwenden. Steine über 70 mm Korngröße sind zu beseitigen oder zu zerkleinern. Das gereinigte Kiesmaterial soll zwischen 20 und 70 mm möglichst gleichmäßige Mischung der verschiedenen Korngrößen aufweisen. Das Kiesmaterial ist in solcher Stärke aufzufahren und zu planieren, daß nach fertiger Walzung die vom Bauamt angegebene Planie für die Kleinsteinunterlage erreicht wird.

Der Walzsand muß von erdigen Bestandteilen völlig frei sein und einer Gittermaschenweite von höchstens 10 mm entsprechen.

Die Kiesschüttung ist zuerst unter reichlicher Besprengung ohne Sandbeigabe, sodann unter Einwaschung des fortwährend möglichst dünn aufzustreuenden Sandes durch eine genügende Sprengvorrichtung mit einer mindestens 10 t schweren Dampfwalze von der Seite nach der Mitte zu fortschreitend derart zusammen zu walzen, daß allmählich von unten nach oben ein genügendes Schließen der Zwischenräume eintritt und schließlich eine solche Festigkeit erreicht wird, daß gewöhnliche schwere Fuhrwerke (voller Sprengwagen) keine Wagenspur mehr hinterlassen. Treten während der Walzung Setzungen ein, so muß Materialnachfüllung derart vorgenommen werden, daß die Oberfläche das jeweils erforderliche Profil in tadelloser Form aufweist.

Im allgemeinen ist zu beiden Seiten der Fahrbahn je ein Streifen derselben nach spezieller Breiten- und Höhenangabe als erhöhter provisorischer Radfahrweg aufzubringen.

Gehbahnen.

In den Gehbahnen sind die oberen 30 cm mit reinem oder mit Sand vermischten Kies aufzufüllen und gleichfalls unter Beigabe von Sand und Wasser festzuwalzen. Hiezu genügt eine Handwalze mit mindestens 6 Ztr. Gewicht. Die abgewalzte Fläche ist 2 cm hoch mit einer Schichte Sand (Korngröße höchstens 10 mm) zu überziehen und nachzuwalzen.

Radfahrwege.

Die definitiven sowie die in der Fahrbahn provisorisch anzulegenden Radfahrwege sind wie Gehbahnen herzustellen; der hierzu verwendete Sand muß frei von lehmigen Bestandteilen sein.

Reitwege.

Reitwege sind mit einer 15 cm starken Deckschichte aus reinem Quarzsand herzustellen; die Unterlage muß vollständig aus wasserdurchlässigem Material bestehen, andernfalls sind besondere Entwässerungsmaßnahmen zu treffen.

Gärtnerische Ausgestaltung.

Zur Füllung der Anlagen- und Rasenflächen sowie der Baumgräben darf nur fruchtbarer Humus ohne Fremdkörper verwendet werden, der mindestens 1,2 m tief, für Rasen mindestens 0,5 m tief eingebracht werden muß; die obere Humuslage muß in 30 cm Stärke aus durchgeworfenem Material bestehen. Für die Baumgräben ist eine Normalbreite und -Tiefe von 1,5 m festgesetzt. Im übrigen bestimmen sich die Abmessungen nach dem genehmigten Ausgestaltungsprojekt.

Entwässerungsanlagen.

Die Entwässerungsmaßnahmen können durch die privaten Bauunternehmer insoweit getroffen werden, als es sich um provisorische Entwässerung in Versitzgruben handelt. Dieselbe ist nur dann zulässig, wenn auf eine Entfernung bis zu 20 m Kanalanschluß nicht zu erreichen ist. Behufs Entwässerung ist die vom Stadtbauamt an näher zu bezeichnenden Stellen nach den Flächen- und Neigungsverhältnissen für nötig befundene Anzahl von Sinkkästen und Versitzgruben auszuführen. Anhaltspunkte gibt die angefügte Schnittzeichnung, zu deren Erläuterung folgendes bemerkt wird:

Versitzgruben.

Für die Versitzgrube ist ein 3 m im Quadrat messender Aushub unter Beachtung aller nötigen Vorsichtsmaßregeln bis zu einer jeweils durch das Stadtbauamt festzusetzenden Tiefe vorzunehmen. Die Tiefe der Versitzgrube richtet sich nach den Boden- und Grundwasserverhältnissen, ev. auch nach der voraussichtlich nötigen Wirkungsdauer dermaßen, daß im allgemeinen das Grundwasser sowie tragfähiger Boden erreicht und genügende Wasserabführung durch entsprechende Bodenverhältnisse gesichert ist.

Die Ausmauerung darf erst nach Augenscheinnahme der Grundverhältnisse und besonderer Erlaubnis des bauamtlichen Aufsichtsorganes begonnen werden. Sie ist bis 2 m unter Straßenoberfläche als Trockenmauerwerk ringförmig mit gut gebrannten Ziegelsteinen im Halbsteinverband nach den allgemeinen Bauregeln auszuführen, im weiteren mit Portlandzementmörtel (1 : 3) entweder konisch aufzumauern oder einzuwölben; soweit hierzu Beton verwendet werden will, ist dieser im Mischungsverhältnis 1 : 3 : 6 unter Beobachtung der hierfür allgemein gültigen Vorschriften herzustellen.

Mit dem Aufmauern allmählich fortschreitend ist die Hinterfüllung vorzunehmen und zwar in Höhe des Trockenmauerwerkes mit grobem, geworfenem Kies und Sand. Zum Schluß ist der Anschluß der Fahrbahn sorgfältig wieder herzustellen.

Nach Reinigung des Grubenbodens ist derselbe 50 cm hoch mit grobem Rollkies und hierauf 20 cm hoch mit sandhaltigem Kiesmaterial aufzufüllen.

Die Abdeckungen sind verkehrssicher, genau nach Muster der F. S. Kustermannschen Abdeckungen auszuführen.

Sinkkästen.

Die Sinkkästen sind nach den beim Stadtbauamt erhältlichen Detailzeichnungen zu setzen. Die Ton- und Eisenteile usw. sind den bauamtlichen Normalien entsprechend zu verwenden; als solche sind bis auf weiteres festgesetzt Nr. 2251 H. Kustermannscher Katalog an provisorischen Radfahrwegen, im übrigen Nr. 2251 F.

Die Wasserableitung vom Sinkkasten zur Versitzgrube ist mit

20 cm weiten, glasierten, fehlerfreien Tonrohren vorzunehmen, welche mit mindestens 1% Gefälle gut und sicher zu verlegen und zu dichten sind.

Sicherheitsvorkehrungen.

Der Bauunternehmer hat allen einschlägigen Bestimmungen hinsichtlich der erforderlichen Sicherheitsmaßregeln, Absperrungen, Beleuchtung, Arbeiterfürsorge usw. zu genügen.

Materialien.

Alle zur Verwendung kommenden Materialien haben den bauamtlichen Anforderungen zu entsprechen; Beanstandungen seitens des bauamtlichen Aufsichtsorganes schließen die Verwendung aus.

Anpassungsarbeiten an bestehende Straßen.

Sind als Folge der neuen Straßendurchführung an städtischen Straßen oder deren Tiefbauten Änderungen nötig (z. B. bei Kreuzungen), Randsteinversetzungen, Pflasterumlegungen, Sinkkästen-, Laternen-, Hydrantenversetzungen und dergl., so werden solche auf Anregung des hierzu verpflichteten bauamtlichen Aufsichtsorganes durch die einschlägigen Abteilungen des Bauamtes vorgenommen. Anpassungsarbeiten an bestehenden Straßenkörper können ev. nach ausdrücklicher Genehmigung durch das Stadtbauamt vom Unternehmer gleichzeitig mit dessen Neubauarbeiten vorgenommen werden. Zur Tragung der hierfür entstehenden Kosten ist der Bauherr (Auftraggeber) verpflichtet.

Allgemeines.

Soferne der Unternehmer nicht selbst auf der Baustelle anwesend ist, muß ein verantwortlicher bzw. bevollmächtigter Bauleiter ernannt und während der Bauzeit ständig auf der Baustelle gegenwärtig sein. Werden die Bauarbeiten durch säumigen Betrieb des Unternehmers sehr in die Länge gezogen, so kann die Stadtgemeinde den Bauherrn für die längere Bauaufsicht zur weiteren Kostentragung heranziehen.

Spezielle Auflagen für abnorme Untergrundverhältnisse, große Auftragsleistungen usw. bleiben vorbehalten. Ebenso die Festsetzung allenfallsiger Gewährfristen und die hierfür zu leistende Sicherheit.

Abnahme.

Die ordnungsmäßige Herstellung und Vollendung der auszuführenden Arbeiten wird dem Unternehmer auf Ersuchen bescheinigt, soferne eventuelle Beanstandungen durch den Bauunternehmer behoben wurden. Mit diesem Anerkenntnis ist die Abnahme der Straße seitens der Stadtgemeinde nicht verbunden. Die Abrechnung über die Baukosten ist Sache der Auftraggeber und Unternehmer unter sich, zu welcher das Stadtbauamt keinerlei Stellung nimmt.

10. Oberpolizeiliche Vorschriften des Staatsministeriums des Innern vom 25. März 1918 für die Aufstellung und Prüfung von Tragfähigkeitsnachweisen bei Bauwerken.

Vom Abdruck dieser Vorschriften mußte wegen ihres großen Umfangs abgesehen werden; vgl. GVBl. 1918 S. 251 ff.

11. Oberpolizeiliche Vorschriften des Staatsministeriums des Innern vom 12. Februar 1926 für A. Ausführung von Bauwerken aus Eisenbeton; B. Ausführung ebener Steindecken; C. Ausführung von Bauwerken aus Beton; D. Druckversuche an Würfeln bei Ausführung von Bauwerken aus Beton und Eisenbeton.

Vom Abdruck dieser Vorschriften mußte wegen ihres großen Umfangs abgesehen werden; vgl. GVBl. 1926 S. 235 ff.

12. Bekanntmachung des Staatsministeriums des Innern betr. Fabrikschornsteine und andere Turmschornsteine.

Vom 3. September 1921 (Staatsanzeiger Nr. 207).

Bis zum Erlaß einheitlicher deutscher Bestimmungen über die Errichtung von Fabrik- und anderen Turmschornsteinen sind in Bayern für die Berechnung, Prüfung und Ausführung solcher Schornsteine die preußischen Bestimmungen gemäß Erlaß des Ministers für öffentliche Arbeiten vom 30. April 1902 (abgedruckt im Zentralblatt der Bauverwaltung 1902 Nr. 49 S. 297)[1]) mit nachstehenden Ergänzungen und Abweichungen sinngemäß anzuwenden:

1. Als Winddruck gegen eine zur Windrichtung senkrechte ebene Fläche sind einheitlich 150 Kilogramm für 1 Quadratmeter anzunehmen.

2. Die Druckbeanspruchung des Backsteinmauerwerks darf bei gewöhnlichem Ziegelmauerwerk in Kalkmörtel 1:3 7 Kilogramm, bei Mauerwerk aus hartgebrannten Steinen in Kalkzementmörtel, der kein schlechteres Mischungsverhältnis als 1 Raumteil Zement, 2 Raumteile Kalk und 6 Raumteile Sand haben darf, 15 Kilogramm für 1 Quadratzentimeter nicht übersteigen.

Unter hartgebrannten Steinen sind dabei Ziegel zu verstehen, die eine nachgewiesene Druckfestigkeit von mindestens 250 kg/qcm besitzen.

3. Die Wandstärke gemauerter Backsteinkamine soll an der Mündung bei rechteckigem Querschnitt bis zu 1 Meter Lichtweite wenigstens 12 Zentimeter, bei rundem Querschnitt bis zu 1,5 Meter Lichtweite wenigstens 15 Zentimeter betragen.

---

[1]) Nachstehend unter Ziff. 12a abgedruckt.

Bei größerer Lichtweite sind die angegebenen Wandstärken entsprechend den Maßen der vorhandenen Formsteine zu vergrößern.

Bei der Ausbildung der Kaminköpfe sollen weitausladende Formen vermieden werden. Die untere Wandstärke hat mindestens ein Hundertstel der Schornsteinhöhe zu betragen.

Die äußeren und inneren Ansichtsflächen der aus Backsteinen hergestellten Kaminteile sind zu verputzen oder sorgfältig zu verbanden.

4. Schornsteine, in die dauernd Gas mit höherer Temperatur als 300 Grad C eingeleitet wird, sind mindestens auf ein Drittel ihrer Höhe mit einem Isolierfutter aus Backsteinen oder Eisenbeton zu versehen; bei Temperaturen des Gases über 400 Grad C ist dieses Futter bis nahe an die Mündung des Kamins zu führen und aus Backsteinen herzustellen; bei Temperaturen über 600 Grad muß das Futter aus feuerfesten Steinen hergestellt werden.

Es ist zulässig, und bei Futter von größerer Höhe sogar empfehlenswert, die Futtermauern teleskopartig auf Absätzen des äußeren Kaminmauerwerks aufzusetzen.

5. Die Herstellung von Fabrik- und anderen Turmschornsteinen aus Eisenbeton oder aus Betonformsteinen mit Eisenbewehrung ist gestattet; für solche Kamine gelten mit Ausnahme der Ziff. 3 die gleichen Vorschriften wie für Backsteinkamine; bei der Ausführung solcher Kamine sind außerdem noch die nachstehenden Regeln einzuhalten.

a) Die Berechnung hat nach den oberpolizeilichen Vorschriften für die Ausführung von Bauwerken aus Eisenbeton vom 25. März 1918 (GVBl. S. 225) zu erfolgen, soweit nicht gemäß der oberpolizeilichen Vorschriften vom 13. August 1921 gleichen Betreffs (GVBl. S. 404) nachstehend Sondervorschriften erlassen sind.

b) Die größte Druckspannung des Betons darf an den monolithischen Schornsteinen 40 kg/qcm nicht übersteigen; an den Schornsteinen aus Betonformsteinen mit Eisenbewehrung müssen diese nach 28tägiger Erhärtung eine nachgewiesene Mindestdruckfestigkeit vom sechsfachen Betrag der in der statischen Berechnung ermittelten größten Druckspannung besitzen.

c) Die Zugspannungen müssen durch die Eiseneinlagen aufgenommen werden, wobei diese nur mit 1000 kg/qcm beansprucht werden dürfen. Nur die Schraubenverbindungen können mit 1200 kg/qcm Eisenspannung berechnet werden.

Für Abzugs- und Lüftungskamine, die keine heißen oder andere für die Bewehrung schädlichen Gase abführen, gelten die in den oberpolizeilichen Vorschriften vom 25. März 1918 angegebenen Zahlenwerte für die Zugsbeanspruchung des Eisens.

d) Zur Aufnahme der Wärmespannungen und aus sonstigen konstruktiven Rücksichten sind in die wagrechten Fugen der aus Formsteinen gemauerten Kamine, sowie in entsprechenden Abständen auch bei den Monolithen Ringbewehrungen einzulegen, deren Stöße versetzt werden müssen.

e) Auf eine gute Verbindung der senkrechten Bewehrungseisen ist sowohl bei den monolithischen als auch bei den aufgemauerten Eisenbetonschornsteinen besondere Rücksicht zu nehmen. Nach Möglichkeit ist die Anwendung von Schraubenmuffen vorzusehen.

f) Für die Aufmauerung und Ausfüllung von Hohlräumen der zur Verwendung kommenden Betonformsteine ist Zementmörtel im Mischungsverhältnis 1:3 zu verwenden.

g) Aus statischen wie aus architektonischen Gründen sind die Eisenbetonschornsteine mit Anlauf oder äußeren Absätzen aufzuführen.

h) Alle Eiseneinlagen der Eisenbetonschornsteine (monolithischer und aufgemauerter) sollen mindestens 5 Zentimeter stark mit Beton überdeckt sein.

i) Die Wandstärke dieser Eisenbetonschornsteine bis zu 1,5 Meter oberer Lichtweite muß mindestens 12 Zentimeter, bei größerer Lichtweite mindestens 15 Zentimeter an der Mündung betragen. Die Innenseiten oberhalb des Futters sind mit einem Zementspritzwurf zu versehen.

6. Fabrik- und andere Turmschornsteine müssen mit Blitzableitern versehen werden. Bei Eisenbetonschornsteinen dürfen die Eiseneinlagen nicht als Blitzableiter benützt werden.

7. Soweit die vorstehenden Bestimmungen für Fabrik- und andere Turmschornsteine von den Vorschriften der Bauordnungen abweichen, haben die Regierungen bis auf weiteres Befreiung zu erteilen.

12a. Erlaß des preußischen Ministers für öffentliche Arbeiten über die Berechnung der Standfestigkeit von Schornsteinen vom 30. April 1902 (Preuß. MABl. S. 98).

Auf Grund der über die Stärke des Winddruckes in neuerer Zeit gemachten Beobachtungen und Erfahrungen, welche hinsichtlich der zulässigen Beanspruchungen der Baustoffe und des Baugrundes gesammelt worden sind, hat die Akademie des Bauwesens die in ihrem Gutachten vom 13. Juli 1889, mitgeteilt durch Erlaß vom 25. Juli 1889 (III, 13 597 M. d. ö. A.), niedergelegten Grundsätze für die Berechnung der Standfestigkeit hoher Bauwerke auf geringer Grundfläche einer erneuten Prüfung unterzogen und für die Berechnung der Standfestigkeit von Schornsteinen folgende Bestimmungen in Vorschlag gebracht:

I. Als maßgebender Winddruck —W— gegen eine zur Windrichtung senkrechte ebene Fläche sollen bei Schornsteinen in der Regel 125 kg auf 1 m² in Rechnung gestellt werden. (Im Küstengebiete der Nordsee 200 kg/m², ME. vom 30. April 1902 und vom 11. Dezember 1905, Baupol. Mitt. 3, 122). Etwaiger Einfluß der Saugwirkung auf der Leeseite ist in diesem Werte enthalten. Der durch benachbarte oder umschließende Gebäude gewährte Schutz des Schornsteines gegen Winddruck soll in der Regel unberücksichtigt bleiben. Als Angriffspunkt des gegen eine Schornsteinsäule ausgeübten Winddruckes ist der Schwerpunkt des lotrechten Schnittes dieser Säule anzusehen. Bedeutet F den Flächeninhalt dieses Schnittes, bei eckigen Schornsteinen rechtwinklig zu zwei gegenüberliegenden Flächen gemessen, so ist die Größe des Winddruckes anzunehmen:

bei runden Schornsteinen zu . . . . 0,67 WF,
bei achteckigen Schornsteinen zu . . 0,71 WF,
bei rechteckigen Schornsteinen zu . . 1,00 WF.

Diese Werte des Winddruckes gelten auch dann, wenn der Wind über Eck weht. Letztere Windrichtung ist maßgebend für die Bestimmung der größten Kantenpressung bei eckigen Schornsteinen.

II. Die Druckspannungen im Mauerwerk sind sowohl für den Winddruck von 125 kg/m² als auch für einen solchen von 150 kg/m² zu berechnen, in beiden Fällen unter Vernachlässigung der Zugspannungen. Die Querschnitte sind außerdem so zu bemessen, daß auf der Windseite die Fugen sich bei dem Winddrucke von 125 kg/m² nicht weiter als höchstens bis zur Schwerpunktachse öffnen.

Bei der Berechnung der Standfestigkeit muß das Gewicht des Schornsteins nach dem wirklichen Einheitsgewicht des zu verwendenden Mauerwerks ermittelt werden.

III. Der Unternehmer der baulichen Ausführung eines Schornsteines hat die volle Verantwortung dafür zu übernehmen, daß die in die Berechnung der Standfestigkeit eingesetzten Gewichte mit der Wirklichkeit übereinstimmen, sowie dafür, daß die von ihm verwendeten Baustoffe (Steine, Mörtel usw.) bezüglich ihrer Güte und Festigkeit seinen Angaben entsprechen und technisch richtig verwendet werden. Der Aufsichtsbehörde bleibt es überlassen, den Nachweis der Richtigkeit des eingesetzten Einheitsgewichtes und der übrigen Angaben zu verlangen oder selbst die Richtigkeit zu prüfen.

IV. Die zulässige Beanspruchung der Baustoffe und des Baugrundes wird wie folgt festgesetzt:

Unter der Voraussetzung kunstgerechter und sorgfältiger Ausführung sowie ausreichender Erhärtung des Mörtels ist als Druckbeanspruchung zu rechnen:

a) für gewöhnliches Ziegelmauerwerk in Kalkmörtel mit dem Mischungsverhältnis von 1 Raumteil Kalk und 3 Raumteilen Sand bis zu 7 kg auf 1 cm²;
b) für Mauerwerk aus Hartbrandsteinen in Kalkzementmörtel: 12—15 kg für 1 cm².

Unter Hartbrandsteinen sind dabei Ziegel verstanden, die eine nachgewiesene Druckfestigkeit von mindestens 250 kg auf 1 cm² besitzen, und unter Kalkzementmörtel wird verstanden eine Mischung von 1 Raumteil Zement, 2 Raumteilen Kalk und 6 bis 8 Raumteilen Sand.

Wenn die Verwendung von festeren Steinen und zementreicheren Mörtels nachgewiesen wird, können auf Grund einwandfreier Festigkeitsprüfungen an ganzen Mauerkörpern auch höhere Beanspruchungen zugelassen werden. Dabei ist aber mindestens mit einer zehnfachen Sicherheit und auf keinen Fall nicht mehr als 25 kg auf 1 cm² bei Annahme des Winddruckes von 150 kg auf 1 cm² zu rechnen.

c) Falls für die Fundamente Schütt- oder Stampfbeton verwendet wird, sind

für geschütteten Beton 6 bis 8 kg
für gestampften Beton 10 bis 15 kg auf 1 cm²

Druckbeanspruchung zulässig.

Schüttungsweisen, bei denen der vorausgesetzte Zusammenhang der ganzen Fundamentplatte nicht sicher steht, sind mit Rücksicht auf die entstehenden Biegungsspannungen unzulässig.

d) Guter Baugrund darf bei Annahme des Winddruckes von 125 bis 150 kg auf 1 m² in der Regel bis zu 3 kg, in Ausnahmefällen bis zu 4 kg, auf 1 cm² beansprucht werden.

18. Ortspolizeiliche Vorschrift der Lokalbaukommission vom 18. Januar 1911, betr. die Anzeige der Herstellung von Baugerüsten (MGemZ. Nr. 7).

Die Lokalbaukommission erläßt auf Grund des Art. 101 Abs. II des PStGB. folgende, von der Kgl. Regierung von Oberbayern, Kammer des Innern, mit Entschließung vom 3. Januar 1911 Nr. 77 736 für vollziehbar erklärte ortspolizeiliche Vorschrift.

§ 1. Alle jene Bauvornahmen und alle Rüstungen, hinsichtlich deren Ausführung die geltenden Vorschriften über Unfallverhütung besondere Maßnahmen bedingen, sind, auch wenn sie zu nicht genehmigungspflichtigen Bauführungen gehören, mindestens drei Tage vor ihrem Beginn bei der Lokalbaukommission zur Anzeige zu bringen.

Die Anzeige hat zu enthalten:

1. Die Bezeichnung des Gerüstes nach Art und Zweckbestimmung,
2. die Bezeichnung des betreffenden Anwesens, Bauplatzes usw. unter Namhaftmachung des Besitzers bzw. Bauherrn,
3. die eigenhändige Unterschrift des verantwortlichen Herstellers des Gerüstes.

§ 2. Vorstehende ortspolizeiliche Vorschrift tritt mit dem Tage ihrer Verkündigung in der „Münchner Gemeindezeitung“ in Kraft.

§ 3. Die ortspolizeiliche Vorschrift gleichen Gegenstandes vom 9. Juli 1900 wird hiemit aufgehoben.

14. Verordnung der Regierung des Volksstaates Bayern vom 27. März 1919 über die Errichtung von Denkmälern.

(GVBl. S. 119).

Auf Grund des Art. 101 Abs. III des Polizeistrafgesetzbuches wird verordnet:

1. Die Errichtung, Wiederherstellung, Instandsetzung, Änderung oder Beseitigung von Denkmälern auf oder an öffentlichen Straßen, Wegen oder Plätzen bedarf der baupolizeilichen Genehmigung.

2. Das gleiche gilt für Denkmäler in Friedhöfen mit Ausnahme der Denkmäler für Einzelgräber oder Familiengrabstätten, dann für Denkmäler, die nicht auf oder an öffentlichen Straßen, Wegen oder Plätzen errichtet sind oder errichtet werden, aber von dort gesehen werden können und geeignet sind, das landschaftliche oder Ortsbild wesentlich zu beeinflussen.

3. Eine Anlage, die im Zusammenhange mit einem Denkmale zur Ausgestaltung seiner Umgebung hergestellt ist oder hergestellt wird, gilt als Bestandteil des Denkmals.

15. Bekanntmachung der Staatsministerien des Innern und für Unterricht und Kultus vom 31. Juli 1920 Errichtung von Denkmälern betr.

(Staatsanzeiger Nr. 183).

Die Ministerialbekanntmachung vom 27. März 1919 Nr. 10105 („Bayer. Staatsanzeiger" Nr. 83, KMBl. S. 32, MABl. S. 68) wird abgeändert und erhält folgende Fassung:

Zum Vollzuge der Verordnung über die Errichtung von Denkmälern vom 27. März 1919 (GVBl. S. 119) werden folgende Anordnungen erlassen:

1. Denkmäler im Sinne dieser Verordnung sind öffentlich aufgestellte Bildwerke aus Stein, Metall, Holz oder anderen Stoffen, wie Standbilder, Gedenksäulen, Gedenktafeln, Bildwerke, Wegkreuze, Brunnen, dann zu Denkmalszwecken ausgeführte, der Öffentlichkeit gewidmete Garten- und Parkanlagen oder Heldenhaine, soweit sie umfriedet oder mit einer baulichen Anlage versehen sind, unter Umständen auch öffentlich aufgestellte Naturgebilde aus Stein oder Holz.

2. [I]Gesuche um Erteilung der baupolizeilichen Genehmigung zur Errichtung, Wiederherstellung, Instandsetzung, Änderung oder Beseitigung eines Denkmals sind an die Bezirkspolizeibehörde, in München an die Lokalbaukommission zu richten.

2. [II]Dem Gesuche sind folgende Unterlagen beizugeben:

a) ein Lageplan von der durch die Vorschriften der Bauordnungen verlangten Beschaffenheit;

b) eine zeichnerische Darstellung des Entwurfs im Maßstabe von 1:10, bei größeren Anlagen im Maßstabe 1:20, mit Angabe des Materials, dann des Urhebers des Entwurfs und der Personen, denen die Ausführung und gegebenenfalls die künstlerische Leitung übertragen werden soll;

c) Lichtbildansichten des Denkmalplatzes, aus denen die Lage des Denkmals von allen Seiten her und seine Wirkung auf das Orts- und Straßenbild ersehen werden kann. In eine der Ansichten wäre das Denkmal in seinen Umrissen einzuzeichnen. Nach Möglichkeit wäre auch am Platze des zu errichtenden Denkmals ein Zweimeterstab in senkrechter Stellung mit abzubilden; die Standorte für die Lichtbildaufnahmen sowie der Punkt, an dem der Maßstab aufgestellt ist, wären im Lageplan anzugeben;

d) ein Modell des Denkmals, wenn ein solches in einer Form angefertigt ist, die seine Versendung ohne besondere Schwierigkeiten ermöglicht;

e) gegebenenfalls eine zeichnerische Darstellung der etwa beabsichtigten Ausgestaltung des Standplatzes in der unmittelbaren Umgebung des Denkmals.

III Betrifft das Gesuch nur einfache Gedenktafeln an Häusern, Instandsetzungsarbeiten oder geringfügige Änderungen an bestehenden Denkmälern, durch die der Gesamteindruck nicht oder nur unwesentlich geändert wird, so kann die Beibringung der Unterlagen ganz oder zum Teil erlassen werden. Bei größeren Anlagen können noch weitere Unterlagen gefordert werden.

IV Die Entwürfe und Pläne sind nicht gerollt, sondern stets gefaltet einzureichen.

3. I Die Denkmalsentwürfe für kreisunmittelbare Städte sind der Regierung, Kammer des Innern, zur unmittelbaren Weiterleitung an das Staatsministerium für Unterricht und Kultus vorzulegen. Die Weisung des Ministeriums ist für die baupolizeiliche Verbescheidung hinsichtlich der künstlerischen Beurteilung maßgebend.

II Die Denkmalsentwürfe für die einem Bezirksamt unterstellten Gemeinden sind von dem Bezirksamte zunächst dem zuständigen Landbauamte zur Begutachtung zuzuleiten. Das Landbauamt gibt sein Gutachten insbesondere darüber ab, ob der baupolizeilichen Genehmigung vom künstlerischen und technischen Standpunkt aus Bedenken entgegenstehen. Dieses Gutachten dient dem Bezirksamt als Grundlage für die weitere Durchführung des Genehmigungsverfahrens. Bei Denkmalsentwürfen, die vom Bayer. Landesverein für Heimatschutz in München entworfen oder begutachtet sind, entfällt die Begutachtung durch das Landbauamt in künstlerischer Hinsicht.

III Gegen den bezirksamtlichen Beschluß ist Beschwerde zur Regierung, Kammer des Innern, zulässig (Bauordnung § 65). Die Regierung legt die Verhandlungen unmittelbar dem Staatsministerium für Unterricht und Kultus vor; die hierauf ergehende Weifung des Ministeriums ist in bezug auf die künstlerische Würdigung für die Verbescheidung der Beschwerde durch die Regierung maßgebend.

4. Handelt es sich um größere Denkmalsanlagen oder um vorwiegend bildhauerische Arbeiten oder hält das Landbauamt oder das Bezirksamt aus einem sonstigen Grunde die Einholung einer ministeriellen Weisung hinsichtlich der künstlerischen Beurteilung des Entwurfes für angezeigt, so hat das Bezirksamt vor der Beschlußfassung die Verhandlungen der Regierung, Kammer des Innern, zur unmittelbaren Weiterleitung an das Staatsministesterium für Unterricht und Kultus vorzulegen. Die hierauf ergehende Weisung des Ministeriums ist für die weitere Durchführung des baupolizeilichen Genehmigungsverfahrens bindend.

5. I Bei dem Staatsministerium für Unterricht und Kultus wird eine Sachverständigenkommission gebildet, der zwei Architekten, zwei Bildhauer und ein Maler sowie die erforderlichen Stellvertreter angehören. Die Kommission wird alle zwei Jahre neu zusammengesetzt.

II Die Kommission prüft die dem Staatsministerium für Unterricht und Kultus gemäß Ziff. 3 Abs. I und III und Ziff. 4 dieser Bekanntmachung vorgelegten Denkmalsentwürfe vom künstlerischen Standpunkt und gibt über sie ihr Gutachten ab.

6. Zur Vereinfachung des Verfahrens und zur Ersparung unnötiger Kosten wird es wesentlich beitragen, wenn von den Unternehmern schon möglichst frühzeitig, vor der Einreichung eines förmlichen Gesuches um baupolizeiliche Genehmigung und vor der endgültigen Wahl des Platzes und des Künstlers sowie vor der Inangriffnahme der künstlerischen Entwurfsarbeiten von dem Vorhaben der Denkmalserrichtung Anzeige erstattet wird. Die Anzeige kann an die zuständige Bezirkspolizeibehörde oder an das zuständige Landbauamt gerichtet werden; die Landbauämter werden den Unternehmern hinsichtlich der künstlerischen Gestaltung des Denkmals beratend zur Seite stehen.

7. Das Verfahren ist in allen Teilen möglichst zu beschleunigen.

16. Ortspolizeiliche Vorschriften des Stadtmagistrats und der Lokalbaukommission über die Entwässerung der Grundstücke.

Vom 1. Oktober 1893.

A. Allgemeine Bestimmungen.

Entwässerungspflicht.

§ 1. I. Bebaute Grundstücke, welche an Straßen liegen, die von der Stadtgemeinde München mit Kanälen versehen worden sind,

sind von den Besitzern nach Maßgabe der nachfolgenden Bestimmungen mit in den Straßenkanal einmündenden Entwässerungsanlagen zu versehen.

Die Einleitung in die Stadtbäche und in die Isar aus Anwesen, welche an kanalisierten Straßen liegen, ist verboten.

Unbebaute Grundstücke, welche an Straßen der bezeichneten Art liegen, müssen mit solchen Entwässerungsanlagen versehen werden, wenn dies vom Magistrate aus besonderen Gründen angeordnet wird.

Als an Straßen liegend, gelten auch solche Grundstücke, welche, ohne unmittelbar an einer Straße anzugrenzen, durch einen öffentlichen oder privaten Weg mit einer solchen verbunden sind.

Ein Grundstück, welches an mehreren Straßen liegt, ist zu entwässern, wenn auch nur eine derselben mit einem Kanale versehen ist.

Als Straßen im Sinne dieser und der nachfolgenden Bestimmungen gelten auch Plätze.

II. Durch die Entwässerungsanlage sind das Brunnen-, Regen- und Schneewasser, sämtliches Haus- und Wirtschaftswasser, das durch Wasserspülung verdünnte Piß- und Stallwasser, sowie vermittels der Spülaborte (waterclosets) die menschlichen Exkremente, endlich das Gewerbe- und Fabrikabwasser, sowie das Abdampf-(Kondensations)-Wasser abzuführen.

Aus Grundstücken, welche dem Gärtnereibetriebe oder landwirtschaftlichen Zwecken dienen, kann die Ableitung des Stallwassers in die Kanäle unterbleiben, wenn dasselbe in wasserdichten Gruben gesammelt wird und die Gruben regelmäßig entleert werden.

Die Herstellung einer Drainageanlage kann aus besonderen Gründen angeordnet werden; im übrigen setzt dieselbe die Erlaubnis des Magistrats voraus, wobei die von demselben in jedem Falle festgesetzten Bestimmungen zu beachten sind.

III. Auf Grund besonderer Verhältnisse kann von der Entwässerung eines Anwesens, entweder überhaupt oder in den Straßenkanal, ganz oder teilweise mit Genehmigung des Magistrats abgesehen werden.

IV. Stoffe, welche die Erhaltung und den Bestand sowie den Betrieb des Kanalnetzes und der Anlagen für die Klärung, Reinigung und Beseitigung der Abwässer, also insbesondere der Kanäle und Rohrleitungen, Klärbecken und Fischteiche erschweren, schädigen oder unmöglich machen, dürfen dem Kanalnetz nicht zugeführt werden. Namentlich ist verboten die Zuführung von festen Stoffen, welche die Leitungen verstopfen können, wie Schutt, Kehricht, Asche, Küchenabfälle, von giftigen, feuer- und explosionsgefährlichen Stoffen und von Stoffen, welche die Einrichtungen, insbesondere die Wandungen der Kanäle, Klär-, Reinigungs- und Beseitigungsanlagen beschädigen. Außerdem dürfen Abwässer, welche in das Kanalnetz geleitet werden, keine höhere Temperatur als 35 Grad Celsius besitzen und nicht mehr als $^1/_{10}$ Prozent an Säuren, Alkalien und Salzen enthalten.

Auch größere Mengen von Reinwasser, für welche eine andere Ablauf- oder Versitzmöglichkeit vorhanden ist oder geschaffen werden kann, können von der Einleitung in das Kanalnetz jederzeit ausgeschlossen werden.

V. Die für die Benützung der städt. Kanäle zu entrichtende Gebühr wird durch Statut festgesetzt.

Art und Umfang der Entwässerung.

§ 2. Alle Entwässerungsanlagen müssen jeweils so hergestellt sein, daß das Grundstück vollständig und für sich unabhängig entwässert wird. Daher müssen auch Keller entwässert werden, wenn dies zur Abführung der in § 1 Ziff. II bezeichneten Stoffe erforderlich ist.

Von keinem Teile eines zu entwässernden Grundstückes dürfen Abwasser auf die Oberfläche der Straße ablaufen; dieselben sind vielmehr den folgenden Bestimmungen entsprechend unterirdisch in die Kanäle abzuführen.

Die Grundleitungen sind, wenn möglich, außerhalb der Gebäude zu führen und dann tunlichst tiefer wie die nebenliegenden Kellersohlen zu legen.

Die in den Häusern herabgeführten Fallrohre müssen auf dem kürzesten Wege zur Grundleitung geleitet werden.

Pflicht zur Planvorlage und zur Erholung der Genehmigung.

§ 3. I. Zur Herstellung oder Änderung einer jeden Entwässerungsanlage ist die Genehmigung der Baupolizeibehörde, d. i. der Lokalbaukommission München, und der Stadtgemeinde München als Eigentümerin der Kanalanlage erforderlich.

Die Genehmigung setzt die Vorlage von Plänen voraus. Es ist daher über jede Entwässerungsanlage eines Grundstückes sowie über jede Veränderung und Ergänzung einer bestehenden Anlage durch den Eigentümer des betreffenden Grundstückes ein mit seiner und der Unterschrift des Planverfertigers versehener Plan in zweifacher Ausfertigung beim städtischen Tiefbauamt, Abteilung für Kanalisation, einzureichen. Eine Ausfertigung verbleibt beim Akt, die zweite wird im Falle der Genehmigung mit amtlicher Fertigung versehen an den Anwesenseigentümer ausgehändigt.

Die Vorlage von Plänen in doppelter Fertigung gilt auch für Entwässerungsanlagen behördlicher Gebäude, bei denen der Baupolizeibehörde nur das Recht auf Erinnerungsabgabe zusteht. Das Original verbleibt bei den Akten der Stadtgemeinde als Eigentümerin des Kanalnetzes.

Bei Reparaturen, welche keine Änderung der bestehenden Anlage bedingen, ist sofortige Anzeige an das Stadtbauamt (Kanalbüro) zu erstatten.

II. Aus dem Plane muß ersichtlich sein:

a) die Lage des zu entwässernden Grundstückes im Maßstabe von 1 :500,

b) der Grundriß des untersten, bzw. des Kellergeschosses eines jeden Gebäudes, in dessen Innern Entwässerungsanlagen eingerichtet werden sollen, im Maßstabe 1 :100, oder bei außergewöhnlich großen Grundstücken im Maßstabe von mindestens 1 :250,

c) das Längenprofil aller Entwässerungsleitungen in den Wagrechten mit dem Maßstabe des Grundrisses übereinstimmend, in den Senkrechten in dem Maßstabe 1 :100,

d) für jede zur Verwendung kommende Kloset- und Spülvorrichtungskonstruktion sind Detailpläne im Maßstabe 1 : 10 einzureichen.

Richtige Maßstäbe sind beizufügen.

III. Der Lageplan muß sämtliche auf dem Grundstück sich befindenden Gebäude und die gegenüber liegenden und anstoßenden Anwesen, sowie die Bezeichnung der Straßen, an denen das Grundstück gelegen ist, mit Angabe der Hausnummern enthalten. Endlich ist in denselben außer der projektierten Entwässerung die etwa schon bestehende, sowie der Straßenkanal einzuzeichnen.

Im Grundriß ist die Bestimmung der einzelnen Räume (Küche, Werkstätte, Stallung, Pißraum, Durchfahrt und dergl.) anzugeben, und sind die sämtlichen projektierten Leitungen mit beigeschriebenem Durchmesser, die genaue Lage, Zahl und Art der projektierten Ausgüsse, Spülaborte, Sinkkästen, Wasserverschlüsse, Sand- und Fettfänge und sonstige Details einzutragen.

Ferner muß aus den Plänen die Richtung der oberirdischen Wasserläufe, die Lage der bestehenden Regenfallrohre, allenfallsiger Regenzisternen, Abtritte, Abortgruben, Versitzgruben, Schlammschächte, Brunnen, Springbrunnen, Pumpen und anderer Wasserspeisungsvorrichtungen ersichtlich sein.

IV. Aus den Profilen müssen die Höhe der Oberflächen längs der projektierten Leitungen, das Gefälle der letzteren, die Höhen der verschiedenen Stockwerke bis zum Dachstuhl und der Kellersohlen — nicht durchschnittene sind zu punktieren — und wenn möglich die Fundamentsohlen, sämtliche Höhen bezogen auf Normal-Null (N.-N.) ersichtlich und eingeschrieben sein. Der nächstgelegene Vergleichungshorizont über N.-N. ist zu verzeichnen.

V. Über Lage und Tiefe des Kanales, sowie der betr. Einlaßstelle, sodann auch über etwa in der Nähe liegende Fixpunkte (Höhen-Bolzen) wird dem Beteiligten auf Verlangen durch das Stadtbauamt (Kanalbureau) Mitteilung gemacht.

Behufs Erlangung dieser Mitteilung ist ein beim Stadtbauamt unentgeltlich zu erholendes Formular auszufüllen und mit der Unterschrift des Anwesensbesitzers versehen, diesem Amte wieder vorzulegen. Dem Formulare ist ein Plan über die Lage des zu entwässernden und der benachbarten Anwesen im Maßstabe von 1:500 beizulegen.

B. Beschaffenheit der Entwässerung.

Einmündung der Entwässerung in den Straßenkanal.

§ 4. Jede Entwässerungsanlage muß in den städtischen Kanal an der vom Stadtbauamte jeweils angegebenen Einlaßstelle einmünden. Auf Antrag des Eigentümers des zu entwässernden Grundstückes kann aus besonderen Gründen auch eine andere, oder können mehrere Einlaßstellen zugelassen werden.

Die Gebühr, welche für die Benützung der zum Einlaß der Entwässerungsanlage dienenden Einrichtung zu entrichten ist, wird durch Statut festgesetzt.

Anschlußleitungen.

§ 5. I. Derjenige Teil der Entwässerungsanlage eines jeden Grundstückes, welcher in öffentlichen (Straßen- oder Weg-) Grund zu liegen kommt (Anschlußleitung), wird nach Maßgabe der genehmigten Entwässerungspläne von der Stadtgemeinde hergestellt. Zu diesem Zwecke wird der Besitzer des zu entwässernden Grundstückes aufgefordert, innerhalb bestimmter Zeit Entwässerungspläne vorzulegen. Dieser Aufforderung ist auch dann nachzukommen, wenn die Kanalisierung der Straße, an welcher das Grundstück liegt, zwar noch nicht erfolgt ist, jedoch in nächster Zeit erfolgen soll. Legt der Besitzer des zu entwässernden Grundstückes innerhalb der bestimmten Zeit die Pläne nicht vor, so erfolgt die Herstellung der Anschlußleitung in der vom Magistrat als zweckmäßig befundenen Weise. In diesem Falle hat sich die übrige Entwässerungsanlage an diese Anschlußleitung anzupassen.

Ist dies mit Rücksicht auf die folgenden Vorschriften über die Entwässerungsanlage oder aus technischen Gründen nicht möglich, so wird die Anschlußleitung den nachträglich genehmigten Plänen entsprechend von der Stadtgemeinde geändert oder neu hergestellt.

II. Die für die Benützung der Anschlußleitung zu entrichtende Gebühr wird durch Statut festgesetzt.

III. Notwendig werdende provisorische Umschaltungen bestehender Entwässerungsanlagen werden durch die Stadtgemeinde hergestellt. Die Gebühr hierfür wird durch Statut festgestellt.

Entwässerungsanlagen innerhalb der Anwesen.

1. Allgemeine Bestimmungen.

§ 6. I. Die Entwässerungsleitungen dürfen nur aus asphaltierten Eisenrohren, glasierten Tonrohren oder anderen besonders genehmigten Materialien hergestellt werden. Alle Rohre sind wasserdicht miteinander zu verbinden.

II. Bei jeder Entwässerungsanlage müssen die zur Herstellung verwendeten Materialien von vorzüglicher Beschaffenheit sein. Material, welches beanstandet wird, darf nicht verwendet werden.

III. Der höchste Punkt jeder außerhalb des Hauses befindlichen Rohrleitung muß regelmäßig eine Deckung über der Rohroberkante von mindestens 1,20 m erhalten.

IV. Die rechtwinklige Einmündung eines Stranges in einen anderen, ob in wagrechter oder senkrechter Lage ist nicht zulässig, sondern es sind zur Einmündung Rohre mit schiefwinkligen Abzweigen und Bögen zu verwenden. Die Verwendung von Doppelabzweigen ist nur mit besonderer Genehmigung gestattet.

V. Richtungsänderungen der Leitung sind nur mittels Bögen zu bewirken.

VI. Rohrleitungen dürfen in der Richtung des Gefälles sich nicht verengern. Bei Änderungen der Querschnitte sind konische Übergangsstücke einzubinden. Greifen Tonrohre und Eisenrohre von gleichem Durchmesser ineinander über, so muß eine eiserne Übergangsmuffe eingeschaltet werden.

VII. Sind Räume zu entwässern, bei welchen die Entwässerungsanlage unter der Rückstauhöhe der bezüglichen Straßenkanäle liegt, so ist durch Anbringen von Abschlußschiebern dem Eindringen des Kanalwassers in diese Räume vorzubeugen. Diese Schieber dürfen aber nur solche Leitungen abschließen, welche von unter Rückstau liegenden Entwässerungspunkten kommen.

VIII. Kann ein Raum wegen seiner tiefen Lage nicht unmittelbar in einen Kanal entwässert werden, so müssen die Abwasser künstlich in die höher gelegene, zum Kanal führende Leitung gehoben werden.

IX. Behufs ergiebiger Lüftung einer jeden Entwässerungsanlage sind die im folgenden bestimmten Vorrichtungen zu treffen.

X. In verunreinigtes Erdreich dürfen Entwässerungsanlagen nicht gelegt werden. Zeigt sich beim Aufgraben des Bodens das Erdreich verunreinigt, so muß es beseitigt und in genügender Weise behufs Einbettung der Leitung reines Kiesmaterial beigefüllt werden.

2. Grundleitungen.

a) Gefälle.

§ 7. I. Das für die Grundleitungen sich darbietende Gefälle muß möglichst ausgenützt werden. Die Leitungen sind in tunlichst gleichmäßigem Gefälle zu führen.

II. Aus besonderen Gründen, insbesondere, wenn die Anwendung gleichmäßigen Gefälles infolge der dann erforderlichen Tieferlegung der Leitung die Sicherheit des zu entwässernden oder eines anstoßenden Gebäudes gefährden würde, kann die Brechung des Gefälles gestattet werden. Dieselbe ist jedoch nur dann zulässig, wenn für den Hauptstrang der Grundleitung in jedem Teile mindestens ein Gefälle von 1:30 erzielt wird. In der Richtung des Abflusses darf sich das Gefälle nicht vermindern.

III. Ergeben sich geringere Gefälle als 1:60, so ist am oberen Ende der betreffenden Leitung eine besondere Spülvorrichtung mit genügendem fortdauerndem Wasserzufluß anzubringen.

b) Rohre.

§ 8. I. Die Grundleitungen können entweder Gußeisen (D.N.A.) oder nahtlos gewalzte Mannesmann-Stahlmuffenrohre oder Steinzeugrohre sein. Steinzeugrohre sind nur zulässig, wenn sie nicht in aufgefülltes Erdreich zu liegen kommen und außerdem im Innern der Gebäude noch eine Überdeckung von 0,20 m erhalten können.

II. Die lichte Weite der einzelnen Grundleitungsstränge soll nicht unter 100 mm betragen. Leitungsstränge, welche Abortfallrohre aufnehmen, an welche mehr als 4 Abortsitze angeschlossen sind, sollen 150 mm lichte Weite besitzen. Vereinigen sich mehrere Stränge zu einer Leitung, so soll sich die lichte Weite je nach dem Bedürfnis auf 150 oder 200 mm erweitern. Eine noch größere Lichtweite dürfen Grundleitungen nur mit besonderer Erlaubnis erhalten, welche hauptsächlich für große Entwässerungsanlagen, insbesondere für große industrielle Anstalten erteilt werden wird.

III. Die zu verwendenden Gußeisenrohre müssen schwere Muffenrohre sein und denjenigen Bestimmungen entsprechen, welche nach den Aufstellungen des Vereins deutscher Ingenieure und des Vereins der Gas- und Wasserfachmänner in der Beilage dieser Vorschrift veröffentlicht sind. Auch dürfen nur solche Rohre verwendet werden, welche im Bruch dicht, feinkörnig und von gleichmäßiger Wandstärke sind, und welche bei ihrer Herstellung in noch heißem Zustande innen und außen mit Asphaltfirnis überzogen wurden. Die geraden Rohre sollen in möglichst großen Längen verwendet werden.

Die Muffenverbindungen sind regelmäßig mit Hanfstrick bis auf 20—30 mm vom Muffenrand zu verstopfen und sodann mit Blei auszugießen; dieses ist nach dem Erkalten zu verstemmen.

Wo die Rohre frei liegen, sind sie mit eisernen Haken, Rohrschellen oder Stützen gut zu befestigen.

IV. Tonrohre sind entweder mit fettem blauen (plastischen) Ton oder mit Zement zu dichten.

Liegt die Tonrohrleitung über Grundwasser, so erfolgt die Dichtung derart, daß um die Schwanzenden der zu verlegenden Rohre eine etwa 20 mm starke und 100 mm breite Schichte des vorher sorgfältig durchgearbeiteten Tones aufgetragen und in diese Tonschichte ein Teerstrick in einzelnen fingerdicken Zöpfen gewürgt wird. Vor der Verlegung ist unter der Muffe die Erde auszuheben, und der untere Teil der Tonplombe (s. u.) herzustellen. Nach erfolgter Verlegung ist die Muffenfuge von innen mit der Hand fest und glatt auszustreichen und die Muffe sowie ein Teil des Schwanzendes der zu verbindenden Rohre mit einem 250 mm langen und 80 mm dicken Tonwulst (Tonplombe) zu umgeben.

Liegt die Tonrohrleitung im Grundwasser, so ist als Dichtungsmaterial Portlandzement zu verwenden. Die Dichtung selbst erfolgt ähnlich wie im vorhergehenden vorgeschrieben, indem die Muffe mit einem in Zement getränkten Teerstrick ausgefüttert, sodann mit Zement ausgefüllt und die Muffenfuge gut geglättet wird. Über die Muffe ist ein 250 mm langes und 80 mm dickes Zement- oder Betonband zu legen.

Besteht der Untergrund aus grobem Kies, so müssen die Rohre in beiden Fällen eine besondere Sandunterlage erhalten und ist die Baugrube bis auf 150 mm über die Rohrmuffen mit Sand oder gesiebtem Erdaushub beizufüllen.

V. Die Tonrohre müssen gleichmäßig rund, von dichter Textur, glatter Oberfläche, vollständig bis zur Sinterung durchgebrannt, für Wasser undurchdringlich, frei von Luftblasen, Kalkteilen, Feuersprüngen und anderen Fehlern und innen wie außen mit einer Salzglasur versehen sein.

Die Muffen müssen genau konzentrisch den Rohren angepreßt, dürfen also nicht an die halbgetrockneten Rohre angeschlickert sein.

Die Nutzlänge eines jeden einzelnen Rohres darf nicht über 600 mm, die Tiefe der Muffe soll 65 mm betragen.

Die Tonrohre müssen bei

100 mm	Lichtweite	15 mm	
150 „	„	18 „	
200 „	„	20 „	
230 „	„	22 „	
300 „	„	26 „	

Wandstärke besitzen.

c) Revisionsschächte und Lampenlöcher.

§ 9. I. Vor Eintritt einer jeden Entwässerungsanlage in die in § 5 bezeichnete Strecke (Anschlußleitung) ist ein zugänglicher eiserner Revisionskasten anzubringen.

II. Außerdem müssen in Grundleitungen von über 80 m Länge nach Maßgabe des Bedürfnisses Revisionsschächte und die dazu gehörigen Lampenlöcher eingeschaltet werden. Als geeignete Stellen für die Revisionsschächte erscheinen insbesondere die Mitte der Leitung und außerdem solche Stellen, bei welchen — z. B. infolge eines Richtungswechsels oder des Zusammentreffens mehrerer Leitungen — eine Verlegung leicht eintreten kann. Die Revisionsschächte sind so anzulegen, daß durch die Sohle die Grundleitung in halbem Profile hindurchgeführt wird. Der Abstand zwischen dem Revisionsschacht und einem Lampenloche darf nicht mehr als 30 m betragen.

3. Fallrohre.

a) Zweck und Anlage der Fallrohre.

§ 10. I. Die zur Aufnahme der Abwasser aus Bädern, Waschküchen, Ausgüssen, Spülaborten und dergleichen dienenden Falleitungen müssen im Innern der Gebäude und durch alle Stockwerke bis zum Anschlusse an die unterirdische Entwässerung möglichst senkrecht geführt werden. Sie sind ferner frostsicher und leicht zugänglich und womöglich nicht an den Scheidemauern von Wohn- und Schlafzimmern anzubringen.

Die Falleitungen für Niederschlagwasser sind außerhalb der Gebäude senkrecht herabzuführen und, wenn sie an der Straßenfront liegen, womöglich unmittelbar an den Straßenkanal anzuschließen.

Die Einleitung der Niederschlagwasser in die innerhalb der Gebäude liegenden Abwasserleitungen ist regelmäßig verboten.

II. Zum Zwecke der Lüftung der Entwässerungsanlage müssen die Fallrohre mit Ausnahme der Regenrohre möglichst senkrecht wenigstens einen halben Meter über das Dach geführt werden. Über dem Dache muß der Querschnitt der Rohre sich erweitern und darf ihr lichter Durchmesser nicht unter 100 mm betragen.

Aus besonderen Gründen, insbesondere wenn einzelne Fallrohre zufolge ihres Zweckes nur in den unteren Geschossen eines Hauses angebracht sind, kann von der Verlängerung der Rohre über Dach mit besonderer Genehmigung abgesehen werden.

III. Münden die über Dach geführten Fallrohre unterhalb des Sturzes von Fenstern bewohnbarer Räume aus, so müssen sie mindestens 2 m von der Fensterleibung seitlich abstehen.

Regenfallrohre, welche unterhalb eines solchen Fensters ausmünden oder nicht mindestens 2 m von der Leibung der oberhalb gelegenen Fenster Abstand haben, sind mit einem frostsicheren und zugänglichen, im Boden liegenden Wasserverschlusse zu versehen.

IV. Wo Fallrohre freiliegen, sind sie mit Eisenhaken oder mit Rohrschellen gut zu befestigen; bei Bleirohren sind jedoch statt Eisenhaken Halseisen anzuwenden.

b) Materialien, Dichtung, Lichtweite.

§ 11. I. Die Fallrohre der Spülaborte, der Waschküchen, der größeren Badeeinrichtungen und die Regenfallrohre, letztere jedoch, wenn sie außerhalb der Gebäude geführt werden, nur in dem zwischen dem Anschlußbogen und 2 m über dem Boden gelegenen Teile müssen mittelschwere Gußeisenrohre sein, d. h. Rohre, welche eine durch Gewichtsprobe nachzuweisende Wandstärke von 6 bis 8 mm besitzen.

Der Muffendurchmesser dieser Rohre muß um 16 mm größer sein als der äußere Durchmesser der Rohre; die Muffentiefe hat 80 mm zu betragen.

Die übrigen Fallrohre können aus innen und außen asphaltierten leichten Gußeisenrohren, aus Schmiedeeisen- oder Bleirohren bestehen.

Die Regenfallrohre dürfen, wenn sie außerhalb der Gebäude geführt werden, in der Höhe von über 2 m über dem Boden auch aus Metallblech bestehen.

Werden die Fallrohre behufs Lüftung über Dach verlängert, so darf ihr oberster Teil von 0,50 m unter der Dachfläche an gemessen, auch aus starkem, geschwärzten Zinkblech hergestellt sein.

II. Die Anschlußbögen, welche schwere oder mittelschwere gußeiserne Fallrohre mit der Grundleitung verbinden, müssen selbst schwere gußeiserne Muffenrohre von der in § 8 Abs. III dieser Vorschrift angegebenen Beschaffenheit sein. Die Oberkante der Anschlußbögen der Regenfallrohre muß regelmäßig mindestens 1,20 m unter dem Boden liegen.

III. An allen Abwasserfalleitungen müssen beim Übergang in die Grundleitungen luftdicht verschließbare Prüfungs- und Putzöffnungen angebracht sein.

IV. Als mittelschwere gußeiserne Rohre dürfen nur solche Rohre verwendet werden, welche im Bruch dicht, feinkörnig und von gleichmäßiger Wandstärke sind, und welche bei ihrer Herstellung in noch heißem Zustande innen und außen mit Asphaltfirnis überzogen wurden.

Die Muffen der mittelschweren gußeisernen Fallrohre sind mit einem aus Eisenabfällen und Salmiak zusammengesetzten Kitt oder mit Mennige und Holzkeilen luftdicht zu verschließen.

V. Die leichten gußeisernen Rohre müssen eine durch Gewichtsprobe nachzuweisende Wandstärke von 5—6 mm und eine Muffentiefe von 60 mm besitzen; sie sind durch Holzkeile und Eisenkitt an den Muffen luftdicht zu verdichten.

VI. Die Schmiedeeisenrohre müssen innen und außen zum Schutz gegen Rost verzinkt (galvanisiert) sein.

VII. Die Bleirohre müssen dicht sein und kreisförmigen Querschnitt haben; jeder laufende Meter muß

bei	30 mm	Luftweite	mindestens	3,6	Kilogramm
„	35 „	„	„	4,8	„
„	40 „	„	„	6,3	„
„	45 „	„	„	7,0	„
„	50 „	„	„	8,7	„
„	60 „	„	„	11,6	„

schwer sein.

Die bleiernen Rohre sind untereinander durch Lötung zu verbinden.

VIII. Die Verbindung zwischen bleiernen und eisernen Rohren ist mit einem Eisen- oder Messing-Zwischenstück zu bewirken. Diese Zwischenstücke müssen dieselbe lichte Weite wie das Bleirohr besitzen, an dieses angelötet und in die Muffe des Eisenrohres mit Blei verstemmt werden.

IX. Die lichte Weite der Fallrohre bestimmt sich nach der voraussichtlich anfallenden Abwassermenge. In der Regel hat dieselbe für Wasch- und Pißbecken 35—60 mm, für Küchenausgüsse und Badewannen 50—70 mm, für Waschküchen 70—100 mm, für Spülaborte 100—120 mm zu betragen.

4. Besondere Vorrichtungen.

a) Regenrohr-Kästen.

§ 12. Ist zu erwarten, daß die Abwasser von einem Dach Sink- oder Schwimmstoffe mit sich führen, so ist vor der Einmündung des Regenfallrohres in die Grundleitung ein Kasten mit herausnehmbarem Schlammeimer anzubringen. Dieser Kasten muß so beschaffen sein, daß das Regenrohr nicht aufhört, zugleich zur Lüftung der Grundleitung zu dienen.

b) Wasserverschlüsse.

§ 13. I. Jede Ableitung aus Waschbecken, Spültischen, Badewannen, Eisschränken, Pißbecken, Küchen- und sonstigen Ausgüssen, aus den Überläufen der Wasserbehälter, Zisternen usw. und aus Spülaborten muß an das Fallrohr mittels eines besonderen Wasserverschlusses (Siphon) angeschlossen werden. Diese Siphons müssen einen Wasserstand (Tiefe) von mindestens 50 mm besitzen und leicht zugänglich sein. Bei Wasserverschlüssen von Spülaborten, welche durch Klappen oder andere Einrichtungen einen weiteren Wasserverschluß von mindestens 30 mm besitzen, genügt ein Wasserstand von 30 mm Tiefe.

II. Befinden sich die Siphons im Innern eines Hauses, so sind sie gegen Frost geeignet zu schützen; außerhalb eines Hauses muß ihr Wasserspiegel regelmäßig mindestens 1,3 m unter der Erdoberfläche liegen.

III. Die Siphons sind aus Blei, innen asphaltiertem oder emailliertem Gußeisen, oder aus anderen, besonders genehmigten Materialien herzustellen.

IV. Der Siphon muß, regelmäßig auf der unteren Seite, zum Zwecke der Reinigung eine zugängliche, durch Schraubenverschluß luftdicht absperrbare Putzöffnung besitzen. Klosettsiphons sowie von unten nicht oder schwer zugängliche Siphons sind mit dieser Vorrichtung an ihrer höchsten Stelle zu versehen.

Sogenannte Sinktöpfe sind als Wasserverschlüsse nicht zulässig.

V. Die Siphons für Wasch- und Pißbecken müssen einen inneren Durchmesser von 35—60 mm, solche von Badewannen, Küchen- und sonstigen Ausgüssen einen solchen von 50—70 mm, jene der Spülaborte von 100 mm haben.

Liegen Ausgüsse in Räumen, welche dem Frost ausgesetzt sind, so kann mit besonderer Genehmigung statt der Siphons für jeden Ausguß ein gemeinsamer Wasserverschluß mit 100 mm Lichtweite angebracht werden.

c) Ausgüsse und Sinkkästen.

§ 14. I. Die Ausgüsse müssen als Ablauf einen fest angegossenen Seiher von 100—120 mm Durchmesser erhalten. Mit diesem Seiher ist der Ablaufstutzen durch einen trichterförmigen Übergang zu verbinden. Die Seiherlöcher sollen keine größere lichte Weite als 4 mm besitzen.

II. Abwässer, welche sich auf dem Fußboden von Räumen sammeln, sind mittels kleiner gußeiserner Sinkkästen (Gullies) abzuleiten. Diese müssen je nach der abzuführenden Wassermenge einen seitlichen Ablauf von 70—100 mm Durchmesser und doppelten Wasserverschluß erhalten.

III. Für die Entwässerung der Höfe haben Hofsinkkästen zu dienen, deren Abfluß unter Vermittlung eines Wasserverschlusses stattfindet. Der Wasserspiegel des Sinkkastens hat regelmäßig mindestens 1,3 m unter dem Boden zu liegen.

d) Fett- und Sandfänge.

§ 15. Führt das Abwasser viel Sand, Fett, Seife oder sonstige Sink-, Schwimm- und Klebestoffe mit sich, (wie dies bei Wirtschaften, Waschanstalten, Schweinemetzgereien usw. der Fall ist) so ist möglichst nahe der Stelle, bei welcher das Fallrohr in die Grundleitung übergeht, ein Fett-, bzw. Sandfang anzubringen.

e) Spülaborte.

§ 16. I. Die menschlichen Abgänge sind in frostsicheren mit Winterfenstern versehenen Räumen mittels gespülter Aborte und Pißstellen in die Falleitungen einzuleiten.

II. Die Spülaborte müssen aus einem freistehenden, mit Geruchverschluß versehenen Becken bestehen und sind so einzurichten, daß die Spülung während und nach dem Gebrauch betätigt werden kann, und daß die Beckenfläche gänzlich benetzt und gereinigt wird. Zu diesem Zwecke muß jeder Spülabort mit einer Wasserleitung in Verbindung stehen, die dauernd ermöglicht, daß durch die Spülvorrichtung in 5—7 Sekunden mindestens 10 Liter Wasser in das Becken stürzen.

Die sichtbare Abflußöffnung des Beckens darf nicht mehr als 70 mm Durchmesser oder 60/90 mm eiförmige lichte Weite haben. Die Verbindung des höchstens 100 mm weiten Abflußstutzens mit der Falleitung soll tunlichst über den Boden zu liegen kommen, damit sie jederzeit besichtigt und leicht nachgebessert werden kann.

Das Becken muß aus Porzellan, hellglasiertem Steinzeug oder gut emailliertem Gußeisen bestehen. Umkleidungen der Becken sind unzulässig.

Für größere Anstalten (Fabriken, Schulen, Kasernen usw.) sind mit besonderer Genehmigung andere Konstruktionen der Spülaborte (Massenaborte) zulässig. Bei solchen Massenaborten muß ebenfalls durch eine kräftige Spülung die rasche Entfernung aller Auswurfstoffe gewährleistet sein.

III. Die Pißstellen können als Einzelbecken oder Standpissoire ausgeführt werden.

Die Pißbecken sind aus Porzellan, weißglasiertem Steinzeug oder emailliertem Gußeisen herzustellen und haben Spülrand, Überlauf und Geruchverschluß zu erhalten. Die Spülung kann entweder eine ständige oder absetzende sein.

Bei Standpissoiren sind Wände und Fußboden wasserdicht herzustellen und im Boden ist ein Einlauf mit Geruchverschluß anzuordnen. Für genügende Spülung ist Sorge zu tragen.

Ölpissoire sind nur zulässig, wenn eine entsprechende Spülung der Grundleitung gegeben ist.

f) Spülung von Piß- und Stallabwasseranlagen.

§ 17. Jede Pißstelle und jeder Stallablauf ist mit genügender Wasserspülung zu versehen.

g) Abläufe von Wasserbehältern.

§ 18. Die Ableitung von Wasserbehältern, künstlichen Teichen, Zisternen usw. ist so tief anzulegen, daß der Behälter vollständig entleert werden kann.

h) Besondere Maßnahmen für die Einleitung von Gewerbe-, Fabrik- und Abdampfwassern.

§ 19. Die Einleitung von Abwässern, welche nicht den Charakter von Haushaltabwässern aufweisen, also insbesondere von Abwässern aus Gewerbe- und Fabrikbetrieben, in das Kanalnetz bedarf einer besonderen Genehmigung. Diese wird nur unter den von Fall zu Fall festzusetzenden Bedingungen, in denen erforderlichenfalls die Unschädlichmachung dieser Abwässer gemäß § 1 dieser Vorschriften mittels Kühl-, Klär-, Neutralisations- und sonstigen Vorrichtungen vorgeschrieben wird, erteilt. Vor der Einleitung nichthäuslicher Abwässer in das Kanalnetz ist erforderlich, daß rechtzeitig zum Zwecke der Erwirkung der Einleitungserlaubnis genaue Angaben über Menge, Temperatur und Zusammensetzung dieser Abwässer sowie über die zu ihrer Unschädlichmachung beabsichtigten Maßnahmen und deren voraussichtlichen Erfolg nach den Bestimmungen des § 3 dieser Vorschriften eingereicht werden. Das gleiche gilt bei Vermehrung und Veränderungen der einzuleitenden nichthäuslichen Abwässer.

Vor der Anschlußleitung, welche die nichthäuslichen Abwässer in das Kanalnetz führt, ist ein geeigneter Revisionsschacht, der jederzeit die Entnahme von Abwasserproben gestattet, in die Grundleitung einzuschalten.

Ergibt sich aus den Nachprüfungen von nichthäuslichen Abwässern oder aus dem Befund oder Betrieb des Kanalnetzes und der Klär-, Reinigungs- und Beseitigungsanlagen, daß solche Abwässer den Bestimmungen des § 1 dieser Vorschriften nicht entsprechen, so können sie jederzeit von der Einleitung ausgeschlossen werden, bis die über die Unschädlichmachung der betreffenden Abwässer ergehenden und unverzüglich durchzuführenden Auflagen erfüllt sind. Bis zur Erfüllung kann eine sofortige Abschaltung des betreffenden Anschlusses vom Kanalnetz angeordnet werden, wenn die Zusammensetzung der Abwässer eine Gefährdung der Kanäle, der Kläranlage verursacht. Werden die ergehenden Auflagen nicht erfüllt, oder gelingt es nicht, die Abwässer unschädlich zu machen, so wird die Genehmigung zur Einleitung dieser Abwässer in das Kanalnetz versagt oder unter Abschaltung des betreffenden Anschlusses vom Kanalnetz widerrufen.

Vor Erteilung der Genehmigung sind das Unternehmen „Mittlere Isar-A.-G." oder Dritte, welchen Betrieb und Unterhalt der Kläranlage oder des Betriebes der biologischen Reinigungsanlage und die Verwertung der Klärprodukte übertragen worden ist, als Beteiligte einzuvernehmen.

i) Besondere Lüftungseinrichtungen.

§ 20. Auf besondere Anordnung ist zur Lüftung einer Entwässerungsanlage ein besonderes Lüftungsrohr anzubringen und über Dach zu führen.

Gemauerte Schächte, welche zur Lüftung von Haus- oder Wohnräumen dienen, und Schornsteine mit Ausnahme der Fabrikkamine dürfen nicht zur Lüftung einer Entwässerungsanlage verwendet werden.

5. Ergänzungsbestimmung.

§ 21. Soweit im vorstehenden hinsichtlich der Beschaffenheit der Entwässerungsanlagen Bestimmungen nicht getroffen sind, und soferne außergewöhnliche Verhältnisse besondere Maßnahmen erheischen, sind die besonderen, in jedem einzelnen Falle gegebenen Anordnungen zu beachten*).

C. Ausführung der Entwässerungsarbeiten.

§ 22. I. Wer mit der Herstellung oder Änderung einer Anwesensentwässerung betraut wird, hat spätestens 24 Stunden vor Beginn bzw. Wiederbeginn der Arbeiten beim Stadtbauamte (Kanalbureau) die verantwortliche Bauleitung zu Protokoll zu erklären und zugleich den genauen Zeitpunkt des Beginnes der Arbeiten bekannt zu geben. Vor diesem Zeitpunkte darf mit denselben nicht begonnen werden.

II. Die Ausführung der Entwässerungsanlagen wird vom Stadtbauamte überwacht. Den Anordnungen der Beamten desselben ist nachzukommen. An der Baustelle hat das Duplikat des genehmigten Planes vom Beginne bis zur Vollendung der Arbeiten bereit zu liegen. Kein Teil der Anlage darf überdeckt werden, ehe die Besichtigung seitens des stadtbauamtlichen Beamten stattgefunden und dieser zur Überdeckung die Erlaubnis erteilt hat.

Teile von Entwässerungsanlagen, welche entgegen dieser Bestimmung überdeckt wurden, sind auf Anordnung des Beamten wieder freizulegen.

III. Werden bei Aufgrabungen Gas-, Wasser-, elektrische Leitungen oder bestehende Entwässerungsanlagen angetroffen, so ist sofort dem Stadtbauamte Nachricht zu geben und seinen Auf-

*) Beim Stadtbauamte liegen Modelle und Zeichnungen der einzelnen Teile der Entwässerungsanlagen (Normalien) zur Einsicht und Beachtung auf.

trägen, sowie den zur Sicherung der bezüglichen Leitungen gegebenen Anordnungen der Eigentümer Folge zu leisten.

Wird die Notwendigkeit solcher Anordnungen bestritten, so ist die Entscheidung des Stadtmagistrats zu erholen.

IV. Bei einer Temperatur von unter 5° C Kälte dürfen an Stellen, welche dem Froste ausgesetzt sind, Arbeiten nicht ausgeführt werden.

V. Nach Vollendung der Entwässerungsanlage ist dem Stadtbauamte schriftliche Anzeige behufs Schlußrevision zu erstatten. Die bei derselben festgestellten Mängel der Anlage sind zu beseitigen.

VI. Nach Inbetriebsetzung der Entwässerungsanlagen sind alle bestehenden oberirdischen und unterirdischen Entwässerungseinrichtungen, soweit sie nicht Bestandteile der neuen Anlage geworden, sofort zu entfernen, insbesondere auch außerhalb der Häuser gelegene Abortgrubenmauern und Kaissons herauszunehmen. Sodann müssen die noch bestehenden Gruben gereinigt, wenn nötig mit Kalkmilch desinfiziert und mit reinem Kies eingefüllt werden.

D. Unterhalt der Entwässerungsanlagen.

§ 23. I. Die gesamte Entwässerungsanlage ist von dem Anwesensbesitzer stets rein und in gutem baulichen und den vorstehenden Vorschriften entsprechendem Zustande zu erhalten.

II. Sind Spülaborte, Ausgüsse usw. längere Zeit außer Benützung und ergeben sich infolgedessen durch Austritt von Kanalgasen in Räume Gefahren für die Gesundheit, so sind diese Vorrichtungen zu beseitigen und die Öffnungen an den Fallsträngen luftdicht zu verschließen.

III. Den zur Kontrolle über den Unterhalt und die Vollständigkeit der Entwässerungsanlagen bestellten Beamten ist stets und ohne vorherige Anmeldung Zutritt zu den Anlagen und den entwässerten Räumen und Betrieben zu gewähren. Die Einleitungen nichthäuslicher Abwässer samt den zur Unschädlichmachung dieser Abwässer dienenden besonderen Vorrichtungen können jederzeit regelmäßig überwacht und die Abflüsse untersucht werden. Erforderlichenfalls wird zu diesen Untersuchungen die staatliche Abwasserstation beigezogen.

IV. Der bauliche Unterhalt des in § 5 bezeichneten Teiles der Entwässerungsanlage (Anschlußleitung) wird von der Stadtgemeinde besorgt. Wird ein Gebäude abgebrochen und ist die bestehende Anschlußleitung nicht für einen alsbald aufzuführenden Neubau in Aussicht genommen, so wird die Anschlußleitung durch die Stadtgemeinde beseitigt. Die Gebühr für Unterhaltung und Beseitigung wird durch Statut bestimmt.

E. Einführungsbestimmungen.

§ 24. I. Gegenwärtige Vorschriften treten am heutigen Tage in Kraft. Von diesem Tage ab müssen alle neuherzustellenden Entwässerungsanlagen von Grundstücken der in § 1 bezeichneten Art den obigen Vorschriften entsprechen.

II. Bestehende Entwässerungsanlagen in Grundstücken, welche an kanalisierten Straßen liegen, sind den obigen Vorschriften entsprechend einzurichten. Dies bezieht sich insbesondere auch auf solche Entwässerungsanlagen, welche bisher in die Stadtbäche oder in die Isar einmündeten. Die erforderlichen Änderungen müssen, falls sie nicht freiwillig betätigt werden, innerhalb einer vom Magistrate angeordneten, angemessenen Zeit erfolgen.

III. Von der Änderung einzelner Teile bestehender Entwässerungsanlagen kann aus erheblichen Gründen mit Zustimmung des Magistrats ganz oder auf bestimmte Zeit in widerruflicher Weise abgesehen werden. Von dem Widerrufe wird Gebrauch gemacht, wenn dies zur Abwendung von Gefahren für die Gesundheit erforderlich erscheint.

F. Übergangsbestimmungen.

§ 25. I. In Grundstücken, welche an nicht kanalisierten Straßen liegen, sind Entwässerungsanlagen nach den folgenden Bestimmungen herzustellen, wenn dies entweder zur Abwendung von Gefahren für die Gesundheit angeordnet wird, oder wenn Neu- oder größere Umbauten von Wohnhäusern oder Stallungen aufgeführt werden.

II. Zum Zwecke der Aufnahme des Brunnen-, Regen- und Schneewassers, des gewöhnlichen Haus- und Wirtschaftswassers ist regelmäßig im Trottoir des betreffenden Grundstückes, mit besonderer Genehmigung an einer anderen Stelle, eine oder sind nach Bedarf mehrere Versitzgruben anzulegen. Die Bewilligung hierzu erfolgt in widerruflicher Weise. Die Versitzgruben sind, wenn möglich mindestens 1 m von der Umfassungsmauer der zunächst gelegenen Gebäude getrennt anzulegen, mit wasserdichten Seitenwänden bis zur Sohle der nächstgelegenen untersten Räume zu versehen, in einer lichten Weite von mindestens 1 m herzustellen und mit einer für Fuhrwerke tragfähigen Platte von 0,5 m lichtem Durchmesser in eiserner Vierung abzudecken. Die Tiefenlage der Versitzgrube wird vom Stadtbauamt mit Rücksicht auf den künftigen Anschluß der Entwässerungsanlage an den Kanal bestimmt. Gewerbeabwasser oder sonstige schädliche Abwasser dürfen in die Versitzgruben nur mit besonderer Genehmigung eingeleitet werden.

Im übrigen gelten hinsichtlich der Herstellung der zur Ableitung der bezeichneten Abwasser in die Versitzgrube dienenden Teile der Entwässerungsanlage analog die Bestimmungen der §§ 1 bis 23 obiger Vorschriften.

III. Zum Zwecke der Aufnahme der Exkremente sind Abortgruben oder Tonnen herzustellen, welche den Bestimmungen der bezüglichen ortspolizeilichen Vorschriften entsprechen. Werden die

Exkremente in Abortgruben eingeleitet, so steht es dem Eigentümer frei, entweder Spülaborte herzustellen, in welchem Falle für alle hierzu erforderlichen Anlagen analog die Bestimmungen der §§ 1 bis 23 obiger Vorschriften gelten, oder die Exkremente ohne Spülung in die Abortgrube einzuleiten, in welchem Falle die Bestimmungen der §§ 31 bis 33 der ortspolizeilichen Vorschriften vom 10. Januar 1880 [1]) Geltung haben.

IV. In stets widerruflicher Weise kann aus Anwesen, welche an nicht kanalisierten Straßen liegen, die Einleitung der Abwasser bzw. der Exkremente in einen Stadtbach gestattet werden, falls dieser dauernd die erforderliche Wassermenge besitzt. Die Bedingungen, unter welchen eine solche Erlaubnis erteilt wird, sind zu beachten.

V. Die Stallabwasser sind in eine den Vorschriften in § 37 der ortspolizeilichen Vorschriften vom 10. Januar 1880 [2]) entsprechende Grube einzuleiten.

VI. Sobald eine Straße, an welcher das nach Maßgabe der Vorschriften dieses Paragraphen entwässerte Grundstück liegt, kanalisiert ist, finden die Bestimmungen der §§ 1 bis 24 dieser Vorschriften im ganzen Umfange Anwendung.

G. Schlußbestimmung.

§ 26. Die Bestimmungen der §§ 69 bis 95 der ortspolizeilichen Vorschriften vom 10. Januar 1880 und die ortspolizeiliche Vorschrift vom 12. November 1889 treten außer Kraft.

17. Bekanntmachung des Staatsministeriums des Innern vom 28. Oktober 1914 über den Vollzug des Art. 58 des Brandversicherungsgesetzes (MABl. S. 466).

Die in der Ministerialbekanntmachung vom 5. Juni 1909 (MABl. S. 456) gegebenen Anweisungen entsprechen nicht mehr dem Stande der Technik. Unter Aufhebung jener Bekanntmachung werden daher die Voraussetzungen, unter denen Dachpappe fortan als harte Dachung im Sinne des Art. 58 des Brandversicherungsgesetzes zu gelten hat, wie folgt bestimmt:

1. Die Rohpappe muß den vom Verbande deutscher Dachpappenfabrikanten, dem Vereine deutscher Rohpappenfabrikanten und dem Vereine westdeutscher Rohpappenfabrikanten vereinbarten Normen vom 10. Mai 1913 entsprechen. Zulässig sind daher Rohpappenstärken von $1\frac{1}{2}$—$2\frac{1}{2}$ mm (Nr. 150—60); die $1\frac{1}{2}$ mm starke Rohpappe (Nr. 150) muß noch ein Gewicht von 333 g/qm und ein Reißgewicht (für 15 mm breite Streifen) von mindestens 4 kg in in der Längsrichtung haben.

---

[1]) Hiefür jetzt §§ 32—34 der VV. zur MBO. (Anhang II 4).
[2]) Hiefür jetzt § 46 der VV. zur MBO. (Anhang II 4).

Zur Herstellung von Rohpappe dürfen lediglich folgende Arten von Rohstoffen verwendet werden:

a) Lumpen,
b) Abfälle aus der Textilindustrie, soweit sie faseriger Art sind,
c) Altpapier.

Auswahl und Mischungsverhältnis der Rohstoffe bleiben den Fabrikanten überlassen. Der Zusatz von Holzschliff, Strohstoff, Torf, Sägemehl und mineralischem Füllstoff ist verboten.

Der Aschengehalt darf nicht mehr als 12% betragen.

Lufttrockene Pappe darf nicht mehr als 12% Wassergehalt führen.

Alle Pappen, die für Anthrazenöl geringere Aufnahmefähigkeit als 120% nach dem Eintauchen aufweisen, gelten für mangelhaft.

Über die Frage der Erfüllung der Normen entscheidet die K. Technische Hochschule zu München oder das Materialprüfungsamt der Bayerischen Landesgewerbeanstalt in Nürnberg.

2. Als Tränkemasse ist ein Steinkohlenteer zu verwenden, dem durch fraktionierte Destillation das Ammoniakwasser, die leichten Kohlenwasserstoffe und sonstige bis zu 250° C verflüchtenden Stoffe entzogen sind. Auch andere Tränkemassen sind zulässig, wenn sie keine leicht entzündlichen, bis zu 250° C verflüchtenden Bestandteile enthalten.

3. Bei mehrlagigen Pappendächern und sogenannten Klebepappdächern müssen

a) die Rohpappen und die Tränkemittel den oben angeführten Grundsätzen entsprechen;
b) die einzelnen Pappenlagen dürfen nur durch einen Anstrich miteinander verbunden werden, welcher der Ziff. 2 entspricht. Klebemittel sind nicht zulässig;
c) die oberste Pappenlage ist nach einem Anstrich der oben bezeichneten Beschaffenheit mit einer Sandung oder Kieselauflage zu versehen; diese ist einzuwalzen. Die Kiesel sollen durch ein Drahtgitter von 5 mm Maschenweite oder ein Sieb mit kreisrunden Löchern von 7 mm Durchmesser noch geworfen werden können. Gröbere Bekiesung ist unzulässig.

4. Unbesandete (paraffinierte und mit Talkum bestreute) Pappen, teer- und asphaltfreie Pappen, ferner solche, welche unter besonderem Namen in den Handel gebracht werden, sind zulässig, wenn sie bezüglich der Rohpappe und der Tränkemasse den oben angeführten Grundsätzen entsprechen. Bei mehrlagiger Verwendung müssen auch die Zwischenanstriche (wenn heiß aufgetragen) der Ziff. 3b genügen. In kaltem Zustande anzuwendende Zwischenanstriche sowie der zur besseren Instandhaltung etwa nötige äußere Deckanstrich dürfen nach der Trocknung die Feuersicherheit der Dachpappe nicht ungünstig beeinflussen.

5. Auf Verlangen der Baupolizeibehörden ist von den Bauherrn der Nachweis zu liefern (z. B. durch amtliches Prüfungszeugnis), daß die gelieferte Dachpappe den Grundsätzen entspricht.

18. Ortspolizeiliche Vorschriften der Lokalbaukommission für die Vorgärten an der Königinstraße betr.

Vom 24. Oktober 1907 (MGemZ. Nr. 86).

Die Lokalbaukommission der Kgl. Haupt- und Residenzstadt München erläßt auf Grund des Art. 101 Abs. III des PStGB. nachstehende, von der Kgl. Regierung von Oberbayern, Kammer des Innern, mit Entschließung vom 14. Oktober 1907 Nr. 53 535 für vollziehbar erklärte ortspolizeiliche Vorschrift:

§ 1. a) Die Plätze vor den Anwesen an der Westseite der Königinstraße zwischen Von der Tann- und Veterinärstraße dürfen gegen die Gehbahn nur durch niedere Hecken (bis zum Höchstmaß von 80 cm über der Gehbahn) abgegrenzt werden.

b) Zum Schutze dieser Hecken können niedrige dünne Zäune aus Holz oder Metall angebracht werden. Das Erdreich ist gegen die Gehbahn durch eine höchstens 15 cm hohe, gut fundierte Stein- oder Betonschwelle abzuschließen.

c) Die zu beiden Seiten eines Anwesens vorhandenen Zugänge oder Zufahrten sind in der bisherigen Weise vollständig offen zu halten.

d) Längs der Nachbargrenzen auf die Tiefe der Gartenstreifen dürfen 80 cm hohe Einfriedungen errichtet werden, die beiderseits durch Hecken oder Sträuchergruppen zu verdecken sind.

e) Für die Anpflanzungen der Gartenflächen ist ein einheitlicher Charakter einzuhalten.

19. Ortspolizeiliche Vorschrift der Lokalbaukommission vom 9. Juli 1918 die Erhaltung der landschaftlichen Schönheiten des Isartales betr. (MGemZ. Nr. 59).

Die Lokalbaukommission erläßt mit Zustimmung des Magistrats der K. Haupt- und Residenzstadt München auf Grund des Art. 101 Abs. III PStGB. vom 26. Dezember 1871 und 22. Juni 1900 nachstehende von der K. Regierung von Oberbayern, Kammer des Innern, mit Entschließung vom 9. Juli 1918 Nr. e 26 für vollziehbar erklärte ortspolizeiliche Vorschrift:

§ 1. In dem Gebiete des Isartales, welches im Norden von der Simbacher Eisenbahn, im Osten von der Hellabrunnerstraße, Tierparkstraße, dem Auermühlbache und Tierpark, der Siebenbrunnerstraße und Hochleite, im Süden vom Burgfrieden und im Westen von der Isartalbahn, der Ludwigshöherstraße, Wolfratshauserstraße, dem Maria Einsiedelberg und Mühlbach, der Isar, dem großen Stadtbach und der Südostgrenze des Anwesens Wittelsbacherstraße Nr. 25 begrenzt ist, haben Bauführungen, Einfriedungen und Lagerungen aller Art, soweit dieselben wegen ihrer Lage im Überschwemmungsgebiet der Isar überhaupt zulässig sind, den schönheitlichen Anforderungen zu genügen.

Bauten, Einfriedungen und Lagerungen, welche geeignet sind, die landschaftliche Schönheit des Gebietes irgendwie zu beeinträchtigen, sind unstatthaft.

Störende Betriebe aller Art, deren Einrichtung oder Unterhalt nicht im öffentlichen Interesse notwendig ist, sind verboten.

§ 2. Vorstehende Vorschrift tritt in Kraft mit dem Tage ihrer Verkündigung in der Gemeinde-Zeitung.

Gleichzeitig tritt die ortspolizeiliche Vorschrift vom 16. November 1904, die Erhaltung der landschaftlichen Schönheiten des Isartales betreffend, außer Wirksamkeit.

III. Gewerbepolizeiliche Vorschriften.

1. Auszug aus der Gewerbeordnung für das Deutsche Reich.

§ 16. I. Zur Errichtung von Anlagen, welche durch die örtliche Lage oder die Beschaffenheit der Betriebsstätte für die Besitzer oder Bewohner der benachbarten Grundstücke oder für das Publikum überhaupt erhebliche Nachteile, Gefahren oder Belästigungen herbeiführen können, ist die Genehmigung der nach den Landesgesetzen zuständigen Behörde erforderlich.

II. Es gehören dahin: Schießpulverfabriken, Anlagen zur Feuerwerkerei und zur Bereitung von Zündstoffen aller Art, Gasbereitungs- und Gasbewahrungsanstalten, Anstalten zur Destillation von Erdöl, Anlagen zur Bereitung von Braunkohlenteer, Steinkohlenteer und Koks, sofern sie außerhalb der Gewinnungsorte des Materials errichtet werden, Glas- und Rußhütten, Kalk-, Ziegel- und Gipsöfen, Anlagen zur Gewinnung roher Metalle, Röstöfen, Metallgießereien, sofern sie nicht bloße Tiegelgießereien sind, Hammerwerke, chemische Fabriken aller Art, Schnellbleichen, Firnißsiedereien, Stärkefabriken, mit Ausnahme der Fabriken zur Bereitung von Kartoffelstärke, Stärkesirupfabriken, Wachstuch-, Darmsaiten-, Dachpappen- und Dachfilzfabriken, Leim-, Tran- und Seifensiedereien, Knochenbrennereien, Knochendarren, Knochenkochereien und Knochenbleichen, Zubereitungsanstalten für Tierhaare, Talgschmelzen, Schlächtereien, Gerbereien, Abdeckereien, Poudretten- und Düngpulverfabriken, Stauanlagen für Wassertriebwerke (§ 23), Hopfenschwefeldörren, Asphaltkochereien und Pechsiedereien, soweit sie außerhalb der Gewinnungsorte des Materials errichtet werden, Strohpapierstoffabriken, Darmzubereitungsanstalten, Fabriken, in welchen Dampfkessel oder andere Blechgefäße durch Vernieten hergestellt werden, Kalifabriken und Anstalten zum Imprägnieren von Holz mit erhitzten Teerölen, Kunstwollefabriken, Anlagen zur Herstellung von Zelluloid und Dégrasfabriken, die Fabriken, in welchen Röhren aus Blech durch Vernieten hergestellt werden, sowie die Anlagen zur Erbauung eiserner Schiffe, zur Herstellung eiserner Brücken oder sonstiger eiserner Baukonstruktionen, die Anlagen zur Destillation oder zur Verarbeitung von Teer und von Teerwasser, die Anlagen, in welchen aus Holz oder ähnlichem Fasermaterial auf chemischem Wege Papierstoff hergestellt wird (Zellulosefabriken), die Anlagen, in welchen Albuminpapier hergestellt wird, die Anstalten zum Trocknen und Einsalzen ungegerbter Tierfelle, Verbleiungs-, Verzinnungs- und Verzinkungsanstalten, die Anlagen zur Herstellung von Gußstahlkugeln mittels Kugelschrotmühlen (Kugelfräsmaschinen), die Anlagen zur Herstellung von Zündschnüren und von elektrischen Zündern.

III. Das vorstehende Verzeichnis kann, je nach Eintritt oder Wegfall der im Eingang gedachten Voraussetzung, durch Beschluß des Bundesrats, vorbehaltlich der Genehmigung des nächstfolgenden Reichstags, abgeändert werden.

§ 17. I. Dem Antrage auf die Genehmigung einer solchen Anlage müssen die zur Erläuterung erforderlichen Zeichnungen und Beschreibungen beigefügt werden.

II. Ist gegen die Vollständigkeit dieser Vorlagen nichts zu erinnern, so wird das Unternehmen mittels einmaliger Einrückung in das zu den amtlichen Bekanntmachungen der Behörde (§ 16) bestimmte Blatt zur öffentlichen Kenntnis gebracht, mit der Aufforderung, etwaige Einwendungen gegen die neue Anlage binnen 14 Tagen anzubringen. Die Frist nimmt ihren Anfang mit Ablauf des Tages, an welchem das die Bekanntmachung enthaltende Blatt ausgegeben worden, und ist für alle Einwendungen, welche nicht auf privatrechtlichen Titeln beruhen, präklusivisch.

§ 18. Werden keine Einwendungen angebracht, so hat die Behörde zu prüfen, ob die Anlage erhebliche Gefahren, Nachteile oder Belästigungen für das Publikum herbeiführen könne. Auf Grund dieser Prüfung, welche sich zugleich auf die Beachtung der bestehenden bau-, feuer- und gesundheitspolizeilichen Vorschriften erstreckt, ist die Genehmigung zu versagen, oder, unter Festsetzung der sich als nötig ergebenden Bedingungen, zu erteilen. Zu den letzteren gehören auch diejenigen Anordnungen, welche zum Schutze der Arbeiter gegen Gefahr für Gesundheit und Leben notwendig sind. Der Bescheid ist schriftlich auszufertigen und muß die festgesetzten Bedingungen enthalten; er muß mit Gründen versehen sein, wenn die Genehmigung versagt oder nur unter Bedingungen erteilt wird.

§ 19. I. Einwendungen, welche auf besonderen privatrechtlichen Titeln beruhen, sind zur richterlichen Entscheidung zu verweisen, ohne daß von der Erledigung derselben die Genehmigung der Anlage abhängig gemacht wird.

II. Andere Einwendungen dagegen sind mit den Parteien vollständig zu erörtern. Nach Abschluß dieser Erörterung erfolgt die Prüfung und Entscheidung nach den im § 18 enthaltenen Vorschriften. Der Bescheid ist sowohl dem Unternehmer als dem Widersprechenden zu eröffnen.

§ 19 a. In dem Bescheide kann dem Unternehmer auf seine Gefahr, unbeschadet des Rekursverfahrens (§ 20), die unverzügliche

Ausführung der baulichen Anlagen gestattet werden, wenn er dies vor Schluß der Erörterung beantragt. Die Gestattung kann von einer Sicherheitsleistung abhängig gemacht werden.

§ 20. I. Gegen den Bescheid ist Rekurs an die nächstvorgesetzte Behörde zulässig, welcher bei Verlust desselben binnen 14 Tagen, vom Tage der Eröffnung des Bescheides an gerechnet, gerechtfertigt werden muß.

II. Der Rekursbescheid ist den Parteien schriftlich zu eröffnen und muß mit Gründen versehen sein.

§ 22. I. Die durch unbegründete Einwendungen erwachsenden Kosten fallen dem Widersprechenden, alle übrigen Kosten, welche durch das Verfahren entstehen, dem Unternehmer zur Last.

II. In den Bescheiden über die Zulässigkeit der neuen Anlage wird zugleich die Verteilung der Kosten festgesetzt.

§ 23. I. Bei den Stauanlagen für Wassertriebwerke sind außer den Bestimmungen der §§ 17 bis 22 die dafür bestehenden landesgesetzlichen Vorschriften anzuwenden.

II. Der Landesgesetzgebung bleibt vorbehalten, die fernere Benutzung bestehender und die Anlage neuer Privatschlächtereien in solchen Orten, für welche öffentliche Schlachthäuser in genügendem Umfang vorhanden sind oder errichtet werden, zu untersagen.

III. Der Landesgesetzgebung bleibt ferner vorbehalten, zu verfügen, inwieweit durch Ortsstatuten darüber Bestimmung getroffen werden kann, daß einzelne Ortsteile vorzugsweise zu Anlagen der in § 16 erwähnten Art zu bestimmen, in anderen Ortsteilen aber dergleichen Anlagen entweder gar nicht oder nur unter besonderen Beschränkungen zuzulassen sind.

§ 24. I. Zur Anlegung von Dampfkesseln, dieselben mögen zum Maschinenbetriebe bestimmt sein oder nicht, ist die Genehmigung der nach den Landesgesetzen zuständigen Behörde erforderlich. Dem Gesuche sind die zur Erläuterung erforderlichen Zeichnungen und Beschreibungen beizufügen.

II. Die Behörde hat die Zulässigkeit der Anlage nach den bestehenden bau-, feuer- und gesundheitspolizeilichen Vorschriften, sowie nach denjenigen allgemeinen polizeilichen Bestimmungen zu prüfen, welche von dem Bundesrat über die Anlegung von Dampfkesseln erlassen werden. Sie hat nach dem Befunde die Genehmigung entweder zu versagen oder unbedingt zu erteilen, oder endlich bei Erteilung derselben die erforderlichen Vorkehrungen und Einrichtungen vorzuschreiben.

III. Bevor der Kessel in Betrieb genommen wird, ist zu untersuchen, ob die Ausführung den Bestimmungen der erteilten Genehmigung entspricht. Wer vor dem Empfange der hierüber auszufertigenden Bescheinigung den Betrieb beginnt, hat die im § 147 angedrohte Strafe verwirkt.

IV. Die vorstehenden Bestimmungen gelten auch für bewegliche Dampfkessel.

V. Für den Rekurs und das Verfahren über denselben gelten die Vorschriften der §§ 20 und 21.

§ 25. I. Die Genehmigung zu einer der in den §§ 16 und 24 bezeichneten Anlagen bleibt so lange in Kraft, als keine Änderung in der Lage oder Beschaffenheit der Betriebsstätten vorgenommen wird, und bedarf unter dieser Voraussetzung auch dann, wenn die Anlage an einen neuen Erwerber übergeht, einer Erneuerung nicht. Sobald aber eine Veränderung der Betriebsstätte vorgenommen wird, ist dazu die Genehmigung der zuständigen Behörde nach Maßgabe der §§ 17 bis 23 einschließlich, beziehungsweise des § 24 notwendig. Eine gleiche Genehmigung ist erforderlich bei wesentlichen Veränderungen in dem Betriebe einer der im § 16 genannten Anlagen. Die zuständige Behörde kann jedoch auf Antrag des Unternehmens von der Bekanntmachung (§ 17) Abstand nehmen, wenn sie die Überzeugung gewinnt, daß die beabsichtigte Veränderung für die Besitzer oder Bewohner benachbarter Grundstücke oder das Publikum überhaupt neue oder größere Nachteile, Gefahren oder Belästigungen, als mit der vorhandenen Anlage verbunden sind, nicht herbeiführen werde.

II. Diese Bestimmungen finden auch auf gewerbliche Anlagen (§§ 16 und 24) Anwendung, welche bereits vor Erlaß dieses Gesetzes bestanden haben.

§ 27. Die Errichtung oder Verlegung solcher Anlagen, deren Betrieb mit ungewöhnlichem Geräusch verbunden ist, muß, sofern sie nicht schon nach den Vorschriften der §§ 16 bis 25 der Genehmigung bedarf, der Ortsbehörde angezeigt werden. Letztere hat, wenn in der Nähe der gewählten Betriebsstätte Kirchen, Schulen oder andere öffentliche Gebäude, Krankenhäuser oder Heilanstalten vorhanden sind, deren bestimmungsmäßige Benutzung durch den Gewerbebetrieb auf dieser Stelle eine erhebliche Störung erleiden würde, die Entscheidung der höheren Verwaltungsbehörde darüber einzuholen, ob die Ausübung des Gewerbes an der gewählten Betriebsstätte zu untersagen oder nur unter Bedingungen zu gestatten sei.

§ 35 Abs. V—VII. V. Der Betrieb des Gewerbes als Bauunternehmer und Bauleiter sowie der Betrieb einzelner Zweige des Baugewerbes ist zu untersagen, wenn Tatsachen vorliegen, welche die Unzuverlässigkeit des Gewerbetreibenden in bezug auf diesen Gewerbebetrieb dartun. Der Untersagung muß nach näherer Bestimmung der Landes-Zentralbehörde die Anhörung von Sachverständigen vorangehen, welche zur Abgabe von Gutachten dieser Art nach Bedarf im voraus von der höheren Verwaltungsbehörde ernannt sind. Soweit es sich um die Begutachtung für handwerksmäßige Gewerbebetriebe handelt, erfolgt die Ernennung nach Anhörung der Handwerkskammer (§ 103) des Bezirks.

VI. Ist die Untersagung erfolgt, so kann die Landes-Zentralbehörde oder eine andere von ihr zu bestimmende Behörde die

Wiederaufnahme des Gewerbebetriebs gestatten, sofern seit der Untersagung mindestens ein Jahr verflossen ist.

VII. Personen, welche in diesem Paragraphen bezeichnete Gewerbe beginnen, haben bei Eröffnung ihres Gewerbebetriebs der zuständigen Behörde hiervon Anzeige zu erstatten.

§ 35 a. I. Mangel an theoretischer Vorbildung kann als eine Tatsache im Sinne des § 35 Abs. V gegenüber Bauunternehmern, Bauleitern oder Personen, die einzelne Zweige des Baugewerbes betreiben, nicht geltend gemacht werden, wenn sie das Zeugnis über die Ablegung einer Prüfung für den höheren oder mittleren bautechnischen Staatsdienst oder das Prüfungs- oder Reifezeugnis einer staatlichen oder von der zuständigen Landesbehörde gleichgestellten baugewerklichen Fachschule besitzen oder wenn sie Diplomingenieure sind.

II. Mangel an theoretischer oder praktischer Vorbildung kann als eine Tatsache im Sinne des § 35 Abs. V nicht geltend gemacht werden gegenüber Bauunternehmern und Bauleitern, wenn sie gemäß § 133 die Meisterprüfung im Maurer-, Zimmerer- oder Steinmetzgewerbe bestanden haben, sowie gegenüber Personen, die einzelne Zweige des Baugewerbes betreiben, wenn sie gemäß § 133 die Meisterprüfung in dem von ihnen ausgeübten Gewerbe bestanden haben.

III. Die Landeszentralbehörden sind befugt zu bestimmen, welche Prüfungen und Zeugnisse den im Abs. I bezeichneten gleichzustellen sind.

§ 49. I. Bei Erteilung der Genehmigung zu einer Anlage der in den §§ 16 und 24 bezeichneten Arten, ingleichen zur Anlegung von Privat-Kranken-, Privat-Entbindungs- und Privat-Irrenanstalten, zu Schauspielunternehmungen, sowie zum Betriebe der im § 33 gedachten Gewerbe, kann von der genehmigenden Behörde den Umständen nach eine Frist festgesetzt werden, binnen welcher die Anlage oder das Unternehmen bei Vermeidung des Erlöschens der Genehmigung begonnen und ausgeführt, und der Gewerbebetrieb angefangen werden muß. Ist eine solche Frist nicht bestimmt, so erlischt die erteilte Genehmigung, wenn der Inhaber nach Empfang derselben ein ganzes Jahr verstreichen läßt, ohne davon Gebrauch zu machen.

II. Eine Verlängerung kann von der Behörde bewilligt werden, sobald erhebliche Gründe nicht entgegenstehen.

III. Hat der Inhaber einer solchen Genehmigung seinen Gewerbebetrieb während eines Zeitraums von drei Jahren eingestellt, ohne eine Frist nachgesucht und erhalten zu haben, so erlischt dieselbe.

IV. Für die im § 16 aufgeführten Anlagen darf die nachgesuchte Fristung so lange nicht versagt werden, als wegen einer durch Erbfall oder Konkurserklärung entstandenen Ungewißheit über das Eigentum an einer Anlage oder infolge höherer Gewalt der Betrieb entweder gar nicht oder nur mit erheblichem Nachteile für den Inhaber oder Eigentümer der Anlage stattfinden kann.

V. Das Verfahren für die Fristung ist dasselbe, wie für die Genehmigung neuer Anlagen.

§ 51. I. Wegen überwiegender Nachteile und Gefahren für das Gemeinwohl kann die fernere Benutzung einer jeden gewerblichen Anlage durch die höhere Verwaltungsbehörde zu jeder Zeit untersagt werden. Doch muß dem Besitzer alsdann für den erweislichen Schaden Ersatz geleistet werden.

II. Gegen die untersagende Verfügung ist der Rekurs zulässig; wegen der Entschädigung steht der Rechtsweg offen.

§ 53 a. I. Die unteren Verwaltungsbehörden können bei solchen Bauten, zu deren sachgemäßer Ausführung nach dem Ermessen der Behörde ein höherer Grad praktischer Erfahrung oder technischer Vorbildung erforderlich ist, im Einzelfalle die Ausführung oder Leitung des Baues durch bestimmte Personen untersagen, wenn Tatsachen vorliegen, aus denen sich ergibt, daß diese Personen wegen Unzuverlässigkeit zur Ausführung oder Leitung des beabsichtigten Baues ungeeignet sind.

II. Landesrechtliche Vorschriften, welche den Baupolizeibehörden weitergehende Befugnisse einräumen, bleiben unberührt.

§ 54 Abs. II. Gegen die Untersagung der Ausführung oder Leitung eines Baues (§ 53 a) findet innerhalb einer Frist von zwei Wochen nach der Zustellung der Einspruch bei der unteren Verwaltungsbehörde statt, dessen Erhebung keine aufschiebende Wirkung hat. Die Erteilung des Bescheids auf den Einspruch, welcher die Anhörung von Sachverständigen gemäß § 35 Abs. V vorangehen muß, soll spätestens innerhalb drei Wochen nach der Erhebung des Einspruchs erfolgen. Der Bescheid, der die Untersagung der Ausführung oder Leitung eines Baues gegenüber dem erhobenen Einspruch aufrecht erhält, kann im Wege des Rekurses gemäß §§ 20, 21 angefochten werden. Die Landesregierungen können bestimmen, daß die Anfechtung im Verwaltungsstreitverfahren zu erfolgen hat. Die Einlegung von Rechtsmitteln hat keine aufschiebende Wirkung.

§ 147 Abs. I Ziff. 2 und Abs. III. I. Mit Geldstrafe bis zu dreihundert Mark und im Unvermögensfalle mit Haft wird bestraft:

2. wer eine gewerbliche Anlage, zu der mit Rücksicht auf die Lage oder Beschaffenheit der Betriebsstätte oder des Lokals eine besondere Genehmigung erforderlich ist (§§ 16 und 24), ohne diese Genehmigung errichtet, oder die wesentlichen Bedingungen, unter welchen die Genehmigung erteilt worden, nicht innehält, oder ohne neue Genehmigung eine wesentliche

Veränderung der Betriebsstätte oder eine Verlegung des Lokals oder eine wesentliche Veränderung in dem Betriebe der Anlage vornimmt.

III. In dem Falle zu 2 kann die Polizeibehörde die Wegschaffung der Anlage oder die Herstellung des den Bedingungen entsprechenden Zustandes derselben anordnen.

§ 148 Abs. I Ziff. 4. I. Mit Geldstrafe bis zu einhundertfünfzig Mark und im Unvermögensfalle mit Haft bis zu vier Wochen wird bestraft:

4. wer der nach § 35 gegen ihn ergangenen Untersagung eines Gewerbebetriebs zuwiderhandelt oder die im § 35 vorgeschriebene Anzeige unterläßt.

2. Auszug aus der K. Verordnung vom 29. März 1892/20. September 1900/27. März 1912, den Vollzug der Reichsgewerbeordnung betr.

(GVBl. 1892 S. 61, 1900 S. 1157, 1912 S. 141).

Zu §§ 16—25.

§ 6. Zur Genehmigung der in § 16 der Gewerbeordnung erwähnten Anlagen sind die Distriktsverwaltungsbehörden, in München die Lokalbaukommission zuständig, vorbehaltlich der besonderen Bestimmungen für Neuanlagen der Wassertriebwerke.

§ 7. Bezüglich des Verfahrens bei Anträgen auf Genehmigung der in § 16 der Gewerbeordnung aufgeführten Anlagen, mit Ausnahme der Stauanlagen für Wassertriebwerke, gelten nachstehende Vorschriften:

a) Der Antrag auf Erteilung der Genehmigung ist bei der Distriktsverwaltungsbehörde, in deren Bezirk die Anlage errichtet werden soll, in München bei der Lokalbaukommission mündlich oder schriftlich anzubringen.

Aus dem Antrage muß der vollständige Name, der Stand und Wohnort des Unternehmers ersichtlich sein.

Dem Antrage sind eine Beschreibung, eine Situationszeichnung und der Bauplan der Anlage in doppelter, vollständig übereinstimmender Ausfertigung beizufügen.

Trifft mit dem Antrage ein Baugesuch zusammen, so ist über dieses unter Beachtung der hierfür geltenden Vorschriften gleichzeitig zu verhandeln.

b) Aus den nach lit. a Absatz 3 erforderlichen Vorlagen muß hervorgehen:

1. Die Größe des Grundstückes, auf welchem die Anlage errichtet werden soll, die Bezeichnung, welche dasselbe im Grundsteuerkataster führt, und der etwaige besondere Name;
2. die gleichmäßige Bezeichnung der Grundstücke, welche das zu 1. erwähnte Grundstück umgeben, und die Namen der Eigentümer, bzw. Besitzer derselben;

3. die Entfernung, in welcher die zum Betrieb bestimmten Gebäude oder Einrichtungen von den Grenzen der benachbarten Grundstücke und den darauf befindlichen Gebäuden, sowie von den nächsten öffentlichen Wegen zu liegen kommen sollen;
4. die Höhe, Bau- und Benützungsart der benachbarten Gebäude, soferne zur Betriebsstätte Feuerungsanlagen gehören;
5. die Lage, Ausdehnung und Bauart der Betriebsstätte, die Bestimmung der einzelnen Räume und deren Einrichtung, soweit dieselbe nicht beweglich ist;
6. der Gegenstand der Fabrikation, soweit diese innerhalb der Betriebsstätte erfolgt, die ungefähre Ausdehnung sowie die Art und der Gang des Betriebes, bei chemischen Fabriken insbesondere die Bezeichnung aller Fabrikate und des Herganges ihrer Gewinnung.

c) Für die erforderlichen Zeichnungen ist ein Maßstab zu wählen, welcher eine deutliche Anschauung gewährt, der Maßstab selbst ist stets auf die Zeichnungen einzutragen.

Beschreibungen, Zeichnungen und Nivellements sind von demjenigen, welcher sie gefertigt hat, und von dem Unternehmer unter Angabe des Datums zu unterzeichnen.

d) Die Distriktsverwaltungsbehörde, bei welcher der Antrag eingereicht wird, hat, nötigenfalls unter Zuziehung von Sachverständigen, zu prüfen, ob gegen die Vollständigkeit der Vorlage etwas zu erinnern ist. Finden sich Mängel, so ist der Unternehmer auf kürzestem Wege zur Ergänzung zu veranlassen.

e) Hierauf folgt ohne Rücksicht darauf, ob die betreffende Anlage sich sogleich als unzulässig darstellt oder nicht, die Bekanntmachung des Unternehmens durch die Distriktsverwaltungsbehörde, bei welcher der Antrag eingereicht ist. Derselbe muß enthalten:

1. Namen, Stand und Wohnort des Unternehmers, den Gegenstand des Unternehmens und die Bezeichnung des Grundstücks, auf welchem dasselbe ausgeführt werden soll;
2. die Aufforderung, etwaige Einwendungen binnen 14 Tagen ausschließender Frist bei der Behörde, welche die Bekanntmachung erläßt, mündlich oder schriftlich anzubringen;
3. den Hinweis, daß und wo die Beschreibungen, Zeichnungen und Pläne zur Einsicht aufgelegt sind.

Die der Distriktsverwaltungsbehörde bekannten Eigentümer, bzw. Besitzer der benachbarten Grundstücke und Gebäude sind außerdem durch persönliche Zustellungen in der vorbemerkten Weise zu benachrichtigen.

Von dem die Bekanntmachung enthaltenden Blatte ist ein Exemplar zu den Akten zu nehmen, ebenso der Nachweis über die vorstehend angeordneten besonderen Zustellungen.

f) Nach Ablauf der festgesetzten Frist sind die Akten mit den eingekommenen Einwendungen, soferne die Instruktion durch ein Bezirksamt erfolgte, an die Gemeindebehörde des Ortes, wo die

Anlage errichtet werden soll, zur Einsicht und Erklärungsabgabe binnen kurzer Frist zu übermitteln.

Ferner ist in denjenigen Fällen, in welchen die Erlassung von Anordnungen zum Schutze der Arbeiter aus Rücksichten der Gesundheit und Sittlichkeit in Frage kommen kann (§§ 18, 120a bis 120d der Gewerbeordnung), auch der gemäß § 139b zuständige Aufsichtsbeamte um Äußerung anzugeben.

g) Sind gegen die Anlage Einwendungen nicht erhoben worden, und kann die Genehmigung zur Ausführung ohne weitere Bedingungen nach dem Antrage des Unternehmers erteilt werden, so fertigt die Distriktsverwaltungsbehörde alsbald die Genehmigungsurkunde aus.

In allen übrigen Fällen hat die Distriktsverwaltungsbehörde auf Grund mündlicher Verhandlungen Beschluß zu fassen. Zu der Verhandlung sind der Gesuchsteller, sowie diejenigen Beteiligten, welche Einwendungen erhoben haben, mit dem Eröffnen vorzuladen, daß im Falle des Nichterscheinens nach Lage der Sache erkannt werden würde. Bei der Verhandlung sind etwa vorliegende technische Gutachten zur Kenntnis der Beteiligten zu bringen und diese zur Erklärung über dieselben aufzufordern.

Hat der Unternehmer rechtzeitig, d. h. vor Schluß der Erörterung (§ 19 Abs. 2 der Gewerbeordnung) den Antrag auf Gestattung der unverzüglichen Ausführung der baulichen Anlagen gestellt (§ 19a der Gewerbeordnung), so ist auch hierüber zu verhandeln und die Entscheidung in den Beschluß aufzunehmen. Dem Antrage darf nur dann Folge gegeben werden, wenn anzunehmen ist, daß der Unternehmer die von ihm nachgesuchte Erlaubnis ohne wesentliche Änderung des Planes der baulichen Anlagen erhalten wird und seine Interessen durch die Hinausschiebung der Bauausführungen bis zur Rechtskraft des Bescheides ernstlich gefährdet werden würden.

Ist jedoch die Möglichkeit nicht ausgeschlossen, daß berechtigte Interessen der Nachbarn oder des Publikums durch die Ausführung der Bauten gefährdet werden, so darf die unverzügliche Ausführung der Bauten nur gegen Sicherheitsleistung gestattet werden. In diesem Falle ist die Höhe der Sicherheit mindestens auf den Betrag zu bemessen, den die Beseitigung der Bauten voraussichtlich erfordert und im Beschluß festzusetzen, bei welcher Kasse solche zu hinterlegen ist. Mit der Ausführung der baulichen Anlagen darf erst nach erfolgter Sicherheitsbestellung begonnen werden.

h) Im übrigen sind die Bestimmungen in §§ 17—21a der Gewerbeordnung und, soweit diese nicht entgegenstehen, die einschlägigen Vorschriften über das Verfahren in Verwaltungsrechtssachen nach dem Gesetze vom 8. August 1878, betreffend die Errichtung eines Verwaltungsgerichtshofes und das Verfahren in Verwaltungsrechtssachen, zu beachten und die sämtlichen hier in Frage kommenden Angelegenheiten als schleunige zu behandeln und zu erledigen. Die Sachverständigen sind vor ihrer Vernehmung darauf hinzuweisen, daß sie über die Tatsachen, welche durch das Verfahren zu ihrer Kenntnis kommen, Verschwiegenheit zu beobachten und sich der Nachahmung der von dem Unternehmer geheim gehaltenen, zu ihrer Kenntnis gelangten Betriebseinrichtungen und Betriebsweisen, solange als diese Betriebsgeheimnisse sind, zu enthalten haben (§ 21 a der Gewerbeordnung).

Die Ausfertigung der Genehmigungsurkunde erfolgt in Widerspruchsfällen erst, nachdem die Entscheidung rechtskräftig geworden ist.

Ist gemäß § 19 a des Gesetzes eine Sicherheit gestellt worden, so ist nach rechtskräftiger Genehmigung der baulichen Anlagen gleichzeitig mit der Erteilung der Genehmigungsurkunde die Zurückzahlung der hinterlegten Sicherheit an den Unternehmer zu verfügen.

Wird die Genehmigung zur Ausführung der Anlage versagt oder von der Abänderung der bereits ausgeführten baulichen Anlagen abhängig gemacht, so hat die die Sicherheitsleistung anordnende Behörde nach Einvernahme der Beteiligten zu entscheiden, ob und unter welchen Bedingungen die Sicherheit zurückzuerstatten ist.

In der Urkunde sind sämtliche Bedingungen, unter welchen die Anlage und der Betrieb genehmigt worden sind, aufzuführen sowie die von dem Unternehmer eingereichten, dem Verfahren zugrunde gelegten Beschreibungen, Zeichnungen und Pläne ausführlich zu bezeichnen und in einem mit der amtlichen Hinweisung auf die Genehmigungsurkunde versehenen Exemplare hinauszugeben.

Vor Erteilung der Genehmigungsurkunde ist abgesehen von den nach § 19 a für bauliche Anlagen zugelassenen Ausnahmen die Ausführung der Anlage nicht gestattet.

Zu § 27.

§ 8. Die höhere Verwaltungsbehörde zur Entscheidung bezüglich der Betriebsstätte lärmender Gewerbe ist die Distriktsverwaltungsbehörde, in München die Lokalbaukommission.

Gegen die Entscheidung dieser Behörde ist innerhalb vierzehn Tagen ausschließender Frist Beschwerde an die vorgesetzte Kreisregierung, Kammer des Innern, zulässig. Dieselbe entscheidet unter entsprechender Anwendung der Bestimmungen in Art. 31, Art. 32 Abs. 1 und 2, Art. 33—38 des Gesetzes vom 8. August 1878, betreffend die Errichtung eines Verwaltungsgerichtshofes und das Verfahren in Verwaltungsrechtssachen.

3. Bekanntmachung der Staatsministerien des K. Hauses und des Äußern und des Innern, Baugewerbe betr.

Vom 21. Mai 1911 (GVBl. S. 781).

Zum Vollzuge des Gesetzes vom 7. Januar 1907, betr. die Abänderung der Gewerbeordnung (RGBl. S. 3), wird unter Aufhebung der Bekanntmachung vom 28. März 1907 (GVBl. S. 226) bestimmt:

Zuständigkeit.

1. Zuständig zum Erlaß der Untersagungsverfügungen nach Art. 1 und 3 des Gesetzes (§ 35 Abs. 5 und § 53a Gewerbeordnung), sowie zur Bescheiderteilung nach Art. 4 (§ 54 Abs. 2 Gewerbeordnung) ist die Distriktspolizeibehörde, in München die Lokalbaukommission.

Voraussetzungen der Untersagung.

2. Die Anwendung des Art. 1 des Gesetzes vom 7. Jan. 1907 setzt den Betrieb eines Gewerbes voraus, also eine gewerbliche Tätigkeit auf eigene Rechnung, gleichviel ob diese Tätigkeit von einzelnen Personen oder von Personenvereinigungen, juristischen Personen u. dgl. ausgeübt wird.

3. Die Tatsachen, welche die Unzuverlässigkeit des Gewerbetreibenden in bezug auf seinen Gewerbebetrieb dartun, können sowohl auf dem Gebiete der beruflichen Sachkunde als auch auf sittlichem oder wirtschaftlichem Gebiete liegen. Letzteres gilt namentlich auch, wenn bei theoretisch und praktisch ausgebildeten Personen (Art. 2 — § 35 a Abs. 2 GewOrdn.) die Unzuverlässigkeit in beruflicher Hinsicht anderen Gründen als mangelhafter technischer Vorbildung entspringt.

Eine solche Unzuverlässigkeit kann z. B. darin liegen, daß ein Baugewerbetreibender gewohnheitsmäßig leichtfertige Verpflichtungen gegenüber Bauhandwerkern und Arbeitern eingeht, denen nachzukommen er außerstande oder nicht gewillt ist, oder daß ein Bauhandwerker vorsätzlich entgegen den Vorschriften des Gesetzes vom 1. Juni 1909 über die Sicherungen der Bauforderungen (RGBl. S. 449) Baugeld unbefugt verwendet oder das Baubuch nicht oder nicht richtig führt.

Besteht begründeter Verdacht, daß ein Baugewerbetreibender Baugeld unbefugt verwendet oder das Baubuch nicht oder nicht richtig führt und deshalb im Sinne des Gesetzes vom 7. Jan. 1907 unzuverlässig ist, so kann die Distriktspolizeibehörde, in München die Lokalbaukommission, den Nachweis der Verwendung des Baugeldes und die Vorlegung des Baubuchs verlangen; weigert sich der Baugewerbetreibende dem Verlangen nachzukommen, so ist dies bei der Würdigung des Beweisergebnisses (§ 40 Abs. 2, § 54 GewOrdn., Art. 8 Ziff. 8, Art. 21 des Verwaltungsgerichtshof-Gesetzes) entsprechend zu berücksichtigen.

Baugewerkliche Fachschulen.

4. Als baugewerkliche Fachschulen im Sinne des Art. 2 (§ 35a Abs. 1 GewOrdn.) gelten die K. Bauschule (früher Baugewerkschule) in München, die K. Kreisbauschulen (früher Kreisbaugewerkschulen) in Kaiserslautern und Würzburg, die städtischen Bauschulen (früher Baugewerkschulen) in Augsburg, Nürnberg und Regensburg, die früheren Baugewerkschulen in Bamberg und

Passau, dann die Meisterschulen für Bauhandwerker in Aschaffenburg, Bamberg und Traunstein.

Verzeichnisse der Baugewerbetreibenden.

5. Die Distriktspolizeibehörden, in München die Lokalbaukommission, haben ein Verzeichnis derjenigen Bauunternehmer zu führen, die sich gegen ihre Berufspflichten verfehlt haben und gegen die sonstige Tatsachen im Sinne des Art. 1 und 3 (§ 35 Abs. 5 und § 53a GewOrdn.) vorliegen. Aus dem Verzeichnis muß auch die theoretische und praktische Vorbildung der darin aufgeführten Personen zu ersehen sein.

Die Unterlagen für diese Verzeichnisse haben die Handwerkskammern durch Aufstellung von Listen zu liefern, worin besonders unzuverlässige Bauspekulanten aufzuführen wären und zwar unter Angabe ihres Vermögens, ihrer Zahlungs- und Kreditfähigkeit, ob sie bereits in Konkurs geraten sind, den Offenbarungseid abgeleistet haben, ob gegen sie bereits ein Zwangsversteigerungsverfahren anhängig war u. dgl.

Die in den Listen enthaltenen Angaben sollen von den Distriktspolizeibehörden, in München von der Lokalbaukommission, nachgeprüft und durch eigene Erfahrungen oder Erhebungen bei den Gerichten, Staatsanwälten, Amtsanwälten und anderen Behörden ergänzt und auf dem laufenden gehalten werden.

Nach dem Ergebnis der Feststellungen ist das Weitere zu veranlassen, insbesondere unter Umständen das Untersagungsverfahren einzuleiten.

Gegen Personen, die als sogenannte Strohmänner für andere die Bauerlaubnis nachsuchen, wie gegen solche, die sich eines Strohmannes bedienen, ist in gleicher Weise vorzugehen.

Sachverständige.

6. Die Bestellung von Sachverständigen, welche gemäß Art. 1 (§ 35 Abs. 5 GewOrdn.) nach Bedarf im voraus zu ernennen sind, kommt der Distriktspolizeibehörde, in München der Lokalbaukommission zu.

Ob und für für welche Zweige des Baugewerbes Sachverständige zu bestellen sind, bleibt, ebenso wie die Frage der Abgrenzung der Sachverständigenbezirke, dem pflichtgemäßen Ermessen jener Behörden überlassen.

7. Als Sachverständige sind bewährte Baugewerbetreibende, insbesondere solche, die zur Führung des Meistertitels berechtigt sind, im Verein mit Amtstechnikern, städtischen und staatlichen Baubeamten zu bestellen.

Soweit eine Begutachtung für handwerksmäßige Betriebe in Frage steht, ist vor der Ernennung der Sachverständigen die zuständige Handwerkskammer zu hören.

8. Hinsichtlich der Vernehmung der Sachverständigen gelten die Vorschriften für Verwaltungsrechtssachen.

Die Gebühren der Sachverständigen sind gemäß Verordnung vom 22. September 1879 (GVBl. S. 1283) nach der Reichsgebührenordnung vom 20. Mai 1898 (RGBl. S. 689) zu bemessen.

Verfahren nach Art. 3 (§ 53a GewOrdn.)

9. In den Fällen einer Untersagung nach Art. 3 (§ 53a GewOrdn.) ist es ohne Belang, ob die Bauausführung oder Leitung auf eigene oder fremde Rechnung stattfindet.

Die Frage der Unzuverlässigkeit ist nach allen Richtungen (wie bei Art. 1 — § 35 Abs. 5 GewOrdn.) ohne Beschränkung durch die Ausnahmen des Art. 2 (§ 35a GewOrdn.), jedoch lediglich mit Rücksicht auf den einzelnen Bau zu prüfen.

Verfahren nach der Bauordnung.

10. Im Hinblick auf Art. 3 (§ 53a Abs. 2 GewOrdn.) behalten § 72 Abs. 3 der Bauordnung vom 17. Februar 1901 und § 91 der Bauordnung für München vom 29. Juli 1895 in der Fassung der Verordnung vom 21. März 1900 (GVBl. S. 217) auch fernerhin uneingeschränkte Geltung.

Bei der Würdigung der Baugesuche werden die Baupolizeibehörden Anlaß nehmen, auch die Verlässigkeit des gemäß §§ 72, 91 der Bauordnungen benannten Bauleiters vom Standpunkt des Gesetzes vom 7. Januar 1907 (§§ 35 Abs. 5, 53a GewOrdn.) zu prüfen.

Die in diesen Fällen zur Beanstandung eines Bauleiters zuständige Distriktspolizeibehörde, in München die Lokalbaukommission, hat vor der Untersagung der Bauführung die nach Art. 1 (§ 35 Abs. 5 GewOrdn.) ernannten Sachverständigen zu hören.

Im übrigen bemißt sich das Verfahren ausschließlich nach den Bestimmungen der Bauordnung.

11. Hinsichtlich der Frage, wer die Kosten des Untersagungsverfahrens zu tragen hat, sind neben den §§ 40, 54, 20, 21 Gew.-Ordn. die Art. 8 Ziff. 8 und Art. 21 Abs. 3 des Verwaltungsgerichtshof-Gesetzes in Verbindung mit den entsprechend zur Anwendung kommenden Bestimmungen in §§ 91 ff. ZivOrdn. maßgebend. Können die Kosten einer Partei nicht auferlegt werden, so fallen sie der Staatskasse zur Last (vgl. Entscheidungen des Verwaltungsgerichtshofs Bd. 23 S. 1).

4. Bekanntmachung des Staatsministeriums des Innern vom 13. Februar 1897 betr. den Vollzug des Gesetzes über die Abänderung der Gewerbeordnung.

Vom 6. August 1896 (GVBl. S. 30).

Auf Grund der durch Art. 5 Abs. II und Art. 11 des Gesetzes, betreffend die Abänderung der Gewerbeordnung vom 6. August 1896 (RGBl. S. 685 ff.), der Landes-Zentralbehörde eingeräumten Ermächtigung wird bestimmt, daß die zur Untersagung des Gewerbebetriebes nach § 35 und § 53 Abs. III GewOrdn. zuständigen

Distriktspolizeibehörden, in München die K. Polizeidirektion[1]), auch die Wiederaufnahme des Gewerbebetriebs im Sinne der eingangs angeführten Gesetzesstellen gestatten können.

5. Auszug aus der Bekanntmachung des Reichskanzlers betr. die Einrichtung und den Betrieb der Buchdruckereien und Schriftgießereien.

Vom 31. Juli 1897/5. Juli 1907/22. Dezember 1908 (RGBl. 1897 S. 614, 1907 S. 405, 1908 S. 654).

Auf Grund des § 120e der Gewerbeordnung hat der Bundesrat folgende Vorschriften über die Einrichtung und den Betrieb der Buchdruckereien und Schriftgießereien erlassen:

I. Auf Räume, in welchen Personen mit dem Setzen von Lettern oder mit der Herstellung von Lettern oder Stereotypplatten beschäftigt werden, finden folgende Vorschriften Anwendung:

1. Der Fußboden der Arbeitsräume darf nicht tiefer als einen halben Meter unter dem ihn umgebenden Erdboden liegen. Ausnahmen dürfen durch die höhere Verwaltungsbehörde zugelassen werden, wenn durch zweckmäßige Isolierung des Bodens und ausreichende Licht- und Luftzufuhr den gesundheitlichen Anforderungen entsprochen ist.

   Unter dem Dache liegende Räume dürfen als Arbeitsräume nur dann benutzt werden, wenn das Dach mit gerohrter und verputzter Verschalung versehen ist.

2. In Arbeitsräumen, in welchen die Herstellung von Lettern und Stereotypplatten erfolgt, muß die Zahl der darin beschäftigten Personen so bemessen sein, daß auf jede mindestens 15 cbm Luftraum entfallen. In Räumen, in welchen Personen nur mit anderen Arbeiten beschäftigt werden, müssen auf jede Person mindestens 12 cbm Luftraum entfallen.

   In Fällen vorübergehenden außerordentlichen Bedarfs kann die höhere Verwaltungsbehörde auf Antrag des Unternehmers eine dichtere Belegung der Arbeitsräume für höchstens 30 Tage im Jahre insoweit gestatten, daß mindestens 10 cbm Luftraum auf die Person entfallen.

3. Die Räume müssen, wenn auf eine Person wenigstens 15 cbm Luftraum kommen, mindestens 2,60 m, andernfalls mindestens 3 m hoch sein.

   Die Räume müssen mit Fenstern versehen sein, welche nach Zahl und Größe genügen, um für alle Arbeitsstellen ausreichendes Licht zu gewähren. Die Fenster müssen so ein-

---

[1]) In analoger Anwendung vorstehender Bestimmung ist zur Gestattung der Wiederaufnahme eines nach § 35 Abs. V RGewO. untersagten Betriebs die Lokalbaukommission zuständig.

gerichtet sein, daß sie zum Zwecke der Lüftung ausreichend geöffnet werden können.

Arbeitsräume mit schräg laufender Decke dürfen im Durchschnitte keine geringere als die im Abs. 1 bezeichnete Höhe haben.

4. Die Räume müssen mit einem dichten und festen Fußboden versehen sein, der eine leichte Beseitigung des Staubes auf feuchtem Wege gestattet. Hölzerne Fußböden müssen glatt gehobelt und gegen das Eindringen der Nässe geschützt sein.

. . . .

6. Die Schmelzkessel für das Lettern- und Stereotypenmetall sind mit gut ziehenden, ins Freie oder in einen Schornstein mündenden Abzugsvorrichtungen (Fangtrichtern) für entstehende Dämpfe zu überdecken.

. . . .

III. Abweichungen von den Vorschriften unter I Ziff. 3 Abs. 1, 3 können auf Antrag des Unternehmers durch die höhere Verwaltungsbehörde für solche Anlagen zugelassen werden, in welchen in der Regel nicht mehr als fünf Arbeiter beschäftigt werden, sofern die für den Betrieb benutzten Arbeitsräume bereits am 31. Juli 1897 im Besitze des jetzigen Unternehmers oder eines Familienangehörigen gewesen sind.

IV. Die vorstehenden Bestimmungen treten für neu zu errichtende Anlagen sofort in Kraft.

Für Anlagen, die zur Zeit des Erlasses dieser Bestimmungen bereits im Betriebe sind, treten die Vorschriften unter I Ziff. 5 Satz 1 sowie Ziff. 7—9 sofort, die übrigen Vorschriften mit Ablauf eines Jahres nach dem Tage ihrer Verkündigung in Kraft.

6. Verordnung vom 17. September 1884, betr. den Vollzug des Gesetzes gegen den verbrecherischen und gemeingefährlichen Gebrauch von Sprengstoffen.

Vom 9. Juni 1884 (GVBl. S. 451[1]).

Wir finden Uns bewogen, in Rücksicht auf das Reichsgesetz gegen den verbrecherischen und gemeingefährlichen Gebrauch von Sprengstoffen vom 9. Juni 1884 (Reichsgesetzblatt S. 61) zu verordnen, was folgt:

1. Zur Erteilung der nach § 1 Abs. 1 dieses Gesetzes erforderlichen Genehmigung sind die Distriktspolizeibehörden, in München die Polizeidirektion und, soweit es sich um die Errichtung von Anlagen zur Herstellung von Sprengstoffen handelt, die Lokalbaukommission zuständig.

[1]) Siehe auch die hiezu ergangene Ministerialbekanntmachung vom 5. Oktober 1884 (GVBl. S. 471).

2. Die zuständige Behörde im Sinne des § 1 Abs. 2 des genannten Gesetzes ist die Orts- und die Distriktspolizeibehörde, in München die Polizeidirektion.

7. Auszug aus der ortspolizeilichen Vorschrift des Stadtmagistrats vom 5. Oktober 1906/8. Mai 1925 über den Verkehr mit Nahrungs- und Genußmitteln.

(MGemZ. 1906 Nr. 82, 1925 Nr. 39).

§ 7. Die Geschäftsräume, einschließlich der Keller, müssen trocken, ausreichend belichtet und direkt ins Freie lüftbar sein.

Die Lüftung von Wohnungsräumen durch die Geschäftsräume hindurch ist verboten.

Die Verkaufsräume (mit Ausnahme der Milchverkaufslokale) müssen an der Straßenfront liegen und einen direkten Zugang von der Straße aus haben.

Ist wegen eines bestehenden Vorgartens oder aus anderen Gründen die Herstellung eines direkten Zuganges von der Straße aus nicht möglich, so kann der Magistrat den Zugang vom Pavillonzwischenraum (von der Seite aus) oder von einem öffentlichen Durchgang aus als genügend erklären.

Die an die Verkaufslokale sich anschließenden und mit diesen verbundenen Räumlichkeiten, welche nicht für die Aufbewahrung von Nahrungs- und Genußmitteln dienen, müssen eigene Zugänge und direkte Fenster ins Freie haben; Scheidewände zwischen den Verkaufslokalen und solchen Räumlichkeiten müssen dem § 49 der MBO. entsprechend hergestellt sein; die Verbindungstüren sind stets geschlossen zu halten.

Ausnahmen von diesen Bestimmungen für Geschäftsbetriebe besonderer Art (z. B. Wein- und Flaschenbierhändler, Kuttler usw.) behält sich der Magistrat von Fall zu Fall vor.

Ungeeignete Verkaufslokale müssen nach Auftrag des Stadtmagistrats entweder vorschriftsmäßig abgeändert oder geräumt werden.

§ 39. Die für den Verkehr mit Milch bestimmten Räumlichkeiten müssen den in den allgemeinen Bestimmungen dieser Vorschrift gestellten Anforderungen sowie den nachfolgenden Bedingungen entsprechen. Die Verbindungstüren zu Räumen, die nicht für den Verkauf oder für die Aufbewahrung der Milch dienen, müssen mit selbsttätigen Türschließern versehen sein; Pendeltüren sind nicht zulässig. Die Wände der Verkaufsräume müssen bis zur Höhe von 2 Meter mit waschbarem Anstrich versehen oder mit einem Belag von Mettlacher Platten oder ähnlichem Material verkleidet sein. Der Fußboden muß fugendicht und leicht zu reinigen sein.

Die Verkaufsräume müssen mit einer entsprechenden Vorrichtung zum Kühlhalten der Milch (Eiskasten, Kühlbassin), einem richtig zeigenden Thermometer und einer ausreichenden Lüftungsvorrichtung ausgestattet sein.

Milchhändler, die selbst Milch aufkaufen, haben eine ausreichende Kühleinrichtung (mindestens einen Kühlapparat und ein Kühlbassin), eine Einrichtung zur Verarbeitung überschüssiger Milch sowie einen verschließbaren Raum zur Reinigung und Aufbewahrung der Milchtransportgefäße bereitzustellen.

Die für den Verkehr mit Milch bestimmten Räumlichkeiten dürfen erst in Benützung genommen werden, wenn das Milchamt die Genehmigung hierzu erteilt hat. Der Erteilung der Genehmigung geht eine Prüfung auf vorschriftsmäßige Ausstattung der Räume voraus.

Diese Vorschriften finden keine Anwendung, wenn die Milch unmittelbar nach ihrer Gewinnung im Stadtgebiet ab Stall in den Verkehr gebracht wird.

8. Auszug aus den Oberpolizeilichen Vorschriften der Regierung von Oberbayern über die Einrichtung und den Betrieb der Bäckereien und Konditoreien betr.

Vom 11. Dezember 1906 (Kreisamtsblatt S. 235).

Die K. Regierung von Oberbayern, Kammer des Innern, erläßt auf Grund des Art. 75 Abs. I des Polizeistrafgesetzbuches und mit Ermächtigung des K. Staatsministeriums des K. Hauses und des Äußern sowie nach Einvernahme der beteiligten Berufsgenossenschaft auf Grund des § 120e Abs. II der Reichsgewerbeordnung über die Einrichtung und den Betrieb von Bäckereien und solchen Konditoreien, in denen neben den Konditorwaren auch Bäckerwaren hergestellt werden, nachstehende oberpolizeiliche Vorschriften:

§ 1. Der Fußboden der Arbeitsräume darf nicht tiefer als einen halben Meter unter dem ihn umgebenden Erdboden liegen.

Das Maß von 0,50 m kann auf 1 m erhöht werden, wenn an der zugehörigen Außenwand ein durchgehender Licht- und Lüftungsgraben hergestellt wird. Der Graben muß mindestens 1 m breit sein und mit seiner gut zu entwässernden Sohle mindestens 0,15 m tiefer als der Fußboden der anstoßenden Räume liegen.

Die K. Regierung, Kammer des Innern, behält sich vor, auf Antrag Ausnahmen zuzulassen, wenn auf andere Weise durch zweckmäßige Isolierung des Bodens und ausreichende Licht- und Luftzufuhr den gesundheitlichen Anforderungen entsprochen ist.

§ 2. Die Arbeitsräume müssen mindestens 3 m hoch und mit Fenstern versehen sein, welche nach Zahl und Größe genügen, um für alle Teile der Räume Luft und Licht in ausreichendem Maße zu gewähren. Die Fenster müssen unmittelbar ins Freie führen und so eingerichtet sein, daß sie zum Zwecke der Lüftung ausreichend geöffnet werden können.

Die K. Regierung, Kammer des Innern, behält sich vor, auf Antrag, abweichend von den vorstehenden Vorschriften, ausnahmsweise die Benutzung von Arbeitsräumen bis zu einer Mindesthöhe von 2,50 m zu gestatten, soweit nicht das örtliche Baurecht an Räume, die zum dauernden Aufenthalte von Menschen bestimmt sind, höhere Anforderungen stellt.

§ 3. Die Räume müssen mit einem dichten und festen Fußboden versehen und gegen das Eindringen von Erdfeuchtigkeit hinreichend geschützt sein.

Die Wände und Decken müssen, soweit sie nicht mit einer glatten abwaschbaren Bekleidung oder mit einem wasserdichten Anstriche versehen sind, jährlich mindestens einmal mit Kalk frisch angestrichen werden. Der wasserdichte Anstrich muß mindestens alle 5 Jahre erneuert werden.

§ 4. Die Arbeitsräume dürfen nicht in unmittelbarer Verbindung mit den Bedürfnisanstalten stehen.

Die Abfallröhren der Ausgüsse und Klosetts dürfen nicht durch die Arbeitsräume geführt werden.

§ 5. In den Arbeitsräumen, in denen die Herstellung von Backwaren erfolgt, muß die Zahl der darin beschäftigten Personen so bemessen sein, daß auf jede wenigstens 15 cbm Luftraum entfallen. Zur Befriedigung eines bei Festen oder sonstigen besonderen Gelegenheiten hervortretenden Bedürfnisses ist eine dichtere Belegung der Arbeitsräume gestattet, jedoch mit der Maßgabe, daß wenigstens 10 cbm Luftraum auf die Person entfallen müssen.

. . . .

§ 16. Die K. Regierung, Kammer des Innern, kann auf Antrag für bestehende Anlagen, so lange sie nicht eine wesentliche Erweiterung oder einen Umbau erfahren, Ausnahmen von §§ 2, 4 und 5 zulassen, wenn darin die Arbeiter in anderer Weise gegen Gefahren für die Gesundheit soweit geschützt sind, wie es die Natur des Betriebs gestattet.

§ 17. Zuwiderhandlungen gegen vorstehende Vorschriften werden gemäß Art. 75 Abs. I des Polizeistrafgesetzbuches bzw. gemäß § 147 Abs. I Ziff. 4 der Reichsgewerbeordnung bestraft.

§ 18. Gegenwärtige Vorschriften treten mit dem Tage der Verkündigung im Kreisamtsblatte in Kraft.

9. Schank- und Gastraumordnung des Stadtrates München als Bezirkspolizeibehörde.

Vom 19. Mai 1927 (MGemZ. Nr. 41).

Nach § 33 Abs. III Ziff. 2 der Reichsgewerbeordnung ist die Erlaubnis zum Betriebe einer Schank- oder Gastwirtschaft zu versagen, wenn die zum Betriebe des Gewerbes bestimmten Räumlichkeiten wegen ihrer Beschaffenheit oder Lage den polizeilichen Anforderungen nicht genügen. Die bayerische Ministerialbekanntmachung vom 30. Dezember 1909, Wirtschaftsgewerbe betreffend (MABl. 1910 S. 5 ff.), stellt in § 10 Abs. I mit VIII allgemeine Richtpunkte auf hinsichtlich der gewerbepolizeilichen Bedingungen, welchen die in Rede stehenden Räumlichkeiten entsprechen müssen, und gibt in Abs. IX daselbst der Bezirkspolizeibehörde anheim, in einer im Rahmen der erwähnten Richtpunkte sich bewegenden ausführlichen Ordnung (Normativvorschrift) die durch diese Behörde allgemein zur Anwendung kommenden Bedingungen festzulegen, vorbehaltlich der Stellung weitergehender Bedingungen, wo es die Verhältnisse erfordern, insbesondere für Gasthöfe (Hotels).

Im Hinblick hierauf setzt mit gegenwärtiger

Schank- und Gastraumordnung

der Stadtrat München als Bezirkspolizeibehörde die durch ihn allgemein zur Anwendung kommenden gewerbepolizeilichen Bedingungen hinsichtlich der Beschaffenheit oder Lage der Schank- oder Gastwirtschaftsräume fest:

A. Lage der Wirtschaftsräume.

§ 1. Die Genehmigung zum Wirtschaftsbetrieb wird nicht erteilt, wenn Bedenken bestehen wegen der Nähe von Kirchen, Unterrichts- oder Krankenanstalten u. dgl., oder weil das zum Betriebe bestimmte Anwesen abgelegen oder nicht jederzeit leicht zugänglich ist (siehe die obige MB. vom 30. Dezember 1909 § 10 Absatz II).

B. Beschaffenheit der Wirtschaftsräume.

I. Für Vollbetriebe.

Schankräume.

§ 2. 1. Schankräume müssen einschließlich Schenke oder Anrichte (Büfett) mindestens 50 qm Bodenfläche, 3.50 m Höhe und 5 m Frontlänge gegen die Straße haben. Für je 20 qm weitere Fläche ist 5 cm mehr Höhe, jedoch nicht über 5 m hinaus, erforderlich.

Die Schankräume müssen mit entsprechend großen zum Öffnen eingerichteten Fenstern an der Frontseite versehen sein. Überschreitet ein Schankraum 15 m Tiefe, so muß Licht und Luft auch anderweitig (seitwärts, rückwärts oder von oben) in genügendem Maße zugeführt werden. Die Fensterfläche muß mindestens $^1/_{10}$ der Bodenfläche für jeden Schankraum betragen.

Die Schankräume dürfen nicht tiefer liegen als die Straßenoberfläche.

2. Die Vorlage eines Planes über die Möblierung der Ausschankräume kann gefordert werden.

3. Ausreichende und entsprechende Lüftungs-, Heizungs- und Beleuchtungseinrichtungen müssen vorhanden sein.

4. Der Zugang zum Schankraum muß unmittelbar von der Straße aus (allenfalls über einen hellen, mindestens 1.5 m tiefen

Vorplatz) stattfinden und von jenem zu den Wohnungen, Läden u. dgl. vollständig getrennt sein; er darf nicht höher als 0.50 m über der Straßenoberfläche liegen. Die Stocklichte der Eingangstüren muß mindestens 1 m betragen; die Türen müssen sich mindestens 1 m weit öffnen lassen. Für zweiflügelige Eingangs- und Windfangtüren ist eine Stocklichte von mindestens 1.50 m Breite erforderlich. Beide Flügeltüren müssen sich gleichzeitig öffnen lassen. Bei Schankräumen mit mehr als 150 qm Bodenfläche kann gefordert werden, daß die Eingangs- und Windfangtüren nach außen aufschlagen. Die Anbringung einer vorschriftsmäßigen Notbeleuchtung an den Ausgängen kann verlangt werden.

5. Der Schankraum hat eine übersichtliche Schenke oder Anrichte (Büfett) und bei Ausschank von Faßbier einen Bieraufzug vom Keller zu erhalten, ferner muß bei jeder Schenke laufendes Wasser nebst Wasserbecken mit Ablauf vorhanden sein. Das laufende Wasser muß auch den Gästen leicht zugänglich sein. Die Übersichtlichkeit der Schenke darf nicht durch Aufstellung von Kästen oder anderen Geräten beeinträchtigt werden. Die Wände der Schenke müssen auf eine Höhe von 2 m mit abwaschbaren Anstrich versehen und der Fußboden muß aus wasserdichten, leicht zu reinigendem Baustoff hergestellt sein. Die Anlage von abgeschlossenen Schenken und Anrichten unterliegt der Genehmigung des Stadtrates von Fall zu Fall.

6. Wirtschaften, in denen Faßbier ausgeschenkt wird, müssen eine Gassenschenke haben, deren Zugang getrennt ist von jenem zum Schankraum.

7. Nebenzimmer müssen ebenfalls die ihrer Größe entsprechende vorschriftsmäßige Höhe (Ziffer 1) und unmittelbar ins Freie führende zum Öffnen eingerichtete Fenster und Lüftungsvorrichtungen haben. Sie müssen sich dem allgemeinen Schankraum unmittelbar anschließen, dürfen aber nicht so eingebaut sein, daß hierdurch im Hauptraum die Zugänge zur Küche und Bedürfnisanlage behindert werden. Für Nebenzimmer unter 50 qm Bodenfläche kann eine geringere Höhe (bis zu 3 m) zugelassen werden.

8. Einbauten und Abteile in Schankräumen, durch welche einzelne Tische oder Plätze versteckt, verhüllt oder in irgendeiner Weise dem freien Ein- und Überblick entzogen werden, sind unzulässig.

9. Schankräume im ersten Obergeschoß als Bestandteile des Hauptschankraumes im Erdgeschoß müssen mit diesem durch Treppenanlagen in unmittelbarer Verbindung stehen; des weiteren müssen sie unmittelbar von der Straße aus durch eine eigene Treppe zugänglich sein.

Die Mindestbodenfläche der Schankräume im 1. Obergeschoß hat 50 qm, ihre Mindesthöhe bei einer solchen Bodenfläche 3.20 m zu betragen; das Höhenmaß steigt um 5 cm für je 20 qm weitere Bodenfläche, bis die Höhe von 5 m erreicht ist.

Die Anlage von Schankräumen im 1. Obergeschoß bei anderweitiger Verwendung des Erdgeschosses unterliegt der Genehmigung des Stadtrates von Fall zu Fall.

Schankräume im 1. Obergeschoß — gleichviel ob in Verbindung mit Schankräumen im Erdgeschoß oder ohne solche — müssen eine eigene Bedürfnisanlage nach Maßgabe des § 5 haben.

Schankräume über dem 1. Obergeschoß sind grundsätzlich ausgeschlossen.

10. Sämtliche zu einer Schankwirtschaft gehörigen Räume müssen von Wohn- oder Schlafräumen und anderen nicht den Schankwirtschaftszwecken dienenden Räumen vollständig abgetrennt sein.

11. Die Benützung der Wirtschaftsräume für Zwecke, die nicht zum Wirtschaftsbetrieb gehören, bedarf der Genehmigung des Stadtrates von Fall zu Fall.

Küchenraum.

§ 3. Der Küchenraum muß vom Schankraum getrennt sein und mit diesem in geeigneter Verbindung stehen. Er muß mit entsprechend großen zum Öffnen eingerichteten Fenstern gegen das Freie und ausgiebiger Lüftungsvorrichtung (z. B. eigenem Lüftungskamin und Frischluftzuführung) versehen sein.

Dieser Raum muß ferner einen fugendichten Fußboden, abwaschbare Wände (Ölfarbanstrich oder Plattenbelag) auf 2 m Höhe und einen Ausguß sowie einen Spültisch haben, wenn nicht ein besonderer Spülraum vorhanden ist. Für die Gassenküche muß ein eigener Zugang, getrennt von jenem der Schankräume, vorhanden sein. Die Bodenfläche des Küchenraumes muß zu jener des Schankraumes in einem entsprechenden Verhältnis stehen und darf nicht unter 15 qm betragen.

Im unmittelbaren Anschluß an die Küche oder in ihrer Nähe muß sich ein genügend großer Vorratsraum (Speisekammer) befinden, der unmittelbar ins Freie führende, zum Öffnen eingerichtete Fenster hat.

Kellerräume.

§ 4. Bei jeder Schankwirtschaft müssen für den Betrieb geeignete, mit entsprechender Belichtung und Lüftung versehene Vorratskeller vorhanden sein. Der Bierkeller ist an die Entwässerungsanlage anzuschließen und mit wasserdichtem Boden zu versehen. Zur Verbringung der Fässer in den Bierkeller soll von der Straße aus eine Fässerablaßvorrichtung (Aufzug) eingebaut sein. Bei Aufstellung von Eisschränken ist eine Wasserablaufrinne von diesem zum Gully vorzusehen. Die Wirtschaftskeller sind von den übrigen Kellerräumen durch massives Mauerwerk vollständig abzuschließen.

Bedürfnisräume.

§ 5. 1. Jede Schankwirtschaft muß eine eigene Bedürfnisanlage haben. Diese hat zu bestehen aus einer Abortanlage für Männer mit Pißort und einer Abortanlage für Frauen; beide haben einen getrennten Zugang zu erhalten.

Die Bedürfnisanlage muß unmittelbar vom Schankraum aus durch eigene, für Männer und Frauen getrennte Vorplätze zugänglich und mit Wasserspülung versehen sein. Die Vorplätze sind entsprechend groß herzustellen, genügend zu belichten und lüftbar zu machen.

Die Zugangs- und Vorplatztüren der Bedürfnisanlagen sind mit Selbstschließern zu versehen. In den Schankräumen sind gut sichtbare Hinweise auf die Bedürfnisräume anzubringen.

Die Bedürfnisanlage muß durch unmittelbar ins Freie führende Fenster ausreichende Belichtung, ferner gut wirkende, von unten bedienbare Lüftungsvorrichtung haben. Sie muß bei Eintritt der Dunkelheit in allen ihren Abteilungen entsprechend beleuchtet werden. Die Fenster haben Mattverglasung zu erhalten.

2. Die Zahl der Abortsitze hat zu betragen:

bei einer Bodenfläche des Schankraumes bis zu 100 qm je 1 Abortsitz für Männer und Frauen;

für jede angefangenen weiteren 150 qm je 1 Abortsitz für Männer und je 2 Abortsitze für Frauen.

Jeder Abort muß vor dem Sitz noch eine freie Bodenfläche von mindestens 1 qm haben. Die Trennungswände zwischen der Männer und Frauenabteilung müssen massiv bis zur Decke geführt werden. Die Wände in den Aborten haben auf 2 m Höhe Ölfarbanstrich oder abwaschbare Verkleidung zu erhalten.

3. Der Pißort muß bei einem Schankraum von 50 qm Bodenfläche mindestens 2 m lang und 1,75 m breit sein und eine 2 m lange Pißrinne haben. Bei je 25 qm weiterer Bodenfläche des Schankraumes muß der Pißort um 1 qm größer und die Pißrinne um 0,50 m länger sein.

Werden Pißschüsseln oder dergleichen verwendet, so ist auf 0,70 m Rinnenlänge 1 Schüssel anzubringen. Pißwände müssen auf eine Höhe von 1,50 m aus wasserdichtem, an der Oberfläche geglättetem Baustoff bestehen und mit Wasserspülung versehen sein.

Pißwände und Pißschüsseln sind so anzubringen, daß die durch die aufgeschlagene Zugangstüre begrenzte Wandfläche frei bleibt.

Anschließend an die Wand, an der die Pißschüsseln angebracht sind, ist im Boden eine Rinne mit ausreichendem Gefäll zum Gully anzubringen.

Die Wände im Pißort haben im übrigen, falls nicht Plattenverkleidung angebracht wird, auf mindestens 2,50 m Höhe entsprechenden Spritzbewurf mit Ölfarbanstrich zu erhalten.

4. Der Fußboden der Bedürfnisräume ist wasserdicht herzustellen.

Kegelbahnen.

§ 6. 1. Der Aufenthaltsraum der Kegler und Gäste muß mindestens 2,75 m hoch sein und genügende zum Öffnen eingerichtete Fenster und entsprechende Lüftungsvorrichtungen haben. Kegelbahnen im Keller müssen mit dem Schankraum durch eigene Treppenanlage in unmittelbarer Verbindung stehen und einen besonderen, leicht zugänglichen, mit gut wirkender Lüftungsvorrich-

Zur Herstellung von Rohpappe dürfen lediglich folgende Arten von Rohstoffen verwendet werden:

a) Lumpen,
b) Abfälle aus der Textilindustrie, soweit sie faseriger Art sind,
c) Altpapier.

Auswahl und Mischungsverhältnis der Rohstoffe bleiben den Fabrikanten überlassen. Der Zusatz von Holzschliff, Strohstoff, Torf, Sägemehl und mineralischem Füllstoff ist verboten.

Der Aschengehalt darf nicht mehr als 12% betragen.

Lufttrockene Pappe darf nicht mehr als 12% Wassergehalt führen.

Alle Pappen, die für Anthrazenöl geringere Aufnahmefähigkeit als 120% nach dem Eintauchen aufweisen, gelten für mangelhaft.

Über die Frage der Erfüllung der Normen entscheidet die K. Technische Hochschule zu München oder das Materialprüfungsamt der Bayerischen Landesgewerbeanstalt in Nürnberg.

2. Als Tränkemasse ist ein Steinkohlenteer zu verwenden, dem durch fraktionierte Destillation das Ammoniakwasser, die leichten Kohlenwasserstoffe und sonstige bis zu 250° C verflüchtenden Stoffe entzogen sind. Auch andere Tränkemassen sind zulässig, wenn sie keine leicht entzündlichen, bis zu 250° C verflüchtenden Bestandteile enthalten.

3. Bei mehrlagigen Pappendächern und sogenannten Klebepappdächern müssen

a) die Rohpappen und die Tränkemittel den oben angeführten Grundsätzen entsprechen;
b) die einzelnen Pappenlagen dürfen nur durch einen Anstrich miteinander verbunden werden, welcher der Ziff. 2 entspricht. Klebemittel sind nicht zulässig;
c) die oberste Pappenlage ist nach einem Anstrich der oben bezeichneten Beschaffenheit mit einer Sandung oder Kieselauflage zu versehen; diese ist einzuwalzen. Die Kiesel sollen durch ein Drahtgitter von 5 mm Maschenweite oder ein Sieb mit kreisrunden Löchern von 7 mm Durchmesser noch geworfen werden können. Gröbere Bekiesung ist unzulässig.

4. Unbesandete (paraffinierte und mit Talkum bestreute) Pappen, teer- und asphaltfreie Pappen, ferner solche, welche unter besonderem Namen in den Handel gebracht werden, sind zulässig, wenn sie bezüglich der Rohpappe und der Tränkemasse den oben angeführten Grundsätzen entsprechen. Bei mehrlagiger Verwendung müssen auch die Zwischenanstriche (wenn heiß aufgetragen) der Ziff. 3b genügen. In kaltem Zustande anzuwendende Zwischenanstriche sowie der zur besseren Instandhaltung etwa nötige äußere Deckanstrich dürfen nach der Trocknung die Feuersicherheit der Dachpappe nicht ungünstig beeinflussen.

5. Auf Verlangen der Baupolizeibehörden ist von den Bauherrn der Nachweis zu liefern (z. B. durch amtliches Prüfungszeugnis), daß die gelieferte Dachpappe den Grundsätzen entspricht.

Ladens gelegen, die Abortschüssel mit selbsttätig aufklappbarem Sitzbrett versehen sein.

4. Zum Vertrieb von Branntweinschenken für Sitzgäste wird keine Erlaubnis erteilt, wenn nicht ein Realrecht besteht; in diesem Falle werden die Anforderungen besonders festgesetzt.

Kaffeeschenken.

§ 10. Kaffeeschenken — im Gegensatz zu den Kaffeewirtschaften, für welche die Bestimmungen unter §§ 2 mit 7 gelten — müssen mindestens 18 qm Bodenfläche und 2,75 m Höhe sowie entsprechende, zum Öffnen eingerichtete Fenster und von unten bedienbare Lüftungsvorrichtungen haben, an der Straße gelegen und von dieser aus unmittelbar zugänglich sein.

Die Bedürfnisanlage hat aus einem Abort, welcher durch einen Vorplatz unmittelbar vom Schankraum aus zugänglich ist, zu bestehen. Im Abortraum muß auch eine Pißschüssel vorhanden sein. Im übrigen ist die Bedürfnisanlage sinngemäß nach den Bestimmungen des § 5 auszuführen.

Die Küche muß mit dem Schankraum durch eine Türe unmittelbar in Verbindung stehen und mit einem Fenster gegen das Freie sowie mit Lüftungsvorrichtung und einem Ausguß versehen sein. Als Wohnraum darf die Küche nicht mitbenützt werden. Wohnräume müssen vom Schankraum und der Küche vollständig getrennt sein.

Für größere Kaffeeschenken bleiben weitergehende Anforderungen, besonders hinsichtlich der Bedürfnisräume (Trennung nach Geschlechtern), vorbehalten.

Kaffeeschenken unterliegen mit Rücksicht auf die geringeren baulichen Anforderungen Beschränkungen in bezug auf die Betriebszeit.

Ausschank in Konditoreien und Konditoreiwarenläden (Konditoreicafés).

§ 11. 1. Konditoreiläden, in denen der Ausschank von Kaffee, Tee, Schokolade, Kakao u. dgl. als Nebenbetrieb stattfindet, müssen entsprechende, zum Öffnen eingerichtete Fenster und von unten bedienbare Lüftungsvorrichtungen sowie einen nächst dem Laden gelegenen leicht zugänglichen Abort haben.

Der Laden muß so geräumig sein, daß durch die Aufstellung von Tischen und Stühlen der eigentliche Ladenverkehr nicht behindert wird.

2. Für Konditoreien, in welchen der Ausschank größeren Umfang hat, bleiben besondere Anforderungen vorbehalten.

3. Soll der Ausschank sich über die gesetzliche Ladenschlußzeit hinaus erstrecken, so gelten die Bestimmungen unter §§ 2 mit 7. Es muß ferner Gewähr dafür geschaffen sein, daß die vom Schankraum zum Konditoreiladen führenden Türen während der Dauer der gesetzlichen Ladenschlußzeit abgeschlossen bleiben.

Trinkbuden und sonstige Ausschankstellen für alkoholfreie Getränke.

§ 12. 1. Trinkbuden müssen mit dem Boden festverbunden sein, dürfen also nicht auf Räder, Rollen u. dgl. gestellt werden.

Die Ausmaße müssen sich in bescheidenen Grenzen bewegen, die Bodenfläche muß mindestens 2,5 qm betragen.

Bei Holzwandungen ist die Schalung senkrecht anzubringen, die Fugen sind mit Deckleisten zu versehen. Alle sichtbaren Holzteile müssen gut gehobelt und mit Ölfarbe gestrichen sein.

Der Fußboden muß fugendicht hergestellt werden.

Außer der einfachen Namensanschrift dürfen keinerlei Werbeaufschriften oder -Vorrichtungen angebracht werden.

2. In der Trinkbude ist stets ein genügend großes mit frischem und reinem Wasser gefülltes Gefäß bereitzuhalten, in dem die Trinkgeschirre vor und nach der jedesmaligen Benützung gründlich zu spülen sind.

3. Je nach Größe des Betriebes bleiben weitergehende Anforderungen, wie die Einrichtung des laufenden Wassers u. dgl., vorbehalten.

4. Trinkbuden unterliegen in Anbetracht der geringeren baulichen Anforderungen Beschränkungen in bezug auf die Betriebszeit.

5. Ziff. 2, 3 und 4 finden auch Anwendung für den Ausschank von alkoholfreien Getränken in Krämereien und anderen Ladengeschäften. In diesem Falle hat der Ausschank auf einer besonderen, verzinntem Blech oder einem anderen wasserdichten Stoff bedeckten Abteilung des Ladentisches oder auf einem eigenen Ausschanktisch stattzufinden.

Fremdenheime.

§ 13. 1. Jedes Fremdenzimmer muß heizbar und unmittelbar vom Gang oder Vorplatz aus zugänglich sein; letztere Bestimmung gilt nicht für Zimmer, welche nur zusammen mit einem anderen Fremdenzimmer, das der genannten Anforderung entspricht, vermietet werden.

2. Für jedes Fremdenbett muß ein Luftraum von mindestens 20 cbm vorhanden sein.

3. Die Küche muß ein zum Öffnen eingerichtetes Fenster in das Freie haben, mit von unten bedienbarer Lüftungsvorrichtung und mit Küchenausguß versehen sein. Die Küchenwände müssen von heller Farbe und auf eine Höhe von mindestens 1,50 m abwaschbar sein.

4. Die Bedürfnisanlage muß eine ihre Zweckbestimmung kennzeichnende Aufschrift und ein Fenster ins Freie haben, lüftbar und bei Nacht beleuchtet sein. Sie darf nicht im Treppenhaus oder außerhalb des Gangabschlusses liegen. Die Wände müssen auf eine Höhe von mindestens 1,50 m abwaschbar sein.

Jeder Abort, welcher nicht ausschließlich für Frauen bestimmt ist, muß mit einem selbsttätigen Klappsitz oder mit einer eigenen Pißschüssel versehen sein und in ersterem Falle vor dem Sitz noch eine freie Bodenfläche von mindestens 1 qm und in letzterem Falle von mindestens 2 qm haben.

Befinden sich in einem Stockwerk mehr als 10 Fremdenzimmer, so ist für Männer und Frauen je ein eigener Abort herzustellen.

5. Je nach Größe und Art des Betriebes bleiben weitergehende Anforderungen, wie die Bereitstellung eines eigenen Speisezimmers u. dgl., vorbehalten.

C. Schlußbestimmungen.

§ 14. Die bau- und feuerpolizeilichen Vorschriften bleiben unberührt.

§ 15. Die Bestimmungen für die Schankwirtschaftslokale, vom Stadtmagistrat München als Gewerbepolizeibehörde erlassen den 23. Oktober 1877, abgeändert durch Beschluß vom 29. April 1890 und vom 23. Dezember 1895, sowie der Verwaltungssenatsbeschluß des Stadtmagistrats München vom 10. Juni 1910, Kaffeeschenken betreffend, ferner die gewerbepolizeilichen Grundbestimmungen für Fremdenpensionen vom 5. August 1910 und 13. Oktober 1911 und die Bestimmungen hinsichtlich der Beschaffenheit der Trinkbuden für alkoholfreie Getränke vom 4. März 1926 treten mit dem heutigen Tage außer Kraft.

10. Bestimmungen des Gewerbeaufsichtsbeamten für Werkstätten unbestimmten Zweckes.

1. Die Bestimmungen der Münchener Bauordnung sind einzuhalten.

2. In den Arbeitsräumen müssen auf jede beschäftigte Person mindestens 10 cbm Luftraum entfallen.

3. Die Fensterfläche muß bei Arbeitsräumen unter dem Erdgeschoß mindestens $^1/_6$, bei solchen im Erdgeschoß mindestens $^1/_7$ bis $^1/_8$, und bei solchen über dem Erdgeschoß mindestens $^1/_9$ bis $^1/_{10}$ der Bodenfläche betragen.

4. Für ordnungsmäßige Heizung, künstliche Beleuchtung und möglichst zugfreie Lüftung ist Sorge zu tragen.

5. Der Fußboden der Arbeitsräume muß einen Belag aus Holz oder einem anderen in bezug auf Wärmeleitung gleichwertigen Materiale erhalten, soweit die Art des Betriebes dies zuläßt.

6. Es ist eine ordnungsmäßige, geeignet gelegene Bedürfnisanstalt vorzusehen. Dieselbe muß von den Arbeitsräumen durch einen abschließbaren, womöglich für sich lüftbaren Vorraum getrennt sein.

7. Werkstätten unter dem Erdgeschoß müssen von den übrigen Kellerräumen durch Mauerwerk getrennt sein.

8. Entsprechende Waschgelegenheiten und Einrichtungen für Kleideraufbewahrung sind vorzusehen.

9. Die Unfallverhütungsvorschriften der einschlägigen Berufsgenossenschaften sind zu beachten.

10. Alle nach Art des Betriebes etwa noch weiter veranlaßten Auflagen bleiben vorbehalten.

Bemerkung: Werden voraussichtlich 10 oder mehr Arbeiter beschäftigt, so ist das Baugesuch unter allen Umständen dem K. Gewerberat für München zur Begutachtung vorzulegen.

11. Bestimmungen des Gewerbeaufsichtsbeamten für Wurstereien (Metzger- oder Charkutierwerkstätten).

1. Die Bestimmungen der Münchener Bauordnung sind einzuhalten.

2. In der Wurstküche müssen auf jede beschäftigte Person mindestens 15 cbm Luftraum entfallen.

3. Die Fensterfläche muß bei Arbeitsräumen unter dem Erdgeschoß mindestens $1/6$, bei solchen im Erdgeschoß mindestens $1/7$ bis $1/8$, und bei solchen über dem Erdgeschoß mindestens $1/9$ bis $1/10$ der Bodenfläche betragen.

4. Für ordnungsmäßige Heizung, künstliche Beleuchtung und möglichst zugfreie Lüftung ist Sorge zu tragen. Die Wurstküche muß mit einem Dunstkamin versehen sein.

Jeder Kessel zum Absieden der Fleischteile und Würste ist mit ins Freie abziehender Dunsthaube zu versehen.

Zu anderen als den bestimmungsgemäßen Zwecken darf der Kessel nicht benützt werden.

Die Lüftungsöffnungen sind mit Fliegengittern abzuschließen.

5. In den Betriebsräumen sind die Fußböden und Wandflächen — diese bis zu mindestens 2 m Höhe — aus undurchlässigem, leicht abwaschbarem Material von heller (nicht roter) Farbe herzustellen.

In den Räumen, in welchen Fleischteile verarbeitet werden, ist der Fußboden außerdem mit etwas rauher Oberfläche und so herzustellen, daß er sich gut abschwemmen und reinhalten läßt.

Die Fußböden sind täglich zu reinigen.

Kanalisationsanschluß ist vorzusehen; Kanäle sind mit einem Siphonabschluß zu versehen.

6. In jedem Arbeitsraum ist für mindestens je 5 Arbeiter ein mit Wasser gefüllter Spucknapf aufzustellen, welcher täglich gereinigt werden muß.

7. Es ist eine ordnungsmäßige, geeignet gelegene Bedürfnisanstalt vorzusehen. Dieselbe muß von den Arbeitsräumen durch einen abschließbaren, womöglich für sich lüftbaren Vorraum getrennt sein.

8. Entsprechende Waschgelegenheiten und Einrichtungen für Kleideraufbewahrung sind vorzusehen.

9. Die Unfallverhütungsvorschriften der Fleischereiberufsgenossenschaft sind zu beachten.

10. Alle nach Art des Betriebes etwa noch weiter veranlaßten Auflagen bleiben vorbehalten.

Bemerkung: Werden voraussichtlich 10 oder mehr Arbeitter beschäftigt, so ist das Baugesuch unter allen Umständen dem K. Gewerberat für München zur Begutachtung vorzulegen.

12. Bestimmungen des Gewerbeaufsichtsbeamten für gewerbliche Waschküchen.

1. Die Bestimmungen der Münchener Bauordnung sind einzuhalten.

2. In den Waschküchen müssen auf jede beschäftigte Person mindestens 15 cbm Luftraum entfallen.

3. Die Fensterfläche muß bei Arbeitsräumen unter dem Erdgeschoß mindestens $^1/_6$, bei solchen im Erdgeschoß mindestens $^1/_7$ bis $^1/_8$, und bei solchen über dem Erdgeschoß mindestens $^1/_9$ bis $^1/_{10}$ der Bodenfläche betragen.

4. Für ordnungsmäßige Heizung, künstliche Beleuchtung und möglichst zugfreie Lüftung ist Sorge zu tragen.

Ein besonderer Dunst- und Entlüftungskamin ist vorzusehen.

5. Der Fußboden ist undurchlässig, mit etwas rauher Oberfläche und mit Gefälle für den erforderlichen Wasserablauf herzustellen.

6. Es ist eine ordnungsmäßige, geeignet gelegene Bedürfnisanstalt vorzusehen. Dieselbe muß von den Arbeitsräumen durch einen abschließbaren, womöglich für sich lüftbaren Vorraum getrennt sein.

7. Für Einrichtungen zur trockenen Aufbewahrung der von den Arbeitern während des Betriebes abgelegten Kleider ist zu sorgen.

8. Die Unfallverhütungsvorschriften der Bekleidungsindustrieberufsgenossenschaft sind zu beachten.

9. Alle nach Art des Betriebes etwa noch weiter veranlaßten Auflagen bleiben vorbehalten.

Bemerkung: Werden voraussichtlich 10 oder mehr Arbeiter beschäftigt, so ist das Baugesuch unter allen Umständen dem K. Gewerberat für München zur Begutachtung vorzulegen.

13. Bestimmungen des Gewerbeaufsichtsbeamten für gewerbliche Küchen.

1. Sämtliche Küchenräume sind gegen Räume, welche anderen Zwecken dienen, durch verschließbare Türen abzutrennen.

2. Küchenräume sollen mindestens 3 m, Nebenräume zur Aufbewahrung von Eßwaren (Speisekammern) mindestens 2,70 m

hoch sein. In den Küchenräumen müssen auf jede beschäftigte Person mindestens 15 cbm Luftraum entfallen. Im übrigen sind die Bestimmungen der Münchener Bauordnung genauestens einzuhalten.

3. Die Fensterfläche muß bei Arbeitsräumen unter dem Erdgeschoß mindestens $^1/_6$, bei solchen im Erdgeschoß mindestens $^1/_7$ bis $^1/_8$, und bei solchen über dem Erdgeschoß mindestens $^1/_9$ bis $^1/_{10}$ der Bodenfläche betragen.

4. Für ausreichende und möglichst zugfreie Lüftung ist Sorge zu tragen.

5. Der Fußboden der Küchenräume muß eben, undurchlässig und leicht zu reinigen sein. Mindestens an den ständigen Arbeitsstellen ist ein gegen Bodenkälte schutzbietender Belag anzuwenden.

6. Wände und Decken der Küchenräume müssen, soweit sie nicht mit einer glatten abwaschbaren Bekleidung oder mit einem Ölfarbenanstrich versehen sind, mindestens jährlich einmal mit Kalk frisch angestrichen werden. Die Bekleidung und der Ölfarbenanstrich müssen jährlich mindestens einmal abgewaschen, und nach Bedarf erneuert werden.

7. In jedem Küchenraum ist ein Thermometer anzubringen. Die Temperatur darf 35 C nicht übersteigen.

8. In den Küchenräumen ist für ausreichende Sitzgelegenheit zu sorgen.

9. In den Küchenräumen ist für mindestens je 5 Arbeiter ein mit Wasser gefüllter Spucknapf aufzustellen, der täglich gereinigt werden muß.

10. Sämtliche Küchenräume sind täglich mindestens ½ Stunde lang nach Schluß der Arbeitszeit zu lüften; die Fußböden müssen täglich gereinigt werden.

11. Ein ausreichender und heizbarer Wasch- und Ankleideraum ist vorzusehen. Die erforderlichen Waschmittel sind den Arbeitern zur Verfügung zu stellen.

12. Es ist eine ordnungsmäßige, geeignet gelegene Bedürfnisanstalt vorzusehen. Dieselbe muß von den Arbeitsräumen durch einen abschließbaren, womöglich für sich lüftbaren Vorraum getrennt sein.

13. Die Unfallverhütungsvorschriften der Nahrungsmittelindustrieberufsgenossenschaft sind zu beachten.

14. Alle nach Art des Betriebes etwa noch weiter veranlaßten Auflagen bleiben vorbehalten.

Bemerkung: Werden voraussichtlich 10 oder mehr Arbeiter beschäftigt, so ist das Baugesuch unter allen Umständen dem K. Gewerberat für München zur Begutachtung vorzulegen.

IV. Reinlichkeits- und gesundheitspolizeiliche Vorschriften.

1. Auszug aus dem Polizeistrafgesetzbuch.

Art. 73. I. Wer den Verordnungen, ober- oder ortspolizeilicher Vorschriften oder in Ermangelung der letzteren den distriktspolizeilichen Anordnungen über Anlage, Einrichtung oder Abänderung, sowie über Entleerung und bauliche Instandhaltung von Abtritten, Dung- oder Versitzgruben in Wohngebäuden oder in unmittelbarer Nähe von Wohnungen, Brunnen oder Brunnenquellen zuwiderhandelt, wird an Geld bis zu 45 Mk. gestraft.

II. Gleicher Strafe unterliegt, wer den Verordnungen, ober- oder ortspolizeilichen Vorschriften zuwiderhandelt, welche aus Rücksichten auf die Gesundheit oder Sittlichkeit über das Beziehen neuhergestellter Wohnungen oder Wohnungsräume, über die Beschaffenheit und die Belegung von Wohnungen oder Wohnungsräumen und über die polizeiliche Beaufsichtigung des Wohnungswesens erlassen sind.

III. In den Fällen des Absatzes I und II hat der Richter zu erkennen, daß die Polizeibehörde berechtigt ist, die Beseitigung des vorschriftswidrigen Zustandes, bzw. die Räumung der vorschriftswidrigen Wohnung zu verfügen.

Art. 94. Wer außer den Fällen des § 366 Ziff. 10 des Strafgesetzbuches für das Deutsche Reich den ortspolizeilichen Vorschriften oder in Ermangelung von solchen den distriktspolizeilichen Anordnungen über öffentliche Reinlichkeit in Städten, Märkten, Dörfern und sonstigen Ortschaften zuwiderhandelt, wird mit Geld bis zu sechzig Mark oder mit Haft bis zu vierzehn Tagen bestraft.

2. Ortspolizeiliche Vorschrift des Stadtmagistrats vom 30. November 1891 über Reinhaltung der Höfe, Gärten und Bauplätze.

(MGemZ. Nr. 95).

Der unterfertigte Magistrat erläßt auf Grund des Art. 94 des PStGB. folgende, durch Entschließung der k. Regierung von Oberbayern, K. d. I., vom 13. November 1891 als vollziehbar erklärte

ortspolizeiliche Vorschrift über Reinhaltung der Höfe, Gärten und Bauplätze

§ 1. Die Hofräume, die Gärten, sowie anderweitige innerhalb des Bebauungsgebietes an öffentlichen Straßen oder Plätzen liegende, nicht überbaute Grundstücke müssen stets rein gehalten werden.

§ 2. Es ist verboten, in diesen Räumen Unrat irgendwelcher Art frei liegen zu lassen oder aufzulagern.

§ 3. Die Anwesens- bzw. Grundbesitzer und deren Stellvertreter haben den auf die Fernhaltung oder Entfernung solcher Verunreinigungen abzielenden Aufträgen des Magistrates unbedingte Folge zu leisten.

§ 4. Personen, welche obigen Vorschriften zuwiderhandeln, werden mit Geld bis zu 60 Mk. oder mit Haft bis zu 14 Tagen bestraft.

8. Ortspolizeiliche Vorschriften der Lokalbaukommission und des Stadtmagistrats vom 27. Oktober 1894 betr. Arbeiter-Aborte bei Neubauten.

(MGemZ. Nr. 88).

Die Lokalbaukommission und der Magistrat der K. Haupt- und Residenzstadt München erlassen nach erfolgter Einvernahme der K. Polizeidirektion München auf Grund des § 75 der Münchener Bauordnung vom 3. April 1879, dann des Art. 73 Abs. I und des Art. 94 des PStGB. vom Jahre 1871 nachstehende, von der K. Regierung von Oberbayern, Kammer des Innern, mit Entschließung vom 16. Oktober 1894 Nr. 35787 für vollziehbar erklärte ortspolizeilichen Vorschriften:

§ 1. Für jeden Neubau — sowohl Hoch- als Tiefbau — ist, im Falle entsprechende Aborte den Arbeitern in der Umgebung nicht zur Verfügung gestellt werden können, getrennt nach Geschlecht, je ein provisorischer Abort, dessen räumliche Ausdehnung nach der Zahl der bei dem Baue Beschäftigten zu bemessen ist, herzustellen.

Diese Aborte sind mit einer ihre Bestimmung nach Geschlecht kennzeichnenden Aufschrift zu versehen und in gutem sowie reinlichem Zustande zu erhalten. Sie müssen mit dichtschließenden Wänden und mit verschließbaren Türen versehen sein. Letztere müssen sich so öffnen, daß man in die Aborte weder von der Arbeitsstätte, noch von der Straße aus sehen kann; eventuell sind vor den Türen Blenden anzubringen.

§ 2. Für die Arbeiter-Aborte dürfen keine durchlässigen Gruben angelegt, sondern müssen bewegliche und wasserdichte Tonnen, welche nach Bedarf behufs Entleerung rechtzeitig zu beseitigen und durch leere Tonnen zu ersetzen sind, aufgestellt werden.

§ 3. Genannte Aborte sind von den Fenstern bewohnter Räume möglichst weit entfernt zu errichten.

§ 4. Vorstehende ortspolizeiliche Vorschriften treten mit dem Tage ihrer Verkündigung in der Gemeindezeitung in Wirksamkeit.

4. Ortspolizeiliche Vorschrift des Stadtmagistrats vom 18. Dezember 1906 zur Verhütung von Belästigungen und Gesundheitsgefährdungen durch Rauch, Staub und übelriechende Gase.

(MGemZ. Nr. 104).

Der Magistrat der K. Haupt- und Residenzstadt München erläßt auf Grund des § 366 Ziff. 10 des RStrGB. und des Art. 94 des PStrGB. nachstehende durch Regierungsentschließung vom 10. Dezember 1906 für vollziehbar erklärte ortspolizeiliche Vorschrift:

I. Belästigungen durch Rauch, Ruß und Gase.

Feuerungsanlagen.

§ 1. Feuerungs- und Schornsteinanlagen müssen derart eingerichtet und in Stand gehalten und was sowohl die Art des Heizmaterials als die Feuerungsbeschickung anlangt, derart bedient werden, daß erhebliche Belästigungen oder Gesundheitsgefährdungen durch Rauch, Ruß oder schädliche Gase vermieden werden.

Der Magistrat ist berechtigt, für einzelne Straßenstrecken oder Stadtbezirke raucherzeugende Großbetriebe oder diejenigen welche nach § 16 der RGewO. besonderer Genehmigung bedürfen, gänzlich auszuschließen.

§ 2. Der Rauch darf gewöhnlich nur in durchsichtiger Form den Kaminen entweichen. Die Entwicklung von andauerndem undurchsichtigen Rauch ist verboten.

§ 3. Vorstehende Vorschrift findet auch Anwendung auf Straßen-Dampfwagen, Lokomobilen, Dampfwalzen, Asphaltschmelzkessel u. dgl.

Betrieb der Feuerungsanlagen.

§ 4. Jeder Unternehmer größerer Feuerungsanlagen ist verpflichtet, gewissenhaftes und geschultes Heizerpersonal zu verwenden. Die vom Magistrat angestellten heiztechnischen Sachverständigen haben das Recht, die Feuerungsanlagen periodischen Besichtigungen und Untersuchungen zu unterziehen, die Heizer zu prüfen und zu unterweisen. Diesen Beamten muß der Zutritt zu den Feuerungsräumen ohne vorherige Anmeldung jederzeit freistehen und ist denselben jede für den Vollzug der gegenwärtigen Vorschriften erforderliche Auskunft zu erteilen.

Üble Gerüche.

§ 5. Entstehen bei einem Betriebe, gleichviel ob derselbe gewerblichen und sonstigen Zwecken dient, übelriechende oder schädliche Gase, Dämpfe oder sonstige üble Gerüche, so sind dieselben durch entsprechende Vorkehrungen und Einrichtungen derart unschädlich zu machen, daß erhebliche Belästigungen oder Gesundheitsgefährdungen vermieden werden.

Änderungen und Ergänzungen.

§ 6. Insoweit die betreffende Anlage den oben bezeichneten Anforderungen nicht entspricht, ist der Magistrat befugt, Änderungen oder Ergänzungen derselben oder des Betriebes vorzuschreiben. Der Inhaber der Anlage bzw. der Betriebsunternehmer ist zur Erfüllung des Auftrages innerhalb der ihm gesteckten Frist verpflichtet.

Kostendeckung.

§ 7. Die Kosten für technische Untersuchungen der Anlagen sowie für Gutachten über vorzunehmende Änderungen haben diejenigen zu tragen, welche für die ungenügende Anlage oder den mangelhaften Betrieb verantwortlich sind.

Kraftmaschinen.

§ 8. Alle mit Spiritus, flüssigen Kohlenwasserstoffen oder explosiblen Gasen betriebenen Kraftmaschinen, sowie die dazu gehörigen Gaserzeugungs- und Hilfsvorrichtungen sind allseits zugänglich in gesonderten, gut gelüfteten Betriebsräumen aufzustellen. Alle Abgas- und Auspuffleitungen sind aus schmiedeisernen Flanschenrohren herzustellen und über Dachfirst zu leiten. Die Benutzung von Hauskaminen zur Ableitung von Gasen ist unzulässig.

Behufs Vermeidung von Belästigungen der Umgebung durch Lärm und Erschütterungen sind nach näherer Anordnung des Magistrats gesonderte Einrichtungen zu treffen.

Kiesquetschanlagen.

§ 9. Die Unternehmer von Kiesquetschanlagen haben allen auf die Verhinderung von Belästigungen durch Staub, Rauch, Ruß oder Lärm abzielenden Aufträgen des Magistrats unbedingt Folge zu leisten. Der Betrieb von Kiesquetschanlagen an Stellen, welche weniger als 150 m von bewohnten Gebäuden entfernt sind, ist nur mit besonderer magistratischer Genehmigung zulässig.

II. Belästigungen durch Staub.

Zeitliche Beschränkung.

§ 10. Das Ausklopfen und Ausstauben von Teppichen, Matten, Läufern, Polstermöbeln, Decken, Bettstücken und ähnlichen Gebrauchsgegenständen ist nur an Werktagen vormittags von 8—11 Uhr und an Samstagen außerdem nachmittags von 3—8 Uhr gestattet.

Örtliche Beschränkung.

§ 11. In Anwesen, welche von mehreren Parteien bewohnt sind, ist das Ausklopfen und Ausstauben von Teppichen, Matten und Läufern auf Gängen und Vorplätzen, außerhalb der Wohnungen in Treppenhäusern, überdeckten Lichthöfen, Lichtschächten und in ähnlichen für mehrere Parteien gemeinsamen Hausräumen nur dann zulässig, wenn zu diesem Zwecke Höfe oder Gärten nicht benützt werden können.

Ausklopfen großer Teppiche.

§ 12. Das Ausklopfen von Teppichen mit einem Flächeninhalt von mehr als 16 qm, sowie von Teppichen und Läufern von Gasthöfen und anderen größeren Betrieben ist nur an Plätzen zulässig, welche mindestens 150 m von bewohnten Gebäuden entfernt sind.

§ 13. Auf eine Reinigung, bei welcher durch besondere Vorrichtungen die Staubentwicklung verhindert wird, finden vorstehende Bestimmungen keine Anwendung.

III. Schlußbestimmungen.

§ 14. Zuwiderhandlungen gegen vorstehende Bestimmungen werden mit Geld bis zu 60 Mk. oder mit Haft bis zu 14 Tagen bestraft, insoweit nicht nach den allgemeinen Strafgesetzen eine höhere Strafe verwirkt ist.

Für den Vollzug sind verantwortlich:

bezüglich der §§ 1 mit 9 die Inhaber der Anlagen bzw. die Betriebsunternehmer, insoweit es sich aber um Verfehlungen des Bedienungspersonals handelt, dieses letztere;

bezüglich der §§ 10 mit 12 diejenigen Personen, welche die fraglichen Arbeiten anordnen oder ausführen.

§ 15. Gegenwärtige Vorschrift tritt am Tage ihrer Verkündung in Kraft. Am gleichen Tage verliert die ortspolizeiliche Vorschrift zur Verhütung von Gesundheitsgefährdungen und Belästigungen durch Rauch und übelriechende Gase vom 11. September 1891, desgleichen die ortspolizeiliche Vorschrift vom 23. Oktober 1906 über den Betrieb von Kiesquetschanlagen ihre Wirksamkeit.

5. Ortspolizeiliche Vorschriften des Stadtmagistrats vom 14. August 1877 über Auflagerung von ungegerbten Häuten und Fellen, von ungereinigten Knochen usw. betr.

(MGemZ. Nr. 80).

Der Magistrat der K. Haupt- und Residenzstadt München erläßt auf Grund des Art. 94 des Polizeistrafgesetzbuches nachstehende ortspolizeiliche Vorschriften:

§ 1. Zur Auflagerung von ungegerbten Häuten und Fellen, von ungereinigten Knochen, von Saitlingen, Talg, Blut und sonstigen tierischen Abfällen, sowie überhaupt von allen Gegenständen und Stoffen, welche gesundheitsschädliche oder in erheblicher Weise belästigende Ausdünstungen verbreiten, ist polizeiliche Genehmigung erforderlich.

Bei einem desfallsigen Gesuche ist ein genauer Situationsplan einzureichen, in welchem insbesondere das zur Auflagerung bestimmte Gebäude, die angrenzenden Anwesen, Brunnen, Bäche, öffentliche Straßen, Plätze und Anlagen einzuzeichnen sind, sowie ein Grundriß und ein Durchschnittsplan der Lagerräume.

§ 2. Frische ungereinigte Knochen dürfen in dichtbevölkerten Stadtteilen nicht aufgelagert werden.

§ 3. Die Genehmigung wird erteilt, wenn aus der Auflagerung eine erhebliche Belästigung oder ein sanitärer Nachteil nicht zu besorgen ist.

Die zur Auflagerung bestimmten Räume müssen frei und luftig gelegen und muß für gehörige Ventilation, sowie für Reinerhaltung des Untergrundes Sorge getragen sein. Es können indessen sowohl bei Erteilung der Genehmigung als auch später noch weitere Auflagen, insbesondere in bezug auf Herstellung eines undurchlässigen Bodens gemacht oder noch besondere polizeiliche Anordnungen getroffen werden, wenn es das Interesse der Reinlichkeit oder Gesundheit erfordert.

§ 4. Die Erteilung der Genehmigung erfolgt nur in widerruflicher Weise.

§ 5. Die Entziehung der Genehmigung kann auch erfolgen, wenn die gemachten Auflagen oder getroffenen polizeilichen Anordnungen nicht erfüllt werden, oder wenn seit Erteilung der Genehmigung sanitäre Nachteile oder erhebliche Belästigungen aus der Auflagerung sich ergeben haben.

§ 6. Vorstehende Bestimmungen finden auch auf die bestehenden Verhältnisse Anwendung.

Innerhalb 14 Tagen von der Verkündigung gegenwärtiger Vorschriften sind sämtliche in den §§ 1 und 2 bezeichneten Auflagerungen bei dem Magistrate anzuzeigen.

6. Ortspolizeiliche Vorschriften des Stadtmagistrats vom 12. August 1913 über das Halten von Haustieren.

(MGemZ. Nr. 67).

Der Magistrat der K. Haupt- und Residenzstadt München erläßt auf Grund des Art. 73 und 94 des Polizeistrafgesetzbuches folgende durch Entschließung der K. Regierung von Oberbayern, Kammer des Innern, vom 23. Juli 1913 als vollziehbar erklärte ortspolizeiliche Vorschriften:

A. Genehmigungspflichtige Stallbetriebe.

§ 1. 1. Zum Einstellen oder Halten von Rindvieh, Schweinen, Schafen, Ziegen, Hausgeflügel jeder Art, zum Betrieb von Kaninchen- und Hundezüchtereien sowie zum gewerbsmäßigen Halten von Hunden ist magistratische Genehmigung erforderlich.

2. Die Genehmigung wird erteilt, wenn nach der örtlichen Lage und nach der baulichen Beschaffenheit der Stallung sowie nach der Art und Größe des Betriebes ein gesundheitlicher Nachteil oder eine erhebliche Belästigung für die Umgebung nicht zu besorgen ist.

§ 2. Die Genehmigung erfolgt nur in widerruflicher Weise. Dieselbe kann insbesondere wieder entzogen werden bei Zuwiderhandlung gegen diese Vorschriften und Nichtbeachtung allenfallsiger Auflagen, oder wenn die Voraussetzungen, unter welchen sie erteilt wurde, nicht mehr zutreffen.

B. Anlage, Einrichtung, Unterhalt, Betrieb und Belegung der Stallungen.

§ 3. Stallanlagen müssen von Grund aus massiv, d. h. entweder gemauert oder aus Beton gebaut sein und den Bestimmungen der §§ 35 und 37 der Münchener Bauordnung und des § 1 der ortspolizeilichen Vorschrift vom 1. Oktober 1893 über die Entwässerung der Grundstücke entsprechen. Die Decke muß feuersicheren Abschluß haben, falls über derselben Lagerräume vorhanden sind.

Auf Kaninchenstallungen finden vorstehende Vorschriften sowie die §§ 5, 6, 7 und 9 keine Anwendung. Die Kaninchenstallungen (bestehend aus Kisten u. dgl.) müssen jedoch einen mit Blech beschlagenen Boden haben und die Ausscheidungen durch eingestreutes Torfmull, Sägspäne und ähnliche aufsaugende Stoffe, welche täglich zu erneuern sind, unschädlich gemacht werden.

§ 4. Unterirdische Stallungen sind nur unter folgenden Voraussetzungen zulässig:

1. Der Fußboden der Stallung muß so hoch liegen, daß dessen unmittelbare und vollständige Entwässerung in einen städtischen Kanal möglich ist.

2. Ferner muß die Deckenfläche mindestens 1,3 m und der Fensterscheitel mindestens 1 m über dem Hofniveau liegen, wenn nicht längs des ganzen Raumes ein Luftkanal von solcher Breite angelegt werden will, daß zur äußeren Unterkante der Fenster noch ein Lichtzutritt unter 45° gewahrt bleibt. Dieser Luftkanal ist offen zu halten, zu pflastern und an die Entwässerungsanlage anzuschließen.

3. Die Umfassungsmauern der Räume sind gegen das anliegende Hofterrain durch einen mindestens 0,25 m breiten ventilierbaren, noch 0,15 m unter dem Fußboden der Stallung hinabgehenden Luftkanal zu isolieren.

4. Die lichte Höhe der Stallräume muß mindestens 2,50 m betragen.

5. Die Beleuchtung muß möglichst ausgiebig sein und zwar muß die Gesamtfläche aller Lichtöffnungen mindestens dem zehnten Teile der Stallgrundfläche gleichkommen.

6. Der Zugang zum Stall muß geräumig und mit einem wasserdichten Pflaster versehen sein. Die Rampe darf keine größere Steigung als eine solche von 1:10 erhalten.

7. Bei Stallungen, die unter Gebäuden liegen, muß die Decke mit einem 15 cm starken Gewölbe oder einer dem Gewölbe gleichwertigen dunstsicheren Deckenkonstruktion versehen werden.

8. Bei Stallungen unter Hofräumen muß sie vollständig wasserdicht und bei einer Mindeststärke von 50 cm durch eine Zwischenlage gegen die Einflüsse der Außentemperatur isoliert sein.

§ 5. Jeder Stall muß ausreichend belichtet und direkt ins Freie wirksam lüftbar sowie mit genügender Wasserzuleitung eingerichtet sein.

§ 6. 1. Die Fußböden sind wasserdicht in leicht zu reinigender Art herzustellen und mit flachen, offenen, mittels Stallsinkkästen an die Entwässerungsanlage angeschlossenen Abflußrinnen zu versehen.

2. Ebenso müssen sämtliche Wände, auch hinter Holzverkleidungen, auf 1 m Höhe aus wasserdichtem, an der Oberfläche geglättetem Material bestehen.

3. Der Fußboden kann in Pferdestallungen mit Holz überbrückt und in Schweinestallungen zum Schutze der Tiere gegen Kälte mit einem leicht wegnehmbaren Bretterbelag versehen werden.

§ 7. Die Futterbarren oder Tröge sowie die Futterraufen müssen in der Regel aus Eisen hergestellt und auch die sonstigen Einrichtungen und Gerätschaften so beschaffen sein, daß sie leicht gereinigt werden können.

§ 8. Geflügelschwemmen sind undurchlässig anzulegen.

§ 9. Im Stallbetriebe ist stets bestmögliche Reinlichkeit zu beobachten und für gehörige Lüftung zu sorgen.

Die Abflußrinnen sind täglich, Geflügelstallungen mindestens zweimal wöchentlich und die Geflügelschwemmen nach jedesmaliger Benützung gründlich zu reinigen.

Bei jeder Reinigung sind die Böden und Rinnen sowie die Brücken und Wände sauber abzuwaschen bzw. zu spülen.

§ 10. 1. Geflügel, Schafe, Ziegen, Kaninchen und Meerschweinchen dürfen in Stallungen oder Räumen, welche unter dem sie umgebenden Niveau angelegt sind, überhaupt nicht untergebracht werden, Rindvieh, Pferde und Schweine aber nur dann, wenn sich fragliche Stallungen nicht in Vordergebäuden befinden.

2. In Rückgebäuden sind Schweinestallungen nur zulässig, solange dieselben weder zu Wohnzwecken noch sonst zum dauernden Aufenthalt von Menschen verwendet sind.

§ 11. Das Auslaufenlassen von Geflügel in den Hofraum oder überhaupt ins Freie ist nur insoweit gestattet, als hiedurch nicht erhebliche Belästigungen der Umgebung herbeigeführt werden.

§ 12. Für Geflügel muß soviel Raum vorhanden sein, daß für je 6 Gänse, 10 Enten oder 15 Hühner (in 1 Steige) eine Bodenfläche von 1 qm zur Verfügung steht.

C. Anlage, Instandhaltung und Entleerung der Düngerstätten, Transport des Düngers und der Jauche.

§ 13. 1. Die Aufbewahrung von Dünger ist nur zulässig in Gruben, welche dem § 46 der Vollzugsvorschriften zur Münchener Bauordnung entsprechen, in gut verschließbaren wasserdichten Behältern oder auf derart ausgestatteten Wagen.

2. Die Düngerstätten sind nach Benützung stets abzuschließen.

3. Den auf Vergrößerung, Vermehrung oder Instandhaltung der Gruben, Behälter und Wagen gerichteten Aufträgen des Magistrats ist Folge zu leisten.

§ 14. 1. Die Wegschaffung des Düngers aus dem Anwesen muß jedenfalls dann erfolgen, wenn die Gruben bis auf 0,30 m, die Behälter oder Wagen aber bis auf 0,03 m vom Rande gefüllt sind.

2. Gruben mit Geflügeldünger sind mindestens einmal wöchentlich vollständig zu räumen.

3. Außerdem muß die vollständige Räumung einer Düngergrube auf besonderes Verlangen des Magistrats auch dann erfolgen, wenn die bauliche Beschaffenheit der Grube den ortspolizeilichen Vorschriften nicht entspricht oder wenn die Räumung aus Rücksichten der Gesundheit und Reinlichkeit geboten erscheint.

§ 15. 1. Die Räumung der Düngergruben sowie das Auf- und Abladen des Düngers, welches, soweit tunlich, nur innerhalb der Anwesen geschehen darf, ist auf nachbezeichnete Zeiten beschränkt:

I. Während der Zeit vom 15. März mit 14. Oktober:
  a) Im allgemeinen: zwischen 6 Uhr abends und 8 Uhr morgens,
  b) für Schweine- und Geflügeldünger: zwischen 11 Uhr abends und 5 Uhr morgens.

II. Während der Zeit vom 15. Oktober mit 14. März:
  a) Im allgemeinen: zwischen 5 Uhr abends und 9 Uhr morgens,
  b) für Schweine- und Geflügeldünger: zwischen 10 Uhr abends und 6 Uhr morgens.

2. Nach dem Aufladen ist der Dünger sofort zu entfernen.

§ 16. Dünger darf nur in Wagen, welche unten und — so hoch als beladen — auch seitlich vollständig geschlossen und für

Flüssigkeiten undurchlässig sind, Jauche nur in gut geschlossenen, wasserdichten Behältern transportiert werden.

§ 17. Jauche darf auf freier Flur nur dann entleert werden, wenn eine erhebliche Belästigung der Umwohner ausgeschlossen erscheint.

D. Besondere Bestimmungen.

§ 18. Besondere Auflagen, welche in einzelnen Fällen im Interesse der Gesundheit und Reinlichkeit sowie zur Fernhaltung von Belästigungen der Umgebung in bezug auf die Anlage einer Stallung, auf den Stallbetrieb sowie auf das Halten von Haustieren überhaupt vom Magistrat gemacht werden, sind stets unweigerlich zu erfüllen.

§ 19. Insoweit nach den örtlichen Verhältnissen oder nach dem Umfang des Stallbetriebes gesundheitliche Gefahren oder erhebliche Belästigungen der Umgebung nicht zu befürchten sind, behält sich der Magistrat vor, von gegenwärtigen Vorschriften in stets widerruflicher Weise entsprechende Erleichterungen oder Ausnahmen zu gewähren.

Diese Bestimmung soll insbesondere auch auf die in den äußeren Stadtteilen gelegenen Ökonomie- und Gärtnereibetriebe Anwendung finden.

E. Schlußbestimmungen.

§ 20. Den gegenwärtigen Vorschriften unterliegen auch die bestehenden Stallbetriebe.

§ 21. Wegen Verletzung der gegenwärtigen ortspolizeilichen Vorschriften sind strafbar:

a) die Viehhalter und ihre Bediensteten,

b) insoweit es sich um bauliche Vornahmen handelt, auch die Eigentümer der fraglichen Stallungen,

c) in den Fällen der §§ 15, 16 und 17 auch die beteiligten Fuhrwerksbesitzer und Fuhrleute.

§ 22. Vorstehende ortspolizeiliche Vorschrift tritt am Tage ihrer Veröffentlichung in der „Münchener Gemeinde-Zeitung" in Kraft. Gleichzeitig verliert die ortspolizeiliche Vorschrift vom 11. Oktober 1910 ihre Wirksamkeit.

V. Feuerpolizeiliche Vorschriften.

1. Auszug aus dem Strafgesetzbuch für das Deutsche Reich.

§ 367. Mit Geldstrafe bis zu einhundertfünfzig Mark oder mit Haft wird bestraft:

. . . .

5. wer bei der Aufbewahrung oder bei der Beförderung von Giftwaren, Schießpulver oder Feuerwerken oder bei der Aufbewahrung, Beförderung, Verausgabung oder Verwendung von Sprengstoffen oder anderen explodierenden Stoffen, oder bei Ausübung der Befugnis zur Zubereitung oder Feilhaltung dieser Gegenstände sowie der Arzeneien die deshalb ergangenen Verordnungen nicht befolgt;
6. wer Waren, Materialien oder andere Vorräte, welche sich leicht von selbst entzünden oder leicht Feuer fangen, an Orten oder in Behältnissen aufbewahrt, wo ihre Entzündung gefährlich werden kann, oder wer Stoffe, die nicht ohne Gefahr einer Entzündung beieinanderliegen können, ohne Absonderung aufbewahrt.

§ 368. Mit Geldstrafe bis zu sechzig Mark oder mit Haft bis zu vierzehn Tagen wird bestraft:

3. wer ohne polizeiliche Erlaubnis eine neue Feuerstätte errichtet oder eine bereits vorhandene an einen andern Ort verlegt;
4. wer es unterläßt, dafür zu sorgen, daß die Feuerstätten in seinem Hause in baulichem und brandsicherem Zustande unterhalten, oder daß die Schornsteine zur rechten Zeit gereinigt werden;
8. wer die polizeilich vorgeschriebenen Feuerlöschgerätschaften überhaupt nicht oder nicht in brauchbarem Zustande hält oder andere feuerpolizeiliche Anordnungen nicht befolgt.

§ 369. Mit Geldstrafe bis zu einhundert Mark oder mit Haft bis zu vier Wochen werden bestraft:

3. Gewerbetreibende, welche in Feuer arbeiten, wenn sie die Vorschriften nicht befolgen, welche von der Polizeibehörde wegen Anlegung und Verwahrung ihrer Feuerstätten sowie wegen der Art und der Zeit, sich des Feuers zu bedienen, erlassen sind.

2. Auszug aus dem Polizeistrafgesetzbuch.

Art. 2 Ziff. 9, 14 und 16. In bezug auf die Zuständigkeit zur Erlassung der in Art. 1 bezeichneten allgemeinen Vorschriften für die im Strafgesetzbuche für das Deutsche Reich behandelten Materien wird bestimmt:

9. in bezug auf § 367 Ziff. 5 werden die vorgesehenen Verordnungen, soweit es sich um die Aufbewahrung oder Beförderung, Zubereitung oder Feilhaltung von Giftwaren und Arzneien handelt, durch Verordnung, soweit dieselben die Aufbewahrung, Beförderung, Zubereitung oder Feilhaltung von Schießpulver oder anderen explodierenden Stoffen oder Feuerwerken betreffen, durch Verordnung oder oberpolizeiliche Vorschriften erlassen;

14. in bezug auf § 368 Ziff. 8 werden die Anordnungen über die polizeilich vorgeschriebenen Feuerlöschgerätschaften sowie die Feuerlöschordnungen durch distrikts- oder ortspolizeiliche Vorschrift erlassen;

16. die in § 369 Ziff. 3 vorgesehenen Vorschriften über die Anlegung und Verwahrung der Feuerstätten von Gewerbetreibenden, welche in Feuer arbeiten, sowie über die Art und Zeit, sich des Feuers zu bedienen, können durch Verordnung, ober- oder ortspolizeiliche Vorschriften erlassen werden.

Art. 101. I. An Geld bis zu einhundertfünfzig Mark oder mit Haft werden Bauherrn, Baumeister und Bauhandwerker gestraft, wenn sie den baupolizeilichen Vorschriften zuwiderhandeln.

II. Baupolizeiliche Vorschriften können in bezug auf Festsetzung und Einhaltung der Bau- und Vorgartenlinien, dann zum Zwecke der Feuersicherheit und Festigkeit der Bauführung sowie der Gesundheit durch Verordnung, ober- oder ortspolizeiliche Vorschrift erlassen werden.

Art. 105. I. In den Fällen des § 367 Ziff. 13—15 und § 368 Ziff. 3 und 4 des StGB. für das Deutsche Reich und der Art. 101 und 102 des gegenwärtigen Gesetzes hat der Richter im Strafurteile auszusprechen, daß die Polizeibehörde berechtigt ist, die Beseitigung des ordnungswidrigen Zustandes anzuordnen und zu diesem Zwecke die Sicherstellung, Abänderung, den gänzlichen oder teilweisen Abbruch des betreffenden Bauwerkes oder der betreffenden Vorrichtung zu verfügen.

II. Besteht Gefahr auf dem Verzuge, so ist die Polizeibehörde berechtigt, die im vorstehenden Absatze bezeichneten Maßregeln, vorbehaltlich Strafverfolgung sofort vorzukehren.

8. Auszug aus der Allerh. Verordnung vom 27. Juni 1862/31. Dezember 1867 die Verhütung von Feuersgefahren betr.

(Regierungsblatt 1862 S. 1573, 1868 S. 5).

§ 2. In Lokalen, in welchen Vorräte von Holz oder sonstigen leicht entzündlichen Stoffen lagern oder verarbeitet werden, sind offene Feuerstätten unzulässig. Die Öfen in solchen Lokalen müssen von außen heizbar oder, wo dies untunlich ist, mit verschließbaren Vorgelägen versehen sein.

4. Ortspolizeiliche Vorschrift der Lokalbaukommission vom 29. Oktober 1920 für die bauliche Anlage und innere Einteilung von Theatern, Versammlungsräumen, Zirkusanlagen und Lichtspieltheatern.

(MGemZ. Nr. 93).

Die Lokalbaukommission erläßt auf Grund des Art. 101 des PStGB. nachstehende, von der Regierung von Oberbayern, Kammer des Innern, mit Entschließung vom 29. Okt. 1920 Nr. e 8306 A I für vollziehbar erklärte ortspolizeiliche Vorschrift:

I. Theater.

Begriffsbestimmung der Theater.

§ 1. Als Theater gelten diejenigen Gebäude, welche für gewerbsmäßige Aufführungen, die einer Erlaubnis nach §§ 32, 33a der Reichsgewerbeordnung bedürfen, ausdrücklich bestimmt sind oder nach ihrer Gesamtanlage für solche Aufführungen geeignet erscheinen.

a) Theater.

Lage und Verbindung mit der Straße.

§ 2. 1. Die Theatergebäude sollen mit ihrer die Hauptein- und -ausgänge enthaltenden Front in der Baufluchtlinie einer öffentlichen durchgehenden Straße oder in einem Abstand von derselben liegen, welcher eine Bebauung der zwischenliegenden Fläche ausschließt. Der Abstand der vorerwähnten Front des Theatergebäudes von der gegenüberliegenden Straßenfluchtlinie soll in der Regel mindestens 20 Meter betragen.

2. Dieser Abstand darf, sofern nicht einschlägige Bestimmungen der Münchener Bauordnung entgegenstehen, ausnahmsweise bis auf 15 Meter ermäßigt werden, wenn das Theatergebäude ringsum frei oder auf einem Eckgrundstück liegt.

3. Von der unmittelbaren Lage eines Theaterbaues an der Straße kann abgesehen werden, wenn er allseitig von Höfen umgeben ist, die vor den Hauptein- und -ausgängen Abmessungen von mindestens 15 Meter Breite und die erforderliche Zahl von Verkehrswegen zur Straße haben.

4. Bei Theatern mit weniger als 800 Zuschauern können, wenn die Verhältnisse es gestatten, geringere Abstände zugelassen werden.

5. Zwischen nachbarlichen Brandmauern darf ein Theatergebäude nur dann aufgeführt werden, wenn es mit mindestens zwei Straßen durch Durchfahrten verbunden wird. Die Höhe der Durchfahrten muß im Lichten mindestens 3,20 Meter betragen, die Mindestbreite ergibt sich daraus, daß neben der vorschriftsmäßigen Fahrbahnbreite (2,40 Meter) erhöhte Gehbahnen vorhanden sein müssen, deren Breite so beschaffen ist, daß für je 200 Personen 1 Meter verfügbar ist.

6. Bei derartiger Stellung eines Theaterneubaues muß auf beiden Langseiten des Zuschauerhauses je ein offener Verkehrsraum frei bleiben, dessen Breite, sofern nicht nach den §§ 70 und 71 der Münchener Bauordnung größere Abstände einzuhalten sind, bei Theatern mit einem Fassungsraum von über 1200 Personen mindestens 12 Meter, bei Theatern unter der angegebenen Größe mindestens 9 Meter betragen muß.

7. In den Umfassungswänden des Theaters sollen Tür- und Fensteröffnungen nur da angelegt werden, wo der Abstand einer solchen Öffnung von der Nachbargrenze oder von anderen Bauten auf demselben Grundstück mindestens 9 Meter beträgt.

Bauart.

Wände, Dachflächen, Durchbrechungen derselben, Fußböden, Decken, Korridore.

§ 3. 1. Die Umfassungswände eines Theatergebäudes, die Trennungswand zwischen Bühnenhaus und Zuschauerhaus sowie die Wände, welche Treppen umschließen, sind massiv, die inneren Scheidewände mit Ausnahme der Trennungswände zwischen den Logen, desgleichen die Dachstühle sowie der Schnürboden aus feuersicherem Material herzustellen. Bei den Dachstühlen dürfen Pfetten und Sparren aus Holz bestehen. Durchbrechungen der Dachflächen sind derart einzurichten, daß gegen Übertragung eines Feuers von außen her sicherer Schutz gegeben ist.

2. Luftabzugsöffnungen und Oberlichte sind zwischen Decken und Dächern mit feuersicheren, mindestens 40 Zentimeter hoch über der Dachfläche hinausgeführten Einfassungen zu versehen oder es sind an Stelle der Überdachführung dieser Einfassungen 1 Meter breite Betonstreifen in unmittelbarem Anschluß an die Wandungen herzustellen. In der gleichen Weise sind die Umfassungswände von Lichthöfen nach oben abzuschließen; in diesen Wänden, welche massiv sein müssen, dürfen Fenster aus Holz nicht hergestellt werden. Unterhalb der äußeren Oberlichte sind Drahtnetze oder Drahtglas anzubringen.

3. Die Fußböden der Flure, Vorsäle und Korridore sind in der Regel aus unverbrennlichem Material herzustellen. Ein hölzerner Fußbodenbelag ist statthaft, wenn er unter Vermeidung von Hohlräumen dichtschließend auf unverbrennlicher Unterlage liegt.

4. Die Decken der Durchfahrten, Flure, Korridore und Treppenräume sind aus feuerfestem Material herzustellen; für die Decken des Bühnen- und Zuschauerhauses genügen feuersichere Konstruktionen.

5. Die Decke des Kellergeschosses ist mit Ausnahme der unter der Bühne liegenden Teile feuerfest herzustellen und darf das Kellergeschoß, soweit in demselben Magazin- und Lagerräume angelegt werden, nicht in unmittelbarer Verbindung mit Korridoren und Treppenräumen stehen.

6. Alle Treppenräume, sowie die Korridore des Zuschauerhauses müssen unmittelbar von außen beleuchtet werden. Für Korridore sind Oberlichte ausgeschlossen.

Treppenanlagen im allgemeinen.

§ 4. 1. Treppen sind aus feuerfestem Material herzustellen.

2. Die Treppenstufen müssen einen Auftritt von wenigstens 30 Zentimeter haben; ihre Steigung darf höchstens 16 Zentimeter betragen.

3. Geschwungene Treppen müssen an den schmalsten Stellen mindestens 23 Zentimeter Auftritt erhalten.

4. Die Treppen sind auf beiden Seiten mit Geländern oder Handläufern zu versehen, welche keine freien Enden haben dürfen.

5. Bei Feststellung der vorschriftsmäßigen Abmessung einer Treppe soll die Weite zwischen den Geländern gemessen maßgebend sein.

6. Bei Treppen mit geraden Läufen dürfen Wendelstufen nicht angeordnet werden. Die Podeste derselben dürfen nicht schmäler sein als die Treppenläufe.

7. Verschläge unter Treppen sind verboten.

Geschäfts-, Restaurations- und Wohnräume im Theatergebäude.

§ 5. 1. Wohnräume dürfen im Bühnenhause nur für einen Bediensteten (Hausmeister) und zwar nur im Erdgeschoß angelegt werden und höchstens eine Gesamtfläche von 125 Quadratmeter bedecken; sie müssen Decken aus feuerfestem Material erhalten, durch massive Wände ohne Öffnungen von den übrigen Gebäudeteilen abgeschlossen und lediglich von außen her oder durch einen an der Außenfront liegenden Raum nach § 53 Abs. III der Münchener Bauordnung zugänglich gemacht werden.

2. Im Zuschauerhause ist die Anlage von Wohnräumen unzulässig.

3. Die Anlage vermietbarer Geschäftsräume, sowie allgemein zugänglicher Restaurationen und Konditoreien darf in einem Theatergebäude, sofern sonstige bau- und feuerpolizeiliche Hindernisse nicht entgegenstehen, nur im Erdgeschoß und unter der Bedingung zugelassen werden, daß solche Räume Decken aus feuerfestem Material erhalten, durch massive Wände ohne Öffnungen von den für den Theaterbetrieb benutzten Gebäudeteilen abgeschlossen und im allgemeinen lediglich von außen her zugänglich gemacht werden. Sollen diese Lokale den Theaterbesuchern zugänglich sein, so sind hierfür besondere Zugänge zu schaffen, die von den Korridoren, Treppen usw. durch doppelt feuer- und rauchsicher abschließbare Vorräume getrennt sind.

4. Werden besondere Restaurationsräume vorgesehen, so sollen dieselben, falls ihre Gesamtgrundfläche mehr als 50 Quadratmeter beträgt, in der Regel nicht höher als im Erdgeschoß liegen

und direkte, gegen die übrigen Räume durch massive, öffnungslose Wände und feuerfeste Decken getrennte Ausgänge zur Straße erhalten.

5. Diese Bestimmung findet auf Räume mit Verkaufstischen zur Verabreichung von Erfrischungen für die Theaterbesucher keine Anwendung.

6. Die Anlage von Magazinen für Dekorationen und Möbel, ferner von Werkstätten ist im Zuschauerhause verboten.

Räume zur Aufbewahrung von Kleidern, Schuhen, Rüstungen, Waffen u. dgl. dürfen im Keller- und Dachgeschoß des Zuschauerhauses untergebracht werden, wenn sie von den dem Publikum zugänglichen Räumen durch massive Mauern und feuerfeste Decken ohne Öffnungen getrennt sind; unter dem Zuschauerraum und den umgebenden Fluren dürfen sich diese Räume jedoch nicht befinden.

7. Werden Magazinräume oder Werkstätten im Bühnenhause angelegt, so dürfen sie nicht in unmittelbarer Verbindung mit den für den Verkehr im Bühnenhause erforderlichen Gängen und Treppen stehen.

Im Bühnenraum, auf dem Schnürboden und in der Unterbühne dürfen Magazine, Requisitenräume oder Werkstätten nicht angelegt werden.

Zugänge zum Dachgeschoß.

§ 6. 1. Die Zugänge zum Dachgeschoß, deren mindestens zwei angelegt sind, müssen mit feuer- und rauchsicheren, selbsttätig zufallenden, unverschließbaren Türen versehen werden. Sind zur Herstellung dieser Zugänge Einbauten in den Dachraum erforderlich, so müssen dieselben aus feuerfestem Material ausgeführt werden.

2. Soweit ein Dachraum vorhanden ist, muß der Fußboden desselben durchweg feuersicher abgedeckt werden.

Blitzableiter, Aufsteigleitern.

§ 7. 1. Alle Theatergebäude sind mit Blitzableitern zu versehen.

2. An den Außenfronten und in den Höfen sind nach näherer Bestimmung der Feuerpolizeibehörde eiserne, in einer Höhe von 3—4 Meter über dem Erdboden beginnende Leitern für die Feuerwehr anzulegen.

Zuschauerhaus.

Anlage des Parketts und der Ränge.

§ 8. 1. Das Parkett soll grundsätzlich in Erdgeschoßhöhe liegen. Hiervon darf nur zugunsten von Kleiderablagen unter dem Parkett abgewichen werden. Doch darf in diesem Falle der höchste Punkt der Parkettflur höchstens 5 Meter über Straßenhöhe liegen.

2. Über dem Parkett sollen höchstens drei, in Rauchtheatern (Varieté-Theatern) höchstens zwei Ränge angelegt werden. Im

allgemeinen soll kein Rang mehr als sechs hintereinander aufsteigende Sitzreihen aufweisen; ausnahmsweise sind gegenüber der Bühne bis zu zwölf Sitzreihen zulässig, doch sind für je höchstens sechs Sitzreihen eigene Korridore und Treppen herzustellen. Kein Rang soll über die Rückwand des darunter befindlichen Ranges mehr als sechs Sitzreihen vorspringen. Je zwei Sitzreihen der Ränge, welche auf einen Ausgang angewiesen sind, dürfen unter sich keinen größeren Höhenunterschied als 55 Zentimeter auf 80 Zentimeter Länge aufweisen.

3. Der Fußboden des letzten Platzes im obersten Rang darf mit seiner Vorderkante nicht über dem Schenkel eines Winkels von 30 Grad liegen, dessen Scheitel auf dem Bühnenpodium beim Anschluß des Schutzvorhangs liegt, und dessen anderer Schenkel eine in der Längsmittelachse liegende Horizontale bildet.

4. Die Decke des obersten Ranges muß überall mindestens 2,5 Meter über dem Fußboden der höchsten Plätze liegen; über den hinteren Reihen im Parkett muß das entsprechende Maß mindestens 2,30 Meter betragen.

5. Im Parkett und auf den nicht zu Logen eingerichteten Rangteilen müssen die Sitzreihen unverrückbar auf dem Fußboden befestigt werden. Es dürfen nur Klappsitze, welche selbsttätig aufschlagen, verwendet werden.

6. Das Steigungsverhältnis der vom Parkettflur zugänglichen Parketteile darf in der Regel 1 Meter Höhe auf 4 Meter Länge nicht überschreiten.

7. Der Fußboden der untersten, vom Parkettflur aus zugänglichen Platzreihe des Parketts darf nicht tiefer als 1 Meter unter, der Fußboden der höchsten vom Flur zugänglichen Reihe nicht höher als 2 Meter über dem Flurteile vor dem zugehörigen Parkettausgange liegen.

Ausgänge aus dem Parkett und den Rängen.

§ 9. Die Anzahl und Breite der auf die Korridore führenden Türen ist für das Parkett und für die nicht zu Logen eingerichteten Rangteile nach dem Verhältnis von 1 Meter für 70 Personen, bei Rauchtheatern (Varieté-Theatern) 1 Meter für 60 Personen zu bemessen. Im allgemeinen sollen nicht mehr als fünf Parkettreihen auf einen Ausgang treffen; lediglich in der ersten und letzten Platzabteilung kann diese Anzahl überschritten werden, wenn die Sicherheit der Entleerung anderweitig gewährleistet ist. Die Türöffnung darf nicht unter 90 Zentimeter breit sein.

Stufen.

§ 10. 1. Stufen mit günstigen Steigungsverhältnissen können in den Gängen innerhalb des Parkettraumes zugelassen werden, jedoch nur dann, wenn eine anderweitige Lösung durch vorschriftsmäßige Rampen unmöglich ist.

2. Sollen Höhenunterschiede zwischen dem Parkett und dem Parkettflur durch Stufen innerhalb der beide Räume verbindenden Ausgänge ausgeglichen werden, so dürfen die Stufen nicht vor die inneren Wandflächen des Parkettflurs vortreten. Soll die Ausgleichung der Höhenunterschiede durch Rampen erfolgen, so ist das Steigungsverhältnis nach § 11 zu bestimmen.

Korridore.

§ 11. 1. Die für das Parkett und die Ränge anzulegenden Korridore sind in der Regel ununterbrochen um den Zuschauerraum herumzuführen. Einbauten von Rangteilen, welche die Korridore in der Mitte unterbrechen, können zugelassen werden, sofern dabei für eine genügende anderweitige Verbindung der beiden Korridorhälften Sorge getragen ist.

2. Stufen in den Korridoren sind unzulässig.

3. Rampen dürfen keine größere Steigung als 1:10 erhalten.

4. Das allgemeine Gefälle von Fluren darf aber das Verhältnis von 1:20 nicht überschreiten.

5. Die Breite der seitlichen Korridore soll in allen Fällen mindestens 3 Meter, der Verbindungskorridore 2 Meter betragen, im übrigen jedoch nach dem Verhältnis von 1 Meter für 80 Personen bemessen werden.

6. Von der Anlage von Korridoren kann im Parkett abgesehen werden, wenn die Ausgänge direkt ins Freie führen.

Treppen der einzelnen Ränge.

§ 12. 1. Für jeden Rang, für jede an eine besondere Fluranlage angeschlossene Rangerweiterung und für jede Abteilung eines Hochparketts sind zwei besondere Treppen anzulegen, welche nur einen Zugang zu dem betreffenden Rang usw. haben dürfen und einen unmittelbar auf die Straße führenden Ausgang erhalten müssen, wobei Freitreppen nur bis zu einer Höhe von 2 Meter über der Straße zulässig sind.

2. Die Breite dieser Treppen soll nach dem Verhältnis von 1 Meter für 90 Personen berechnet werden.

3. Ergibt sich bei der Berechnung der erforderlichen Treppenbreiten mehr als 2,50 Meter, so sind für jede Rangseite zwei oder mehr Treppen anzulegen.

Laufgänge bei nicht freistehenden Theatern.

§ 13. 1. Wenn Theater zwischen nachbarlichen Brandmauern eingebaut werden, so soll außer den erforderlichen Treppen auf jeder Ranghöhe in den offenen Höfen je ein eiserner Laufgang von mindestens 1,25 Meter lichter Breite angelegt und durch wenigstens zwei Türen mit den um die Ränge herumgeführten Korridoren in Verbindung gebracht werden, wenn die besonderen örtlichen Verhältnisse dies als wünschenswert und zweckmäßig erscheinen lassen. Von diesen Laufgängen sollen eiserne Treppen in gleicher Breite in den Hof hinabführen.

2. Im allgemeinen dürfen über dem 1. Rang befindliche Terrassen, Balkone usw. dem Publikum nur dann zugänglich gemacht werden, wenn sie unter Annahme einer Norm von 5 Personen auf 1 Quadratmeter die gesamte in Betracht kommende Personenzahl aufnehmen können oder wenn sie mit Treppen versehen sind, über welche der Erdboden sicher erreicht werden kann.

Ausgänge ins Freie. Sicherung der Rückzugswege.

§ 14. 1. Alle Ausgänge sind als solche mit großer Schrift kenntlich zu machen. Die nächsten Wege zu den Ausgängen, welche möglichst geradlinig ins Freie führen sollen, sind erforderlichenfalls durch Richtungspfeile und entsprechende Aufschriften an den Wänden zu bezeichnen. Die Türen und Treppen sind derart anzuordnen, daß die Mehrzahl der Besucher sich von der Bühne abwenden muß, um die Ausgänge zu erreichen.

2. Die Anzahl und Breite der Ausgänge ins Freie ist so zu bestimmen, daß für je 90 Personen 1 Meter Breite gerechnet wird. Die Mindestbreite der Ausgänge beträgt 1,50 Meter. Ausgänge von Treppenhäusern sind in derselben Breite wie die Treppen selbst anzulegen.

3. Tische, Tischplatten, Fensterbretter, Hydranten u. dgl. sollen auf Korridoren über die Wandflächen nicht hinausragen. Sitze für Logendiener müssen selbsttätig aufklappen und in Wandnischen angebracht werden.

Türen.

§ 15. 1. Alle Türen sind nach außen aufschlagend anzuordnen. Findet auf dem vorliegenden Korridor ein Verkehr senkrecht zur Türachse statt, so darf die Türe nicht mehr als 15 Zentimeter in den Korridor oder Treppenraum vortreten. Ist diese Forderung nicht zu erfüllen, so müssen die Türflügel in eine Wandvertiefung herumschlagen und an den Wänden durch selbsttätige Federn festgehalten werden. Die Anbringung von Schiebetüren ist verboten. Die Verschlüsse der Türen müssen so eingerichtet sein, daß sie durch einen einzigen Griff in Höhe von ungefähr 1,20 Meter über dem Fußboden von innen leicht zu öffnen sind oder durch einen leichten Druck von innen sich von selbst öffnen.

2. Die inneren Türgriffe des Zuschauerraumes müssen vertieft angebracht werden. Kanten- und Schubriegel sind verboten.

Fenster.

§ 16. Alle Fenster müssen mindestens einen beweglichen, von innen bequem mit einem einzigen Griff leicht zu öffnenden Flügel von mindestens 35 Zentimeter lichter Breite und mindestens 1,25 lichter Höhe haben. Gitter vor den Fenstern werden nur dann zugelassen, wenn sie sich gleichzeitig mit den Fensterflügeln öffnen lassen. Ausnahmen sind für das Kellergeschoß und für Kassenräume zulässig.

Kleiderablagen.

§ 17. 1. Die Kleiderablagen für die Zuschauer müssen mit reichlich bemessenem freien Platz vor den Ausgabetischen eingerichtet werden.

2. Wenn für die Räume der Kleiderablagen Korridorerweiterungen benützt werden, so muß das für den Korridor an sich erforderliche Maß in ganzer Länge vor den Ausgabetischen um mindestens ein Drittel der Korridorbreite erweitert werden.

3. Die Länge der Ausgabetische ist derart zu bemessen, daß für je 100 Personen mindestens 5 lfd. Meter Tisch verfügbar sind.

4. Wenn die Ausgabetische nicht mit den eingebauten Pfeilern in einer Flucht angeordnet werden können, muß zwischen den Pfeilern und der Vorderkante der Ausgabetische ein freier Raum von mindestens 1,25 Meter verbleiben.

Bühnenhaus.

Schnürboden. Bühnenöffnung. Schutzvorhang.

§ 18. 1. Der Schnürboden über dem Bühnenraum soll des sicheren Rauchabzuges wegen mindestens um die Höhe der Bühnenöffnung höher liegen, als die Hauptdecke des Zuschauerraumes im Mittel gemessen; zum mindesten aber soll die Höhe bis zum Schnürboden der doppelten Breite der Bühnenöffnung gleich sein. Die Breite der Bühne soll gleichfalls wenigstens die doppelte Breite der Bühnenöffnung betragen, die Tiefe der Bühne $3/4$ der Bühnenbreite.

2. Der Bühnenraum ist von allen übrigen Teilen des Bühnenhauses sowie vom Zuschauerhause durch massive Wände, welche mindestens 40 Zentimeter über die Dachfläche geführt werden müssen, zu trennen. An Stelle der Überdachführung der Umfassungswände des Bühnenraumes kann auch eine Betonstreifenisolierung im Sinne des § 3 Ziff. 2 zugelassen werden. Zwischen Bühnenraum und Zuschauerhaus darf die Proszeniumsmauer in der Regel nur von der Bühnenöffnung durchbrochen werden. Die übrigen Umfassungsmauern des Bühnenraumes dürfen im Keller und in Bühnenhöhe unter Verwendung einfacher, selbsttätig feuer- und rauchsicher abschließbarer Türen, in den übrigen Geschossen dagegen nur bei Einschaltung von doppelt feuersicher und rauchdicht abschließbaren Vorräumen durchbrochen werden.

3. Bühnenhaus (nicht Bühnenraum) und Zuschauerhaus dürfen unter Einschaltung der obenerwähnten Vorräume verbunden werden.

4. Die Bühnenöffnung muß gegen den Zuschauerraum durch einen Schutzvorhang oder durch leicht und sicher bewegliche Schiebetüren feuer- und rauchsicher abgeschlossen werden können. Die Vorrichtung muß sich mit einer Geschwindigkeit von mindestens 025 Meter-Sekunden bewegen. Das Material solcher Schutzvorhänge und Schiebetüren muß unverbrennlich sein und an den

schwächsten Stellen mindestens die Festigkeit von 1 Millimeter starkem glatten Eisenblech besitzen. Ihre Konstruktion muß im ganzen einen Überdruck von 45 Kilogramm auf 1 Quadratmeter Fläche aushalten können, ohne daß bleibende Durchbiegungen eintreten.

5. Die Auslösung der Bewegungsvorrichtungen für die Schutzvorhänge und Schiebetüren muß von mindestens zwei Stellen aus, deren eine außerhalb des Bühnenraumes liegen muß, durch einen einzigen Griff bewirkt werden können.

6. Die Anbringung einer kleinen Tür im Schutzvorhang ist zulässig, jedoch muß diese selbsttätig schließend sowie feuer- und rauchsicher hergestellt werden.

Breite und Anzahl der Korridore und Türen. Ankleideräume für die Darsteller.

§ 19. 1. Sämtliche Räume des Bühnenhauses mit Ausnahme der Magazine sollen unmittelbar zugänglich an Korridoren von wenigstens 2 Meter lichter Breite in Bühnenhöhe und 1,50 Meter lichter Weite in den übrigen Geschossen liegen und durch mindestens zwei Treppen von je 1,25 Meter Breite Ausgänge ins Freie erhalten. Die Umfassungswände und Decken der Korridore und Treppenhäuser sowie die Treppen selbst müssen aus massivem bzw. feuerfestem Material hergestellt werden.

2. Ist der zwischen den Umfassungswänden gemessene Flächeninhalt einer Bühne (jedoch mit Ausschluß einer etwaigen Hinterbühne) größer als 350 Quadratmeter, so muß für je 50 Quadratmeter Bühnenfläche mehr die Breite der Korridore um je 15 Zentimeter vergrößert werden. Im übrigen ist die Breite der Ausgänge, Treppen usw. so zu bemessen, daß für je 90 Personen des zulässigen Personals 1 Meter Breite verfügbar ist.

3. Die Anzahl und Breite der vom Bühnenraum nach den Korridoren führenden Türen ist so zu bestimmen, daß auf je 100 Quadratmeter Bühne mindestens 1 Meter Türbreite vorhanden ist.

4. Mindestens auf zwei Seiten des Bühnenraumes jedoch muß je eine Tür von mindestens 1 Meter und höchstens 1,60 Meter Breite liegen. Außerdem ist jede Bühnenerweiterung mit wenigstens einer Türe, nach Bedarf jedoch mit weiteren Türen derart zu versehen, daß ein sicherer Rückzug gewährleistet erscheint. Unmittelbare Ausgänge ins Freie soll der Bühnenraum mit seinen Erweiterungen nicht besitzen.

5. Für die Darsteller müssen ausreichende, den baupolizeilichen Anforderungen an Räume zu dauerndem Aufenthalte von Menschen entsprechende Ankleideräume vorhanden sein. Ihre Größe ist so zu bemessen, daß für jeden Darsteller 2 Quadratmeter verfügbar sind. Die Ankleideräume müssen mit der Bühne in baulichem Zusammenhange stehen und von dieser aus bequem zu erreichen sein.

Magazine.

§ 20. Als Magazine sind besondere Räume herzustellen, welche von massiven Umfassungswänden und feuerfesten Decken eingeschlossen sein müssen und mit anderen Räumen nur durch feuersichere Vorräume (§ 5) verbunden werden dürfen. Sie müssen von außen unmittelbar zugänglich sein oder Fenster haben, die ins Freie führen und nicht vergittert sind.

Rückzugswege für die Bühnenarbeiter.

§ 21. Für die im Bühnenraum beschäftigten Arbeiter sind in Höhe sämtlicher Galerien mindestens zwei sichere Rückzugswege zu schaffen und mit mindestens zwei Treppen zu verbinden, deren Anlage den Bestimmungen des § 38 der Münchener Bauordnung entspricht. Führen die Rückzugswege über Korridore des Bühnenhauses, so sind letztere gegen den Bühnenraum durch doppelt abschließbare feuer- und rauchsichere Vorräume zu trennen.

Materialien für den inneren Ausbau des Bühnenhauses.

§ 22. 1. Für den inneren Ausbau des Bühnenhauses sind tragende Konstruktionsteile aus unverbrennlichem Material herzustellen; im übrigen sind tunlichst flammensichere Stoffe zu verwenden. Freiliegendes Holzwerk ist zu hobeln oder auf andere geeignete Weise gegen schnelles Entflammen zu sichern.

2. Durch geeignete Vorkehrungen ist zu verhüten, daß Personen in die Bahn der Gegengewichte und Fahrstühle geraten können.

Alarmeinrichtungen.

§ 23. Die sofortige Alarmierung des gesamten Personals bei Entstehung einer Gefahr muß durch Signaleinrichtungen sichergestellt sein.

Beleuchtung, Heizung und Lüftung.

Beleuchtung.

§ 24. Die Verwendung von Gas und Mineralölen zu Beleuchtungszwecken irgendwelcher Art ist in Theatern unstatthaft. Es ist vielmehr in allen Teilen eines Theaters — ausschließlich jener Räume, welche nicht zum Theater gehören und von diesem durch öffnungslose massive Wände und feuerfeste Decken getrennt sind — elektrische Beleuchtung herzustellen. Für die Einrichtung der elektrischen Beleuchtungsanlage sind die „Vorschriften für die Errichtung elektrischer Starkstromanlagen nebst Ausführungsregeln" und für den Betrieb die „Vorschriften für den Betrieb elektrischer Starkstromanlagen nebst Ausführungsregeln" des Verbandes deutscher Elektrotechniker maßgebend.

Heizung.

§ 25. 1. Die Erwärmung des Theatergebäudes darf nur durch Zentralheizung erfolgen. Die Räume, in denen die Feuerstellen sich befinden, und die Räume für die Aufbewahrung von Brennmaterialien müssen von massiven Wänden und feuerfesten Decken umschlossen, möglichst von außen zugänglich, sonst aber von einem an der Außenfront des Gebäudes liegenden, nach § 53 Ziff. 3 der Münchener Bauordnung ausgebildeten Raum erreichbar sein.

2. Die Heizkörper im Bühnenraum, in den Magazinen (soweit solche in letztgenannten Räumen genehmigt werden) und in den Kleiderablagen müssen mit unverbrennlichen Schutzmänteln versehen sein.

3. Kanäle für die Leitung heißer Luft müssen feuerfest und so angelegt sein, daß sie vom Staub gereinigt werden können. Austrittsöffnungen für Luft, welche auf mehr als 50 Grad Celsius erwärmt wird, müssen von leicht brennbaren Stoffen allseitig mindestens 25 Zentimeter entfernt sein. Hohlräume für Dampf- und Wasserheizröhren müssen durchweg von Wänden aus feuersicherem Material umschlossen sein. Offenliegende, nicht isolierte Leitungsröhren sind von brennbaren Stoffen entsprechend fernzuhalten und durch abnehmbare Drahtnetze, Bleche oder dergleichen gegen Berührung zu verwahren.

4. Um das Eindringen von Rauch in das Zuschauerhaus und in das Bühnenhaus verhüten zu können, müssen alle Kanäle in den Heiz- und Lüftungskammern mit rauchsicheren Verschlüssen versehen werden.

5. In den Magazinen soll die Anbringung von Heizvorrichtungen vermieden werden.

6. In der für den Aufsichtsbeamten zugelassenen Wohnung sowie in Restaurationen kann die Verwendung von Kachelöfen und Herden ausnahmsweise unter besonderer Vorsicht bei Anlage der Rauchrohre, der Feuerung und des Aschenfalls zugelassen werden, wenn ein anderer Ausweg nicht möglich ist.

Lüftung.

§ 26. 1. Bei Kanälen zur Zuführung frischer und zur Abführung verbrauchter Luft ist besonderes Augenmerk darauf zu richten, daß sie zur schnellen Verbreitung eines Feuers nicht beitragen können.

2. Der Bühnenraum ist mit Luftabzügen zu versehen, welche als Wand- und Deckenabzüge ausgebildet werden können.

3. Als Wandabzüge dürfen auch Fenster verwendet werden; die Deckenabzüge sind möglichst nahe dem Dachfirst und so ins Freie zu führen, daß ihre absaugende Wirkung unter allen Umständen gewährleistet erscheint.

4. Die Summe der freien Durchgangsflächen dieser Abzüge soll mindestens 12 Prozent von der Grundfläche der Bühne betragen und zwar müssen 5 Prozent über dem Schnürboden liegen. Von diesen 5 Prozent müssen 3 Prozent Durchbrechungen des Schnürbodens hergestellt werden (Öffnungen von wenigstens 80 Zentimeter kleinster Abmessung); die übrigen 2 Prozent können auf die Schlitze des Schnürbodenbelages gerechnet werden, wenn diese ¼

der Breite der Belagsbohlen, mindestens aber 4 Zentimeter betragen. Wenn die Wandabzugsöffnungen über dem Schnürboden liegen, dann ist letzterer ebenfalls entsprechend zu durchbrechen. Sämtliche Abzugsvorrichtungen müssen durch einen Griff von zwei gesicherten Stellen aus (eine hiervon außerhalb der Bühne) zu öffnen sein bzw. durch einen Überdruck von 35 Kilogramm pro Quadratmeter sich von selbst öffnen.

5. In der Decke des Zuschauerraumes ist möglichst nahe der Bühne eine Luftabzugsöffnung anzulegen, deren Querschnitt mindestens 3 Prozent der Grundfläche des Zuschauerraumes betragen soll. Der Verschluß dieses Luftabzuges muß durch einen einzigen Griff von zwei gesicherten Stellen aus (eine hiervon auf der Bühne) geöffnet werden können.

6. Alle Treppenräume müssen mit genügenden Lüftungseinrichtungen versehen sein, die vom Erdgeschosse aus bedient werden können. Beim Vorliegen besonderer Verhältnisse kann ausnahmsweise auch die Ausstattung der Korridore mit solchen Einrichtungen verlangt werden.

Feuerlösch-Einrichtungen.

§ 27. 1. Jedes Theatergebäude muß an die städtische Hochdruckwasserleitung angeschlossen werden.

2. Jedes Theatergebäude soll nach besonderen Angaben des Stadtrates Hydranten und eine Regenvorrichtung, je mit getrennten Zuleitungen, für die Bühne erhalten. Einzelbestimmungen über Wassermengen und Druckröhren, über Anbringung und Anzahl der Hydranten bleiben gleichfalls dem Stadtrat vorbehalten.

3. Jedes Theatergebäude muß mit einem Feuermeldeapparat und einem Telephon, welche beide mit der Hauptfeuerwache in unmittelbarer Verbindung stehen, versehen werden.

4. Außerdem ist in jedem Theater eine elektrische Alarm- und Kontrollanlage einzurichten, womit von verschiedenen Punkten des Gebäudes aus die Hauptfeuerwache sowie zugleich die vorhandene Feuerwache oder das vorhandene Wächterpersonal bei einem Brandausbruche alarmiert werden kann.

5. Einzelbestimmungen über diese Anlagen erläßt in jedem einzelnen Falle der Stadtrat. Die Angaben erfolgen bei Genehmigung der Pläne.

b) Zeitweilige Baulichkeiten.

§ 28. 1. Auf zeitweilige, für Theatervorstellungen bestimmte Baulichkeiten sollen die im vorstehenden für Theater in bezug auf schnelle und gefahrlose Entleerung abzielenden Richtpunkte sinngemäße Anwendung finden.

2. Welche von den übrigen Richtpunkten im Einzelfalle noch angewendet werden, unterliegt dem Ermessen der zuständigen Polizeibehörde.

II. Versammlungsräume.

(Versammlungsräume mit Bühnen, mit Podien und solche ohne derartige Einbauten.)

§ 29. 1. Versammlungsräume mit Bühnen sind diejenigen Gebäude, welche eine von massiven Mauern umgebene Bühne von höchstens 75 Quadratmeter Grundfläche ohne Schnürboden, Galerien, Laufstege und Unterbühne besitzen und welche nur gelegentlich zu Theateraufführungen benützt werden.

2. Singspielhallen (Kabaretts) usw. sind solche bauliche Anlagen, welche lediglich ein in den Saal gebautes Podium von höchstens 30 Quadratmeter Grundfläche ohne Unterbühne und Schnürboden besitzen.

3. Versammlungsräume im engeren Sinne sind alle baulichen Anlagen, welche zum Aufenthalt einer größeren Anzahl von Menschen zu Lustbarkeiten, Versammlungen und ähnlichen Zwecken dienen sollen. Baulichkeiten, welche ausschließlich für Gottesdienst oder Unterrichtszwecke bestimmt sind, werden von diesen Bestimmungen nicht betroffen.

a) Versammlungsräume mit Bühnen.

§ 30. Auf Versammlungsräume mit Bühnen finden die Bestimmungen über Theater mit den nachfolgenden Abänderungen Anwendung:

Zu § 2. Von der Forderung, daß sich zu beiden Seiten des Versammlungsraumes offene Höfe befinden müssen, kann abgesehen werden, wenn sonst hervorragend günstige Verhältnisse bestehen.

Zu § 5. Die Anlage von Restaurationen, Konditoreien usw. ist im Saal- und Galeriegeschoß unter der Bedingung zulässig, daß solche Räume Decken aus feuerfestem Material erhalten, durch massive Wände und feuersichere selbstschließende Türen von dem Saalbau getrennt und mit gesonderten Treppen und Ausgängen ins Freie versehen sind.

Zu § 8. Über dem Parkett darf nur eine Galerie angelegt werden.

Zu § 9. 1. Die Anzahl und Breite der auf die Korridore führenden Türen ist, sofern Tische und Stühle nicht unverrückbar auf dem Boden befestigt sind, nach dem Verhältnis von 1 Meter für je 60 Personen zu bemessen. Ist jedoch eine derartige Befestigung vorhanden, so kann, wenn durchweg elektrische Beleuchtung eingerichtet ist, die Norm von 1 Meter für je 70 Personen angenommen werden.

2. Die nach obigen Normen für ein Lokal erforderliche Gesamtausgangsbreite soll, wenn die Gesamtbesucherzahl 250 Personen übersteigt, niemals auf eine Seite desselben allein verteilt werden; es ist vielmehr stets an mindestens noch einer weiteren — womöglich entgegengesetzten — Seite eine Ausgangsmöglichkeit zu schaffen.

Zu § 12. Für die Galerie sind zwei besondere Treppen anzulegen, welche in eigenen Treppenräumen liegen und je einen direkt ins Freie führenden Ausgang erhalten müssen. Die Räume, in welchen die vorgeschriebenen Treppen liegen, dürfen mit Kellerräumen nicht in unmittelbarer Verbindung stehen.

2. Innere Treppen zur Verbindung der Galerie mit dem Saalparkett sind nur zulässig, wenn sie so angeordnet werden, daß bei ihrer Benützung durch das Galeriepublikum Gegenströmungen am Fuße dieser Treppen nicht entstehen können. Bei der Berechnung der erforderlichen Treppenbreiten werden jedoch diese Treppen, wie überhaupt innere Treppen aller Art, nicht berücksichtigt. Die Breite der Treppen soll nach dem Verhältnis von 1 Meter für 90 Personen berechnet werden. Ergibt sich bei der Berechnung der erforderlichen Treppenbreiten je mehr als 2,50 Meter, so sind drei oder mehr Treppen anzulegen. Bei einer Galerie bis zu 30 Quadratmeter genügt eine Treppe.

Zu § 20. Die Magazine dürfen, wenn ihre Gesamtgrundfläche nicht mehr als ein Fünftel der Bühnengrundfläche beträgt, gegen den Bühnenraum unter Verwendung einfacher selbstschließender feuersicherer Türen getrennt sein.

Zu § 21. Von der Anlage eigener Treppen zu den Maschinengalerien kann abgesehen werden, wenn für anderweitig gesicherte Rückzugswege Sorge getragen ist.

Zu § 24. Die Verwendung von Gas zur Beleuchtung des Zuschauerhauses kann unter nachfolgenden Bedingungen zugelassen werden:

1. Die Gasleitungen für den Versammlungsraum und die übrigen Teile des Hauses sind in getrennten Gruppen anzulegen und die Absperrvorrichtungen so anzuordnen, daß sie von Unbefugten nicht erreicht werden können. Die Leitungen sind derart zu verlegen, daß sie gegen jede zufällige Beschädigung geschützt, aber für Untersuchung und Ausbesserung leicht zugänglich sind.

2. Es sind überall nur unbewegliche Gasarme zulässig.

3. Decken-Kronleuchter müssen doppelte Befestigung erhalten.

4. Die im Versammlungsraum sowie auf Gängen und Treppen befindlichen Beleuchtungskörper müssen mit ihrer Unterkante mindestens 2 Meter über dem Fußboden liegen.

5. Die Gasflammen auf Gängen, in Treppenhäusern und in Aborten dürfen nur Hähne mit Steckschlüssel erhalten.

6. Die Gasflammen im Versammlungsraum sind mit Glocken oder Schalen zu versehen; ausgenommen von dieser Vorschrift sind nur die Flammen an den Decken-Kronleuchtern.

7. Die Gasmesser müssen in einem von massiven Wänden und feuersicheren Decken umschlossenen Raum, welcher unmittelbar von außen Luft und Licht erhält, aufgestellt werden.

b) Singspielhallen (Kabaretts), Konzert-, Ballsäle und andere Versammlungsräume.

Lage der Gebäude.

§ 31. 1. Wird für öffentliche Versammlungsräume (einschließlich der Singspielhallen, Kabaretts, Konzert- und Ballsäle) ein selbständiges Gebäude hergestellt, so soll der Abstand der die Haupt-ein- und -ausgänge enthaltenden Front von der gegenüberliegenden Straßenfluchtlinie mindestens 10 Meter betragen.

2. Das Gebäude darf gegen die Nachbargrenzen nur an denjenigen Teilen der Umfassungswände Tür- oder Fensteröffnungen erhalten, welche von der Nachbargrenze oder von anderen Bauten auf demselben Grundstück mindestens 6 Meter entfernt bleiben.

Flure und Durchfahrten.

§ 32. Für Versammlungsräume usw., welche Teile eines im übrigen für anderweitige Zwecke bestimmten Gebäudes bilden, sollen erforderlichenfalls besondere Flure oder Durchfahrten geschaffen werden, welche mit der Straße in Verbindung stehen und von anderen Teilen desselben Gebäudes durch massive Wände und feuerfeste Decken getrennt sind.

Ausgänge ins Freie.

§ 33. Versammlungsräume, welche mehr als 2000 Personen fassen, sollen nach verschiedenen Straßen hin Ausgänge erhalten. Von dieser Forderung kann jedoch Umgang genommen werden, wenn zwischen den Hauptausgängen aus den Versammlungsräumen und der Straße Vorplätze, Gärten oder Höfe von solchen Abmessungen liegen, daß sie die gesamte Personenzahl bei Annahme von vier Personen auf 1 Quadratmeter Grundfläche aufzunehmen vermögen.

Wände, Bedachung, Treppenhäuser, Lüftungsvorrichtungen.

§ 34. 1. Die Umfassungswände und die inneren Wände, soweit sie Durchfahrten, Flure, Treppen und Versammlungsräume umschließen, sind in der Regel massiv herzustellen.

2. Das äußere Deckmaterial der Dächer muß gegen Übertragung eines Feuers von außen her sicheren Schutz gewähren.

3. Die erforderlichen Treppen müssen in besonderen Treppenräumen liegen, welche feuerfeste Decken erhalten müssen und mit Kellerräumen nicht in unmittelbarer Verbindung stehen.

4. Etwaige, die Decken der Säle durchbrechende Lüftungsöffnungen oder Oberlichter müssen mit feuersicheren, über die Dachfläche hinausgeführten Einfassungen versehen sein. Unterhalb der äußeren Oberlichter sind Drahtnetze oder Drahtglas anzubringen.

Fernhaltung feuergefährlicher Betriebe und Lagerungen.

§ 35. Die Einrichtung von Lagerräumen für feuergefährliche Stoffe, von Fabriken oder Werkstätten für feuergefährliche Betriebe über oder unter Versammlungsräumen ist unzulässig. Auch sollen derartige Räume nicht mit den für die Versammlungsräume dienenden Korridoren, Treppen, Fluren oder Durchfahrten in Verbindung stehen.

Höhenlage der Versammlungsräume.

§ 36. 1. Über dem Parkett sind höchstens zwei Galerien übereinander zulässig.

2. Der Fußboden eines Versammlungsraumes soll nicht höher liegen als 12 Meter über der Straße.

Gemeinsame Treppen, Ausgänge usw. mehrerer Versammlungsräume.

§ 37. Wenn mehrere Versammlungsräume in einem Geschoß oder in verschiedenen Stockwerken gemeinschaftliche Korridore, Treppen, Flure oder Ausgänge haben, so müssen die erforderlichen Ausgangsbreiten in der Weise ermittelt werden, daß die Personenzahl sämtlicher Räume der Berechnung zugrunde gelegt wird.

Zahl und Breite der Türen.

§ 38. 1. Die Anzahl und Breite der Türen ist für Versammlungslokale im engeren Sinn, Konzert- und Ballsäle und dergleichen nach folgenden Verhältnissen zu bestimmen: 1 Meter für 90 Personen bei einer Besucherzahl bis zu 600 Personen, 1 Meter für 120 Personen bei einer Besucherzahl von 600 bis 900 Personen, 1 Meter für 135 Personen bei einer Besucherzahl von über 900 Personen, ferner 1 Meter für 90 Personen bei Räumen mit Podien.

2. Bezüglich der Anordnung der Ausgänge bei Lokalen, die über 250 Personen fassen, gelten die unter IIa genannten Bestimmungen.

3. In bezug auf Ausgangstüren gelten die Bestimmungen des § 15.

Breite der Korridore, Flure und Durchfahrten.

§ 39. 1. Die für die Entleerung eines Versammlungsraumes in Betracht kommenden Korridore und Flure sollen mindestens 2 Meter breit sein. Im übrigen gelten für ihre Breiten die in § 38 für die Türen angegebenen Verhältniszahlen.

2. Flure und Durchfahrten, welche zu Versammlungsräumen führen, sollen mindestens 3 Meter breit sein und im übrigen nach dem Verhältnis von 1 Meter für 200 Personen bemessen sein.

3. Wenn die Ausgänge aus Versammlungsräumen in einem Seiten- oder Rückgebäude auf einen Hof von solchen Abmessungen führen, daß er die gesamte Personenzahl bei Annahme von vier Personen auf 1 Quadratmeter aufzunehmen vermag, so kann ausnahmsweise die Breite der Flure oder Durchfahrten, welche diesen Hof mit der Straße verbinden, ermäßigt werden in der Weise, daß als äußerst zulässige Grenze nur für 300 Personen eine Ausgangsbreite von 1 Meter gefordert wird, wobei jedoch als Voraussetzung gilt, daß der Hof in seiner ganzen Fläche ausschließlich für den Personenverkehr freigehalten wird.

Zahl und Breite der Treppen.

§ 40. 1. Für Versammlungsräume, welche nicht mehr als 300 Personen im ganzen fassen, soll eine Treppe ausreichend sein.

welche aus feuerfestem Material, mindestens 1,50 Meter breit und im übrigen nach dem Verhältnis von 1 Meter für 120 Personen zu bemessen ist.

2. Für mehr als 300 Personen müssen mindestens zwei Treppen angelegt werden. Die gesamte Treppenbreite ist dann bis zu einer Anzahl von 600 Personen nach dem Verhältnis von 1 Meter für 120 Personen, bei einer Anzahl von 600 bis 900 Personen nach dem Verhältnis von 1 Meter für 135 Personen und bei mehr als 900 Personen nach dem Verhältnis von 1 Meter für 150 Personen zu bestimmen.

3. Innere Treppen zur Verbindung der Galerie mit dem Saal sind nur zulässig, wenn sie so angeordnet werden, daß bei ihrer Benützung durch das Galeriepublikum Gegenströmungen am Fuß dieser Treppen nicht entstehen können. Bei der Berechnung der erforderlichen Treppenbreiten werden jedoch diese Treppen wie überhaupt innere Treppen aller Art nicht berücksichtigt.

4. Bei einer Galerie bis zu 30 Quadratmeter kann die Breite der Treppe bis auf 1 Meter ermäßigt werden.

5. Im übrigen gelten für die Anlage der Treppen im einzelnen die Bestimmungen des § 4.

Kleiderablagen.

§ 41. 1. Kleiderablagen für das Publikum sind derart anzuordnen, daß durch das sich dort ansammelnde Publikum die vorhandenen Ausgänge und die vorgeschriebenen Korridorbreiten nicht beeinträchtigt werden.

2. Die erforderliche Länge der Ausgabetische wird von Fall zu Fall bestimmt.

Beleuchtung.

§ 42. 1. Zur Beleuchtung von Versammlungsräumen ist elektrisches und Gaslicht zulässig.

2. Für die Einrichtung der elektrischen Beleuchtungsanlage sind die „Vorschriften für die Einrichtung elektrischer Starkstromanlagen nebst Ausführungsregeln" und für den Betrieb die „Vorschriften für den Betrieb elektrischer Starkstromanlagen nebst Ausführungsregeln" des Verbandes deutscher Elektrotechniker zu beachten.

3. Bei Verwendung von Gaslicht sind die in § 30 (zu § 24) genannten Bestimmungen maßgebend.

Heizung.

§ 43. 1. Bei Anlage von Zentralheizungen sind die in § 25 genannten Bestimmungen zu befolgen.

2. Wird bei kleineren Anlagen Ofenheizung zugelassen, so sind die Öfen mit feststehenden Schirmen zu umgeben.

c) Zeitweilige Baulichkeiten.

§ 44. Bei Baulichkeiten, welche nur für vorübergehende Benützung errichtet werden, finden von vorstehenden Bestimmungen die auf eine schnelle und gefahrlose Entleerung abzielenden Punkte Anwendung, während die Festsetzung der sonstigen baulichen und Betriebsforderungen in jedem einzelnen Falle dem Ermessen der zuständigen Polizeibehörde anheimgegeben bleibt.

III. Zirkusanlagen.

a) Ständige Bauten.

Lage der Zirkusgebäude.

§ 45. 1. Zirkusgebäude sollen in der Regel nur auf freien Plätzen unter Einhaltung eines Abstandes von mindestens 15 Meter von jeder Nachbargrenze errichtet werden.

2. Ausnahmsweise darf ein Zirkus auf einem Eckgrundstück aufgeführt oder zwischen nachbarliche Brandmauern eingebaut werden, wenn auf zwei Seiten getrennte, in ihrer Gesamtbreite nach dem Verhältnis von 1 Meter für 150 Personen bemessene Verbindungen mit zwei durchgehenden öffentlichen Straßen für die Zirkusbesucher vorgesehen werden und außerdem eine besondere wenigstens 4 Meter breite Zufahrt zu den Stallungen angelegt wird.

Wände, Zwischendecken, Bedachung.

§ 46. 1. Die Umfassungs- und Scheidewände sowie die Zwischendecken sind feuerfest herzustellen.

2. Die Dachkonstruktion über dem Zuschauerraum darf sichtbar bleiben. Freiliegendes Holzwerk ist zu behobeln.

3. Das äußere Deckmaterial der Dächer muß gegen Übertragung eines Feuers von außen her sicheren Schutz gewähren.

4. Der Unterbau zur Unterstützung der Sitzreihen des Zuschauerraumes ist aus feuerfestem Material herzustellen.

Feuerfeste Trennung des Zuschauerraumes von den übrigen Zirkusräumen.

§ 47. Stallungen und Tierkäfige sowie Räume für das Personal und für die Aufbewahrung von Dekorationen, Requisiten und Futterbeständen müssen vom Zuschauerraum durch feuerfeste Wände und Decken getrennt werden. Die Türen in diesen Wänden sind feuer- und rauchsicher herzustellen.

Vorbedingungen für die Ausnützung der Räume unter den Sitzreihen.

§ 48. Die Räume unter den Sitzreihen des Zuschauerraumes dürfen als Kleiderablagen für das Personal sowie zur Aufbewahrung von Dekorationen, Requisiten und Futterbeständen nur dann benützt werden, wenn sie von feuerfesten Wänden und Decken umschlossen und mit feuer- und rauchsicheren Türen versehen sind.

Treppen.

§ 49. Für die Anlage von Treppen gelten die in § 4 gegebenen Bestimmungen.

Blitzableitung.

§ 50. Jedes Zirkusgebäude ist mit einer vorschriftsmäßigen Blitzableitung zu versehen.

Geschäfts-, Wirtschafts-, Wohnräume in Zirkusgebäuden.

§ 51. 1. Geschäftsräume, die nicht dem Zirkusbetriebe dienen, dürfen im Zirkusgebäude nicht vorhanden sein. Jedoch dürfen Restaurationen und Konditoreien, welche unmittelbar von außen her jedermann zugänglich sind, mit der Maßgabe zugelassen werden, daß sie von den umgebenden Räumen, auch Fluren, des Zirkusgebäudes durch feuerfeste Decken ohne Öffnungen und durch massive Wände getrennt bleiben.

2. Sollen solche Wirtschaften auch den Zirkusbesuchern unmittelbar zugänglich gemacht werden, so sind hierfür besondere Zugänge zu schaffen, die von den Fluren und Treppen des Zirkus durch besondere nach § 53 Ziff. 3 der Münchener Bauordnung ausgebildete Vorräume getrennt sind.

3. Räume mit Verkaufstischen, welche in den verschiedenen Ringhöhen des Zuschauerhauses zur Verabreichung von Erfrischungen während der Vorstellungen angebracht sind, werden von dieser Forderung nicht betroffen.

4. Wohnräume dürfen im Zirkusgebäude nicht vorhanden sein.

Zahl und Breite der Gänge, Treppen und Türen im Zuschauerraum.

§ 52. Die Anzahl und Breite der Gänge, Treppen und Türen im Zuschauerraum ist nach dem Verhältnis von 1 Meter für 90 Personen zu bemessen, wobei die geringste Breite des Ganges, einer Treppe oder Türe nicht unter 1 Meter sein darf.

Breite der Korridore, Fluren und Ausgänge, sowie jene der Treppen außerhalb des Zuschauerraumes.

§ 53. Korridore und Flure müssen mindestens 2 Meter breit sein, im übrigen ihre Breite sowie die Breite der außerhalb des Zuschauerraumes gelegenen Treppen und der Ausgänge so bemessen werden, daß 1 Meter für 125 Personen vorhanden ist.

Türen.

§ 54. In bezug auf die Bezeichnung der Ausgänge, das Aufschlagen der Türen und die Einrichtung der Türverschlüsse finden die Bestimmungen der §§ 14 und 15 Anwendung.

Beleuchtung.

§ 55. Für die Beleuchtung eines Zirkusgebäudes ist außer elektrischer auch Gasbeleuchtung zulässig. Die in § 42 erwähnten Vorbehalte sind zu erfüllen.

b) Zeitweilige Baulichkeiten.

§ 56. 1. Die Anlage eines zeitweilig aufzustellenden Zirkus darf nur auf einem freien Platze unter Einhaltung eines Abstandes von 15 Meter von jeder Nachbargrenze gestattet werden.

2. Stallungen müssen vom Zuschauerraum getrennt derart angelegt werden, daß die Aus- und Eingänge für das Publikum möglichst entfernt von den Haupttüren der Stallungen liegen. Ferner ist dafür Sorge zu tragen, daß die Stallungen vom Zuschauerzelt mindestens 6 Meter entfernt sind und die beide Gruppen verbindenden Zeltteile nötigenfalls sofort niedergelegt werden können.

3. Für die Anordnung und die Breite der Korridore, Treppen, Flure und Ausgänge sind die Bestimmungen der §§ 52, 53, 54 maßgebend.

IV. Lichtspieltheater.

§§ 57—63 [1]).

V. Schlußbestimmung.

§ 64. Vorstehende ortspolizeiliche Vorschrift tritt mit dem Tage ihrer Verkündigung in der Münchener Gemeinde-Zeitung in Kraft.

Anhang.

Die in der vorstehenden ortspolizeilichen Vorschrift enthaltenen Bezeichnungen für Baumaterialien und Konstruktionen werden folgendermaßen erläutert:

1. Massiv.

Als „massiv" sind alle Materialien und Konstruktionen anzusehen, welche, ohne selber zu brennen, im Feuer ihre Form gar nicht und ihre Haltbarkeit nur ganz unwesentlich einbüßen und welche allen Witterungs- und mechanischen Einflüssen einen erheblichen Widerstand entgegensetzen.

Beispiele: Backsteinwände (mindestens 1 Stein stark):
Betonmauern von ausreichender Stärke;
Betondecken mit und ohne Eiseneinlage von entsprechender Konstruktion und Dicke. (In Zweifelsfällen dürfen solche Decken jedenfalls als „feuerfest" erachtet werden.)
Betontreppen mit Eiseneinlage.

2. Feuerfest.

Als „feuerfest" sind alle Materialien und Konstruktionen anzusehen, welche, ohne selber zu brennen, im Feuer ihre Form nicht und ihre Haltbarkeit nur ganz unwesentlich einbüßen, deren Widerstand gegen mechanische Einflüsse aber ein geringerer ist als bei Massivkonstruktionen.

Beispiele: Monierwände und -decken;
Betondecken (siehe unter massiv);
Betontreppen ohne Eiseneinlage.

3. Feuersicher.

Als „feuersicher" sind alle Materialien und Konstruktionen anzusehen, welche dem Feuer einige Zeit Widerstand leisten und den mechanischen Einflüssen gegenüber eine gewisse Haltbarkeit zeigen.

---

[1]) §§ 57—63 sind gegenstandslos geworden durch die Verordnung vom 20. April 1926 (s. unten Anhang V, 5).

Beispiele: Rabitzwände und -decken;
Eichenholztreppen mit verputzter Untersicht;
Gipsdielen;
Zementestrich auf Holzbalkendecken;
Draht- und Elektroglas.

4. Unverbrennlich.

Als „unverbrennlich" gelten Materialien und Konstruktionen, welche vom Feuer nicht entzündet werden können, die aber durch das Feuer oder durch Löscheinwirkungen physikalische oder chemische Veränderungen erleiden, welche ihre Widerstandskraft vermindern, so daß sie ihre Form und Haltbarkeit im Feuer stark einbüßen.

Beispiele: Ungeschütztes Eisen;
Haussteintreppen;
Ungeschützte Granitpfeiler usw.;
Steinplatten als Bodenbelag.

5. Glutsicher.

„Glutsicher eingehüllt" sind diejenigen Eisenteile, welche durch schlechte Wärmeleiter allseitig derart ummantelt sind, daß die Eisenteile im Feuer nichts von ihrer Widerstandsfähigkeit einbüßen.

Beispiele: Umhüllungen aus Korkstein mit Blech oder Zementputzmantel als Schutz;
Rabitzummantelungen von 5 Zentimeter Stärke;
Asbestzementumhüllungen.

6. Schwer entflammbar (= flammensicher).

Stoffe, welche an sich leicht in Brand geraten, können durch Imprägnierungsmittel „schwer entflammbar" gemacht werden.

Beispiele von Imprägnierungsmitteln:
Gautschin;
Anstrich aus Wasserglas, gemischt mit Asbest und Ton,
Legnolith (Hauptbestandteil Chlormagnesium).

5. Verordnung des Staatsministeriums des Innern über die Sicherheit bei Lichtspielvorführungen.

Vom 20. April 1926 (GVBl. S. 299).

Gemäß § 368 Nr. 8 des RStrGB. und Art. 2 Ziff. 14 des PStrGB. erläßt das Staatsministerium des Innern nachstehende Verordnung über die Sicherheit bei Lichtspielvorführungen:

I. Allgemeine Bestimmungen.

Geltungsbereich, Verantwortlichkeit, zuständige Polizeibehörde.

§ 1. 1. Die nachstehende Verordnung findet Anwendung
a) auf öffentliche Lichtspielvorführungen,
b) auf nicht öffentliche Lichtspielvorführungen in Räumen, die von ihrem Besitzer gewerbsmäßig oder gegen Entgelt zur Verfügung gestellt werden,

c) auf Lichtspielvorführungen, die unter den Voraussetzungen von a und b von Vereinen veranstaltet werden,

d) auf Lichtspielvorführungen in Schulen und für sonstige Lehrzwecke bei öffentlichen Stellen und Behörden.

2. Die Räume und sonstigen Einrichtungen zur Vorführung von Lichtspielen im Sinne des Abs. 1 müssen den Anforderungen dieser Verordnung entsprechen.

3. Verantwortlich für die Einhaltung der Bestimmungen dieser Verordnung — mit Ausnahme der Betriebsvorschriften für den Vorführer — ist bei Lichtspielvorführungen unter a) und b) der Unternehmer, unter c) der Vereinsvorstand, unter d) der Leiter der Schule oder der Vorstand der öffentlichen Stelle oder Behörde.

4. Ist der Unternehmer nicht unbeschränkt geschäftsfähig oder nicht volljährig oder nicht ortsansässig oder sind mehrere Unternehmer vorhanden oder besitzt ein Unternehmer mehrere Lichtspielunternehmungen, so müssen verantwortliche Vertreter ernannt und der zuständigen Polizeibehörde schriftlich namhaft gemacht werden. Der Vertreter gilt der Polizeibehörde gegenüber als Unternehmer.

5. Während der Vorstellung muß die in Abs. 3 als verantwortlich bezeichnete Person oder ihr Vertreter stets persönlich zugegen oder durch eine geeignete Person vertreten sein.

6. Für die Einhaltung der Betriebsvorschriften für den Vorführer ist der Lichtspielvorführer verantwortlich.

7. Zuständige Polizeibehörde im Sinne dieser Verordnung ist die Polizeibehörde, in München der Stadtrat und die Lokalbaukommission im Benehmen mit der Polizeidirektion, in Nürnberg-Fürth die Stadträte im Benehmen mit der Polizeidirektion.

Anmeldung, Abnahme und Überwachung.

§ 2. 1. Mit der Vorführung von Lichtspielen darf unbeschadet der Vorschriften des Art. 32 PStrGB. erst begonnen werden, wenn die zuständige Polizeibehörde eine Bescheinigung darüber erteilt hat, daß sämtliche Räume und Einrichtungen des Theaters dieser Verordnung entsprechen, daß die Bildwerfer vorschriftsmäßig eingerichtet und aufgestellt sind und daß für ihre fachmäßige Bedienung gesorgt ist. Vor Erteilung der Bescheinigung ist der Versicherungskammer, Abteilung für Brandversicherung, der Feuerwehr und dem Gewerbeaufsichtsbeamten Gelegenheit zur Äußerung zu geben.

2. Den mit der Besichtigung und Überwachung beauftragten Beamten der Polizei, der Versicherungskammer und der Feuerwehr, den zuständigen Gewerbeaufsichtsbeamten und den technischen Aufsichtsbeamten der Berufsgenossenschaft der Feinmechanik und Elektrotechnik ist der Zutritt zu allen Räumen des Lichtspieltheaters jederzeit zu gestatten.

II. Anlage und Einrichtung der Lichtspieltheater.

A. Örtliche Lage.

Allgemeines.

§ 3. 1. Lichtspieltheater dürfen nicht in Gebäuden eingerichtet werden, in denen sich Fabriken, Werkstätten oder Lagerräume für feuergefährliche oder leicht brennbare oder schwer zu löschende Gegenstände oder Stoffe befinden.

2. Auf Grundstücken, auf denen sich Gebäude mit Betrieben oder Lagerräumen der vorbezeichneten Art befinden, dürfen Lichtspieltheater nur angelegt werden, wenn die Flure und Durchfahrten zu dem Lichtspieltheater völlig von denen getrennt sind, die zu den bezeichneten Betrieben oder Lagerräumen führen, und wenn die zuständige Polizeibehörde die sonst getroffenen Sicherheitsmaßnahmen für ausreichend hält.

Theater für mehr als 2000 Personen.

§ 4. Lichtspieltheater für mehr als 2000 Personen müssen Hauptausgänge nach verschiedenen öffentlichen Straßen haben. Hiervon darf nur dann abgesehen werden, wenn zwischen den Hauptausgängen und der Straße Höfe, Gärten oder Vorplätze von solchen Abmessungen liegen, daß sie die gesamte Personenzahl aufzunehmen vermögen, wobei für drei Personen mindestens je ein Quadratmeter Grundfläche gerechnet wird.

Theater bis zu 2000 Personen.

§ 5. Lichtspieltheater für eine Besucherzahl bis zu 2000 Personen müssen derart liegen, daß die Haupteingänge und Ausgänge an einer öffentlichen durchgehenden oder wenigstens mit einem Wagenumlenkplatz versehenen und den Verkehrsverhältnissen entsprechenden öffentlichen Straße liegen.

Theater bis zu 200 Personen.

§ 6. Für Lichtspieltheater mit einer Besucherzahl unter 200 Personen genügt es, wenn die Ausgänge nach einem Hofe von genügenden Abmessungen führen. Der Hof muß durch eine Durchfahrt oder Zufahrt mit der Straße in Verbindung stehen, die mindestens 3,40 m breit ist.

Besondere Anforderungen.

§ 7. 1. Die Zu- und Durchfahrten und die Flure innerhalb der Theater, die zu ihrer Leerung benutzt werden, dürfen keine Öffnungen in den Decken haben. In den Wänden der Zu- und Durchfahrten dürfen ausnahmsweise Öffnungen zugelassen werden, wenn die Gesamtbreite größer ist als die nach der Besucherzahl mindestens vorgeschriebene.

2. Die Lichtspieltheater dürfen mit den übrigen Räumen des Hauses, insbesondere mit Wohnräumen, Hauseingängen und Treppenräumen nicht verbunden sein und sind einschließlich der Bedürfnisanstalten von den übrigen Räumen des Hauses vollständig zu trennen.

3. Bei günstigen Verhältnissen kann eine Verbindungstüre, welche den in § 21 Abs. IV der Münchener und § 16 Ziff. 4 der allgemeinen Bauordnung angegebenen Anforderungen entspricht, von den Lichtspielräumen zu den übrigen Räumen des Hauses mit Ausnahme von Wohnräumen zugelassen werden, wenn diese Türe in einen Vorplatz führt, als Notausgangstüre für den Bildwerferraum nicht in Betracht kommt und in keiner Weise die Sicherheit der Hausbewohner gefährdet.

4. Bei Theatern für mehr als 600 Besucher kann die Bereitstellung weiterer Kassenräume zur Entlastung der ersten Kasse und geregelten Verteilung bei großem Andrange verlangt werden. Die Forderung von Schranken bleibt für den Einzelfall vorbehalten.

B. Wände und Decken.

Umfassungswände.

§ 8. Die Umfassungswände der Lichtspieltheater, die Wände aller notwendigen Treppen, Flure, Zu- und Durchfahrten, die Wände von Rauch- und Luftabzügen, sowie von Oberlichtern zwischen Decke und Dach müssen aus Stein oder aus anderen im Feuer gleichwertigen Baustoffen in bauordnungsmäßiger Stärke und Beschaffenheit hergestellt sein. Die Wände von Rauch- und Luftabzügen müssen 30 cm über Dach geführt werden. Tür- und Fensteröffnungen in den Umfassungswänden müssen von Nachbargrenzen, anderen Baulichkeiten auf dem Grundstück und gegenüberliegenden Teilen des eigenen Gebäudes einen Abstand von mindestens 6 m wahren, soweit die Bauordnungen nicht größere Abstände vorschreiben.

Decken.

§ 9. Für die Decken gelten die Bestimmungen der Bauordnungen. Die Gebäude müssen harte Dachung haben.

C. Flure, Treppen, Höfe, Durchfahrten und Ausgänge.

Allgemeines.

§ 10. Flure, Treppen, Höfe, Durchfahrten und Ausgänge müssen derart bemessen und während der Betriebszeit derart beleuchtet werden, daß das Lichtspieltheater leicht, ordnungsmäßig und gefahrlos auf kürzestem Wege geleert werden kann. Einbauten auf den Fluren und Treppen sind verboten. Die nächsten Wege zu den Ausgängen müssen in den Zuschauerräumen, den Gängen und Treppen durch rote und gut beleuchtete Pfeile an den Wänden gekennzeichnet sein. Die Ausgänge müssen als solche in deutlicher, gut lesbarer Schrift bezeichnet sein.

Flure.

§ 11. 1. Die Flure, die zur Leerung des Lichtspieltheaters dienen, müssen mindestens so breit sein, daß für die ersten 600 Plätze auf je 40 Personen, darüber hinaus auf je weitere 60 Personen mindestens 1 m Flurbreite entfällt. In keinem Falle dürfen sie eine geringere Breite als 2 m haben. Wandtische, Wandsitze,

Bordbretter und dergl. dürfen höchstens 15 cm vorspringen. Die vorschriftsmäßige Breite der Flure darf dadurch oder durch Türflügel und Kleiderablagen nicht eingeschränkt werden. Schaukästen in den Verkehrsräumen sind verboten.

2. Stufen im Zuge von Fluren sind verboten. Treppen von höchstens fünf Stufen können ausnahmsweise bei Lichtspieltheatern bis zu 600 Besuchern zugelassen werden, wenn sie sowohl durch Stufenbeleuchtung als auch von oben her gut beleuchtet sind und mindestens eine von diesen Beleuchtungen an die Notbeleuchtung angeschlossen ist.

3. Rampen dürfen höchstens ein Gefälle von 1 : 10 haben; das Gefälle darf vor und hinter Treppen erst in einem Abstande gleich der Laufbreite der Treppe beginnen.

Treppen.

§ 12. 1. Alle zur Leerung des Lichtspieltheaters notwendigen Treppen müssen den §§ 39 der Münchener und 46 der allgemeinen Bauordnung über Haupttreppen entsprechen und auf beiden Seiten aus unverbrennlichen Stoffen oder Hartholz hergestellte Geländer oder Hauptläufer ohne freie Enden haben.

2. Notwendige Treppen dürfen nicht freitragend sein und nicht mit Kellerräumen in Verbindung stehen. Sie müssen in besonderen Treppenhäusern liegen, die durch Fenster in den Umfassungswänden Licht und Luft unmittelbar von der Straße oder von einem vorschriftsmäßigen Hof erhalten. Treppen, die zur Leerung der Ränge dienen, dürfen nicht unmittelbar in den Zuschauerraum ausmünden, sondern müssen besondere Flure oder Vorräume haben, deren Ausgänge so anzuordnen sind, daß bei gleichzeitiger Leerung des Saalparketts und des Ranges keine Gegenströmungen entstehen.

3. Die Gesamtbreite der Treppen ist so zu bemessen, daß bei Lichtspieltheatern bis zu 600 Personen auf je 60 Besucher, und bei größeren Lichtspieltheatern darüber hinaus auf je weitere 80 Besucher eine Treppenbreite von 1 m entfällt. Die Treppen sollen, zwischen den Hausläufern gemessen, mindestens 1,25 m und höchstens 2,50 m breit sein.

4. Freitreppen müssen vor den Ausgangstüren Absätze von mindestens 1,25 m Breite haben und sind, soweit sie notwendige Treppen sind, nur bis zu einer Höhe von 2 m über dem Gelände zulässig. Wendeltreppen sind nicht zulässig.

5. Die Treppenstufen müssen einen Auftritt von mindestens 30 cm Breite haben und dürfen nicht höher als 16 cm sein. Türen, die zu den Treppen führen, müssen von ihnen einen Abstand von der Breite der Türflügel, mindestens jedoch von 1,25 m haben.

6. Verschläge unterhalb von Treppen sind verboten.

Ausgänge.

§ 13. 1. Die Gesamtbreite der ins Freie führenden Ausgänge ist wie die der Flure zu berechnen. Türen bis zu 1,50 m Breite sind zulässig, wenn der Hauptflügel 1 m breit ist und der festgestellte Flügel durch einen einzigen Griff von oben nach unten und in Höhe von etwa 1,20 m über dem Fußboden von innen leicht zu öffnen ist.

2. Sind in demselben Gebäude mehrere Lichtspieltheater oder neben einem Lichtspieltheater noch andere Theater, Versammlungsräume oder andere wirtschaftlich getrennte Räume vorhanden, so dürfen die Besucher nicht auf gemeinsame Flure, Treppen, Aborte und Ausgänge angewiesen sein.

D. Türen und Fenster.

Türen.

§ 14. 1. Die Türen müssen nach außen aufschlagen und dürfen keine über den Boden vorstehende Schwellen haben.

2. Die Verschlüsse der Türen des Zuschauerraums müssen durch einen einzigen Griff in der Richtung von oben nach unten und in Höhe von etwa 1,20 m über dem Fußboden von innen leicht zu öffnen sein. Die geöffneten Türflügel müssen an den Wänden durch selbsttätige Federn festgehalten werden. Kanten- und Schubriegel sind an den Türen verboten.

Fenster.

§ 15. 1. Die Fenster des Zuschauerraums müssen mindestens einen beweglichen und von innen leicht und mit einem einzigen Griffe zu öffnenden Flügel haben. Gitter dürfen an den Fenstern nur derart angebracht werden, daß sie sich zugleich mit den Fenstern öffnen lassen und das Aufschlagen nicht hindern.

2. Fenster, die nach Lichthöfen hinausgehen, müssen aus einem Eisenrahmen mit Scheiben aus Draht- oder Elektroglas bestehen, die so befestigt sind, daß sie unter Hitzeeinwirkung nicht herausfallen.

E. Zuschauerraum.

Allgemeines.

§ 16. 1. Der Fußboden des Saalparketts muß an der untersten Sitzreihe in der Höhe des anstoßenden Geländes liegen. Die letzte Reihe im Zuschauerraum muß mindestens 2,30 m Deckenhöhe haben.

2. Bei Lichtspieltheatern ist in der Regel nur e i n Rang zulässig, sofern es sich nicht um Umwandlung von bestehenden Volltheatern in Lichtspieltheater handelt und die für Volltheater gültigen Bauvorschriften eingehalten werden. Die lichte Höhe unterhalb des Ranges muß mindestens 2,30 m betragen. Der Rang darf höchstens 10 Sitzreihen hintereinander angeordnet enthalten. Werden mehr als 10 Sitzreihen angeordnet, so sind für je 10 Sitzreihen völlig getrennte Flurumgänge mit besonderen Treppen vorzusehen.

3. Wand- und Deckenbekleidungen aus Stoff sind unzulässig.

Gänge und Ausgänge.

§ 17. 1. Gänge und Ausgänge müssen in solcher Anzahl vorhanden und so verteilt sein, daß eine ordnungsmäßige und leichte

Leerung gewährleistet ist. Für die Berechnung der Gesamtbreite der Gänge und Ausgänge sind die Vorschriften des § 11 maßgebend. Es müssen mindestens zwei Ausgänge vorhanden sein; bei Theatern mit mehr als 600 Besuchern müssen sie auf zwei entgegengesetzten Langseiten liegen.

2. Die Gänge im Zuschauerraume müssen als Hauptgänge mindestens 1,50 m, im übrigen mindestens 1 m breit sein. Die Gänge im Saalparkette dürfen keine Stufen und nur ein Gefälle von höchstens 1 : 10 haben. Treppenstufen im Range müssen einen Auftritt von mindestens 30 cm Breite haben und dürfen nicht höher als 16 cm sein. Jede Stufe muß eine eigene Beleuchtung haben, die an eine von der Hauptbeleuchtung unabhängige Kraftquelle angeschlossen ist.

Feste Sitzplätze.

§ 18. Werden in dem Zuschauerraume dauernde Sitzplätze eingerichtet, so müssen, soweit nicht im Einzelfall andere Sitze zugelassen werden, unverrückbare Klappsitze verwendet werden. Ein Sitz muß mindestens 50 cm breit sein. Die Sitzreihen müssen bei Klappsitzen und Bänken mindestens 80 cm, sonst 1 m tief sein. Abgesehen von diesen Mindesttiefen der einzelnen Sitzreihen muß die freie Durchgangsbreite zwischen den einzelnen Sitzreihen mindestens 45 cm betragen. Die vordersten Sitzplätze müssen mindestens 3 m von der Bildwand entfernt sein.

Bewegliche Sitzplätze.

§ 19. Wird der Zuschauerraum nur gelegentlich mit Tischen, Stühlen und Bänken versehen, so sind für den Verkehr innerhalb des Raumes die Gänge sinngemäß nach den in § 18 gegebenen Vorschriften vorzusehen und fest abzugrenzen. Werden Stühle oder Bänke reihenweise aufgestellt, so ist ein Reihenabstand von 1 m einzuhalten. Die Stühle oder Bänke in den einzelnen Reihen sind so miteinander zu verbinden, daß sie während des Gebrauchs nicht verschoben werden können.

§ 20. Stehplätze dürfen nicht vorgesehen werden.

Aushang der Sitzplatzanordnung.

§ 21. Für jede in Aussicht genommene Benutzung des Lichtspieltheaters ist ein besonderer Plan aufzustellen, aus dem die Lage und Breite der Gänge, die Ausgangstüren, die Anordnung, Zahl und Größe der Sitzplätze, die Gänge, Treppen, Ausgänge und die Notbeleuchtung ersichtlich sind. Die Pläne sind der zuständigen Polizeibehörde vorzulegen und nach deren Zustimmung an einer den Besuchern zugänglichen Stelle und leicht sichtbar im Theater auszuhängen. Die durch die Pläne festgelegte Ordnung darf ohne Genehmigung der zuständigen Polizeibehörde nicht geändert werden.

F. Kleiderablagen und Verkaufsstellen.

Kleiderablagen.

§ 22. 1. Kleiderablagen dürfen nicht an Flureinengungen liegen und müssen so angeordnet und verteilt sein, daß die ordnungsmäßige Leerung des Theaters nicht gestört wird. Sie müssen mit Ausgabetischen versehen sein. Die Tische müssen gegen seitliche Zugänge zum Zuschauerraum und gegen Ausgänge in den Fluren soweit zurückliegen, daß die Flurbreite vor den Tischen diejenige, die nach der Besucherzahl mindestens nötig ist, um wenigstens ein Drittel übertrifft. Eingebaute Pfeiler dürfen dabei auf die Flurbreite nicht angerechnet werden, zwischen ihnen und der Vorderkante der Ausgabetische muß ein mindestens 1,25 m breiter Zwischenraum liegen.

2. Bei Zwang zur Benutzung der Kleiderablage muß die Anzahl der Kleiderhaken der Zahl der Sitzplätze entsprechen. Auf je 20 Kleiderhaken ist mindestens eine Ausgabetischlänge von 1 m vorzusehen.

Verkaufsstellen, Warteräume und Bedürfnisanstalten.

§ 23. 1. Verkaufsstellen für Waren und Getränke sind im Zuschauerraum, in Fluren oder Vorplätzen und in Treppenhäusern verboten; im übrigen dürfen sie nur mit Genehmigung der zuständigen Polizeibehörde eingerichtet werden. Für die Einrichtung gelten sinngemäß die Vorschriften des § 22.

2. Ausreichende Warteräume und Bedürfnisanstalten sind einzurichten. Warteräume dürfen die Ausgänge nicht behindern.

G. Beleuchtung.

Allgemeines.

§ 24. 1. Die elektrische Beleuchtung des Zuschauerraums oder ein Teil dieser Beleuchtung, durch den insbesondere eine ausreichende Beleuchtung der Gänge gewährleistet wird, muß jedenfalls von einer Stelle aus eingeschaltet werden können, die außerhalb des Bildwerferraums in nächster Nähe eines Haupteinganges geeignet gelegen und auffallend gekennzeichnet ist. Die Anlage muß so beschaffen sein, daß bei Brand oder sonstiger Störung im Bildwerferraume die Beleuchtungsanlage des Zuschauerraums nicht gefährdet werden kann. Die Gänge und Türen des Zuschauerraums müssen besonders gut beleuchtet sein.

2. Freihängende Beleuchtungskörper müssen sorgfältig, und, wenn sie schwer sind oder hoch hängen, doppelt befestigt sein. Die Zuleitungen elektrischer Lampen dürfen nicht zur Aufhängung benutzt werden. Die Beleuchtungskörper müssen mit ihrer Unterkante mindestens 2 m über Fußbodenhöhe liegen. Glocken- und Kugellampen müssen mit einem Drahtschutznetze versehen sein, soferne Bogenlichtlampen verwendet werden.

Überwachung der Anlage.

§ 25. Die Beleuchtungsanlagen sind vor der Ingebrauchnahme und dann alljährlich von einem von der Kreisregierung, Kammer des Innern, anerkannten Sachverständigen zu untersuchen. Das Ergebnis der Untersuchung ist der zuständigen Polizeibehörde vorzulegen.

Elektrische Beleuchtung.

§ 26. 1. Für elektrische Beleuchtungsanlagen sind die Vorschriften des Verbandes Deutscher Elektrotechniker für die Einrichtung und den Betrieb elektrischer Starkstromanlagen maßgebend. Ein Schaltungsschema, aus dem die Gruppeneinteilung der Beleuchtung des Zuschauerraums hervorgeht, ist in unmittelbarer Nähe der Hauptschalttafel deutlich sichtbar auszuhängen.

2. Transformatoren- und Ölschalteranlagen dürfen sich nur in Räumen befinden, die so gelegen sind, daß im Brandfalle oder beim Zerknallen dieser Anlagen jede Gefährdung der Zuschauer ausgeschlossen ist.

Gasbeleuchtung.

§ 27. Gasbeleuchtung ist unzulässig.

Mineralöle.

§ 28. Mineralöle dürfen zur Beleuchtung nur ausnahmsweise und nur mit Genehmigung der zuständigen Polizeibehörde verwendet werden.

H. Notbeleuchtung.

Allgemeines.

§ 29. 1. Außer der Hauptbeleuchtung ist eine von ihr völlig unabhängige Notbeleuchtung vorzusehen, die so bemessen sein muß, daß sich die Besucher auch bei vollständigem Versagen der Hauptbeleuchtung zurechtfinden können. Die Türen des Zuschauerraums, die Flure, Treppen, Höfe, Durchfahrten und Ausgänge sind besonders gut zu beleuchten und zwar sind unmittelbar ins Freie führende Türen durch rote Lampen zu kennzeichnen. Die Notlampen im Zuschauerraume dürfen während des Betriebes nur soweit abgeblendet werden, daß die Türen noch voll beleuchtet bleiben.

2. Es ist dafür zu sorgen, daß die Notbeleuchtung während der ganzen Dauer der Betriebszeit brennen kann oder bei Relaisschaltung betriebsfähig ist. Betriebszeit ist die Zeit vom Einlasse der Besucher bis zu dem Zeitpunkte, zu dem der letzte Besucher das Theater verlassen hat.

3. Als Notbeleuchtung kann eine von einer besonderen Kraftquelle gespeiste Notbeleuchtung mit Relaisschaltung zugelassen werden, wenn die Einrichtung die nötige Gewähr für Betriebssicherheit bietet.

4. Die Kraftquellen der Notlampen müssen jederzeit auf ihre jeweilige Leistungsfähigkeit nachprüfbar sein. Die Glühlampen müssen mindestens 6 Kerzen Lichtstärke haben.

Theater über 600 Personen.

§ 30. In Lichtspieltheatern mit über 600 Besuchern darf zur Notbeleuchtung nur elektrisches Licht verwendet werden. Die Notbeleuchtung ist so einzurichten, daß entweder jede Notlampe ihre eigene und unmittelbar mit ihr verbundene Kraftquelle besitzt, oder daß die Notlampen von einer zentralen Kraftquelle gespeist werden, die von der Hauptleitung unabhängig ist. Die Lampen müssen mit der zugehörigen Kraftquelle durch unverzweigte und in Panzer- oder Peschelrohren verlegte Leitungen verbunden sein.

Theater bis zu 600 Personen.

§ 31. Für Lichtspieltheater bis zu 600 Besuchern können zur Notbeleuchtung verwendet werden:

a) elektrische Beleuchtung der in § 30 Satz 2 angegebenen Art,

b) Rüböl- oder Kerzenlampen.

J. Heizung.

Sammelheizung.

§ 32. 1. Bei Erwärmung des Lichtspieltheaters durch Sammelheizung müssen die Wände, Decken und Türen des Heizraumes den baupolizeilichen Bestimmungen entsprechen.

2. Offen liegende Dampf- und Wasserheizrohre sind mit Wärmeschutzmitteln zu verkleiden oder durch abnehmbare Drahtnetze, Bleche oder dergl. gegen Berührung zu schützen.

3. Kanäle für die Leitung heißer Luft müssen gemauert und innen und außen verputzt oder betoniert und so angelegt sein, daß sie von Staub leicht gereinigt werden können. Ihre Austrittsöffnungen müssen mindestens 25 cm von leicht brennbaren Stoffen entfernt sein.

4. Heizkörper in Kleiderablagen müssen mit unverbrennbaren Schutzmänteln versehen sein.

Ofenheizung.

§ 33. 1. Öfen müssen mit unverrückbar befestigten und unverbrennbaren Schutzmänteln umgeben sein. Die Rauchrohre der Öfen müssen rauchdicht hergestellt sowie unmittelbar und rauchdicht in vorschriftsmäßige Kamine geführt werden.

2. Gasöfen sind unzulässig.

K. Lüftung.

§ 34. 1. Der Zuschauerraum soll mindestens zwei unmittelbar ins Freie führende Türen oder Fenster haben, die so gelegen sind, daß eine ausreichende Entlüftung möglich ist. Kann auf diese Weise eine genügende Entlüftung nicht erreicht werden, so kann die zuständige Polizeibehörde die Einrichtung einer künstlichen Entlüftungsanlage vorschreiben.

2. Jedes abgeschlossene Treppenhaus muß im oberen Teil eine Entlüftungseinrichtung haben, die eine wirksame Entlüftung ermöglicht und vom Erdgeschosse bedient werden kann. Die jeweilige Stellung der Entlüftungseinrichtung muß im Erdgeschoß erkennbar sein.

L. Feuerlöschvorrichtungen.

§ 35. Die zuständige Polizeibehörde kann für die Wasserversorgung, die Feuerlösch- und Feuermeldeeinrichtungen und die Stellung einer Feuerwache besondere Anordnungen treffen.

M. Betriebsvorschriften.

Beleuchtung u. a.

§ 36. Es ist verboten, die Notlampen mit Papier oder anderen Stoffen zu verhüllen. Alle Not- und Richtungslampen müssen, solange noch Zuschauer anwesend sind, brennend erhalten werden. Die Hauptbeleuchtung ist bei jeder Pause, bei jeder Betriebsstörung und nach Schluß der Vorführung sofort einzuschalten. Die Person, die nach § 1 Abs. 3 und 4 die Verantwortung trägt, ist verpflichtet, rechtzeitig vor Beginn jeder Vorführung den ordnungsmäßigen Zustand der Notbeleuchtungsanlage zu prüfen, insbesondere darüber zu wachen, daß die Batterie vorschriftsmäßig aufgeladen und angeschlossen und daß der selbsttätige Umschalter in Ordnung ist. Ausschmückungen aus Papier oder anderen leicht entflammbaren Stoffen dürfen im Zuschauerraume nicht angebracht werden. Stoffvorhänge jeder Art an den Ein- und Ausgängen dieses Raumes sind verboten. Die als Eingänge zum Theater bestimmten Türen und Gänge dürfen nur im Falle der Gefahr oder am Schlusse der letzten Vorführung als Ausgänge benützt werden. Während des Betriebs sind die Besucher nach den einzelnen Akten durch die ordentlichen Ausgänge und Notausgänge zu entlassen. Die Betriebsleitung hat durch geeignete Aufsichtspersonen für Durchführung dieser Anordnung zu sorgen. Im Zuschauerraum und in den damit zusammenhängenden Räumen dürfen Bildstreifen nicht verwahrt werden.

Rauchverbot.

§ 37. 1. Im Zuschauerraume, den Rückzugswegen und solchen Räumen, welche die Sicherheit des Rückzugsweges im Brandfalle beeinträchtigen, ferner im Bildwerfer- und Musikraum ist es verboten, zu rauchen, brennende Zigarren, Zigaretten oder Pfeifen mitzubringen sowie Zigarren, Zigaretten oder Tabak feilzubieten oder zu verkaufen. An den Eingängen sind Zigarrenablagen in genügender Zahl anzubringen. Das Rauchverbot ist durch besonderen Anschlag kenntlich zu machen.

2. In anderen Räumen des Lichtspieltheaters kann die zuständige Polizeibehörde Ausnahmen zulassen.

3. Die Person, die nach § 1 Abs. 3 und 4 die Verantwortung trägt, hat für die Durchführung dieses Verbots zu sorgen und die Angestellten entsprechend anzuweisen.

Sicherung des Rückzugsweges.

§ 38. 1. Es ist verboten, in den Gängen des Zuschauerraums Tische, Bänke oder Stühle aufzustellen, ebenso ist das Stehenbleiben der Zuschauer in den Gängen unstatthaft.

2. Die Türen des Zuschauerraums, die Flure, Ausgänge, Treppen, Durchfahrten und Höfe, die zur Leerung des Theaters dienen, müssen während der ganzen Betriebszeit für den Verkehr freigehalten und vorschriftsmäßig beleuchtet werden.

Aushang.

§ 39. Anschläge der in den §§ 36, 37, 38 enthaltenen Vorschriften sind in genügender Anzahl, deutlich lesbar und gut beleuchtet im Lichtspieltheater auszuhängen.

III. Bildwerferraum.

A. Bauart und Größe.

Wände und Ausgang.

§ 40. 1. Der Bildwerferraum muß mit mindestens einen Stein starken Wänden umgeben sein und eine den Anforderungen der Bauordnungen entsprechende Decke haben. Er darf außer den Schau- und Bildöffnungen keine Verbindung mit dem Zuschauerraume haben. Er muß mit einer Lichtöffnung versehen sein, die unmittelbar ins Freie oder in einen ungeschlossenen Lichtschacht führt. Aus dem Bildwerferraume muß ein Weg unmittelbar ins Freie führen und so gelegen sein, daß die Ausgänge des Zuschauerraums bei einem Brande nicht gefährdet werden. Ist der Rückzugsweg des Vorführers bei der Aufstellung mehrerer Bildwerfer beeinträchtigt, so muß ein weiterer Ausgang angelegt werden.

2. Tür- und Fensteröffnungen im Bildwerferraume haben gegen aufwärts schlagende Flammen ein Schutzdach von mindestens 50 cm Ausladung zu erhalten, das an jeder Stelle oberhalb der Öffnung mindestens noch 30 cm übergreift.

3. Der Rückzugsweg für den Vorführer ist freizuhalten.

Abmessungen.

§ 41. Bildwerferräume mit einem Bildwerfer müssen bei einer kleinsten Längenabmessung von 2 m eine Grundfläche von mindestens 6 m^2 und eine lichte Höhe von mindestens 2,80 m haben; bei Aufstellung jedes weiteren Bildwerfers erhöht sich die vorgeschriebene Mindestfläche des Bildwerferraums um je 3 m^2. Die Deckenhöhe am Standorte des Vorführers darf nicht geringer sein als 2 m. Steht der Bildwerferraum mit einem Nebenraum in Verbindung, der die gleichen Anforderungen erfüllt und insbesondere einen ins Freie führenden Ausgang hat, so kann das Maß von 6 m^2 für die Grundfläche unterschritten werden, falls die zuständige Polizeibehörde es für zulässig erachtet, keinesfalls jedoch unter 4 m^2.

Schauöffnungen.

§ 42. Die Schauöffnungen dürfen höchstens 250 cm^2 groß sein. Die Bildöffnungen dürfen nicht größer sein, als es der Strahlendurchgang erfordert. Beide Arten von Öffnungen sind mit in Eisenrahmen oder in Zementputz fest verlegten Glasscheiben von mindestens 5 mm Stärke rauchdicht abzuschließen. Außerdem sind die Öffnungen mit einem mindestens 5 mm starken Eisenschieber auszurüsten, der in Führungen sicher und leicht gangbar geführt ist, so daß ein Klemmen oder Herausspringen vermieden wird. Die Schieber müssen sich im Falle eines Brandes (z. B. infolge Durchbrennens eines kurzen Bildstreifens) augenblicklich selbsttätig schließen und außerdem von Hand bedienbar sein.

Fenster.

§ 43. Die Fenster des Bildwerferraums sowie der mit ihm in Verbindung stehenden Nebenräume müssen mindestens ein Viertel

Quadratmeter groß mit gewöhnlichem Glas verdeckt und so eingerichtet sein, daß sie sich bei einem Brande durch den dabei entstehenden Überdruck leicht und selbsttätig öffnen. Die Anbringung von Riegeln an den Fenstern ist verboten.

Türen.

§ 44. Die Türen, die aus dem Bildwerferraum und aus den mit ihm in Verbindung stehenden Nebenräumen führen, dürfen von innen nicht versperrbar sein und müssen nach außen aufschlagen. Sie müssen derart eingerichtet sein, daß sie sich von innen durch Druck und von außen durch Zug leicht öffnen lassen und selbsttätig wieder zufallen.

Treppen.

§ 45. 1. Führt der Ausgang über eine Treppe, so muß sie mindestens 90 cm breit und mit Handleisten versehen sein. Ihr Steigungsverhältnis darf höchstens 1:1 sein. Innerhalb des Bildwerferraums darf ein Teil der Treppe bis zu einer größten Höhe von 1,50 m liegen.

2. Leitern sind als einziger Zugang zu dem Bildwerferraume verboten.

B. Beleuchtung.

Elektrische Anlage.

§ 46. 1. Im Bildwerferraume dürfen nur solche elektrische Anlagen, die für die Beleuchtung, Heizung und Entlüftung des Raumes und für den Bildwerfer und die Umspulvorrichtung nötig sind, sowie ein einpoliger Schalter zur Einschaltung der Hauptbeleuchtung des Zuschauerraums vorhanden sein.

2. Die gesamte elektrische Anlage des Bildwerferraums muß auch von einer außerhalb gelegenen Stelle aus ausgeschaltet werden können.

3. Die Beleuchtung darf nur durch elektrische, unter Luftabschluß brennende Lampen erfolgen, die mit einem Drahtschutzkorb oder mit einer Überglocke zu versehen sind.

Widerstände.

§ 47. Die elektrischen Widerstände müssen mit einem schrägen oder gewölbten Dache versehen oder so hoch angebracht sein, daß die Ablage von Gegenständen auf ihnen nicht möglich ist. Bewegliche Widerstände dürfen weder unmittelbar unter dem Bildwerfer noch in der Nähe der Umwicklungsvorrichtung aufgestellt sein.

Notbeleuchtung.

§ 48. Bei ungünstigen Zugangsverhältnissen kann auch für die Rückzugswege des Bildwerferraums der Anschluß an die Notbeleuchtung gefordert werden.

Überwachung.

§ 49. Für die elektrische Anlage sind die Vorschriften des Verbandes Deutscher Elektrotechniker maßgebend. Die Anlage ist vor der Ingebrauchnahme und sodann alljährlich von einem von der Kreisregierung, Kammer des Innern, anerkannten Sachverständigen zu prüfen. Die über die Prüfung ausgestellten Bescheinigungen sind der zuständigen Polizeibehörde vorzulegen.

C. Heizung und Lüftung.

Heizung.

§ 50. 1. Für die Heizung sind Öfen nur dann zulässig, wenn ihre Feueröffnungen außerhalb des Bildwerferraumes liegen.

2. Die Öfen oder Heizkörper müssen mindestens 1 m vom Bildwerfer entfernt liegen und auf allen Seiten mit einem Schutzgitter umgeben sein, dessen oberer Teil dachförmig abgeschrägt ist, so daß Gegenstände darauf nicht gelagert werden können.

3. Die Verwendung eiserner Öfen und von Gasöfen ist keinesfalls statthaft.

Lüftung.

§ 51. Die zuständige Polizeibehörde kann die Einrichtung einer mechanischen Entlüftungsanlage oder eines Entlüftungsschachtes vorschreiben.

D. Bildstreifenschutz.

Bildstreifenvorrat.

§ 52. Im Bildwerferraume darf höchstens der Tagesbedarf an Bildstreifen aufbewahrt werden. Die Bildstreifenrollen müssen mit Ausnahme je einer, die sich auf dem Bildwerfer und der Umspulvorrichtung befinden dürfen, in einem besonderen Behälter untergebracht sein, der in einer möglichst großen Entfernung vom Bildwerfer und in mindestens 1 m Höhe über dem Fußboden anzubringen ist.

Bildstreifenbehälter.

§ 53. Der Bildstreifenbehälter soll grundsätzlich aus Hartholz hergestellt sein. Er ist durch senkrechte Wände in Fächer einzuteilen, die je eine Bildstreifenrolle aufnehmen. Jedes Fach ist für sich durch einen in senkrechter Richtung beweglichen Schieber abzuschließen, der in Nuten läuft, durch sein eigenes Gewicht herunterfällt, dicht schließt und nicht herausnehmbar ist.

Bildstreifenroller.

§ 54. 1. Die Bildstreifenspulen müssen in Trommeln eingeschlossen und so beschaffen sein, daß bei einem Brande des außerhalb der Trommeln befindlichen Bildstreifenteils der Trommelinhalt gegen Entflammung möglichst geschützt wird. Erforderlich ist hierzu ferner, daß der Bildstreifen durch einen möglichst engen und genügend langen, von Metallteilen begrenzten Spalt ein- und austritt, der bei der Vorführung selbsttätig geschlossen gehalten wird. Die Seitenwände der Trommeln müssen mit Öffnungen versehen sein, die zur Verhütung des Durchschlagens von Flammen mit engmaschigem Drahtgewebe zu verschließen sind.

2. Die Trommeln müssen so eingerichtet sein, daß eine Vorführung bei geöffneter Trommel wirksam verhindert wird.

Klebstoff.

§ 55. Im Bildwerferraume darf leicht entflammbarer Klebstoff höchstens in einer Menge von 30 g vorhanden sein. Der Klebstoff ist in dichtschließenden Gefäßen in möglichster Entfernung vom Bildwerfer aufzubewahren.

Umwickel-Vorrichtung.

§ 56. Die Umwickelvorrichtung muß mindestens 1,50 m vom Bildwerfer entfernt sein, jedoch so, daß der Vorführer bei ihrer Bedienung den Bildwerfer stets im Auge behalten kann.

E. Sonstige Einrichtungen.

Bildwerfertisch.

§ 57. Der Tisch des Bildwerfers muß aus unverbrennbarem Stoffe hergestellt sein und an geeigneter Stelle einen Metallbehälter zum Ablegen gebrauchter Kohlenstücke haben, dessen Boden mit Sand bedeckt sein muß.

Feuerlöschgerät.

§ 58. Im Bildwerferraume soll Wasserleitung vorhanden sein. Neben dem Bildwerfer muß ein ausreichend großer, mit Wasser gefüllter Eimer und eine schwer entflammbare Decke (Feuerschutzdecke) oder ein nasser Scheuerlappen bereit gehalten werden.

Sonstige Geräte.

§ 59. Im Bildwerferraume dürfen im übrigen nur die für den Betrieb unbedingt erforderlichen Geräte und Einrichtungsgegenstände vorhanden sein, die sämtlich aus schwer entflammbaren Stoffen hergestellt sein müssen.

Sitzgelegenheit.

§ 60. Für den Vorführer muß im Bildwerferraum oder in dessen Nähe eine Sitzgelegenheit, eine Kleiderablage und eine Waschgelegenheit bereitgestellt werden.

Den im Lichtspieltheater beschäftigten Personen ist eine besondere Abortanlage, die möglichst in der Nähe des Bildwerferraums liegen soll, zur Verfügung zu stellen.

F. Betriebsvorschriften für den Vorführer.

Zulassung.

§ 61. Die mit der selbständigen Bedienung des Bildwerfers beauftragte Person muß im Besitz eines von einer deutschen Vorführerprüfstelle ausgestellten Vorführerzeugnisses sein (VO. vom 14. April 1924, GVBl. S. 142 und MinBek. vom gleichen Tage, MABl. S. 62), das den in § 2 genannten Personen auf Verlangen jederzeit vorzulegen ist.

Standort.

§ 62. 1. Der Vorführer muß den Bildwerfer, solange er im Betrieb ist, ständig beaufsichtigen und darf bei vorübergehendem Verlassen des Bildwerferraumes die Bedienung nur einer berufenen Person überlassen.

2. Sind gleichzeitig mehrere Bildwerfer in Betrieb, die zur ununterbrochenen Vorführung von Bildstreifen dienen, so muß

jeder Bildwerfer durch einen besonderen Vorführer bedient werden, soferne nicht die Bauart der Bildwerfer die Bedienung durch einen Vorführer ohne Gefahr gestattet.

Verantwortung.

§ 63. Der Vorführer hat dafür zu sorgen, daß die Bestimmungen für die Aufbewahrung der Bildstreifen und für die Einrichtung der Bildwerferräume unter III D und E dieser Verordnung beachtet werden und daß die Ausgänge des Vorführungsraums und seiner etwaigen Nebenräume stets freigehalten werden.

Verbote.

§ 64. 1. Verboten ist:

a) das Niederlegen von Bildstreifen in der Nähe der Lampe des Bildwerfers,

b) die Unterbringung von Kleidungsstücken im Bildwerferraume, soweit sie nicht in Schränken erfolgt, die aus unverbrennbaren Stoffen hergestellt sind,

c) das Rauchen und Dulden des Rauchens im Bildwerferraum und in den mit ihm in Verbindung stehenden Nebenräumen sowie das Betreten dieser Räume mit offenem Lichte, brennenden Zigarren, Zigaretten oder Pfeifen und das Anzünden von Streichhölzern,

d) das Betreten des Bildwerfer-Umwickel- oder Bildwerferaufbewahrungsraumes durch Unbefugte und das Dulden derartiger Besuche,

e) das übermäßig schnelle Vorführen der Bildstreifen.

2. Das Rauchverbot ist durch besonderen Anschlag kenntlich zu machen.

Aushang.

§ 65. Ein Abdruck der vorstehenden Bestimmungen (§§ 61 bis 64) und der Vorschriften unter III D und E dieser Verordnung ist an den Eingangstüren des Bildwerferraums und der mit ihm in Verbindung stehenden Nebenräume deutlich lesbar und gut beleuchtet auszuhängen.

IV. Vorschriften für den Bildwerfer.

Lampengehäuse.

§ 66. 1. Das Lampengehäuse der Bildwerfer muß doppelwandig, mit einem schrägen Dach versehen und innen mit Asbest oder einem sonstigen Wärmeschutzmittel ausgekleidet, sowie so eingerichtet sein, daß glühende Teilchen nicht aus dem Gehäuse herausfallen können. Zwischen dem äußeren und inneren Mantel muß ein Abstand von mindestens 2,5 cm vorhanden sein. Der äußere Mantel ist mit Luftöffnungen zu versehen, die eine genügende Kühlung gewährleisten.

2. Das Lampengehäuse muß so lang sein, daß der Abschluß der Rückwand mindestens 20 cm von der hintersten Stellung der Lichtquelle entfernt bleibt. Die Rückwand muß innen mit unverbrennlichen Stoffen bekleidet sein.

3. Der Boden des Gehäuses muß an der offenen Seite über die Wände hinausragen und an den Kanten mindestens 2 cm nach oben umgebogen sein, so daß glühende Teile nicht nach unten fallen können.

4. Die durch die Lichtquelle etwa entstehenden Verbrennungsgase sind soweit notwendig aus dem Lampengehäuse unmittelbar ins Freie oder in einen Abzugsschacht oder Kamin abzuführen.

5. Die Bestimmungen in Abs. 2 und 3 finden nur dann Anwendung, wenn Kondensor-Bogenlampen oder solche Spiegellampen verwendet werden, bei denen die Rückwand des Lampenhauses nicht durch die Spiegelfassung gebildet wird.

Schutz des Betriebsbildstreifens.

§ 67. 1. Der Bildstreifen ist von einer vorschriftsmäßigen Rolle abzurollen. Er muß sich dabei mit gleichbleibender Geschwindigkeit und zwangsläufig auf eine gleiche Rolle aufwickeln. Der zwischen beiden Rollen befindliche Bildstreifen soll möglichst kurz sein und muß, soweit er sich im Wirkungsbereiche der Wärme- und Lichtstrahlen befindet, wirksam gegen Entzündung geschützt werden. Hohe Wärmegrade im Bildfenster sind hierbei besonders zu berücksichtigen. Beim Reißen oder fehlerhaften Laufen dürfen Teile des Bildstreifens mit dem Lampengehäuse nicht in Berührung kommen.

2. Das Fenster des Bildwerfers muß eine von Hand bedienbare Abblendung und eine Schutzvorrichtung besitzen, die einen selbsttätigen Abschluß bewirkt, sobald die Laufgeschwindigkeit des Bildstreifens so gering wird, daß seine Entzündung im oder am Bildfenster möglich ist. Es muß ferner so beschaffen sein, daß die Übertragung eines Brandes auf die übrigen Bildstreifenteile nach Möglichkeit verhindert wird.

Lichtquelle.

§ 68. 1. Als Lichtquelle für den Bildwerfer ist grundsätzlich elektrisches Licht zu verwenden.

2. Abweichend von der Vorschrift in Ziff. 1 kann die zuständige Polizeibehörde in besonderen Fällen die Verwendung von Kalklicht oder von ähnlichen Lichtquellen zulassen, wenn die nachstehenden Bestimmungen beachtet werden:

a) Brenner, bei denen sich das Gasgemenge nicht erst im Augenblicke des Austritts aus dem Brenner bildet, dürfen nur ausnahmsweise und nur dann zugelassen werden, wenn vor der Austrittsöffnung eine Schutzvorrichtung vorhanden ist, die ein Zurückschlagen der Flamme in den Brenner verhütet. Außerdem müssen Vorkehrungen getroffen sein, die ein Rückströmen der Gase von der einen zu der anderen Gasquelle wirksam verhindern.

b) Falls Brennerschläuche verwendet werden, müssen sie gegen Abrutschen von den Stutzen gesichert werden. Die Flamme darf nicht mit offenem Licht entzündet werden. Zweckmäßigerweise sind dazu Cereisenapparate zu verwenden.

c) Es dürfen nur solche Gasflaschen verwendet werden, deren Ventile den Normen des Normenausschlusses der Deutschen Industrie (Dinorm, Blatt 477) entsprechen. Die Leitungen und Anschlüsse für Sauerstoff müssen außerdem durch blauen Anstrich besonders kenntlich gemacht werden. An den Armaturen und Druckminderungsventilen für Sauerstoff und andere oxydierende Gase dürfen öl- und fetthaltige Dichtungsstoffe nicht verwendet werden. Verbrennliche Dichtungsstoffe sind zu vermeiden.

d) Gasflaschen müssen so aufgestellt werden, daß beim Zerknall einer Flasche jede Gefährdung der Zuschauer ausgeschlossen ist. Im Zuschauerraume dürfen Gasflaschen nicht aufgestellt werden. Bei Aufstellung im Bildwerferraume können für besondere Systeme Ausnahmen zugestanden werden.

e) Die Vorratsgasflaschen sind im Freien oder in einem feuersicher abgeschlossenen und gut gelüfteten Raume zu lagern. Bei der Lagerung im Freien müssen die Gasflaschen gegen die unmittelbare Einwirkung der Sonnenstrahlen geschützt werden, und zwar, wenn sie auf Verkehrsplätzen lagern, durch hölzerne Kasten oder ein Segeltuchzelt. In jedem Falle sind die Gasflaschen gegen Umfallen gesichert zu lagern. Beim Transport ist dafür zu sorgen, daß sie nicht geworfen oder gestoßen werden.

V. Ausnahmen und Übergangsbestimmungen.

A. Ausnahmen für Lichtspieltheater.

Zulassung von Vorräumen beim Bildwerferraum.

§ 69. Die zuständige Polizeibehörde kann bei günstigen allgemeinen Ausgangsverhältnissen zulassen, daß der Ausgang aus dem Bildwerferraume durch einen Vorraum erfolgt, wenn sich ein unmittelbarer Ausgang ins Freie nicht herstellen läßt. Der Ausgang aus dem Vorraume darf aber auf keinen Fall in den Zuschauerraum oder in einen Raum führen, der zur Leerung des Zuschauerraums benutzt wird. Der Vorraum darf ferner nicht zur Lagerung irgendwelcher Gegenstände, insbesondere von Bildstreifen, verwendet werden.

Zulassung weiterer Ausnahmen.

§ 70. Die Kreisregierungen, Kammern des Innern, können weitere Ausnahmen oder Milderungen von einzelnen Bestimmungen dieser Verordnung im Einzelfalle je nach den örtlichen Verhältnissen nach Anhörung der zuständigen Polizeibehörde, der Versicherungskammer, Abteilung für Brandversicherung, der Feuerwehr und des Gewerbeaufsichtsbeamten zulassen. Dies kann insbesondere geschehen, wenn ausschließlich schwer entflammbare Bildstreifen verwendet werden, d. h. solche, die nach Entzündung der Gefahrzelle weder weiterbrennen, noch entflammbare oder verbrennliche Zersetzungsgase nachentwickeln.

B. Ausnahmen für Wander- und nichtgewerbsmäßige Vereinslichtspiele.

Bildwerferprüfung.

§ 71. 1. In Orten oder in Fällen, in denen den vorstehenden Bestimmungen entsprechende Bildwerferräume zu solchen Zwecken nicht vorhanden sind und die Einrichtung solcher Räume wegen des nur unregelmäßig auftretenden Bedürfnisses zu unbilligen Härten führen würde, kann die zuständige Polizeibehörde die in § 73 aufgeführten weiteren Ausnahmen zulassen, soferne geprüfte Bilderwerfer verwendet werden.

2. Ein eine Ausnahme rechtfertigender Wanderlichtspielbetrieb liegt nicht vor, wenn ein Unternehmer ein bestimmtes Gebiet planmäßig bereist und die gleichen Säle in regelmäßigen Zeitabständen zur Vorführung von Lichtspielen benützt.

Prüfstellen für Bildwerfer.

§ 72. 1. Für die Prüfung von Bildwerfern sowie für sicherheitstechnische Einrichtungen des Bildwerferraumes wird das Staatsministerium des Innern nach Bedarf eine Prüfstelle errichten.

2. Die Prüfung erfolgt nach beigefügten Richtlinien.

3. Die von einer Prüfstelle ausgestellten Prüfungsbescheinigungen haben für das ganze Reichsgebiet Gültigkeit.

Ausnahmen.

§ 73. 1. Bei Verwendung eines Bildwerfers der Klasse A der beigefügten Richtlinien kann auf den Bildwerferraum verzichtet werden, wenn der Bildwerfer im Freien aufgestellt wird und die Lichtstrahlen durch ein Fenster oder eine Tür, die als Rückzugsweg nicht in Frage kommt, auf die Bildwand im Zuschauerraume geworfen werden.

2. Bei Verwendung eines Bildwerfers der Klasse B kann ferner auf die Durchführung der unter III A, B, D und in § 66 Abs. 4 gegebenen Bestimmungen verzichtet werden, soweit sie durch das Fehlen des Bildwerferraums ihre Erledigung gefunden haben.

3. Bei Verwendung eines Bildwerfers der Klasse C können ebenfalls die in vorstehendem Abs. 2 angeführten Erleichterungen gewährt werden. Beträgt die Zahl der zugelassenen Zuschauer nicht mehr als 50, so kommen nur die Vorschriften im Abschnitt I und im Abschnitt III F dieser Verordnung in Anwendung, falls nach dem Urteile der zuständigen Polizeibehörde unter Berücksichtigung der örtlichen Verhältnisse ein Anlaß zu weiteren Sicherheitsmaßnahmen nicht besteht.

4. Die Gewährung der Erleichterungen ist davon abhängig zu machen, daß für die Aufstellung des Bildwerfers der jeweils günstigste Platz z. B. im Nebenraum oder auf einer Galerie gewählt wird, der möglichst außer Sicht und Nähe der Zuschauer sowie derartig liegen soll, daß die Rückzugswege weder beengt noch gefährdet werden. Außerdem müssen die Bildstreifenbehälter stets vorschriftsmäßig beschaffen und außerhalb des Zuschauerraums

aufgestellt sein. Sie dürfen sich niemals im Bereiche der Rückzugswege befinden. Die Bildstreifen dürfen im Zuschauerraum nicht umgerollt und nicht aus den Trommeln herausgenommen werden.

5. Andere Lichtquellen als elektrisches Licht dürfen nur ganz ausnahmsweise zugelassen werden, falls nach Lage des Falles Bedenken irgendwelcher Art nicht bestehen.

6. Bildwerfer der Klassen B und C dürfen mit einer Stillstandsvorrichtung nur versehen sein, wenn dies in der Zulassungsbescheinigung der Prüfstelle vorgesehen ist.

7. Ausgänge und Treppen brauchen nur eine Breite von 1 m für je 90 Besucher aufzuweisen.

Abnahme geprüfter Bildwerfer.

§ 74. Die Bildwerfereinrichtung ist durch die zuständige Polizeibehörde abzunehmen. Hierbei ist die Zulassungsbescheinigung für die betreffende Bildwerferklasse, das Vorhandensein aller Bildwerferteile und die vorschriftsmäßige Zusammensetzung des Bildwerfers gemäß Stückliste zu prüfen.

C. Ausnahme für Schullichtspiele usw.

Allgemeines.

§ 75. Bei Lichtspielvorführungen in Schulen oder für sonstige Lehrzwecke bei öffentlichen Stellen und Behörden kann die zuständige Polizeibehörde Ausnahmen von den Bestimmungen dieser Verordnung zulassen, insbesondere genehmigen, daß ausnahmsweise von der Unterbringung des Bildwerfers in einem besonderen Raum abgesehen wird, wenn lediglich geprüfte Bildwerfer Verwendung finden und eine ordnungsmäßige Abnahme der Bildwerfereinrichtung und der für die Vorführung in Aussicht genommenen Räumlichkeiten sichergestellt ist.

Vorführer.

§ 76. 1. Für den Vorführer gilt § 1 Abs. II der Ministerialbekanntmachung vom 14. April 1924 (MABl. S. 62).

2. Schüler dürfen zur selbständigen Bedienung des Bildwerfers nur bei Vorführungen im Unterricht und nur dann zugelassen werden, wenn sie das sechzehnte Lebensjahr vollendet haben und der zuständige Lehrer die Verantwortung übernimmt.

Genehmigung.

§ 77. Ausnahmen gemäß § 75 dürfen nur unter folgenden Voraussetzungen genehmigt werden:

a) Die Vorführungs- und Aufbewahrungstrommeln dürfen nur außerhalb des Zuschauerraums gefüllt und geleert werden und müssen vorschriftsmäßig beschaffen sein. Nicht benutzte Bildstreifen müssen in vorschriftsmäßigen Behältern außerhalb des Zuschauerraums aufbewahrt werden. Im Zuschauerraum darf nur der auf dem Bildwerfer befindliche Bildstreifen vorhanden sein.

b) Wenn der Bildwerfer im Zuschauerraum aufgestellt wird, dürfen sich im Umkreise von mindestens 2 m um ihn keine Zuschauer befinden. Keinesfalls darf der Bildwerfer in der Nähe der Rückzugswege aufgestellt werden.

c) Neben dem Bildwerfer muß ein mit Wasser gefüllter Eimer und ein nasser Scheuerlappen oder eine schwer entflammbare Decke (Feuerschutzdecke) bereit gehalten werden.

d) Das Rauchen oder das Hantieren mit offenen Flammen in der Nähe des Apparates ist verboten.

e) Der Zuschauerraum muß derartig mit Ausgängen versehen sein, daß die anwesenden Zuschauer ihn schnell und ordnungsmäßig verlassen können. Größere Räume wie Aulen, Zeichensäle, Laboratorien müssen mindestens zwei Ausgänge besitzen, die möglichst an gegenüberliegenden Seiten liegen sollen.

f) Es dürfen nur die gewöhnlich vorhandenen Sitzgelegenheiten besetzt werden. Das Stehen auf den Gängen und an den Ausgängen ist unter allen Umständen verboten.

g) Die Schüler sind darüber zu belehren, daß sie im Fall eines Brandes den Raum ruhig und geordnet zu verlassen haben.

D. Übergangs- und Strafbestimmungen.

§ 78. 1. Vorstehende Verordnung tritt sofort in Kraft.

2. Für bereits bestehende Lichtspielunternehmungen gelten die Bestimmungen des Abschnitts II mit Ausnahme derjenigen unter M nur insoweit, als aus überwiegenden Gründen der öffentlichen Sicherheit ihre Durchführung unbedingt erforderlich ist. Die zuständige Polizeibehörde hat festzustellen, welche Änderungen im Einzelfalle vorzunehmen sind, und eine Frist hierfür zu bestimmen. Im Beschwerdefall entscheidet die Kreisregierung, Kammer des Innern, endgültig.

3. Die Bildwerferräume bestehender Lichtspieltheater müssen bis zum 1. April 1927 den Bestimmungen des Abschnitts III dieser Verordnung angepaßt werden. Die Vorschriften der §§ 58, 59 und des Abschnitts III F treten jedoch in jedem Falle gleichzeitig mit dieser Verordnung in Kraft.

4. Bis zum gleichen Zeitpunkte (1. April 1927) müssen die Vorschriften des Abschnitts IV erfüllt sein.

§ 79. Zuwiderhandlungen gegen die Vorschriften dieser Verordnung werden mit Geldstrafe bis zu 60 *RM* oder mit Haft bis zu vierzehn Tagen bestraft.

Richtlinien für die Typenprüfung der Bildwerfer.

1. Die Typen werden in feuersicherheitlicher Hinsicht geprüft. Es sind danach drei Klassen zu unterscheiden.

Klasse A:
Bildwerfer, bei denen der im Bildfenster stillgesetzte Bildstreifen vor Ablauf der ersten Minute entflammt wird.

Klasse B:
Bildwerfer, bei denen der im Bildfenster stillgesetzte Bildstreifen nach Ablauf der ersten Minute, aber vor Ablauf der ersten 60 Minuten entflammt wird.

Klasse C:
Bildwerfer, bei denen der im Bildfenster stillgesetzte Bildstreifen innerhalb 60 Minuten nicht entflammt wird.

2. Für die Prüfung sind noch folgenden Bestimmungen zu beachten:

a) Die Feuerschutztrommeln müssen auswechselbar sein.

b) Das Lampengehäuse muß derart gekühlt sein, daß ein darauf gelegtes größeres Bildstreifenstück bei normalem Betriebe des Bildwerfers innerhalb 10 Minuten nicht entflammt wird.

c) Die Widerstände müssen ein den Bestimmungen des § 47 entsprechendes Gehäuse haben und derart zum Bildwerfer stehen, daß der fehlerhaft laufende Bildstreifen nicht mit ihnen in Berührung kommen kann. Sie dürfen nicht mittels Kurbeln oder dergl. eine Einschaltung zulassen, die ungünstiger ist, als diejenige, die bei der Ermittelung der Entflammbarkeit als ungünstigste angenommen worden ist.

d) Vorrichtungen zum Stillsetzen des Bildstreifenschaltwerkes sind zugelassen:

bei solchen Bildwerfern der Klasse B, bei denen eine Entflammung nicht vor Ablauf der ersten 10 Minuten eintritt und die Stillegung nur dadurch möglich ist, daß der Vortragende oder Vorführer einen Stillstandshebel oder Kontakt betätigt und bei allen Bildwerfern der Klasse C.

e) Die Entflammungszeiten sind mit schwarzen, nicht viragiertem Titelbildstreifen zu ermitteln und zwar wenn sich der Bildwerfer im Dauerzustande befindet, d. h. unter den im Betriebe gebräuchlichen Verhältnissen mindestens bereits 10 Minuten gebrannt hat. Lichtquelle, Kondensor und Bildfenster müssen bei der Prüfung die nach den Konstruktionsverhältnissen mögliche ungünstigste Stellung zueinander einnehmen. Feuerschutzmittel, wie Kuvetten, Glasplatten und dergleichen, die beim normalen Betriebe vorhanden sind und ohne vorschriftswidrigen, erheblichen Eingriff nicht wirkungslos gemacht werden können, dürfen bei der Prüfung eingeschaltet werden. Feuerschutzmittel, die durch einfache Fahrlässigkeit oder Herumlegen eines Hebels oder auf ähnliche Weise außer Wirksamkeit gesetzt werden können, dürfen bei der Prüfung nicht verwendet werden.

Die Prüfung hat sich auf Antrag auch auf die Verwendung einer zugelassenen Ersatzbeleuchtung zu erstrecken.

3. Dem Prüfungsantrag muß eine Stückliste beigefügt werden, in der alle zugehörigen Teile aufgeführt sind. Alle Gegenstände, z. B. die Widerstände, die Teile für eine Ersatzbeleuchtung usw. müssen mit Nummern versehen sein, die mit denen der Stückliste übereinstimmen.

4. Die Prüfungsbescheinigung muß nachstehende Angaben erhalten:

a) Mit welchen Lichtquellen die Prüfung erfolgt ist.

b) Die Klassenzuteilung für die verschiedenen Lichtquellen.

c) Die Stückliste der Zubehörteile und der Nummer, die sie tragen. Die Zubehörteile der Ersatzbeleuchtung sind besonders kenntlich zu machen.

d) Den Vermerk, ob der Bildwerfer mit Stillstandsvorrichtungen zugelassen wird.

e) Den Vermerk, daß der Bildwerfer den Forderungen der Verordnung und der Richtlinien für die Prüfung entspricht.

6. Auszug aus der Entschließung des Staatsministeriums des Innern vom 16. November 1897, Bau- und Feuersicherheit in Kirchen betr.

Bei den in Bezug auf die bau-, feuer- und sicherheitspolizeilichen Verhältnisse der Kirchengebäude u. dgl. stattfindenden Prüfungen werden insbesondere ins Auge zu fassen sein Konstruktion und Zustand der vorhandenen Kirchenemporen und der zu denselben führenden Treppen,

Zahl und Breite der bestehenden Kirchenausgänge unter Rücksichtnahme auf die Menge der regelmäßigen Kirchenbesucher, Beschaffenheit und Beweglichkeit der Türen und der Art des Verschlusses derselben,

Überwachung doppelflügeliger Kirchentüren während des Gottesdienstes durch mit dem Schloßmechanismus vertraute Personen behufs sofortiger Öffnung des geschlossenen Flügels nach Beendigung des Gottesdienstes oder im Falle einer Gefahr oder eines Schreckensfalls,

Vermeidung des Verschließens der Kirchentüren während des Gottesdienstes,

Vorsicht bei Verwendung leicht brennbarer Ausschmückungen und hinsichtlich der Verwendung und Stellung der Kerzen,

Instandhaltung der Blitzableiter usw.

Bei Neu- oder Umbauten gottesdienstlicher Gebäude ist dafür Sorge zu tragen, daß den Anforderungen der Bau- und Feuersicherheit in vollem Maße genügt werde.

7. Entschließung des Staatsministeriums des Innern vom 7. Oktober 1903 die Feuer- und Betriebssicherheit in Waren- und Geschäftshäusern betr.

(MABl. S. 425).

Allgemeine Anweisung für die Feuer- und Betriebssicherheit in Warenhäusern und großen Geschäftshäusern.

A. Warenhäuser.

I. Bestimmungen für die bauliche Anlage.

a) Bei Neuanlagen.

1. Für diejenigen Umfassungen der Warenhäuser, welche nicht durch Brandmauern abgeschlossen sind, ist ein Abstand von anderen Gebäuden zu fordern, welcher die gegenseitige Übertragung eines Brandes möglichst verhindert. Wie weit das in § 47 der Bauordnung bzw. § 53 der Münchener Bauordnung bezeichnete Höchstmaß von 9 m hierfür ausreichend ist, muß der Prüfung in jedem einzelnen Falle überlassen werden; als ein für alle Fälle ausreichendes Maß kann dasselbe nicht erachtet werden. Insbesondere wird der Abstand von anderen Gebäuden bei Einrichtung von Verkaufsräumen in mehreren Obergeschossen entsprechend der zunehmenden Höhe der Verkaufsräume über dem Straßenniveau zu vergrößern sein.

2. Wohnungen, Werkstätten oder andere zum längeren Aufenthalte einer größeren Anzahl von Menschen dienende Räume sind über den Geschäftsräumen nicht zulässig.

3. Der Fußboden des obersten zum Aufenthalte von Menschen dienenden Geschosses darf nur in einer solchen Höhe über dem Straßenniveau sich befinden, daß die Rettung von Personen mittels der vorhandenen Feuerlöschgeräte ermöglicht ist.

4. Das Keller- und Dachgeschoß darf zu Verkaufs- und Ausstellungszwecken nicht benützt werden.

Ob und inwieweit das Dachgeschoß zu anderen geschäftlichen Zwecken Verwendung finden darf, unterliegt besonderer Prüfung und Genehmigung der Behörde.

5. Eiserne Konstruktionsteile (Säulen, Unterzüge, Deckenträger u. dgl.) sind glutsicher einzuhüllen. Eine Umhüllung der an den Außenflächen der Gebäude gelegenen Teile ist nicht erforderlich. Jedoch sind Fenstervorbauten oben feuersicher abzudecken und die Trennung der Geschosse an den Außenflächen und Hoffronten behufs Verhinderung der Übertragung eines Feuers in obere Geschosse durch unverbrennliche starke Gesimse zu betätigen.

6. Alle Decken der Verkaufs- und Ausstellungsräume sind in feuerfester Weise herzustellen. In gleicher Weise ist das Kellergeschoß vom Erdgeschoß zu trennen.

Eine unmittelbare Verbindung des Keller- und Dachgeschosses mit den Innenräumen des Gebäudes ist nur ausnahmsweise zulässig.

7. Auslagefenster sind derart zu konstruieren, daß ihr Sturz 30 cm unter den Deckenabschluß herabreicht und die Umfassungswand auf 1 m Höhe über dem Fenstersturze feuerfest geschlossen wird.

Eine Verminderung dieser Maße ist zulässig, wenn das Auslagefenster gegen den Innenraum feuersicher abgeschlossen wird.

Werden Auslagefenster in das Kellergeschoß hinabgeführt, so sind sie gegen die Kellerräume feuersicher abzuschließen.

8. Auslagekästen, welche als Vorbauten an den Außenflächen angebracht sind, müssen aus unverbrennlichem Materiale hergestellt werden.

9. Die Breite von Ausgängen, Treppenfluren und Treppen ist nach der aus dem Betriebsplan zu entnehmenden Zahl der verkehrenden Personen einschließlich des Betriebspersonals zu bemessen.

Treppen müssen in verschiedenen Richtungen und in solcher Anzahl angebracht werden, daß von jedem Punkte des Gebäudes aus eine solche auf höchstens 25 m Entfernung erreichbar ist. Dieselben müssen in Treppenhäusern untergebracht werden, in ihrer Anlage den Anforderungen der §§ 38, 39, 40 der Münchener Bauordnung genügen und mit einem der Sicherheit entsprechenden Ausgang ins Freie bzw. auf die Straße versehen sein. Alle Verbindungen dieser Treppenhäuser und ihrer Ausgänge mit den Geschäftsräumen sind feuer- und rauchsicher abzuschließen. Die Treppenhäuser sind mit Vorrichtungen zu versehen, welche eine wirksame Entlüftung sicherstellen und vom Erdgeschosse aus bedient werden können.

10. Innere Treppen zur Verbindung der Verkaufs- und Ausstellungsräume unter sich, welche zum Verkehre des Publikums nötig sind, bedürfen keiner Abschlüsse, werden aber bei der Bemessung der nach Ziff. 9 erforderlichen Treppen nicht in Anrechnung gebracht. Über denselben ist eine Entlüftungsvorrichtung herzustellen, die von einer außerhalb der Verkaufsräume gelegenen gesicherten Stelle des Erdgeschosses aus gehandhabt werden kann.

11. Anderweitige Deckendurchbrüche für Nebentreppen, welche zum Verkehre der Angestellten nötig sind, Aufzüge u. dgl., sind feuersicher abzuschließen.

12. Ausgangstüren müssen nach außen aufschlagend und leicht beweglich eingerichtet werden. Kanten- und Schubriegel sind unzulässig; der Verschluß muß von innen leicht zu öffnen sein. Die Türen, welche von den Geschäftsräumen zu den in Ziff. 9 bezeichneten Treppenhäusern führen, werden als feuersicher betrachtet, wenn sie den Vorschriften in Ziff. 1 und 2 der Entschließung des K. Staatsministeriums des Innern vom 20. Dezember 1902 (MABl. S. 681) genügen.

13. Die Fenster in oberen Geschossen müssen, um Unfällen durch Herabfallen größerer Scheiben vorzubeugen, durch Sprossen angemessen geteilt oder besonders gesichert werden. Etwa ein Drittel

der Fenster jedes Arbeitsraumes muß zu öffnende Flügel mit einer freien Öffnung von mindestens 0,60:1,10 m Größe erhalten.

14. Größere Lager- und Packräume müssen von den übrigen Geschäftsräumen feuer- und rauchsicher getrennt sein.

Werden solche im Keller untergebracht, so sind sie durch massive Mauern in einzelne Abteilungen zu trennen, deren Grundfläche in der Regel 400 qm nicht überschreiten soll. Öffnungen in diesen Mauern sind feuersicher abzuschließen. Die Treppen dürfen nirgends in unmittelbarer Verbindung mit den übrigen Treppen des Gebäudes stehen und müssen unmittelbar ins Freie ausmünden. Die Zahl dieser Treppen und Ausgänge ist nach Bedarf festzustellen. Für geeignete, tunlichst von außen zu handhabende Entlüftungsvorrichtungen ist Sorge zu tragen, soferne nicht genügend Fenster vorhanden sind.

Werden solche Lager- oder Packräume im Dachgeschosse nach Ziff. 4 Abs. 2 genehmigt, so sind auch hier Einzelräume von der Größe, wie im Kellergeschosse vorgeschrieben ist, zu schaffen. Das Holzwerk ist mit einem haltbaren feuersicheren Verputz zu umkleiden. Die Zugänge zu denselben müssen durch die in Ziff. 9 vorgeschriebenen Treppenhäuser erfolgen.

Werden Aufzüge im Gebäudeinnern bis in das Dachgeschoß nach Ziff. 4 Abs. 2 genehmigt, so sind sie innerhalb des letzteren allseitig feuerfest zu umschließen und mit einem allseitig feuerfest umschlossenen Vorraum zu versehen.

15. Die Maschinen- und Heizräume sind durch feuerfeste Wände von den übrigen Kellerräumen zu trennen; etwaige Öffnungen sind feuer- und rauchsicher abzuschließen.

b) Für bestehende Warenhäuser.

16. Vorstehende Bestimmungen gelten auch für bestehende Gebäude. Soweit sich der Erfüllung der Vorschriften in Ziff. 1, 6, 9, 12 und 14 erhebliche Schwierigkeiten entgegenstellen, ist die erforderliche Feuer- und Betriebssicherheit durch anderweitige geeignete Auflagen anzustreben.

An Stelle der Bestimmung in Ziff. 2 tritt folgende Vorschrift: Wohnungen, Werkstätten oder andere zum längeren Aufenthalt einer größeren Anzahl von Menschen dienende Räume dürfen über den Geschäftsräumen nur dann bestehen, wenn die Trennung von solcher Beschaffenheit ist, daß sie die Übertragung eines Brandes verhindert und wenn außerdem für den Fall eines Brandes in den Geschäftsräumen die Möglichkeit eines sicheren Ausganges mittels einer eigenen Treppe aus den darüber befindlichen Wohnungsräumen u. dgl. gewährleistet ist.

II. Bestimmungen für den Betrieb.

Für Neuanlagen und bestehende Anlagen.

1. Die Einrichtung einer Zentralheizung ist bei Neuanlagen unbedingt zu fordern.

Heizkörper und Heizröhren der Zentralheizungen sind gegen die Berührung durch besonders leicht entzündliche Gegenstände zu schützen. Eiserne Öfen müssen mit starken, unverrückbar befestigten Ofenschirmen versehen sein.

Die Rauchrohrleitungen von den Öfen zu den Kaminen müssen möglichst kurz geführt sein; gegebenenfalls sind dieselben geeignet zu umhüllen.

Die Heizöffnungen der Öfen sind gegen das Herausfallen von Brennstoffen möglichst zu versichern; die Aufbewahrung von Heizmaterial in der Nähe der Öfen darf nur in geschlossenen feuersicheren Gefäßen erfolgen.

Petroleum- und Spirituskocher und -Öfen sind verboten.

Gasöfen, Gaskocher u. dgl. sind tunlichst zu vermeiden; event. ist bei ihrer Aufstellung, die nur mit distriktspolizeilicher Genehmigung erfolgen darf, mit besonderer Vorschrift zu verfahren.

2. Petroleumbeleuchtung, Spiritusbeleuchtung und ähnliche Beleuchtungsarten dürfen nicht zugelassen werden; die Benützung von schweren Mineralölen zur Beleuchtung der Geschäftsräume mit Ausnahme der Verkaufs- und Ausstellungsräume ist zulässig, falls eine zentrale Gas- und elektrische Beleuchtungsanlage nicht vorhanden ist. Stehlampen dürfen in den Geschäftsräumen nicht benützt werden; Hängelampen mit Schutzblechen gegen die Decke sind sicher zu befestigen und von brennbaren Gegenständen geeignet entfernt zu halten.

3. Gasbeleuchtung darf nur dann neu eingerichtet werden, wenn eine zentrale elektrische Beleuchtungsanlage nicht vorhanden ist.

Die Gasmesser sind nicht unter Treppen aufzustellen; die Herstellung besonderer, feuersicher umschlossener und mit Tageslicht hinreichend beleuchteter Räume für die Unterbringung der Gasmesser kann gefordert werden. Die Gasleitung muß auch außerhalb des Gebäudes abstellbar sein.

Ausgeschlossen ist sowohl die Verwendung beweglicher Gasarme, als auch von Stehlampen.

Die Beleuchtungskörper sind tunlichst über den Verkehrswegen anzuordnen und müssen gegen die Berührung mit brennbaren Gegenständen entsprechend geschützt werden.

4. Elektrische Beleuchtungsanlagen müssen den vom Verbande Deutscher Elektrotechniker aufgestellten Sicherheitsvorschriften entsprechen und in angemessenen Fristen spezieller fachmännischer Prüfung unterstellt werden.

Alle elektrischen Leitungen, welche äußerlichen Beschädigungen ausgesetzt sind, müssen hiegegen in völlig ausreichender Weise geschützt werden.

Elektrische Beleuchtungskörper sind tunlichst über den Verkehrswegen anzuordnen. Sie dürfen sich nicht in der unmittelbaren Nähe leicht brennbarer Stoffe befinden oder von solchen Stoffen umhüllt werden.

Glühlampen, die sich in der Nähe brennbarer Stoffe befinden oder von brennbaren Stoffen berührt werden können, sind durch eine zweite Glocke oder in ähnlich sicherer Weise (Gitter usw.) zu schützen.

Bogenlampen müssen Vorrichtungen erhalten, die das Herabfallen glühender Kohlenteilchen sicher verhüten.

5. Die Beleuchtung der Auslagen und Schaufenster darf nur von außen oder in der Art erfolgen, daß sich zwischen dem Schaufenster und den Beleuchtungskörpern nebst Leitungen starke genau abschließende Glasscheiben befinden.

Glühlampen mit besonderen Schutzglocken (Gittern) und in Röhren sicher verlegten elektrischen Leitungen der Schaufenster sind nur dann zulässig, wenn die letzteren feuersicher gegen den Innenraum abgeschlossen sind.

6. Notbeleuchtung ist an allen zum Ausgange dienenden Türen und Ausgängen einzurichten und bei eintretender Dunkelheit in Betrieb zu setzen. Zur Notbeleuchtung sind Kerzen in Laternen, Rüböllampen oder solche elektrische Lampen, welche durch eine besondere Betriebsquelle gespeist werden, zu verwenden. Auf die Notbeleuchtung finden die vorstehenden Sicherheitsvorschriften sinngemäße Anwendung.

7. In allen Verkaufs-, Ausstellungs-, Lager- und Packräumen müssen Gänge von entsprechender Breite bestehen, welche in möglichst gerader Richtung zu den Ausgängen führen und frei von allen Hindernissen gehalten werden müssen. Die Breite und Lage derselben ist in den der baupolizeilichen Genehmigung zugrunde liegenden Plänen einzuzeichnen; für die Bemessung derselben ist die Höchstzahl der zu erwartenden Besucher nebst der Zahl der Angestellten maßgebend. Treppen, Treppenpodeste Vestibüle und Korridore sind gleichfalls dauernd von allen Verkehrshindernissen durch Waren u. dgl. freizuhalten. Ausschmükkungen an und auf Treppen sollen tunlichst vermieden werden; wo solche nötig sind, müssen sie aus feuersicherem Materiale hergestellt werden.

Die Haupt- und Notausgänge sind als solche mit großer Schrift kenntlich zu machen; die nächsten Wege zu ihnen sind, soweit erforderlich, durch Richtungspfeile an den Wänden zu bezeichnen.

An den zu den Ausgängen führenden Verkehrswegen des Erdgeschosses dürfen besonders leicht entzündliche Gegenstände nicht ausgelegt werden.

Ferner dürfen in der Nähe der Ausgänge behufs Erhaltung der vorgeschriebenen Breite Verkaufstische oder sonstige Gegenstände nicht aufgestellt werden.

Vorhänge dürfen an den zu den Treppen und Ausgängen führenden Türen nicht angebracht werden; zur Verhinderung des Zuges sind Windfänge zulässig. Durch die geöffneten Türflügel darf der Verkehr in den Korridoren, Treppenhäusern usw. nicht behindert werden, namentlich dürfen die Treppenhäuser nicht über die freie Treppenlaufbreite hinaus beschränkt werden.

8. Hinter den durchbrochenen Brüstungen der Galerien muß ein 1 bis 2 m breiter Raum von allen Gegenständen freigehalten werden. Leicht brennbare Gegenstände dürfen an den Brüstungen sowie an Säulen und Treppengeländern nicht derart aufgehängt werden, daß dadurch eine Übertragung des Feuers ermöglicht wird.

9. Die Lagerung brennbarer Gegenstände soll nicht höher als 1,5 m unter den Decken erfolgen; bei höherer Lagerung sind behufs Einschränkung eines Feuers an geeigneten Stellen etwa 1 m hohe Schutzstreifen aus unverbrennbarem Materiale unter den Decken anzubringen.

10. Beleuchtungsgegenstände, Kocheinrichtungen u. dgl. dürfen nur in besonderen hierzu geeigneten Räumen brennend vorgezeigt werden.

11. Rauchen ist in den Verkaufs-, Ausstellungs-, Lager-, und Packräumen verboten. Dies ist durch Anschläge in ausreichender Zahl und Größe mit deutlicher Aufschrift kenntlich zu machen.

12. Leicht verbrennliche Abfälle dürfen in den Geschäftsräumen nicht angehäuft werden, und hat ihre Beseitigung jeden Tag noch vor Schluß des Geschäftes zu erfolgen.

Die Lagerung von Feuerwerkskörpern und zur Selbstentzündung neigender Stoffe ist in solchen Räumen verboten.

13. Die Feuerlöscheinrichtungen und die besonderen für einen Brandfall dienenden Angriffs- und Rettungswege sind nach näherer Anordnung auszuführen und dauernd betriebsfähig zu erhalten; auf Verlangen ist eine Feuermeldevorrichtung herzustellen. Wird die Herstellung einer solchen nicht verlangt, so sind Hinweise betreffs des nächstgelegenen Feuermelders an geeigneten Stellen anzubringen.

14. Bei größeren Anlagen sind auf Verlangen geeignete Alarm-, Regen- und Brausevorrichtungen herzustellen sowie eine gutgeschulte Feuerwache einzurichten, deren Mannschaftszahl sich nach der Größe des Betriebs richtet, die mindestens aber aus zwei Mann bestehen muß. Die Angestellten müssen über das, was sie beim Ertönen der Alarmvorrichtung im Interesse der Sicherheit zu tun haben, durch eine Instruktion genau unterrichtet gehalten werden. Diese Instruktion ist dem Feuerwehrkommando auf Verlangen zur Prüfung mitzuteilen.

15. Es ist Vorsorge zu treffen, daß eine Überfüllung der Verkaufs- und Ausstellungsräume nicht stattfindet. Zu diesem Behufe sind veranlaßtenfalls eigene Kommissäre zur Überwachung abzuordnen.

B. Große Geschäftshäuser.

(Große Betriebe, welche bei ausgedehnten Geschäftsräumen, einem zahlreichen Personal und einem lebhaften bedeutenden Verkehr des Publikums nur einzelne bestimmte Artikel führen [Mode-waren-, Weißzeug-, Schuhwaren-, Bekleidungsgeschäfte u. dgl.]).

I. Bestimmungen für die bauliche Anlage.

1. Bei Neuanlagen gelten die Vorschriften für Warenhäuser unter A I Ziff. 1, 3, 5, 6 Abs. 1, 7 und 13, 14 mit der Änderung im Abs. 3 und 4, daß die Unterbringung von Lager- und Packräumen sowie die Einrichtung von Aufzügen ohne besondere Genehmigung zulässig ist, daß aber die dort hierfür getroffenen Bestimmungen bei Anlage von Lager- und Packräumen sowie Aufzügen ebenfalls zu beachten sind, dann unter A I Ziff. 15 und 16 Abs. 2.

An Stelle der Vorschrift für Warenhäuser unter A I Ziff. 4 tritt nachfolgende Bestimmung:

„Das Kellergeschoß darf nur mit besonderer Bewilligung zu Verkaufs- und Ausstellungszwecken benützt werden.

Das Dachgeschoß darf zu Verkaufs- und Ausstellungszwecken nicht benützt werden."

2. Bei bestehenden Gebäuden sind nur jene Anforderungen zu stellen, die sich ohne erhebliche Schwierigkeiten und bedeutenden Aufwand durchführen lassen, insoferne nicht durch den bisherigen Zustand besondere Gefahren für das Personal und Publikum sich ergeben.

II. Bestimmungen für den Betrieb.

1. Bei Neuanlagen gelten die Vorschriften für Warenhäuser unter A II Ziff. 1 mit 14.

2. Bei bestehenden Betrieben sind zu beachten die Vorschriften für Warenhäuser unter A II Ziff. 1 Abs. 2 mit 5, Ziff. 2, 3 Abs. 2 mit 4, Ziff. 4, 6 mit 14.

An Stelle von Ziff. 5 tritt nachfolgende Bestimmung:

„Die Beleuchtung der Auslagen und Schaufenster soll im allgemeinen nur von außen erfolgen. Beleuchtungskörper innerhalb der Auslagen sind nur dann zulässig, wenn die letzteren feuersicher gegen den Innenraum abgeschlossen sind, oder wenn die Beleuchtungskörper gegen jede Möglichkeit einer Berührung mit den ausgelegten Gegenständen vollständig gesichert sind."

3. Auf Lagerhäuser u. dgl., in welchen größere Mengen leicht entzündlicher Stoffe gelagert sind und in denen ein zahlreiches Personal beschäftigt ist, haben die vorstehenden Bestimmungen unter B sinngemäße Anwendung zu finden.

8. Ortspolizeiliche Vorschrift des Stadtmagistrats vom 18. August 1903 die Feuersicherheit in Warenhäusern betr. (MGemZ. Nr. 67).

Der Magistrat der K. Haupt- und Residenzstadt München erläßt auf Grund des § 368 Ziff. 8 des RStGB. und des Art. 2 Ziff. 14 des PStGB. nachstehende durch Entschließung der K. Regierung von Oberbayern vom 14. August l. Js. als vollziehbar erklärte ortspolizeiliche Vorschrift:

§ 1. Warenhäuser müssen möglichst frei gelegen sein und dürfen über den Verkaufsräumen weder Wohnungen noch Werkstätten noch andere zum Aufenthalt einer größeren Anzahl von Menschen dienende Räume enthalten.

Als Verkaufsräume und Verkaufsstellen dürfen nur das Erdgeschoß und drei Obergeschosse unter Ausschluß von Zwischengeschossen und Galerien verwendet werden, mit der Maßgabe, daß die Höhe des Erdgeschosses und der ersten zwei Obergeschosse zusammen 15 m Höhe über dem anstoßenden Straßengrund nicht überschreiten darf.

§ 2. Anderweitige feuerpolizeiliche Auflagen, welche sich im Hinblick auf die Ausdehnung des Warenhauses, seine örtliche Lage, seine Umgebung, seine innere Ausgestaltung oder den in Frage kommenden Geschäftsbetrieb ergeben, bleiben für jeden einzelnen Fall vorbehalten, und sind hierauf gerichtete Aufträge vom Inhaber des Warenhauses jederzeit unweigerlich zu erfüllen.

§ 3. Als Warenhäuser im Sinne dieser Vorschrift gelten Gebäude zum Betriebe solcher Unternehmungen, auf welche die Bestimmungen des Art. 23 des Gewerbesteuergesetzes über die Warenhäuser Anwendung finden bzw. nach Betriebseröffnung voraussichtlich Anwendung finden werden.

9. Auszug aus der Allerh. Verordnung vom 9. Juni 1902, betr. leicht entzündliche flüssige Stoffe.

(GVBl. S. 211).

Die Verhütung von Feuersgefahren durch leicht entzündliche flüssige Stoffe.

§ 1. Als Stoffe, auf welche gegenwärtige Verordnung Anwendung zu finden hat, werden erklärt:

I. Folgende bei weniger als 21° C und bei 760 mm Barometerstand entflammbaren Flüssigkeiten:
1. Rohpetroleum;
2. dessen Destillationsprodukte, wie Benzin, Gasolin, Gasstoff, Hydririn, Hydrokarbur, Ligroin, Naphta, Petroleumäther, Petroleumessenz, Putzöl, Terpentinölersatz;
3. Produkte der trocknen Destillation der Braunkohlen, des bituminösen Schiefers, der Steinkohlen, des Torfes, der Harze und des Asphaltes, wie Braunkohlenbenzin, Rohphotogen, Benzol, Tolunol, Pinolin, Kamphin, Harzessenz;
4. Aceton, Schwefeläther und Schwefelkohlenstoff;
5. Flüssigkeiten, welche die unter Ziff. 1—4 genannten Stoffe als Lösungsmittel enthalten und die gleiche Entflammbarkeit zeigen.

II. 1. Petroleum gereinigt von 21° C Reichstest. und darüber, Solaröl, Solvent-Naphta, Terpentinöl, Weingeist raffiniert und denaturiert, Rohsprit über 50 Volumprozent Tralles oder 42,5 Gewichtsprozent, Holzgeist, Methylalkohol, Essigäther, Amylacetat und sonstige Fruchtäther;

2. Flüssigkeiten, die die unter Ziff. II 1 genannten Stoffe als Lösungsmittel enthalten und die gleiche Endzündlichkeit zeigen.

Das Staatsministerium des Innern ist ermächtigt, auch andere, hier nicht genannte Stoffe als unter gegenwärtige Verordnung fallend zu erklären.

Die Herstellung von Sprengstoffen und der Verkehr mit solchen wird durch gegenwärtige Vorschriften nicht berührt.

Zubereitung und Verarbeitung.

§ 2. Soweit für die Errichtung oder wesentliche Veränderung von Fabriken oder Werkstätten zur Zubereitung oder Verarbeitung der in § 1 bezeichneten Stoffe gemäß § 16 ff. der Reichsgewerbeordnung in der Fassung vom Jahre 1900 (RGBl. S. 871) eine besondere Genehmigung erforderlich ist, hat es bei den Vorschriften dieses Gesetzes und den zum Vollzuge derselben erlassenen Bestimmungen sein Bewenden.

Die Prüfung neuer oder wesentlich veränderter Anlagen (§§ 18 bzw. 25 RGewO.) hat sich auch auf die Beachtung der Vorschriften gegenwärtiger Verordnung zu erstrecken.

Bereits genehmigten Anlagen können Auflagen im Sinne gegenwärtiger Verordnung nur insoweit gemacht werden, als solche Auflagen seinerzeit in dem Genehmigungsbescheide vorbehalten worden sind.

Unter obigen Vorbehalten gelten für die gewerbsmäßige Zubereitung oder Verarbeitung der in § 1 bezeichneten Stoffe nachstehende Bestimmungen.

§ 4. Die Fabrikationsräume müssen in besonderen nach allen Richtungen freistehenden Gebäuden oder Gebäudegruppen angelegt werden. Die eigentlichen Fabrikationsgebäude müssen von bewohnten Gebäuden wenigstens 25 m entfernt sein. Die dauernde Einhaltung des Abstandes muß für die Zukunft sichergestellt sein. Vorbehalten bleiben etwaige auf Grund des § 23 Abs. III der RGewO. zu erlassende besondere Bestimmungen.

Lagerräume für Verkaufsstellen.

§ 18. In den zu den Verkaufsstellen gehörigen Lagerräumen dürfen von den in § 1 Ziff. 1 genannten Stoffen nicht mehr als insgesamt 200 kg, von den in § 1 Ziff. 2 genannten Stoffen nicht mehr als insgesamt 6000 kg gelagert werden.

In Räumen, die ausschließlich zur Lagerung dienen, in welchen also ein Auf- und Abfüllen überhaupt nicht, oder nur von außen stattfindet, dürfen die in Abs. 1 bezeichneten Lagerungsmengen verdoppelt werden.

Eine vorübergehende Anwesenheit von größeren Mengen der in § 1 Ziff. 1 genannten Stoffe während des Tages bis zum Eintritt der Dunkelheit zum Zwecke der sofortigen Versendung ist nicht als Lagerung zu erachten.

§ 19. Die Lagerung darf nur im Keller, im Erdgeschoß oder in abgedeckten Gruben im Freien erfolgen.

§ 20. Die Lagerräume müssen durch mindestens 1 Stein starkes Mauerwerk von anderen Räumen getrennt und feuersicher eingedeckt sein. Freiliegende tragende Eisenkonstruktionsteile sind flammsicher zu ummanteln.

§ 21. Die Türen der Räume dürfen nicht unmittelbar in das Stiegenhaus münden.

Die Türstöcke müssen aus Stein oder Eisen hergestellt und die Türschwellen mindestens 0,20 m über den Fußboden erhöht sein.

Die Türen sind aus feuerbeständigem Materiale in mindestens 0,06 m breiten Stein- oder Eisenfalz anzuschlagen und nach außen aufgehend anzubringen.

§ 22. Die Fußböden sind aus unverbrennlichem Materiale oder aus Holz, das auf unverbrennlichem Materiale aufliegt, herzustellen.

Die Fensteröffnungen sind mit gut schließenden feuerbeständigen, von außen schließbaren Läden zu versehen.

Die Fensterscheiben müssen aus blasenfreiem Glas bestehen.

§ 23. Jeder Lagerraum muß so eingerichtet sein, daß eine ausreichende Lüftung möglich ist.

§ 24. Fahrbahnen von Aufzügen sind feuersicher herzustellen und abzuschließen.

§ 25. In den Lagerräumen dürfen sich keine Heizkaminöffnungen, Heizeinrichtungen, Gas- oder Wassermesser befinden.

Bezüglich der Beleuchtung der Räume und des Gebrauches von offenem Licht finden die Vorschriften des § 6 entsprechende Anwendung.

§ 26. Feste Lagerbehälter (Zisternen, Reservoire u. dgl.) müssen mit einer leicht sichtbaren, die Art des Stoffes und den Fassungsraum enthaltenden Bezeichnung versehen sein.

§ 27. In dem Lagerraum oder in nächster Nähe desselben ist eine genügende Menge trockenen Sandes vorrätig zu halten.

§ 28. Die Distriktsverwaltungsbehörden sind ermächtigt, unter den von ihnen festzusetzenden weiteren Bedingungen eine Erhöhung der in §§ 14 und 18 bezeichneten Lagerungsmengen sowie bei Lagerung geringerer Mengen in kleinen Geschäftsbetrieben eine Erleichterung der vorstehenden Bestimmungen über die Beschaffenheit der Lagerräume eintreten zu lassen.

Lagerung größerer Mengen.

§ 29. Bei Lagerung größerer Mengen finden die Vorschriften der §§ 19—27 entsprechende Anwendung, außerdem gelten hiefür folgende weitere Bestimmungen:

§ 30. Die Stoffe müssen in einzelstehenden, nicht bewohnten Gebäuden gelagert werden, welche von bewohnten Gebäuden wenigstens 25 m entfernt sein müssen. Die dauernde Einhaltung dieses Abstandes muß für die Zukunft sicher gestellt sein.

Für Lager, in welchen nicht mehr als 10000 kg der in § 1 Ziff. 1 bezeichneten Stoffe und nicht mehr als 100000 kg der in § 1 Ziff. 2 bezeichneten Stoffe gelagert werden, kann die Distriktsverwaltungsbehörde unter Berücksichtigung der örtlichen Verhältnisse diese Schutzzone bis auf 10 m ermäßigen.

§ 31. Die Lagergebäude müssen derart eingerichtet sein, daß sie bei einem etwaigen Bruch der Behälter die Maximalmenge der zu lagernden Stoffe ohne überzufließen aufnehmen können.

§ 32. Die Lagergebäude müssen mit Blitzableitern versehen sein.

§ 33. Lagerhäuser, welche zu einer besonderen Feuersgefahr Anlaß geben, müssen nach näherer Bestimmung der Distriktsverwaltungsbehörde mittels 0,12 m (1/2 Stein) starken Mauern in Abteilungen getrennt werden, deren jede ihre besondere Eingangstüre von der Außenseite des Gebäudes haben muß.

§ 34. Im Freien ist die Lagerung in eisernen Tanks oder in Fässern zulässig. Die Tanks oder die Fässer müssen mindestens 25 m von bewohnten Gebäuden entfernt sein. Die dauernde Einhaltung dieses Abstandes muß für die Zukunft sichergestellt sein. § 30 Abs. 2 findet entsprechende Anwendung.

Der Lagerplatz oder die einzelnen Tanks müssen mit Graben, Wall oder Mauern ohne Öffnungen umgeben sein.

Graben, Wall oder Mauern müssen so angelegt sein, daß der umschlossene Raum bei einem etwaigen Bruche der Behälter die Maximalmenge der zu lagernden Stoffe ohne überzufließen aufnehmen kann. Der Lagerplatz ist fest zu umzäunen.

§ 35. Die Tanks sind mit einer feuersicheren Lüftungsvorrichtung zu versehen und zum Schutz gegen Blitzgefahr mit dem Erdboden in gut leitende Verbindung zu bringen.

Das Auf- und Abfüllen der Stoffe in den Tanks darf nur bei Tageslicht, oder bei einem den Vorschriften des § 6 entsprechenden künstlichen Licht geschehen.

§ 36. Das Rauchen und die Vornahme feuergefährlicher Handlungen auf den Lagerplätzen ist verboten. Das Verbot ist an den Zugängen ersichtlich zu machen.

Zuständigkeit und Schlußbestimmung.

§ 37. Den Ortspolizeibehörden bleibt vorbehalten, gemäß Art. 2 Ziff. 14 des PStGB. weitergehende ortspolizeiliche Vorschriften zu erlassen, soweit es die örtlichen Verhältnisse erfordern oder rätlich machen.

§ 38. Die K. Regierungen, K. d. J., sind ermächtigt, beim Vorliegen besonderer Verhältnisse, soweit es ohne Gefährdung der öffentlichen Sicherheit geschehen kann, Dispensationen von einzelnen Bestimmungen gegenwärtige Verordnung zu erteilen.

§ 39. Gegenwärtige Verordnung findet keine Anwendung:

a) Hinsichtlich der Betriebe der Heeresverwaltung;

b) auf Laboratorien, in welchen Versuche von technisch vorgebildeten Personen ausgeführt werden.

Insoweit die Verordnungen über den Verkehr mit Arzneimitteln innerhalb und außerhalb der Apotheken und über den Verkehr mit Giften besondere Bestimmungen enthalten, hat es bei diesen sein Bewenden.

§ 40. Hinsichtlich der Anlagen und Betriebe, welche für den Dienst des K. Hofes, der Staatsbergwerke und Salinen, der Staatseisenbahnen und Dampfschiffe sowie der sonstigen Staatsanstalten bestimmt sind, richtet sich die Zuständigkeit nach den hierfür jeweils geltenden besonderen Vorschriften.

Im übrigen finden die technischen Vorschriften dieser Verordnung auch im Falle des Abs. I Anwendung, vorbehaltlich derjenigen Ausnahmen, die für einzelne Anlagen seitens der einschlägigen Staatsministerien bzw. Hofstäbe nach Benehmen mit dem K. Staatsministerium des Innern zugelassen werden.

§ 41. Gegenwärtige Verordnung tritt am 1. Juli 1902 für den ganzen Umfang des Königreiches in Kraft. Am gleichen Tage tritt die Verordnung vom 19. März 1874 mit Ausnahme des § 1 Ziff. III und § 5, dann die Bekanntmachung vom 22. Dez. 1882 (GVBl. S. 607) außer Wirksamkeit.

§ 42. Gegenwärtige Verordnung findet, vorbehaltlich der Bestimmung in § 2 Abs. III auch auf die zur Zeit bestehenden Anlagen und Betriebe (Fabriken, Werkstätten, Verkaufsstellen, Lager) Anwendung.

Zur Beseitigung der hiernach etwa bestehenden Mängel sind den Beteiligten von den Distriktsverwaltungsbehörden angemessene Fristen zu gewähren.

Wenn die Anwendung einzelner Bestimmungen dieser Verordnung auf bestehende Anlagen und Betriebe mit Rücksicht auf deren Lage oder bauliche Beschaffenheit mit besonderen Schwierigkeiten oder mit unverhältnismäßigen Kosten verbunden wäre, so können die Distriktsverwaltungsbehörden von solchen Bestimmungen unter Anordnung der im Interesse der öffentlichen Sicherheit gebotenen Auflagen entbinden.

10. Bekanntmachung des Staatsministeriums des Innern vom 13. Oktober 1908 Nr. 22809 betr. leicht entzündliche flüssige Stoffe.

Im Vollzuge der Verordnung vom 9. Juni 1902 (GVBl. S. 211) wird folgendes bestimmt:

1. Bei der Verarbeitung und Lagerung von feuergefährlichen Flüssigkeiten kann von der in den §§ 4, 30 und 34 geforderten Schutzzone abgesehen werden, wenn alle Behälter, Apparatenteile, Rohrleitungen und Armaturen explosions- und feuersicher hergestellt werden.

2. Die nach § 18 zur Lagerung zulässige Menge feuergefährlicher flüssiger Stoffe kann wesentlich erhöht werden, wenn die Be-

hälter, Rohrleitungen und Armaturen explosions- und feuersicher hergestellt werden.

Die unter 1 und 2 erwähnten Voraussetzungen sind nach den Gutachten des Bayer. Gewerbemuseums und der K. Versicherungskammer, Abteilung für Brandversicherung, bei dem Verfahren und System der Maschinenbau-Aktiengesellschaft Martini und Hüneke in Hannover gegeben.

Bei Anwendung dieses Verfahrens und Systems kann daher von den angeführten Bestimmungen gemäß § 38 Dispensation erteilt werden.

11. Auszug aus der Verordnung über die Herstellung, Aufbewahrung und Verwendung von Acetylen, sowie über die Lagerung von Calciumcarbid (Acetylenverordnung).

Vom 21. Dezember 1923 (GVBl. S. 393).

• **§ 16.** I. Mengen von mehr als 1000 Kilogramm Carbid dürfen, abgesehen von der Lagerung im Freien nach § 17, nur in besonderen Räumen gelagert werden, die von anstoßenden Räumen und benachbarten Gebäuden durch massive, den baupolizeilichen Bestimmungen entsprechende Brandmauern, von darunter befindlichen Räumen durch massive öffnungslose Gewölbe oder diesen gleichwertige Bodenkonstruktionen getrennt sind. Hierbei sind die Vorschriften der §§ 12 und 15 zu beachten.

II. Brandmauern dürfen durch feuerfeste, selbsttätig schließende Türen durchbrochen sein. Wände, die den Lagerraum gegen ein Nachbargebäude abschließen, das mindestens 3 Meter entfernt ist, können aus Wellblech hergestellt werden. Gegen ein Nachbargebäude, das einen Abstand von mindestens 5 Metern hat, ist eine Abtrennung durch eine Brandmauer oder Wellblechwand nicht erforderlich.

III. Die Türen müssen nach außen aufschlagen.

12. Auszug aus der Verordnung vom 23. Mai 1925 über die Lagerung von Ammonsalpeter usw.

(GVBl. S. 153).

Staatsministerium des Innern, für Soziale Fürsorge, für Landwirtschaft und für Handel, Industrie und Gewerbe.

Auf Grund des RStGB. §§ 367 Ziff. 5 und 368 Ziff. 8 mit PStGB. Art. 2 Ziff. 9 und 14 und der RGewO. §§ 120e und 147 und vorbehaltlich des RStGB. §§ 367 Ziff. 6 und 368 Ziff. 5 und 6 und des PStGB. Art. 86 wird folgendes bestimmt:

§ 1. I. Wer Ammonsalpeter, Mischsalze aus Ammonsalpeter mit Ammonsulfat oder Kaliumchlorid oder Gemenge aus Ammonsalpeter oder den bezeichneten Mischsalzen lagert, hat dies durch

Vermittlung der Ortspolizeibehörde des Lagerortes der Bezirkspolizeibehörde, in den Städten mit staatlicher Polizeidirektion dem Stadtrat, unter Angabe der Höchstmenge, die gelagert wird, anzuzeigen. Mit der Anzeige sind eine Beschreibung nebst Zeichnung und ein Lageplan, alle in doppelter Fertigung, einzureichen, aus denen die Bauart und die Einrichtung der Lagerräume sowie ihre Lage zu benachbarten Wohnungen und öffentlichen Verkehrswegen zu ersehen ist.

II. Jede wesentliche Änderung in der Anlage und Beschaffenheit des Lagers ist vorher anzuzeigen.

III. Die Anzeigepflicht entfällt für solche Lager in landwirtschaftlichen Betrieben, in denen nicht mehr als 100 t der in Abs. I genannten Stoffe für den eigenen Bedarf zeitweise gelagert werden. Bei sonstigen Lagern, in denen nicht mehr als 100 t dieser Stoffe gelagert werden, kann die Bezirkspolizeibehörde auf Ansuchen des Lagerinhabers die Beibringung der der Anzeige beizufügenden Unterlagen nachsehen.

§ 2. I. Mengen von über 1000 t der in § 1 Abs. I bezeichneten Stoffe dürfen nur in angemessener Entfernung von Wohnungen und Arbeitsstätten sowie von öffentlichen Verkehrswegen gelagert werden. Welche Entfernung angemessen ist, bestimmt die Bezirkspolizeibehörde nach Benehmen mit dem Gewerbeaufsichtsbeamten. Sie kann auch die Schutthöhe beschränken.

II. Mengen von mehr als 100 bis 1000 t dürfen, soweit nicht den Anforderungen in Abs. I genügt ist, nur in Lagern gelagert werden, die von anstoßenden Räumen durch massive Mauern und von angrenzenden Gebäuden durch Brandmauern im Sinne der Bauordnungen getrennt sind. Wo es die örtlichen Verhältnisse geboten erscheinen lassen, kann die Bezirkspolizeibehörde verlangen, daß auch die Lagerung von Mengen von mehr als 100 bis 1000 t in der in Abs. I angegebenen Weise erfolgt, und daß Mengen, die 100 t nicht übersteigen, in der in Satz 1 dieses Absatzes angegebenen Weise gelagert werden. Dies gilt nicht für die im § 1 Abs. III erwähnten Lager in landwirtschaftlichen Betrieben.

III. Bei vorübergehender Lagerung kann die Bezirkspolizeibehörde unter Zustimmung des Gewerbeaufsichtsbeamten und der Versicherungskammer, Abteilung für Brandversicherung, Ausnahmen von der Vorschrift des Abs. II Satz 1 gestatten.

§ 3. I. Holzwerk darf mit den in § 1 Abs. I bezeichneten Stoffen bei der Lagerung nicht in Berührung kommen. Fußböden, Wände, Dachstützen und andere Teile des Lagerraums, die aus Holz bestehen, sind mit Stoffen zu überziehen oder zu durchtränken, die ein Eindringen von Ammonsalpeter in das Holzwerk verhindern.

II. Für die Lagerung von Mengen bis zu 100 t kann die Bezirkspolizeibehörde nach Zustimmung des Gewerbeaufsichtsbeamten und der Versicherungskammer, Abteilung für Brandversicherung, Ausnahmen gestatten.

13. Auszug aus den oberpolizeilichen Vorschriften der Staatsministerien des K. Hauses und des Äußern und des Innern über Zelluloidbetriebe und Zelluloidlager.

Vom 9. März 1912 (GVBl. S. 77).

I. Allgemeines.

Begriffsbestimmungen.

§ 1. I Als Zelluloid im Sinne dieser Vorschriften sind solche brennbare Stoffe anzusehen, die aus nitrierter Zellulose oder chemisch ähnlichen Stoffen und aus Kampfer oder anderen Zusatzmitteln mit oder ohne Beigabe von Füll- und Färbstoffen bestehen. Als Zelluloid gelten hiernach auch die im Handel unter der Bezeichnung Zellhorn, Xylonit oder dergleichen vorkommenden Stoffe.

II Zelluloidwaren sind diejenigen Waren, die ganz oder zum Teil aus Zelluloid hergestellt sind.

Anzeigepflicht.

§ 2. I Die Gewerbetreibenden, die sich mit der Be- oder Verarbeitung von Zelluloid befassen wollen, haben hiervon von dem Beginn des Betriebes der Distriktspolizeibehörde, in München dem Stadtmagistrat, Anzeige zu erstatten. Die gleiche Anzeige haben innerhalb 14 Tagen vom Erlaß dieser Vorschriften ab diejenigen Gewerbetreibenden zu erstatten, welche zur Zeit sich mit der Be- oder Verarbeitung von Zelluloid befassen.

II Diese Anzeigen sind ohne Verzug dem zuständigen Gewerberat zu übermitteln.

II. Vorschriften für Anlagen zur Herstellung von Zelluloidwaren, in deren Betriebsräumen drei oder mehr Gehilfen, Lehrlinge oder sonstige Arbeiter beschäftigt oder mehr als 50 kg Zelluloid gleichzeitig be- oder verarbeitet oder (einschließlich des Rohmaterials, der Erzeugnisse und des Abfalls) aufbewahrt werden.

Betriebsräume (Lage).

§ 3. I Die Räume, in denen Zelluloid be- oder verarbeitet wird, dürfen sich unter ebensolchen Räumen oder unter anderen bewohnten oder zum dauernden Aufenthalt von Menschen bestimmten Räumen nur dann befinden, wenn jedes höherliegende Geschoß wenigstens einen gesicherten Rückzugsweg besitzt, der bei einem Brand in einer Zelluloidbetriebsstätte nicht gefährdet werden kann. Als solcher Rückzugsweg gilt auch eine im Freien an allen Geschossen vorbeiführende Nottreppe.

II In neuen Betriebsstätten dürfen die Räume, in denen Zelluloid be- oder verarbeitet wird, nicht unter Wohnungen eingerichtet werden.

Ausgänge.

§ 4. I Jeder Betriebsraum muß mit mindestens zwei nach verschiedenen Seiten gelegenen Ausgängen versehen sein, von denen aus man entweder ins Freie oder zu einer feuersicheren Treppe in einem massiven und rauchsicher abgeschlossenen Treppenhause gelangen kann. Die Ausgänge sind mit deutlich sichtbarer Aufschrift zu kennzeichnen.

II Räume, die im gleichen Gebäude neben den Betriebsstätten liegen und zum dauernden Aufenthalt von Menschen bestimmt sind, müssen wenigstens mit einem Rückzugswege, der bei einem Brand in den Betriebsstätten nicht gefährdet werden kann, versehen sein; sie müssen von den Betriebsstätten durch eine massive, mindestens einen Stein starke, öffnungslose, beiderseits verputzte Wand getrennt sein.

Türen.

§ 5. Alle Arbeitsräume sind mit unverbrennlichen, nach außen aufschlagenden, während des Betriebs unversperrten und selbsttätig schließenden Türen zu versehen; bei derzeit bereits bestehenden Anlagen werden ebensolche feuersichere Türen zugelassen.

Wände.

§ 6. I Die Arbeitsräume müssen massive Umfassungswände und eine unverbrennliche Decke besitzen; bei derzeit bereits bestehenden Anlagen werden feuersichere Decken zugelassen. Die Innenwände müssen glatt verputzt sein und sollen keinen Vorsprung aufweisen. Vorkommende Ecken und einspringende Winkel sind abzurunden.

II In Arbeitsräumen, in denen beträchtliche Mengen von Zelluloidstaub auftreten, sind außerdem die Wände bis zu einer Höhe von 2 m über dem Fußboden mit einem waschbaren mineralischen Anstrich zu versehen.

Fußböden.

§ 7. I Die Fußböden müssen glatt und fugenfrei, sowie leicht waschbar sein und sind während der Arbeitszeit durch öfteres Bespritzen feucht zu halten.

II Sie müssen täglich durch feuchtes Aufwischen gereinigt werden.

Luftraum und Lüftung. Fenster.

§ 8. I Die Arbeitsräume müssen auf jede Person mindestens 10 cbm Luftraum und mindestens 3 qm Bodenfläche bieten; in Räumen, in denen die Be- oder Verarbeitung unter Erhitzung des Materials oder unter Erzeugung feiner Abfälle (Staub, Späne usw.) geschieht, muß der auf eine Person entfallende Luftraum mindestens 15 cbm betragen.

II Die Größe der gesamten Fensterfläche muß mindestens 15 % der Bodenfläche und 40 % der Fensterwand betragen. Vorbehaltlich des § 9 müssen die Fenster der Arbeitsräume große Scheiben von dünnem Glase besitzen, möglichst bis zur Decke reichen und in ihrem oberen Teil durch eine vom Fußboden aus stellbare Lüftungsklappe geöffnet werden können. Die Arbeitsräume müssen überdies, wenn erforderlich, mit künstlichen Ventilationsvorrichtungen versehen sein; Dämpfe von Azeton, Amylazetat, Essigsäure usw., sowie Wasserdämpfe sind wirksam abzuführen.

III Die Treppenhäuser müssen wirksam gelüftet werden können; sie sind im höchsten Punkt mit einer von unten zu öffnenden Luftklappe zu versehen, deren Öffnung mindestens 1/2 qm groß ist und mindestens 5 % der Bodenfläche des Treppenhauses beträgt.

§ 9. I Fenster und ähnliche Öffnungen der Arbeitsräume, aus denen im Falle eines Brandes Stichflammen heraustreten können, sollen nicht auf solche Gänge, Stiegen, Vorplätze und dgl. münden, die dem Verkehr im Gebäude dienen und im Falle der Gefahr notwendige Fluchtwege darstellen; ebenso sollen derartige Fenster und Öffnungen nicht gegen enge Gassen oder kleine Höfe gelegen sein, wenn durch die heraustretenden Stichflammen Personen oder gegenüberliegende Gebäude gefährdet werden können. Ist die Anbringung solcher Fenster oder Öffnungen nicht zu vermeiden, so müssen sie mit Drahtglas in eisernem Rahmen ohne Verkittung oder mit Elektroglas oder mit ähnlichem feuersicherem Glas verschlossen sein.

Verkehrswege.

§ 10. I Die sämtlichen Verkehrswege, sowohl innerhalb wie außerhalb der Arbeitsräume, dürfen nicht verstellt, sondern müssen unter allen Umständen frei gehalten werden.

II In jedem Arbeitsraum müssen zu den Ausgangstüren Hauptgänge von mindestens 1,20 m nutzbarer Breite freigelassen werden. Die von den einzelnen Arbeitsplätzen zu den Hauptgängen führenden Verkehrswege müssen genügend breit und auch im Falle der Feuersgefahr leicht und sicher benützbar sein.

III In den Arbeitsräumen dürfen nur die für den Betrieb unbedingt notwendigen Werkseinrichtungen untergebracht werden; diese müssen so aufgestellt sein, daß der Verkehr in den Arbeitsräumen nicht gehindert wird.

IV Alle Maschinen und sonstigen Betriebseinrichtungen, insbesondere jene, auf welchen sich leicht Staub anlegen kann, müssen zum Zwecke der Reinigung leicht zugänglich sein.

. . . .

III. Vorschriften für Anlagen zur Herstellung von Zelluloidwaren, in deren Betriebsräumen weniger als drei Gehilfen, Lehrlinge oder sonstige Arbeiter beschäftigt und weniger als 50 kg Zelluloid gleichzeitig be- oder verarbeitet oder (einschließlich des Rohmaterials, der Fertigprodukte und des Abfalls) aufbewahrt werden.

§ 21. I Jeder Arbeitsraum muß mindestens zwei Ausgänge haben, deren Türen nach außen aufschlagen.

II Die Arbeitsräume müssen auf jede Person mindestens

10 cbm Luftraum bieten und mit reichlicher natürlicher Lüftung versehen sein.

III Die Fußböden sind während der Arbeitszeit durch öfteres Bespritzen feucht zu halten und müssen täglich durch feuchtes Aufwischen gereinigt werden.

. . . .

VI. Zelluloidlager.

Zelluloidlager.

§ 25. I Zelluloidlager (für Rohstoffe und Abfälle, sowie für halbfertige und fertige Waren) der Betriebe, in denen Zelluloid hergestellt oder be- oder verarbeitet wird, unterliegen den Vorschriften der Anlage.

II Die Lager von Zelluloidwaren in Handelsbetrieben unterliegen den Vorschriften der Anlage unter B, wenn sie mehr als 2000 kg Zelluloid enthalten, unter C, wenn sie mehr als 20 000 kg Zelluloid enthalten. Sind bei kleineren Lagern in Handelsbetrieben besondere Sicherheitsvorkehrungen erforderlich, so bleibt deren Anordnung im einzelnen Fall der Distriktspolizeibehörde, in München dem Stadtmagistrat, vorbehalten. **Anlage**

VII. Schlußbestimmungen.

Ausnahmen.

§ 26. Die Regierungen, Kammern des Innern, sind ermächtigt, beim Vorliegen besonderer Verhältnisse, soweit es ohne Gefährdung der öffentlichen Sicherheit und der Sicherheit der Arbeiter geschehen kann, Ausnahmen von einzelnen Bestimmungen dieser Vorschriften zuzulassen.

Bestehende Anlagen.

§ 27. I Diese Vorschriften finden auch auf die zur Zeit bestehenden Anlagen und Betriebe (Fabriken, Werkstätten, Verkaufsstellen, Lager) Anwendung.

II Zur Beseitigung der hiernach etwa bestehenden Mängel sind den Beteiligten von den Distriktspolizeibehörden, in München dem Stadtmagistrat, angemessene Fristen zu gewähren.

III Wenn die Anwendung einzelner Bestimmungen auf bestehende Anlagen und Betriebe mit Rücksicht auf deren Lage oder bauliche Beschaffenheit mit besonderen Schwierigkeiten oder mit unverhältnismäßigen Kosten verbunden wäre, so können die Distriktsverwaltungsbehörden von solchen Bestimmungen unter Anordnung der im Interesse der öffentlichen Sicherheit gebotenen Auflagen entbinden.

Vorbehalt weitergehender Anordnungen.

§ 28. Diese Vorschriften stehen weitergehenden Anordnungen der Distriktspolizeibehörden im Wege der Verfügung für einzelne Anlagen nach Maßgabe der §§ 120 a und 120 d der Gewerbeordnung, insbesondere in bezug auf die Löschvorrichtungen, nicht entgegen.

§ 29. Der § 2 dieser Vorschriften tritt sofort in Kraft; im übrigen treten die Vorschriften am 1. Mai 1912 in Kraft.

Anlage

Bestimmungen für Zelluloidlager (Rohstoffe und Abfälle, halbfertige und fertige Waren) der Betriebe, in denen Zelluloid hergestellt oder be- oder verarbeitet wird.

A. Bestimmungen für die Lagerung von weniger als 50 kg Zelluloid.

Die Lagerräume müssen von den Betriebsstätten durch feuersichere Wände und feuersichere, selbstschließende Türen getrennt sein, dürfen keine Innenheizung und keine andere als Tag-, Außen- oder elektrische Beleuchtung besitzen und nicht in unmittelbarer Nähe eines Ausganges liegen.

Unter Arbeits- oder bewohnten Räumen dürfen die Lagerräume sich nur dann befinden, wenn sie eine feuersichere Decke haben.

Die Türen der Lagerräume müssen mit der Aufschrift „Zelluloidlager" versehen sein. Der Distriktspolizeibehörde, in München dem Stadtmagistrat, bleibt vorbehalten, im einzelnen Fall besondere Sicherheitsvorkehrungen vorzuschreiben, wenn solche erforderlich sind.

B. Bestimmungen für die Lagerung von 50 kg bis 20000 kg Zelluloid.

I. Lagerung in Gebäuden, die noch anderen Zwecken dienen.

AA. Allgemeine Bestimmungen.

1. Die Lagerung darf nur in Gebäuden mit massiven Wänden erfolgen.
2. Die Lagerung in Gebäuden, die auch noch Wohnzwecken dienen, ist verboten.
3. Nachbargebäude müssen von dem Gebäude, in dem die Lagerung stattfindet, entweder durch eine Backstein-Brandmauer oder durch einen gemäß § 47 der Bauordnung*) von der Baupolizeibehörde festzusetzenden Abstand getrennt sein.
4. Jedes Gebäude muß, wenn es nicht gesichert ist, mit einem Blitzableiter versehen werden, der jährlich einmal durch einen Sachverständigen zu prüfen ist.

BB. Lagerung von Rohmaterial und Abfällen.

1. Rohmaterial und Abfälle dürfen nur im Keller und entweder im obersten Stockwerke oder im Dachgeschoß gelagert werden. In den Mittelgeschossen ist die Lagerung von Rohzelluloid und von Abfällen verboten.
2. In einem und demselben Gebäude dürfen Abfälle im Gewicht von höchstens 1500 kg gelagert werden.
3. Im Keller darf die Gesamtmenge des lagernden Zelluloids einschließlich der Abfälle, halbfertiger und fertiger Waren die Menge von 2000 kg nicht überschreiten.

*) § 53 MBO.

4. Im obersten Stockwerk oder im Dachgeschoß darf die Gesamtmenge des lagernden Zelluloids einschließlich der Abfälle, halbfertiger und fertiger Waren die Menge von 20 000 kg nicht überschreiten. Enthält das Gebäude Zelluloidlager auch im Keller und in Zwischengeschossen (CC), so verringert sich die zulässige Höchstmenge um das im Keller und in den Zwischengeschossen lagernde Gewicht.
5. Bei Lagerung im obersten Stockwerk oder im Dachgeschoß darf sich über dem Geschoß des Lagerraumes kein Arbeitsraum befinden.
6. Die Umfassungswände des Lagerraumes sind in der Regel mindestens 25 cm stark massiv herzustellen. Enthalten sie Schornsteine, so muß die dem Lagerraume zugewendete Wange 25 cm stark sein. Schornsteinöffnungen dürfen nicht in den Raum führen.
7. Die Decke des Lagerraumes ist unverbrennlich herzustellen. Im Dachgeschoß werden feuersichere, aus schlecht Wärme leitenden Stoffen hergestellte Decken zugelassen.
8. Der Fußboden des Lagerraumes ist unverbrennlich herzustellen, wenn die Decke darunter nicht unverbrennlich ist.
9. Die Türen des Lagerraumes sind unverbrennlich, nach außen aufschlagend und selbsttätig zufallend einzurichten; sie sind mit der Aufschrift „Zelluloidlager" zu versehen.
10. Ein Lagerraum im obersten Stockwerk oder im Dachgeschoß muß einen besonderen feuersicheren Zugang von einem massiven Treppenhause und einen weiteren Rückzugsweg besitzen.

    Andere Räume, die in demselben Geschoß wie die Lagerräume oder in einem darüber befindlichen Geschoß liegen, müssen wenigstens einen Rückzugsweg haben, der durch einen Brand in den Zelluloidlagerräumen nicht gefährdet werden kann.
11. Der Lagerraum muß mit wirksamen Entlüftungsvorrichtungen versehen sein.
12. Die Beleuchtung darf nur durch Tageslicht, feuersicher abgeschlossene Außenbeleuchtung oder elektrische Glühlampen, die im luftleeren Raum brennen, erfolgen. Die Glühlampen müssen mit dichtschließenden Überglocken, die auch die Fassung dicht einschließen, versehen sein.
13. Der Lagerraum darf keine Heizanlagen besitzen. Alle durch ihn hindurchführenden Rohrleitungen, die zeitweilig erwärmt werden, müssen durch Drahtnetze oder dergl. so geschützt sein, daß keine Gegenstände in geringerer Entfernung als 50 cm davon gelagert werden können. Elektrische Leitungen müssen eine wasserdichte Isolierhülle haben, deren Beschaffenheit der verwendeten Spannung entspricht; sie sind in Rohren oder als armierte Bleikabel zu verlegen. Mehrfachleitungen sind unzulässig. Schalter, Sicherungen, Elektrizitätsmesser, Kon-

takte u. dgl. sind außerhalb dieser Räume oder in feuersicher abschließenden Schutzkästen unterzubringen. Im übrigen gelten für die elektrischen Einrichtungen in diesen Räumen die vom Verbande Deutscher Elektrotechniker herausgegebenen Sicherheitsvorschriften und Normalien, insbesondere die Vorschriften für feuergefährliche Betriebsstätten und Lagerräume.

CC. Lagerung von halbfertigen und fertigen Waren.

1. Halbfertige Waren, deren Aufbewahrung in den Arbeitsräumen nicht durch das unabweisliche Bedürfnis des Betriebes erfordert wird (§ 19 der Oberpol. Vorschriften) sowie fertige Waren müssen entweder in den Lagerräumen für Rohmaterial und Abfälle oder in besonderen Lagerräumen aufbewahrt werden, die sich in den Geschossen zwischen Keller und Dachgeschoß befinden dürfen.
2. Für die besonderen Lagerräume für halbfertige und unfertige Waren gelten nachstehende Vorschriften:
   a) in den Lagerräumen darf eine Be- oder Verarbeitung von Zelluloid nicht vorgenommen werden;
   b) mehr als 500 kg Zelluloid-Waren dürfen in einem und demselben Lagerraume nicht gelagert werden;
   c) die Lagerräume müssen von den übrigen Räumen durch feuersichere Wände getrennt sein und müssen mindestens 2 Ausgänge mit unverbrennlichen, nach außen aufschlagenden und selbsttätig schließenden Türen besitzen; bei derzeit bestehenden Anlagen werden ebensolche feuersichere Türen zugelassen;
   d) die Türen müssen mit der Aufschrift „Zelluloidlager" versehen sein;
   e) im übrigen finden auf diese Lagerräume die Bestimmungen unter BB 7 und 8, 11—13 entsprechende Anwendung.

II. Lagerung in Gebäuden, die nur diesem Zweck dienen.

Die Lagerung darf nur in Gebäuden mit massiven Wänden erfolgen.

Bei Neubauten muß jedes Lagergebäude mindestens 10 m von anderen Gebäuden entfernt bleiben. Ein Lagergebäude darf höchstens aus Keller-, Erd- und Dachgeschoß bestehen und muß mindestens zwei ins Freie führende Ausgänge besitzen.

Jedes Lagergebäude muß, wenn es nicht bereits gesichert ist, mit einem Blitzableiter versehen werden, der jährlich einmal durch einen Sachverständigen zu prüfen ist.

In einem Gebäude dürfen nicht mehr als im ganzen 20000 kg Zelluloid gelagert werden.

C. Lagerung von mehr als 20 000 kg Zelluloid.

Für die Lagerung von mehr als 20 000 kg Zelluloid werden der Distriktspolizeibehörde, in München dem Stadtmagistrat, besondere Vorschriften vorbehalten.

Gewerbetreibende, welche ein Zelluloidlager von diesem Umfang errichten wollen, haben vor dem Beginn des Lagerbetriebes der zuständigen Distriktspolizeibehörde, in München dem Stadtmagistrat, Anzeige zu erstatten.

14. Ortspolizeiliche Vorschriften des Stadtrats vom 16. August 1922 die Ausführung und Revision von Gebäudeblitzableitern betr.

(MGemZ. Nr. 67).

Der Stadtrat der Landeshauptstadt München erläßt auf Grund des § 368 Ziff. 8 des Strafgesetzbuches für das Deutsche Reich und Art. 2 Ziff. 14 und 103 des Polizeistrafgesetzbuches vom 26. Dezember 1871 sowie § 1 des Gesetzes zur Erweiterung des Anwendungsgebietes der Geldstrafe und zur Einschränkung der kurzen Freiheitsstrafen vom 21. Dezember 1921 folgende, durch Entschließung der Regierung von Oberbayern vom 1. August 1922 Nr. e 6050 A I für vollziehbar erklärte

ortspolizeiliche Vorschriften:

§ 1. Mit Blitzschutz sind zu versehen:

1. Gebäude, welche zur Herstellung, Verarbeitung und Lagerung größerer Mengen leicht entzündlicher und schwer zu löschender oder explosiver Gegenstände oder Stoffe bestimmt sind.
2. Gebäude, in denen größere Menschenansammlungen stattfinden, wie Kirchen, Unterrichtsanstalten, Theater, Kranken- und Versorgungsanstalten, Hotels, Warenhäuser und Fabriken von größerer Ausdehnung.
3. Gebäude, welche wegen der Verwendung ausgedehnter Eisenkonstruktionen, von Metallbachungen oder wegen ihrer besonderen, die Nachbargebäude überragenden Höhe oder wegen ihrer isolierten Lage der Gefahr des Blitzschlages besonders ausgesetzt sind, wie Türme, freistehende Schornsteine und dergleichen.
4. Gebäude, welche die Baupolizeibehörde auf Grund technischer Gutachten bestimmt.

§ 2. Blitzableiteranlagen herstellen und Arbeiten an ihnen vornehmen darf nur, wer nach Maßgabe der folgenden Bestimmungen zugelassen ist. Die Zulassung erfolgt durch den Stadtrat, Inspektion für Blitzableiteranlagen.

Zur Ausführung von Blitzableiteranlagen werden nur Unternehmer zugelassen, welche die gewerbsmäßige Herstellung von Blitzableiteranlagen als Teil ihres Geschäftsbetriebes beim Stadtrat — Inspektion für Blitzableiteranlagen — angemeldet haben und den Nachweis erbringen, daß sie oder einer ihrer Angestellten die zur Ausführung der Anlagen erforderlichen Kenntnisse besitzen, welche sich ferner verpflichten, die in den folgenden Paragraphen enthaltenen und noch vom Stadtrat zu erlassenden Vorschriften gewissenhaft zu erfüllen.

Der Nachweis der Befähigung für die Ausführung von Blitzableiteranlagen gilt für solche Gewerbetreibende als erbracht, die sich schon vor dem Inkrafttreten dieser Vorschrift bereits nachweisbar mit der Herstellung von Blitzschutzanlagen längere Zeit hindurch befaßt haben und in dieser Beziehung unbeanstandet geblieben sind. Die ausführenden Firmen haben sich zu verpflichten, nur im Blitzableitersetzergewerbe ausgebildetes Personal zu verwenden.

Der Stadtrat kann die durch die Zulassung erlangte Berechtigung entziehen, sobald sich gegen deren Fortdauer Bedenken erheben sollten, oder der Inhaber der Berechtigung seinen Verpflichtungen nach zweimaliger Aufforderung nicht innerhalb 14 Tagen nachkommt.

§ 3. Die Neuherstellung und Abänderung von Blitzschutzanlagen, auch wenn sie freiwillig errichtet werden, darf erst nach Genehmigung des Stadtrates, Inspektion für Blitzableiteranlagen, erfolgen.

Zu diesem Zwecke sind von dem Eigentümer des Bauwerks oder seinem Beauftragten beim Stadtrat, Inspektion für Blitzableiteranlagen, zur Genehmigung Pläne nach einem vom Stadtrat vorgeschriebenen Formblatt einzureichen. Diese haben in mehrfarbiger Darstellung zu enthalten:

a) einen orientierenden Lageplan mit den benachbarten Straßen und Gebäuden im Maßstab 1:1000 oder 1:500,
b) eine geometrische Zeichnung (Dachdraufsicht und Aufriß) im Maßstab 1:100 oder 1:200 mit allen auf die Blitzschutzanlage bezüglichen Angaben,
c) auf Erfordern eine nähere Beschreibung der Blitzschutzanlage.

Soll die Blitzschutzanlage an die Wasser- und Gasleitung angeschlossen werden, so hat sich der Eigentümer die Lage der Rohrnetze bei den betreffenden Werken angeben zu lassen.

§ 4. Die Eigentümer der Bauwerke sind verpflichtet, die Untersuchung der auf ihren Gebäuden befindlichen Blitzableiter durch die vom Stadtrat hierzu aufgestellten, mit Dienstmütze versehenen Organe gegen Vorweis ihrer Legitimation zu gestatten, den letzteren den Zutritt in das Anwesen sowie auf das Dach zu gewähren und zu ermöglichen, sowie die etwa nötigen Aufgrabungsarbeiten auf ihre Kosten betätigen zu lassen.

Untersuchungen einer Blitzableiteranlage werden vorgenommen:

1. sofort nach Fertigstellung,
2. sofort nach Vornahme von Änderungen oder Reparaturen an derselben,

3. im Falle der Freilegung von Bodenleitungen gelegentlich anderweitiger Grabarbeiten,
4. nach stattgefundenem Einschlagen des Blitzes,
5. regelmäßig alle 5 Jahre, soweit nicht andere gesetzliche Vorschriften eine kürzere Frist festsetzen, vorbehaltlich des Rechtes des Stadtrates, in einzelnen Fällen nach Bedarf oder Wunsch in kürzeren Zwischenräume vorzunehmen.

Die bei diesen Untersuchungen etwa vorgefundenen Mängel werden dem Eigentümer schriftlich mitgeteilt und sind in der festgesetzten Frist beheben zu lassen.

§ 5. Von dem Eintritt eines Umstandes, der gemäß § 4 Abs. 2 Ziff. 1—4 zur Prüfung einer Blitzableiteranlage führt, ist Anzeige zu erstatten.

Zur Anzeige sind verpflichtet:
1. Der Eigentümer des Bauwerkes in den Fällen 2, 3 und 4,
2. der Blitzableitersetzer in den Fällen 1 und 2,
3. in den Fällen der Ziff. 3 auch der Unternehmer der betreffenden Grabarbeiten.

Die Anzeige ist beim Stadtrat — Inspektion für Blitzableiteranlagen — binnen drei Tagen nach Eintritt der im § 4 unter 1—4 aufgeführten Fälle schriftlich unter Benützung der hierzu unentgeltlich abgegebenen Formblätter zu erstatten. Der Anzeigepflicht ist genügt, wenn die Anzeige von einem der voraufgeführten Verpflichteten erstattet worden ist.

§ 6. Die Untersuchung einer Blitzschutzanlage besteht in einer genauen Besichtigung derselben in all ihren zugänglichen Teilen.

Die Erdleitungen werden mittels eines Widerstandmeßapparates geprüft.

Über den Befund wird ein Buch geführt, das zum Vergleiche für spätere Untersuchungen aufbewahrt wird.

Die mit der Prüfung Betrauten verzeichnen die Ergebnisse der Prüfung und die vorgefundenen Mängel.

§ 7. Erdleitungen und Anschlüsse der Blitzableiteranlagen an das Gas- und Wasserrohrnetz, die entweder neu hergestellt oder ausgebessert oder verändert werden, sind solange offenzuhalten, bis die amtliche Nachschau stattgefunden hat, andernfalls die Wiederaufgrabung auf Kosten des Eigentümers des Bauwerks erfolgt.

§ 8. Für Beschädigungen an den Rohrnetzen und deren Zubehörungen, an Anschlußleitungen, Ventilen, Meßvorrichtungen usw. durch Arbeiten bei Herstellung, Reparaturen und Änderungen von Blitzschutzanlagen hat der Eigentümer des Bauwerkes aufzukommen.

§ 9. Die Ausführung einer Blitzschutzanlage hat nach den vom Stadtrat — Inspektion für Blitzableiteranlagen — genehmigten Plänen zu erfolgen auf Grund der vorstehenden ortspolizeilichen Vorschriften und der Leitsätze des Verbandes deutscher Elektrotechniker sowie unter Berücksichtigung der in der Ministerialentschließung vom 6. Juli 1912 bekanntgegebenen Richtpunkte für das Setzen und die Unterhaltung von Blitzableitern.

§ 10. Die Prüfungen der Blitzschutzanlagen und die damit zusammenhängenden Tätigkeiten auf dem Gebiete des Blitzschutzes werden durch die städtische Inspektion für Blitzableiteranlagen vorgenommen. Die Eigentümer der Bauwerke haben sich insoweit zur Erfüllung der Verbindlichkeiten, die ihnen gemäß den Bestimmungen dieser ortspolizeilichen Vorschriften oder anderer zur Sicherung der Bauwerke vor Blitzgefahr erlassener Vorschriften obliegen, ausschließlich der städtischen Inspektion für Blitzableiteranlagen zu bedienen. Eine vom Stadtrat München erlassene Satzung regelt im einzelnen das Tätigkeitsgebiet der Inspektion für Blitzableiteranlagen und die für deren Tätigkeit zu erhebenden Gebühren.

§ 11. Zuwiderhandlungen gegen die vorstehenden ortspolizeilichen Vorschriften durch Baumeister und Bauhandwerker werden mit Geldstrafe bis zu 450 ℳ, sonstige Zuwiderhandlungen mit Geldstrafe bis zu 600 ℳ oder mit Haft bis zu 14 Tagen bestraft.

§ 12. Diese Vorschriften treten mit dem Tage ihrer Verkündigung in der Münchener Gemeinde-Zeitung in Kraft.

Gleichzeitig treten die ortspolizeilichen Vorschriften vom 7. Juni 1900 „Die Ausführung und Revision von Blitzableitern betr." außer Wirksamkeit.

15. Ortspolizeiliche Vorschriften des Stadtrats, der Lokalbaukommission und der Polizeidirektion vom 24. Februar, 28. März, 6. April 1925/15. März 1926 betr. „die Ausführung von Hochantennen für private Funkanlagen".

(MGemZ. 1925 Nr. 31, 1926 Nr. 23).

Der Stadtrat der Landeshauptstadt München, die Lokalbaukommission und die Polizeidirektion München erlassen auf Grund der §§ 368 Ziff. 8 und 366 Ziff. 10 des RStGB., des Art. 101 des PStGB. sowie der Verordnung über Vermögensstrafen und Bußen vom 6. Februar 1924, RGBl. S. 44, nachstehende, von der Regierung von Oberbayern mit Entschließung vom 16. Mai 1924 Nr. h 2475 A I und 9. März 1925 Nr. e 1254 A I für vollziehbar erklärte ortspolizeiliche Vorschriften:

Errichtung von Antennenanlagen.

§ 1. Eine Antennenanlage darf nur dann errichtet werden, wenn von der Reichstelegraphenverwaltung die Genehmigung zur Errichtung der Funkanlage erteilt ist, zu deren Betrieb die Antenne bestimmt ist.

Antennenanlagen unter Benützung öffentlicher Verkehrsflächen.

§ 2. Die Benützung von öffentlichen Verkehrsflächen bei Errichtung von Antennenanlagen sowie die Führung von Abzweigleitungen von den Antennen zu den Empfangsapparaten an Gebäudefronten, die den öffentlichen Verkehrsflächen zugekehrt sind, ist verboten. Ausnahmen sind nur in besonderen Fällen nach vorheriger Genehmigung des Stadtrates zulässig.

Aufstellung der Antennenanlagen.

§ 3. 1. Bei der Aufstellung der Antennenanlagen ist auf das Straßen- und Landschaftsbild Rücksicht zu nehmen.

2. Die Antennenanlagen auf den Dächern müssen möglichst auf den von der Straßenseite abgelegenen Dachflächen und so angeordnet werden, daß sie von der Straßenseite aus dem Blick möglichst entzogen sind.

3. Antennenanlagen, durch welche das Straßen- und Landschaftsbild gestört wird, müssen auf Verlangen der Lokalbaukommission durch den Eigentümer der Antennenanlage entfernt werden.

4. Auf vorhandene Feuertelegraphenleitungen oder sonstige Leitungsanlagen der Stadtgemeinde, des Staates und des Reiches ist beim Bau der Antennenanlage und bei Herstellung der Abzweigleitung entsprechend Rücksicht zu nehmen.

5. Die Antennenanlagen sind, wenn durch diese die vorhandenen Feuertelegraphen- oder sonstige Leitungsanlagen gestört werden oder der weitere Ausbau dieser Anlagen verhindert wird, auf Verlangen der Stadtgemeinde durch den Eigentümer der Antennenanlage auf seine Kosten zu verlegen.

Ausführung der Antennenanlagen.

§ 4. Die Antennenanlagen haben in allen Teilen den „Vorschriften für Außenantennen", herausgegeben vom Verband Deutscher Elektrotechniker, zu entsprechen. Hierbei wird besonders auf die §§ 9, 10 und 11 der Vorschriften hingewiesen, in denen die Bedingungen für Kreuzungen von Hochspannungsleitungen, Niederspannungsleitungen und Fernmeldeleitungen behandelt werden. Sie lauten:

Kreuzungen von Hochspannungsleitungen.

§ 9. a) Kreuzungen von Hochspannungsleitungen und Fahrleitungen elektrischer Bahnen sind verboten, sofern die Betriebsspannung über 750 Volt gegen Erde beträgt.

b) Kreuzungen von solchen Leitungen mit Betriebsspannungen über 250 bis einschließlich 750 Volt gegen Erde sind möglichst zu vermeiden. Werden derartige Kreuzungen erforderlich, so sind folgende Sicherheitsmaßnahmen anzuwenden:

α) Nur Einleiterantennen aus mehrdrähtigen Kupfer- oder Bronzeleitern mit einem Durchmesser des Einzeldrahtes nicht unter 0,4 mm sind zulässig. Die auftretende Höchstzugspannung soll im Antennenleiter im ungünstigsten Belastungsfalle bei Hartkupfer 10 kg je mm², bei Bronze 12,5 kg je mm² nicht überschreiten. Der Antennenleiter ist an den beiden Befestigungspakten doppelt, zweckmäßig an in wagrechter Richtung angeordneten Querträgern, abzuspannen. Zu Abspannungen ist der gleiche Baustoff und mindestens der gleiche Querschnitt wie für den Antennenleiter zu verwenden.

β) Die Isolatoren sind in den Antennenleiter so einzubauen, daß sie nur auf Druck beansprucht werden, damit der Antennenleiter bei Isolatorbruch nicht herabfallen kann. Die Verbindung der Isolatoren mit dem Antennenleiter ist besonders sorgfältig auszuführen.

γ) Die Gestänge müssen bei Höchstbeanspruchungen eine vierfache Sicherheit gegen Zug, Druck, Biegung und Knickung haben, Ankerdrähte, Seile und Streben dagegen eine fünffache Sicherheit aufweisen. Die größte Entfernung zwischen den Gestängen soll nicht mehr als etwa 60 Meter betragen.

δ) Außer den in den §§ 12 und 13 verlangten Schutzmaßnahmen ist ein Schutzkondensator (siehe „Vorschriften für Verbindungsgeräte, die die Verwendung von Starkstromleitungen bis 440 Volt Nennspannung als Antenne oder Erde ermöglichen") zwischen Erdungsschalter und Empfänger möglichst kurz hinter der Einführung anzuordnen.

c) Bei Annäherung an solche Leitungen muß die Antennenanlage einschließlich der Abspanndrähte in einem solchen Abstande verlegt werden, daß auch bei Drahtbruch eine Berührung unter allen Umständen ausgeschlossen ist. Bei Spannungen über 750 Volt gegen Erde darf der wagerechte Abstand keinesfalls weniger als 10 Meter betragen.

Kreuzungen von Niederspannungsleitungen.

§ 10. a) Kreuzungen von Niederspannungsleitungen (Spannungen bis 250 Volt gegen Erde) sind möglichst zu vermeiden. Sind derartige Kreuzungen erforderlich, so ist der Antennenleiter als „wetterfest umhüllte Leitung" nach den „Normen für umhüllte Leitungen in Starkstromanlagen" auszuführen, sofern nicht die Starkstromleitung isoliert ist.

b) Das gleiche gilt bei Annäherungen, sofern nicht eine metallische Berührung beim Reißen der Antenne praktisch ausgeschlossen ist.

Kreuzungen von Fernmeldeleitungen.

§ 11. a) Kreuzungen sollen möglichst rechtwinklig, jedenfalls nicht unter einem kleineren Winkel als 60 Grad, und in einem Abstande von wenigstens 1 Meter ausgeführt werden.

b) Parallelführung im Abstande von weniger als 5 Meter ist verboten.

c) Wenn bei Bruch der Antennenleiter eine Berührung mit der Fernmeldeleitung möglich ist, müssen die Antennenleiter mit wetterfester Umhüllung versehen sein, sofern nicht die Fernmeldeleitung isoliert ist.

Anzeigepflicht.

§ 5. Der Unternehmer hat vor Beginn und nach Fertigstellung der Arbeiten innerhalb acht Tagen bei den Städtischen Elektrizitätswerken (Inspektion für Blitzableiteranlagen) unter Benützung eines Formblattes Anzeige zu erstatten. Die Anordnung der auszuführenden oder der ausgeführten Antenne ist auf der Rückseite des Anzeigeformblattes zu skizzieren. Die Formblätter sind bei den Städtischen Elektrizitätswerken (Inspektion für Blitzableiteranlagen) zu erholen.

Prüfung der Antennenanlagen.

§ 6. 1. Nach Erstattung der Fertigstellungsanzeige kann die Antennenanlage in bezug auf die Einhaltung der vorstehenden Vorschriften durch die Inspektion für Blitzableiter auf Kosten des Eigentümers der Anlage jederzeit geprüft werden.

2. Der Eigentümer der Antennenanlage hat dafür Sorge zu tragen, daß den Prüfungsbeamten das Betreten der in Betracht kommenden Räume gegen Vorzeigung eines Ausweises gestattet wird.

Unterhalt der Antennenanlagen.

§ 7. Der Eigentümer der Antennenanlage hat während der Dauer des Bestehens der Anlage für deren sachgemäßen Unterhalt Sorge zu tragen.

Haftung des Hauseigentümers.

§ 8. Für die Erfüllung der Verpflichtungen des Eigentümers der Antennenanlage nach § 3, Abs. 3 und 5 sowie nach § 7 ist auch der Hauseigentümer haftbar, unbeschadet seines Rückgriffes auf den Eigentümer der Antennenanlage.

Verhältnis zum Telegraphenweggesetz.

§ 9. Die Bestimmungen des Telegraphenwegegesetzes vom 18. Dezember 1899 bleiben unberührt.

Strafbestimmungen.

§ 10. Zuwiderhandlungen gegen vorstehende Vorschriften werden nach Maßgabe der eingangs erwähnten gesetzlichen Bestimmungen bestraft.

16. Ortspolizeiliche Vorschrift des Stadtrats und der Lokalbaukommission vom 2./11. Dezember 1926 betr. unbefugtes Übernachten und Verweilen in fremdem Eigentum.

(MGemZ. 1927 Nr. 5).

Der Stadtrat und die Lokalbaukommission München erlassen auf Grund des § 368 Ziff. 8 RStGB., Art. 1 u. 2 ff. PStGB., der Verordnung vom 2. Oktober 1896, die Ausscheidung der Zuständigkeiten betr. (GVBl. S. 1881), und des Art. III der Verordnung über Vermögensstrafen und Bußen vom 6. Februar 1924 (RGBl. I S. 44) nachstehende durch Entschließung der Regierung von Oberbayern, Kammer des Innern, vom 11. Januar 1927 Nr. e 44 A I für vollziehbar erklärte ortspolizeiliche Vorschrift:

1. Für den Bereich des Stadtbezirkes München ist das unbefugte Übernachten in Heustädeln, Ziegeleien, Schupfen, Gartenhäuschen, Möbelwägen u. dgl. verboten.

2. In Fällen dringenden Notbedarfes kann bei vorliegender Zustimmung des Grundeigentümers von dem Verbot eine Ausnahme durch den Stadtrat München nach Anhören der Lokalbaukommission und der Polizeidirektion München gemacht werden.

3. Zuwiderhandlungen gegen Ziff. 1 werden mit Geld bis zu 150 *RM* oder mit Haft bis zu 14 Tagen bestraft.

Die Vorschrift tritt mit dem Tage der Veröffentlichung in der Gemeindezeitung in Kraft.

17. Verordnung und oberpolizeiliche Vorschriften des Staatsministeriums des Innern über Einstellräume für Kraftfahrzeuge und über die Einstellung von solchen.

Vom 10. Mai 1927 (GVBl. S. 129).

Auf Grund Art. 101 Abs. I und II des PStrGB., §§ 366 Nr. 10 und 368 Nr. 8 des RStrGB. mit Art. 2 Ziff. 6 und 14 des PStrGB. werden nachstehende Verordnung und oberpolizeiliche Vorschriften erlassen.

A. Allgemeine Vorschriften für die Errichtung von Einstellgebäuden.

Anzeigepflicht.

§ 1. I Wer einen Raum zur Einstellung von Kraftwagen errichten oder verwenden will, hat der Bezirkspolizeibehörde Anzeige zu erstatten und vorbehaltlich besonderer bau- oder gewerbepolizeilicher Genehmigung die Anordnungen der Bezirkspolizeibehörde zu erfüllen.

II In Zufahrten, Durchfahrten und Pavillonzwischenräumen dürfen Kraftwagen außer zu vorübergehenden Zwecken nicht eingestellt werden.

Zufahrten.

§ 2. Sollen in einer Anlage mehr als 20 Kraftwagen eingestellt werden, so muß eine Zufahrt von 4,8 m Breite und 2,7 m Höhe vorgesehen werden. Statt e i n e r Zufahrt können auch zwei Zufahrten von je 2,4 m Breite und 2,7 m Höhe gefordert werden.

Geschützte Gebiete.

§ 3. In geschützten Wohnvierteln, sowie 200 m im Umkreise von Kirchen, Schulen, Krankenhäusern und Heilanstalten, dann 100 m im Umkreise von öffentlichen Gebäuden sonstiger Art kann die Genehmigung zur Errichtung von Einstellgebäuden für mehr als 10 Wagen versagt werden.

B. Vorschriften für die Beschaffenheit der Einstellgebäude.

Bauart.

§ 4. I Auf Einstellgebäude finden die baupolizeilichen Vorschriften und die im Vollzuge der gegenwärtigen Vorschriften getroffenen besonderen Anordnungen Anwendung.

II Überschreitet die überbaute Fläche der Gesamtanlage 1000 qm, so sind durch bauordnungsgemäße Brandmauern Brandabschnitte von höchstens 1000 qm herzustellen. Wird die Anlage in Einzelboxen aus feuerbeständigen*) Baustoffen aufgeteilt, so können hinsichtlich der Aufteilung in Brandabschnitte Erleichterungen gewährt werden.

Wände und Nachbarräume.

§ 5. I Bei Einstellräumen müssen, soferne die Bauordnung keine andere Bauart vorschreibt, mindestens die Wände aus feuerhemmenden*) Baustoffen bestehen. Bei freistehenden Anlagen, insbesondere bis zu zwei Kraftwagen kann hiervon abgesehen werden.

II Einstellräume dürfen weder in unmittelbarer, noch in mittelbarer Verbindung mit Räumen stehen, die eine Feuerstätte oder eine Beleuchtung mit offenem Licht haben oder zur Lagerung oder Verarbeitung leichtentzündlicher Stoffe dienen. Ferner darf mit Treppenhäusern, Zugängen, Durchgängen oder Durchfahrten, die zu Wohn- oder Arbeitsräumen führen oder mit tiefer gelegenen Räumen oder Schächten keine solche Verbindung bestehen.

Decken.

§ 6. Die Decken der Einstellräume müssen öffnungslos und feuerhemmend sein. Sind Einstellräume in Geschossen übereinander angeordnet oder sind über den Einstellräumen Räume zum Aufenthalt oder Verkehr von Menschen, so müssen die Wände

---

*) Als feuerbeständig gelten z. B.:
Gemauerte, mindestens 12 cm starke Wände,
10 cm starke Betonwände,
6 cm starke Eisenbetonwände,
ausgemauertes Eisenfachwerk, dessen Eisenteile glutsicher ummantelt sind,
Eisenbetondecken, 12 cm starke Ziegelsteindecken, deren etwaige Eisenteile, Unterzüge und Stützen glutsicher ummantelt sind,
Fußböden aus Beton,
Elektrofließen oder Drahtglas, das 5 cm tief in die Mauer eingreift,
Treppen aus Eisenbeton,
Dächer aus Eisenbeton oder Eisen, wenn sämtliche Eisenteile glutsicher ummantelt sind,

Als feuerhemmend gelten z. B.:
Wände aus ausgemauertem und verputztem Fachwerk, glutsicher ummanteltes Holzwerk,
Rabitzdecken und -wände; Zement- und Gipsdielen; Weißdecken; Holzzement; Zementestrich auf Holzunterlage;
Türen, die hinsichtlich ihrer Bauart dem § 16 der BO. entsprechen; Treppen aus Stein, Eichenholztreppen mit verputzter Untersicht.

und Decken der Einstellräume feuerbeständig sein. Für einzelne Gelasse für Wagenführer sind bei besonderen Verhältnissen Ausnahmen zulässig.

Fußboden.

§ 7. Der Fußboden der Einstellräume muß feuerbeständig und flüssigkeitsdicht sein. Bei kleineren freistehenden Einstellgebäuden kann hiervon abgesehen werden. Entwässerungsschächte in und vor den Einstellräumen müssen Ölabscheider haben.

Arbeitsgruben.

§ 8. Arbeitsgruben sind nur zulässig, wenn eine wirksame selbsttätige Entlüftung gewährleistet ist.

Heizung.

§ 9. Die Heizung der Einstellräume muß so beschaffen sein, daß sich Dämpfe der Betriebsstoffe nicht daran entzünden können. Diese Anforderung gilt als erfüllt, wenn die Heizung den vom Ausschusse für die Behandlung feuergefährlicher Angelegenheiten (München, Polytechnischer Verein, Briennerstraße 8, IV. Aufgang) **Anlage I.** aufgestellten und in der Anlage I abgedruckten Grundsätzen für die Beheizung von Räumen zur Lagerung brennbarer Flüssigkeiten entspricht.

Beleuchtung.

§ 10. I Einstellräume dürfen nur beleuchtet werden durch:

a) elektrische Glühlampen, wenn sie mindestens 1,5 m über dem Fußboden fest angebracht sind;

b) tragbare elektrische Glühlampen, wenn sie auch die Fassungen umschließende Überglocken, Drahtschutzkörbe und eine mit wasserdichten Isolierhüllen umgebene Kabelleitung haben;

c) Außenbeleuchtung jeder Art, wenn sie durch fest eingemauerte starke Glasscheiben von den Innenräumen abgeschlossen ist.

II Elektrische Anlagen müssen den Vorschriften, Regeln, Normen und Leitsätzen des Verbandes Deutscher Elektrotechniker entsprechen. Einstellräume sind bis zu einer Höhe von 1,5 m über dem Fußboden als zerknallgefährliche Betriebsstätten nach den Vorschriften des Verbandes Deutscher Elektrotechniker zu behandeln. **Anlage II.** Außerdem gelten die in Anlage II abgedruckten Grundsätze.

Entlüftung.

§ 11. Jeder Einstellraum muß dicht über dem Fußboden Entlüftungsöffnungen von mindestens 0,40 qm Gesamtgröße haben. Zu diesem Zwecke können Schlitze von mindestens 5 cm Weite unter oder in den Türen angebracht werden. Für größere Einstellräume, besonders im Keller, kann zur Förderung des Luftwechsels künstliche Entlüftung verlangt werden. Funkenbildende Teile elektrisch angetriebener Entlüfter müssen außerhalb der Räume und der Entlüftungsrohre liegen.

Werkstätten und sonstige Räume.

§ 12. I Ausbesserungs-, Lackier- und sonstige Werkstätten, worin mit Feuer oder offenem Lichte gearbeitet wird oder worin leicht brennbare Stoffe verwendet werden, müssen den baupolizeilichen Bestimmungen entsprechen. Sie dürfen nur in offenen Höfen angelegt werden. Sie sind von anstoßenden Gebäudeteilen durch öffnungslose Mauern und erforderlichenfalls durch feuerbeständige Decken zu trennen.

II Wasch- und sonstige Aufenthaltsräume müssen einen gesicherten Rückzugsweg haben.

C. Betriebsvorschriften.

Rauchen usw.

§ 13. Das Rauchen und jede Benützung von offenem Licht, insbesondere von Azetylenlampen aller Art, sowie funkenerzeugende Verrichtungen sind in den Einstellräumen verboten. Laternen von Kraftwagen sind, wenn sie nicht elektrisches Licht haben, vor Einstellung der Wagen auszulöschen; sie dürfen in Einstellräumen auch nicht angezündet werden. Feldschmieden, Lötvorrichtungen usw. sind nur in besonderen Ausbesserungswerkstätten oder im Freien, 5 m von den Türen der Einstellräume entfernt, zugelassen.

Putzwolle.

§ 14. Gebrauchte Putzwolle und Putzlappen dürfen in Einstellräumen nur in feuerhemmenden, dichtverschließbaren Behältern aufbewahrt werden.

Karbid.

§ 15. Karbid darf in Einstellräumen nur in dicht schließenden Gefäßen bis zu einer Höchstmenge von 5 kg aufbewahrt werden; jede Einwirkung von Feuchtigkeit muß ausgeschlossen sein. Die Karbidbehälter der Laternen dürfen nicht in den Einstellräumen aufgefüllt oder entleert werden.

Betriebsstoff.

§ 16. I Vorräte von Betriebsstoffen sowie leere Behälter sind in gesonderten, den Bestimmungen über die Lagerung brennbarer Flüssigkeiten entsprechenden Lagern oder Behältern unterzubringen. Außer den in den Kraftwagen befindlichen Betriebsstoffen darf nur ein zerknallsicheres Blechgefäß (Kanister mit höchstens 15 Liter Inhalt) im Einstellraume vorhanden sein.

II Alle zum Um- und Einfüllen von Treibmitteln dienenden Gefäße müssen zerknallsicher sein.

Ausbesserungswerkstätten.

§ 17. In Ausbesserungswerkstätten, worin mit offenem Feuer gearbeitet wird oder funkenerzeugende Verrichtungen vorgenommen werden, dürfen Kraftwagen nur mit dicht verschlossenen Betriebsstoffbehältern verbracht werden. Auch entleerte Betriebsstoffbehälter müssen dicht verschlossen sein. Jedes Hantieren mit Betriebsstoffen, insbesondere das Füllen und Entleeren von Betriebsstoffbehältern ist in Ausbesserungswerkstätten verboten.

Löschmittel.

§ 18. In den Einstellräumen sind wirksame Löschmittel (Handfeuerlöscher, Asbestdecken usw.) bereitzuhalten. Sonstige feuerpolizeiliche Anordnungen sind zu erfüllen.

Elektrisch betriebene Kraftwagen.

§ 19. I Kraftwagen mit Verbrennungsmotoren dürfen mit Kraftwagen, die elektrisch mit Akkumulatoren betrieben werden, in einem Raume nicht ständig zusammen eingestellt werden.

II Batterien dürfen in Einstellräumen nicht aufgeladen werden.

Warnungstafeln.

§ 20. Die Bestimmungen der §§ 13 mit 19 sind in jedem Einstellraume und an zugänglicher Stelle anzuschlagen. Am Eingange jedes Einstellraumes ist folgender Anschlag augenfällig und dauerhaft anzubringen:

„Einstellraum für Kraftwagen!
Zutritt Unbefugten verboten!
Nicht rauchen!
Kein Feuer! Kein offenes Licht!"

D. Schluß- und Strafbestimmungen.

Krafträder.

§ 21. I Diese Vorschriften gelten sinngemäß für Krafträder, wobei je fünf Krafträder einem Kraftwagen gleichzuachten sind.

Bestehende Anlagen.

II Bestehende Anlagen müssen mit den gegenwärtigen Vorschriften in Einklang gebracht werden, soferne die öffentliche Sicherheit dies erheischt. Die Bezirkspolizeibehörden können für die Ausführung der erforderlichen Maßnahmen entsprechende Fristen gewähren.

Staatliche usw. Anlagen.

§ 22. Für Einstellräume im Eigentume des Reiches, des Staates, der Feuerwehren und der Sanitätskolonnen können Ausnahmen zugelassen werden.

Elektrische Kraftwagen, Traktoren usw.

§ 23. Vorstehende Vorschriften finden abgesehen von § 19 Abs. I keine Anwendung auf elektrisch mit Akkumulatoren betriebene Kraftwagen und auf Kraftwagen, deren Motoren mit Flüssigkeiten betrieben werden, die erst bei einer Erwärmung auf mehr als 55° C entflammbare Dämpfe entwickeln.

Ausnahmen.

§ 24. Die Bezirksverwaltungsbehörden können auf Antrag unter besonderen Verhältnissen Ausnahmen von einzelnen Bestimmungen in §§ 4 mit 12 im Benehmen mit der Versicherungskammer, Abteilung für Brandversicherung, zulassen, soweit es ohne Gefährdung der öffentlichen Sicherheit geschehen kann.

§ 25. Weitergehende ortspolizeiliche Vorschriften[1]) bleiben unberührt.

---

[1]) Infolgedessen gilt § 21a StPO. (S. 193) insoweit noch fort, als er gegenüber den gegenwärtigen Vorschriften weitergehende Bestimmungen enthält.

Strafbestimmungen.

§ 26. Zuwiderhandlungen gegen diese Vorschriften werden nach Art. 101 Abs. I des PStrGB. und §§ 366 Nr. 10, 368 Nr. 8 des RStrGB. bestraft, soweit nicht andere gesetzliche Vorschriften eine schwerere Strafe androhen.

Anlage I.

Grundsätze für die Beheizung von Räumen zur Lagerung brennbarer Flüssigkeiten.

Die Räume dürfen beheizt werden durch:

a) Fugendichte, von außen zu beheizende Kachelöfen ohne Durchsichten oder Nischen aus Metall, wenn der Ofen keine Vorsprünge oder Flächen aufweist, die zum Auflegen von Gegenständen Gelegenheit bieten.

Der Raum mit der Feuerung darf mit dem Einstellraum in keiner Verbindung stehen. Im Einstellraume darf der Ofen entweder erst in einer Höhe von 1,50 m aus der Wand heraustreten oder er ist auf die gleiche Höhe in 10 cm Abstand vom Ofen durch eine mit dem Fußboden und den Wänden gasdicht verbundene Schutzwand aus Blech, Monier, Rabitz oder sonstigen feuerhemmenden und gasdichten Stoffen zu umgeben.

b) Niederdruckdampf- und Warmwasserheizung mit Feuerung, die außerhalb des Raumes liegt. Wenn die Heizkörper und die Heizrohre tiefer als 2 m liegen, müssen sie in 20 cm Abstand durch Drahtgitter oder durchlochte Eisenbleche so umschlossen werden, daß auf die Schutzvorrichtung nichts abgelegt werden kann.

c) Hochdruckdampfheizung mit Feuerung, die außerhalb liegt, jedoch nur, wenn die Heizrohre mindestens 2 m hoch liegen und mit Schutzvorrichtungen wie unter b) versehen sind.

d) Elektrische Heizung. Heizgeräte dürfen auch bei Wärmestauungen an keiner Stelle einen höheren Oberflächenwärmegrad als 110 °C aufweisen (Anwendung von Reglern, Drahtgittern oder durchlochten Blechen in mindestens 10 cm Abstand vom Heizgerät). Alle Heizleiter sind gasdicht einzuschließen. Elektrische Strahlungsöfen mit offenen Glühkörpern sind unzulässig.

e) Gasheizung. Gasheizkörper müssen einschließlich der Frischluftzuführungs- und Abzugsleitung gegen den zu beheizenden Raum vollkommen gasdicht sein. Zur Frischluft- und Abzugsleitung dürfen nur dichtverschraubte oder an den Verbindungsstellen geschweißte Eisenrohre verwendet werden. Das Anzünden der Gasflamme darf nur außerhalb des zu beheizenden Raumes möglich sein. Die Mauerbüchse für die Zündöffnung der Gasfeuerung muß in einem Stücke vom Heizkörper bis an die Außenseite der Wand des zu beheizenden Raumes durchgeführt sein. Die Heizkörper müssen in mindestens 1,50 m Höhe über dem Fußboden angebracht und überdeckt sein, so daß keinerlei Gegenstände auf den Heizkörpern abgelegt werden können. Der Oberflächenwärmegrad darf selbst bei Luftstauungen nicht mehr als 200 ° C aufweisen.

Anlage II.

Grundsätze für die elektrische Beleuchtung von Kraftwageneinstellräumen.

1. Festverlegte Leitungen

a) Leitungen dürfen in Kraftwagenräumen nur soweit verlegt werden, als sie für die Räume unbedingt nötig sind.

b) Festverlegte Leitungen sind nur in geschlossenen Rohren oder als Kabel oder kabelähnliche Leitungen zulässig. Unter 1,5 m Höhe ist nur Stahlpanzerrohr oder eisenbewehrtes Kabel zulässig.

2. Biegsame Leitungen.

Als Anschlußschnüre sind NLH- oder NWK-Leitungen nach den „Vorschriften für isolierte Leitungen in Starkstromanlagen" zu verwenden.

3. Schalter, Steckvorrichtungen, Sicherungen und Lampen.

a) Schalter und Steckvorrichtungen müssen, sofern sie nicht zerknallsicher ausgeführt sind, mindestens 1,5 m über dem Fußboden angebracht sein.

b) Sicherungen im Innern der Wagenräume sind nur in mindestens 1,5 m Höhe und nur in zerknallsicher gekapselter Ausführung zulässig.

c) Feste Beleuchtungen sind nicht unter 1,5 m über dem Fußboden anzubringen. Der Leitungsschutz ist in den Beleuchtungskörper einzuführen.

d) Lampen sind mit starken Überglocken, die auch die Fassungen abschließen und bei Gefahr der Beschädigung mit Schutzkörben zu versehen.

4. Handleuchter und Handgeräte.

Handleuchter und Handgeräte sind nur in zerknallsicherer Ausführung zulässig.

VI. Vorschriften über Aufzüge, Dampfkesselanlagen, Benzinmotoren, Luftgasanlagen, Sauggaskraftanlagen und Dampfbacköfen.

1. Verordnung der Staatsministerien des Innern und für Soziale Fürsorge über die Einrichtung und den Betrieb von Aufzügen (Aufzugsverordnung).

Vom 18. Januar 1927 (GVBl. S. 9).

Auf Grund der Art. 2 Ziff. 14, 101 Abs. II und 131 des Polizeistrafgesetzbuches, ferner des § 368 Nr. 8 des Reichsstrafgesetzbuches, dann des § 120e Abs. II der Reichsgewerbeordnung erlassen die Staatsministerien des Innern und für Soziale Fürsorge nachstehende Verordnung:

Geltungsbereich.

§ 1. I. Den Bestimmungen dieser Verordnung sind vorbehaltlich des § 16 Abs. III alle Aufzugsanlagen mit mehr als 2 Meter Hubhöhe, einschließlich derjenigen auf Schiffen, unterworfen, deren Fördergeräte zwischen Führungen bewegt werden und diese nicht verlassen. Aufzugsanlagen, deren Tragkraft 20000 kg überschreitet oder deren Fördergerät bei mehr als 20 qm Fußbodenfläche mehr als ein Paar Führungen erhält, unterliegen den Bestimmungen dieser Verordnung mit der Maßgabe, daß über ihre technische Einrichtung eine Vereinbarung zwischen den Beteiligten zu erfolgen hat, die der Zustimmung des Sachverständigen (§ 11) bedarf.

II. Ausgenommen sind Aufzüge in den der Aufsicht der Bergbehörden unterstehenden Betrieben, Versenkvorrichtungen in Theatern, Umlaufaufzüge für Lasten, Schiffshebewerke, Wagenkipper, Schrägaufzüge für Ofenbeschickung, Bauaufzüge mit Handbetrieb und Kleinlastenaufzüge mit Handbetrieb für höchstens 20 kg Tragkraft.

Einteilung der Aufzüge.

§ 2. Die Aufzüge werden eingeteilt in

a) Personenaufzüge:

1. Aufzüge mit Führerbegleitung, die zur Beförderung von Personen oder von Lasten bestimmt sind (Führeraufzüge),
2. Aufzüge zur Beförderung von höchstens 6 Personen ohne Führerbegleitung (Selbstfahrer),
3. Aufzüge, die sowohl mit Führerbegleitung zur Beförderung von Personen und Lasten, als auch ohne Führerbegleitung nur zur Beförderung von Lasten dienen (Umstellaufzüge);
4. Umlaufaufzüge für Personen (Personenumlaufaufzüge);

b) Lastenaufzüge:

5. Aufzüge, die nur zur Beförderung von Lasten ohne Führerbegleitung dienen (Lastenaufzüge),

6. kleine Aufzüge zur Beförderung von Lasten von höchstens 100 kg Gewicht, die nicht betretbar sind und deren Schacht nicht mehr als 1 qm Querschnitt hat (Kleinlastenaufzüge);

c) Sonderaufzüge:

7. Bremsfahrstühle für kleine Getreidemühlen, die täglich nicht mehr als 10000 kg Getreide verarbeiten können (Bremsaufzüge),
8. Schachtgerüstbauaufzüge und offene Bauaufzüge ohne Schachtgerüst, die maschinell angetrieben und bei Bauten oder Abbruchsarbeiten zur Beförderung von Baustoffen vorübergehend benutzt werden und ihren Aufstellungsort dementsprechend wechseln (Bauaufzüge),
9. Lastenfördermittel, bei denen das beladene Fördergerät unter dem Einfluß der Last nach unten geht, während das zweite leere Fördergerät oder das Gegengewicht dadurch nach oben gezogen wird (Ablaßvorrichtungen),
10. Lastenaufzüge, deren Führungen gegen die Senkrechte geneigt sind oder deren senkrechte Führungen in Schräg- oder Bogenführungen übergehen (Schrägaufzüge).

Anzeigepflicht.

§ 3. I. Wer eine nach § 1 unter den Geltungsbereich dieser Verordnung fallende Aufzugsanlage aufstellen oder eine vorhandene Aufzugsanlage wesentlich verändern will, hat

a) die Genehmigung der Baupolizeibehörde für den baulichen Teil der Aufzugsanlage (Fahrschacht, Durchbrechung der Decken, Errichtung in Treppenhäusern, Lichthöfen) an der Außenseite von Gebäuden usw. herbeizuführen,

b) dem Sachverständigen (§ 11) von der beabsichtigten Errichtung oder Änderung des maschinellen Teiles der Abzugsanlage, sowie bei Personenaufzügen (§ 2 Nr. 1 bis 4) von der Auswechslung von Tragmitteln Anzeige zu erstatten. Der Sachverständige hat auf Anfrage zu entscheiden, ob die beabsichtigte Änderung des maschinellen Teiles anzeigepflichtig ist.

Verpflichtet hiezu ist der Aufzugsbesitzer, d. h. derjenige, für dessen Rechnung und Gefahr die Anlage betrieben wird, bei sogenannten Mietaufzügen der Vermieter des Aufzugs.

II. Der Anzeige gemäß Abschnitt I b sind je zwei Beschreibungen und Zeichnungen beizufügen, aus denen alle in dieser Verordnung geforderten und alle sonstigen zur Prüfung und Berechnung der Aufzugsanlage oder ihrer Änderung erforderlichen Angaben hervorgehen müssen. Für die Beschreibung ist das Muster Anlage 1, nötigenfalls unter entsprechenden Ergänzungen, zu benutzen. **Anlage 1** Bei der Anzeige über die Auswechselung von Tragmitteln an Personenaufzügen sind Beschreibungen und Zeichnungen nicht erforderlich, wenn das neue Tragmittel dem bisherigen nach Art und Beschaffenheit gleicht.

III. Tritt ein Wechsel in der Person des nach Abschnitt 1 verpflichteten Aufzugsbesitzers ein, so hat der neue Besitzer hiervon dem Sachverständigen binnen 6 Wochen Anzeige zu erstatten.

Allgemeine Grundsätze.

§ 4. I. Die Aufzugsanlagen müssen in Bezug auf Bauart, Ausführung und Ausrüstung den folgenden Bestimmungen und den anerkannten Regeln der Wissenschaft und Technik entsprechen. Als solche gelten neben den allgemeinen Regeln und den in Betracht kommenden Baupolizeivorschriften die vom deutschen Aufzugsausschuß auf Grund der Anlage 2 aufgestellten technischen Grundsätze.

Anlage 2
Anlage 8*

II. Für die in § 2c) aufgeführten Aufzüge werden die technischen Grundsätze vom deutschen Aufzugsausschusse mit den Berufsgenossenschaften vereinbart.

III. Die technischen Grundsätze werden im Reichsanzeiger veröffentlicht.

Fahrschacht.

§ 5. I. Die Fahrbahn der in § 2 Nr. 1 bis 6 und 9 genannten Aufzüge muß in ihrer ganzen Ausdehnung nach Maßgabe der für den Aufstellungsort geltenden Baupolizeivorschriften oder, wenn in diesen keine Bestimmungen enthalten sind, nach dem Ermessen der Baupolizeibehörde von feuerbeständigen oder mindestens dichten und feuerhemmenden Wänden umschlossen sein.**)

Außerhalb des Fahrschachtes liegende Bahnen für Gegengewichte, Ketten oder Seile, die eine Deckendurchbrechung von mehr als 100 qcm erfordern, sind ebenso wie die Fahrschächte zu umschließen. Kleinere Deckendurchbrechungen müssen mit einer feuerhemmenden Auskleidung versehen sein, die mindestens 0,5 m in

---

*) Vom Abdruck dieser technischen Grundsätze wurde abgesehen.

**) Als feuerbeständig gelten z. B.:
- Gemauerte, mindestens 12 cm starke Wände,
- 10 cm starke Betonwände,
- 6 cm starke Eisenbetonwände,
- ausgemauertes Eisenfachwerk, dessen Eisenteile glutsicher ummantelt sind,
- massive Decken, deren etwaige Eisenteile, Unterzüge und Stützen glutsicher ummantelt sind,
- Elektrofliesen oder Drahtglas, das 5 cm tief in die Mauer eingreift.

Als feuerhemmend gelten z. B.:
- Wände aus ausgemauertem und verputztem Fachwerk,
- Rabitzdecken und -Wände,
- Zement- und Gipsdielen,
- Weißdecken,
- Türen, die hinsichtlich ihrer Bauart dem § 16 der BO. entsprechen.

den Raum unterhalb der Decke hineinreicht. Die Bahnen müssen mindestens unfallsicher umkleidet sein.

II. Abweichend von den Bestimmungen im Abschnitt I genügt für alle Aufzüge, die

a) im Freien, an der Außenseite von Gebäuden, in Treppenhäusern oder in Lichthöfen angelegt werden oder

b) im Innern von Gebäuden übereinander gelegene Galerien verbinden oder

c) nur zwei unmittelbar übereinanderliegende Geschosse verbinden, wenn in diesen Geschossen keine leicht brennbaren oder schwer zu löschenden Stoffe hergestellt, verarbeitet oder gelagert werden,

eine Umkleidung oder Fahrbahn an allen Stellen, wo Menschen an sie herangelangen können. Die Umkleidung muß mindestens 2,5 m über dem Fußboden hoch sein. Bei Aufzügen, die im Innern von Gebäuden liegen, ist sie mindestens an den Seiten der Fahrbahn, an denen das Fördergerät offen ist, in ganzer Höhe durchzuführen. Ferner ist die Umkleidung an den Seiten in ganzer Höhe durchzuführen, wo Deckendurchbruchskanten, Treppenläufe und dergl. so nahe (40 cm) an die Fahrbahn heranreichen, daß auf der Fahrkorbdecke beschäftigte Personen dadurch zu Schaden kommen können. Bei den unter a) genannten Aufzügen muß die Umkleidung aus unverbrennlichen Stoffen bestehen.

Zu Umkleidungen verwendetes Drahtgeflecht darf eine Maschenweite von höchstens 2 cm bei mindestens 1,8 mm Drahtstärke, Bandeisen, Hölzer und dergleichen dürfen einen lichten Abstand von höchstens 2 cm voneinander haben.

III. Feuerbeständig oder feuerhemmend hergestellte Fahrschächte müssen auch feuerbeständig oder feuerhemmend abgedeckt sein, falls nicht die Schachtwände 0,3 m über Dach hinausgeführt sind. Etwaige Entlüftungsrohre müssen ebenfalls mindestens 0,3 m über Dach münden.

IV. Fahrschachtmündungen, die im Verkehrsbereiche liegen, sind so zu umwehren, daß Menschen nicht an sie herangelangen können.

Rollengerüste und sonstige Bauteile des Aufzugs, die oberhalb oder außerhalb des Fahrschachtes angebracht sind, müssen unfallsicher zu erreichen und zu begehen sein. Fahrschachtabdeckungen und Rollengerüstböden, Bedienungsbühnen und ihre Zugänge sind fest zu verlegen und an ihren freien Seiten mindestens mit Geländer und Fußleiste zu versehen.

V. Durch die im Abschnitt IV genannten Abdeckungen und Rollengerüstböden oder durch besondere Unterfangungen, Drahtnetze oder dergleichen muß verhindert werden, daß Triebwerksteile oder andere Gegenstände in den Fahrschacht fallen können. Durchbrechungen (für Seile, Seilrollen usw.) in der Unterfangung sind möglichst zu beschränken. Abdeckungen aus Glas müssen mit einem engmaschigen Drahtnetz unterfangen werden, wenn sie nicht aus Drahtglas bestehen.

VI. Lichtöffnungen in Fahrschachtwänden sind durch Fenster zu verschließen, die nicht in die Fahrbahn hineinschlagen dürfen und von Unbefugten nicht geöffnet werden können. Die Fenster sind aus Drahtglas von mindestens 100 mm Stärke oder aus einem gleich widerstandsfähigen Glase dicht herzustellen. Die Gesamtgröße der Lichtöffnungen in feuerbeständig oder feuerhemmend hergestellten Schächten darf in keinem Stockwerk ein Zehntel der Schachtfläche übersteigen.

VII. Personen-Umlaufaufzüge in Gebäuden, insoweit sie nicht nach Abschnitt II von der Vorschrift feuerbeständiger oder feuerhemmender Fahrschachtwände ausgenommen sind, müssen einen Vorraum haben, dessen Wände feuerbeständig oder feuerhemmend ausgeführt sind.

VIII. Für die im § 2 Nr. 7, 8 und 10 genannten Aufzüge gelten die vorstehenden Bestimmungen über die Ausführung des Fahrschachtes nicht.

Fahrschachtzugänge.

§ 6. Die Zugangstüren zu feuerbeständigen oder feuerhemmenden Fahrschächten sind feuerhemmend und dicht herzustellen.

Die Zugangstüren zu Aufzügen in Warenhäusern, deren Fahrbahn von feuerbeständigen Wänden umschlossen ist, müssen aus Eisen mit mindestens 5 mm starker Asbestzwischenlage oder in gleichwertiger Ausführung hergestellt werden.

Die Zugangstüren der im § 2 Nr. 6 genannten Kleinlastenaufzüge können falzlose, auf einer Seite mit mindestens 0,75 mm starkem Eisenblech oder mit einem gleich widerstandsfähigen Stoffe beschlagene Holztüren oder einfache Eisentüren sein.

Im übrigen gelten für die Ausführung der Fahrschachtzugänge die an die Fahrschächte gestellten Anforderungen.

Aufstellung des Triebwerkes

§ 7. I. Das Triebwerk der im § 2 Nr. 1—5 genannten Aufzüge ist in einem trockenen, hellen, hinreichend geräumigen, im Mittel mindestens 1,8 m hohen verschließbaren Raum aufzustellen. Die Aufzugsmaschine muß gut zugänglich sein.

Bei den im § 2 Nr. 6 genannten Kleinlastenaufzügen ist die Höhe des Triebwerksraumes von 1,8 m nicht erforderlich, wenn das Triebwerk über dem Schacht angebracht und gut zugänglich ist.

II. Wenn ausnahmsweise das Triebwerk unter dem Schacht angeordnet werden muß und die Führungen nicht auf ein besonderes Widerlager nach unten durchgeführt oder nicht sicher aufgehängt sind, muß die Decke des Maschinenraumes, soweit sie die Fahrschachtsohle bildet, so stark sein, daß sie die Widerlager der Führungen aufnehmen kann.

Beleuchtung.

§ 8. I. Die Fahrschachtzugänge müssen durch Tageslicht oder künstliches Licht ausreichend beleuchtet sein, solange der Aufzug benutzt werden kann.

Bei den im § 2 Nr. 4 genannten Personenumlaufaufzügen sind auch die Umsetzstellen der Fahrkörbe während des Betriebs durch Tageslicht ausreichend zu beleuchten.

II. Die Fahrkörbe der im § 2 Nr. 1 bis 4 genannten Personenaufzüge müssen, solange sie benutzt werden können, dauernd durch Tageslicht oder künstlich beleuchtet sein. Die Verwendung von Mineralölen oder ähnlichen leicht entzündbaren Flüssigkeiten für die Beleuchtung im Innern der Fahrkörbe ist unzulässig. Von der dauernden Beleuchtung kann bei den Fahrkörben der im § 2 Nr. 1 bis 3 genannten Aufzüge dann abgesehen werden, wenn die Beleuchtungseinrichtung so beschaffen ist, daß sie mit dem Öffnen der Fahrschachttür in Tätigkeit gesetzt wird und während der Aufzugsbenutzung in Tätigkeit bleibt.

Die Fahrkörbe der übrigen Aufzugsarten müssen bei offenen Schachtzugangstüren ausreichend beleuchtet sein.

III. Elektrische Beleuchtung muß unabhängig von der Leitung für die Antriebsmaschine sein. Schalter für die elektrische Beleuchtung müssen außerhalb des Schachtes unter Verschluß oder im Triebwerksraum untergebracht sein.

IV. Der Triebwerksraum muß durch fest angebrachte Lampen künstlich beleuchtet werden können; außerdem muß eine Handlampe in ihm vorhanden sein.

Aufzugsschilder.

§ 9. I. An jedem Aufzug ist an sichtbarer Stelle ein Schild anzubringen, das den Namen des Herstellers, das Jahr der Fertigung und die Fabriknummer trägt. Außerdem sind die in den technischen Grundsätzen für die einzelnen Aufzugsarten vorgeschriebenen Schilder an den dort bezeichneten Stellen anzubringen.

II. Andere Schilder und Aufschriften dürfen neben den vorgeschriebenen Schildern an den Fahrschachtzugängen und im Innern der Fahrkörbe nicht angebracht werden.

Betrieb der Aufzüge.

§ 10. I. Der Aufzugsbesitzer (vgl. § 3) oder der an seiner Stelle mit der Leitung des Betriebs beauftragte Stellvertreter sowie die mit der Bedienung der Aufzugsanlage betrauten Personen haben dafür zu sorgen, daß die Aufzüge sich stets in betriebssicherem Zustande befinden und daß Aufzüge, die nicht betriebssicher sind, außer Betrieb gesetzt werden.

II. Zur Bedienung der Aufzüge sind zugelassen:

a) bei Führeraufzügen nach § 2 Nr. 1 geprüfte Führer:

Soweit die Aufzüge elektrische Innensteuerung haben, können durch die Bezirkspolizeibehörde außerdem Hilfsführer, die mindestens 16 Jahre alt sein müssen, zugelassen werden, wenn sie mit der Bedienung und den Betriebsvorschriften vertraut sind. Der mit der Beaufsichtigung der maschinellen Anlage des Aufzugs beauftragte geprüfte Führer muß in diesem Falle während der Benutzungszeit des Aufzugs stets leicht erreichbar sein. Mehr als zwei Hilfsführer dürfen gleichzeitig in einer Arbeitsschicht für denselben Aufzug nicht vorhanden sein;

b) bei Selbstfahrern nach § 2 Nr. 2:
Soweit die Aufzüge ausschließlich von bestimmten Personen benutzt werden oder nur zwei Geschosse miteinander verbinden, kann die Bezirkspolizeibehörde die Benutzung ohne Führerbegleitung gestatten, wenn ein geprüfter Führer während der Benutzungszeit stets leicht erreichbar ist;

c) bei den Umstellaufzügen nach § 2 Nr. 3:
1. wenn die Innensteuerung benutzt wird, geprüfte Führer;
2. wenn die Außensteuerung benutzt wird, Personen, die nicht unter 18 Jahre alt sein dürfen, mit der Bedienung besonders beauftragt und mit der Einrichtung und dem Betriebe des Aufzugs sowie mit den Betriebsvorschriften vertraut sind;

d) bei den Personalumlaufaufzügen nach § 2 Nr. 4 geprüfte Führer:
Ein solcher Führer muß während der Benutzungszeit stets leicht erreichbar sein;

e) bei den sonstigen im § 2 genannten Aufzügen mindestens 16 Jahre alte Personen, die mit der Einrichtung, dem Betriebe der Aufzugsanlage und den Betriebsvorschriften vertraut und mit der Bedienung beauftragt sind.

III. Für die Bedienung der Aufzüge gelten die beigefügten Betriebsvorschriften (Anlage 3). Ein Abdruck davon ist bei allen Aufzügen mit Ausnahme solcher Kleinlastenaufzüge, die ausschließlich durch Menschenkraft bewegt werden, im Triebwerksraume, der Abschnitt IV daraus bei den Aufzügen nach § 2 Nr. 1 bis 3, außerdem im Fahrkorb und bei den Aufzügen nach § 2 Nr. 5 bis 10 an den dem allgemeinen Verkehre zugänglichen Ladestellen auszuhängen. *Anlage 3*

IV. Der Aufzugsführer wird durch den Sachverständigen (§ 11) geprüft. Die Prüflinge müssen das achtzehnte Lebensjahr vollendet haben und bei der Prüfung den Nachweis erbringen, daß sie mit der Einrichtung und dem Betriebe von Aufzugsanlagen und den hierüber erlassenen Vorschriften vertraut sind. Die Aufzugsführer werden nur für bestimmte Aufzüge auf bestimmten Grundstücken durch einen vom Sachverständigen nach Anlage 4 auszustellenden Befähigungsnachweis zugelassen; auf diesem hat der Führer die schriftliche Erklärung abzugeben, daß er die Bedienung des Aufzugs verantwortlich übernommen hat. Der Befähigungsnachweis ist in das Aufzugs-Untersuchungsbuch einzuheften. *Anlage 4*

V. Die Bezirkspolizeibehörde kann Aufzugsführern, die sich wiederholt der Übertretung von Bestimmungen dieser Verordnung schuldig gemacht oder die sich sonst als unzuverlässig erwiesen haben, den Befähigungsnachweis entziehen. Der Sachverständige ist hiervon zu benachrichtigen.

Sachverständige.

§ 11. Als Sachverständige im Sinne dieser Verordnung gelten

a) in Anlagen des Reichs, des Staates und der deutschen Reichsbahngesellschaft die durch die vorgesetzte Dienststelle dazu ermächtigten Beamten oder sonstigen Sachverständigen,
b) im übrigen die durch die Staatsministerien des Innern und für Soziale Fürsorge gemeinsam bestimmten Personen oder Stellen.

Abnahmeprüfung.

§ 12. I. Der Aufzugsbesitzer (§ 3) ist verpflichtet, eine erstmalige Prüfung (Abnahme) der neu errichteten oder wesentlich veränderten Aufzugsanlagen vor ihrer Inbetriebnahme zu veranlassen.

II. Der Sachverständige hat die mit der Anzeige nach § 3 eingereichten Unterlagen nach den Bestimmungen dieser Verordnung zu prüfen und mit seinem Prüfungsvermerke zu versehen.

Bei der Abnahme im Betriebe sind besonders zu prüfen:

a) alle vorgeschriebenen Sicherheitsvorrichtungen, insbesondere die Fahrschachtverschlüsse in jedem Geschosse durch Fahrproben nach beiden Fahrtrichtungen mit der höchsten zulässigen Belastung. Auf gute und dauerhafte Ausführung der Verschlüsse ist besonderer Wert zu legen. Bei Aufzügen mit Treibscheibenantrieb ist durch eine Fahrprobe nach abwärts bei doppelter Belastung festzustellen, ob die Reibung zwischen Seil und Scheibe genügt;
b) die Zuverlässigkeit der Fang- oder Bremsvorrichtung bei der höchsten zulässigen Belastung, indem
   1. die Tragmittel am Fahrkorbe gelöst werden oder wenigstens eins von ihnen bei der Abwärtsfahrt mit normaler Geschwindigkeit so weit gelockert wird, wie es zur Betätigung der Fangvorrichtungn erforderlich ist, und
   2. die Vorrichtung, die eine Überschreitung der höchstzulässigen Auslösegeschwindigkeit verhindern soll (Regler) durch entsprechende Steigerung der Geschwindigkeit zur Wirkung gebracht wird.

III. Über den Befund der Prüfung ist eine schriftliche Bescheinigung nach Anlage 5 durch den Sachverständigen auszustellen, Anlage 5 die von ihm mit je einer Ausfertigung der Beschreibung und Zeichnung (§ 3 Abschnitt II) zu verbinden und bei den einer regelmäßigen Untersuchung unterliegenden Aufzügen einem von dem Aufzugsbesitzer auf seine Kosten zu beschaffenden Untersuchungsbuch, Anlage 6, vorzuheften ist. Anlage

IV. Nach dem befriedigenden Ausfalle der ersten Prüfung und der Aushändigung der Bescheinigung hierüber oder eines Zwischenbescheides an den Aufzugsbesitzer darf die Aufzugsanlage benutzt werden, soferne die Anlage baupolizeilich abgenommen ist.

V. Der Sachverständige hat je eine Abschrift der Abnahmebescheinigung der Bezirkspolizeibehörde und, soweit es sich um Aufzüge in Anlagen handelt, die der Gewerbeaufsicht unterstehen, dem zuständigen Gewerbeaufsichtsbeamten zu übersenden. Aufzüge in

Betrieben des Reichs, des Staates und der deutschen Reichsbahngesellschaft unterliegen dieser Vorschrift nicht.

Laufende Überwachung.

§ 13. I. Die nachstehend aufgeführten Aufzugsarten sind von dem Sachverständigen innerhalb der angegebenen Fristen regelmäßig zu untersuchen:

a) die im § 2 Nr. 1 bis 4 genannten Personenaufzüge in längstens zweijährigen Fristen,

b) die im § 2 Nr. 5 genannten Lastenaufzüge in längstens vierjährigen Fristen,

c) die im § 2 Nr. 6, 7, 9 und 10 genannten Aufzüge in längstens sechsjährigen Fristen.

Bei diesen regelmäßigen Untersuchungen ist die Anlage in derselben Weise zu prüfen wie bei der Abnahme (§ 12 Abschnitt II).

Zwischen zwei regelmäßigen Untersuchungen sind die unter a und b genannten Aufzüge einer unvermuteten Besichtigung zu unterziehen, die sich auf den allgemeinen Zustand der Anlage, insbesondere der Tragmittel und der Tür- und Steuersicherungen, erstreckt.

Einer gleichen unvermuteten Untersuchung können die Sachverständigen die unter c aufgeführten Aufzüge zwischen je zwei regelmäßigen Prüfungen unterziehen.

II. Der Befund der Untersuchungen ist von dem Sachverständigen in das Untersuchungsbuch einzutragen. Das Untersuchungsbuch ist von dem Aufzugsbesitzer zur Einsichtnahme durch die Aufsichtsbeamten und Sachverständigen am Betriebsorte bereitzuhalten.

III. Vorgefundene Mängel sind von dem Aufzugsbesitzer innerhalb einer von dem Sachverständigen zu stellenden Frist zu beseitigen. Nach fruchtlosem Ablaufe der Frist hat der Sachverständige der Bezirkspolizeibehörde, bei Aufzügen in Betrieben des Reichs, des Staates und der deutschen Reichsbahngesellschaft der vorgesetzten Dienststelle Anzeige zu erstatten.

IV. Findet der Sachverständige oder ein anderer zur Aufsicht über den Betrieb zuständiger Beamter den Aufzug in einem derartigen Zustande, daß eine unmittelbare Gefahr für die Benutzung besteht, so hat er, gebotenenfalls durch die Bezirkspolizeibehörde, bei Aufzügen in Betrieben des Reichs, des Staates und der deutschen Reichsbahngesellschaft durch die vorgesetzte Dienststelle, die sofortige Einstellung des Betriebs zu veranlassen und darüber einen Vermerk in das Untersuchungsbuch aufzunehmen.

V. Das Recht der Polizeibehörden und der Gewerbeaufsichtsbeamten, im Bedarfsfalle — namentlich auf Antrag des Sachverständigen oder der zuständigen Berufsgenossenschaft — außerordentliche Untersuchungen anzuordnen, sowie das Überwachungsrecht der Berufsgenossenschaften bleiben durch diese Bestimmungen unberührt.

Prüfungskosten.

§ 14. Der Aufzugsbesitzer muß die regelmäßigen Prüfungen veranlassen und die unvermuteten Untersuchungen sowie die auf Grund des § 13 Abschnitt V angeordneten außerordentlichen Untersuchungen gestatten. Er hat die für die Prüfungen gemäß § 12 und § 13 nötigen Arbeitskräfte und Vorrichtungen bereitzustellen und die Kosten der Prüfungen gemäß Anlage 7 zu tragen. Die Kosten können im Verwaltungszwangsverfahren beigetrieben werden. Anlage 7

Schluß- und Übergangsbestimmungen.

§ 15. I. Die unter den Geltungsbereich dieser Verordnung fallenden und bei ihrem Inkrafttreten bestehenden Aufzugsanlagen sind,

a) soweit sie bereits einer Prüfung durch Sachverständige auf Grund bestehender Vorschriften unterlegen und letzteren entsprochen haben, nur erneut gemäß § 3 anzumelden, wenn eine wesentliche Änderung vorgenommen werden soll;

b) soweit sie bisher einer Prüfung durch Sachverständige nicht unterlegen haben, innerhalb dreier Monate nach Inkrafttreten dieser Verordnung gemäß § 3 anzumelden.

II. Die zur Zeit des Inkrafttretens dieser Verordnung in Aufstellung begriffenen Aufzugsanlagen sind, soweit sie unter ihren Geltungsbereich fallen, binnen 6 Wochen gemäß § 3 anzumelden.

III. Für die in den vorstehenden Abschnitten I und II genannten Aufzugsanlagen können Anforderungen, die über die bisher gültigen hinausgehen, auf Grund dieser Verordnung nur gestellt werden, wenn sie zur Beseitigung erheblicher Gefahren für Leben und Gesundheit der mit den Aufzugsanlagen in Berührung kommenden Personen erforderlich sind oder ohne unverhältnismäßige Aufwendungen ausführbar erscheinen.

Ausnahmen und weitergehende Bestimmungen.

§ 16. I. Die Bezirkspolizeibehörden sind befugt, für einzelne Anlagen Ausnahmen von den Vorschriften dieser Verordnung und von den Bestimmungen der technischen Grundsätze nach Anhörung des Sachverständigen und soweit Aufzüge in gewerblichen Betrieben in Frage kommen, des Gewerbeaufsichtsbeamten zuzulassen. Bei den in § 2c genannten Sonderaufzügen wird sich die Behörde zunächst mit der zuständigen Berufsgenossenschaft ins Benehmen setzen. Diese Befugnis erstreckt sich jedoch nicht auf zwingende baupolizeiliche Vorschriften. Genehmigungen dieser Art sind dem Aufzugsuntersuchungsbuche beizuheften.

II. Ausnahmen für bestimmte Arten von Aufzügen können hinsichtlich der Vorschriften dieser Verordnung gemeinsam von den Staatsministerien des Innern und für Soziale Fürsorge und hinsichtlich der Bestimmungen der technischen Grundsätze vom Deutschen Aufzugsausschusse zugelassen werden.

III. Für Lastenaufzüge ohne festgeführte Förderschalen (Kübel-, Sackaufzüge und dergl.) gelten folgende besondere Bestimmungen:

1. Das Seil (Kette oder dergl.) muß die zulässige größte Gesamtförderlast mit 5facher Sicherheit freihängend zu tragen vermögen.
2. Die zulässige größte Gesamtförderlast muß in deutlich sichtbarer Weise angegeben werden.
3. Aufzugsseile (Ketten oder dergl.) sind bei Kübel-, Sack- und ähnlichen Aufzügen mit Schließhaken zu versehen.
4. Bodenöffnungen müssen entsprechend umfriedet sein. Klapptürverschlüsse sind hierbei zulässig, soferne mittels derselben eine genügend hohe Einfriedigung hergestellt werden kann.
5. Im untersten Geschoß ist die Aufzugsbahn von der Decke herab so weit durch Gitterwerk oder dergl. einzufriedigen, daß die Bahn als solche hierdurch gekennzeichnet ist und ein ungehinderter Verkehr in derselben nicht stattfinden kann.
6. Bei Kübel- und Sackaufzügen mit außerhalb des Betriebsgebäudes liegender Aufzugsbahn müssen an den Einzugsstellen Schutzklappen, Ladebühnen mit Falldeckeln oder andere Einrichtungen zum sicheren Einbringen des Ladegutes vorhanden sein.
7. Aufzugswinden sind mit Lastdruckbremsen und bei Lastenniedergang mit stillstehenden Kurbeln (Sicherheitskurbeln) oder mit selbstsperrenden Windwerken zu versehen. An bestehenden Aufzügen müssen die Aufzugswinden wenigstens mit einer wirksamen Sperrvorrichtung und für den Lastenniedergang mit Bremsen sowie stillstehenden Kurbeln versehen sein.
8. Erfolgt die Lastenförderung durch mehrere Geschosse, so muß eine Verständigung zwischen den verschiedenen Ladestellen gesichert sein.

IV. Unberührt bleibt die Befugnis der zuständigen Behörden, bei Aufzugsanlagen, die der Gewerbeaufsicht unterliegen, im Wege der Verfügung gemäß § 120d der Gewerbeordnung weitergehende Anordnungen zum Schutze des Lebens und der Gesundheit der Arbeiter zu treffen.

Strafbestimmungen.

§ 17. Übertretungen dieser Verordnung werden, soweit nicht nach den Strafgesetzen eine höhere Strafe eintritt, nach Art. 101 und 131 des Polizeistrafgesetzbuches und § 368 Nr. 8 des Reichsstrafgesetzbuches bestraft.

Inkrafttreten.

§ 18. I. Diese Verordnung tritt mit ihrer Verkündung in Kraft.

II. Die Bestimmungen zur Ausführung dieser Verordnung werden von den Staatsministerien des Innern und für Soziale Fürsorge gemeinsam erlassen.

Anlage 1

Beschreibung einer Aufzugsanlage.

Der mitunterzeichnete Aufzugsbesitzer: Name: ....
Wohnort: ....
beabsichtigt die Inbetriebsetzung eines Aufzugs auf dem Grundstück:

Ort: ....
Straße: ....
Der Aufzug soll dienen zur Beförderung von (siehe § 2) ......
Seine Tragfähigkeit beträgt .... kg
oder .... Personen (einschließlich des Führers).
Der Schachtquerschnitt des Aufzugs ist kleiner — größer als 1,0 qm.
Der Antrieb des Aufzugs erfolgt ....
....

Den Vorschriften der Verordnung über die Einrichtung und den Betrieb von Aufzügen und den Bestimmungen der technischen Grundsätze für den Bau von Aufzügen wird entsprochen wie folgt:

I. Verordnung.

1. Umschließung und Ausführung des Fahrschachtes sowie der Gegengewichtsbahn (§ 5 Abschnitt I und II):
   Die Fahrbahn ist von .... in ganzer .... bis auf .... m Höhe vom Fußboden .... umgeben.
   Das Gegengewicht befindet sich .... und ist .... umkleidet von ....
2. Obere Abdeckung (§ 5 Abschnitt III, IV und V):
   Der Fahrschacht ist am oberen Ende ....
3. Lichtöffnungen (§ 5 Abschnitt VI):
   Lichtöffnungen sind .... vorhanden. Ihre Größe beträgt ....
4. Fahrschachtzugänge (§ 6):
   Der Fahrschacht ist durch .... zugänglich, die aus .... hergestellt sind.

5. Aufstellung des Triebwerkes (§ 7):
Das Aufzugstriebwerk befindet sich ....
Der Triebwerksraum ist .... umwandet und hat .... lichte Höhe.

6. Beleuchtung (§ 8):
Die Fahrschachtzugänge sind beleuchtet durch ....
der Fahrkorb durch ...., die .... eingeschaltet wird.

7. Fabrikschild (§ 9 Abschnitt I):
Der Aufzug trägt folgendes Fabrikschild: Erbauer: ...., Jahr der Fertigung: ...., Fabriknummer: ....

II. Technische Grundsätze.

8. Freie Höhe unter tiefster Fahrkorbstellung:

Die Schachtgrube hat eine Gesamttiefe von .... m. Das Maß von Oberkante Fahrkorbfußboden bis Geschoßfußboden, nachdem der Fahrkorb auf seine festen Anschläge in tiefster Stellung aufgesetzt hat, beträgt .... m. In dieser Stellung verbleibt zwischen Schachtsohle und Fahrkorbfußboden eine freie Höhe von .... m.

9. Freie Höhe über höchster Fahrkorbstellung:
Über dem Fahrkorb in seiner höchsten Betriebsstellung verbleibt eine freie Höhe von .... m.

10. Fahrschachtzugänge:
Die Fahrschachtzugänge haben eine lichte Breite von .... m und eine lichte Höhe von .... m.

11. Geschwindigkeit:
Der Fahrkorb erhält eine Betriebsgeschwindigkeit von .... m in der Sekunde. Überschreiten der zulässigen Auslösegeschwindigkeit wird verhindert durch ....

12. Triebwerk:

Als Antrieb dient eine durch .... mittelbar — unmittelbar betriebene .... mit .... Bremsvorrichtung.

13. Ausrückvorrichtungen:

Die Ausrückung in höchster und tiefster Fahrkorbstellung erfolgt durch .... Bei Versagen dieser Endausrückungen tritt als Notausrückung .... in Tätigkeit. Schlaffseilbildung wird verhindert durch ....

14. Steuerung und Türverriegelung:
Die Steuerung ist eine .... steuerung und wird betätigt von .... aus.
Steuersperrung und Türverriegelung entsprechen ....

15. Tragmittel:
Die Tragmittel für Fahrkorb und Gegengewicht werden beansprucht mit .... kg/qcm.

16. Fahrkorb:
Der Fahrkorb entspricht .... Sein Gewicht beträgt .... kg.

17. Fang-, Brems- und Aufsetzvorrichtungen:
Der Aufzug ist mit einer .... versehen.

18. Gegengewicht:
Das Gegengewicht wiegt .... kg.

19. Zeigereinrichtung:
Die jeweilige Fahrkorbstellung ist erkennbar gemacht durch ....

20. Notrufvorrichtung:
Die Notrufvorrichtung im Fahrkorbe besteht in .... und ist hörbar ....

21. Schilder:
Der Aufzug ist mit folgenden Schildern versehen: ....

III. Weitere Erläuterungen.

.............................., den ....

Der Aufzugsbesitzer:

....

.............................., den ....

Der Hersteller des Aufzugs:

....

Anlage 2

Einsetzung des Deutschen Aufzugsausschusses.

1. Aufgaben des Deutschen Aufzugsausschusses.

Zur Förderung des Deutschen Aufzugswesens wird der „Deutsche Aufzugsausschuß" mit dem Sitz in Berlin errichtet. Er hat die Aufgabe, die technischen Grundsätze für den Bau von Aufzügen (Aufzugsverordnung) aufzustellen und nach den Bedürfnissen der Praxis und den Ergebnissen der Wissenschaft fortzubilden. Er hat die Befugnis, Ausnahmen von den technischen Grundsätzen gemäß § 16 Abschnitt II dieser Verordnung zuzulassen. Ihm liegt ferner die Überwachung der in der Reichsarbeitsverwaltung (Ständige Ausstellung für Arbeiterwohlfahrt) zu errichtenden Aufzugsprüfstelle, die Aufstellung einer Geschäftsordnung für diese und von Richtlinien für die Vornahme von Prüfungen ob. Er hat schließlich auf Ersuchen des Reichsarbeitsministers sich gutachtlich zu Fragen zu äußern, welche die Bauart, die Ausführung, die Ausrüstung und den Betrieb von Aufzügen betreffen. Anträge, welche eine Änderung der technischen Grundsätze und Ausnahmen von den Bestimmungen dieser Grundsätze gemäß § 16 Abschnitt II dieser Verordnung betreffen, sind an den Vorsitzenden des „Deutschen Aufzugsausschusses" zu richten.

2. Zusammensetzung des Deutschen Aufzugsausschusses.

Der „Deutsche Aufzugsausschuß" besteht aus 16 ordentlichen Mitgliedern und 16 stellvertretenden Mitgliedern, und zwar berufen die nachstehend aufgeführten Behörden und Körperschaften die angegebene Zahl von ordentlichen und stellvertretenden Mitgliedern

	Anzahl
a) der Reichsarbeitsminister	1
b) die Landesregierungen nach Vereinbarung	7
c) der Verband der Aufzugsfabrikanten	2
d) der allgemeine deutsche Verband der Dampfkesselüberwachungsvereine	1
e) die Vertretung der preuß. Aufzugssachverständigen	1
f) der Verband der deutschen Berufsgenossenschaften	1
g) der Verband Deutscher Elektrotechniker	1
h) der Verein deutscher Maschinenbauanstalten	1
i) der Verein deutscher Eisenhüttenleute	1
zusammen:	16

Die Namen der Berufenen sind erstmalig dem Reichsarbeitsminister, bei späteren Änderungen dem Vorsitzenden des „Deutschen Aufzugsausschusses" mitzuteilen. Die Berufenen bleiben solange im Amte, bis sie von den aufgeführten Behörden oder Körperschaften zurückberufen werden. Jeder Wechsel unter den Mitgliedern des „Deutschen Aufzugsausschusses" ist dem Reichsarbeitsminister, den Landesregierungen und allen ordentlichen und stellvertretenden Mitgliedern vom Vorsitzenden bekanntzugeben. Anträge auf eine Änderung der Zusammensetzung des „Deutschen Aufzugsausschusses" sind an den Reichsarbeitsminister zu richten, sie bedürfen der Zustimmung der Landesregierungen.

8. Geschäftsführung des Deutschen Aufzugsausschusses.

a) Den Vorsitz des „Deutschen Aufzugsausschusses" übernimmt der ordentliche Vertreter Preußens. Der Vorsitzende führt die Geschäfte des „Deutschen Aufzugsausschusses" und vertritt ihn nach außen; er leitet und beruft die Mitgliederversammlungen.

b) Die ordentliche Mitgliederversammlung des „Deutschen Aufzugsausschusses" findet in der Regel einmal jährlich statt. Außerordentliche Versammlungen sind auf Ersuchen des Reichsarbeitsministers oder auf schriftlichen Antrag von mindestens vier Mitgliedern binnen sechs Wochen nach Stellung des Antrags anzuberaumen.

Die Mitgliederversammlung ist beschlußfähig, wenn mindestens zwölf stimmberechtigte Mitglieder anwesend sind. Sie faßt die Beschlüsse mit einfacher Stimmenmehrheit. Stimmberechtigt mit je einer Stimme sind die ordentlichen Mitglieder oder die an ihrer Stelle angemeldeten stellvertretenden Mitglieder. Bei Stimmengleichheit entscheidet die Stimme des Vorsitzenden. Ist eine Mitgliederversammlung beschlußunfähig, so ist eine zweite mit der gleichen Tagesordnung ordnungsmäßig einberufene Versammlung in jedem Falle beschlußfähig.

c) Der „Deutsche Aufzugsausschuß" kann zur Vorberatung von Anträgen auf Änderung oder Erweiterung der technischen Grundsätze und zur Leitung der Aufzugsprüfstelle aus seiner Mitte Arbeitsausschüsse bilden.

d) In den Ausschuß und seine Arbeitsausschüsse können Sachverständige mit beratender Stimme berufen werden, die nicht dem „Deutschen Aufzugsausschuß" angehören. Jedes Mitglied ist berechtigt, dahingehende Anträge zu stellen.

e) Der Reichsarbeitsminister, die Präsidenten der Reichsarbeitsverwaltung und des Reichsversicherungsamts, sowie die Landesregierungen, die nicht durch ordentliche oder stellvertretende Mitglieder im „Deutschen Aufzugsausschuß" vertreten sind, erhalten Einladungen zu den Mitgliederversammlungen.

Sie sind berechtigt, besondere Vertreter zu entsenden, welche ohne Stimmrecht an den Verhandlungen teilnehmen, Anträge stellen und begründen können.

f) Die ordentlichen Mitglieder und die stellvertretenden Mitglieder des „Deutschen Aufzugsausschusses“ sind verpflichtet, auf Grund ihrer Sachkunde nach bestem Wissen und Gewissen zu entscheiden. Sie üben ihre Tätigkeit ehrenamtlich aus und erhalten vom „Deutschen Aufzugsausschuß“ weder Reisekosten noch Tagegelder.

g) Die sonstigen Bestimmungen über die Geschäftsführung, insbesondere über die Zulässigkeit schriftlicher Abstimmungen, können in einer Geschäftsordnung, die sich der „Deutsche Aufzugsausschuß“ selbst gibt, festgelegt werden. Die Geschäftsordnung und deren Abänderungen sind dem Reichsarbeitsminister mitzuteilen.

4. Behandlung und Inkraftsetzung der Beschlüsse.

Wichtige Beschlüsse des „Deutschen Aufzugsausschusses“ sind allen ordentlichen und stellvertretenden Mitgliedern, den zugezogenen Sachverständigen sowie dem Reichsarbeitsminister, den Präsidenten der Reichsarbeitsverwaltung und des Reichsversicherungsamts und den Landesregierungen zuzustellen.

Die Beschlüsse des „Deutschen Aufzugsausschusses“ über Änderungen oder Ergänzungen der technischen Grundsätze werden im Reichsanzeiger veröffentlicht. Sie treten mit ihrer Verkündung in Kraft.

Anlage 8

Betriebsvorschriften für Aufzüge.

I. Geltungsbereich.

Die Betriebsvorschriften gelten für alle Aufzüge, auf welche die Verordnung über die Einrichtung und den Betrieb von Aufzügen Anwendung findet mit Ausnahme von Personenaufzügen in Privathäusern, die nur von einer Familie bewohnt werden.

II. Vorschriften für den Aufzugsbesitzer.

1. Der Aufzugsbesitzer darf nur solche Personen mit der Bedienung des Aufzugs betrauen, die nach § 10 Abschnitt II der Verordnung zugelassen sind. In Fabriken, Hotels, Warenhäusern und ähnlichen Großbetrieben sind die Führer und Hilfsführer der Aufzüge durch ein Abzeichen kenntlich zu machen.

2. Der Aufzugsbesitzer muß dafür Sorge tragen, daß
a) der Aufzug in betriebssicherem Zustand erhalten wird;
b) die in der Verordnung und den technischen Grundsätzen vorgeschriebenen Aufzugsschilder vorhanden sind;
c) ein Abdruck dieser Betriebsvorschriften sowie des Auszugs daraus an den in der Verordnung bezeichneten Stellen aushängt;
d) die Triebwerksräume, die Fahrschachtzugänge und bei Personenaufzügen die Fahrkörbe ausreichend beleuchtet sind;
e) die regelmäßigen Prüfungen des Aufzugs veranlaßt und etwaige Beanstandungen sofort behoben werden;
f) der Aufzug außer Betrieb gesetzt wird, sobald er sich nicht in gefahrlosem Zustande befindet.

III. Vorschriften für die mit der Bedienung der Aufzüge betrauten Personen.

1. Die mit der Bedienung der Aufzüge betrauten Personen müssen täglich vor Inbetriebnahme des Aufzugs feststellen, daß
a) der Aufzug nicht in Bewegung gesetzt werden kann, wenn die Fahrschachttür in einem Stockwerke geöffnet oder nicht ordnungsmäßig geschlossen ist;
b) der Aufzug in den Endstellen des Fahrkorbes selbsttätig stillgesetzt wird;
c) die Bremsvorrichtung der Aufzugswinde ordnungsmäßig wirkt;
d) die Notrufvorrichtung in Personenaufzügen in Ordnung ist.

2. Die mit der Bedienung der Aufzüge betrauten Personen müssen den Aufzug und insbesondere die Führungsschienen, die Seile oder sonstigen Tragmittel und ihre Befestigungen, die Fang-

und Bremsvorrichtungen, die Schalteinrichtungen und die Türverschlüsse in regelmäßigen Zwischenräumen nachsehen und reinigen und dafür sorgen, daß alle beweglichen Teile, Lager und Führungen nach Bedarf geschmiert werden.

3. Die Führer dürfen die Schlüssel für Aufzugstüren, für Steuerungs- und Sicherheitseinrichtungen und für sonstige unter Verschluß zu haltende Einrichtungen nicht an unbefugte Personen abgeben und sind dafür verantwortlich, daß der Fahrschacht nicht zur Lagerung von Gegenständen irgendwelcher Art benutzt wird.

4. Die Führer müssen hervortretende Mängel sofort dem Aufzugsbesitzer melden und verhindern, daß ein nicht in gefahrlosem Zustande befindlicher Aufzug benutzt werden kann. Das Verbot der Benutzung muß an jeder Zugangsstelle für jedermann erkenntlich gemacht sein; gefährdete Zugangsstellen sind außerdem sicher abzusperren.

5. Die den Aufzug bedienenden Führer müssen während der Fahrt im Bereiche der Steuerung bleiben.

IV. Vorschriften für die Benutzung.

1. Fahrkorb gleichmäßig belasten. Lasten nötigenfalls gegen Verschiebung sichern.

2. Fahrschachttür und etwa vorhandene Fahrkorbtür ordnungsmäßig schließen; erst dann Steuerung betätigen.

3. Beim Hängenbleiben des Fahrkorbes oder beim Ausbleiben der Antriebskraft Steuerung in Haltstellung bringen.

4. In Personenaufzügen beim Hängenbleiben des Fahrkorbes oder im Falle der Gefahr Notrufvorrichtung betätigen.

5. Fahrkorbtür und Fahrschachttür nicht öffnen, bevor Fahrkorb in Ruhe.

6. Es ist verboten:

a) Aufzüge ohne Befugnis zu bedienen;
b) Aufzüge über die festgesetzte Höchstlast zu belasten;
c) Personen in Aufzügen zu befördern, bei denen das Mitfahren von Personen verboten ist;
d) die Schalteinrichtungen und Sicherheitsvorrichtungen vorschriftswidrig zu benutzen oder sie zu beschädigen.

V. Vorschriften für die Instandhaltung und die Instandsetzung.

1. Die Führungsschienen sind, wenn keine selbsttätigen Schmiervorrichtungen vorhanden sind, durch die Klappen in den seitlichen Fahrkorbwandungen zu schmieren. Das Betreten der Fahrkorbdecke zur Vornahme von Reinigungs- oder Schmierarbeiten während der Fahrt ist unzulässig.

2. Arbeiten im Fahrschachte dürfen nur vorgenommen werden, wenn durch geeignete Maßnahmen dafür gesorgt ist, daß der Aufzug gegen den Willen der die Instandsetzungsarbeiten ausführenden Person nicht in Bewegung gesetzt werden kann.

3. Die Fahrkorbdecke darf bei Instandsetzungsarbeiten nur durch die mittels der vorgeschriebenen Kurzschließvorrichtung öffenbare Fahrschachttür oder durch die dafür vorgesehene Öffnung in der Fahrkorbdecke und nur dann betreten werden, wenn der Fahrkorb stillgesetzt ist.

VI. Bestrafungen.

Die Nichtbefolgung der vorstehenden Betriebsvorschriften kann nach § 17 der Verordnung mit Geldstrafe oder im Unvermögensfalle mit Haft bestraft werden, soweit nicht nach den Strafgesetzen eine höhere Strafe verwirkt ist.

Die Führer der Aufzüge haben das Recht und die Pflicht, Personen, welche sie bei ihren Obliegenheiten hindern oder stören, festzustellen und zwecks Bestrafung anzuzeigen.

Anlage 4

Befähigungsnachweis.

Heute ist der ...., geboren am .... 19.......... zu .... gemäß des § 10 Abschnitt IV der Verordnung über die Einrichtung und den Betrieb von Aufzügen von dem unterzeichneten Sachverständigen einer Prüfung unterzogen worden, durch die der Nachweis geliefert wurde, daß der .... befähigt ist, den ....-Aufzug des .... zu .... mit der Fabriknummer .... zu führen.

Es wird dem ...., nachdem er die im § 10 Abschnitt IV der Verordnung vorgeschriebene schriftliche Erklärung abgegeben hat, hierdurch die Erlaubnis erteilt, diesen Aufzug zu führen.

................................, den .... 19.....

Der Sachverständige:

....

Ich habe die Bedienung des oben bezeichneten Aufzugs verantwortlich übernommen.

................................, den .... 19.....

Anlage 5

Bescheinigung

über die technische Untersuchung eines Aufzugs (Abnahmeprüfung).

Der für die Tragfähigkeit von ....
bestimmte .... Aufzug des ....
zu ...., welcher im Jahre .... von der Firma .... zu .... hergestellt wurde und mit der laufenden Fabriknummer .... versehen ist, wurde heute gemäß § 12 Abschnitt II und III der Verordnung über die Einrichtung und den Betrieb von Aufzügen einer technischen Untersuchung (Abnahme-Prüfung) unterzogen. Dabei wurde festgestellt, daß er hinsichtlich seiner maschinellen Einrichtung der Verordnung und den technischen Grundsätzen über den Bau von Aufzügen entspricht.

Der Inbetriebnahme stehen Bedenken nicht entgegen.

Die baupolizeiliche Abnahme hat .... stattgefunden.

...., den .... 19.....

Der Sachverständige:

Anlage 6

Bescheinigung

über eine

regelmäßige — unvermutete — außerordentliche — Untersuchung.

Maschine: ....
Notschalter: ....
Seile: ....
Türverriegelung: ....

....
Fahrstuhl: ....
Bewegl. Fußboden: ....
Beleuchtung:
Notsignal: ....

Zeigervorrichtung: ....
Fangvorrichtung: ....
....
Geschwindigkeitsregler:
Schlaffseilvorrichtung: ....
Fahrschacht: ....
....
Führungsschienen: ....
Gegengewicht: ....
Schilder: ....
Umleitrollen: ....
....

Anordnungen:

....

Vollzugsfrist: .... Nachprüfung, ob die Anordnungen befolgt sind, ist ....

Der Vollzug ist dem Sachverständigen anzuzeigen.

...................................., den ....

....

Der Sachverständige.

Die Anordnungen unter Ziff...wurden vollzogen, ausgenommen Nr. ....

Weitere Vollzugsfrist: .... Nachprüfung, ob die Anordnungen befolgt sind, ist ....

Der Vollzug ist dem Sachverständigen anzuzeigen.

..................................., den ....

....

Der Sachverständige.

Gebühren

zu der Verordnung über die Einrichtung

A. Gebühren

Nr.	Angabe des Prüfungsgeschäftes und des Gegenstandes
I	Vorprüfung gemäß § 12 Abschnitt II Absatz 1
II	Abnahme (gemäß § 12 Abschnitte II und III) einschließlich Abgabe der Bescheinigung
	1. für den ersten Aufzug . . . .
	2. für jeden folgenden an demselben Tag untersuchten Aufzug desselben Betriebes . . . .
III	Regelmäßige Untersuchung (gemäß § 13 Abschnitt I Absatz 1)
	1. für den ersten Aufzug . . . .
	2. für jeden folgenden an demselben Tag untersuchten Aufzug desselben Betriebes . . . .
IV	Unvermutete Untersuchungen (gemäß § 13 Abschnitt I Absatz 3 und 4) oder Nachprüfungen (gemäß § 13 Abschnitt III)
	1. für den ersten Aufzug . . . .
	2. für jeden folgenden an demselben Tag untersuchten Aufzug desselben Betriebes . . . .
V	Führerprüfung (gemäß § 10 Abschnitt IV)
	1. für den ersten Führer und Hilfsführer . . . . .
	2. für jeden weiteren an demselben Tag geprüften Führer oder Hilfsführer desselben Betriebes . . . . . .
VI	Für ein Revisionsbuch . . . .

B. Erläute

Ermäßigte Gebühren nach II^{2}, III^{2}, IV^{2} sind nur dann zu berechnen, wenn
Für die begonnene Untersuchung eines Aufzugs, die durch Verschulden des
festgesetzten Tagen nicht zu Ende geführt werden kann, sowie für jede Wieder-
Falls die Untersuchung mehrerer Aufzüge eines Besitzers an einem Tage
Gebühr nicht erhoben, wenn die Untersuchung eines der Aufzüge in Angriff ge-
Kann an einem vereinbarten Tag überhaupt keine Untersuchung durch
begonnen werden, so ist, je nachdem es sich um eine Untersuchung nach II, III
Für behördlich angeordnete außerordentliche Prüfungen sind die Gebühren
Die unter A angegebenen Gebührensätze haben zur Voraussetzung, daß der
Durchführung bestimmen und sie in Verbindung mit anderen Dienstgeschäften er-
auslagen oder Fahrtkosten verrechnet. Dagegen dürfen bei allen Dienstgeschäften,
genommen werden, neben den Gebührensätzen die wirklichen Reiseauslagen mit

ordnung **Anlage 7**

und den Betrieb von Aufzügen.

sätze.

Personenaufzug nach § 2 Nr. 1—3 oder Lastenaufzug nach § 2 Nr. 5 mit Fangvorrichtung RM	Personenumlaufaufzug nach § 2 Nr. 4 RM	Lastenaufzug nach § 2 Nr. 5 ohne Fangvorrichtung RM	Bremsfahrstuhl § 2 Nr. 7 Ablaßvorrichtung § 2 Nr. 9 Schrägaufzug § 2 Nr. 10 RM	Bauaufzug § 2 Nr. 8 RM	Kleinlastenaufzug § 2 Nr. 6 RM	Bieraufzug RM
20	30	15	10	10	5	10
30	36	20	20	20	10	14
15	18	10	10	10	5	8
20	24	15	15	15	8	10
15	20	10	10	10	6	6
10	12	8	8	8	4	5
5	6	4	4	4	2	3
5	—	—	—	—	—	—
3	—	—	—	—	—	—
1	—	—	—	—	—	—

rungen.

die betreffenden Prüfungen an den festgesetzten Tagen zu Ende geführt worden sind. Aufzugsbesitzers, seines Stellvertreters oder des Verfertigers des Aufzugs an den holung solcher Prüfung sind die Sätze unter II zu berechnen.
vereinbart ist, so wird für etwa vereitelte (nicht begonnene) Untersuchung eine nommen ist.
Verschulden des Besitzers, seines Stellvertreters oder des Verfertigers des Aufzugs oder IV handelt, eine Gebühr nach II¹, III¹ oder IV¹ zu erheben.
wie für regelmäßige Untersuchungen zu berechnen.
Sachverständige für die entsprechenden Dienstgeschäfte selbst den Zeitpunkt der ledigen kann. In diesen Fällen werden neben den Gebührensätzen keine Reise- die auf Antrag des Besitzers zu einem von diesem gewünschten Zeitpunkte vor- Einschluß des Tagegeldes der Sachverständigen berechnet werden.

2. Bekanntmachung der Staatsministerien des Innern und für Soziale Fürsorge zur Ausführung der Verordnung vom 18. Januar 1927 über die Einrichtung und den Betrieb von Aufzügen.

Vom 18. Januar 1927 (GVBl. S. 54).

Gemäß § 18 Abschnitt II der Verordnung vom 18. Januar 1927 über die Einrichtung und den Betrieb von Aufzügen erlassen die Staatsministerien des Innern und für Soziale Fürsorge nachstehende Bekanntmachung:

1. Zu § 1 Abschnitt I:

Bei Errichtung von Aufzugsanlagen, deren Tragkraft 20 000 kg überschreitet oder deren Fördergerät bei mehr als 20 qm Fußbodenfläche mehr als ein Paar Führungen erhält, ist die in der Verordnung vorgesehene Vereinbarung zwischen dem Besteller und dem Hersteller zu treffen. Die Zustimmung des Sachverständigen ist unter Vorlage der in § 3 Abschnitt II der Verordnung aufgeführten Unterlagen herbeizuführen.

2. Zu § 3 Abschnitt I:

Bauaufzüge sind bei jeder Neuaufstellung dem Sachverständigen anzuzeigen. Hierbei sind jedoch die in § 3 Abschnitt II aufgeführten Unterlagen nur dann beizufügen, wenn der maschinelle Teil einschließlich der Tragmittel gegenüber der erstmaligen Aufstellung wesentlich geändert ist.

3. Zu § 4 Abschnitt I:

Alle elektrischen Einrichtungen von Aufzügen müssen den jeweils gültigen Vorschriften, Normen und Leitsätzen des Verbandes Deutscher Elektrotechniker entsprechen.

4. Zu § 5 Abschnitt I:

Was als feuerbeständig und feuerhemmend im Sinne der Verordnung gilt, ist in Beispielen in der Fußnote zur Verordnung erläutert.

5. Zu § 11:

Als Sachverständige im Sinne des § 11 Buchstabe b werden bestimmt:

a) der Bayerische Revisions-Verein in München, Kaiserstraße 14,
b) die Bayerische Landesgewerbeanstalt in Nürnberg,
c) der Pfälzische Revisions-Verein in Kaiserslautern.

Mitglieder dieser beiden Revisionsvereine und der Bayerischen Landesgewerbeanstalt können die Prüfungen nach ihrem Ermessen einer der vorgenannten Stellen übertragen.

Für die übrigen Besitzer oder Benützer von Aufzügen werden:

a) in den Regierungsbezirken Oberbayern, Niederbayern, Oberpfalz, Oberfranken der Bayerische Revisionsverein in München,

b) in den Regierungsbezirken Mittelfranken, Unterfranken, Schwaben und Neuburg die Bayerische Landesgewerbeanstalt in Nürnberg,

c) im Regierungsbezirke Pfalz der Pfälzische Revisionsverein in Kaiserslautern bestimmt.

6. Zu § 12 Abschnitt II:

Solange für Ketten und Gurten besondere Grundsätze nicht aufgestellt sind, dürfen Ketten nicht über $1/_5$, Gurten nicht über $1/_8$ ihrer Bruchfestigkeit in Anspruch genommen werden.

Hinsichtlich der übrigen Aufzugsteile sind die Bestimmungen der Bauordnung maßgebend.

7. Zu § 13 Abschnitt III:

Die Beurteilung, ob Tragmittel auszuwechseln sind, muß in erster Linie dem Ermessen des Sachverständigen überlassen bleiben. Es werden folgende Richtlinien aufgestellt:

Bei Kabelschlagseilen ist immer Ersatz erforderlich, wenn das Seil schadhafte Stellen aufweist, an denen an einer Hauptlitze des Seiles dicht nebeneinander mehr als 4 Drähte gebrochen sind.

Rundschlag-, Kreuzschlag- oder Längsschlagseile müssen ausgewechselt werden, wenn unter den gleichen Voraussetzungen mehr als 6 Drähte gebrochen sind.

Sind jedoch besondere Anzeichen für einen schlechten Zustand der Seile vorhanden, Verrostungen usw. so soll der Sachverständige auch schon beim Bruch einer geringeren Anzahl von Drähten die Auswechslung verlangen.

8. Zu § 15 Abschnitt III:

Für bestehende Aufzüge der in § 2 unter 1—3 und 5 der Verordnung angegebenen Arten wird folgendes angeordnet:

a) Zu Ziff. 22 Abs. 1 der technischen Grundsätze Teil A:

Die hier für Aufzüge mit an Tragmitteln hängenden Fahrkörben geforderten Schlaffseileinrichtungen sind binnen 3 Jahren nach Inkrafttreten der Verordnung anzubringen.

b) Zu Ziff. 23 Abs. 1 der technischen Grundsätze Teil A:

Bestehende Aufzüge ohne Durchfahrtssperre sind binnen 3 Jahren nach Inkrafttreten der Verordnung mit Türkontakten zu versehen, die zwangsweise, entsprechend Ziff. 24 d a. a. O., durch das Öffnen der Türe unterbrochen werden.

Bestehende Aufzüge, die eine Türsicherung und Türsperre überhaupt nicht besitzen, sind binnen 3 Jahren nach Inkrafttreten der Verordnung nach den Bestimmungen der technischen Grundsätze umzubauen.

c) Zu Ziff. 29 c der technischen Grundsätze Teil A:

Aufzüge, die bisher keine besonderen, das Betreten der Fahrkorbdecke ermöglichenden Einrichtungen besitzen, sollen nachträglich entweder eine Kurzschließvorrichtung oder eine Einsteigeöffnung in der Fahrkorbdecke erhalten, um das gefährliche behelfsmäßige Kurzschließen der Türkontakte zu verhindern.

d) Zu Ziff. 37 der technischen Grundsätze Teil A:

Die im Fahrschachte liegende Bahn des Gegengewichts ist bis zur Höhe von 1,8 m über Grubensohle zu verkleiden, um in der Grube Arbeitende vor schweren Verletzungen zu schützen.

9. Zu Ziff. 33 Abs. 1 der technischen Grundsätze Teil A:

An allen Aufzügen der in § 2 Nr. 1—3 der Verordnung aufgeführten Arten muß eine Einrichtung vorhanden sein, welche die Fangvorrichtung beim Bruch oder beim Lösen aller Tragmittel in Tätigkeit setzt. Bei bestehenden Aufzügen dieser Art ist diese Einrichtung binnen 3 Jahren nach Inkrafttreten der Verordnung anzubringen.

Das Fangen durch gespannte Federn allein herbeizuführen genügt nicht, es muß vielmehr ein Regler oder dergleichen angebracht werden.

10. Zu § 17:

Die Verordnung ist auch auf Art. 131 des PStrGB. gestützt. Nach Abs. II dieser Bestimmung ist die Polizeibehörde berechtigt, den Gebrauch der in Abs. I bezeichneten Gegenstände bis zur erfolgten Prüfung oder Herstellung des entsprechenden Zustandes zu untersagen.

Zu Anlage 7:

Die Gebühren der amtlich bestimmten Sachverständigen werden nach der anliegenden Gebührenordnung festgesetzt.

---

8. Auszug aus den Bekanntmachungen des Reichskanzlers betr. allgemeine polizeiliche Bestimmungen über die Anlegung von Landdampfkesseln vom 17. Dezember 1908/ 2. März 1912/14. Dezember 1913/15. August 1914/25. April 1922/ 27. April 1923 (RGBl. 1909 S. 3, 1912 S. 188, 1913 S. 781, 1914 S. 373, 1922 I S. 469, 1923 I S. 263).

Aufstellungsort.

§ 15. 1. Dampfkessel für mehr als 6 Atmosphären Überdruck und solche, bei welchen das Produkt aus der Heizfläche (§ 3 Abs. 3) in Quadratmeter und der Dampfspannung in Atmosphären Überdruck für einen oder mehrere gleichzeitig im Betriebe befindliche Kessel zusammen mehr als 30 beträgt, dürfen unter Räumen, die häufig von Menschen betreten werden, nicht aufgestellt werden. Das gleiche gilt für die Aufstellung von Dampfkesseln über Räumen, die häufig von Menschen betreten werden, mit Ausnahme der Aufstellung über Kellerräumen. Innerhalb von Betriebsstätten und in besonderen Kesselräumen ist die Aufstellung solcher Dampfkessel unzulässig, wenn die Räume mit fester Wölbung oder fester Balkendecke versehen sind. Feste Konstruktionsteile über einem Teile des Kesselraums, die den Zwecken der Rostbeschickung dienen, sind nicht als feste Balkendecken anzusehen. Trockeneinrichtungen oberhalb des Dampfkessels sowie das Trocknen auf dem Kessel sind nicht zulässig. Bei eingemauerten Dampfkesseln, deren Plattform betreten wird, muß oberhalb derselben eine mittlere verkehrsfreie Höhe von mindestens 1800 Millimeter vorhanden sein.

2. Dampfkessel, die in Bergwerken unterirdisch oder auf Kraftfahrzeugen aufgestellt werden, und solche, welche ausschließlich aus Wasserrohren von weniger als 100 Millimeter Lichtweite oder aus derartigen Rohren und den zu ihrer Verbindung angewendeten Rohrstücken bestehen, unterliegen den vorstehenden Bestimmungen nicht, Dampfkessel letzterer Art auch dann nicht, wenn sie mit Schlammsammlern und mit Oberkesseln, die nur als Dampfsammler dienen, versehen sind. Auf Wasserkammerrohrkessel mit Rohren unter 100 Millimeter Lichtweite finden die Bestimmungen des Abs. 1 dann keine Anwendung, wenn ihre Rohre nahtlos hergestellt sind, die Wandungen ihrer Oberkessel von den Heizgasen nicht berührt werden und ihr Dampfdruck 6 Atmosphären Überdruck nicht übersteigt.

Kesselmauerung.

§ 16. Zwischen dem Mauerwerke, das den Feuerraum und die Feuerzüge feststehender Dampfkessel einschließt, und den dieses umgebenden Wänden muß ein Zwischenraum von mindestens 80 Millimeter verbleiben, der oben abgedeckt und an den Enden verschlossen werden darf. Die Feuerzüge müssen durch genügend weite Einfahröffnungen zugänglich und in der Regel so groß bemessen sein, daß sie befahrbar sind. Werden die Feuerzüge benachbarter Kessel durch eine gemeinsame Mauer getrennt, so ist diese mindestens 340 Millimeter dick herzustellen. Das Kesselmauerwerk darf nicht zur Unterstützung von Gebäudeteilen benutzt werden.

4. Auszug aus der Verordnung betr. die Anlegung und den Betrieb von Dampfkesseln und Dampfgefäßen.

Vom 24. November 1909/12. Oktober 1920 (GVBl. 1909 S. 861, 1920 S. 441).

Wir finden Uns bewogen, auf Grund der §§ 24 und 25 der Gewerbeordnung, der Bekanntmachungen des Bundesrats vom 17. Dezember 1908 (RGBl. 1909 S. 3 und 51) sowie des Art. 131 des Polizeistrafgesetzbuches für Bayern zu verordnen, was folgt:

Abschnitt I.

A. Anlegung der Dampfkessel.

1. Genehmigung der Dampfkessel.

Genehmigungspflicht.

§ 1. I. Zur Anlegung von Dampfkesseln mit fester Betriebsstätte (feststehenden Dampfkesseln), von Schiffsdampfkesseln sowie von beweglichen Dampfkesseln, gleichviel ob die Kessel zum Maschinenbetriebe bestimmt sind oder nicht, ist vorbehaltlich des § 50 polizeiliche Genehmigung erforderlich.

II. Die gleiche Genehmigung ist erforderlich, wenn:

1. ein Dampfkessel in seiner Bauart wesentlich geändert werden soll,
2. die Lage oder Beschaffenheit der Betriebsstätte eines feststehenden Dampfkessels oder eines Schiffsdampfkessels wesentlich geändert werden soll,
3. ein beweglicher Dampfkessel, der zum Betrieb an wechselnder Betriebsstätte genehmigt war, oder ein Schiffsdampfkessel an einem Betriebsort zu dauernder Benützung aufgestellt werden soll oder umgekehrt,
4. eine Erhöhung der in der Genehmigungsurkunde eines Dampfkessels festgesetzten höchsten zulässigen Dampfspannung oder eine Änderung der in der Genehmigungsurkunde aufgeführten Bedingungen stattfinden soll.

2. Ausführung und Aufstellung der Dampfkessel.

§ 6. I. Für die Ausführung und Aufstellung der Dampfkessel sind die vom Bundesrat erlassenen allgemeinen polizeilichen Bestimmungen, die Bestimmungen dieser Verordnung und ihrer Vollzugsvorschriften sowie die bei der Genehmigung etwa erteilten besonderen Anordnungen maßgebend.

II. Feststehende Dampfkessel sind in der Regel in besonderen Kesselhäusern jedenfalls aber in besonderen Anbauten aufzustellen (§ 15 Abs. 1 der allgemeinen polizeilichen Bestimmungen). Sie dürfen in Scheunen, Ställen, Schneidsägen, Schreinereiwerkstätten oder in sonstigen Gebäuden, in denen leicht entzündliche Gegenstände gelagert oder verarbeitet zu werden pflegen, dann in Gebäuden mit weicher Dachung nicht geheizt oder betrieben werden.

III. Die Dampfkesselräume müssen geräumig, gut lüftbar und gut beleuchtet sein.

IV Der Heizerstand vor den Dampfkesseln soll eine Tiefe von mindestens 2,50 m besitzen.

V. Bei größeren Anlagen muß der Dampfkesselraum mindestens zwei für den Heizer bequem erreichbare Ausgänge mit nach außen aufschlagenden Türen besitzen; bei kleineren Anlagen genügt e i n solcher Ausgang, wenn er in unmittelbarer Nähe des Heizerstandes liegt.

VI Rohre und Wellenleitungen über Dampfkesseln sind so zu verlegen, daß sie die Bedienung der über der Kesseldecke befindlichen Sicherheitsvorrichtungen und sonstigen Ausrüstungsteile nicht behindern.

VII Zur Besteigung der Decke des Mauerwerkes des eingemauerten Dampfkessels ist eine feste Treppe mit Geländer oder — wenn dies nicht möglich ist — eine feststehende Leiter anzubringen. Diese hat mindestens 0,80 m über die Decke des Kesselmauerwerkes empor zu ragen. Die Decke solcher Dampfkessel ist, sofern sie mehr als 2 m über dem Fußboden liegt, an allen freien Seiten mit einem Geländer zu versehen, das nur an der Stelle unterbrochen sein darf, wo die Treppe oder Leiter ausmündet.

VIII Die Feuer- und Aschenfalltüren sowie die Schlackenrutschen sollen bei feststehenden Wasserrohrkesseln so eingerichtet sein, daß sie sich beim Entstehen eines Überdrucks in den Feuerzügen (Aufreißen eines Kesselrohrs) selbsttätig nach außen schließen. Wo nötig, ist durch Mauerwerkklappen oder dgl. zu sorgen, daß der aus etwa gerissenen Rohren austretende Dampf- und Wasserstrom aus den Feuerzügen nach einer unschädlichen Richtung abgeführt wird.

IX Die Festigkeit des Kessels muß nach seiner beabsichtigten Dampfspannung unter Beachtung der in den Anlagen I und II der allgemeinen polizeilichen Bestimmungen enthaltenen Vorschriften bemessen werden.

§ 7. I Die Feuerung feststehender Dampfkessel ist so einzurichten, daß eine möglichst rauchfreie Verbrennung stattfindet.

II Die Weite des Schornsteins bleibt der Bestimmung des Unternehmers überlassen; bezüglich der Höhe kann die Behörde Anordnung treffen. Werden in der Nähe des Schornsteins leicht entzündliche Stoffe gelagert, so kann die Behörde die Anbringung einer wirksamen Einrichtung zur Vermeidung des Funkenauswurfs anordnen.

III Im übrigen finden auf die Anlegung von Schornsteinen für feststehende Dampfkessel die einschlägigen baupolizeilichen Vorschriften Anwendung.

IV Falls das Schornsteinrohr aus Eisen und innerhalb eines Gebäudes ausgeführt wird, muß es bei größeren Anlagen eine Verkleidung von Backsteinen bis zur Höhe von 0,80 m über der Dachfläche in einer der Höhe angemessenen Stärke erhalten; dabei muß eine Luftschicht von mindestens 80 mm zwischen dem Rohr und seiner Umfassung belassen werden. Bei kleineren Anlagen sowie da, wo der Dampfkesselraum ohne Zwischendecke oder mit einer unverbrennbaren Zwischendecke überdacht ist, genügt es, wenn das eiserne Schornsteinrohr in einem Abstande von 50 mm mit einem Eisenblechrohr umgeben und der Zwischenraum mit Schlacken,

Zement, Sand oder dergleichen unverbrennlichen, die Wärme schlecht leitenden Stoffen ausgefüllt wird, oder wenn das eiserne Schornsteinrohr von Holzteilen allseitig mindestens 450 mm absteht. Auch kann die Behörde andere Erleichterungen zulassen.

V Treten nach der Inbetriebnahme des Dampfkessels infolge seiner Feuerung erhebliche Gefahren, Nachteile oder Belästigungen für die Nachbarn hervor, so ist der Unternehmer verpflichtet, sie nachträglich zu beseitigen.

§ 8. I Jeder bewegliche mit festen Brennstoffen geheizte Dampfkessel muß versehen sein:

1. mit einer wirksamen Einrichtung zur Vermeidung des Funkenauswurfs,
2. mit einer durch eine Klappe verschließbaren Aschenfalle.

II Soweit die Bauart oder die Betriebsweise des Kessels es gestattet, soll ein Aschenkasten angebracht werden. Dieser ist, solange sich glühender Brennstoff auf dem Roste befindet, mit Wasser gefüllt zu halten.

III Ist die nach Abs. I 1 zu treffende Vorrichtung vom Staatsministerium des Innern nicht schon als wirksam anerkannt, so hat der Besitzer des Dampfkessels deren Zuverlässigkeit nachzuweisen.

B. Betrieb der Dampfkessel.

Betriebsbeginn.

§ 13. I Ein feststehender Dampfkessel darf erst dann in Betrieb genommen werden, wenn die baupolizeiliche Abnahme der etwa zur Kesselanlage gehörigen Baulichkeiten stattgefunden und zu keinem Bedenken Anlaß gegeben hat und wenn die Bescheinigung über die Abnahmeprüfung oder eine Zwischenbescheinigung dem Unternehmer oder seinem Stellvertreter ausgehändigt ist.

II Ein beweglicher Dampfkessel sowie ein Schiffsdampfkessel darf erst dann in Betrieb genommen werden, wenn die Bescheinigung über die Abnahmeprüfung oder eine Zwischenbescheinigung dem Unternehmer oder seinem Stellvertreter ausgehändigt ist.

III Bewegliche Dampfkessel, deren Inbetriebnahme in einem anderen Bundesstaat auf Grund des § 24 der Gewerbeordnung und der allgemeinen polizeilichen Bestimmungen genehmigt worden ist, können vorbehaltlich des § 14 ohne nochmalige vorgängige Untersuchung betrieben werden, sofern seit ihrer letzten Untersuchung (§ 19) nicht mehr als 1 Jahr verflossen ist. Das gleiche gilt für Dampfkessel auf Schiffen, die Gewässer verschiedener Bundesstaaten befahren.

Hauptausbesserung.

§ 17. Darüber, ob eine Hauptausbesserung im Sinne des § 13 der allgemeinen polizeilichen Bestimmungen vorliegt, entscheidet im Streitfalle nach Anhörung des amtlichen Sachverständigen die Distriktspolizeibehörde (§ 38).

Abschnitt III.

Gemeinsame Bestimmungen.

Zuständige Behörden.

§ 38. I Zur Erteilung der nach dieser Verordnung erforderlichen Genehmigungen, dann zum Erlasse der hiernach veranlaßten Anordnungen und Verfügungen sind vorbehaltlich der Zuständigkeit des Verwaltungsgerichtshofes zuständig:

in erster Instanz die Distriktspolizeibehörden, in München die Lokalbaukommission,

in zweiter und letzter Instanz die Regierungen, Kammern des Innern.

II Die örtliche Zuständigkeit bemißt sich bei feststehenden Dampfkesseln und Dampfgefäßen nach der Betriebsstätte, bei Schiffsdampfkesseln nach dem Heimatshafen des Schiffes, in Ermangelung eines solchen nach dem Wohnsitze des Schiffseigentümers und bei beweglichen Kesseln nach dem Wohnsitze des Verfertigers oder Besitzers.

Beschwerden.

§ 39. Auf die Beschwerden und das Beschwerdeverfahren finden die §§ 20 und 21 der Gewerbeordnung und der § 2 der Kgl. Verordnung vom 29. März 1892, den Vollzug der Reichsgewerbeordnung betreffend (GVBl. S. 61), Anwendung.

Dispensation.

§ 40. Das Staatsministerium des Innern ist ermächtigt, in einzelnen Fällen und für einzelne Arten von Dampfkesseln und Dampfgefäßen von der Beachtung einzelner Bestimmungen dieser Verordnung auf Ansuchen zu entbinden, soweit nicht Interessen der öffentlichen Sicherheit entgegenstehen.

Kosten und Gebühren.

§ 46. Der Besitzer des Dampfkessels oder Dampfgefäßes hat alle zur Prüfung und Revision der Dampfkessel und Dampfgefäße erforderlichen Werkzeuge und Instrumente mit Ausnahme des amtlichen Prüfungsmanometers sowie das nötige Hilfspersonal unentgeltlich zur Verfügung zu stellen.

§ 47. I Die Kosten des Verfahrens, einschließlich der Kosten amtlicher Kommissionen und der Gebühren der Sachverständigen hat der Besitzer des Dampfkessels oder Dampfgefäßes zu tragen.

II Sofern besondere Kosten durch unbegründete Einwendungen oder Anträge anderer Personen erwachsen, können sie diesen überbürdet werden.

III. Hinsichtlich der Gebührenpflicht der amtlichen Verhandlungen findet das Gebührengesetz Anwendung.

§ 48.*) Die Gebühren der amtlichen Sachverständigen für die nach dieser Verordnung abzugebenden Gutachten und vorzunehmenden Prüfungen und Revisionen bemessen sich nach der beigefügten Gebührenordnung (Beilage P). Sie sind jeweils nebst den allenfallsigen Reisekosten bei der zuständigen Behörde zu liquidieren. Diese setzt den Betrag fest und weist ihn bei dem Besitzer des Dampfgefäßes zur Zahlung ein. Nötigenfalls treibt sie ihn zwangsweise bei.

Vollzugsvorschriften.

§ 51. Das Staatsministerium des Innern ist ermächtigt, Vorschriften zum Vollzuge dieser Verordnung zu erlassen.

Einführungstermin.

§ 52. I Diese Verordnung tritt am 10. Januar 1910 für den Umfang des Königreichs in Wirksamkeit.

II. Gleichzeitig tritt die Verordnung vom 28. Juni 1892, die Anlegung und den Betrieb von Dampfkesseln und Dampfgefäßen betr., außer Kraft.

5. Auszug aus der Bekanntmachung des Staatsministeriums des Innern zum Vollzuge der Verordnung vom 24. November 1909, die Anlegung und den Betrieb von Dampfkesseln und Dampfgefäßen betr.

Vom 12. Januar 1910/13. Oktober 1920
(GVBl. 1910 S. 15, MABl. 1920 S. 396).

Zum Vollzuge der Verordnung vom 24. November 1909, die Anlegung und den Betrieb von Dampfkesseln und Dampfgefäßen betreffend (GVBl. S. 861), wird im Einverständnisse mit dem K. Staatsministerium des Königlichen Hauses und des Äußern Nachstehendes verfügt:

15. I Bewegliche Dampfkessel, die regelmäßig und für längere Zeit in Gebäuden an der gleichen Betriebsstätte benützt werden (z. B. solche, die etwa mehrere Wochen im Jahre zum Dreschen im Umherziehen Verwendung finden, sonst aber an der gleichen Betriebsstätte in ein und derselben Dampfschneidsäge, Ziegelei, Brennerei usw. betrieben werden) bedürfen besonderer Überwachung durch die Polizeibehörden (§ 14 Abs. III der Verordnung). Die Überwachung hat sich hauptsächlich auch auf den Aufstellungsort zu erstrecken. Die hiernach erforderlichen Anordnungen sind nach Einvernahme der Brandversicherungsinspek-

---

*) An die Stelle des § 48 ist die Verordnung vom 12. August 1923 (GVBl. S. 257) getreten; s. auch Anhang VIII 4.

toren, der Versicherungskammer, Abteilung für Brandversicherung, und der sonst etwa zuständigen Sachverständigen zu erlassen.

II Es ist besonders darauf zu achten, daß durch Aufstellung solcher Kessel in Gebäuden nicht die Bestimmungen über die Aufstellung feststehender Dampfkessel umgangen werden. Bleibt ein solcher Kessel dauernd an der gleichen Betriebsstätte, so kommen für ihn die Bestimmungen über die Anlegung und den Betrieb feststehender Dampfkessel zur Anwendung.

20. Weiche Dachungen sind solche, bei denen leicht entzündliche Stoffe in irgendeiner Weise Verwendung gefunden haben. (Vgl. Ziff. 46.)

21. I Das Staatsministerium des Innern behält sich vor, einzelne Systeme von Funkenfängern als wirksam anzuerkennen.

II Gemäß § 40 der Verordnung wird hiermit verfügt, daß die Bestimmungen im § 8 der Verordnung auf die Dampfkessel der Dampffeuerspritzen keine Anwendung finden.

III Zugleich werden die Distriktspolizeibehörden ermächtigt, von dem Vollzuge des § 8 der Verordnung im Einzelfalle dann Umgang zu nehmen, wenn Örtlichkeit und Lage der Betriebsstätte diese Umgangnahme rechtfertigen (z. B. wenn die Kessel zu Kiesbaggerungen in ödem Flußbett in weiter Entfernung von menschlichen Ansiedlungen und von brennbaren Gegenständen Verwendung finden).

46. I Der Betrieb und die Aufstellung geheizter beweglicher Dampfkessel im Innern von Gebäuden mit weicher Bedachung oder in Räumen mit leicht entzündlichem Inhalt ist verboten.

II Weiche Bedachungen sind solche, bei denen leicht entzündliche Stoffe in irgend einer Weise verwendet sind, z. B. Stroh-, Schilf-, Rohr-, Holz- und Schindeldachungen u. dgl. Wegen der Dachpappe wird auf die MinBek. vom 5. Juni 1909 (MinABl. S. 456) verwiesen. Beträgt die zulässige Dampfspannung des Kessels mehr als 6 Atmosphären Überdruck, oder beträgt das Produkt aus der Heizfläche in Quadratmetern und der zulässigen Dampfspannung in Atmosphären Überdruck mehr als 30, so darf der Aufstellungsraum weder überwölbt sein noch eine feste Balkendecke haben. (§ 15 Abs. 1 der allgemeinen polizeilichen Bestimmungen.)

47. I Der Betrieb und die Aufstellung geheizter beweglicher Dampfkessel in Anbauten von Gebäuden mit weicher Bedachung oder in Räumen, die neben solchen mit leicht entzündlichem Inhalte liegen, ist nur gestattet, wenn eine feuersichere Trennungswand vorhanden ist.

II Die übrigen Umfassungswände des Aufstellungsraums mit Einschluß der Türen sind mindestens auf 1,5 m über dem Fußboden feuersicher herzustellen. Der Fußboden muß gleichfalls feuersicher sein.

III. Die Durchführung von Transmissionswellen durch die Trennungswand muß feuersicher abgedichtet werden. Treibriemen, die durch solche Wände hindurchgeführt werden sollen, sind mit Kästen zu umschließen, soweit sie in Räumen mit leicht entzündlichem Inhalte laufen.

IV Die Frage, ob ein Bauteil als feuersicher zu erachten ist, ist nach Lage des Falles zu entscheiden.

48. I Der Schornstein beweglicher Dampfkessel, die innerhalb von Gebäuden betrieben werden, muß so hoch ins Freie geführt werden, daß seine Ausmündung bei weicher Bedachung anstoßender Gebäude mindestens 5 m, bei harter Bedachung mindestens 1,5 m über die Firste der Dachflächen hinausragt. Brennbare Gegenstände müssen von metallenen Rauchrohren mindestens 0,45 m entfernt bleiben. Dieser Abstand kann insbesondere bei der Durchführung durch das Dach entsprechend ermäßigt werden, wenn das Rauchrohr mit einer wirksamen Isolierung versehen wird.

II In besonders gelagerten Fällen können die Polizeibehörden (§ 14 Abs. III der Verordnung) Erleichterungen zulassen.

49. Auf freistehende, provisorische Bretterschuppen zum Schutze beweglicher Dampfkessel findet die Ziff. 48 entsprechende Anwendung. Das gleiche gilt für die Ziff. 46, wenn die Schuppen von benachbarten Gebäuden mit leicht entzündlichem Inhalt oder weicher Dachung, von Schobern, Strohhaufen u. dgl. weniger als 5 m entfernt sind.

50. I Bei der Aufstellung geheizter beweglicher Dampfkessel außerhalb von Gebäuden müssen das Rauchrohr und die zur Heizung dienenden Teile des Kessels entfernt sein:

a) von Gebäuden mit feuersichern Umfassungswänden und harter Bedachung:

mindestens 1 m von der Traufkante, wenn die Gebäude keine leicht entzündlichen Gegenstände,

mindestens 3 m von der Traufkante, wenn sie solche Gegenstände enthalten;

b) von Gebäuden mit nicht feuersichern Umfassungswänden oder mit weicher Bedachung mindestens 5 m von der Traufkante,

c) von Schobern, Strohhaufen u. dgl. mindestens 5 m.

II Diese Abstände gelten für Heizung der Kessel mit Koks, Steinkohle und Steinkohlenbriketts. Werden zur Feuerung Braunkohlen, Torf, Holz oder andere zum Funkenwerfen neigende Brennstoffe benutzt, so sind die Entfernungen angemessen zu erhöhen.

III. Wo es die Umstände erheischen, können die Polizeibehörden (§ 14 Abs. III der Verordnung) diese Abstände unter Androhung der alsdann etwa erforderlichen erhöhten Sicherheitsmaßnahmen ermäßigen.

6. Bekanntmachung des Staatsministeriums des Innern vom 1. März 1910, Vollzug der Dampfkesselverordnung betr.

(MABl. S. 179).

Zur Ausführung der Prüfungen solcher Kesselbaumaterialien, die nach den Materialvorschriften für Land- und Schiffsdampfkessel (Anlage I und 1 zu den allgemeinen polizeilichen Bestimmungen über die Anlegung von Land- und Schiffsdampfkesseln vom 17. Dezember 1908) durch Sachverständige geprüft werden müssen, werden hiemit im Einverständnis mit den K. Staatsministerien des K. Hauses und des Äußern und des Innern für Kirchen- und Schulangelegenheiten der bayerische Revisionsverein München, der pfälzische Dampfkesselrevisionsverein in Kaiserslautern, das Materialprüfungsamt der bayerischen Landesgewerbeanstalt in Nürnberg und das mechanisch-technische Laboratorium der Technischen Hochschule München, dann in Ansehung der Baustoffe für Schiffsdampfkessel die Materialprüfungsbeamten des Germanischen Lloyd in Berlin ermächtigt.

7. Bekanntmachung des Staatsministeriums des Innern vom 17. Januar 1910, die feuerlosen Lokomotivdampfkessel betr.

(MABl. S. 74).

Gemäß § 20 Abs. 2 der allgemeinen polizeilichen Bestimmungen über die Anlegung von Landdampfkesseln vom 17. Dezember 1908 werden die im Königreich Bayern zur Anlegung gelangten und gelangenden sogenannten feuerlosen Lokomotivdampfkessel von Einhaltung der §§ 4, 5, 6 Abs. 2, §§ 7, 8 und, hinsichtlich des zweiten Sicherheitsventils, auch des § 9 Abs. 1 der allgemeinen polizeilichen Bestimmungen über die Anlegung von Landdampfkesseln entbunden.

8. Erlaß der Versicherungskammer, mitgeteilt durch Entschließung der Regierung von Oberbayern vom 4. April 1906 betr. die Aufstellung von Benzinmotoren in Gebäuden.

1. Der Motorraum ist mit Wänden aus unverbrennbarem Material zu umgeben, sowie mit unverbrennbarem Bodenbelag und verputzter Decke zu versehen.

Dieser Raum darf zu keinem anderen Zwecke benützt werden; seine Türe ist nach außen aufgehend einzurichten.

2. Der Hauptbenzinbehälter (Faß) ist in einem gesonderten Raum aufzustellen, der allseitig mit massiven, beiderseits sorgfältig verputzten Mauern umgeben und mit Boden und Decke aus unverbrennbarem Materiale versehen ist.

Etwa in diesem Raume zutage tretende tragende Eisenkonstruktionen sind flammensicher zu ummanteln.

Dieser Raum darf gleichfalls zu keinem anderen Zwecke benützt werden und darf mit keinem anderen Raume durch eine Öffnung irgendwelcher Art in Verbindung stehen. Es ist deshalb insbesondere auch darauf zu sehen, daß bei den Rohrdurchführungsstellen die Rohre mit dem Mauerwerke in sorgfältigster Weise verdichtet werden.

Die Türe dieses Raumes muß unmittelbar in das Freie führen, aus feuerbeständigem Materiale bestehen, mindestens 6 cm breite Steinfälze überdecken, nach außen aufgehen und zur Verhinderung des Zutritts Unberufener versperrbar sein.

Die Türschwelle muß 20 cm über dem Fußboden erhöht liegen.

Die Fensteröffnungen sind mit dicht schließenden, feuerbeständigen, von außen schließbaren Läden zu versehen.

Eine etwa erforderliche künstliche Beleuchtung dieses Raumes hat mittelst elektrischer Glühlampen mit Überglocken — welche auch die Fassungen dicht umschließen — und Drahtschutz und mit außerhalb des Raumes befindlichen Ausschaltern zu erfolgen. Es sind nur Glühlampen zulässig, die im luftleeren Raume brennen.

Eine Verwendung anderer Lichtquellen ist gestattet, wenn die Beleuchtung von außen geschieht und die Flammen durch eingemauerte dicke Glasscheiben von dem Innenraume vollkommen luftdicht abgeschlossen werden.

Zu einer etwaigen vorübergehenden Beleuchtung dürfen nur zuverlässige Sicherheitslampen verwendet werden.

Im übrigen ist das Betreten dieses Raumes mit brennenden, glühenden oder glimmenden Körpern, insbesondere aber mit offenem Licht oder brennender Zigarre oder Tabakspfeife strengstens verboten.

Dieses Verbot ist am Eingange zum Raume ersichtlich zu machen.

Heizkaminöffnungen, Heizvorrichtungen, Gas- oder Wassermesser dürfen sich in diesem Raume nicht befinden.

Bei dem Hauptbenzinbehälter ist eine genügende Menge trokkenen Sandes bereitzuhalten.

Die Aufstellung des Hauptbenzinbehälters kann auch in einer außerhalb des Gebäudes liegenden gemauerten Grube — Zisterne — erfolgen. Die Grube muß wasserdicht und mit einem versperrbaren eisernen Deckel versehen sein, auf dem in dauerhafter Weise die Aufschrift „Feuergefährlich" anzubringen ist.

Wenn außer dem in Benützung stehenden Fasse Benzin ein weiterer Vorrat an Benzin gehalten wird, so hat dessen Aufbewahrung gleichfalls nach Maßgabe der einschlägigen Vorschriften der §§ 18 mit 27 der K. Allerhöchsten Verordnung vom 9. Juni 1902, leicht entzündliche flüssige Stoffe betreffend, zu erfolgen.

3. Für ausreichende Lüftung des Motorraumes und des Benzinlagerraumes muß gesorgt werden.

Die Entlüftungsrohre sind so in das Freie zu führen, daß die abziehenden Benzindämpfe nicht in andere Räume gelangen können. In die Feuerungskamine, Ventilationsrohre, Regenabfallrohre, Abflußkanäle und dergleichen dürfen die Entlüftungsrohre nicht eingeführt werden.

4. Die sämtlichen Benzingefäße müssen aus Metall und in vollkommen dichter Weise hergestellt sein.

5. Die Beförderung des Benzins bzw. des Benzindampf-Luftgemisches hat auf dem ganzen Wege — vom Hauptbehälter (Faß) bis zum Motor — in vollständig geschlossenen, mit den Benzingefäßen und dem Motor dicht verschraubten Rohrleitungen zu erfolgen, wobei erforderlichenfalls eine geeignete mechanische Vorrichtung — Flügel- oder Luftdruckpumpe — anzuwenden ist.

Sämtliche Rohrleitungen müssen aus Metall, vollständig flüssigkeitsdicht und von solcher Stärke sein, daß Beschädigungen denselben durch äußere mechanische Einwirkungen — Druck, Stoß und dergleichen — nicht leicht eintreten können.

6. Das Auspuffrohr und der etwa vorhandene Auspufftopf (Schalltopf) müssen von allen Holzteilen und sonstigen brennbaren Körpern mindestens 0,45 m entfernt gehalten, oder, insoweit eine geringere Entfernung unvermeidlich ist, mit einem unverbrennbaren schlechten Wärmeleiter (Asbest und dergleichen) genügend stark ummantelt werden.

Feuerungskamine, Ventilationsrohre, Regenabfallrohre, Abflußkanäle und dergleichen dürfen zur Ableitung der Auspuffgase nicht benützt werden. Dieselben müssen vielmehr durch eine ausschließlich diesem Zwecke dienende Rohrleitung in das Freie geführt werden.

Die Ausmündung des Auspuffrohres ist so anzuordnen, daß die ausströmenden Gase nicht gegen Holzteile oder sonstige brennbare Körper, die weniger als 5 m von der Ausmündung entfernt sind, gerichtet werden. Auspuffrohre, welche nicht durch die Gebäudeumfassungen in das Freie geführt sind, müssen die Dachfläche des Gebäudes mindestens um 0,5 m überragen.

9. Bekanntmachung der Staatsministerien des K. Hauses und des Äußern und des Innern vom 11. Februar 1913 Luftgasanlagen betr.

(MABl. S. 171).

Die mit Ministerialentschließung vom 30. September 1909 Nr. 26082 (MABl. S. 797) veröffentlichte „Anleitung für Sicherheitsmaßregeln, die bei Errichtung und beim Betrieb von Luftgasanlagen, bei Herstellung, Aufbewahrung und Verwendung von Luftgas und bei Lagerung der hierzu nötigen Vorräte von leicht entzündlichen flüssigen Stoffen zu beachten sind," wird nach Einvernahme der K. Versicherungskammer, Abteilung für Brandversicherung, der K. Bayerischen Landesgewerbeanstalt, des Bayerischen Revisionsvereins und des K. Zentralinspektors für Fabriken und Gewerbe durch die nachstehend abgedruckten Grundsätze ersetzt.

Von diesen Grundsätzen sind die beteiligten Gewerbetreibenden und Unternehmer zu verständigen.

Die mit dem Vollzuge der Bau-, Feuer- und Gewerbepolizei betrauten Behörden haben bei der Beaufsichtigung der Anlagen diese Grundsätze tunlichst zu beachten. Wo besondere Verhältnisse es verlangen oder zulassen, ist es nicht ausgeschlossen, unbeschadet der Wahrung der Sicherheitsinteressen, im einzelnen Falle angemessene Erleichterungen eintreten zu lassen.

Gegenüber bestehenden Anlagen ist im allgemeinen der Grundsatz des § 120 d Abs. III der Gewerbeordnung zur Richtschnur zu nehmen.

Grundsätze

für die Aufstellung, Beschaffenheit und den Betrieb von Luftgasanlagen.

§ 1. Unter Luftgasanlagen im Sinne dieser Grundsätze werden Anlagen verstanden, in welchen ein (für Leucht-, Kraft- oder Heizzwecke verwendbares) Gemenge von Luft mit Dämpfen von Kohlenwasserstoffen hergestellt oder aufgespeichert wird.

§ 2. Luftgasanlagen sind in besonderen Räumen aufzustellen, die zu anderen Zwecken nicht benutzt werden dürfen.

§ 3. Luftgasanlagen, deren Gaserzeuger zusammen mehr als 30 Liter der zu vergasenden Flüssigkeit fassen, dürfen nicht mit Räumen, die häufig von Menschen betreten werden, unter einem Dache errichtet werden.

§ 4. Räume, in denen Luftgasanlagen aufgestellt werden sollen, müssen folgenden Anforderungen entsprechen:

a) Die Räume müssen so groß sein, daß die Apparate in allen Teilen leicht zugänglich sind.

b) Der Fußboden muß aus glatten, nicht brennbaren, den Kohlenwasserstoff nicht aufsaugenden und leicht zu reinigenden Stoffen hergestellt werden; er darf an der Zugangstüre nicht tiefer als das umgebende Erdreich liegen.

c) Die Wände und Decken müssen feuersicher und dicht hergestellt werden. Durchbrechungsstellen nach Nebenräumen für Heizungen, Transmissionen, Rohrleitungen usw. sind sicher abzudichten.

d) Die Türen müssen nach außen aufschlagen und dürfen nicht in Räume führen, in denen sich Feuerstätten befinden oder die mit offen brennendem Licht beleuchtet werden. Mindestens eine Türe muß unmittelbar ins Freie führen. Verbindungstüren müssen feuersicher oder beiderseits mit Blech beschlagen sein.

e) Die Räume müssen genügendes Tageslicht haben, um in ihnen alle erforderlichen Arbeiten bei Tag ohne künstliche Beleuchtung vornehmen zu können. Apparatenräume, bei denen nach ihrer Zweckbestimmung von vornherein anzunehmen ist, daß eine Bedienung der Apparate, wenn auch nur gelegentlich, in der Dunkelheit erforderlich wird, müssen Einrichtungen zur künstlichen Beleuchtung erhalten. Diese darf nur von außen vor gasdichten, nicht zu öffnenden Fenstern aus starkem Glas durch geschlossene haltbare Laternen erfolgen. Wird in letzteren Luftgas benutzt, so muß daneben eine andere Beleuchtungsart für diese Laternen betriebsbereit vorhanden sein.

f) Die Apparate und Rohrleitungen müssen gegen Einfrieren gesichert sein. Die Heizung der Räume darf nur durch Dampf, Wasser oder andere Einrichtungen (z. B. dichte und gut mit Isolationsmitteln überdeckte, gemauerte Heizkanäle) erfolgen, bei denen auch im Falle der Beschädigung der Austritt von Funken, das Glühendwerden oder der Zutritt von Luftgas zu offenem Feuer oder hoch erhitzten Gegenständen ausgeschlossen ist. Die Apparatenräume müssen von benachbarten Feuerstellen ihrer Heizungsanlage durch Brandmauern getrennt sein.

g) In den Apparatenräumen sind entweder in oder unmittelbar unterhalb der Decke sowie unmittelbar oberhalb des Fußboden ausreichende Entlüftungseinrichtungen zu treffen, die den ungehinderten Abfluß der Kohlenwasserstoffdämpfe in die freie Luft dauernd oder in kürzester Zeit gestatten. Die Entlüftungen sind so einzurichten, daß die abziehenden Gase und Dämpfe nicht in andere Räume, wo sie schädlich wirken könnten, gelangen können. In Abzugskanäle, Regenrohre, Feuerungskamine u. dgl. dürfen sie nicht eingeführt werden.

§ 5. Heißluft- und Verbrennungsmotoren dürfen in den Apparatenräumen nicht aufgestellt werden, Elektromotoren nur insoweit, als sie den Vorschriften des Verbandes deutscher Elektrotechniker für Motoren entsprechen, die in Schlagwettergruben laufen sollen. Ein- und Ausschalter, Sicherungen, Kontakte und ähnliche elektrische Apparate, die Funken bilden können, dürfen nur außerhalb der Apparatenräume untergebracht werden.

§ 6. Der Betriebsmittelbehälter am Apparat muß mit einem Flüssigkeitsanzeiger versehen sein. Das Fassungsvermögen des Behälters ist so zu wählen, daß er bei geordnetem Betrieb während der Dunkelheit nicht gefüllt zu werden braucht. Die Füllung darf in der Regel nur mittels geschlossener metallener Rohrleitung von tiefer liegenden Behältern aus erfolgen, die in besonderen Vorratsräumen lagern. Die Höchstfüllung ist durch eine Rücklaufleitung zu sichern. Bei Apparaten, deren Gaserzeuger höchstens 2 Liter Flüssigkeit fassen, ist die Füllung auch mit geeigneten, zu dem Zwecke konstruierten gasdichten Gefäßen, die erst nach Verschraubung mit dem Apparate geöffnet werden, gestattet.

§ 7. Die Apparate müssen mit einer Sicherheitsvorrichtung versehen sein, die so beschaffen ist, daß auch bei gefülltem Gasbehälter durch den Weiterbetrieb des Apparats kein Gas in die Räume gelangen kann.

Nichtmetallische Dichtungen von Stellen, die mit dem flüssigen Betriebsmittel in Berührung kommen, sind zu vermeiden. In keinem Falle dürfen solche Stellen mit Gummi, Pappe, Asbest oder Ölkitten gedichtet werden.

Bei Apparaten, die durch ein herabsinkendes Gewicht betrieben werden, sind gegen Unfälle, die durch Herabfallen des Gewichts entstehen können, geeignete Sicherheitsvorkehrungen zu treffen.

§ 8. Die in der Luftgasanlage enthaltenen Kohlenwasserstoffe dürfen nicht durch Feuer oder durch Heizflammen erwärmt werden.

§ 9. Es sind Vorkehrungen zu treffen, die das Zurückschlagen der Flamme von den Verwendungsstellen des Gases bis zum Apparate verhindern.

§ 10. Die Apparatenräume dürfen von Unbefugten nicht betreten werden. Das Betreten der Räume mit Licht, die Benutzung von Feuerzeug sowie das Rauchen in ihnen ist verboten. Auch die Anbringung und Benutzung von Kontrollflammen innerhalb der Räume ist untersagt.

Diese Verbote sind an der Außenseite der Türen durch einen in die Augen fallenden, deutlich lesbaren Anschlag bekanntzugeben.

Das Betreten der Apparatenräume mit elektrischen Hand- oder Taschenlampen ist gestattet.

§ 11. Werden die Räume zum Zwecke der Reinigung des Apparats oder der Leitungen, zur Untersuchung von eingetretenen Betriebsstörungen oder zur Vornahme von Reparaturen betreten, so muß zuerst eine gute Lüftung vorgenommen werden. Reparaturen an den Apparaten dürfen erst nach ihrer Entleerung, gründlichen Reinigung und Durchlüftung ausgeführt werden.

§ 12. Rückstände, welche sich bei der Reinigung der Apparate vorfinden, nicht mehr brauchbare Kondensate aus den Leitungen oder Apparaten oder sonstige Abfälle, welche mit Kohlenwasserstoffen getränkt sind, dürfen nicht in Kanäle, Aborte, Dunggruben oder dergleichen gebracht, müssen vielmehr abgefahren oder, unter Beobachtung aller Vorsichtsmaßregeln gegen Feuersgefahr, verbrannt werden.

§ 13. In dem Apparatenraum ist stets eine hinreichende Menge Sand zur Löschung und Überdeckung auslaufender Kohlenwasserstoffe vorrätig zu halten.

§ 14. Auf die Lagerung der Vorräte finden die Vorschriften der §§ 18 mit 28 der K. Allerhöchsten Verordnung vom 9. Juni 1902, leicht entzündliche flüssige Stoffe betreffend, sinngemäße Anwendung.

Neben den Apparatenräumen liegende Vorratsräume müssen von jenen durch eine öffnungslose, beiderseits verputzte Mauer getrennt sein.

§ 15. Der Käufer einer Luftgasanlage hat sich eine genaue Zeichnung und Beschreibung der Anlage sowie eine Anweisung über deren Behandlung zu verschaffen, in welcher namentlich auch Verhaltungsmaßregeln für den Fall des Einfrierens der Apparate oder des Eintretens sonstiger Betriebsstörungen, ferner auch Vorschriften für die Inbetriebsetzung, Außerbetriebssetzung, dann für die Ausbesserung, Reinigung und Durchlüftung der Apparate gegeben werden.

§ 16. Die Bedienung der Anlage darf nur durch zuverlässige, mit der Einrichtung vertraute Personen erfolgen.

§ 17. Eine Abschrift dieser Grundsätze sowie die Anweisung (§ 15) muß im Apparatenraum dauernd gut sichtbar aufgehängt sein und in gut lesbarem Zustande erhalten werden.

10. Bekanntmachung der Staatsministerien des K. Hauses und des Äußern und des Innern vom 5. März 1909 Sauggaskraftanlagen betr.

(MABl. S. 245).

Die Sauggaskraftanlagen gehören zwar nicht zu den nach § 16 der Gewerbeordnung genehmigungspflichtigen Anlagen (vgl. auch die Entscheidung des K. Verwaltungsgerichtshofes vom 5. Juli 1905, Reger, Entscheidungen Bd. 26 S. 2); sie unterliegen indes in ihrer Eigenschaft als Feuerstätten der baupolizeilichen Genehmigung (§ 7 Abs. 1 Ziff. 3 der Bauordnung vom 17. Februar 1901 und § 11 Ziff. 4 der Bauordnung für München vom 29. Juli 1895). Bei Sauggaskraftanlagen für gewerbliche Zwecke ist, da bei ihnen stets Anordnungen zum Schutze der Arbeiter in Frage kommen, seitens der Baupolizeibehörde der zuständige K. Gewerberat zu hören (§ 68 Abs. 1 Ziff. 9 der Bauordnung und § 86 Ziff. 10 der Münchener Bauordnung).

Um den Gefahren vorzubeugen, die sich beim Betrieb der Sauggaskraftanlagen für die Arbeiter und das Publikum ergeben können, ferner um die Anwohner vor Belästigungen zu schützen, ist mit der veranlaßten baupolizeilichen Würdigung eine Prüfung des Projekts vom Gesichtspunkt des Arbeiterschutzes (§§ 120 a ff. der Gewerbeordnung), sowie von dem der Gesundheits- und Feuerpolizei zu verbinden, dabei sind die nachstehend abgedruckten Grundsätze tunlichst zu beachten.

Grundsätze
für die Aufstellung und den Betrieb von Sauggaskraftanlagen.

§ 1. Die Vorrichtungen zur Darstellung und Reinigung des Sauggases und die Gasmaschinen (Sauggaskraftanlagen) sind in mindestens 3,50 m, bei Maschinen über 50 PS in mindestens 4 m hohen, hellen Räumen aufzustellen, die durch besondere, nötigenfalls durch mechanisch betriebene Entlüftungsvorrichtungen gut ventilierbar sind, so daß eine Ansammlung von Gasen darin ausgeschlossen ist.

In Kellern ist die Aufstellung nur dann zulässig, wenn zudem der lichte Raum zwischen der Oberkante der im Kellerraum befindlichen Einschüttöffnung des Gaserzeugers und der Decke mindestens 1,50 m beträgt.

§ 2. Sauggaskraftanlagen dürfen in Arbeitsräumen oder in Räumen, welche mit Wohnräumen in unmittelbarer Verbindung stehen, nicht aufgestellt werden. Es ist Vorsorge zu treffen, daß über oder neben einer Sauggasanlage liegende Wohn- oder Arbeitsräume nicht durch heiße Luft oder Dünste belästigt werden.

§ 3. Die Betriebsräume der Sauggasanlagen müssen so groß sein, daß alle Teile der Apparate, Motoren und sonstigen Betriebseinrichtungen von allen Seiten leicht zugänglich sind und sicher bedient werden können.

§ 4. Die Beschickung der Gaserzeuger muß leicht und sicher (von besonderen Bühnen oder festen Treppen) sowie derart geschehen können, daß durch die Füllöffnung keine Verbrennungsprodukte in den Betriebsraum entweichen können.

§ 5. Die beim Anheizen oder während des Stillstandes der Maschine entstehenden Verbrennungsprodukte sind durch eine dichte sowie entsprechend weite und widerstandsfähige Rohrleitung so hoch abzuführen, daß sie weder in bewohnte Räume noch in Räume gelangen, in welchen sich Menschen vorübergehend aufhalten, noch die Anwohner belästigen können; sind mehrere Gaserzeuger vorhanden, so sind die Verbrennungsprodukte eines jeden Gaserzeugers durch eine besondere Rohrleitung in dieser Weise abzuführen. Ebenso hoch sind die Auspuffgase durch ein besonderes Rohr abzuleiten, wobei Vorsorge zu treffen ist, daß ein die Nachbarschaft belästigendes Geräusch vermieden wird.

Die sämtlichen vorgenannten Betriebsgase dürfen weder in Kamine bestehender Feuerungen eingeleitet, noch dürfen Rauchgase anderer Feuerstätten in die zur Abfuhr der Betriebsgase bestimmten Rohrleitungen eingeführt werden.

§ 6. Es sind Einrichtungen zu treffen, welche während der Anheizperiode und während des Stillstandes der Maschine den Austritt von Gasen aus dem Gaserzeuger in seine Umgebung sowie in die Kühl- und Reinigungsapparate (Wäscher, Reiniger und dergl.) verhindern.

Ebenso sind Vorkehrungen zu schaffen, welche bei Fehlzündungen oder bei anderen Störungen den Rücktritt von Explosionsgasen aus dem Motor in die Gaszuleitung unmöglich machen.

§ 7. Zur möglichsten Vermeidung von Belästigungen während des Reinigens (Ascheziehens, Ausschlackens) der Gaserzeugerfeuerung sind entsprechende Vorkehrungen zu treffen. Nötigenfalls sind die heißen Dämpfe und Gase an den Räumungsöffnungen abzufangen und fortzuleiten.

§ 8. Bei der Entleerung des Gaserzeugers, der Neubeschickung der Reinigungsapparate sowie bei etwa vorzunehmenden Reparaturen der Anlage sind die betreffenden Apparate vorher durch Einblasen von Luft vollständig zu entgasen und die dabei entweichenden Gase gemäß der Vorschriften des § 5 abzuführen.

§ 9. Die Probierhähne sind so einzurichten, daß ein Zurückschlagen der Flamme ausgeschlossen ist.

§ 10. Die bei der Reinigung des Gases anfallenden Abwässer sind so zu behandeln, daß sie geruchlos und völlig neutral abfließen. Abwässergruben müssen undurchlässig und dicht abgedeckt sein.

Die Rückstände sind so zu beseitigen, daß Belästigungen der Nachbarschaft vermieden werden.

§ 11. Im Aufstellungsraum einer Sauggasanlage muß an einer in die Augen fallenden Stelle eine genaue Anweisung über die Behandlung der Anlage ausgehängt sein.

Die Überwachung und Bedienung der Sauggasanlage darf nur durch zuverlässige, mit der Einrichtung und dem Betriebe vertraute Personen erfolgen.

Bei Reinigungsarbeiten, bei denen die Möglichkeit von Gasaustritt besteht, müssen mindestens zwei Arbeiter in dem Betriebsraume anwesend sein.

§ 12. Das Andrehen des Motors einer Sauggasanlage darf nur mittels geeigneter Andrehvorrichtungen geschehen. Sogenannte Sicherheitsandrehkurbeln dürfen ohne Einschaltung einer Übersetzung nur bei kleineren Motoren — höchstens bis zu 15 PS — Anwendung finden.

§ 13. Die Gaswasch- und Reinigungsapparate sind mit Vorkehrungen auszustatten, welche den jeweiligen Druck erkennen lassen.

§ 14. Die Entlüftungseinrichtungen dürfen weder das Bedienungspersonal durch lästigen Zug noch die Nachbarschaft durch Geräusche oder auf andere Weise behelligen.

§ 15. Die Gaserzeuger sind, wenn sie durch strahlende Hitze belästigen würden, in geeigneter Weise zu verkleiden. Auch sind die Auspuffrohrleitungen, soweit sie innerhalb der Betriebsräume liegen, wirksam zu isolieren.

§ 16. Die Gas- und sonstigen Maschinen sind so zu fundieren, und die mechanischen Kraftleitungen sind so anzuordnen, daß die Nachbarschaft nicht durch Erschütterung belästigt wird.

§ 17. Bei Eintritt der Dunkelheit ist für angemessene Beleuchtung zu sorgen.

§ 18. Den Forderungen des Unfallschutzes ist Rechnung zu tragen.

§ 19. Für die Arbeiter ist Sitzgelegenheit und Wascheinrichtung vorzusehen.

§ 20. Wo mit der Kraftanlage eine Akkumulatorenanlage verbunden ist, sind die Akkumulatorenräume von allen Betriebsräumen zu trennen und gut zu lüften. Zur künstlichen Beleuchtung der Akkumulatorenräume darf nur elektrisches Glühlicht mit besonderer Schutzglocke oder Außenbeleuchtung verwendet werden.

11. Verordnung der Staatsministerien des Innern und für Soziale Fürsorge vom 23. August 1924 über die Dampfbacköfen.

(GVBl. S. 195).

Die Staatsministerien des Innern und für Soziale Fürsorge erlassen gemäß Art. 131 Abs. I und II des PStrGB. und §§ 24 Abs. III und 40 der Verordnung vom 24. November 1909 über die Anlegung und den Betrieb von Dampfkesseln und Dampfgefäßen nachstehende Verordnung:

§ 1. Dampfbacköfen werden bis auf weiteres allgemein von Erholung der polizeilichen Genehmigung nach § 24 Abs. III der Verordnung vom 24. November 1909 entbunden.

§ 2. Jede Neuanlage eines Dampfbackofens ist der Bezirkspolizeibehörde durch Vermittlung der Ortspolizeibehörde anzuzeigen. In der Anzeige ist anzugeben, wer die Rohre für den Dampfbackofen hergestellt hat, wer sie liefert und wer den Dampfbackofen baut. Ein Nachweis über die Art der Herstellung kann verlangt werden. Die Anzeige ist dreifach einzureichen. Ihr ist eine Zeichnung des Dampfbackofens in einfacher Fertigung beizulegen.

§ 3. Bestehende Dampfbacköfen sind bis spätestens 1. Dezember 1924 der Bezirkspolizeibehörde durch Vermittlung der Ortspolizeibehörde anzuzeigen. In der Anzeige ist anzugeben, wer die Rohre für den Dampfbackofen hergestellt, wer sie geliefert und wer den Dampfbackofen gebaut hat. Ein Nachweis über die Art der Herstellung kann verlangt werden. Die Anzeige ist dreifach einzureichen. Ist eine Zeichnung des Dampfbackofens vorhanden, so ist sie beizulegen. Ist eine Zeichnung nicht vorhanden und kann sie auch nicht nachgeliefert werden, so kann die Behörde die Bauart des Ofens durch eine Ortsbesichtigung durch den Sachverständigen feststellen lassen.

§ 4. Die Bezirkspolizeibehörde nimmt ein Stück der Anzeige zu ihren Akten, ein Stück übermittelt sie dem Gewerbeaufsichtsbeamten, ein Stück mit der Zeichnung des Ofens übersendet sie im rechtsrheinischen Bayern dem Bayerischen Revisionsverein in München, Kaiserstraße 14, in der Pfalz dem Pfälzischen Revisionsverein in Kaiserslautern.

§ 5. Der Revisionsverein prüft die Zeichnung. Ergeben sich hierbei Beanstandungen, so teilt er sie der Bezirkspolizeibehörde mit, die im Benehmen mit dem Lieferer des Dampfbackofens die Beanstandungen behebt.

§ 6. I Der Dampfbackofen ist entsprechend der Zeichnung auszuführen.

II Bei Neuanlage von Dampfbacköfen und bei Auswechslung der Heizrohre dürfen nur Rohre ohne Längsnaht (ungeschweißte Rohre) verwendet werden.

III Dampfbacköfen sind, soweit nicht betriebstechnische Schwierigkeiten entgegenstehen, möglichst so einzurichten, daß die Heizrohre ausgewechselt werden können.

IV Jeder Dampfbackofen ist im Backraum mit einem Wärmemesser zu versehen, dessen Teilung bis mindestens 360° C reicht.

V Beim Betrieb des Dampfbackofens soll im Backraum die Wärme von 300° C nicht überschritten werden.

VI Die Heizrohre sind — soweit möglich — bei Betriebsunterbrechungen auf Abbrand, Beulen- und Rißbildung zu untersuchen. Schadhafte Rohre sind zur Vermeidung von Drucksteigerungen anzubohren und damit unschädlich zu machen.

VII Die Heizung von Dampfbacköfen ist nur zuverlässigen und gewissenhaften Personen zu übertragen.

VIII Im Backraum ist eine genaue Betriebsvorschrift für die Bedienung und Instandsetzung des Dampfbackofens unter Glas und Rahmen oder auf eine steife Unterlage aufgezogen und gefirnißt augenfällig auszuhängen.

§ 7. Die Gewerbeaufsichtsbeamten haben Mängel, die sie bei ihren regelmäßigen Betriebsuntersuchungen am Dampfbackofen wahrnehmen, den Bezirkspolizeibehörden mitzuteilen.

§ 8. I Die Bezirkspolizeibehörden haben auf Grund dieser Mitteilungen oder soferne sonst Anhaltspunkte dafür vorliegen, daß den Bestimmungen des § 6 zuwidergehandelt wird, die erforderlichen Anordnungen zu erlassen.

II Erweist sich eine Prüfung oder Untersuchung des Dampfbackofens als notwendig, dann hat die Bezirkspolizeibehörde auf Kosten des Besitzers des Dampfbackofens diese durch den Revisionsverein herbeizuführen. Der Besitzer des Dampfbackofens hat alle zur Prüfung und Untersuchung erforderlichen Werkzeuge und Instrumente sowie das notwendige Hilfspersonal unentgeltlich zur Verfügung zu stellen. §§ 46 und 47 der Verordnung vom 24. November 1909 gelten entsprechend.

§ 9. Zuwiderhandlungen gegen §§ 2, 3 und 6 dieser Verordnung werden an Geld bis zu 150 Mk. bestraft. Art. 131 Abs. II des PStrGB. findet Anwendung.

§ 10. Die Bekanntmachungen des Staatsministeriums des Innern vom 3. Dezember 1923 Nr. 4141 c 4 (MABl. S. 81), vom 22. Februar 1924 Nr. 4141 c 4 (MABl. S. 27, StA. Nr. 46), vom 20. März 1924 Nr. 4141 c 7 (MABl. S. 57, StA. Nr. 69) werden außer Kraft gesetzt.

§ 11. Vorstehende Verordnung tritt mit ihrer Verkündung in Kraft.

VII. Unfallverhütungs- und Arbeiterschutzbestimmungen.

1. Auszug aus der Gewerbeordnung für das Deutsche Reich.

Tit VII. Gewerbliche Arbeiter.

I. Allgemeine Verhältnisse. Arbeiterschutz.

§ 120 a. I. Die Gewerbeunternehmer sind verpflichtet, die Arbeitsräume, Betriebsvorrichtungen, Maschinen und Gerätschaften so einzurichten und zu unterhalten und den Betrieb so zu regeln, daß die Arbeiter gegen Gefahren für Leben und Gesundheit so weit geschützt sind, wie es die Natur des Betriebes gestattet.

II. Insbesondere ist für genügendes Licht, ausreichenden Luftraum und Luftwechsel, Beseitigung des bei dem Betrieb entstehenden Staubes, der dabei entwickelten Dünste und Gase, sowie der dabei entstehenden Abfälle Sorge zu tragen.

III. Ebenso sind diejenigen Vorrichtungen herzustellen, welche zum Schutze der Arbeiter gegen gefährliche Berührungen mit Maschinen oder Maschinenteilen oder gegen andere in der Natur der Betriebsstätte oder des Betriebs liegende Gefahren, namentlich auch gegen die Gefahren, welche aus Fabrikbränden erwachsen können, erforderlich sind.

IV. Endlich sind diejenigen Vorschriften über die Ordnung des Betriebs und das Verhalten der Arbeiter zu erlassen, welche zur Sicherung eines gefahrlosen Betriebes erforderlich sind.

§ 120 b. I. Die Gewerbeunternehmer sind verpflichtet, diejenigen Einrichtungen zu treffen und zu unterhalten und diejenigen Vorschriften über das Verhalten der Arbeiter im Betriebe zu erlassen, welche erforderlich sind, um die Aufrechterhaltung der guten Sitten und des Anstandes zu sichern.

II. Insbesondere muß, soweit es die Natur des Betriebs zuläßt, bei der Arbeit die Trennung der Geschlechter durchgeführt werden, sofern nicht die Aufrechterhaltung der guten Sitten und des Anstandes durch die Einrichtung des Betriebs ohnehin gesichert ist.

III. In den Anlagen, deren Betrieb es mit sich bringt, daß die Arbeiter sich umkleiden und nach der Arbeit sich reinigen, müssen ausreichende, nach Geschlechtern getrennte Ankleide- und Waschräume vorhanden sein.

IV. Die Bedürfnisanstalten müssen so eingerichtet sein, daß sie für die Zahl der Arbeiter ausreichen, daß den Anforderungen der Gesundheitspflege entsprochen wird und daß ihre Benutzung ohne Verletzung von Sitte und Anstand erfolgen kann.

§ 120 c. Gewerbeunternehmer, welche Arbeiter unter 18 Jahren beschäftigen, sind verpflichtet, bei der Einrichtung der Betriebsstätte und bei der Regelung des Betriebs diejenigen besonderen Rücksichten auf Gesundheit und Sittlichkeit zu nehmen, welche durch das Alter dieser Arbeiter geboten sind.

§ 120 d. I. Die zuständigen Polizeibehörden sind befugt, im Wege der Verfügung für einzelne Anlagen die Ausführung derjenigen Maßnahmen anzuordnen, welche zur Durchführung der in §§ 120 a bis 120 c enthaltenen Grundsätze erforderlich und nach der Beschaffenheit der Anlage ausführbar erscheinen. Sie können anordnen, daß den Arbeitern zur Einnahme von Mahlzeiten außerhalb der Arbeitsräume angemessene, in der kalten Jahreszeit geheizte Räume unentgeltlich zur Verfügung gestellt werden.

II. Soweit die angeordneten Maßregeln nicht die Beseitigung einer dringenden, das Leben oder die Gesundheit bedrohender Gefahr bezwecken, muß für die Ausführung eine angemessene Frist gelassen werden.

III. Den bei Erlaß dieses Gesetzes bereits bestehenden Anlagen gegenüber können, solange nicht eine Erweiterung oder ein Umbau eintritt, nur Anforderungen gestellt werden, welche zur Beseitigung erheblicher, das Leben, die Gesundheit oder die Sittlichkeit der Arbeiter gefährdender Mißstände erforderlich oder ohne unverhältnismäßige Aufwendung ausführbar erscheinen.

IV. Gegen die Verfügung der Polizeibehörde steht dem Gewerbeunternehmer binnen zwei Wochen die Beschwerde an die höhere Verwaltungsbehörde zu. Gegen die Entscheidung der höheren Verwaltungsbehörde ist binnen vier Wochen die Beschwerde an die Zentralbehörde zulässig; diese entscheidet endgültig. Widerspricht die Verfügung den von der zuständigen Berufsgenossenschaft erlassenen Vorschriften zur Verhütung von Unfällen, so ist zur Einlegung der vorstehend bezeichneten Rechtsmittel binnen der dem Gewerbeunternehmer zustehenden Frist auch der Vorstand der Berufsgenossenschaft befugt.

§ 120 e. I. Durch Beschluß des Bundesrats können Vorschriften darüber erlassen werden, welchen Anforderungen in bestimmten Arten von Anlagen zur Durchführung der in den

§§ 120a bis 120c enthaltenen Grundsätze zu genügen ist. In diese Bestimmungen können auch Anordnungen über das Verhalten der Arbeiter im Betriebe zum Schutze von Leben und Gesundheit aufgenommen werden. Eine Abschrift oder ein Abdruck der Anordnungen ist an geeigneter, allen beteiligten Arbeitern zugänglicher Stelle auszuhändigen und in lesbarem Zustand zu erhalten.

II. Soweit solche Vorschriften durch Beschluß des Bundesrates nicht erlassen sind, können dieselben durch Anordnung der Landes-Zentralbehörden oder durch Polizeiverordnungen der zuständigen Polizeibehörden erlassen werden. Vor dem Erlasse solcher Anordnungen und Polizeiverordnungen ist den Vorständen der beteiligten Berufsgenossenschaften oder Berufsgenossenschafts-Sektionen Gelegenheit zu einer gutachtlichen Äußerung zu geben. Auf diese finden die Bestimmungen des § 113 Abs. 2 und des § 115 Abs. 4 Satz 1 des Gewerbeunfallversicherungs-Gesetzes Anwendung.

IV. Besondere Bestimmungen für Betriebe, in denen in der Regel mindestens 10 Arbeiter beschäftigt werden.

Beschäftigung von Arbeiterinnen.

§ 137. Abs. VII. Arbeiterinnen dürfen nicht in Kokereien und nicht zum Transporte von Materialen bei Bauten aller Art verwendet werden.

2. Oberpolizeiliche Vorschriften der Staatsministerien des K. Hauses und des Äußern sowie des Innern vom 21. August 1909 zum Schutze der bei Bauten beschäftigten Personen.

(GVBl. S. 655).

Auf Grund des Art. 101 Abs. I und II des Polizeistrafgesetzbuchs für das Königreich Bayern (Gesetz- und Verordnungsblatt 1900 S. 484), dann des § 120e Abs. II der Reichsgewerbeordnung, erlassen die K. Staatsministerien des Königlichen Hauses und des Äußern, dann des Innern die nachstehenden oberpolizeilichen Vorschriften.

Materialien, Geräte und Maschinen.

§ 1. Alle bei der Herstellung von Gerüsten und anderen provisorischen Bauvorrichtungen zur Verwendung kommenden Materialien, Geräte und Maschinen müssen sich stets in gutem, vollkommen gebrauchsfähigen Zustande befinden.

Allgemeine Bestimmungen für Gerüste.

§ 2. Alle Gerüste, sowohl die stehenden wie die hängenden und die auf sogenannten Auslegern aufgeführten, müssen den fachmännischen Grundsätzen und dem jeweiligen Zweck entsprechend in genügender Festigkeit hergestellt und unterhalten werden.

Ungleichmäßige und übermäßige Belastung der Gerüste ist verboten.

Eigenmächtige Änderungen an den Gerüsten, insbesondere das Herausnehmen von Klammern und Hölzern, das Entfernen von Schutzbrettern und Dielen, sind den Arbeitern zu verbieten.

Zu Arbeiten auf Gerüsten dürfen Personen, die als Epileptiker oder als mit Schwindel behaftet bekannt sind, ferner Taubstumme nicht verwendet werden.

Gerüstständer.

§ 3. Die Gerüstständer müssen in die Erde entsprechend tief eingegraben oder auf Holzunterlagen (Schwellen) sicher und unverrückbar befestigt werden.

Schutz gegen Verschiebungen der Gerüste.

§ 4. Die Gerüste sind mit den nötigen Streichstangen zu versehen; diese müssen entsprechend befestigt und bei stärkerer Belastung noch durch untergenagelte Knaggen, Eisenklammern, Steifhölzer oder ähnliche Hilfsmittel unterstützt werden.

Zur Verhütung von Längen- und Seitenschiebungen der Gerüste müssen genügend starke Verschwertungen (Diagonalverstrebungen) angebracht werden; insbesondere sind die Gerüstleitern bei verhältnismäßig weit voneinander liegenden Gerüstgeschossen fest, nötigenfalls kreuzweise abzusteifen.

Gerüstbelag, Bordbretter, Brustwehren, Lauftreppen.

§ 5. Die zum Gerüstbelage verwendeten Bretter müssen eine ihrer Belastung entsprechende Stärke haben, dicht aneinander und so gelegt werden, daß das Aufschnappen oder Ausweichen ausgeschlossen ist. Die Gerüst-(Netz-)riegel (Hebel) dürfen nicht zu weit auseinander liegen, müssen entsprechend aufgelagert und genügend stark sein.

Gerüstgeschosse, auf denen gearbeitet wird, oder die von Arbeitern begangen werden müssen, sind mit Bretterbelag und da, wo sie von den Wänden abstehen, innen und außen mit gehörig befestigten Brustwehren und Bordbrettern zu versehen. Ebenso ist das Gerüstgeschoß, über dem gearbeitet wird, dicht abzudecken und mit Bordbrettern zu umgeben. Die Bordbretter müssen an den Bretterbelag dicht anschließen.

Leiter- und Stangengerüste für Maler- und Stukkaturarbeiten, sowie Gerüste, die nur zum Zwecke des Abscharrierens von Sandsteinfassaden errichtet sind, bedürfen in den einzelnen Geschossen auf der Innenseite keiner Bordbretter und Brustwehren, wenn der Bretterbelag nicht mehr als 30 cm von der Mauer absteht und wenn außerdem in der Höhe des untersten Geschosses eine breite Schutzvorrichtung das Herabfallen von Gegenständen auf den Erdboden verhindert.

Lauftreppen sind mit einem festen Geländer und mit Bordbrettern zu versehen und in einer solchen Breite anzulegen, daß sie das Ausweichen zweier Personen gestatten.

Aus den Gerüstbrettern, Gerüstlatten und sonstigen zur Verwendung gelangenden Holzteilen müssen vorstehende Nägel entfernt werden.

Patentgerüste.

§ 6. An allen Patentgerüsten ist eine gut begehbare Steigleiter anzubringen. Der Gerüstbelag muß mindestens 50 cm breit sein.

Hängegerüste.

§ 7. Die Verwendung von Hängekörben und Hängeflößen ist nur mit besonderer baupolizeilicher Genehmigung und nur für solche Reparaturen zulässig, zu deren Ausführung ein größerer Materialaufwand nicht notwendig ist. Diese Gerüste müssen gegen Absturz genügend versichert und vor der Verwendung auf ihre Tragfähigkeit geprüft werden.

Besondere Schutzgerüste.

§ 8. Bei allen Arbeiten, bei denen eine erhebliche Gefahr des Absturzes von Personen oder des Herunterfallens von Bauteilen und Werkzeugen besteht, sind besondere Schutzgerüste anzubringen.

Sind diese Schutzgerüste lediglich zum Schutze der unterhalb arbeitenden Personen, nicht auch für den Verkehr von Personen bestimmt, so sollen sie so hergestellt werden, daß sie nicht ohne weiteres betreten werden können.

Schutzmaßnahmen bei Dacharbeiten.

§ 9. Bei Neubauten ist Sorge zu tragen, daß zur Sicherheit der Dacharbeiter das vorhandene Gerüst des Rohbaues so lange stehen bleibt, bis die Eindeckung des Daches und alle anderen Arbeiten am Dache vollendet sind.

Beim Neubau von drei- und mehrgeschossigen Gebäuden mit harter Dachung sind Schneefanggitter und bei Dächern, deren Neigung mehr als 30° beträgt, auch Dachhaken in genügender Zahl und in solcher Beschaffenheit anzubringen, daß sie die mit Ausbesserungsarbeiten beschäftigten Arbeiter zu tragen vermögen. Bei Turmdächern, an denen Schneefanggitter nicht angebracht werden können, sind mindestens genügend starke Dachhaken vorzusehen.

Bei Reparaturen ist zur Sicherung der Dacharbeiten am Fuße des Daches eine Vorrichtung anzubringen, die das Abrutschen von Menschen und Material zu verhindern imstande ist.

Zur Ausführung von Arbeiten an steilen Dächern und an anderen gefährlichen Gebäudestellen sind, sofern hiezu nicht genügend sichere Schutzgerüste hergestellt werden können, Sicherheitsgürtel und starke Leinen bereitzustellen. Die Arbeiter sind zum Gebrauche derselben anzuhalten.

Das Eindecken und Anstreichen von Glasdächern darf nur dann vorgenommen werden, wenn unter denselben in entsprechender Höhe ein mit Brettern abgedecktes Gerüst angebracht ist.

Überhandmauern.

§ 10. Das Überhandmauern nach außen ist gestattet, wenn ein tragfähiges, die Arbeiter gegen Absturz sicherndes Schutzgerüst auf der Außenseite vorhanden ist.

Ohne ein solches Schutzgerüst ist das Überhandmauern nach außen nur gestattet bei Bauten, die nur aus Erdgeschoß und Kniestock bestehen, bei Erbauung von Dampfschornsteinen und da, wo es nicht möglich ist, ein Gerüst aufzustellen; in diesen Fällen ist für die Sicherheit der Arbeiter anderweitig Sorge zu tragen.

Leitern.

§ 11. Alle bei Arbeiten an Gebäuden verwendeten Leitern müssen den Austritt entsprechend überragen und, auch wenn sie nur zu Maler-, Tüncher- oder ähnlichen Arbeiten dienen sollen, so befestigt werden, daß sie weder unten abrutschen noch oben überschlagen oder ausweichen können.

Die Sprossen müssen in den Leitern gut befestigt sein und dürfen nicht durch aufgenagelte Holzstücke ersetzt werden.

Der Transport von Lasten auf Leitern ist nur zulässig, wenn eine anderweite Beförderung nicht möglich ist.

Leitern dürfen nicht als Laufgänge oder als Gerüstgeschosse verwendet werden.

Aufbringen des Baumaterials.

§ 12. Während des Aufbringens (Aufziehens) der Balken oder anderen Baumaterials, während des Verlegens der Tramhölzer und während des Aufstellens des Dachstuhls hat, wenn nicht genügende Vorkehrung zur Sicherheit getroffen ist, jede Beschäftigung unter den Arbeitsstellen zu ruhen.

Aufzüge.

§ 13. Die Material-Aufzüge sind, soweit dies nach der Konstruktion möglich ist, so zu versichern, daß Unfälle ausgeschlossen werden. Insbesondere müssen sie, soweit möglich, vollständig eingeschalt und, wenn im Innern von Bauten befindlich, von Stockwerk zu Stockwerk abgebolzt werden. Die Getriebe dieser Aufzüge sind mit Doppelhaken und mit Sperrvorrichtungen zu versehen.

Bei Bauaufzügen mit Maschinenbetrieb sind außerdem folgende Vorkehrungen zu treffen:

1. Die Ein- und Ausladeöffnungen sind gegen unbefugtes Hineintreten und gegen ein Herausfallen der Ladung entsprechend zu sichern.
2. An den Ladestellen ist eine Tafel anzubringen, welche die größte zuverlässige Belastung angibt und bei den zur Förderung von Personen nicht bestimmten Aufzügen die Aufschrift trägt: „Mitfahren von Personen verboten“.

3. Werden die Fördergefäße zum Zwecke des Beladens und Entladens betreten, so müssen sie an den Ladestellen selbsttätig derart feststellbar sein, daß der Aufzug von einer anderen Stelle aus nicht in Bewegung gesetzt werden kann.
4. Ist der Aufzug zur Förderung von Personen bestimmt, so muß das Fördergefäß auf Mannshöhe ringsum Wände, eine Decke und eine ausreichende Fangvorrichtung besitzen und darf eine Fahrgeschwindigkeit von 1,5 m in der Sekunde nicht überschritten werden.
5. Alle Triebwerksteile, die Seile und Ketten müssen für die Gesamtförderlast fünffache Sicherheit darbieten und stets in bestem Zustand erhalten werden.
6. Die Aufzüge dürfen nur von Personen aufgestellt und bedient werden, die mit allen Vorrichtungen vollkommen vertraut sind.

Untersuchung der Gerüste und Aufzüge.

§ 14. Alle Teile der Gerüste, das zu diesen verwendete Bindezeug, dann die Aufzugsvorrichtungen mit ihrem Tauwerk und sonstigem Zubehör müssen in entsprechenden Zwischenräumen sorgfältig untersucht werden.

Beseitigung der Gerüste und Absteifungen.

§ 15. Es ist Sorge zu tragen, daß bei dem Abbruch der Gerüste und bei dem Entfernen von Absteifungen Personen unter diesen nicht unnütz verweilen.

Die zur Herstellung von Betondecken, Gewölben und Bogen angebrachten Gerüste dürfen erst dann entfernt werden, wenn die hergestellten Bauteile genügend erhärtet sind und die Aufnahme des entstehenden Seitendrucks durch genügend feste Widerlager gesichert ist.

Abbrucharbeiten.

§ 16. Der Abbruch von Gebäuden oder Gebäudeteilen darf nur unter sachverständiger Leitung und Aufsicht erfolgen. Hiebei sind ausreichende Vorsichtsmaßregeln zum Schutze der Personen gegen herabfallende Gegenstände zu treffen. Ein Umwerfen ganzer Wände oder sonstiger Gebäudeteile ist nur bei besonderen Verhältnissen gestattet. Sprengungen dürfen nur mit Erlaubnis der Distriktspolizeibehörde vorgenommen werden.

Für die entsprechende Absteifung von Bauwerken, die durch den Abbruch anstoßender Bauteile ihre Stütze verlieren, ist Sorge zu tragen.

Aus Abbruchholz vorstehende Nägel sind zu entfernen oder umzuschlagen.

Bauschutt ist beim Aufschütten und Aufladen zur Vermeidung des Staubens ausreichend zu begießen.

Steinrutschen müssen während der Benützung bedeckt sein. Es ist Sorge zu tragen, daß die Steine am Ausgange der Rutsche nicht mit der Hand entfernt werden.

Baugruben und Ausschachtungen.

§ 17. Baugruben und Gräben müssen eine der Standfestigkeit des Materials entsprechende Böschung erhalten oder gut abgesteift werden.

Neben vorhandenen Bauwerken ist der Aushub der Baugruben und die Herstellung der Fundamente mit besonderer Vorsicht und nur nach Vornahme der nötigen Absteifungen auszuführen. Das gleiche gilt für das Unterfangen bereits bestehender Fundamentmauern.

Zur Herstellung und Zurückbauung von Ausschachtungen jeder Art dürfen nur fachmännisch ausgebildete Arbeiter verwendet werden.

Abschluß und Überdeckung der Öffnungen.

§ 18. Öffnungen in den Balken-(Träger-)lagen und Gewölbedecken, insbesondere für Treppen, Lichtschachte und Aufzüge, ferner Kalkgruben und andere beim Verkehr der Bauarbeiter in Betracht kommende Vertiefungen der Baustelle sind mit hinreichend festem Brustgeländer einzufriedigen oder mit Brettern fest zu überdecken.

Alle Balken-(Träger-)lagen, auf oder über denen gearbeitet wird, müssen in genügender Breite mit Brettern abgedeckt und gegen Öffnungen durch feste Brustgeländer abgeschlossen werden.

Öffnungen, unter denen ein Personenverkehr stattfindet, sind mit entsprechend hohen Bordbrettern zu versehen, um das Herabfallen von Gegenständen zu verhindern.

Tür- und Fensteröffnungen, die zu nicht gedeckten Räumen oder ins Freie führen und für den Personenverkehr Gefahr bieten, sind entsprechend abzuschließen.

Sandstreuen.

§ 19. Bei Glatteis und bei Frostwetter müssen die Gerüstbretter, Treppen und Laufbahnen ausreichend mit Sand bestreut werden. Das gleiche muß an den oberen Mauerflächen beim Aufbringen von Balkenlagen, Eisenschienen und dergleichen geschehen.

Abschluß nicht genügend erleuchteter Baustellen.

§ 20. Nach Eintritt der Dunkelheit ist den Arbeitern das Betreten nicht genügend erleuchteter Rohbauten und das Verweilen in diesen zu untersagen. Auch ist der Zutritt soweit tunlich durch Abschließen der Zugänge zu verhindern.

Vorsichtsmaßregeln beim Einsteigen in Schachte.

§ 21. Vor dem Einfahren oder Einsteigen in Brunnenschachte, Abortgruben und Kanäle ist festzustellen, ob dort keine das Leben oder die Gesundheit gefährdende Gase vorhanden sind; sind solche vorhanden, ist für deren Beseitigung zu sorgen.

Der zuerst einsteigende Arbeiter ist anzuseilen.

Abhaltung von Zugluft.

§ 22. Die im Innern von Gebäuden, insbesondere von Neubauten, beschäftigten Bauarbeiter sind, soweit es nach Art der

Arbeit veranlaßt ist, während der kalten Jahreszeit durch Fenster, Türen oder andere entsprechende Vorrichtungen gegen Luftzug und sonstige schädliche Witterungseinflüsse zu schützen.

Koks- und Kohlenfeuer.

§ 23. Offene Koks- und Kohlenfeuer dürfen zum Austrocknen und Erwärmen der Räume nicht verwendet werden.

Unterkunftsräume.

§ 24. Bei allen Bauten, bei denen mehr als zehn Arbeiter gleichzeitig beschäftigt werden, sollen zur Benützung während der Arbeitspausen entsprechend große, gegen die Unbilden der Witterung allseitig geschützte, genügend belichtete, lüftbare und bei kalter Witterung geheizte Unterkunftsräume mit Holzfußböden und ausreichender Sitzgelegenheit zur Verfügung gestellt werden.

Die Unterkunftsräume sind entsprechend rein zu halten und dürfen nicht als Lager- oder Aufbewahrungsräume für Baumaterialien benützt werden.

In den Unterkunftsräumen ist an geeigneter, jedem Arbeiter zugänglicher Stelle unter Verschluß des Paliers oder seines Stellvertreters ein Verbandkasten anzubringen. In diesem ist Verbandzeug in hinreichender Menge und gebrauchsfähigem Zustande bereitzuhalten und reinlich aufzubewahren.

Bei Bauten der im Abs. I bezeichneten Art kann die Baupolizeibehörde erforderlichenfalls die Bereitstellung von Speisewärme-Einrichtungen für die Arbeiter fordern.

Trinkgelegenheit.

§ 25. Auf jeder Baustelle ist zum Genusse geeignetes Wasser nebst den erforderlichen Trinkgefäßen bereitzustellen.

Die Verabreichung von Bier oder anderen geistigen Getränken auf der Baustelle während der Arbeitszeit ist zu untersagen.

Betrunkenen Arbeitern ist das Betreten der Baustelle oder das Fortsetzen der Arbeit auf der Baustelle nicht zu gestatten.

Aborte.

§ 26. Bei allen Bauten sind den Arbeitern geeignete, für die Geschlechter getrennte, genügend erhellte, lüftbare, reinlich gehaltene und nach Bedarf desinfizierte Aborte in ausreichender Anzahl zur Verfügung zu stellen.

Die Verunreinigung der Bauten ist verboten.

Verantwortlichkeit.

§ 27. Verantwortlich für den Vollzug dieser Vorschriften sind zunächst der mit der Bauleitung betraute Baumeister oder Bauhandwerker, der nach den Vorschriften der Bauordnung die verantwortliche Bauleitung übernommen hat, neben diesem diejenigen auf dem Bau beschäftigten Aufsichtspersonen, denen die Überwachung der Bauausführung von dem Bauleiter besonders übertragen ist, außerdem innerhalb ihres Geschäftskreises jene Unternehmer von Nebenbetrieben, die in selbständiger Weise zur Ausführung der Beamten beitragen, und die von diesen mit der Überwachung besonders betrauten Aufsichtspersonen.

Bekanntgabe der Vorschriften.

§ 28. Gegenwärtige Vorschriften müssen auf jeder Baustelle, wo mehr als zehn Arbeiter gleichzeitig beschäftigt werden, an einem leicht zugänglichen Orte in Plakatform sichbar angebracht werden.

Ausnahmen.

§ 29. Die Baupolizeibehörde kann bei dem Vorhandensein besonderer Verhältnisse, namentlich bei einfacheren Bauten auf dem Lande, von einzelnen Bestimmungen der vorstehenden Vorschriften Ausnahmen zulassen, soweit nicht öffentliche Interessen entgegenstehen. Die Ausfertigung der Zulassung ist auf der Baustelle aufzulegen.

Ortspolizeiliche Vorschriften.

§ 30. Die Erlassung weitergehender ortspolizeilicher Vorschriften nach Maßgabe des bestehenden Bedürfnisses bleibt vorbehalten.

Aufhebung der älteren Vorschriften.

§ 31. Die oberpolizeilichen Vorschriften zum Schutze der bei Bauten beschäftigten Personen vom 24. Juli 1904 (Gesetz- und Verordnungsblatt S. 257) werden aufgehoben.

3. Oberpolizeiliche Vorschriften der Staatsministerien des K. Hauses und des Äußern sowie des Innern vom 4. September 1905 zum Schutze der bei Tiefbauten beschäftigten Personen.

(GVBl. S. 567).

Auf Grund des Art. 101 des Polizeistrafgesetzbuches für das Königreich Bayern vom 26. Dezember 1871 in der durch das Gesetz vom 22. Juni 1900 (Gesetz- und Verordnungsblatt S. 484) geänderten Fassung, dann des § 120e Abs. II der Reichsgewerbeordnung erlassen die Kgl. Staatsministerien des Königlichen Hauses und des Äußern und des Innern die nachstehenden oberpolizeilichen Vorschriften:

I. Allgemeine Vorschriften.

Ausführung der Bauarbeiten im allgemeinen.

§ 1. Sämtliche Arbeiten bei Tiefbauten, insbesondere an Gerüsten und anderen provisorischen Bauvorrichtungen, müssen den Rücksichten auf Leben und Gesundheit der Arbeiter entsprechend fest und sicher ausgeführt und durch hiezu befähigte Personen geleitet und beaufsichtigt werden.

Materialien, Geräte, Maschinen.
Regelmäßige Untersuchung.

§ 2. Die bei dem Baubetriebe sowie bei den provisorischen Bauanlagen zur Verwendung kommenden Materialien, Geräte und Maschinen müssen sich stets in gutem, vollkommen gebrauchsfähigen und zweckentsprechendem Zustande befinden und in angemessenen Zwischenräumen sorgfältig untersucht werden.

Arbeiten von besonderer Art oder Gefahr.

§ 3. Bei Arbeiten, welche besondere Kenntnisse erfordern oder mit besonderer Gefahr verbunden sind, insbesondere bei der Aufstellung und Abtragung von Rüstungen jeder Art, beim Brems- und Seilbahnbetrieb, bei maschinellen Anlagen, beim Schiffahrtsbetrieb, bei Abbruch- und Sprengarbeiten dürfen nur sachkundige, geübte und zuverlässige Personen verwendet werden.

Gebrechliche Personen.

§ 4. Personen, von denen dem Arbeitgeber bekannt ist, daß sie an körperlichen Gebrechen leiden, dürfen nur bei Arbeiten beschäftigt werden, welche sie ohne Gefahr für sich und andere ausüben können.

Die Zugänge zur Arbeitsstätte.

§ 5. I. Durch Anlage sicherer Zugänge und durch geeignete Vorkehrungen (Treppen, Leitern, Stege usw.) ist dafür zu sorgen, daß die Arbeiter die ihnen auf den Baustellen zugewiesenen Arbeitsplätze ohne Gefahr erreichen und verlassen können.

II. Bei Dunkelheit sind während des Betriebes die Arbeitsstellen und deren Zugänge ausreichend zu beleuchten.

III. Das Betreten der Baustelle nach Schluß der Arbeit ist zu untersagen und soweit tunlich durch Abschließen der Zugänge zu verhindern.

Abschluß der Öffnungen.

§ 6. Alle beim Verkehr der Arbeiter in Betracht kommenden Vertiefungen der Baustelle, wie Luken, Fundamentgruben, Schachtlöcher, Kalkgruben, sind sicher einzufriedigen oder sicher zu überdecken.

Rettungsvorkehrungen.

§ 7. I. Zur Ausübung von Arbeiten an besonders ausgesetzten Stellen müssen, soferne hiezu nicht genügend sichere Schutzgerüste hergestellt sind, Sicherheitsgürtel und starke Leinen vorrätig gehalten werden. Die Arbeiter sind zum Gebrauche derselben anzuhalten.

II. Bei allen mit der Gefahr des Ertrinkens verbundenen Arbeiten nächst und auf dem Wasser sind Rettungsvorkehrungen (Kähne, Seile, Haken, Rettungsringe oder -Bälle und dergleichen) an geeigneter Stelle bereit zu halten.

Schutzbrillen.

§ 8. Bei Arbeiten, welche die Gefahr der Augenbeschädigung durch Steinsplitter, Funken und dergl. mit sich bringen, sind

Schutzbrillen bereit zu halten; die Arbeiter sind zum Gebrauche derselben anzuhalten.

Sandstreuen.

§ 9. Bei Glatteis und Frostwetter müssen die Gerüstbretter, Treppen und Laufdielen sowie die dem Verkehr dienenden Wege und Steige innerhalb der Baustelle ausreichend mit Sand oder dergl. bestreut werden.

Trinkgelegenheit.

§ 10. I. Auf jeder Baustelle ist zum Genusse geeignetes Wasser nebst den erforderlichen Trinkgefäßen bereitzustellen.

II. Die Verabreichung von Bier und anderen geistigen Getränken auf der Baustelle während der Arbeitszeit ist zu untersagen.

III. Betrunkenen Arbeitern ist das Betreten der Baustelle oder das Fortsetzen der Arbeit auf derselben nicht zu gestatten.

Aborte.

§ 11. Bei allen Bauten sind den Arbeitern geeignete, für die Geschlechter getrennte, genügend erhellte, lüftbare, reinlich gehaltene und nach Bedarf desinfizierte Aborte in ausreichender Zahl zur Verfügung zu stellen.

Unterkunftsräume.

§ 12. I. Bei länger dauernden Betrieben an gleichen oder benachbarten Stellen, bei denen mehr als 10 Arbeiter gleichzeitig beschäftigt werden, sollen zur Benützung während der Arbeitspausen entsprechend große, gegen die Unbilden der Witterung allseitig geschützte, genügend belichtete, lüftbare und bei kalter Witterung geheizte Unterkunftsräume mit Holzfußböden und ausreichender Sitzgelegenheit zur Verfügung gestellt werden.

II. Die Unterkunftsräume sind entsprechend rein zu halten und dürfen nicht als Lager- oder Aufbewahrungsräume für Baumaterialien benützt werden.

III. In denselben ist an geeigneter, jedem Arbeiter zugänglicher Stelle ein Verbandkasten anzubringen, in welchem Verbandzeug in hinreichender Menge und in gebrauchsfähigem Zustande bereit zu halten und reinlich aufzubewahren ist. Eine Anleitung über die erste Hilfeleistung bei Unglücksfällen ist an leicht zugänglicher Stelle in Plakatform anzubringen.

IV. Das Aufsichtspersonal soll für Ausübung der Nothilfe bei Unglücksfällen zuverlässig geschult sein.

V. Bei Bauten der in Abs. I bezeichneten Art kann die Distriktspolizeibehörde erforderlichenfalls die Bereitstellung von Speisewärmevorrichtungen fordern.

II. Gerüste, Leitern, Abbrucharbeiten und dergleichen.

Allgemeine Bestimmungen für Gerüste.

§ 13. I. Alle Gerüste müssen den fachmännischen Grundsätzen und dem jeweiligen Zwecke entsprechend in genügender Festigkeit hergestellt und unterhalten werden.

II. Ungleichmäßige und übermäßige Belastung der Gerüste ist verboten.

III. Eigenmächtige Änderungen an den Gerüsten, insbesondere das Herausnehmen von Klammern und Hölzern, das Entfernen von Schutzbrettern und Dielen, sind den Arbeitern zu verbieten.

Gerüstständer.

§ 14. Die Gerüstständer müssen in einer der Beanspruchung entsprechenden Weise mittels Holzunterlagen (Schwellen) oder durch Eingrabung oder Einrammung sicher und unverrückbar mit dem Untergrunde verbunden werden.

Schutz gegen Verschiebungen der Gerüste.

§ 15. I. Die Gerüste sind mit den nötigen Streichstangen zu versehen, die endsprechend befestigt und bei stärkerer Belastung noch durch untergenagelte Knaggen, Eisenklammern, Steifhölzer oder ähnliche Hilfsmittel unterstützt werden müssen.

II. Zur Verhütung von Längen- und Seitenverschiebungen der Gerüste müssen genügend starke Diagonalverstrebungen angebracht werden.

Gerüstbelag, Bordbretter, Brustwehren, Lauftreppen, Stege.

§ 16. I. Die zum Gerüstbelag verwendeten Hölzer müssen eine ihrer Belastung entsprechende Stärke haben, dicht aneinander und so gelegt werden, daß das Aufschnappen oder Ausweichen derselben ausgeschlossen ist.

II. Gerüstgeschosse, auf welchen gearbeitet wird, oder welche von Arbeitern begangen werden müssen, sind mit Bretterbelag und da, wo sie von Wänden abstehen, innen und außen mit gehörig befestigten Brustwehren und Bordbrettern zu versehen. Die Bordbretter müssen an den Bretterbelag dicht anschließen.

III. Aus den Gerüstbrettern, Gerüstlatten und sonstigen zur Verwendung gelangenden Holzteilen sind vorstehende Nägel zu entfernen.

IV. Lauftreppen und Stege sind mit festen Geländern zu versehen und in einer solchen Breite anzulegen, daß sie das Ausweichen zweier Personen gestatten.

Hängekörbe, Hängeböden.

§ 17. Die Verwendung von Hängekörben und Hängeböden ist nur mit besonderer distriktspolizeilicher Genehmigung und nur für solche Bauvornahmen zulässig, zu deren Ausführung ein größerer Materialaufwand nicht notwendig ist. Diese Gerüste müssen vor der Verwendung auf ihre Tragfähigkeit geprüft und gegen Absturz genügend gesichert werden.

Besondere Schutzgerüste.

§ 18. I. Bei allen Arbeiten, bei denen eine erhebliche Gefahr des Absturzes von Personen oder des Herunterfallens von Bauteilen und Werkzeugen besteht, sind besondere Schutzgerüste anzubringen.

II. Sind letztere lediglich zum Schutze der unterhalb arbeitenden Personen, nicht auch für den Verkehr von Personen bestimmt, so sollen sie so hergestellt werden, daß sie nicht ohne weiteres betreten werden können.

Leitern.

§ 19. I. Leitern müssen den Austritt entsprechend überragen und so befestigt werden, daß sie weder unten abrutschen, noch oben überschlagen oder ausweichen können.

II. Die Sprossen müssen in denselben gut befestigt sein und dürfen nicht durch aufgenagelte Holzstücke ersetzt werden.

III. Der Transport von Lasten auf Leitern ist verboten.

IV. Leitern dürfen nicht als Laufgänge oder als Gerüstgeschosse verwendet werden.

Aufstellen und Abbrechen der Gerüste.
Aufbringen des Baumaterials.

§ 20. I. Während des Aufstellens der Gerüste und des Aufbringens (Aufziehens) der Gerüsthölzer oder anderer Baumaterialien hat, wenn nicht genügende Vorkehrung zur Sicherheit getroffen ist, jede andere Beschäftigung an den betreffenden Stellen zu ruhen.

II. Desgleichen ist Sorge zu tragen, daß bei dem Abbruch der Gerüste und bei dem Entfernen von Absteifungen ein unnützes Verweilen von Arbeitern unter denselben nicht stattfindet.

Abbrucharbeiten.

§ 21. I. Bei Abbrucharbeiten sind ausreichende Vorsichtsmaßregeln zum Schutze der Personen gegen herabfallende Gegenstände zu treffen. Ein Umwerfen ganzer Wände oder sonstiger Bauteile ist nur bei besonderen Verhältnissen gestattet. Sprengungen dürfen nur mit Erlaubnis der Distriktspolizeibehörde vorgenommen werden.

II. Für die entsprechende Absteifung von Bauwerken, welche durch den Abbruch anstoßender Bauteile ihre Stütze verlieren, ist Sorge zu tragen.

III. Aus Abbruchholz vorstehende Nägel sind zu entfernen oder umzuschlagen.

IV. Bauschutt ist beim Aufschütten und Aufladen zur Vermeidung des Staubens ausreichend zu begießen.

III. Erdarbeiten.

Arbeiten an Erd- und Felswänden.

§ 22. I. Es darf nur an Erd- und Felswänden gearbeitet werden, deren Neigung der Standfähigkeit des Materials entspricht. Wo dies nicht der Fall und eine entsprechende Abböschung nicht möglich ist, sind die Wände durch Sicherheit gewährende Absteifungen zu stützen.

II. Dies gilt auch für Baugruben und Gräben jeder Art, die nötigenfalls regelrecht auszuschalen und stets am oberen Rande mit Bordbrettern zu versehen sind.

III. Das Arbeiten an überhängenden Wänden ist verboten, desgleichen das Unterhöhlen der Wände und das lotrechte Abarbeiten über Brusthöhe.

§ 23. I. Wird eine steile Erd- oder Felswand durch Abkeilen, Sprengen oder in anderer Weise gelöst, so muß im Bereiche der Gefahr während dieser Verrichtung und solange die Absturzfläche nicht von losen, absturzdrohenden Teilen gereinigt ist, die regelmäßige Arbeit ausgesetzt bleiben.

II. Außerdem sind solche Wände vor dem Arbeitsbeginn, namentlich bei Regen, Frost und Tauwetter, auf das Vorhandensein von einsturzdrohenden Teilen zu prüfen und nötigenfalls zu sichern.

Arbeiten neben vorhandenen Bauwerken.

§ 24. I. Neben vorhandenen Bauwerken ist der Aushub der Baugruben, die Lagerung des Aushubmaterials und die Herstellung der Fundamente mit besonderer Vorsicht und nur nach Vornahme der nötigen Absteifungen, veranlaßten Falles stückweise auszuführen. Das gleiche gilt für das Unterfangen bestehender Fundamentmauern.

II. Nach Regengüssen sind die Sicherungen auf ihre Haltbarkeit besonders zu prüfen.

Einfüllen der Baugruben und Gräben.

§ 25. Beim Zuschütten der Baugruben und Gräben dürfen die Aussteifungen erst dann entfernt werden, wenn sie durch das Einfüllen entbehrlich geworden sind.

Brunnenschachte.

§ 26. Brunnenschachte müssen bei Grabung in nicht felsigem Boden und einer Tiefe von mehr als 1,5 Meter ausgeschalt werden. Bei der Aufmauerung darf die Verschalung stets nur so weit entfernt werden, als es durch die Aufmauerung notwendig wird.

Vorsichtsmaßregeln beim Einsteigen in Schachte.

§ 27. I. Vor dem Einfahren und Einsteigen in Brunnenschachte, Abortgruben, Kanäle und andere unterirdische Hohlräume ist festzustellen, ob in denselben keine das Leben oder die Gesundheit gefährdende Gase vorhanden sind; gegebenenfalls ist für die Beseitigung derselben Sorge zu tragen.

II. Der zuerst einsteigende Arbeiter ist anzuseilen.

IV. Transport.

Beschaffenheit der Transportbahnen im allgemeinen.

§ 28. Die Transportbahnen mit allem Zubehör sind stets in gutem, die Tragfähigkeit des Untergrundes und die Fahrtgeschwindigkeit berücksichtigenden Zustand zu erhalten und müssen möglichste Sicherheit gegen Ausspringen, Um- und Abstürzen der Wagen gewährleisten.

Das Bahngefälle.

§ 29. I. Die Gefälle der Transportbahnen (Laufdielen, Geleise) sind so zu bemessen, daß die Transportgeräte durch die Hemmvorrichtungen (Bremsen, Fangvorrichtungen) an jeder beliebigen Stelle zum Stehen gebracht werden können.

II. Sind die Schienen infolge von Kälte oder Nässe glatt geworden, so müssen sie mit Sand und dergleichen bestreut werden.

Verkehrsvorschriften, Kippwagen, Bremsen.

§ 30. I. Einzeln bewegte Wagen dürfen nur in angemessenen Abständen aufeinander folgen. Jeder derselben muß gebremst werden können.

II. Kippwagen müssen mit leicht zu handhabenden, ein selbsttätiges Kippen verhindernden Feststellvorrichtungen versehen sein.

III. Geschlossene Züge müssen mit sicheren Kuppelvorrichtungen und einer genügenden Anzahl rasch und sicher wirkender Bremsen versehen sein.

Überlastung der Wagen, Personentransport.

§ 31. I. Die Überlastung der Wagen ist bei allen Bahnen verboten.

II. Die Benützung der Transportbahnen zur Beförderung der Arbeiter ist nur bei betriebssicherem Geleise zu gestatten.

Rollbahnstege.

§ 32. I. Bei Rollbahnstegen muß zwischen dem Rollwagen und den Geländern beiderseits genügend Raum für eine Person vorhanden sein.

II. Die Rollbahnstege sind in ganzer Breite abzudecken.

Bremsbahnen.

§ 33. I. Bremsbahnen (Bremsberge) müssen mit zuverlässig wirkender Bremse versehen sein. Die Verbindung der Transportgefäße untereinander und mit dem Förderseil oder der Förderkette muß so sicher sein, daß eine selbsttätige Lösung ausgeschlossen ist.

II. Das Betreten des Bremsberges während der Fahrt ist zu verbieten.

Seilbahnen.

§ 34. I. Wo die Wagen einer Seilbahn und dergleichen mit der Unterkante 2,50 m oder weniger vom Boden abstehen, ist der Verkehr unter der Bahn durch Geländer von mindestens 1 m Höhe sicher abzuschließen.

II. Begangene oder befahrene Wege, über welche Seilbahnen und dergleichen hinführen, müssen an den Übergängen durch Schutzdächer oder Schutznetze gesichert werden.

Signalvorrichtungen.

§ 35. Zwischen der Abgangs- und Endstation müssen bei Brems- und Seilbahnen sowie ähnlichen Anlagen zuverlässig wirkende Signalvorrichtungen, welche gegenseitige Verständigung ermöglichen, vorhanden sein.

V. Arbeiten unter Anwendung von Preßluft.

Altersgrenze der Arbeiter, ärztliche Untersuchung.

§ 36. I. Zur Arbeit in verdichteter Luft dürfen nur durchaus gesunde Personen, welche das 20. Lebensjahr vollendet und das 50. Lebensjahr nicht überschritten haben, zugelassen werden.

II. Die Arbeiter müssen vor der erstmaligen Verwendung im Betriebe ärztlich untersucht und gehörig unterwiesen werden. Die Untersuchung ist in angemessenen Zwischenräumen und nach jeder vorausgegangenen Gesundheitsstörung zu wiederholen. Die Verwendung oder Wiederverwendung der Arbeiter darf nur auf Grund ärztlicher Bescheinigung über deren Tauglichkeit erfolgen. Bei Arbeiten unter einem Überdruck von mehr als 1½ Atmosphären muß für den Bedarfsfall rasche ärztliche Hilfeleistung bereitgestellt sein.

Arbeitsschichten, Ein- und Ausschleusen.

§ 37. I. Die Arbeitsschichten sind nach Maßgabe der Zunahme des Überdruckes entsprechend abzukürzen.

II. Das Ein- und Ausschleusen ist langsam unter allmählicher Ausgleichung des Luftdruckes auszuführen. Beim Ausschleusen muß für je $^1/_{10}$ Atmosphären Druckminderung bei einem Überdruck bis zu 1½ Atmosphären ein Zeitraum von mindestens 1 Minute, bei einem Überdruck von mehr als 1½ Atmosphären ein Zeitraum von mindestens 2 Minuten verwendet werden.

III. Bei jeder Schleuse muß ein gut funktionierender Manometer und Kontrollmanometer vorhanden sein.

Signalvorrichtungen.

§ 38. Die unter Preßluft arbeitenden Personen müssen durch Signalvorrichtungen in den Stand gesetzt werden, sich jederzeit mit den oberirdischen Betriebsstätten in Verbindung zu setzen.

Schleusenräume.

§ 39. I. Der zum Ein- und Ausschleusen benützte Raum muß eine solche Größe haben, daß auf jede der gleichzeitig durchzuschleußenden Personen mindestens 0,75 cbm Raum entfällt und der Gesamtinhalt desselben mindestens 2,5 cbm umfaßt.

II. Wird mit einem Überdruck von mehr als 1½ Atmosphären gearbeitet, so muß eine entsprechend eingerichtete Sanitätsschleuse mit Vorkammer und Ruhebett, Telephon und elektrischer Beleuchtungsvorrichtung vorhanden sein.

III. Die verbrauchte Luft ist stets rechtzeitig zu erneuern.

Schutz der Schleusen gegen Sonnenwärme.

§ 40. Die Schleusen sind im Sommer vor der unmittelbaren Einwirkung der Sonne mit Matten oder Stroh zu schützen und durch Begießen mit Wasser zu kühlen.

Beförderung der Materialien.

§ 41. Alle Materialien und Werkzeuge müssen mittels der Förderkübel in den Caisson verbracht werden. Das Hinunterwerfen durch den Einsteig- oder Förderschacht ist zu verbieten.

Wasser- und Luftdruckproben.

§ 42. Die Schleusen und Schachtrohre sind vor jeder erstmaligen Inbetriebnahme, ferner nach jeder länger als 12 Monate dauernden Unterbrechung des Gebrauches mit Wasser- oder Luftdruck zu proben. Letzterer muß das Doppelte des Luftdruckes betragen, mit dem die Schleuse arbeiten soll, beziehungsweise bei der ersten Probe einer neuen Schleuse das Doppelte desjenigen Druckes, für welchen sie berechnet wurde.

VI. Baumaschinen.

Einfriedigung, Schutzvorrichtungen.

§ 43. I. Bei allen maschinellen Einrichtungen sind im Verkehrsbereich der Arbeiter die gefahrdrohenden beweglichen Teile, soweit es der Betrieb zuläßt, einzufriedigen oder mit Schutzvorrichtungen zu versehen.

II. Besonders gefahrbringende Orte sind durch Warnungstafeln und dergl. kenntlich zu machen oder abzuschließen.

Bedienung von Motoren und Transmissionen.

§ 44. I. Die bei Motoren und Transmissionen beschäftigten Arbeiter sind anzuhalten, anschließende Kleidung zu tragen.

II. Personen unter 16 Jahren sind von der Bedienung und Beaufsichtigung von Motoren und Transmissionen auszuschließen.

Hebewerke.

§ 45. I. Hebezeuge aller Art sind mit der Angabe über die größte zulässige Belastung zu versehen; dieselben dürfen niemals über letztere hinaus beansprucht werden. Alle Triebwerksteile, die Seile und Ketten müssen für die Gesamtförderlast mindestens fünffache Sicherheit bieten.

II. Das Anhängen der zu hebenden Gegenstände hat in sicherer Weise zu erfolgen.

III. Die Beförderung von Personen mittels Hebewerken, die nur für Lastentransport bestimmt sind, ist verboten.

§ 46. Unter den in einem Hebezeug hängenden Lasten darf niemand Stellung nehmen oder Arbeit verrichten; ist dies unumgänglich nötig, so ist die Last vorher abzufangen.

§ 47. Hebezeuge mit Kurbelantrieb müssen mit Sicherheitskurbeln und mit einer wirksamen Sperrvorrichtung versehen sein, soferne sie nicht selbstsperrend sind. Soll das Hinablassen der Last durch das Eigengewicht geschehen, so muß eine zuverlässige Bremse vorhanden sein.

VII. Schlußbestimmungen.

Anzeigepflicht. Bauleiter.

§ 48. I. Über den Beginn und die voraussichtliche Dauer umfangreicherer Tiefbauten, bei welchen mehr als zehn Arbeiter gleichzeitig beschäftigt werden, hat der Unternehmer der Distriktspolizeibehörde Anzeige zu erstatten. Zugleich ist die mit der Bauleitung betraute Person namhaft zu machen, welche die Verantwortung durch unterschriftliche Erklärung zu übernehmen hat.

II. Auf regelmäßig wiederkehrende Tiefbauarbeiten, wie Bach-, Graben-, Kanalräumungen, Frühjahrs- und Herbstwegreparaturen und dergl. findet diese Bestimmung keine Anwendung.

Polizeiliche Überwachung der Bauten.

§ 49. I. Die Distriktspolizeibehörde kann die als Bauleiter bestellte Person beanstanden, wenn diese die für eine sichere Bauführung erforderliche Verlässigkeit nicht besitzt. Bis zur Behebung des Anstandes kann die Inangriffnahme oder Fortsetzung der Bauarbeiten untersagt werden.

II. Die Distriktspolizeibehörde kann erforderlichenfalls Nachschau bei den Bauten durch geeignete Sachverständige anordnen. Die Kosten dieser Kontrolle hat der Unternehmer zu tragen.

Verantwortlichkeit.

§ 50. Verantwortlich für den Vollzug gegenwärtiger Vorschriften sind zunächst der Unternehmer oder die von diesem mit der Bauleitung betraute Person, ferner diejenigen bei dem Bau beschäftigten Aufsichtsorgane, denen die Überwachung der Bauausführung von dem Bauleiter besonders übertragen ist, außerdem innerhalb ihres Geschäftskreises jene Unternehmer von Nebenbetrieben, welche in selbständiger Weise zur Ausführung der Bauten mit beitragen, und die von diesen mit der Überwachung besonders betrauten Aufsichtsorgane.

Bekanntgabe der Vorschriften.

§ 51. Die Vorschriften müssen auf jeder Baustelle, wo regelmäßig mehr als zehn Arbeiter beschäftigt werden, an einem leicht zugänglichen Orte in Plakatform sichtbar angebracht oder den einzelnen Arbeitern übergeben werden.

Dispensation.

§ 52. Die Distriktspolizeibehörde kann unter besonderen Verhältnissen, namentlich bei einfacheren Bauten, von einzelnen Bestimmungen der vorstehenden Vorschriften entbinden, soweit nicht öffentliche Interessen entgegenstehen.

Bauführungen der Zivilliste und des Staatsärars.

§ 53. Für die Bauführungen der Zivilliste und des Staatsärars gelten an Stelle der Zuständigkeitsbestimmungen in den §§ 12, 17, 21, 48, 49 und 52 die jeweils bestehenden besonderen Vorschriften.

Ortspolizeiliche Vorschriften.

§ 54. Die Erlassung weitergehender ortspolizeilicher Vorschriften nach Maßgabe des bestehenden Bedürfnisses bleibt vorbehalten.

Bergwerksbetrieb.

§ 55. Gegenwärtige Vorschriften finden keine Anwendung auf die der Aufsicht der Bergbehörden unterstehenden Tiefbauten.

4. Oberpolizeiliche Vorschriften des Staatsministeriums des K. Hauses und des Äußern vom 21. November 1908 betr. die Beschäftigung von Arbeiterinnen auf Bauten.

(GVBl. S. 990).

Auf Grund des § 120e Abs. 2 der Gewerbeordnung ergehen nachstehende Bestimmungen, betreffend die Beschäftigung von Arbeiterinnen auf Bauten:

§ 1. Die Beschäftigung von Arbeiterinnen auf Bauten unterliegt folgenden Beschränkungen:

1. ...
2. Arbeiterinnen dürfen auf Baugerüsten überhaupt nicht beschäftigt werden.

§ 2. Die vorstehenden Bestimmungen treten am 1. März 1909 in Kraft.

5. Ortspolizeiliche Vorschriften der Lokalbaukommission vom 28. Dezember 1896 betr. Sicherheitsvorrichtungen zur Verhütung von Unfällen bei Bauarbeiten.

(MGemZ. Nr. 105).

Die Lokalbaukommission München erläßt nach Einvernahme des Stadtmagistrates und der K. Polizeidirektion München auf Grund des Art. 101 des Polizeistrafgesetzbuches folgende von der

K. Regierung von Oberbayern, Kammer des Innern, mit Entschließung vom 15. Dezember 1896 Nr. 45 749 für vollziehbar erklärten ortspolizeilichen Vorschriften:

Allgemeines.

§ 1. Mit der Ausführung von Bau-, Erd- oder Abbruchsarbeiten darf nicht eher begonnen werden, als bis die zur Sicherung eines gefahrlosen Vollzugs der Arbeiten erforderlichen Einrichtungen getroffen und insbesondere die jeweils nötigen Gerüste nach Maßgabe der nachfolgenden Bestimmungen hergestellt worden sind.

§ 2. Alle zur Herstellung von Gerüsten benützten Materialien und Werkzeuge müssen von guter und zweckentsprechender Beschaffenheit sein; insbesondere müssen alle Rüsthölzer, Riegel, Stangen und Bretter aus gesundem Holz bestehen und alle Gerätschaften, Maschinen und sonstiges Zubehör, wie Seile, Klammern, Bindezeug usw. in gutem, gebrauchsfähigem Zustande sich befinden.

Gerüste dürfen nicht in einer ihrer Bauart widersprechenden Weise benützt oder belastet werden.

Ständergerüste.

§ 3. Zur Herstellung von Fassaden, welche vorzugsweise aus Hausteinmaterial bestehen, dürfen nur regelrecht gezimmerte, in den Verbindungen, welche auf Zug in Anspruch genommen werden, mit eisernen Schraubenbolzen befestigte Gerüste verwendet werden.

Ständergerüste für geringere Belastungen dürfen aus bearbeiteten oder unbearbeiteten Rüsthölzern, welche durch Klammern oder in anderer solider Weise miteinander verbunden sind, bestehen.

Die Ständerbäume, welche in der Regel nicht mehr als 4 m voneinander abstehen sollen, müssen entweder in den Boden eingegraben oder auf einer Schwelle sicher und unverrückbar befestigt werden.

Bei seitlicher Inanspruchnahme des Gerüstes oder einzelner Teile desselben sind hinreichend starke Kreuzverstrebungen anzubringen.

Die zum Gerüstbelag verwendeten Bretter müssen ihrer Belastung entsprechend, mindestens aber 3 cm stark sein, ferner müssen sie dicht aneinander und an den Hirnenden mit angemessener Überdeckung verlegt werden.

Alle Gerüstgeschosse sind, um den Absturz von Menschen sowie von Baumaterialien oder Werkzeugen zu verhindern, mit gehörig befestigten Brustwehren und an den Bretterbelag dicht anschließenden Bordbrettern zu versehen.

Die für Materialbeförderung in den einzelnen Gerüstgeschossen notwendigen Bodenöffnungen sind an drei Seiten mit Brustwehren zu versehen; doch können unter Umständen je nach der Art der

Förderung auch vollständig geschlossene Schachte, welche von jedem Gerüstgeschoß nur an einer Seite zugänglich sind, verlangt werden.

Leitergerüste.

§ 4. Bei Anwendung von Leitergerüsten ist eine Maximalbelastung des Belages von höchstens zwei Zentner für den laufenden Meter zulässig.

Die hiezu benützten Leitern, Bäume und Sprossen müssen aus gesundem, nicht überspänigem Holze ohne durchgehende Äste bestehen und so aufgestellt und befestigt werden, daß sie weder unten abrutschen, noch oben ausweichen können. Ihr gegenseitiger Abstand darf höchstens 4 m betragen. Ferner müssen die Leitern mindestens 1 m, senkrecht gemessen, über den Austritt hervorragen und je nach Erfordernis gegen das Durchbiegen und gegen seitliches Schwanken fest — eventuell kreuzweise — abgesteift werden.

Die Längs- und Querriegel müssen gleichfalls eine ihrer Belastung entsprechende Stärke haben, an den Leitern und unter sich fest verbunden werden und ihre Auflager mindestens 0,2 m überragen.

Die Gerüstbretter müssen hinreichend stark sein und so gelegt werden, daß ein Herabfallen von Materialien verhindert wird.

Auch hier sind Brustwehren und Bordbretter anzubringen.

Ausschußgerüste.

§ 5. Bei Ausschußgerüsten müssen die Ausschußriegel durch sichere Verstrebungen im Innern niedergehalten oder durch entsprechende äußere Verstrebungen gegen die Mauer gestützt werden, und ist auch gegen seitliches Ausweichen des Gerüstes Sorge zu tragen.

Der Gerüstbelag ist in gleicher Weise wie bei den vorgenannten Gerüsten herzustellen.

Schragengerüste.

§ 6. Bei Anwendung von Schragengerüsten sollen nur zwei Reihen Schragen übereinander aufgestellt werden, nur für eine kurze Strecke darf darüber eventuell noch ein drittes Schragengerüst kommen. Die Gesamthöhe dieser Gerüste darf 5 m nicht überschreiten. Sämtliche Schragen müssen ein festes und sicheres Auflager erhalten und sind entsprechende Verstrebungen anzubringen.

Auch hier muß der Gerüstbelag den obigen Anforderungen entsprechen.

Hängegerüste.

§ 7. Hängegerüste dürfen nur zu Arbeiten verwendet werden, welche keine großen Belastungen oder Schwankungen veranlassen.

Die Arbeitsbühne muß versteift und durch ein Geländer abgeschlossen sein. Die Aufhängvorrichtungen müssen aus bestem Material hergestellt und stets in gebrauchsfähigem und tadellosem Stand erhalten werden.

Schutzgerüste.

§ 8. Zur Sicherung der Dachdeckerarbeiten muß auf die Dauer derselben entweder das vorhandene Baugerüst auf dem obersten Gerüstgang, und zwar soweit es das vorhandene Gerüst gestattet, nicht tiefer als 1 m unter dem Hauptgesims in ganzer Breite mit Brettern dichtschließend abgedeckt und an der Außenseite mit einer mindestens 0,6 m hohen Bordwand versehen, oder es müssen anderweitige genügende Vorkehrungen zur Sicherung gegen Absturz der Arbeiter und Materialien hergestellt werden.

Liegt das Schutzgerüst tiefer als 1 m unter dem Hauptgesims oder ladet es über dieses nur wenig aus, so ist die Bordwand entsprechend höher herzustellen.

Bei allen Bauführungen und Abbrüchen sind alle Vorkehrungen zu treffen, um den Verkehr der Arbeiter oder der Passanten vor Gefährdung und Belästigungen zu schützen, nötigenfalls ist die ganze gefährdete Stelle für den Verkehr abzusperren. Bei Bauvornahmen oder Abbruchsarbeiten an einer Straße ist auf die ganze Gebäudelänge in einer Höhe von 3,5 m über dem Trottoir ein Schutzdach anzubringen, welches aus starken, dichtschließenden Brettern hergestellt, in der Richtung gegen die Baustelle abwärtsgeneigt und mit einem 0,6 m hohen Bordbrett versehen sein muß.

Treppen.

§ 9. Bei jedem Bau ist, falls nicht eine normale Treppe zur Verfügung steht, mindestens eine sichere Lauftreppe mit festen Geländern anzulegen. Auf der Aufgangsfläche müssen der Breite nach in Schrittweite 0,04 m starke Leisten solid befestigt werden, welche bei steileren Treppen doppelt aufzulegen sind. Die Treppenläufe sowohl wie die Podeste müssen die für den Verkehr der Arbeiter nötige Breite erhalten.

Leitern.

§ 10. Alle bei Bauarbeiten in Verwendung kommenden Leitern müssen die oben in § 4 verlangte Beschaffenheit haben und Aufstellung erhalten. Die Leitergänge sollen, wenn möglich, so angelegt werden, daß die von einer Leiter herabfallenden Gegenstände den darunterliegenden Leitergang nicht treffen können.

Der regelmäßige Transport von Baumaterialien auf Leitern ist unzulässig.

Außerhalb der Arbeitszeit sind die unteren Sprossen der Leitern, wenn dieselben nicht in einem abgeschlossenen Bauplatze sich befinden, auf mindestens 2,5 m Höhe zu verschalen.

Sicherheitsvorrichtungen.

§ 11. Sobald in einem Neu-, Um- oder Anbau eine Balkenlage verlegt ist, muß dieselbe dichtschließend mit Brettern überdeckt werden, oder es sind alle Zugänge zu derselben sicher abzuschranken. Verbindungen (Gänge, Treppen) unter nicht abgedeckten Räumen sind mit Schutzdecken gegen abfallende Gegenstände zu versehen. Bei Ausführung von Arbeiten am Dache oder an andern gefährlichen Gebäudestellen müssen Sicherheitsgürtel und die dazu erforderlichen starken Leinen angewendet werden. Arbeiten an Glasdächern dürfen nur auf zweckmäßig konstruierten Gerüsten oder auf sicher befestigten Leitern vorgenommen werden; die damit beschäftigten Arbeiter müssen durch ein um den Leib befestigtes Tau gegen Hinabfallen gesichert sein.

Die in § 41 der Münchener Bauordnung vom 29. Juli 1895 vorgeschriebenen Schneefänge müssen bei einer Höhe von 0,28 m von solcher Stärke und so solid befestigt sein, daß sie zur Sicherung der Dacharbeiten dienen. Die Schneefangstützen müssen bei einer Mindeststärke von 26—27 mm eine der Sicherheit entsprechende Versteifung erhalten und dürfen bei einem geringsten Abstand unter sich von 1,3 m nur an den Sparren, aber nicht an der Schalung befestigt werden. Die Schneefanggitter müssen entsprechend stark und an den Stützen in solider Weise befestigt sein.

Die Dachrinnen und Rinnenhaken müssen gleichfalls von solcher Beschaffenheit sein, daß sie die mit Ausbesserungen beschäftigten Arbeiter zu tragen vermögen. Die Stärke der Rinnenhaken hat bei normalem Maße der Hängrinnen mindestens 28 auf 8 mm zu betragen.

Bei hohen und steilen Dächern sind in entsprechenden Abständen gut befestigte Leiterhaken anzubringen.

Bei Ausführung von Dachreparaturen sind in der Dachrinne Schutzwände von mindestens 0,6 m Höhe aufzustellen und gut zu befestigen.

Vorstehende Vorschriften, welche mit dem 1. Januar 1897 in Kraft treten, müssen auf jeder größeren Baustelle an einem leicht zugänglichen Ort in Plakatform sichtbar ausgehängt werden.

6. Allgemeine Unfallverhütungsvorschriften der Bayerischen Baugewerks-Berufsgenossenschaft vom 15. Januar 1923.

Vom Abdruck dieser Vorschriften wurde wegen ihres großen Umfangs abgesehen.

7. Oberpolizeiliche Vorschriften des Staatsministeriums des K. Hauses und des Äußern vom 2. Mai 1909 zum Schutz der Arbeiter in chemischen Wäschereien, in denen Benzin und ähnliche leicht entzündliche Reinigungsmittel verwendet werden.

(GVBl. S. 369).

A. Vorschriften für chemische Wäschereien, die nie mehr als 10 kg Benzin zugleich im Vorrat und Betrieb haben.

§ 1. Über die für den Betrieb beschafften Benzinmengen ist sorgfältig Buch zu führen und den zuständigen Gewerbeaufsichts- und Polizeibeamten auf Verlangen unter Vorlegung dieses Buches Auskunft zu erteilen.

§ 2. Räume, in denen Benzin gelagert oder verwendet wird, oder in denen mit Benzin gereinigte Stoffe getrocknet werden, dürfen mit Räumen, in denen sich offenes Feuer befindet, weder durch Türen, noch durch Fenster oder sonstige Öffnungen, wie Riemendurchlässe usw., in Verbindung stehen.

§ 3. Die vorbezeichneten Lager-, Arbeits- und Trockenräume dürfen mit offenem Licht — Laternen gewöhnlicher Konstruktion — oder brennender Zigarre, Pfeife oder dergl. nicht betreten werden; dieses Verbot ist an den Zugängen ersichtlich zu machen.

Die künstliche Beleuchtung dieser Räume darf nur durch luftdicht gegen sie abgeschlossene Außenbeleuchtung oder durch elektrische Innenbeleuchtung, bei der die Übertragung von Explosionen ausgeschlossen ist, bewirkt werden.

In den Arbeits- und Trockenräumen dürfen nur solche Heizvorrichtungen vorhanden sein, welche von außen durch Dampf oder Heißwasser erwärmt werden und muß für ausgiebigen Luftwechsel gesorgt sein.

In den Lagerräumen dürfen sich keine Heizkaminöffnungen, Heizeinrichtungen, Gas- oder Wassermesser befinden (§ 25 der K. Allerhöchsten Verordnung vom 9. Juni 1902, leicht entzündliche flüssige Stoffe betreffend, GVBl. 1902 S. 211).

§ 4. In den Arbeitsräumen dürfen Benzinvorräte nur in metallenen, an den Öffnungen mit Sicherheitsverschlüssen versehenen Gefäßen aufbewahrt werden. Im übrigen gelten für die Lagerung von Benzinvorräten die Bestimmungen der K. Allerhöchsten Verordnung vom 9. Juni 1902, leicht entzündliche flüssige Stoffe betreffend (GVBl. 1902 S. 211) über die Lagerräume für Verkaufsstellen und über die Lagerung größerer Mengen der in § 1 Ziff. I dieser Verordnung bezeichneten Stoffe. Unter Vorräten sind die nicht im Kreislauf der ständigen Verarbeitung und Wiedergewinnung befindlichen Mengen zu verstehen.

Auch das den Vorratsgefäßen entnommene, zur Verarbeitung bestimmte Benzin darf nur in unzerbrechliche Gefäße gefüllt werden.

§ 5. Die zu reinigenden Gegenstände sind vor der Reinigung sorgfältig von etwa darin befindlichen Zündhölzern und anderen durch Reibung entzündbaren Stoffen zu befreien.

§ 6. Dem Benzin ist vor der jedesmaligen Verwendung ein elektrische Erregungen verhütendes Mittel, z. B. Richterol, in genügender Menge hinzuzusetzen; bei Arbeiten, die den Zusatz nicht vertragen, ist in anderer Weise für einen Ausgleich elektrischer Erregungen zu sorgen.

§ 7. Alle Apparate und Gefäße mit festem Standort, in denen Benzin verwendet wird, sind in sachverständiger Weise zu erden.

§ 8. Zum Auffaugen von etwa ausfließendem Benzin ist trockener Sand in genügenden Mengen vorrätig zu halten.

§ 9. Vor dem Trocknen ist das Benzin aus den gereinigten Gegenständen so gut wie möglich zu entfernen.

§ 10. In die Plätträume der Benzinwäschereien dürfen die mit Benzin gereinigten Stoffe nur dann gebracht werden, wenn sie völlig getrocknet sind.

§ 11. Abgänge des Betriebs dürfen nur nach vollständigem Verflüchtigen des ihnen anhaftenden Benzins verbrannt werden.

§ 12. Die Arbeiter dürfen weder Streichhölzer noch sonstige Feuerzeuge in den Benzinbetrieb mitbringen. Trunkene Arbeiter sind aus den Räumen, in denen mit Benzin gearbeitet wird, sofort zu entfernen. Gewohnheitstrinker dürfen in Benzinbetrieben nicht beschäftigt werden.

§ 13. Für den Fall eines Brandes müssen eine flammsichere Decke, Verbandzeug und Mittel gegen Brandwunden zur Hand sein.

B. Vorschriften für chemische Wäschereien, die mehr als 10 kg Benzin im Vorrat und Betrieb haben, und für Anstalten, in denen gebrauchtes Benzin zu erneuter Verwendung gereinigt wird.

§ 14. Für Anstalten dieser Art gelten neben den Vorschriften in den §§ 2 bis 13 noch folgende besondere Vorschriften:

§ 15. Die Betriebsstätte muß von den Nachbargrenzen mindestens 6 m entfernt bleiben oder von den Nachbargebäuden durch Brandmauern getrennt sein. Sie darf nicht in gefährlicher Nähe von offenen Feuerstätten und von Räumen oder Plätzen, wo leicht feuerfangende Gegenstände lagern oder verarbeitet werden, eingerichtet werden. Ausnahmen kann die Kgl. Regierung, Kammer des Innern, gestatten.

§ 16. Für Räume, in denen Benzin verwendet oder destilliert wird, gilt folgendes:

a) Unter Wohn- oder Arbeitsräumen oder Räumen, in denen sich sonst Menschen aufzuhalten pflegen, dürfen sich diese Räume in Neuanlagen überhaupt nicht und in schon bestehenden Anlagen nur dann befinden, wenn sie eine feuersichere Decke haben.

b) Die Wände müssen aus feuersicherem Material bestehen.

c) Die Fußböden müssen feuersicher und undurchlässig sein. Etwa auf den Fußboden fließendes Benzin darf nicht ins Freie oder in andere Arbeitsräume gelangen können; auch sind die Rohrleitungen so herzustellen, daß kein brennendes Benzin in andere Arbeitsräume gelangen kann.

d) Für ausreichende Absaugung der Luft dicht über dem Fußboden ist Sorge zu tragen. Die abgesaugte Luft darf nicht in die Nähe von Feuer geführt werden.

e) Jeder Raum soll tunlichst zwei sich nach außen öffnende Ausgänge haben; ist nur ein solcher Ausgang vorhanden, so muß außerdem mindestens ein Fenster als Notausgang benutzbar sein. Die Türen müssen aus starkem Holz mit Eisenblechbeschlag oder ganz aus Eisen bestehen; sie sind als Pendeltüren oder so herzustellen, daß sie sich während des Betriebs von innen durch Aufstoßen öffnen lassen. Die an den Seitenwänden befindlichen Fenster sind mit festschließenden eisernen Schlagläden zu versehen.

f) Die Räume müssen zu ebener Erde liegen und mindestens 3 m hoch sein.

§ 17. Räume, in denen mit Benzin gereinigte Stoffe getrocknet werden, sind besonders hoch und luftig herzustellen und von allen anderen Arbeitsräumen feuersicher zu trennen. Betriebe, in denen Arbeitsmaschinen motorisch angetrieben werden, haben auf Erfordern der Distriktspolizeibehörde, in München des Stadtmagistrats, für ihre Trockenräume wirksame künstliche Ventilationseinrichtungen zu verwenden.

§ 18. In Lager-, Arbeits- und Trockenräumen dürfen keine elektrischen Motoren oder Explosionsmotoren mit offener Zündung aufgestellt werden.

§ 19. In alle Lager-, Wasch-, Trocken- und Destillationsräume muß dicht über dem Fußboden eine mindestens 20 mm weite Dampfleitung münden, deren Hähne oder Ventile außerhalb des Raums liegen und leicht erreichbar sein müssen. Im Fall eines Brandes ist der davon betroffene Raum von Menschen zu verlassen und der Dampf nach Schließung der Türen, Fenster, Fensterläden und Lüftungsklappen durch Öffnung des Ventils in den Raum zu lassen. Ist kein genügender Dampfbetrieb vorhanden, so müssen Löschmittel von gleicher Wirksamkeit wie Dampf vorhanden sein, z. B. Kohlensäure.

§ 20. Während des Arbeitens mit Benzin dürfen in denselben Räumen keine anderen Arbeiten vorgenommen werden.

§ 21. Standgefäße, in denen verunreinigtes Benzin gesammelt oder durch Absetzen oder Säurezusatz gereinigt wird, sind gut verschlossen zu halten.

§ 22. Waschtrommeln, Zentrifugen und Benzinspülgefäße sind mit gut schließenden, wenn möglich von außen zuklappbaren Deckeln zu versehen, die nur solange geöffnet bleiben dürfen, als dies für das Ein- und Ausbringen der zu reinigenden, auszuschleudernden oder nachzuspülenden Gegenstände unbedingt notwendig ist. Antriebsriemen sind mit Glyzerin oder einem ähnlichen Mittel, das sie antielektrisch macht, zu versehen, wenn diese Riemen in den in A § 2 bezeichneten Räumen laufen.

§ 23. Etwa benutzte elektrische Einrichtungen sind mindestens alljährlich durch einen sachverständigen Elektrotechniker auf ihre Zuverlässigkeit zu prüfen.

§ 24. Arbeitstische, auf welchen die Stoffe mit in Benzin getauchten Bürsten oder Schwämmen behandelt werden, sind mit

Gefäll nach der dem Arbeiter abgekehrten Seite und mit Rinnen zu versehen, aus welchen das überflüssige Benzin durch geschlossene Rohre in dichte Sammelbehälter geleitet wird.

§ 25. Der Transport von Benzin in größeren Mengen als 10 kg zwischen den Lagerräumen, Waschräumen und Reinigungsapparaten darf nur in geschlossenen, durch Hähne absperrbaren Röhren oder dicht schließenden metallenen Gefäßen erfolgen.

§ 26. Der Dampfdestillierapparat muß, solange er in Benutzung ist, überwacht werden. Die Heizung des Apparates und die Kühlwassermengen müssen so reguliert werden, daß kein unkondensierter Benzindampf aus dem Kühler entweichen kann. Die Verbindungen der einzelnen Teile des Apparates dürfen nicht durch Weichlot hergestellt sein und müssen hermetisch und dauerhaft schließen. In dem Apparate darf kein Überdruck entstehen, daher dürfen weder vor noch hinter dem Kühler Hähne angebracht sein.

§ 27. Flammsichere Decken sind in genügender Zahl an geeigneten Plätzen in steter Bereitschaft zu halten.

§ 28. Die Betriebsgebäude sind mit Blitzableitern zu versehen, die entsprechend häufig, mindestens jedoch alljährlich einmal, von Sachverständigen zu prüfen sind.

C. Vorschriften für chemische Wäschereien, in denen statt des Benzins ähnliche leicht entzündliche Reinigungsmittel verwendet werden, und Anstalten, in denen gebrauchte Reinigungsmittel dieser Art zu erneuter Verwendung gereinigt werden.

§ 29. Die Vorschriften unter A und B finden auf die vorstehend bezeichneten Betriebe sinngemäße Anwendung.

D. Zulassung von Ausnahmen.

§ 30. Für bestehende Anlagen kann die Kgl. Regierung, Kammer des Innern, in widerruflicher Weise Ausnahmen von einzelnen der vorstehenden Bestimmungen zulassen.

E. Schlußbestimmungen.

§ 31. Die vorstehenden Bestimmungen (A bis D) sind vollständig und in deutscher Schrift in den Arbeitsräumen zum Aushang zu bringen.

§ 32. Die gegenwärtigen oberpolizeilichen Vorschriften treten am 1. Juli 1909 in Kraft.

8. Ortspolizeiliche Vorschrift der Lokalbaukommission vom 24. Januar 1897 betr. Aufstellen von offenen Kohlen- und Koksöfen (Kokskörben) bei Bauten.

(MGemZ. Nr 8).

Die Lokalbaukommission erläßt nach erfolgter Einvernahme der K. Polizeidirektion und des Magistrats der K. Haupt- und

Residenzstadt München auf Grund der Artikel 3 und 101 Abs. II des Polizeistrafgesetz-Buches nachstehende, von der K. Regierung von Oberbayern, Kammer des Innern, mit Entschließung vom 19. November 1896, Nr. 42264 bzw. vom 15. d. Mts. Nr. 1091 für vollziehbar erklärte ortspolizeiliche Vorschriften:

§ 1. Der Gebrauch offener Kohlen- oder Koksfeuerungen in bewohnten oder zum Aufenthalt von Menschen dienenden Gebäuden und auf Gerüsten ist verboten, in Neubauten und bei Bauvornahmen in unbewohnten und nicht zum Aufenthalt von Menschen dienenden Gebäuden nur außerhalb der Arbeitszeit unter nachfolgenden Bedingungen gestattet.

§ 2. Die offenen Kohlen- oder Kokskörbe müssen auf eine feuersichere Unterlage, deren Fläche einen Durchmesser von mindestens 3 m hat und ein Umkippen des Ofens nicht zuläßt, gestellt werden und von allen brennenden Gebäudeteilen mindestens 1 m entfernt bleiben.

§ 3. In den Räumen, in welchen offene Feuerungen unterhalten werden, darf die Lagerung von leicht feuerfangenden Materialien, wie Stroh, Rohrmatten, Hobelspäne und dergl. nicht stattfinden.

§ 4. Geschlossene Öfen, welche zum Ausheizen oder Austrocknen von Neubauten oder einzelnen Räumen in vorübergehender Weise dienen sollen, müssen den Bestimmungen in §§ 25 bis inklusive 29 der Münchener Bauordnung vom 29. Juli 1895 entsprechen.

§ 5. Solange offene Kohlen- oder Koksöfen in Gebrauch gesetzt sind, müssen dieselben ständig überwacht werden, wobei sich jedoch der Wächter in den Räumen, in welchen solche Öfen aufgestellt sind, unter keinen Umständen aufhalten darf. Bevor solche Räume wieder von den Arbeitern betreten werden, müssen dieselben ausgiebig gelüftet werden, was durch Öffnen der Türen und Fenster während einiger Minuten zu geschehen hat. Dieses Öffnen ist womöglich von außen zu bewerkstelligen.

§ 6. Nach dem Gebrauch ist die Glut vollständig abzulöschen und die Asche in einen feuersicheren Behälter zu verbringen. Zur Ermöglichung des sofortigen Löschens einer etwaigen Entzündung von Bauteilen usw. sind in der Nähe der Trockenöfen mit Wasser gefüllte Gefäße in Bereitschaft zu stellen.

§ 7. Der Bauleiter sowie die von ihm gemäß § 5 speziell mit der Überwachung der Trockenöfen beauftragte Persönlichkeit sind für die genaue Einhaltung der vorstehenden Bestimmungen verantwortlich.

§ 8. Vorstehende ortspolizeiliche Vorschriften treten mit dem Tage ihrer Verkündigung in der Gemeindezeitung in Wirksamkeit.

VIII. Kosten und Gebühren.

1. Auszug aus dem Kostengesetz vom 16. Februar 1921/18. März 1922 (GVBl. 1921 S. 35, 133; 1922 S. 209).

Art. 3. Gebühren werden nicht erhoben:

1. für Amtshandlungen, die unabhängig von dem Verschulden einer Partei im öffentlichen Interesse von Amtswegen gepflogen werden;
2. wenn die Gebühr aus der Reichs- oder Staatskasse bezahlt werden müßte;
3. wenn die Tax- und Stempel- oder Gebührenfreiheit durch Gesetze, Verordnungen oder Staatsverträge ausgesprochen ist.

. . . .

Art. 142. Auf dem Gebiete der Justiz-, inneren und Finanzverwaltung sowie der Verwaltungsrechtspflege unterliegen der Gebühr:

Niederschriften, Beschlüsse und Verfügungen, Bescheide, Zeugnisse, Beglaubigungen und die außerdem noch in diesem Gesetze besonders bezeichneten Gegenstände und Amtshandlungen.

Art. 143. I. Bei den Bezirksverwaltungsbehörden, den diesen Behörden nach Art. 145 gleichzuachtenden Behörden und Stellen und bei den Gemeindebehörden werden, soweit in den folgenden Artikeln nicht ein anderes bestimmt ist, erhoben:

1. für Niederschriften 1 bis 10 Mark für jede angefangene Stunde der Geschäftsdauer,
2. für Zeugnisse (Atteste, Bescheinigungen) 2 bis 100 Mark,
3. für Beschlüsse, Bescheide und Verfügungen 2 bis 10000 Mark,
4. für die Beglaubigung einer Privatabschrift oder der Unterschrift in einer öffentlichen oder Privaturkunde (Legalisation), dann für die Beglaubigung von Ausfertigungen, Abschriften oder Auszügen, die nicht von Amtswegen zu erteilen sind, 2 bis 50 Mark.

II. Wird ein Antrag oder ein Rechtsmittel zurückgenommen, nachdem die Behörde in die Sachbehandlung eingetreten ist, so wird die Hälfte der Gebühr erhoben, welche für die beantragte Amtshandlung zu erheben gewesen wäre. Diese Gebühr kann bis auf 1 Mark ermäßigt werden.

III. Die Gebühr des Abs. I Ziff. 3 kann in besonderen Fällen bis auf 20000 Mark erhöht werden.

Art. 144. Die Gebührensätze des Art. 143 erhöhen sich bei den Mittelstellen um die Hälfte, bei den Ministerien, dem Obersten Landesgericht und dem Verwaltungsgerichtshof auf den doppelten Betrag.

Art. 148. Die Gebühren für Beschlüsse, Verfügungen, Bescheide und Zeugnisse werden ohne Rücksicht auf die Zahl der beteiligten Personen immer nur einfach erhoben.

Art. 161. I Für die von Amtswegen zu erteilenden Ausfertigungen, Abschriften und Auszüge werden auch in Parteisachen keine besonderen Gebühren erhoben.

II. Wird jedoch auf Verlangen einer Partei eine weitere Ausfertigung, eine beglaubigte Abschrift oder ein beglaubigter Auszug erteilt, so ist hierfür die Beglaubigungsgebühr (Art 143 Ziff. 4) und außerdem noch eine Schreibgebühr zu entrichten. Die Schreibgebühr beträgt für die Seite, die mindestens zwanzig Zeilen enthält, 30 Pfennig[1]), auch wenn die Herstellung auf mechanischem Wege stattgefunden hat. Die Zeile muß durchschnittlich zwölf Silben enthalten. Eine angefangene Seite wird mit 30 Pfennig[1]) berechnet. Für Schriftstücke, die in fremden Sprachen abgefaßt sind oder deren Fertigung besondere paläographische Kenntnisse erfordert, dann für Schriftstücke in tabellarischer Form sowie für Verzeichnisse, Listen, Rechnungen, Handzeichnungen kann die Höhe der Schreibgebühr von der Staatsregierung anderweit bestimmt werden.

III. Einfache Abschriften unterliegen lediglich der im Abs. II bestimmten Schreibgebühr.

Art. 163. I. An Auslagen werden in den Angelegenheiten der Justiz-, inneren und Finanzverwaltung sowie in der Verwaltungsrechtspflege, abgesehen von den Schreibgebühren nach den Art. 161, 162 erhoben:

1. Die Post- und Telegraphengebühren einschließlich der Portoauslagen bei Nachnahmesendungen, sowie die im Fernverkehr zu entrichtenden Fernsprechgebühren,
2. die durch Einrückung einer Bekanntmachung in öffentliche Blätter oder durch sonstige Veröffentlichung einer Bekanntmachung entstehenden Kosten,
3. die an Zeugen und Sachverständige zu zahlenden Gebühren,
4. die bei Geschäften außerhalb der Amtsstelle den Beamten und Bediensteten zustehenden Tagegelder und Reisekosten,
5. die Vorlade- und Zustellungsgebühren,
6. die an andere Behörden oder Beamte oder sonstige Personen für deren Tätigkeit zu zahlenden Beträge.

II. In den Angelegenheiten der Art. 3, 170 Ziff. 4—27 werden die unter Abs. I Ziff. 1 und 5 bezeichneten Auslagen nicht erhoben.

Art. 166. I. Schuldner der Gebühren und Auslagen ist:

1. in Verwaltungsstreitsachen der Streitsteil, dem durch Entscheidung der Behörde die Kosten auferlegt sind,
2. bei der Erteilung einer Konzession, Genehmigung oder Erlaubnis derjenige, der die Konzession, Genehmigung oder Erlaubnis erhalten hat,
3. in den übrigen Fällen derjenige, der die Amtshandlung, für welche die Gebühren oder Auslagen entstanden sind, veranlaßt

[1]) Vgl. die Bekanntmachung vom 13. Mai 1927 (GVBl. S. 134).

oder in dessen Interesse die Behörde die Amtshandlung vorgenommen hat.

II. In den Fällen des Abs. I können die durch einen Mitbewerber oder durch unbegründete Einwendungen eines widersprechenden Dritten entstandenen besonderen Gebühren oder Auslagen dem Mitbewerber oder dem widersprechenden Dritten auferlegt werden.

III. Die Verpflichtung des Antragstellers zur Zahlung der Gebühren und Auslagen besteht auch in den Fällen des Abs. I Ziff. 1 und 2, wenn die Gebühren oder Auslagen von demjenigen, dem die Kosten auferlegt sind oder der die Konzession, Genehmigung oder Erlaubnis erhalten hat, nicht beigebracht werden können.

Art. 167. I. Die Gebühren werden fällig mit der Vornahme der gebührenpflichtigen Amtshandlung, die Auslagen mit ihrer Entstehung.

II. In den Fällen des Art. 166 Abs. I Ziff. 1 und 2 bleibt die Erhebung der Gebühren und Auslagen bis zur rechtskräftigen Erledigung der Sache ausgesetzt.

Art. 168. I. Bei Anträgen auf Vornahme einer Handlung, mit der bare Auslagen verbunden sind, ist auf Verlangen ein zu ihrer Deckung hinreichender Vorschuß von dem Antragsteller zu zahlen.

II. Die Ladung und Vernehmung von Zeugen oder Sachverständigen auf Antrag der Parteien kann von der vorgängigen Zahlung eines zur Deckung der Auslagen hinreichenden Vorschusses abhängig gemacht werden.

Art. 170. I. Gebühren werden nicht erhoben:

1. für Berichte und Schreiben an andere Behörden,
2. für Verfügungen, die ausschließlich die formelle Handhabung und Kontrolle des inneren Dienstes zum Gegenstande haben oder lediglich die Sachleitung betreffen, einschließlich der Bestimmung oder Änderung von Fristen und Terminen, sofern kein Verschulden einer Partei vorliegt,
3. für bloße Auskunftserteilungen, Ratschläge, Vermittlungen, Anregungen u. dgl.,

. . . .

7. für das Verfahren in der Beschwerdeinstanz, sofern der Beschwerde vollständig stattgegeben wird und die Kosten nicht einem Gegner zur Last fallen,
8. in der Zwangsvollstreckung mit Ausnahme des Verfahrens in der Beschwerdeinstanz,
9. bei Gesuchen um Gewährung von Stundungen, Zahlungsfristen oder Nachlässen.

. . . .

II. Wird der Beschwerde (Abs. I Ziff. 7) nur zum Teil stattgegeben, so kann die entscheidende Behörde teilweise oder auch vollständige Gebührenfreiheit gewähren.

Art. 171. I. Die Verwaltungsbehörden sind unbeschadet des Erinnerungs- und Beschwerderechtes der Staatskasse befugt, Gebühren, die durch unrichtige Sachbehandlung ohne Schuld der Beteiligten entstanden sind, niederzuschlagen oder außer Ansatz zu lassen. Das gleiche gilt, wenn bei abweisenden Bescheiden oder im Falle der Zurücknahme eines Antrags oder Rechtsmittels die Stellung des Antrags oder die Einlegung des Rechtsmittels auf nicht anzurechnender Unkenntnis der Verhältnisse oder auf Unwissenheit beruht. Wird in diesen Fällen eine Gebühr nicht erhoben, so bleiben auch Schreibgebühren und Postgebühren außer Ansatz.

II. Die Bezirksverwaltungsbehörden, die ihnen nach Art. 145 gleichzuachtenden Behörden und die Gemeindebehörden sind unbeschadet des Erinnerungs- und Beschwerderechts der Staatskasse befugt, in Fällen, in denen die Verhältnisse des Schuldners oder die Geringfügigkeit des Gegenstandes eine Ausnahme begründen, die nach Art. 143 Abs. I Ziff. 1 bis 4 geschuldete Gebühr bis auf 1 Mark zu ermäßigen.

Art. 172. Ist ein Verfahren, für das nach den bestehenden Landesgesetzen oder Verordnungen eine Gebühr nicht zu erheben wäre, nach freier Überzeugung der Behörde mutwillig veranlaßt worden, so hat die Behörde eine Gebühr von 10 bis 1000 Mark von Amts wegen festzusetzen.

Art. 173. I. . . . .

II. Streitfragen in bezug auf Kosten, die bei den im Art. 144 bezeichneten Mittelstellen oder den ihnen untergeordneten Behörden anfallen, werden von den genannten Mittelstellen in erster und auf erhobene Beschwerde von dem zuständigen Ministerium in zweiter und letzter Instanz entschieden.

. . . .

IV. Wegen des Ansatzes der bei den Ministerien, dem Obersten Landesgericht und dem Verwaltungsgerichtshof anfallenden Kosten findet nur Gegenvorstellung statt.

V. Das Verfahren in erster Instanz sowie die Bescheidung von Gegenvorstellungen ist gebührenfrei.

VI. Die Gegenvorstellungen und Beschwerden haben keine aufschiebende Wirkung.

Art. 147.. Die Ansätze von Kosten sowie die Entscheidungen über die Verpflichtung zu deren Entrichtung oder über deren Größe können von der Behörde, der Instanz oder den Oberbehörden von Amtswegen geändert werden.

Art. 175. Wenn dieses Gesetz für den Ansatz einer Gebühr einen Spielraum gewährt, hat die Behörde den von ihr anzusetzenden Betrag unter Berücksichtigung des Umfanges und der Schwierigkeit der Sache, ihrer Bedeutung für das bürgerliche Leben und der Leistungsfähigkeit des Pflichtigen zu bestimmen.

Art. 181. Die nach diesem Gesetze zu entrichtenden Kosten unterliegen der Verjährung nach Art. 124 des Ausführungsgesetzes zum Bürgerlichen Gesetzbuche.

2. Baupolizeigebührenordnung der Lokalbaukommission.

Vom 12. Januar 1924 (MGemB. Nr. 4).

Auf Grund des Kostengesetzes in der Fassung der Gesetze vom 16. Februar 1921 und 18. März 1922, der Minist.-Bekanntmachung vom 4. Januar 1924, dann des § 98 der MBO. vom 29. Juli 1895 in der Fassung der Verordnung vom 21. März 1900 erläßt die Lokalbaukommission München nachstehende

Baupolizeigebührenordnung.

I. Die Verwaltungsgebühren.

§ 1. 1. Für alle Beschlüsse, Bescheide und Verfügungen der Lokalbaukommission in baupolizeilichen Angelegenheiten wird eine Gebühr von 2 Mk. bis 10000 Mk. erhoben, soweit nicht auf Grund der Vorschriften des Kostengesetzes (vgl. Art. 3 und 170 dieses Gesetzes) Gebührenfreiheit besteht.

2. Für die Bemessung der Gebühr im einzelnen Falle ist vor allem die Bedeutung des Bauwerks entscheidend; die Gebühr beträgt hiernach in der Regel mindestens ½ vom Tausend der ungefähren Baukostensumme bis zu dem in Ziff. 1 genannten Höchstbetrag. Im übrigen erfolgt der Ansatz der Gebühr unter Berücksichtigung des Umfanges und der Schwierigkeit der Sache, ihrer Bedeutung für das bürgerliche Leben und der Leistungsfähigkeit des Pflichtigen.

3. Bei der Genehmigung von Anlagen nach § 16 der RGO. beträgt die Gebühr mindestens 1 vom Tausend des ungefähren Bauwerts der Anlage bis zu dem in Ziff. 1 genannten Höchstbetrag.

4. Bei Kleinhausbauten im Sinne des § 18 Ziff. II und III der MBO. beträgt der Höchstsatz der Beschlußgebühr 10 Mk.

5. Bei Gesuchen um Genehmigung zur Anbringung von Reklamegegenständen auf Grund der ortspolizeilichen Vorschriften vom 11. Juli 1914[1]) wird in der Regel eine Gebühr von 2 Mk. erhoben; werden mehrere Reklamegegenstände an einem und demselben Anwesen in einem Beschluß genehmigt bzw. abgewiesen, so erhöht sich die Gebühr für jeden weiteren Gegenstand um 1 Mk. Die Ansetzung höherer Gebühren bei besonders schwieriger Sachbehandlung oder bei wertvollen Reklamegegenständen bleibt vorbehalten.

§ 2. 1. Für Protokolle in baupolizeilichen Angelegenheiten wird eine Gebühr von 1 Mk. bis 10 Mk. für jede angefangene Stunde der Geschäftsdauer erhoben.

2. Für Zeugnisse (Atteste, Bescheinigungen) beträgt die Gebühr 2 Mk. bis 100 Mk.

3. Für die Beglaubigung von Ausfertigungen, Abschriften oder Auszügen, die nicht von Amts wegen zu erteilen sind, ist eine Gebühr von 2 Mk. bis 50 Mk. zu entrichten.

§ 3. In Fällen, in denen die Verhältnisse des Schuldners oder die Geringfügigkeit des Gegenstandes eine Ausnahme begründen, können die in § 1 und § 2 Abs. 2 und 3 bezeichneten Gebühren bis auf 1 Mk. ermäßigt werden. (Art. 171 Abs. 2 des Kostengesetzes.)

II. Die Kosten der technischen Behandlung der Baupläne.

§ 4. Die im folgenden festgesetzten Kostenbeträge umfassen die gesamte technische Behandlung der Baugesuche, nämlich die vorläufige Prüfung bei der Entgegennahme der Pläne, die örtliche Besichtigung, die Planrevision, die Kontrolle während des Baues, die Rohbau- und Schlußbesichtigung.

§ 5. 1. Für die Behandlung von Plänen über Neu- und Umbauten von Wohnhäusern (Haupt- und Nebengebäuden), Betriebs- und anderen Gebäuden wird für je 100 Quadratmeter der Gesamtfläche sämtlicher Geschoßdecken einschließlich der Umfassungsmauern eine Gebühr von 5 Mk. erhoben. Die Mindestgebühr beträgt 50 Mk.

2. Bei Kleinhausbauten im Sinne des § 18 Ziff. II und III der MBO., deren Gesamtgeschoßdeckenfläche nicht mehr als 300 Quadratmeter beträgt, wird eine Mindestgebühr von 10 Mk. in Ansatz gebracht.

3. Für die Behandlung von Plänen über Umbauten geringeren Umfanges, Auswechslungen usw. in bestehenden Wohnhäusern (Haupt- und Nebengebäuden), Betriebs- und anderen Gebäuden, dann für den Einbau von Wohnungen im Dachgeschoß kommt eine Mindestgebühr von 15 Mk. in Ansatz.

§ 6. 1. Für die Behandlung von Plänen über Bauvornahmen untergeordneter Bedeutung (Stallungen, Waschhäuser, Scheunen, Gewächshäuser, sofern solche Baulichkeiten nicht als Betriebsgebäude zu erachten sind, ferner Kegelbahnen, Treppendetailpläne usw.), über Veränderungen an solchen, sowie überhaupt für Bauvornahmen einfachster Konstruktion, kommt ein Viertel der Beträge des § 5, mindestens aber ein Betrag von 10 Mk. in Ansatz.

2. Betrifft eine solche Bauvornahme ein Anwesen nach § 5 Abs. 2, so wird eine feste Gebühr von 5 Mk. erhoben.

§ 7. 1. Bei der Gebührenberechnung nach §§ 5 und 6 bleiben Flächen unter 50 Quadratmeter außer Ansatz, Flächen von 50 Quadratmeter und darüber werden als volles Hundert gerechnet.

---

1) Jetzt vom 17. Juli 1926, Anhang II 5.

2. Bei Umbauten werden bloß die von ihnen betroffenen Räumlichkeiten in Berechnung gezogen.

§ 8. 1. Bei Bauführungen, die unter die §§ 5 oder 6 fallen, wird zu den festgesetzten Gebühren für die technische Behandlung ein Zuschlag von 60 Prozent für die durch § 94 der MBO. in der Fassung der Verordnung vom 21. März 1900 angeordnete Kontrolle durch die Bauaufseher in bezug auf Einhaltung der Vorschriften zur Verhütung von Bauunfällen bei Neubauten und baulichen Änderungen erhoben.

2. Dieser Zuschlag kommt nur einmal in Anrechnung und wird im Falle der Nichtausführung der Pläne mit vollem Betrage zurückerstattet.

§ 9. Einfriedungen und andere Bauvornahmen, bei denen eine Berechnung nach Geschoßdecken nicht stattfinden kann, unterliegen der Mindestgebühr von 10 Mk. und bei den unter § 5 Abs. 2 fallenden Kleinhausbauten einer Gebühr von 3 Mk.

§ 10. 1. Für Deckpläne, nach denen eine Ausdehnung der bisherigen Bebauung beabsichtigt ist, werden die nach §§ 5—8 berechneten Gebühren entsprechend erhöht.

2. Für die Behandlung sonstiger Deckpläne wird der Zeitaufwand besonders berechnet, jedoch unter Festsetzung einer Mindestgebühr von 6 Mk.

§ 11. Für die Genehmigungserneuerungen wird ein Viertel der Sätze der §§ 5—7 und 9 erhoben. Die Mindestgebühr beträgt im Falle des § 5 Abs. 1 25 Mk., in den Fällen des § 5 Abs. 3, des § 6 Abs. 1 und des § 9 5 Mk. Für die Fälle des § 5 Abs. 2 und des § 6 Abs. 2 wird von der Bestimmung einer Mindestgebühr abgesehen.

§ 12. 1. In allen übrigen Fällen wird eine Gebühr von 3 Mk. für jede angefangene Stunde des entstehenden Zeitaufwandes berechnet.

2. Für besondere Fälle, z. B. bei Vorlage umfangreicher Tragfähigkeitsberechnungen, ausgedehnter und schwieriger Konstruktionspläne usw., sowie auch für den Fall einer durch Verschulden des Bauunternehmers oder des Bauleiters veranlaßten besonderen Überwachung der Bauführung, bleibt eine gesonderte Berechnung des Mehraufwandes an Zeit vorbehalten, wobei ein Betrag bis zu 6 Mk. für jede angefangene Stunde in Ansatz gebracht werden kann.

§ 12. 1. Erstreckt sich eine Planvorlage auf mehrere Baulichkeiten, so werden die Gebühren für jede gesondert berechnet.

2. Haben mehrere Gebäude im wesentlichen den gleichen Grund- und Aufriß (Typenbau), so werden die nach § 5 treffenden Gebühren bei gleichzeitiger Planvorlage nur für ein Gebäude in Ansatz gebracht; für die weiteren Typenbauten wird der nach § 5 errechnete Gebührenbetrag auf ein Viertel ermäßigt. Der nach § 8

zu erhebende Zuschlag von 60 Prozent wird für jeden Typenbau unter Zugrundelage der nach § 5 sich ergebenden Gebühr ohne Berücksichtigung einer Ermäßigung berechnet.

§ 14. 1. Wenn ein Plan abgewiesen oder nach durchgeführter Vorbehandlung zurückgezogen wird, so kommt nur ein Viertel der sonst treffenden Gebühren in Ansatz, jedoch wird hierbei in den Fällen des § 5 Abs. 1 eine Mindestgebühr von 25 Mk., in allen übrigen Fällen eine Mindestgebühr von 5 Mk. erhoben.

2. Wird auf die Ausführung genehmigter Baupläne verzichtet, so wird jener Betrag der einbezahlten Gebühr auf Ansuchen rückvergütet, welcher die bei Planabweisung zu leistende Gebühr übersteigt.

3. Das Rückvergütungsgesuch ist spätestens innerhalb eines Jahres nach Eintritt der Genehmigungsverjährung zu stellen.

4. Sofern das Gesuch noch während der Genehmigungsdauer gestellt wird, ist gleichzeitig der Duplikatplan an die Lokalbaukommission zurückzugeben.

§ 15. Für Pläne über Bauanlagen und sogenannte Vorprojekte wird, sofern sich dieselben über einen ganzen Baublock erstrecken, eine Mindestgebühr von 30 Mk. vorbehaltlich der gesonderten Berechnung des etwa erforderlichen höheren Zeitaufwandes erhoben, in anderen Fällen eine Gebühr von 15 Mk.

III. Die Kosten für die technische Behandlung der Entwässerungspläne und Überwachung der Ausführung von Entwässerungsanlagen.

§ 16. 1. Die im folgenden festgesetzten Kostenbeträge umfassen die gesamte technische Behandlung der bei der Lokalbaukommission, Abteilung für Anwesensentwässerung, eingereichten Entwässerungspläne, nämlich die Angabe der Einlaßstücke und Höhenbolzen, dann Nachsicht an Ort und Stelle, Planprüfung, Ausstecken der Einlaßstücke, Überwachung der Ausführung der Entwässerungsanlagen sowie Schluß- und Nachbesichtigung.

2. Die Vorschrift des § 12 findet entsprechende Anwendung.

§ 17. Die Mindestgebühr beträgt:

a) bei Herstellung neuer Entwässerungsanlagen und weitgehender Änderungen an bestehenden Anlagen 25 Mk.;

b) bei Anschlüssen einzelner Spülaborte, Ausgüsse, Sinkkasten und dergl., dann bei Entwässerung kleiner Stallungen, Waschhäuser, Pißräume, Baderäume, sogenannter Schlachthäuser, kleiner Eiskeller und endlich für die Deckpläne und die Deckpläne über jene Entwässerungsanlagen, welche gegenüber früheren Entwürfen bzw. gegenüber dem derzeitigen Bestand eine Änderung erfahren, 12 Mk.; in den Fällen des § 5 Abs. 2 betragen die Mindestgebühren 5 Mk. bzw. 3 Mk., in den Fällen des § 5 Abs. 3 10 Mk. bzw. 6 Mk.

c) Für die in § 12 bezeichneten besonderen Leistungen ist bei Behandlung von Entwässerungsplänen für Kleinhausbauten im Sinne des § 18 Ziff. II und III der MBO., deren Gesamtgeschoßdeckenfläche nicht mehr als 300 Quadratmeter beträgt, nur die Hälfte der dort festgesetzten Gebühren zu berechnen.

§ 18. Für Genehmigungserneuerungen kommt ein Viertel der nach § 17 sich berechnenden Gebühren, mindestens aber eine Gebühr von 12 Mk. bzw. 6 Mk. zur Erhebung. In den Fällen des § 5 Abs. 2 wird von der Bestimmung einer Mindestgebühr abgesehen.

§ 19. Für abgewiesene und zurückgezogene Pläne ist die auf Grund des tatsächlichen Zeitaufwandes berechnete Gebühr zu entrichten.

§ 20. 1. Wird auf die Ausführung freiwillig vorgelegter Entwässerungspläne verzichtet, so wird auf Ansuchen die Hälfte der einbezahlten Revisionsgebühr zurückerstattet.

2. Das Rückvergütungsgesuch ist spätestens innerhalb eines Jahres nach Eintritt der Genehmigungsverjährung zu stellen.

3. Sofern das Gesuch noch während der Genehmigungsdauer gestellt wird, sind gleichzeitig die Duplikatpläne an die Lokalbaukommission, Abteilung für Anwesensentwässerung, zurückzugeben.

4. Im Falle der Genehmigungserneuerung muß der rückvergütete Betrag wieder eingezahlt werden.

§ 21. Ist während der Ausführung einer Entwässerungsanlage durch besondere örtliche Verhältnisse oder durch Verschulden der Bauunternehmung eine das gewöhnliche Maß überschreitende behördliche Beaufsichtigung notwendig geworden, so kann die für diesen Mehraufwand an Zeit veranlaßte Gebühr nachträglich eingefordert werden.

IV. Kosten der Gerüstkontrolle und der Kontrolle bei Gebäudeabbrüchen.

§ 22. An Gebühren für Gerüstkontrolle bei Maler- und Dachdeckerarbeiten und sonstigen nicht genehmigungspflichtigen Arbeiten wird für den Quadratmeter der betreffenden Fassaden und Dachfläche eine Gebühr von 3 Pf., mindestens aber eine Gebühr von 5 Mk. erhoben.

§ 23. Für die Kontrolle bei Gebäudeabbrüchen wird eine Gebühr von 3 Pf. für je 10 Kubikmeter Rauminhalt des Abbruchobjektes, mindestens aber eine Gebühr von 5 Mk. erhoben.

V. Sonstige Auslagen.

§ 24. Neben den in den vorstehenden Bestimmungen vorgesehenen Gebühren und Kosten kommen alle sonstigen in Art. 163 des Kostengesetzes bezeichneten Auslagen in ihrem vollen Betrage in Ansatz.

VI. Sicherung der Gebühren und Auslagen.

§ 25. Genehmigte Bau- und Entwässerungspläne werden nicht vor der Entrichtung der sämtlichen sich berechnenden Gebühren und Auslagen ausgehändigt. Die Lokalbaukommission behält sich vor, in besonderen Fällen die Behandlung der Pläne von der Erlegung eines Vorschusses in der Höhe der mutmaßlich erwachsenden Gebühren und Auslagen abhängig zu machen.

VII. Schluß- und Übergangsbestimmungen.

§ 26. Alle Gebühren und Auslagen fließen in die Gemeindekasse.

§ 27. 1. Die Gebührenordnung tritt mit dem Tage der Beschlußfassung, d. i. der 12. Januar 1924, in Kraft.

2. Mit diesem Tage ist aufgehoben die Baupolizeigebührenordnung vom 1. Dezember 1923.

§ 28. 1. Bei allen Gesuchen und Anträgen, die bis zum Tage des Inkrafttretens bei der Lokalbaukommission eingegangen sind, erfolgt die Gebührenberechnung nach den bisherigen Vorschriften.

2. Bezieht sich ein nach diesem Zeitpunkt eingegangener Antrag auf ein bereits vorher genehmigtes Baugesuch, so berechnet sich die Gebühr für die Behandlung dieses Antrages nach den neuen Bestimmungen.

3. Gebühren für die Prüfung von Aufzügen.

S. Abdruck der Gebührenordnung in Anhang VI, 1. Hiezu kommen die Beschlußgebühren der Lokalbaukommission für die Betriebserlaubnis.

4. Gebühren für die Prüfung von Dampfkesseln (Beilage P der Verordnung vom 24. November 1909/12. Oktober 1920; GVBl. 1909 S. 899).

Gebührenordnung für die Prüfung und Revision von Dampfkesseln und Dampfgefäßen.

(Zu § 48 der Verordnung.)[1]

A. Dampfkessel.

I. Genehmigung.

1. Für die Prüfung und die Begutachtung eines Genehmigungsgesuches im Sinne des § 1 der Verordnung beträgt die Ge-

[1]) Hiezu kommen die Beschlußgebühren der Lokalbaukommission nach § 47 der Verordnung vom 24. November 1909/12. Oktober 1920 (Anhang VI 4) und Art. 143 Abs. I Ziff. 3 des Kostengesetzes (Anhang VIII 1).

bühr je nach der Größe des Dampfkessels und der Schwierigkeit des Falles 4—8 Mk.

2. Für die Wasserdruckprobe mit Bauprüfung und für die Abnahmeprüfung:

	Heizfläche in qm	
	0 bis 5	über 5
	ℳ	ℳ
a) für einen oder den ersten von mehreren Kesseln	10	15
b) für jeden folgenden Kessel, der anschließend an den ersten in demselben Anwesen geprüft oder untersucht wird	10	10

3. Wird die Abnahmeprüfung an die Wasserdruckprobe mit Bauprüfung angeschlossen, so erhöhen sich die unter 2 angeführten Sätze um 5 Mk.

II. Revisionen.

	Heizfläche über				
	0 bis 5	5 bis 20	20 bis 40	50 bis 100	100
	ℳ	ℳ	ℳ	ℳ	ℳ
1. Äußere Revision:					
a) eines Kessels oder des ersten von mehreren Kesseln	8	12	14	16	18
b) des zweiten Kessels, der anschließend an den ersten in demselben Anwesen untersucht wird	7	10	11	12	14
c) jedes folgenden Kessels, der anschließend an die beiden ersten in demselben Anwesen untersucht wird	6	8	9	10	12
2. Innere Revision oder Wasserdruckprobe:					
a) eines Kessels ohne Einmauerung .	8	12	14	16	18
b) eines Kessels mit Einmauerung .	10	16	18	20	22
3. Wasserdruckprobe, wenn sie im Anschluß an die innere Revision erfolgt:					
a) eines Kessels ohne Einmauerung .	5	6	7	8	9
b) eines Kessels mit Einmauerung .	7	8	9	10	11

B. Dampfgefäße.

I. Genehmigung.

	Fassungsraum in Litern	
	bis 2000	über 2000
	ℳ	ℳ
1. Für die Druckprobe mit Bauprüfung und für die Abnahmeprüfung mit Bauprüfung:		
a) für ein Dampfgefäß oder für das erste von mehreren Dampfgefäßen . . .	8	12
b) für jedes folgende Dampfgefäß, das anschließend an das erste in demselben Anwesen geprüft oder untersucht wird	8	8

2. Wird die Abnahmeprüfung an die Druckprobe mit Bauprüfung angeschlossen, so erhöhen sich die unter 1 angeführten Sätze um 4 Mk.

II. Revisonen.

	Fassungsraum in Litern			
	bis 2000	über 2000 bis 6000	über 6000 bis 10000	über 10000
	ℳ	ℳ	ℳ	ℳ
1. Äußere Revision eines Dampfgefäßes	3	4	5	6
2. Innere Revision oder Druckprobe eines Dampfgefäßes	6	8	10	12
3. Druckprobe, wenn sie im Anschluß an die innere Revision erfolgt	4	5	6	7

C. Gemeinsame Bestimmungen.

1. Wird die Bauprüfung getrennt von der Druckprobe oder Abnahmeprüfung vorgenommen, so ist sie besonders zu vergüten und zwar nach den Sätzen unter A I 2 oder B I 1.

2. Wenn eine Prüfung aus Anlaß eines Genehmigungsgesuches oder einer Revision infolge Verschulden des Besitzers oder seines Stellvertreters an dem bestimmten Termine nicht vorgenommen

werden kann, so ist je nach dem dadurch verursachten Zeitverluste die Hälfte bis zum Ganzen des betreffenden Gebührensatzes zu entrichten.

3. Die Absage angekündigter Prüfungen oder Revisionen hat spätestens vier Tage vor dem angekündigten Termin auf dem kürzesten Wege zu erfolgen. Findet sich infolge verspäteter Absage der Sachverständige zum Termin ein und kann er die Prüfung oder Untersuchung infolge unterlassener oder ungenügender Vorbereitung nicht erledigen, so kann der Termin nach C 2 als erfolglos verrechnet werden.

4. Als Reisekostenentschädigung kann der Ersatz der notwendigen Barauslagen (ohne Tagegelder) beansprucht werden:

a) bei Prüfungen aus Anlaß von Genehmigungsgesuchen einschließlich der Fälle nach C 1, bei Druckproben nach Ausbesserungen sowie bei erfolglosen Terminen (C 2 und 4 c),

b) bei inneren Revisionen oder Druckproben von Dampfgefäßen, wenn diese nicht im Anschluß an eine in dem nämlichen Anwesen erfolgende Prüfung im Sinne vorstehenden Buchstaben a oder an eine Dampfkesselrevision stattfinden,

c) bei inneren und außerordentlichen Revisionen und Druckproben nach § 13 der Allgemeinen polizeilichen Bestimmungen, § 18 Abs. V und VI, § 35 Abs. II, § 36 Abs. III der Verordnung,

d) bei Revisionen, die, ohne in der Verordnung vorgeschrieben zu sein, auf Antrag des Besitzers stattfinden.

5. Für die im Auftrag einer Behörde aus Anlaß einer Prüfung oder Revision vorgenommenen Kontrolle des Vollzugs erteilter Auflagen kann die Hälfte der für die äußere Revision festgesetzten Gebühr berechnet werden. Das gleiche gilt für die mit besonderem Termin aus Anlaß einer Abnahmeprüfung vorzunehmende Kontrolle des Mauerwerks eines eingemauerten Dampfkessels.

6. Die Entschädigung des Zeitaufwandes für das mit der Dienstleistung der Prüfungskommissäre verbundene Schreibwerk einschließlich des durch Dispensationsgesuche entstehenden, ist in den vorstehenden Gebührensätzen inbegriffen. Für besondere Arbeiten im Auftrage von Behörden und Unternehmern, wie z. B. für die Berechnung der Standfestigkeit von Schornsteinen, Herstellung von Zeichnungen, Ausarbeitung besonderer Gutachten und Schriftsätze, (z. B. über Rauchbelästigung, Zulässigkeit neuer Dampfkesselkonstruktionen usw.) kann jedoch der Prüfungskommissar eine Entschädigung bis zu 2,50 Mk. für die Stunde Zeitaufwand beanspruchen. Dieselbe Entschädigung kann ihm auf Antrag von der Behörde zugebilligt werden, wenn ihm durch unbegründete Beschwerden oder Einwendungen von Unternehmern ein übermäßig großer Zeitaufwand erwächst.

7. Dieselbe Zeitaufwandentschädigung sowie Ersatz der Reiseauslagen dürfen von Sachverständigen für die Untersuchung von Explosionsfällen in Anspruch genommen werden.

8. Im Streitfall erfolgt die Festsetzung der Gebühr und der zu ersetzenden Auslagen durch die Distriktspolizeibehörde.

5. Auszug aus der Bekanntmachung der Staatsministerien der Justiz, des Innern und der Finanzen vom 4. Januar 1924 zum Kostengesetz vom 16. Februar 1921/18. März 1922.

(GVBl. S. 7).

Im übrigen werden die Gebühren, Stempel und Auslagen nach dem Kostengesetze vom 16. Februar 1921/18. März 1922 und dem Stempelgesetze vom 16. Februar 1921 in Gold berechnet.

. . . .

8. Soweit die Erhebung dieser Gebühren und Stempel wegen Geringfügigkeit des Gegenstandes oder geringerer Leistungsfähigkeit des Schuldners eine Härte bedeutet, werden die Behörden ermächtigt, die Stempel und Gebühren bis zu $^1/_{10}$ obiger Beträge zu ermäßigen.

Bemerkung: Die übrigen in dieser Bekanntmachung sowie die in der Bekanntmachung vom 15. August 1924 (GVBl. S. 196) und vom 13. Mai 1927 (GVBl. S. 134) getroffenen Anordnungen sind in dem obigen Abdruck des Kostengesetzes bereits berücksichtigt.

Sachregister.

Die Zahlen bedeuten die Seiten.

T.

Ü.

V.

FSC
www.fsc.org
MIX
Papier | Fördert
gute Waldnutzung
FSC® C083411

Kolibri 360 GmbH
Ferdinand-Jühlke-Straße 7
99095 Erfurt, Deutschland
produktsicherheit@kolibri360.de